南京大学六朝研究所书系·乙种论集·第贰号
南京大学六朝研究所　主编

# 六朝历史与考古青年学者交流会论文集

（2016—2020）

陆　帅　刘萃峰　张　今　胡　伟　等编

南京大学出版社

# 图书在版编目(CIP)数据

六朝历史与考古青年学者交流会论文集：2016—2020 / 陆帅等编. — 南京：南京大学出版社，2023.7
（南京大学六朝研究所书系. 乙种论集. 第贰号）
ISBN 978‐7‐305‐25894‐7

Ⅰ.①六… Ⅱ.①陆… Ⅲ.①历史文物－考古－中国－六朝时代－文集 Ⅳ.①K871.424－53

中国版本图书馆CIP数据核字(2022)第108583号

| 出版发行 | 南京大学出版社 | | |
|---|---|---|---|
| 社　　址 | 南京市汉口路22号 | 邮　编 | 210093 |
| 出 版 人 | 王文军 | | |

丛 书 名　南京大学六朝研究所书系·乙种论集·第贰号
**书　　名　六朝历史与考古青年学者交流会论文集(2016—2020)**
编　　者　陆　帅　刘萃峰　张　今　胡　伟　等
责任编辑　黄　睿　　　　　　　　编辑热线　025‐83592193

照　　排　南京南琳图文制作有限公司
印　　刷　南京玉河印刷厂
开　　本　718 mm×1000 mm　1/16　印张 39.25　字数 543 千
版　　次　2023年7月第1版　2023年7月第1次印刷
ISBN 978‐7‐305‐25894‐7
定　　价　99.80元

网址：http://www.njupco.com
官方微博：http://weibo.com/njupco
官方微信号：njupress
销售咨询热线：(025) 83594756

\* 版权所有，侵权必究
\* 凡购买南大版图书，如有印装质量问题，请与所购
　图书销售部门联系调换

# 总　序

## 一

　　晃晃悠悠的节奏、断断续续的过程，也许"万事开头难"吧，从 2017 年 3 月 14 日"南京大学六朝研究所成立仪式暨学术座谈会"召开、计划出版系列图书至今，竟然已经三年又八个月过去了，具有"标志"意义的南京大学出版社版"南京大学六朝研究所书系"首批四册，终于即将推出，它们是：

　　刘淑芬著《六朝的城市与社会》（增订本），"甲种专著"第叁号；

　　张学锋编《"都城圈"与"都城圈社会"研究文集——以六朝建康为中心》，"乙种论集"第壹号；

　　[美]戚安道（Andrew Chittick）著，毕云译《中古中国的荫护与社群：公元 400—600 年的襄阳城》，"丙种译丛"第壹号；

　　[德]安然（Annette Kieser）著，周胤等译《从文物考古透视六朝社会》，"丙种译丛"第贰号。

　　既然是"首批四册"，如何"甲种专著"却编为"第叁号"呢？这缘于此前"书系"已经出版了以下数种：

　　胡阿祥著《东晋南朝侨州郡县与侨流人口研究》（修订本），江苏人民出版社 2019 年 10 月版，"甲种专著"第壹号；

　　吴桂兵著《中古丧葬礼俗中佛教因素演进的考古学研究》，科学出版社 2019 年 12 月版，"甲种专著"第贰号；

　　[唐]许嵩撰，张学锋、陆帅整理《建康实录》，南京出版社 2019 年

10月版,"丁种资料"第壹号;

胡阿祥著《"胡"说六朝》,江苏人民出版社2019年6月版,"戊种公共史学"第壹号;

胡阿祥、王景福著《谢朓传》,凤凰出版社2019年12月版,"戊种公共史学"第贰号。

据上所陈,"南京大学六朝研究所书系"的总体设计,应该就可以了然。

首先,"书系"包含五个系列,即甲种专著、乙种论集、丙种译丛、丁种资料、戊种公共史学,这显示了我们对六朝历史之基础研究与应用研究的全面关注、对话学界之"学院"史学与面向社会之"公共史学"的兼容并包。

其次,"书系"出版采取"1+N"模式,"1"为南京大学出版社,"N"为其他出版社,"1"为主,"N"为辅,但仍按出版时序进行统一编号。所以如此处理,自然不在追求"差异美",而是随顺作者、译者、编者的意愿和其他各别复杂情形。

再次,"书系"虽以"南京大学六朝研究所书系"冠名,但只是冠名而已,我们会热忱邀约和真诚接受所内外、校内外、国内外的书稿,并尽遴选、评审、建议乃至修改之责。

要之,五个系列的齐头并进、出版单位的灵活安排、书稿来源的不拘内外,这样有异寻常的总体设计,又都服务于我们的相关中期乃至远期目标:通过若干年的努力,使学界同仁共襄盛举的"南京大学六朝研究所书系"渐具规模、形成特色、产生影响,而"南京大学六朝研究所"也因之成为学界同仁信任、首肯乃至赞誉的研究机构。如此,庶不辜负我们回望如梦的六朝时代、我们生活的坚韧而光荣的华夏正统古都南京、我们工作的诚朴雄伟励学敦行的南京大学、我们钟情的昌明国粹融化新知的南京大学历史学院。

## 二

南京大学历史学院有着厚实的六朝研究传统。蒋赞初、孟昭庚等老一辈学者宏基初奠,如蒋赞初教授开创的六朝考古领域,在学界独树一帜,若孟昭庚教授从事的六朝文献整理,在学界备受赞誉;近20多年来,张学锋、贺云翱、吴桂兵、杨晓春等中年学者开拓创新,又形成了六朝人文地理、东亚关系、都城考古、墓葬考古、佛教考古等特色方向。推而广之,南京大学文学院程章灿之石刻文献研究、赵益之知识信仰研究、童岭之思想文化研究,南京大学地理与海洋科学学院陈刚之建康空间研究,皆已卓然成家;又卞孝萱师创办的"江苏省六朝史研究会",已历半个多甲子,一批"后浪"张罗的"六朝历史与考古青年学者交流会",近期将举办第七回,本人任馆长的六朝博物馆,成为六朝古都南京的璀璨"地标",南京市考古研究院、南京师范大学、南京晓庄学院等,也都汇聚起不弱的六朝研究力量。凡此种种,既有意或无意中彰显了学者个人之"文章合为时而著,歌诗合为事而作"的"义理"追求,也主动或被动地应了现实社会对历史记忆、文化遗产等的"经济"(经世济用)需求。

对现实社会之"经济"需求而言,就南方论,就江苏论,就南京论,六朝时代既是整体变迁过程中客观存在的一环,又是特别关键、相当荣耀的一环。以秦岭—淮河为大致分界的中国南方,经过六朝时代,经济开发出来了,文化发展起来了;跨江越淮带海的江苏,唤醒历史记忆,弘扬文化遗产,同样无法绕过六朝时代;而南京之所以能够成为中国第四大古都、中国南方第一的古都,也主要是因为六朝在此建都。

六朝的意义当然绝不仅此。举其"义理"之荦荦大者,以言孙吴,经过孙吴一朝的民族融合、交通开辟、政区设置,南中国进入了中国历史的主舞台,并引领了此后北方有乱、避难南方的历史趋势,比如东晋、南朝、南宋皆如此;以言东晋南朝,当中国北方陷入十六国大乱,正是晋朝在南方的重建及其后宋、齐、梁、陈较为平稳的递嬗,才使传统华夏文明在南方得以保存与延续、发展并丰富,这样薪火相传、"凤凰涅槃"的南方华夏文明,又给北方的十六国北朝之"汉化"或"本土化"的演进,提供了鲜活的"样本"、完整的"模范",其结果便是南与北交融、胡与汉融铸而成的辉煌灿烂的隋唐文明,特别是其中的精英文化;再言虽然分隔为孙吴、东晋南朝两段而诸多方面仍一以贯之的六朝,就颇有学者把包括六朝在内的汉晋文化与罗马文化并列为世界古代文明的两大中心,这又无疑显示了六朝文化在世界史上的超凡地位。

然则围绕着这样的"义理"与"经济",笔者起2004年至2018年,为《南京晓庄学院学报》"六朝研究"专栏写下了50篇回旋往复甚至有些啰唆的"主持人语",这些"主持人语",现已结集在"南京大学六朝研究所书系"最先问世的《"胡"说六朝》中;至于"南京大学六朝研究所书系"过去近四年的"万事开头难"、今后若干年的"不忘初心,而必果本愿",我们也就自我定位为伟哉斯业,准备着无怨无悔地奉献心力了……

南京大学六朝研究所所长　胡阿祥
2020年11月16日

# 目　录

总　序（胡阿祥）

## 政治与制度

汉晋之际的东海缪氏家族 ……………………………… 刘萃峰 / 3
汉晋间的赗赙制度 ………………………… 刘可维 撰　何华社 译 / 21
三国五胡庙制与"太祖"庙号 ………… 三田辰彦 撰　柴　栋 译 / 48
正统竞争与文明承继：论汉赵国的"以孝治天下"
　　——由《晋书》类传所载汉赵人物切入 …………… 刘　兵 / 67
后凉与"东人"
　　——后凉权力基础初探 …………… 小野响 撰　张　今 译 / 87
"咸和土断"小议 ……………………………………… 毕　云 / 106
释奠与齿胄之礼
　　——中国中世的皇太子与礼仪 … 千田丰 撰　段　彬 译 / 128
中古士族研究的推进与展望 ………………………… 权家玉 / 151

## 地域社会

试论汉六朝闽地人群的编户化进程
　　——以墓砖铭文为中心 ……………………………… 林昌丈 / 175
西晋当利里社残碑的历史性意义 … 福原启郎 撰　胡　伟 译 / 203
晋辟雍碑碑阴"凉州散生"考
　　——兼谈辟雍碑碑阴题名的添改 ……… 汪华龙　熊长云 / 236
从温峤、温式之墓志试析温氏家族的贵族化之路 ……… 邓玮光 / 259
刘宋罗氏家族买地券研究
　　——南徐州侨民与晋宋之际的建康社会 ………… 陆　帅 / 274

梁陈时代的土豪酋帅与岭南政局 …………………… 张兢兢 / 292
六朝建康长干里考略 ………………………………… 许志强 / 311
北魏至唐沮渠氏踪迹钩沉
　　——以墓志碑刻、西域文书为中心 ……………… 朱艳桐 / 325
地域、家族与信仰：《魏法师碑》所见唐初江南社会 …… 周　鼎 / 343

## 文献与知识

孙吴政权的学术兴盛与知识人 …… 川见健人 撰　候月影 译 / 373
谢灵运《撰征赋》广陵郡纪行考释
　　——兼议谢氏历史记忆之来源 …………………… 姚　乐 / 401
《宋书·宣贵妃传》流传及佚文考
　　——兼考今本《宋书·刘子鸾传》的错页 ………… 赫兆丰 / 417
释"善草隶"
　　——南朝文化的一个侧面 ………………………… 张　今 / 433
行走的书簏：中古时期的文献记忆与文献传播 ………… 于　溯 / 450

## 物质文化

三国官印考述 ………………………………………… 朱　棒 / 475
六朝铜灯具类型及相关问题 ………………………… 韩　茗 / 497
南京灵山梁代萧子恪墓的发现与研究 ……………… 邵　磊 / 520
模印拼砌砖画与南朝帝陵墓室空间营造
　　——以丹阳鹤仙坳大墓为中心 ………… 左　骏　张长东 / 553
山西晋中北魏长宁壁遗址的初步调查 ……………… 段　彬 / 581
中国魏晋南北朝陵墓与日本古坟丧葬空间的比较研究
　　………………………………… 藤井康隆 撰　张　今 译 / 598

本书作者、译者信息 ………………………………………　615
编后记 ………………………………………………………　617

# 政治与制度

# 汉晋之际的东海缪氏家族*

刘萃峰

西汉以来,中央和地方上逐渐形成了一些在政治、经济及社会上极具影响力的大家族,此后的东汉魏晋更是豪族大兴的时代,因此这一时期的家族史研究一直是历史研究中的重要一环。然而既往研究的重点多放在能够左右政局的高门望族上,对许多社会影响相对略小的次等士族的关注则明显不够。事实上,这些家族也在中央政权或者地方社会中发挥着自己的作用,深化对他们的研究,有助于加深我们对那个时代诸多历史细节的认识,汉晋间的东海缪氏家族就是其中一个。

既有的缪氏家族相关的研究主要有两类:一类是在梳理汉晋南北朝的家族时附带提到,基本只是列出东汉末年至西晋末年该家族的世系表,如潘光旦《存人书屋历史人物世系表稿》[1]、矢野主税《改訂魏晋百官世系表》[2]、鹤间和幸《漢代豪族の地域的性格》[3]等,严格来说,并不能算作系统的研究。另一类研究则侧重于对缪氏家族中的重要成员——缪袭在礼乐及文学方面成就的探讨,如松家裕子[4]、刘全波[5]

---

\* 本文为2019年度安徽高校人文社会科学研究重点项目"出土资料所见秦汉魏晋时期皖南地方社会"(SK2019A0287)的阶段性成果。

[1] 潘光旦:《潘光旦文集》第四册,北京:北京大学出版社,1993年,第201页。

[2] 〔日〕矢野主税编著:《改訂魏晋百官世系表》,长崎大学史学会,1971年,第158页。

[3] 〔日〕鹤间和幸:《漢代豪族の地域的性格》,《史学雑誌》第87编第12号,1978年。

[4] 〔日〕松家裕子:《繆襲とその作品》,《アジア文化学科年報》第1卷,1998年。

[5] 刘全波:《曹魏东海缪袭生平著述辑考》,《齐鲁文化研究》第12辑,2012年。

等。这两类研究都无法让我们全面了解东海缪氏家族在汉晋间的发展情况,因此,本文将进一步爬梳史料,以期理清该家族发展的脉络,讨论其政治、社会地位的升降,并以之为例对汉晋时期江淮地方家族的发展情况做一探索。

## 一、汉代的东海缪氏家族

史籍中所见的关于缪氏家族成员的记载最早出现在《史记·儒林列传》中:

> (申公)弟子为博士者十余人:孔安国至临淮太守,周霸至胶西内史,夏宽至城阳内史,砀鲁赐至东海太守,兰陵缪生至长沙内史,徐偃为胶西中尉,邹人阙门庆忌为胶东内史。①

兰陵县,汉代属东海郡,缪生作为大儒申公的弟子,汉初官至二千石。此外,北宋初年的地理志书《太平寰宇记》中还有这样一条记载:

> 缪斐,东海朐人也。其先楚元王大夫缪生,谢病去,遂居此。②

又据《汉书·楚元王传》:

> (楚元王交)少时尝与鲁穆生、白生、申公俱受诗于浮丘伯。……元王既至楚,以穆生、白生、申公为中大夫。……及王戊即位……

---

① 〔汉〕司马迁:《史记》卷一二一《儒林列传》,北京:中华书局,1959年,第3122页。
② 〔宋〕乐史撰,王文楚等点校:《太平寰宇记》卷二二《河南道二二》,北京:中华书局,2007年,第458页。

(穆生)遂谢病去。申公、白生独留。①

"穆"与"缪"音同可通，结合任官经历来看，《汉书》中的穆生与《史记》《寰宇记》中的缪生有可能是同一人，司马贞的《史记索隐》也正是这么认为的。② 如此则三种文献关于缪生的记载就有三处矛盾：一是本贯。《史记》为兰陵，《汉书》为鲁，《寰宇记》为东海朐。二是任官。《史记》为长沙内史，《汉书》《寰宇记》为大夫（中大夫），且曾辞官。三是与申公之间的关系。《史记》为申公弟子，《汉书》为申公同门（俱师事浮丘伯）。

关于本贯，《史记》中"鲁穆生"的记载，其实问题不大，汉初儒生受业于鲁十分常见，此处穆生、白生、申公三人连称，未必确指他们的本贯，很有可指代他们的儒学来源。《寰宇记》中"缪斐，东海朐人"的说法，就笔者目力所及，这一说法仅见此书，是为孤证。且不论汉唐文献中"东海兰陵缪氏"的记载，即便同是成书于宋初的《太平御览》中，亦保留了很多缪斐为"东海兰陵人"的记载。③ 因此，《寰宇记》的记载当系讹误。

任官的问题并不难理解。汉初，大夫是掌管议论的官职，置于郎中令之下，有太中大夫、中大夫、谏大夫等，王国亦设此官。缪生所任的为中大夫，品秩不及内史。④ 因此，缪生在谢病归家之后，有可能再次出

---

① 〔汉〕班固：《汉书》卷三六《楚元王传》，北京：中华书局，1962年，第1921—1923页。又，这条史料承南京大学历史学院武黎嵩副教授提示，谨致谢忱！

② 《史记》卷一二一《儒林列传》司马贞《索隐》云："缪音亡救反。缪氏出兰陵。一音穆。所谓穆生，为楚元王所礼也"，第3122页。

③ 〔宋〕李昉等撰：《太平御览》卷四一一《人事部·孝感》引宋躬《孝子传》云："缪斐，东海兰陵人。父忽患，医药不给，斐夜叩头，不寝不食，气息将尽"，北京：中华书局，1960年，第1898页；同书卷五一〇《逸民部·逸民》引萧绎《孝德传》云："缪斐字文雅，东海兰陵人。世乱，将家避地海滨，不以遁世为闷，不以穷居为伤，浣衣濯冠，以俟绝气"，第2323页。

④ 《汉书》卷一九上《百官公卿表上》，第727页。

仕长沙内史。至于缪生与申公之间的关系，并无更多史料可供佐证，唐人司马贞直接将其混在一起，此处也只好两存。

楚国与东海郡相邻，缪生应是凭借其才望，被楚王征为大夫，后又官至二千石。这表明西汉初年，东海缪氏家族在当地就有了一定的影响。

西汉初至东汉末年，传世文献中不再有东海缪氏家族的记载，但20世纪80年代发现的两方东汉中期的墓志引起了我们的注意。

两方墓志均出土于今江苏邳州西北的青龙山，志主分别为缪宇和缪纡，两墓相距仅120米，因此学者们推测此处为缪氏家族墓地。墓志出土之后，尤振尧、周晓陆、永田英正、杨爱国等学者对缪宇墓志进行了释读。①李银德、陈永涛、周晓陆、卢芳玉、毛远明等人对缪纡墓志进行了释读。② 近年来，武利华综合了各家意见，对两方墓志重新进行了释读。③ 但由于漫漶严重，两方墓志的具体释文依然难以达成共识，尤其是缪宇墓志的中部文字，十分模糊，但关于他们的职官、卒年等关键信息的释读，各家均无争议，因此不影响本文的讨论。兹据墓志拓片及各家释文将其中关键信息摘录如下：

> 故彭城相行长史事吕守长缪宇字叔异……君以和平元年七月七日物故，元嘉元年三月廿日葬。（《缪宇墓志》）

---

① 尤振尧：《略论东汉彭城相缪宇墓的发掘及其历史价值》，《南京博物院集刊》第8辑，1983年；周晓陆：《缪宇墓志读考》，《文物》1995年第4期；南京博物院、邳县文化馆：《东汉彭城相缪宇墓》，《文物》1984年第8期；〔日〕永田英正编：《漢代石刻集成（图版·释文篇）》，同朋舍出版，1994年，第67页；杨爱国：《幽明两界——纪年汉代画像石研究》，西安：陕西人民美术出版社，2006年，第10页。
② 李银德、陈永涛：《东汉永寿元年徐州从事墓志》，《文物》1994年第8期；周晓陆：《缪纡墓志读考》，《文物》1995年第4期；卢芳玉：《新见汉代志墓刻铭研究札记》，《中国书法》2004年第11期；毛远明校注：《汉魏六朝碑刻校注》第一册，北京：线装书局，2008年，第251—253页。
③ 武利华：《徐州汉碑刻石通论》，北京：文化艺术出版社，2019年，第170—195页。

缪君者讳纡字季高。幼声州署郡仕,周竟徐州从事、〔武〕原长行事,民四假望。殁年七十一,永寿元年太□在乙未、十二月丙寅遭疾终卒,至丙申十月□□成葬。夫周讫于乙巳,夫人亦七十一,七有〔闰〕□丁巳,不起很疾,其十一月葬。有四子焉……时皇汉之世,武原县属彭城。君父关内侯,冢在垈□,〔比〕南吉位造迫,故徙于兹。(《缪纡墓志》)

两方墓志均没有写明他们的本贯,缪宇墓志的整理者尤振尧等人认为,"缪宇很可能是武原县人",理由是缪宇墓志的出土地点为"东汉的武原县"。周晓陆在释读缪纡墓志时综合了这两方墓志,对上述说法给予了肯定,认为缪宇生前"任彭城相领吕守长,就职地并不在武原县,之所以葬于青龙山,从缪纡墓志'关内侯'旧茔的记载,可见是归葬故里"。

但是笔者以为,这一结论似乎还有重新讨论的必要。首先,传世文献中并无彭城武原缪氏的记载,汉晋时期徐州地区的缪氏,只有东海兰陵一家。除上文所引《史记·儒林列传》外,《三国志》《晋书》等正史中,均将缪氏的本贯归为东海兰陵。① 另外,在唐代的专门姓氏书《元和姓纂》中,将缪氏混入富氏之中,这一讹误已为岑仲勉校订。虽然该书误"缪"为"富",但亦将其列为兰陵人。②

其次,从地图上来看,东海郡兰陵县与彭城国武原县紧紧相邻,尤、周等人将缪氏家族墓所在地认定为武原县而非兰陵县,并无明确证据。笔者反倒认为,依据文献数据的记载,恰恰可以反证,缪氏家族墓在兰陵县界,而非武原县。这一推测绝非毫无凭据,事实上直到今天,这一

---

① 陈寿《三国志》卷二一《魏书·刘劭传附缪袭传》称:"劭同时东海缪袭亦有才学,多所述叙,官至尚书、光禄勋。"(北京:中华书局,1982年,第620页);《晋书》卷六〇《缪播及从弟缪胤传》载:"缪播字宣则,兰陵人也。父悦,光禄大夫。"(北京:中华书局,1974年,第1636页)

② 〔唐〕林宝撰,岑仲勉校记,郁贤皓、陶敏整理,孙望审订:《元和姓纂(附四校记)》,北京:中华书局,1992年,第1359页。

图 1　缪宇墓志拓片①

---

① 缪宇墓志原石现藏徐州汉画像石艺术馆,拓片采自〔日〕永田英正编:《漢代石刻集成(图版·釋文篇)》,第108—109页。

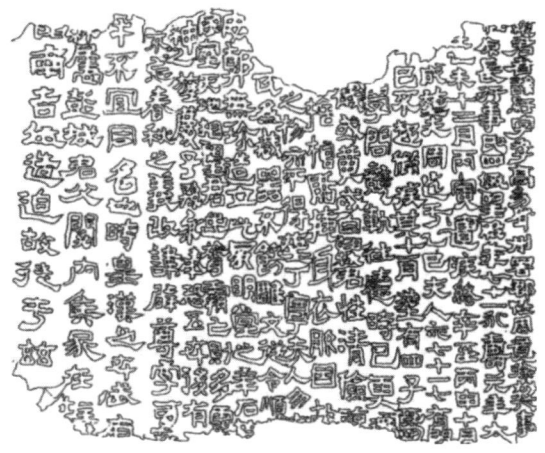

图 2　缪纡墓志拓片及摹本①

---

①　缪纡墓志原石现藏邳州博物馆,拓片采自李银德、陈永清:《东汉永寿元年徐州从事墓志》。

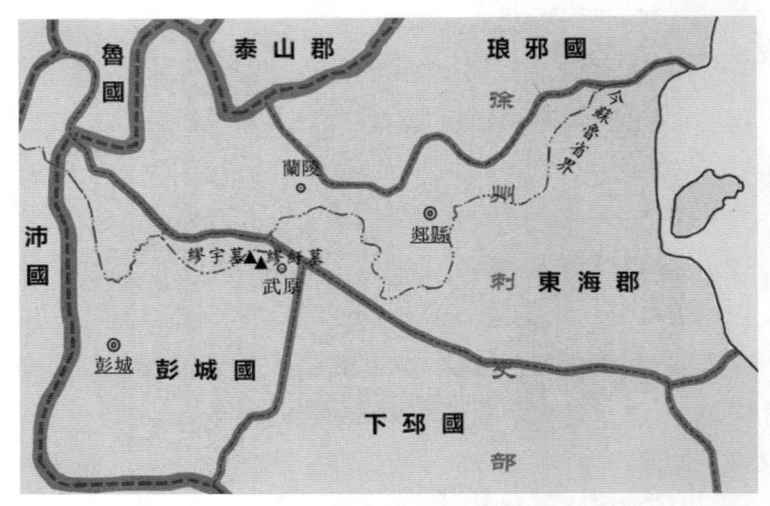

图 3　缪宇墓与缪纡墓位置①

---

① 本图据谭其骧主编《中国历史地图集》第二册(北京:中国地图出版社,1982年,第44—45页)及国家文物局主编:《中国文物地图集·江苏分册(上)》(北京:中国地图出版社,2008年,第318页)绘制而成。

带墓葬区仍为江苏省邳州市与山东省枣庄市的交界处。

再次,缪宇所任官职为"彭城相行长史事吕守长",这句话的断句颇有争议,尤振尧、周晓陆、杨爱国等人认为,缪宇的官职为彭城相,代行长史事,并兼任吕县的县长。而宋治民、于淼则认为缪宇为"吕长行彭城相长史事",并非彭城相。① 武利华则认为,彭城相、长史、吕守长三职未必是同时担任的,是不同时期的官职。② 这是符合实际的说法,如此一来,在官员任职籍贯回避原则盛行的汉代,缪宇不可能作为一个彭城国人担任本国的国相,他必须是其他郡国之人。③ 而缪纡所任官职为"徐州从事、武原长行事",从事为州郡佐僚,依照惯例,必须由本州人担任,这没有一点问题,武原长则基本不可能由武原本县人担任。结合两人所任官职,我们基本可以排除其为彭城国武原县人的可能。

以上我们综合传世文献及出土墓志的记载,基本确认了汉代徐州地区缪氏家族的本贯为东海郡兰陵县,而非彭城国武原县。由于史料的阙如,我们无法确知两方墓志的主人缪宇与缪纡在缪氏家族中的世系。但从志文的记载来看,缪氏家族积极地参与地方行政,在当地应当颇具影响力。

## 二、曹魏时期东海缪氏家族地位的攀升

汉代东海缪氏作为地方上有一定影响力的家族,在徐州当地行政中占有一席之地,有时甚至能担任地方要员。但史料的缺失也恰恰能

---

① 宋治民:《缪宇不是彭城相》,《文物》1985年第2期;于淼:《缪宇墓志中的"要带黑绋"》,《中华文史论丛》2015年第4期。
② 武利华:《徐州汉碑刻石通论》,第182—183页。
③ 关于汉代官员的任职籍贯限制,可参见严耕望:《中国地方行政制度史——秦汉地方行政制度》,上海:上海古籍出版社,2007年,第345—383页;廖伯源:《汉代地方官吏之籍贯限制补证》,《简牍与制度:尹湾汉墓简牍官文书考证》,桂林:广西师范大学出版社,2005年。

够证明,汉代的缪氏家族不仅不是一流高门,甚至难以算入次等士族的行列中,其活动范围及影响力仅限于地方。东汉末年到曹魏时期,这一情况有所改变,其中的关键人物是缪袭。

缪袭,《三国志》卷二一附于《魏书·刘劭传》之后,陈寿的记载极为简略,幸赖裴松之的注释,我们能够获知更多缪袭的信息:

> 劭同时东海缪袭亦有才学,多所述叙,官至尚书、光禄勋。
> 裴松之注:《先贤行状》曰:"缪斐字文雅。该览经传,事亲色养。徵博士,六辟公府。汉帝在长安,公卿博举名儒。时举斐任侍中,并无所就。即袭父也。"《文章志》曰:"袭字熙伯。辟御史大夫府,历事魏四世。正始六年,年六十卒。子悦字孔怿,晋光禄大夫。袭孙绍、播、徵、胤等,并皆显达。"①

据裴松之注中所引史料,缪袭为缪斐之子。而通过上文的考察,我们已经知道,缪斐为汉初儒生缪生的后代。宋初的类书《太平御览》中保留的史料又刻画了一个孝顺双亲的缪斐的形象,这一点正可与裴松之注所引《先贤行状》中"事亲色养"的记载互为佐证。不仅如此,缪斐还继承了祖先敦儒的家学,并先后多次被征辟、察举,但他"并无所就"。从"汉帝在长安"一句可以看出,当时正值汉献帝被董卓胁迫、迁都长安的乱世,或许是因出于明哲保身的考虑,不愿卷入复杂的政治局势之中,也可能是厌恶在位的董卓及其部将的所作所为,缪斐并没有接受朝廷的任命。

缪斐生活在汉末的乱世,出于个人的考虑,没有进入仕途。其子缪袭则选择加入了曹魏阵营。早在曹操当政之时,缪袭便受辟为御史大夫的佐僚,其后历经魏文帝、明帝及齐王时代,官至尚书、光禄勋。不仅如此,缪袭还是担任过侍中及散骑常侍的近臣。请看如下史料:

---

① 《三国志》卷二一《魏书·刘劭传附缪袭传》,第620页。

> 魏明帝为外祖母筑馆于甄氏。既成,自行视,谓左右曰:"馆当以何为名?"侍中缪袭曰:"陛下圣思齐于哲王;罔极过于曾、闵。此馆之兴,情钟舅氏,宜以'渭阳'为名。"①
>
> 魏散骑常侍缪袭集五卷,梁有录一卷。②

光禄勋、散骑常侍和侍中等官职,单就品秩看,与其祖先缪生所任的长沙内史以及东汉中期缪宇可能担任过的彭城相相比,差别并不大。但显而易见,缪袭所任之职,均为中央高官,非地方守相所能比拟。尤其是散骑侍郎与侍中,更是曹魏时期炙手可热的职位。③ 那么,缪袭是如何步入曹魏官僚体制核心的呢?

我们知道,东海缪氏是世代习儒的家族,缪袭祖先缪生、父亲缪斐都是著名的儒生,其本人自然也不例外,缪袭的儒学造诣首先体现在儒家最为重视的礼上。

现存的目录书中没有留下缪袭对于礼的专门批注,他对礼的造诣和见解散见于其他文献之中。其中最具代表性的当数《宋书·礼志》中的一条记载:

> 明帝即位,便有改正朔之意,朝议多异同,故持疑不决……太尉司马懿、尚书仆射卫臻、尚书薛悌、中书监刘放、中书侍郎刁干、博士秦静、赵怡、中候中诏季岐以为宜改;侍中缪袭、散骑常侍王

---

① 〔南朝宋〕刘义庆著,〔南朝梁〕刘孝标注,徐震堮校笺:《世说新语校笺·言语》,北京:中华书局,1984年,第39—40页。
② 〔唐〕魏徵等撰:《隋书》卷三五《经籍志四》,北京:中华书局,1973年,第1059页。
③ 关于散骑常侍及侍中等官职在曹魏时期的地位及变化,有不少讨论,兹不详述,较新的研究可参见禹平、韩雪松:《曹魏侍中与三省制》,《史学集刊》2009年第5期;黄惠贤:《曹魏侍中机构的发展和变化》,《襄樊学院学报》2011年第7期。

肃、尚书郎魏衡、太子舍人黄史嗣以为不宜改。①

明帝在即位之初便有改正朔的想法，围绕这个问题，朝臣分为两派。其中，支持改正朔的大臣以太尉司马懿为首；而反对的第一人则是时任侍中的缪袭。这项议题究竟是否通过以及它背后反映的政治派系斗争等问题，我们姑且不论，单看这份榜单，就足以说明很多问题。河内司马氏为礼学世家，这一点已为诸多研究所证实。② 而排在缪袭之后的王肃，同样出身经学世家，其父王朗、其师宋忠均为汉魏之际的大儒，③《隋书·经籍志》中著录其经学相关批注达二十余种，名单中的其他人也多为当时名儒。而缪袭不仅与他们同列，更是其中一方的首领，足以证明其对以礼为核心的儒学造诣之高，并且这种造诣已为时人所认同。

《宋书》中的这段记载反映了缪袭对礼制有很高的造诣，通过其他材料还能够窥知缪袭对礼的具体见解涵盖祭祀的制度、追尊追谥的方案、丧葬的礼仪等诸多方面。篇幅所限，仅举一例以为说明。保存在今本范晔《后汉书》中、由晋人司马彪撰写的《续汉书·祭祀志》中有立秋十八日的祭祀礼仪，梁人刘昭注引用了缪袭的观点：

先立秋十八日，迎黄灵于中兆，祭黄帝后土。车旗服饰皆黄。歌朱明，八佾舞云翘、育命之舞。

刘昭注云：魏氏缪袭议曰："汉有云翘、育命之舞，不知所出。旧以祀天，今可兼以云翘祀圆丘，兼以育命祀方泽。"④

---

① 〔南朝梁〕沈约：《宋书》卷一四《礼志》，北京：中华书局，1974 年，第 328—330 页。
② 相关研究甚多，此处不再详述，具体学术史回顾可参见仇鹿鸣：《魏晋之际的政治权力与家族网络》，上海：上海古籍出版社，2012 年，第 39—48 页。
③ 详见《三国志》卷一三《魏书·王朗传》。
④ 〔晋〕司马彪撰，〔南朝梁〕刘昭注：《续汉书·祭祀志》，收入今本《后汉书》，北京：中华书局，1965 年，第 3182 页。

据此可知,缪袭对祭祀、丧葬、追谥等制度均有独到的见解,①由于史料的阙如,这些方面恐怕不是缪袭礼学知识的全部内容,但即便如此,也足以证明缪袭有着极高的礼学造诣。

作为礼的象征与表现的乐,同样是儒学的重要组成部分,对宣示和巩固王朝的统治起着极为关键的作用。汉魏禅代之际,典章制度多有改易,其中于国家礼仪极具象征意义的乐,就由缪袭操刀完成,歌颂了曹魏代汉的功德。《晋书·乐志》载:

> 汉时有短箫铙歌之乐,其曲有朱鹭、思悲翁、艾如张、上之回、雍离、战城南、巫山高、上陵、将进酒、君马黄、芳树、有所思、雉子班、圣人出、上邪、临高台、远如期、石留、务成、玄云、黄爵行、钓竿等曲,列于鼓吹,多序战阵之事。
>
> 及魏受命,改其十二曲,使缪袭为词,述以功德代汉。②

在汉魏鼎革之际,缪袭能够主导国家乐曲的改革,其礼乐造诣之高自不待言。《魏书》《通典》等文献中还记载了不少缪袭关于乐的理解,这里不再一一列举。除礼乐之学外,缪袭在文史上亦颇有建树,至今仍留下不少诗文,关于这一点,前人研究相对比较成熟,此处不再详述。③

在儒家文化中,礼与乐互为表里,自西汉中期起便是国家统治的主导思想,东汉以降,礼乐的地位更加巩固。东海缪氏家族世代敦儒,礼乐自然是其中重要的部分,缪袭个人的礼乐修养和知识储备也印证了这一点。依靠这样的家学,缪袭得以跻身统治核心,在魏文帝、明帝朝

---

① 缪袭对礼制的见解还可参见《南齐书》卷九《礼志上》、《通典》卷七二《礼·沿革·嘉礼十七》"天子追尊祖考妣"条、同书卷八一《礼·沿革·凶礼三》"天子为母党服议"条、同书卷八四《礼·沿革·凶礼六》"设铭"条等文献。
② 《晋书》卷二三《乐志下》,第701页。
③ 如孔繁信:《略论东海诗人缪袭》,《临沂师专学报》1990年第2期;〔日〕松家裕子:《繆襲とその作品》;刘全波:《曹魏东海缪袭生平著述辑考》;等等。

备受信任。《三国志·魏书·华歆传》有这样一处细节:

> 黄初中,诏公卿举独行君子,歆举管宁,帝以安车征之。明帝即位,进封博平侯,增邑五百户,并前千三百户,转拜太尉。歆称病乞退,让位于宁。帝不许。临当大会,乃遣散骑常侍缪袭奉诏喻指曰:"朕新莅庶事,一日万几,惧听断之不明。赖有德之臣,左右朕躬,而君屡以疾辞位。夫量主择君,不居其朝,委荣弃禄,不究其位,古人固有之矣,顾以为周公、伊尹则不然。絜身徇节,常人为之,不望之于君。君其力疾就会,以惠予一人。将立席几筵,命百官总己,以须君到,朕然后御坐。"又诏袭:"须歆必起,乃还。"歆不得已,乃起。①

明帝即位后,拜华歆为太尉,在华歆让位不就的大会之前,明帝派人前往宣诏,而所派之人正是时任散骑常侍的缪袭,由此可见缪袭当时深得明帝之信任。得到帝王的信任,积极参与国家政事,是个人身份最主要也是最直观的象征。除此之外,在同僚中的排位也能侧面反映出一个人的地位。前引《宋书·礼志》的明帝朝改正朔之争中两方大臣的排位正好能说明这一点。那份名单首先证实了缪袭对礼制有独到的见解,同时也表明其在当时朝廷的重要政事中有着不小的话语权,是当时政坛炙手可热的人物。

综上所述,"事魏四世"的缪袭凭借其个人才学,跻身于曹魏统治的核心之内。也正是得益于他的努力,东海缪氏家族在三国之际,从地方性家族开始向全国扩大影响,有转变为国家士族的趋势。

---

① 《三国志》卷一三《魏志·华歆传》,第 404—405 页。

## 三、西晋时期东海缪氏的起伏

缪袭死于正始六年(245),其时,朝中曹氏与司马氏之争已浮出水面,四年后便发生了高平陵之变,司马氏基本掌握了朝中大权,为其后代的代魏事业奠定了最为关键的一步。从正始党争到魏晋禅代,当时大族面临的最大抉择无疑是政治的取向。这段时期,东海缪氏家族的代表人物是缪袭之子缪悦。

据前引《三国志》裴注及《晋书》,缪悦为晋光禄大夫,此外,《南史·陆澄传》中提及,缪悦还曾担任国子博士。[1]《晋书·缪播传附从弟缪胤传》则云缪悦之侄缪胤:"字休祖,安平献王外孙也,与播名誉略齐。"[2]安平献王即司马懿之弟司马孚,曹魏时就有较高的政治荣誉,入晋更是倍受恩宠。虽然以魏臣自居,但其司马氏宗室的身份无可置疑。缪氏家族与之联姻,再结合缪悦入晋仍为高官,充分说明在曹魏末年的政争中,缪氏必然倒向了司马氏,因此才得以保全并巩固其政治地位。

《文章志》中称缪袭之孙"绍、播、徵、胤等,并皆显达",但现存的史籍中,缪绍的记载仅见于此处。缪徵的记载略多,《宋书·百官志》称"晋武世,缪徵为中书著作郎"[3],《晋书·职官志》也印证了这一说法。而缪徵更为著名的身份其实是"金谷二十四友"之一。[4] 这是一个依附

---

[1] 〔唐〕李延寿:《南史》卷四八《陆澄传》:"永明元年,(陆澄)累迁度支尚书,寻领国子博士。尚书令王俭谓之曰:'昔曹志、缪悦为此官,以君系之,始无惭德。'"(北京:中华书局,1975年,第1188页)

[2] 《晋书》卷六〇《缪播传附从弟缪胤传》,第1637页。

[3] 《宋书》卷四〇《百官志下》,第1246页。

[4] 据《晋书》卷四〇《贾充传附孙贾谧传》:"渤海石崇欧阳建、荥阳潘岳、吴国陆机陆云、兰陵缪徵、京兆杜斌挚虞、琅邪诸葛诠、弘农王粹、襄城杜育、南阳邹捷、齐国左思、清河崔基、沛国刘瑰、汝南和郁周恢、安平牵秀、颍川陈眕、太原郭彰、高阳许猛、彭城刘讷、中山刘舆刘琨皆傅会于谧,号曰二十四友,其余不得预焉。"(第1173页)

于贾谧的文学政治团体,石崇、潘岳、刘琨、陆机、陆云、左思等人都是该团体的一员。能够跻身其中,一方面显示了其文学修养,另一方面也表明他游走于当时政治圈的核心之中。①

值得注意的是,缪徵并非西晋时期缪氏家族中最为显赫的人物,从现存的史料来看,缪袭四孙中,名望最高的当是缪播与缪胤。

缪播,《晋书》卷六〇有传。司马泰为司空时,以其为祭酒,后迁至皇太弟中庶子。在惠帝末年,他周旋于河间王司马颙及东海王司马越之间,在长安与洛阳间往返。惠帝驾崩之后,皇太弟司马炽即位,是为怀帝。缪播以近臣身份,连续升迁,官拜中书令。在怀帝与东海王越的对抗中,缪播及其从弟缪胤等人被司马越所杀。

为了弄清西晋末年缪氏家族地位的起伏,有必要对缪播、缪胤二人的政治行迹进行系统的梳理。

首先是司空祭酒之职。司马越之父司马泰担任司空是在惠帝即位的同年,当时他尚为陇西王。司马泰在朝中以坦率自律见称,在宗室诸王中风评较好,亦无明显的政治取向。缪播受任为司空祭酒。虽然不能直接认定二人有着密切的交往,但至少可以证明缪播本人的才能以及司马泰对之并无厌恶之意。

其后,缪播经过数次升迁,成为皇太弟中庶子,这一职位极为关键。惠帝朝曾有两位皇太弟,分别为司马颖与司马炽,从后文来看,缪播担任的是司马炽的中庶子。在此任上,缪播周旋于河间王司马颙与东海王司马越之间,并随惠帝迁往长安,最终安全还洛。截至此时,可以说,缪播仍与当权者司马越保持着良好的关系。

在惠帝朝混乱的政局中,司马炽最终得以继承皇位,缪播也迎来了政治生涯的巅峰。他在极短的时间内数次升迁,先后担任黄门侍郎、侍

---

① 关于贾谧二十四友的相关学术史回顾可参见〔日〕福原启郎:《贾谧の二十四友をめぐるニ三問題》,《魏晋政治社会史研究》,京都:京都大学学术出版会,2012年,第239—262页。

中，最终就任中书令，专管诏命，深得怀帝信任。同时，其从弟缪胤也从左卫将军一升至散骑常侍，再升至太仆。然而，在达到政治顶峰时，危机也随之降临。随着怀帝与司马越的矛盾愈加激化，缪播不得不在"旧主"与"新帝"之间做出抉择。而倍受皇恩的缪播显然选择了忠于怀帝，最终为司马越所杀。与缪播一同被杀的还有缪胤、怀帝舅父王延、尚书何绥、太史令高堂冲等人，可以说怀帝近臣被一网打尽。[1]

西晋末年变幻莫测的政治局势中，出于自身及家族情况的考虑，抑或是为时局所迫，缪播先后经历了数次政治取向的转变。担任司马越之父司马泰的祭酒，是其政治生涯的起点。而随着怀帝的即位，他最终走向司马越的对立面，并因此招致杀身之祸。

西晋以后史书中偶然仍可见东海缪氏家族成员的影子，但只是附提一句，具体事迹极少。[2] 到了南朝，曾经的儒学世家甚至试图与当时的恩幸"小人"联结，[3]而留在北方的东海缪氏成员，更是"数十年间，了无从官者"，[4]种种迹象表明，其家族不可避免地走上了衰败之路。

---

[1] 关于晋怀帝与东海王司马越之间的政争可参见陈苏镇：《司马越与永嘉之乱》，《北京大学学报（哲学社会科学版）》1989年第1期，后收入其著《两汉魏晋南北朝史探幽》，北京：北京大学出版社，2013年。

[2] 如《晋书》卷一〇八《慕容廆载记》在罗列慕容廆任用的汉族官员时提到，"渤海封弈、平原宋该、安定皇甫岌、兰陵缪恺以文章才俊任居枢要"（第2806页）。

[3] 《宋书》卷九四《恩幸·阮佃夫传》："景和末，太宗被拘于殿内，住在秘书省，为帝所疑，大祸将至，惶惧计无所出。佃夫与王道隆、李道儿及帝左右琅邪淳于文祖谋共废立。时直阁将军柳光世亦与帝左右兰陵缪方盛、丹阳周登之有密谋，未知所奉。登之与太宗有旧，方盛等乃使登之结佃夫，佃夫大说。"（第2312页）

[4] 《魏书》卷五五《刘芳传附缪俨传》："初，兰陵缪俨灵奇，与彭城刘氏才望略等。及彭城内附，灵奇弟子承先随薛安都至京师，赐爵襄贲子，寻还徐州，数十年间，了无从官者。世宗末，承先子彦植袭爵，见叙，稍迁伏波将军、羽林监。彦植恭慎长厚，为时所称。"（北京：中华书局，1974年，第1232页）

## 结　语

东海缪氏是以儒学传家的家族,从西汉初年至东汉末年,其家族势力限于地方。凭借缪袭的努力,其家族得以在曹魏时期进入中央系统,将影响扩展至国家层面。魏晋易代之际,缪悦等人的正确抉择,使其家族的发展得以延续至西晋。晋怀帝时期,东海缪氏家族经过三代的积累,声望、地位达到极盛,然而西晋末年,以缪播、缪胤为代表的缪氏家族未能如其祖、父一样保全家族,在西晋政权灭亡的前夜死于残酷的政治斗争中,东海缪氏家族发展的道路戛然而止。

梳理魏晋时期的政治史,我们能够发现,西晋的官僚阶层经过汉末、魏晋的生长发育,已经形成了一个政治利益共同体,然而在西晋末年的动乱中,这个共同体遭到了巨大打击,一些原本显赫或者处于上升期的家族实力大损,另一些家族则趁机崛起,成为新的政治力量,[1]东海缪氏家族无疑是前者。如果不是在西晋末年遭遇突然打击,他们也有可能成为影响政局的所谓的"门阀士族",这样看来,其衰落似乎极为偶然。但是覆巢之下焉有完卵,在内忧外患的时局中,西晋政权都已土崩瓦解,小小的缪氏家族想要保全自身,又谈何容易呢?

东海缪氏家族是汉晋间江淮地方家族的代表。通过本文对其家族在两汉魏晋时代活动轨迹的研究,可以看出江淮地方家族对中央政府的态度是主动合作、主动融入的。尽管由于残酷的政治斗争,缪氏家族在西晋末年遭遇重大灾难,但我们分明看到,五百年间一个地方家族努力进入中央政权的"奋斗史"。缪氏家族的兴衰反映了汉晋时期江淮地方家族从参与地方行政到进入中央政权再到遭受打击、回归地方的曲折历程,也是汉晋历史发展大势的真实写照。

---

[1] 参见仇鹿鸣:《魏晋之际的政治权力与家族网络》,第290—298页。

# 汉晋间的赗赙制度[①]

刘可维 撰　何华社 译

本文标题所示"赗赙"是为表达对死者的哀悼,而赠与死者、丧家的钱财、物品,以及赠与时的相关礼仪。儒家经典中记载的赗赙并非一种,有关其内容,《春秋谷梁传》隐公元年(前722)记载:"乘马曰赗,衣衾曰襚,贝玉曰含,钱财曰赙。"总结儒家经典所见赗赙的用途如表1所示:

表1　赗赙的种类和用途

| 种类 | 内容 |
| --- | --- |
| 赗 | 在埋葬前,协助丧家出丧所用的车马。 |
| 襚 | 小殓时,死者所穿的殓衣,以及陪葬的衣物。 |
| 含 | 小殓时,放入死者口中的贝玉。 |
| 赙 | 并非丧葬中使用的物品,而是为助办丧事而赠送的钱财。 |

表1所记赠与的种类以及行为,原本并不存在一种固定的总称,但至唐代后,在礼典中正式出现了"赗赙"的用语。[②] 因此,本文将上述各类赠与形式统称为赗赙,把具体的赗、襚、含、赙的赠与称为赠赗、赠襚、赠含、赠赙。

上述赗赙的各种物品主要用于丧葬过程中小殓与出丧环节。儒家经典《仪礼》《礼记》中详细记载了赗赙的有关仪式,[③]但几乎没有记录

---

①　原稿《漢晋における贈賻制度について》,《九州大学東洋史論集》第42号,2014年。译稿略有调整。
②　参照《大唐开元礼》卷一三四《凶礼·敕使吊》"赗赙"条。
③　参照《仪礼·士丧礼》《仪礼·既夕礼》《礼记·杂记》等篇目。

赗赙的标准与数量。此外，先秦时期的史料中也完全不见有关赗赙的法令。也就是说，先秦时期的赗赙制度依然停留在仪礼的层面。此后历经变迁，至律令制完备的唐代，基于国家律令建立起赗赙制度。笔者曾探讨了唐《丧葬令》中有关赗赙的内容、标准、程序等方面的具体规定。① 然而，源于凶礼中的赗赙是如何成为以律令制为基础的国家制度的呢？有关这一点，现阶段尚未阐明。

笔者认为唐代赗赙制度基础的确立期可以追溯至汉晋时期。这一时期，出现了赗、襚、含、赙的赠与形式，并且形成了基于官员身份的赠与标准。正如滋贺秀三氏所指出的那样，西晋的泰始律令是中国法制史上第一部真正意义上的律令。② 而且，泰始律令中也被认为存在着有关赗赙制度的规定。因此，为探讨以律令为基础的赗赙制度的形成，有必要考察汉晋时期赗赙制度的具体情况。

关于汉代的赗赙，鎌田重雄氏基于西汉赠赙的实例，推定了二千石官员赙物的标准。③ 杉本宪司氏整理了东汉时期各类赗赙的实例，指出这一时期并不存在明确的赗赙标准，但大致存在二千石以下、中二千石，以及万石三个等级。④ 在管见的范围内，尚未见到有关西晋赗赙制度的专论。张鹏一氏曾复原了西晋的《丧葬令》，其中包括涉及赗赙制

---

① 拙稿《唐代の赗赙制度について―唐丧葬令を中心として―》，《史学雑誌》第122卷12号，2012年。

② 〔日〕滋贺秀三：《中国法制史論集》第一章第三节《魏・晋・南北朝――真正律令形成期（法源の整頓）》，东京：创文社，2003年。

③ 〔日〕鎌田重雄：《秦漢政治制度の研究》第三篇第七章《漢代賻贈考》，东京：日本学术振兴会，1962年。

④ 〔日〕杉本宪司：《漢代の法賻について》，大阪府立大学社会科学研究会《社会科学論集》第2号，1971年。上述有关赗赙的研究均围绕制度层面展开，佐伯富氏则论述了赗赙的思想背景，详见〔日〕佐伯富：《漢代の賻贈について》，《史林》第62卷5号，1979年。齐书深氏在研究汉代国家赠赙的同时，还关注到私人间的赗赙，详见齐书深：《汉代赗赠初探》，《社会科学战线》1998年第5期；同氏：《汉代丧赠刍议》，《求是学刊》1995年第2期。此外，杜林渊氏探讨了东汉时期各级官员赗赙的数额，详见杜林渊：《东汉赗赙制度研究》，《东南文化》2007年第2期。

度的令文,即"三公、大司马、大将军薨,天子发哀于朝堂,赐秘器、朝服一具、衣一袭、钱三十万、布百匹,加谥"①。该令文中所提及的"朝服一具""衣一袭"属于赠襚,"钱三十万""布百匹"属于赠赙。如果该令文复原无误的话,其无疑展现了西晋时期的赙赠制度(不过,正如后文中论述的那样,该令文的复原存在一定问题)。

上述有关汉晋时期赙赠制度的先行研究存在着以下诸方面的问题:

(1) 先行研究论述了不同秩石等级所对应的赙赠标准,但目前尚不明确这些标准是如何形成的,以及是以何种形式规定的。

(2) 张鹏一氏以《晋书》记载为据,复原了西晋时期面向三公、大司马、大将军赙赠的《丧葬令》令文,不过其复原并非基于法制史料。因此,有必要进一步探讨相关规定存在的法律形态。

(3) 不仅限于法制层面,汉代以来形成的礼制,特别是服制也对西晋的赙赠制度产生了显著的影响,"朝服一具""衣一袭"的赠襚首次出现在西晋之际,至南北朝时已成为最普遍的赠襚形式。此前的研究尚未关注到这一赠襚形式是如何脱胎于汉代以来的服制而形成的。

从上述的问题点出发,本文将基于汉代法制史料,阐明汉代赙赠制度的形成过程,同时探讨西晋所编泰始律令中规定的赙赠制度。根据相关的考察,本文旨在阐明汉晋时期赙赠制度的形成过程以及最终是如何被纳入国家律令体制之中的。

# 一、汉代的赙赠制度

1.《二年律令》与景帝中元二年诏中所见赙赠制度

管见所及先秦时期的法令中,未有关于赙赠赠与的规定。当时的

---

① 张鹏一遗著,徐清廉校补:《晋令辑存》,《丧葬令》,西安:三秦出版社,1989年,第181页。

赗赙主要依据仪礼执行。进入汉代后,《二年律令》与景帝中元二年诏中出现了对于诸侯王、官员赗赙的规定,由此可见西汉前期确立了以律令与诏为基础的赗赙制度。

张家山汉简《二年律令》中的《赐律》是汉代关于各类赏赐与标准的律文篇目。该律规定了与官秩相应的赠与衣服的标准。《二年律令·赐律》二八三简:①

> (前略)二千石吏不起病者,赐衣、襦、棺及官衣常(裳)。

此外,二八四简:

> 郡尉,赐衣、棺及官常(裳)。千石至六百石吏死官者,居县赐棺及官衣。五百石以下至丞、尉死官者,居县赐棺。

《二年律令》二八三简、二八四简规定了赠与包括在职二千石至五百石以下丞、尉在内的各级官员衣服、棺等物品。两枚简中所见的"不起病"是对官员在任期间去世的委婉表述。② 因此,可以推定赠与的"衣""官衣裳"是用于小敛、陪葬时的物品。如前所述,这类衣物即凶礼中规定的禭。

此前的研究基于《说文解字》《释名》等文献,考察了二八三简、二八四简中记述的衣物,认为"衣裳"并非指衣服的总称,其中"衣"为上衣,

---

① 本稿所引用的《二年律令》参照张家山二四七号汉墓竹简整理小组:《张家山汉墓竹简》,北京:文物出版社,2006年。
② 〔日〕冨谷至编:《江陵張家山二四七號墓出土漢律令の研究(訳注篇)》,京都:朋友书店,2006年,第191页。彭浩、陈伟、〔日〕工藤元男主编:《二年律令与奏谳书》,上海:上海古籍出版社,2007年,第209页。

"裳"为下身所着之服,"襦"为短衣。① 一般认为,上述《赐律》提及的"官衣裳"指官员所着的衣服。② 整理二八三简、二八四简规定的赠禭的话,如表2所示:

表2 不同官秩的赠禭衣物

| 二千石 | 郡尉 | 千石至六百石 |
| --- | --- | --- |
| 衣、襦、官衣、官裳 | 衣、官裳 | 官衣 |

与二千石官员的赠禭衣物相比,赠与郡尉以及千石至六百石官员的衣物并不齐备。因此,在小敛、陪葬之际,还需要官员的亲属置备相应的衣物。此外,《二年律令》二九〇简记载:

诸当赐,官毋其物者,以平贾(价)予钱。

由此可见,作为二八三简、二八四简所规定衣物的代替,也可以赠与相当价格的钱。与此相应,《赐律》中对于赠与衣服的尺寸、质地等,都有详细的规定。③ 因此,可以确定作为代替的钱的数额。

除赠禭外,二八三简、二八四简中还记录了赠与棺的规定。然而,在儒家经典中,并未有关于在丧葬中赠与棺的礼仪。也就是说,棺并未被纳入凶礼赠赙的范畴。因此,《二年律令》中除赠与不同等级官员禭的规定外,尚未设立赠与其他赙赠物品的制度。

---

① 前揭张家山二四七号汉墓竹简整理小组:《张家山汉墓竹简》,第48页;前揭彭浩、陈伟、工藤元男:《二年律令与奏谳书》,第208页。
② 前揭〔日〕冨谷至编:《江陵張家山二四七號墓出土漢律令の研究(訳注篇)》,第191页。此外,汉代居延汉简所载戍卒、燧长的物品中包括"县官衣""官袭""官绔"等,这些衣物并非官员的服装,而是指官方供给的衣物。参照陈直:《居延汉简研究》,天津:天津古籍出版社,1986年,第396页;〔日〕永田英正:《居延漢簡の研究》,京都:同朋舍,1989年,第124页。
③ 《赐律》二八二简:"赐衣者六丈四尺,缘五尺,絮三斤。襦二丈二尺,缘丈,絮二斤。绔(袴)二丈一尺,絮一斤半。衾五丈二尺,缘二丈六尺,絮十一斤。"二八五简:"官衣一,用缦六丈四尺,帛里,毋絮。常(裳)一,用缦二丈。"

西汉景帝中元二年(前148),颁布了有关诸侯王、列侯事务的诏,其中也涉及赗赙的赠与。《汉书》卷五《景帝纪》记载:

> (中元)二年春二月令,诸侯王薨,列侯初封及之国,大鸿胪奏谥、诔、策。列侯薨及诸侯太傅初除之官,大行奏谥、诔、策。王薨,遣光禄大夫吊襚、祠、赗,视丧事,因立嗣子。列侯薨,遣太中大夫吊祠,视丧事,因立嗣。

其颜师古注:

> 应劭曰:"衣服曰襚。祠,饮食也。车马曰赗。"

中元二年诏不仅规定了襚,还包括赗的赠与,即赠与送葬时所用的车马。中元二年诏主要规定了诸侯、列侯去世时的诸事务,以及负责这些事务的官员。不过,中元二年诏并未记录有关襚、赗的具体标准,只能确定由光禄大夫负责赠与诸侯王相关的物品。

以上探讨了《二年律令·赐律》与中元二年诏中有关赗赙赠与的规定。《赐律》中除赠襚的标准外,并未见到其他赗赙的内容。中元二年诏只规定了负责诸侯王丧葬事务的官员。这些法令中尚未出现后世赗赙制度中常见的赠赙(钱财)制度。不仅如此,当时甚至几乎不见有关赠与死者钱财的记录。因此,在西汉前期,国家应尚未确立赗赙的相关制度。

### 2. 二千石官员的赠赙故事

赙是指为扶助丧家而赠与的钱财,是历代赗赙制度中面向全体官员最为普遍的一类赗赙。正如前文所述,西汉前期尚未形成对于官员赠赙的制度。进入宣帝、元帝时期,已可见到赠与二千石、中二千石官员"钱百万"的赠赙实例。《汉书》卷七六《尹翁归传》记载:

  元康四年(前62),(尹翁归)病卒。家无余财,天子贤之,制诏御史,"(中略)其赐翁归子黄金百斤,以奉其祭祠"。

尹翁归生前曾担任宣帝时期的扶风太守(二千石),去世后因贫困,皇帝赐与其子"黄金百斤"。当时黄金与钱的兑换比例为一斤黄金相当于一万钱。① 也就是说,赐予尹翁归之子的黄金百斤,约相当于钱百万。又如《汉书》卷八八《欧阳生传》记载:

  元帝即位,(欧阳)地余侍中,贵幸至少府,戒其子曰:"我死,官属即送汝财物,慎毋受。汝九卿儒者子孙,以廉洁著,可以自成。"及地余死,少府官属共送数百万,其子不受。天子闻而嘉之,赐钱百万。

欧阳生的子孙欧阳地余曾任少府卿(中二千石),其所言"官属"指少府的属官,欧阳地余之子遵循其遗言,没有收受少府属官赠送的数百万钱,元帝为表彰这一行为,特赐钱百万。地余的遗言中没有提及皇帝、国家赐与的财物,因此笔者认为当时很可能尚未形成由国家、皇帝赠与死者财物(赙)的制度。除此以外,《汉书》卷七二《贡禹传》记载:

  为御史大夫数月卒,天子赐钱百万。

御史大夫(中二千石)贡禹去世时,天子也曾赐钱百万。对于尹翁归、欧阳地余、贡禹的赏赐并非依据制度层面上的规定,而属于皇帝临时性的赏赐。不过,根据《后汉书·羊续传》的记载可知这种皇帝的赏赐最终成为对于二千石官员赠赙的标准:

---

① 〔日〕柿沼阳平:《中国古代货币经济史》,东京:汲古书院,2011年,第155页。

（前略）而征为太常，未及行，会病卒，时年四十八。遗言薄敛，不受赗遗。旧典，二千石卒官，赗百万。

邢义田氏曾指出这里所见的"旧典"指汉代的故事。① 汉代故事是围绕皇帝或各官署形成的惯例。从前述史料可知，汉代存在着赠与二千石官员赗钱百万的故事。鎌田重雄氏认为《后汉书》所载对于二千石官员赠赗的故事与元帝时期赠与欧阳地余赗钱百万的事迹有关。② 除欧阳地余的事例外，赠与尹翁归、贡禹的赗钱百万也属于皇帝临时性的赏赐，因此《后汉书》所载"二千石卒官，赗百万"的故事最初应形成于宣帝、元帝时期对于二千石官员赠赗的事例。广濑薰雄氏指出汉代故事的形成主要经历了临时性行为→先例→条文化的故事三个阶段。③ 宣帝、元帝时期对于二千石官员赠与钱百万的赗仍处于临时性行为的阶段。

前文提及的尹翁归是二千石官员，欧阳地余、贡禹，以及东汉的羊续为中二千石官员，而赐与他们的赗均为钱百万，因此赠与二千石官员赗的故事很可能包括二千石和中二千石在内。《后汉书·羊续传》引用西汉之际的故事并以此为据，可以推测东汉时依然承袭着对二千石官员赗钱百万的标准。

整理以上论述，西汉宣帝、元帝时期存在着数例赐与去世二千石官员钱百万的赠赗事例，这种皇帝的临时性赏赐逐渐演变为一种作为二千石官员赠赗基准的故事。

3. 霍光故事中的赠赗

赗赙最初源于凶礼，随着宣帝以降儒家思想影响的扩大，丧葬礼仪

---

① 邢义田：《从"如故事"和"便宜从事"看汉代行政中的经常与权变》，《治国安邦》，北京：中华书局，2011年，第383页。
② 前揭〔日〕鎌田重雄：《秦漢政治制度の研究》，第539页。
③ 〔日〕广濑薰雄：《秦漢律令研究》第二部第六章《漢代の故事》，东京：汲古书院，2010年，第257页。

中赗赙的赠与得到了进一步的发展。以下《汉书》卷六八《霍光传》所见对于霍光的赗赙内容已极为完备：

> 光薨，上及皇太后亲临光丧。太中大夫任宣与侍御史五人持节护丧事。中二千石治莫府冢上。赐金钱、缯絮、绣被百领，衣五十箧，璧珠玑玉衣，梓宫、便房、黄肠题凑各一具，枞木外臧椁十五具，东园温明，皆如乘舆制度。载光尸柩以辒辌车，黄屋左纛，发材官、轻车、北军五校士军陈至茂陵，以送其葬。

这里所见到的"缯絮"是指用缯帛和丝绵，或以缯、絮制作的衣物，属于襚的范畴。"辒辌车"是指出丧时将遗体运送至埋葬地的丧车，属于赗的内容。整理对于霍光的赗赙，如表 3 所示：

表 3　《仪礼》《礼记》中记载的赗赙形式

| 含 | 襚 | 赗 | 赙 |
| --- | --- | --- | --- |
| 璧、珠玑① | 缯絮、绣被百领、衣五十箧、玉衣 | 辒辌车、黄屋左纛 | 金钱 |

从表 3 可以看出赐与霍光的赗赙极为豪奢，《仪礼》《礼记》记述的四种赗赙形式均可见到。基于霍光在汉代的特殊地位，这种赗赙应属于最高等级的礼遇。从《汉书》卷九八《元后传》中有关王音、王商的事迹来看，这种特殊的礼遇最终成为一种面向重臣恩赐的故事：

> 王氏爵位日盛，唯（王）音为修整，数谏正，有忠节，辅政八年，薨。吊赠如大将军，谥曰敬侯。（中略）（王）商薨，吊赠如大将军故事，谥曰景成侯。

---

① 《续汉书》志六《礼仪志下》刘昭注补《礼稽命徵》曰："天子饭以珠，晗以玉。诸侯饭以珠，晗以璧。"

霍光历任大司马、大将军等要职,封博陆侯,因此霍光故事又被称为大司马故事、大将军故事、博陆侯故事等。《元后传》中所见"大将军故事"即指霍光故事。前揭《霍光传》的记载正是霍光故事的具体内容。

霍光故事不仅限于物品上的赠与,还包括礼仪方面。《霍光传》中所见"护丧事"是指由太中大夫、侍御史监督丧葬的过程与礼仪。因此,在丧葬礼仪进行、赙赗赠与的过程中,均须遵循相应的仪礼。例如《霍光传》中"发材官、轻车、北军五校士军陈至茂陵,以送其葬"的礼仪构成了霍光故事中的重要一环,作为出丧故事在东汉依然获得参照。《后汉书》卷一六《邓骘传》中有关邓骘之弟邓弘事迹的记载:

> 元初二年(115)(邓)弘卒。(中略)将葬,有司复奏发五营轻车骑士,礼仪如霍光故事。

通过以上探讨,可以得知涉及丧葬事务的霍光故事由礼、物两方面的要素构成。从现实层面来看,汉代可以获得霍光故事待遇的人物极为有限,主要为辅政和开国的重臣。[①] 因此,霍光故事中所见丧葬礼仪与赙赗物品无疑代表了汉代最高等级的礼遇。

### 4. 丞相故事中的赠赙

西汉成帝朝,对于丞相的赙赗赠与逐渐完备,并且同样参照故事执行。《汉书》卷八四《翟方进传》有如下记载:

> 方进即日自杀。上秘之,遣九卿册赠以丞相高陵侯印绶,赐乘舆秘器,少府供张,柱槛皆衣素。天子亲临吊者数至,礼赐异于它相故事。

---

[①] 除上述王音、王商、邓弘外,东汉的开国功臣吴汉、祭遵的葬礼也参照了霍光故事。参照《后汉书》卷一一八《吴汉传》、《后汉书》卷二〇《祭遵传》。

其颜师古注：

> 师古曰："《汉旧仪》云：丞相有疾，皇帝法驾亲至问疾，从西门入。即薨，移居第中，车驾往吊，赠棺、棺敛具，赐钱、葬地。葬日，公卿已下会葬焉。"①

《翟方进传》中"它相故事"是指一般丞相的故事，即涉及丧葬事务的丞相故事。从这点来看，丞相的丧葬事务在当时已参照既有的故事进行。翟方进于成帝绥和二年（前7）自杀，因此最迟至成帝时期已形成了此类丞相故事。颜师古注引用的《汉旧仪》正是这一丞相故事的具体内容。在其记述中可以见到涉及财物的赗赙，不过其中并未保留具体的数额。汉代的故事均是根据前代先例确立的，因此应存在着依据先例数额的赗赙基准。

此外，《汉书》卷八一《孔光传》记载：

> 光年七十，元始五年薨。莽白太后，使九卿策赠以太师博山侯印绶，赐乘舆秘器，金钱杂帛。（中略）载以乘舆辒辌及副各一乘。

孔光历任要职，两次担任丞相，最后为避王莽之势而辞职。因此，孔光的赗赙等级相较一般丞相更高。在孔光葬礼中被赐予的"辒辌及副各一乘"属于赗的内容，而赗的赠与并不见于一般的丞相故事。

整理以上内容，西汉成帝时期丞相的丧葬事务已形成一定的故事而制度化了，其内容包括赗赙的标准，并且在特殊的场合中，除赠赙外还伴随有赠赗。

---

① 上述《汉旧仪》中"赐棺、棺敛具"的部分在《册府元龟》卷三一八《宰辅部·褒宠》翟方进条中记载为"赐棺敛具"。本文所揭《汉书》颜师古注引《汉旧仪》中的"棺"字相重，可以推断其中一"棺"字为衍字。

## 5. 东汉的赗赙制度

杉本宪司氏通过搜集东汉史料中所载赗赙实例,指出东汉时期尚未形成对于官员赗赙的明确标准,仅大致存在二千石以下、中二千石,以及万石三个等级。相对于西汉时赙的内容仅涉及钱的赠与,杉本氏指出东汉的赗赙除钱外,还包括织物、谷物等。[①] 不过,从以下史料中可以得知,东汉时期钱、织物、谷物构成的赗赙组合并不统一。《后汉书》卷八一《温序传》记载:

> 光武闻而怜之,命(王)忠送丧到洛阳,赐城傍为冢地,赗谷千斛、缣五百匹。除三子为郎中。

《后汉书》卷一〇上《光武郭皇后纪》记载:

> 以太牢具上郭主冢,赐粟万斛,钱五十万。

《后汉书》卷二六《韦彪传》记载:

> 永元元年(89)卒,诏:"(中略)其赐钱二十万,布百匹,谷三千斛。"

上述史料中可见到多种钱、织物、谷物的赗赙组合,由此推断东汉时期赗赙的内容应尚未固定。此外,前述《后汉书·羊续传》中"旧典,二千石卒官,赙百万"的记载表明东汉时期赙的赠与依然参照了西汉的故事。

前揭景帝中元二年诏中提及对于诸侯王赠与襚、赗,但西汉时几乎不见有关诸侯王赗赙的标准。与此相对,东汉时已明确确立了诸侯王

---

① 参照前揭〔日〕杉本宪司:《漢代の法賻について》。

赗赙的标准。《后汉书》卷四二《中山简王焉传》记载：

> 自中兴至和帝时，皇子始封薨者，皆赙钱三千万、布三万匹。嗣王薨，赙钱千万、布万匹。

《后汉书》卷五五《济北惠王寿传》记载：

> 自永初已后，戎狄叛乱，国用不足，始封王薨，减赙钱为千万，布万匹。嗣王薨，五百万，布五千匹。

根据上述史料，东汉时期对于初代诸侯王的赗赙在永初以前为钱三千万、布三万匹，嗣王的赗赙为钱千万、布万匹；永初以降，随着国家支出的激增，初代诸侯王的赗赙减为钱千万、布万匹，嗣王的赗赙减为钱五百万、布五千匹。从《中山简王焉传》中"皆赙"的表现来看，东汉时期对于诸侯王赗赙的标准未必是基于法令的规定，很可能仍是依据故事执行的。

　　以上探讨了汉代的赗赙制度。西汉宣帝朝以前，虽然颁布了《二年律令》与中元二年诏，但当时并不见涉及赗赠、赗赙具体标准的制度。此外，也无法确定此后存在着以法令形式规定的赗赙标准。宣帝朝以降，赠与二千石、丞相、诸侯王等身份的赗赙主要遵循故事执行。随着宣帝特别是元帝朝儒教的国教化，[①]儒家礼仪获得了更为广泛的重视。当时儒家凶礼强烈地影响了现实中的丧葬事务。与此相伴，丧葬中愈发频繁地出现凶礼记载的赗赙，并逐渐形成了赠与的传统，进一步以故事的形式为后代所参照。可以推定，正是在这一背景下，宣帝以降的赗赙赠与逐渐形成了故事。

---

① 参照〔日〕福井重雄：《漢代儒教の史的研究》，东京：汲古书院，2005年，第106页。

根据广濑薰雄氏的研究，汉代故事是在帝室、各官署等场合中独自形成的，其发挥着内部规定的作用。故事通常是以临时性行为为前提而形成的惯例，并非由国家统一制定的法典。① 综上所述，有关赙赠标准的汉代故事可以说是在二千石、丞相、诸侯王等身份的丧葬礼仪中形成的一种惯例。

## 二、西晋的赙赠制度

有关三国时代赙赠的事例极为有限，尚难以阐明这一时期的赙赠制度。不过，进入西晋朝后，随着法律、制度的完备，赙赠制度也逐渐确立。本节将探讨西晋时期的赙赠制度。

1.《晋书》中所见赙赠制度

西晋的令典中设有《丧葬令》的篇目，其中收录有涉及官员丧葬事务的令文。然而，晋令整体早已散佚，已难深入探讨令文的内容。张鹏一氏根据残存的晋令佚文，以及个人研究，全面复原了晋令。张氏复原的晋《丧葬令》中收录有对于官员赙赠的令文（以下称为"赙赠条"）。赙赠条的内容为：

> 三公、大司马、大将军薨，天子发哀于朝堂，赐秘器、朝服一具、衣一袭、钱三十万、布百匹，加谥。

赙赠条是基于《晋书》各传的记述，通过个人整理获得的复原成果。不过，《晋书》中也存在着与赙赠条不一致的记载。因此，有必要全面整理赙赠条的关联史料，以此进一步探讨西晋的赙赠制度。《晋书》中有关赙赠赠与的相关记载，如表4所示：

---

① 关于汉代故事的形成与性质，参照前揭〔日〕广濑薰雄：《秦漢律令研究》，第257页。

表4 《晋书》中关于赗赙赠与的记载

| 人物 | 死亡年 | 官职 | 赠官 | 赗赙内容 |
|---|---|---|---|---|
| 王沈 | 泰始二年（266） | 骠骑将军（第二品） | 司空（第一品） | 帝素服举哀,赐秘器、朝服一具、衣一袭、钱三十万、布百匹、葬田一顷,谥曰元。（《晋书》卷三九《王沈传》） |
| 王祥 | 泰始五年（269） | 太保（第一品） | 无载 | 诏赐东园秘器、朝服一具、衣一袭、钱三十万、布帛百匹。（《晋书》卷三三《王祥传》） |
| 裴秀 | 泰始七年（271） | 司空（第一品） | 无载 | 诏曰："（中略）其赐秘器、朝服一具、衣一袭、钱三十万、布百匹,谥曰元。"（《晋书》卷三五《裴秀传》） |
| 石苞 | 泰始八年（272） | 司徒（第一品） | 无载 | 帝发哀于朝堂,赐秘器、朝服一具、衣一袭、钱三十万、布百匹。（《晋书》卷三三《石苞传》） |
| 郑袤 | 泰始九年（273） | 司空（第一品） | 无载 | 帝于东堂发哀,赐秘器、朝服一具、衣一袭、钱三十万、绢布各百匹,以供丧事。（《晋书》卷四四《郑袤传》） |
| 郑冲 | 泰始十年（274） | 太傅（第一品） | 无载 | 帝于朝堂发哀,追赠太傅,赐秘器、朝服、衣一袭、钱三十万、布百匹。（《晋书》卷三三《郑冲传》） |
| 荀𫖮 | 泰始十年（274） | 太尉（第一品） | 无载 | 诏曰："（中略）其赐温明秘器、朝服一具、衣一袭。谥曰康。"（《晋书》卷三九《荀𫖮传》） |
| 侯史光 | 泰始中 | 少府卿（第三品） | 无载 | 诏赐朝服一具、衣一袭、钱三十万、布百匹。（《晋书》卷四五《侯史光传》） |
| 何曾 | 咸宁四年（275） | 太宰（第一品） | 无载 | 帝于朝堂素服举哀,赐东园秘器、朝服一具、衣一袭、钱三十万、布百匹。（《晋书》卷三三《何曾传》） |
| 卢钦 | 咸宁四年（278） | 尚书仆射（第三品） | 开府仪同三司（第一品） | 诏曰："（中略）赐秘器、朝服一具、衣一袭、布五十匹、钱三十万。"（《晋书》卷四四《卢钦传》） |
| 羊祜 | 咸宁四年（278） | 征南大将军（第二品） | 太傅（第一品） | 赐以东园秘器、朝服一袭、钱三十万、布百匹。（《晋书》卷三四《羊祜传》） |

（续表）

| 人物 | 死亡年 | 官职 | 赠官 | 赠赙内容 |
| --- | --- | --- | --- | --- |
| 山涛 | 太康四年（283） | 司徒（第一品） | 司徒（第一品） | 诏赐东园秘器、朝服一具、衣一袭、钱五十万、布百匹，以供丧事。（《晋书》卷四三《山涛传》） |
| 荀勖 | 太康十年（289） | 尚书令（第三品） | 司徒（第一品） | 诏赠司徒，赐东园秘器、朝服一具、钱五十万、布百匹。（《晋书》卷三九《荀勖传》） |

张氏将赠赙条的对象限定为三公、大司马、大将军三种身份。西晋之际的三公包括太尉、司空、司徒。表4所揭史料中未见担任大司马、大将军的官员。而且，除三公外，太宰、太傅、太保、骠骑将军、尚书仆射、征南大将军、尚书令等官员也获得了赠赙条中的赠与。由此可见，张氏复原赠赙条的对象并不完全准确。

表4中所见太宰、太傅、太保之职在西晋与三公、大司马、大将军合称为"八公"①，均属于晋官品中的第一品。此外，王沈、卢钦、羊祜、荀勖虽然生前并未担当第一品的官职，但死后获得了一品的赠官。而少府卿侯史光的赠官在《晋书》中没有留下记载。因此，除无法确认赠官的侯史光外，获得赠赙条赠与的官员全部具有一品的官职，或者是获得了一品的赠官。综上所述，赠赙条规定的对象很可能为一品官员。

张氏将赠赙条的规定作为晋《丧葬令》中的一条令文。前揭史料记载的赠赙数量虽稍有不同，但相关记录在形式、内容等方面均与赠赙条相似。也就是说，对于上述官员的赠赙应参照了类似于赠赙条那样的规定。

前表中最早的实例为泰始二年给与王沈的赠赙。晋泰始律令颁布于泰始四年，也就是说泰始二年对于王沈的赠赙不可能参照晋《丧葬令》。此外，《泰始令》是在全面整理汉魏法令的基础上编纂而成的，而如前所述，汉代赠赙的赠与主要遵循的是故事，并未见到类似于赠赙条

---

① 详见祝总斌：《两汉魏晋南北朝宰相制度研究》，北京：中国社会科学出版社，1990年。

那样的法令形式。因此,将赗赙条作为《丧葬令》的令文复原并不妥当。

基于赗赙条的复原存在着上述诸问题,以下进一步探讨赗赙条的法律形式。从获得赗赙人物的身份来看,几乎均为一品官员。而上述史料所见被赠与赗赙条所载赗赙的最早事例为泰始二年死去的王沈。王沈历任要职,死后被赠与司空。由于王沈是最早去世的一品官员,因此他的赗赙很可能在一定程度上成为此后对于一品官员赗赙的惯例,并最终成为一种故事。关于西晋故事的制定,《唐六典》卷六"刑部尚书员外郎"条有如下记载:

> 晋贾充等撰律令,兼删定当时制诏之条,为故事三十卷,与律令并行。

西晋的故事是在当时制诏的基础上编纂而成的,泰始三年编纂工作完成,泰始四年正月与律典、令典一同颁布。据此可知,西晋故事是以泰始三年以前颁布的制诏为基础编定的。前揭史料所见一品官员赗赙的记录彼此间非常相似,并且王祥、裴秀等人赗赙的记述是直接援引自诏书,这种诏的样式甚至一直延续至南朝。《梁书》卷三一《袁昂传》记载:

> 大同六年(540)薨,时年八十。诏曰:"(前略)给东园秘器、朝服一具,衣一袭,钱二十万,绢布一百匹,蜡二百斤,即日举哀。"

综上所述,可以推定上述赗赙记录的史源应来自现实中诏书的内容。如此一来,对于王沈赗赙的记述也很可能引用于诏书。整理以上论述,可获得如下三点认识:

(1) 西晋的故事主要依据泰始三年以前颁布的诏书编纂而成。

(2) 可以推定《晋书》中有关王沈赗赙的记述引用自诏书中的内容。

(3) 王沈卒于泰始二年,是泰始三年以前去世的唯一一位一品官员。

基于以上三点,笔者认为对于王沈赗赙的诏书被收录于泰始四年颁布的故事之中,成为此后对于一品官员赗赙的标准。也就是说,如赗赙条这样的规定,并非收录于西晋的《丧葬令》之中,而应是以故事的形式存在的。

2. 西晋"朝服一具""衣一袭"的赠襚制度

前揭赗赙史料中,可见到赙与襚的赠与。如前节所述,东汉之际赙的赠与通常由钱、织物、谷物的组合构成,并且当时三类物品的组合尚未统一。西晋应整理了东汉以来赙的形式,将钱与织物作为赙的内容。

此外,赗赙中所见"朝服一具""衣一袭"属于襚的赠与。然而,西晋之前的赠襚中不存在类似的形式,甚至作为当时礼仪一部分的服制中也几乎不见"朝服一具"这样的表述。西晋以后,"朝服一具""衣一袭"被频繁作为赠襚,甚至成为南北朝时期赠襚的主要形式。[①] 因此,有必要探讨"朝服一具"的服制是如何形成的,以及其是如何与"衣一袭"共同构成西晋赠襚的组合等问题。

(1)"朝服一具"的内容

西晋赠襚中的"朝服一具"源于当时朝廷中展现身份高下的常用服制,是由西晋首次确立的制度。[②] 朝服在东汉时就已出现,不过并未留下相关的详细记载。根据以下《续汉书》志三〇《舆服志下》的记载可知,西晋的朝服是基于东汉的袍服制定而成的。

> 服衣,深衣制。有袍,随五时色。袍者,或曰周公抱成王宴居,故施袍。《礼记》"孔子衣逢掖之衣"。缝掖其袖,合而缝大之,近今

---

① 南北朝史料中常见到"朝服一具""衣一袭"的赠襚。关于南北朝赠襚制度的情况,将在别文中探讨。

② 〔日〕小林聪:《晋南朝における冠服制度の変遷と官爵体系》,《東洋学報》第 77 卷 3、4 号,1996 年。

袍者也。今下至贱更小吏，皆通制袍、单衣、皂缘领袖、中衣，为朝服云。

《续汉书》的编纂完成于西晋之际，因此上述史料中的"今"当指西晋。朝服并非指一件衣服，其是由袍、单衣、中衣等构成的衣物组合。有关西晋时"朝服一具"的内容，《宋书》卷一八《礼志五》中还有如下记载：

朝服一具，冠帻各一，绛绯袍、皂缘中单衣、领袖各一领，革带、袷袴各一，鞋、袜各一量，簪导絇自副。四时朝服者，加绛绢黄绯、青绯、皂绯袍单衣各一领。五时朝服者，加给白绢袍单衣一领。

由于南朝宋的礼制基本沿袭了晋礼，所以西晋"朝服一具"的具体内容也可参考《宋书·礼志》的记载。这里所见"朝服一具"的主体（袍、单衣、中衣）与《续汉书·舆服志下》中有关朝服的记载相同，朝服之外还包括冠、带、鞋等。

曹魏末年，出于嬗代的目的，晋王司马昭致力于建立全新的国家制度，全面整理了汉代以来的仪礼、法律、官制。[1] 以此为背景，可以推测当整理作为礼仪组成部分的服制之际，在汉代袍服的基础上，增加了冠、带、鞋等服饰，最终确立了西晋"朝服一具"的服制。

（2）作为赠禭的"朝服一具"

根据前揭《二年律令》二八三、二八四简，西汉时存在着对于二千石至六百石官员的赠禭，其中包含有"官衣裳"。可以确定《二年律令》中的"官衣裳"属于朝廷的服制。[2] 限于史料的不足，尚不清楚西汉"官衣裳"的具体形态与功能等方面。如果从作为敛衣的功能来看，《二年律

---

[1] 《晋书》卷二《景帝纪》记载："（咸熙元年，264）秋七月，帝奏司空荀颛定礼仪，中护军贾充正法律，尚书仆射裴秀议官制，太保郑冲总而裁焉。"

[2] 前揭〔日〕冨谷至编：《江陵張家山二四七號墓出土漢律令の研究（訳注篇）》，第191页。

令》中的"官衣裳"类似于西晋的"朝服一具"。也就是说，如西晋"朝服一具"那样以朝廷服饰作为赠襚的制度至少可以追溯至西汉时期。

除了上述制度层面外，自汉代开始常以朝廷的服饰作为敛衣和陪葬的衣物。虽然尚缺乏有关汉代官员敛衣与陪葬衣物的体系化史料，但考古资料为探讨相关问题提供了一定线索。武威磨嘴子汉墓中第六十二号墓被确认为王莽时期的墓葬。墓葬中虽未发现能够证明墓主人身份的物品，但从随葬品来看，墓主人生前应担任过高级官员。[1] 墓主头戴"漆缅笼巾"和"短耳屋形冠"，身着红色袍服。根据孙机氏的研究，这种巾与冠的组合应为汉代的"武弁大冠"，即武官的冠饰。[2] 墓主的敛服与《二年律令》二八三、二八四简记载的分为上衣和下衣的"官衣裳"不同，为上下连体的袍服。[3] 前揭《续汉书·舆服志下》中的朝服即以袍服为主体。武威磨嘴子四十九号墓（东汉中期）墓主头部带冠，发掘者根据冠的竹骨形态推断其为"进贤冠"。[4] 进贤冠是汉代文官着朝服时所戴的冠。[5] 从六十二号墓与四十九号墓中的冠服来看，其应为朝廷的服饰。根据上述考古资料，至迟在西汉末期去世官员已开始身着官服下葬。

---

[1] 甘肃省博物馆：《武威磨嘴子三座汉墓发掘简报》，《文物》1972年第12期。

[2] 孙机：《武士的弁、冠与头饰》，《汉代物质文化资料图说》，北京：文物出版社，1991年。

[3] 袍在先秦时期为内衣，至东汉时已成为外衣（参照前揭孙机：《汉代物质文化资料图说》，第243页）。《二年律令》中所见赠与的衣物均为上衣（衣、襦）和下衣（绔、裳），没有见到像袍那样上下合体的衣服。当时的袍应仍为内衣。居延汉简中所见的袍已经为常见的官给衣物。509·26（甲2094）简记载："戍卒济阴郡定陶池上里史国　县官帛□袍一□□三斤　县官枲履　二两（后略）"；E.P.T5:12简："□官袍一领甲　官裘一领甲　官袭一领甲　官绔一两在亭"。这些汉简中的"袍"已经为外衣那样的衣物了（参见前揭〔日〕永田英正：《居延漢簡の研究》，第124页）。西汉之际，袍应完成了从内衣到外衣的演变。

[4] 甘肃省博物馆：《武威磨嘴子三座汉墓发掘简报》，《文物》1972年第12期。

[5] 〔日〕原田淑人：《增補漢六朝の服飾》，东京：东洋文库，1967年，第108页。

进入东汉后，服制更加完备，其中可见到太皇太后、皇太后去世之际陪葬朝服的制度。《续汉书》志六《礼仪志下》"太皇太后、皇太后崩"条记载：

> 诸郊庙祭服皆下便房。五时朝服各一袭在陵寝，其余及宴服皆封以箧笥，藏宫殿后阁室。

这一史料记载了太皇太后、皇太后去世之际与先帝合葬时陪葬品的内容，其中放入陵寝的物品中有"五时朝服"。五时朝服为《晋书》卷二五《舆服志》所载最高等级的朝服。[①] 也就是说，在东汉的礼仪中，太皇太后、皇太后陪葬的衣物中已包含有最高等级的朝服了。《三国志》卷二八《王凌传》中也可见到身着朝服下葬的事例：

> 乃发(王)凌、(令狐)愚冢，剖棺，暴尸于所近市三日，烧其印绶、朝服，亲土埋之。

据此可知，在王凌与令狐愚的棺中陪葬有朝服。另外，"亲土"一词指身体直接接触泥土埋葬，即裸葬。从王凌、令狐愚的朝服被烧毁后，裸体而葬这一点来看，二人很可能身着朝服入葬。这一情况与磨嘴子第四十九号、六十二号汉墓的事例类似。

以上简要整理了西晋以前用于入殓衣物的情况，从西汉末期开始，官员身着官服入殓成为一种较为普遍的现象。随着服制的完备，形成了如在太皇太后、皇太后这样皇室成员的葬礼中以五时朝服陪葬的礼仪。可以推定从西汉末期开始朝廷的服饰成为重要的敛服或陪葬用的衣物。

如前所述，西晋以前在服制与赠襚中完全不见"朝服一具"的形式。

---

[①] 前揭〔日〕小林聪：《晋南朝における冠服制度の変遷と官爵体系》。

西晋以汉代袍服为基础，确立了"朝服一具"的服制，并将其作为最常用的朝廷衣物。在汉代以来敛服与陪葬衣物的基础上，西晋最终选定"朝服一具"作为国家赠襚的内容。

（3）"衣一袭"的内容

前述西晋对于一品官员的赠襚中还包括"衣一袭"。与"朝服一具"相同，"衣一袭"并非专指一件衣物，而是由多种衣服组成。有关这一点，《史记》卷九九《叔孙通传》"衣一袭"条《索隐》的解释为：

> 《国语》谓之"一称"。贾逵案，《礼记》"袍必有表，不单。衣必有裳，谓之一称"。杜预云"衣单、复具，云称也"。

此外，《汉书》卷四三《叔孙通传》"衣一袭"条颜师古注：

> 师古曰："一袭上下皆具也。今人呼为一副也。"

《索隐》中将"袭"解释为"称"，颜师古将"袭"解释为"副"。尽管解释不同，但"称""副"以及"袭"的意思相同，均指衣物的组合。① 上述各种解释应由贾逵引用的《礼记·丧大记》衍生而来。该史料的大致意思为：小敛的袍并非单衣，其应有表；小敛的衣（上衣）须与裳（下衣）组合，这样一套衣服称为"一称"。实际上，"一称"包含了作为内衣的袍与作为外衣的衣和裳。又由于"一称"与"一袭"意思相同，因此"一袭"也应包含内衣（袍）和外衣（衣、裳）两组衣物。也就是说，西晋赠襚中的"衣一袭"应包含有袍②、衣、裳。

此外，虽然同样作为衣物的组合，但在"朝服一具""衣一袭"中，

---

① 《汉书》卷七《昭帝纪》："赐衣被一袭，祠以中牢。"颜师古注："一袭，一称也。犹今言一副也。"

② 如前所述，袍在先秦时为内衣，至西汉时逐渐成为外衣。《礼记·丧大记》所见的袍为内衣，西晋的袍为外衣。

"具"与"袭"的单位并不同。根据刘世儒氏的研究,魏晋南北朝时期"具"指不同种类的物品组合在一起。① "朝服一具"除衣服外,还由冠、带、鞋等组成,所以包含了不同种类的衣物。与之相对,"衣一袭"是由袍、衣、裳等衣服构成的组合。正因如此,两者计算单位的表述相异。

"衣一袭"在西晋以前就常作为赏赐的物品。汉晋的服制包括朝服与祭服两类,但并未明确限定官员日常起居所着私人的服饰。由于汉晋服制中没有限定"衣一袭"的具体内容,因此其可能相当于私人的服饰。通过以上的论述,西晋时"朝服一具"与"衣一袭"的赠襚是由表现死者身份高下的朝服与日常起居所着私人服饰组合而成。也就是说,西晋的赠襚结合了现实中公私两面的衣物。

3. 泰始律令中的故事

以上考察了西晋时期对于一品官员赠襚的故事,以及其中所见"朝服一具""衣一袭"赠襚的形成。西晋的赠襚制度同汉代一样应是以故事的形式确立的。然而,与惯例色彩浓厚的汉代故事相比,西晋的故事已具备了法典的性质。本小节希望梳理西晋故事的编纂过程与法典功能,以此探讨其性质。

曹魏末期,刚刚即位晋王的司马昭命令贾充编纂全国性的法律,其内容包括律典、令典、故事三部分,并于西晋建国后的泰始四年统一颁布。② 有关泰始律令的具体内容,《晋书》卷三〇《刑法志》中记载:

> (前略)就汉九章增十一篇,仍其族类,正其体号,改旧律为刑名、法例,辨囚律为告劾、系讯、断狱,分盗律为请赇、诈伪、水火、毁亡,因事类为卫宫、违制,撰周官为诸侯律,合二十篇,六百二十条,

---

① 参见刘世儒:《魏晋南北朝量词研究》,北京:中华书局,1965年。
② 本文将贾充编纂各法典总称为泰始律令,将具体的律、令、故事称为律典、令典、故事。

二万七千六百五十七言。蠲其苛秽,存其清约,事从中典,归于益时。其余未宜除者,若军事、田农、酤酒,未得皆从人心,权设其法,太平当除,故不入律,悉以为令。施行制度,以此设教,违令有罪则入律。其常事品式章程,各还其府,为故事。(中略)凡律令合二千九百二十六条,十二万六千三百言,六十卷,故事三十卷。

泰始律令在中国法制史上所具有的划时代意义在于其彻底改变了尚未成熟的汉令的性质。汉代的令是通过编纂、收录皇帝的诏而形成的法典。然而,泰始律令的令典则是编定的行政准则,是与作为刑法的律典并行的法典形式。① 在泰始律令中,除律典和令典外,还应关注到故事的设立。相对于六十卷的律令(二十卷的律典与四十卷的令典)而言,三十卷的故事在泰始律令中占据了较大的比重。不仅如此,两晋还对三十卷的故事展开了数次增补,最终形成四十三卷本的《晋故事》。②

如前所述,汉代的故事是在皇室以及各官府中独自形成的内部规定,并非由国家统一制定的法典。与此相对,西晋的故事是同律典、令典一同编纂,并统一颁布的。此外,西晋故事的法源也与汉代故事有别。汉代的故事是以临时性行为为前提形成的惯例。而根据前揭《唐六典》卷六"刑部尚书郎中员外郎中"条"晋贾充等撰律令,兼删定当时制诏之条,为《故事》三十卷,与律令并行"的记载,西晋的故事是以皇帝下达的诏书作为法源,经过编纂、删定等程序,制定而成的永久性规定。总而言之,汉晋的故事,在条文的形成与法源等方面均存在着显著差

---

① 〔日〕冨谷至:《晋泰始律令への道—第二部魏晋の律と令—》,《東方学報》(京都)第 73 册,2001 年。
② 贾充编纂的故事为三十卷,不过《隋书》卷三三《经籍志》《旧唐书》卷四六《经籍志》《新唐书》卷五八《艺文志》中记载的《晋故事》为四十三卷。基于《隋志》《新旧唐志》中收录有数个冠以晋朝年号的故事,守屋美都雄氏考证四十三卷本的《晋故事》是在贾充本故事的基础上增补而成的。参见〔日〕守屋美都雄:《中国古代の家族と国家》第四章,京都:东洋史研究会,1968 年,第 606—607 页。

异。可以说西晋的故事已脱却了汉代故事的性质,成为律令体制下一种独立的法典。

有关西晋故事的法律效用及其与令的关系,守屋美都雄氏曾论述西晋的故事与具有"教化"功能的令相比,规定了较低层次的事务。① 此外,滋贺秀三氏根据《晋书·刑法志》的记载,指出故事汇集了政务上的细则与先例等。② 从以下条文来看,西晋的故事还涉及国家的根本制度。《初学记》卷二七《绢第九》记载:

> 《晋故事》:凡民丁课田,夫五十亩,收租四斛,绢三匹,绵三斤。凡属诸侯,皆减租谷亩一斗,计所减以增诸侯。绢户一匹,以其绢为诸侯秩;又分民租户二斛以为侯奉。其余租及旧调绢二户三匹,绵三斤,书为公赋,九品相通,皆输入于官,自如旧制。

天野元之助氏曾指出这条《晋故事》佚文主要是关于"凡属诸侯"以下部分中国家分割诸侯封户的租调事宜。前半部分"凡民丁课田,夫五十亩,收租四斛、绢三匹、绵三斤"不过是分割封户租税规定的前提。③ 这一前提即当时的租调制,原本属于令典中的规定。④ 也就是说,这里的《晋故事》佚文正是在由令典确立的租调制下,有关诸侯封地财政分配的细则,是对令典未能涉及之处的更为详细的规定。另《太平御览》卷二一〇"尚书令"条记载:

> 《晋故事》曰:贾充为尚书令,以目疾表置省事,于是遂置省事

---

① 前揭〔日〕守屋美都雄:《中国古代の家族と国家》,第 604 页。
② 前揭〔日〕滋贺秀三:《中国法制史論集》,第 63 页。
③ 〔日〕天野元之助:《西晋の占田・課田についての試論》,大阪市立大学文学会《人文研究》第 8 卷第 9 号,1957 年。
④ 张学锋:《西晋の占田・課田・租調制の再検討》,《東洋史研究》第 59 卷第 9 号,2000 年;前揭张鹏一:《晋令辑存》,第 140 页。

吏四人，品职章服与诸曹令史同。

该佚文中记载了尚书省根据先例设置省事吏的内容。西晋官吏的设置主要依据泰始律令中的《官品令》与《吏员令》，而这里的"省事吏"是依据《晋故事》设置的官职。当然，省事吏与《官品令》《吏员令》设立的官职一样，同为国家的法定官吏。

从以上所举两条《晋故事》佚文可以看出，西晋故事的内容确实为细则与先例，不过其作为法律的约束力与律令并没有根本性的区别。从故事的法源与编目的方法等方面来看，西晋的故事与唐代的格存在类似的特征，被认为是唐格的先驱。[1]

整理以上论述，西晋泰始律令中的故事是与律典、令典同时编纂、颁布，并与律典、令典一同构成国家律令体制的一部法典，其约束力与律令应基本相同。基于故事的这种法律性质，可以说本节探讨的与赙赠相关的西晋故事已成为律令体制下的一种国家制度了。

## 结　语

本文主要考察了有关中国古代赙赠标准与数量的制度是如何形成，以及如何被纳入国家律令体制之中的。先秦时期赙赠的赠与主要参照《仪礼》。进入汉代后，部分律与诏中规定了赙赠的赠与，不过从宣帝朝开始，形成了有关赙赠的故事，此后赙赠的赠与主要依据故事执行。东汉同样继承了基于故事赠与赙赠的形式。汉代的赙赠故事是在现实中不断执行赙赠的背景下，逐渐形成的有关赠与标准与具体内容的惯例。因此，这种依据故事的汉代赙赠很难说已成为一种整备的国

---

[1]　刘俊文：《唐代法制研究》，台北：文津出版社，1999年，第122页；〔日〕富谷至：《漢律から唐律へ——裁判規範と行為規範—》，《東方学報》（京都）第88册，2013年。

家制度。

《晋书》各传所载对于一品官员的赗赙中可以见到赙与襚的赠与。其中赙的内容承袭了东汉以来形成的钱与织物的组合。襚的赠与是由基于东汉朝服制度制定的"朝服一具"与"衣一袭"组合而成的,两者分别为公私场合下的服饰。《晋书》中相关的赗赙记述非常相似,可以推定赗赙是依据当时的故事赠与的。与作为惯例的汉代故事不同,西晋的故事成为国家法典中的一部,是与律典、令典共同构成国家律令体制的重要组成部分。西晋故事的内容包括诸如细则、先例等规定,不过其在法律层面的约束力与律令基本相仿。随着有关赗赙标准与具体内容的西晋故事的成立,赗赙首次成为基于律令体制的一种国家制度。

本文考察了汉晋赗赙制度的形成,以及与赗赙赠与相关的西晋故事的成立。西晋的赗赙制度特别是"朝服一具""衣一袭"的赠襚制度,不仅为东晋南朝所承袭,也在北魏太和改制后获得延续。对于西晋的赗赙制度是如何被南北朝所继承,以及如何发展为唐代的赗赙制度等问题,将作为今后的课题继续探讨。

# 三国五胡庙制与"太祖"庙号

三田辰彦 撰　柴　栋 译

## 问题意识

在迄今为止的日本中国史研究中,就前近代中国君主制中的皇帝特征问题,古代史学界主要在皇帝功能与天子功能的区别,使同姓间的皇位继承或异姓间的禅让正当化的理论构造,即位仪礼中所反映的君臣关系等方面的研究有了很大进展。[1] 笔者也曾以东晋的皇位继承与祭祀为线索,考察了东晋皇帝的特征。[2]

在对古代中国皇帝特征理解的基础上,来探讨皇帝在国家祭祀中

---

[1] 相关代表性论著如下:〔日〕西嶋定生:《皇帝支配の成立》,《岩波講座世界歴史4》,东京:岩波书店,1970年,第217—256页;《漢代における即位儀礼——とくに帝位継承のばあいについて》,榎博士还历纪念东洋史论丛编纂委员会编:《榎博士還暦記念東洋史論叢》,东京:山川出版社,1975年,第403—422页;〔日〕尾形勇:《中国古代の"家"と国家》,东京:岩波书店,1979年;《中国の即位儀礼》,〔日〕井上光贞等编:《東アジアにおける儀礼と国家》(東アジア世界における日本古代史講座第9卷),东京:学生社,1982年,第21—48页;〔日〕松浦千春:《漢より唐に至る帝位継承と皇太子—謁廟の礼を中心に—》,《歴史》第80辑,1993年;〔日〕金子修一:《中国古代皇帝祭祀の研究》,东京:岩波书店,2006年。

[2] 〔日〕三田辰彦:《東晋の琅邪王と皇位継承》,《集刊東洋学》第96号,2006年;《東晋の哀帝と皇統継承問題》,《歴史》第114辑,2010年;《東晋中期の皇帝と礼制運営》,《文化》第78卷第1・2号,2014年;等等。

所处地位的相关研究也取得了一定的成果。① 另一方面,宗庙祭祀在国家祭祀中至关重要,对于在宗庙祭祀中起到巨大作用的太祖,仍有进一步研究的余地。

管见所及,有关太祖的研究,特别是以魏晋南北朝时期为考察对象的研究,在近年有了很大的飞跃。这些研究主要可以分为:宗庙祭祀中受"百世不迁"礼遇的太祖②以及作为庙号的太祖。③ 前者以"太祖虚位"为问题意识,后者以被授予太祖庙号的皇帝选定为问题意识,两者基本上都是案例分析。因此,作为研究的下一阶段,需要对整个魏晋南北朝进行综合性研究。但是,为了开展综合性研究,首先需要注意那些还没有被讨论的时期。另外,以案例分析来考察太祖,并不单单是因为研究兴趣的多样化,也是因为以个别具体的事例来分析太祖的不同意义这种方式,正是更好地理解魏晋南北朝宗庙制度的关键。

因此,为了建立推进上述综合研究的基础,本文将致力于南北朝以前的三国五胡时期那些仍有探讨余地的课题。首先,关注承继自汉的政权是如何进行宗庙祭祀的。其次,探讨始祖与太祖的关系。李衡眉认为,在魏晋南朝北朝的宗庙制度中采用了太祖的称号,而没有采用始

---

① 代表为〔日〕金子修一:《中国古代皇帝祭祀の研究》,2006 年。近年也出现了关于乐制研究的成果,比如〔日〕渡边信一郎:《中国古代の楽制と国家——日本雅楽の源流》,京都:文理阁,2013 年。关于魏晋南北朝史,近年中国的综合性研究有梁满仓:《魏晋南北朝五礼制度考论》,北京:社会科学文献出版社,2009 年。

② 参见梁满仓:《魏晋南北朝五礼制度考论》,以及郭善兵:《魏晋南北朝皇家宗庙礼制若干问题考辨——兼与梁满仓先生商榷》,《中国史研究》2015 年第 2 期,等等。

③ 关于南朝的研究有赫兆丰:《正统的诉求与建构——对刘宋文帝"太祖"庙号的考察》,《北京社会科学》2017 年第 8 期;田丹丹:《萧梁太祖追认与历史书写》,《学术探索》2014 年第 6 期。而关于北朝的研究则比较多,仅列举一些代表性论著,如王铭:《"正统"与"政统":拓拔魏"太祖"庙号改易及其历史书写》,《中华文史论丛》2011 年第 2 期;王铭:《北魏太武帝庙号升格问题考议》,《中国史研究》2016 年第 1 期;赵永磊:《塑造正统:北魏太庙制度的构建》,《历史研究》2017 年第 6 期;《神主序列与皇位传承:北齐太祖二祧庙的构建》,《学术月刊》第 50 卷第 1 期,2018 年。

祖的称号。① 郭善兵认为,在秦汉以后的中国历代皇帝中,没有采用始祖庙号的人。② 但如果详细地考察吴、五胡时期的宗庙情况,就可以发现事实未必如此。因此,我们要关注吴、五胡时期的庙号,明确区分使用始祖、太祖的情况。

三国至东晋五胡十六国时期,也存在着与东汉—魏—西晋—东晋—刘宋这样政治传承不同的诸王朝。而本文也不打算采用超越常规或例外这种消极的评价方式,来分析这些王朝的事例。③

## 一、继承刘氏汉朝势力的宗庙 ——从公孙氏、蜀汉、汉(刘渊)的事例来看

汉朝把作为庙号的"太祖"给予了高祖刘邦,而到了东汉,在宗庙制度上便存在着二祖庙(高祖庙、世祖庙)。那么,被看作继承了汉朝政权的势力是如何对待上述情况的呢?下面我们就来简单确认一下。

首先,以辽东为根据地的公孙氏(公孙度),自立为辽东侯、平州牧之后,便设立了汉朝的二祖庙。④ 关于此事,先学已有阐述,认为这是

---

① 李衡眉:《历代昭穆制度中"始祖"称呼之误厘正》,《求是学刊》1995年第3期。

② 郭善兵:《魏晋南北朝皇家宗庙礼制若干问题考辨——兼与梁满仓先生商榷》,第181页。

③ 笔者的问题意识与金子修一下面的提议如出一辙:"在这些(关于五胡诸国的南郊等祭祀)事例中,自称王或皇帝时的告天事例有很多,而且从北朝的诸例来看,是否可以和汉魏南朝宗庙一样来理解五胡诸国的宗庙仍有问题。但是,在从东汉末年到东晋成立的动乱期,汉人间也举行了郊祀和籍田仪式,这可能与上述五胡诸国的影响也不是毫无关系。将五胡诸国在自立过程中的郊祀、宗庙和籍田等祭祀的情况,置于来自东汉末年诸多势力的影响中来把握,由此来重新理解北魏以降的北朝皇帝祭祀这项工作,在今后是很有必要的。"〔日〕金子修一:《国家祭祀を中心とした魏晋南北朝隋唐史の回顾と展望》,《中国——社会と文化》第23号,2008年,第211页。

④ 〔晋〕陈寿:《三国志》卷八《公孙度传》,北京:中华书局,1959年,第252页。

"不承认董卓对汉献帝的拥立,表现出自立的意向"。①

接下来是蜀汉的情况。蜀的宗庙分为高祖以下祫祭的庙和刘备的别庙(昭烈庙)。根据陈成国的说法,之所以祫祭高祖以下,是因为"其实刘备本人和他周围的所谓'英贤''儒生'当时已无法把刘备的先祖完全说出来",因此"笼而统之实行合祭"。② 因史料所限,难以得知更为详细的信息,但也有祭祀汉朝二祖的不同说法:

> 夏四月丙午,先主即帝位,大赦,改元章武。……立宗庙,祫祭高皇帝、世祖光武皇帝。③

在这种场合下,祫祭的对象就是所谓的二祖(高祖、世祖)。④

第三个例子是刘渊所建立的汉政权:

> 永兴元年,元海乃为坛于南郊,僭即汉王位,下令曰:"昔我太祖高皇帝以神武应期,廓开大业。太宗孝文皇帝重以明德,升平汉道。世宗孝武皇帝拓土攘夷,地过唐日。中宗孝宣皇帝搜扬俊乂,多士盈朝。……我世祖光武皇帝诞资圣武,恢复鸿基,祀汉配天,不失旧物,俾三光晦而复明,神器幽而复显。显宗孝明皇帝、肃宗

---

① 〔日〕金子修一:《中国古代皇帝祭祀の研究》,第193页。
② 陈成国:《魏晋南北朝礼制研究》,长沙:湖南教育出版社,1995年,第3—4页。刘备的"元祖""祢"等不明之处已被刘宋以后的史学家所指出。参见《三国志》卷三二《先主传》裴松之注,第890页;〔南朝梁〕沈约:《宋书》卷一六《礼志三》,北京:中华书局,1974年,第446页。
③ 〔晋〕常璩著,刘琳校注:《华阳国志新校注》卷六《刘先主志》,成都:四川大学出版社,2015年,第296页。
④ 此外,同样是东晋史学家,《汉晋春秋》的作者习凿齿,就把刘备继承并应祭祀的汉代宗庙称作"二祖之庙"(高祖庙、世祖庙)。《三国志》卷四一《费诗传》注引"习凿齿曰"条,第1016—1017页。不能否认的是,一方面,有继承汉朝后肯定祭祀二祖庙这种先入为主的观念;另一方面,刘宋之后的史学家认为蜀汉的祭祀对象很不明了。

孝章皇帝累叶重晖，炎光再阐。……黄巾海沸于九州，群阉毒流于四海，董卓因之肆其猖勃，曹操父子凶逆相寻。故孝愍委弃万国，昭烈播越岷蜀，冀否终有泰，旋轸旧京。何图天未悔祸，后帝窘辱。自社稷沦丧，宗庙之不血食四十年于兹矣。今天诱其衷，悔祸皇汉，使司马氏父子兄弟迭相残灭。黎庶涂炭，靡所控告。孤今猥为群公所推，绍修三祖之业。顾兹尫暗，战惶靡厝。但以大耻未雪，社稷无主，衔胆栖冰，勉从群议。"乃赦其境内，年号元熙，追尊刘禅为孝怀皇帝，立汉高祖以下三祖五宗神主而祭之。①

在刘渊修筑南郊坛、即汉王位时的"令"中，便称高祖刘邦为"太祖"。需要注意的是"绍修三祖之业"的说法，以及"立汉高祖以下三祖五宗神主而祭之"中的"三祖""五宗"这样的表述。如果从庙号来判断，五宗应为太宗（西汉文帝）、世宗（西汉武帝）、中宗（西汉宣帝）、显宗（东汉明帝）、肃宗（东汉章帝）五人。而三祖中除了"太祖"刘邦、"世祖"刘秀外，没有其他明确的记载。据李慈铭《越缦堂读史札记》所收录的《晋书札记》卷五可知，三祖中的另外一人应为刘备，因为"此时追谥后主曰孝怀，因加昭烈庙号耳"。②

综上可知，即使都被看作继承汉朝政权的势力，在对待宗庙的问题上也有些许不同。在公孙氏、蜀汉的事例中，很难看出这两个政权有试图设置七庙的倾向。而刘渊则从两汉皇帝中，挑选出功德昭著的皇帝，以近似七庙的方式来祭祀。可以认为，刘渊因与两汉历代皇帝毫无血

---

① 〔唐〕房玄龄等：《晋书》卷一〇一《刘元海载记》，北京：中华书局，1974年，第2649—2650页。

② 李慈铭：《越缦堂读史札记全编》下册《晋书札记》卷五，谓："三祖则高帝号太祖，光武号世祖，无更称祖者。据王弥传，元海（刘渊）称昭烈为烈祖，疑元海此时追谥后主曰孝怀，因加昭烈庙号耳。"（北京：北京图书馆出版社，2003年，第714页）为了慎重起见，再次查证《晋书》卷一〇〇《王弥传》：及弥见元海，劝称尊号，元海谓弥曰："孤本谓将军如窦周公耳，今真吾孔明、仲华也。烈祖有云，'吾之有将军，如鱼之有水'。"（第2610页）从此段记述中可以明确烈祖指的就是刘备。

缘关系,故从其中找出功德显著的皇帝,以近似七庙的方式祭祀,进而彰显其政权的正统性。①

## 二、始祖与太祖的关系
### ——从吴、五胡的事例来看

本节将探讨三国以降是如何处理作为称号的始祖与太祖的。在此之前,笔者想先介绍下前辈学者们的观点。李衡眉认为,始祖与太祖原本就很容易混淆。后世(隋唐以降)宗庙制度中始祖、太祖的混淆,主要是受郑玄对经典解释(始祖=始封之君=太祖)的影响,这导致了后世出现用始祖的称呼来替代太祖。② 另一方面,郭善兵在对李氏见解进行部分修正的同时,认为即使同为"太祖",其内容也是有所区别的,即《礼记·王制》所见天子七庙中的大祖(太祖)是某一族最初的祖先,具有始祖的意味。对于诸侯五庙中的大祖(太祖)则是始封之君,没有始祖的意味。因此后世的儒者,并没有分清大祖(太祖)、始祖的含义而混淆使用。③ 总之,笔者认为正因为无法用一个定义来准确把握太祖的含义,所以产生了太祖、始祖混用的现象。

那么,如前所述,从三国以降,特别是孙吴与五胡的事例来看,不仅是太祖,始祖作为庙号来使用的迹象也是可以确认的。在确认了魏晋时期太祖庙号的用例后,可知魏虽有太祖庙号,却不见始祖庙号。④ 同

---

① 笔者在这里采纳了评议人胡胜源的建议,谨此致谢。
② 李衡眉:《历代昭穆制度中"始祖"称呼之误厘正》,第 100 页。
③ 郭善兵:《魏晋南北朝皇家宗庙礼制若干问题考辨——兼与梁满仓先生商榷》,第 180—182 页。
④ 《三国志》卷三《明帝纪》景初元年五月条:"有司奏:武皇帝拨乱反正,为魏太祖……文皇帝应天受命,为魏高祖……帝制作兴治,为魏烈祖(后略)。"(第 109 页)

样,在晋也不见始祖的用例。① 基于这种差异,接下来将对具体的事例进行分析。

1. 吴的宗庙与庙号

关于吴的宗庙,有始祖庙与太祖庙是相同还是不同的意见分歧。陈戍国认为"东吴事业实由孙坚奠基,孙权继承父兄大志,尊父庙理之应当。如此,孙权后嗣自应尊重权志,而不应该再称权庙为太祖庙"②。陈氏上述理解的前提是始祖与太祖具有相同内涵。另一方面,金子修一是把孙坚看作始祖,孙权看作太祖的。③ 那么,吴的始祖与太祖是否应该区分开来呢?

史料中关于吴的始祖庙是"尊坚庙曰始祖"④,关于太祖庙则是"为权立庙,称太祖庙"⑤。除了上述两条记载外,我们再来看看其他的相关史料,如下所示:

> 何承天曰:"……环氏《吴纪》:'权思崇严父配天之义,追上父坚尊号为吴始祖。'如此说,则权末年所郊坚,配天也。权卒后,三嗣主终吴世不郊祀,则权不享配帝之礼矣。"⑥

这里,在关于孙权郊祀的叙述中,引用了刘宋时期何承天的言论。据何承天所引《吴纪》,⑦孙权尊其父孙坚为吴的始祖。另一方面,关于孙权的庙号也有不同说法:

---

① 《晋书》卷三《武帝纪》咸宁元年十二月条:"十二月丁亥,追尊宣帝庙曰高祖,景帝曰世宗,文帝曰太祖。"(第65页)本纪中明确规定庙号的记载仅见于此。
② 陈戍国:《魏晋南北朝礼制研究》,第5页。
③ 〔日〕金子修一:《中国古代皇帝祭祀の研究》,第218—221页。
④ 《三国志》卷四六《孙坚传》注引《吴录》,第1101页。
⑤ 《三国志》卷四八《孙亮传》注引《吴历》,第1153页。
⑥ 《宋书》卷一六《礼志三》,第421页。
⑦ 〔唐〕魏徵等:《隋书》卷三三《经籍志二·史》,"吴纪九卷(晋太学博士环济撰)"(北京:中华书局,1973年,第955页)。

> 吴孙亮五凤元年夏,大水。亮即位四年,乃立权庙,又终吴世,不上祖宗之号,不修严父之礼,昭穆之数有阙。亮及休、晧又并废二郊,不秩群神。此简宗庙、不祭祀之罚也。①

虽然孙亮在即位四年后终于设立了孙权之庙,但在吴的统治期间终究不立祖宗之号、不修尊父之礼(郊祀配天),②昭穆之数也不齐备。③ 如果在孙亮以后也不再给与庙号的话,那么"太祖庙"则可以看作一种通称。

此外,关于立庙的地点也要注意。据《宋书》卷一六《礼志三》所载:

> 孙权不立七庙,以父坚尝为长沙太守,长沙临湘县立坚庙而已。权既不亲祠,直是依后汉奉南顿故事,使太守祠也。坚庙又见尊曰始祖庙,而不在京师。……于建邺立兄长沙桓王策庙于朱爵桥南。……权卒,子亮代立。明年正月,于宫东立权庙曰太祖庙,既不在宫南,又无昭穆之序。

从上述史料可知,孙坚之庙与孙策、孙权之庙的建设地点有所不同。前

---

① 《宋书》卷三三《五行志四·水不润下》,第951页。
② 《孝经·圣治章》谓:"孝莫大于严父,严父莫大于配天,则周公其人也,昔者周公郊祀后稷以配天,宗祀文王于明堂,以配上帝。"(十三经注疏整理委员会整理《孝经注疏》卷五,北京:北京大学出版社,2000年,第33—34页)另外,关于郊祀被忽视这点,可参照《宋书》卷一六《礼志三》等。
③ 田余庆认为东吴孙氏为寒门出身,世系难详,立国时难以建立正规庙制。参见田余庆:《东晋门阀政治》(第4版),北京:北京大学出版社,2005年,第113—114页。

者是不在京师，①后者则是在国都建邺。② 另外，据说孙坚庙是根据尊奉东汉南顿君的故事，让当地的太守来祭祀。③

梳理以上内容，从立庙地点、称呼、祭祀对象、有无皇帝亲祀这几点来看，始祖庙（孙坚）与太祖庙（孙权）可以说是有明显区分的。

2. 五胡诸国的宗庙和庙号

在吴的事例中，始祖庙与太祖庙可以明确地区分开。不过，是否给与始祖这一庙号则无法确证。与此相对，从五胡诸国的事例来看，有明确地赠与始祖庙号的迹象。

首先，关于成汉的事例。对其父李特，李雄在即成都王之位时曾追尊谥号，即皇帝位时又赠与始祖之庙号。④ 从李特生前的官衔来看，只是"自称益州牧、都督梁益二州诸军事、大将军、大都督"而并无王号，⑤或许李雄把其父李特对于创建独立势力做出了巨大贡献这一点，视为符合创业之主的功绩吧。此外，后秦也有赠与始祖庙号的事例。姚苌

---

① 在近年的研究中，也有观点认为孙坚庙并不在长沙，以往只是把长沙桓王（孙策）庙误以为是孙坚庙了。（参见王素、汪力工：《走马楼孙吴"桓王庙"简与长沙"孙坚庙"》，《吴简研究》第一辑，武汉：武汉大学出版社，2004年，第131—142页）此论文是由胡鸿所提示的，谨此致谢。

② 此外，据说孙皓即位后，在国都为其父孙和立了庙。当时孙和的庙被称作清庙。（参见《三国志》卷五九《吴主五子传·孙和传》，第1371页）清庙也作为表示太庙的一般名词而使用，似乎与孙坚、孙权之庙的命名原理不同。另外，孙策之庙也不在京师，"孙策的陵墓在吴郡，其庙也应在陵墓附近"（参见前揭王素、汪力工文，第141页）。案孙皓在孙和之庙建立前，就把孙和改葬到乌程了，"于乌程立陵寝，使县令丞四时奉祠"（参见《宋书》卷一六《礼志三》，第445页）。从这个事例推测来看，我们不能否定孙权为其兄孙策营造之庙的地点不在陵墓附近而在京师的可能性。

③ 关于南顿君的故事，金子修一曾说："光武帝的直系父祖舂陵节侯以下的四亲庙，由原本园陵所在地的郡守与县令、县长来祭祀。"（参见〔日〕金子修一：《中国古代皇帝祭祀の研究》，第179页）

④ 《晋书》卷一二一《李雄载记》谓："（范）长生劝雄称尊号，雄于是僭即帝位……追尊父特曰景帝，庙号始祖。"（第3036页）

⑤ 《晋书》卷一二〇《李特载记》，第3027页。

在即皇帝位后,赠与其父姚弋仲始祖之庙号。①

这样看来,确实有把始祖作为庙号而明确使用的例子。那么,如果把始祖作为庙号,是不是就不能再给与太祖之庙号了呢? 从结论来看,始祖与太祖是分开各自使用的。首先,赠与其父姚弋仲始祖之庙号的姚苌自己就被赠与了太祖之庙号。② 另外,在后凉也可见到类似的事例:

> (吕光)以孝武太元十四年僭即三河王位……太庙新成,追尊其高祖为敬公,曾祖为恭公,祖为宣公,父为景昭王,母曰昭烈妃。其中书侍郎杨颖上疏,请依三代故事,追尊吕望为始祖,永为不迁之庙,光从之。……光以安帝隆安三年死,时年六十三,在位十年。伪谥懿武皇帝,庙号太祖,墓号高陵。③

吕光在即三河王位之时,也新造了太庙。此时,中书侍郎杨颖上疏,请求依三代故事追尊吕望为始祖,作为永世不迁之庙。据说吕光也遵从了这个方案。如果从"永为不迁之庙"这种礼遇来看的话,这里的始祖可以说是被确立为宗庙上的太祖。另一方面,吕光自己死后则被赠予了太祖之庙号。这可以说是宗庙中的太祖与作为个人庙号的太祖能够明确区分的事例:

接下来,让我们来看看有关始祖变更的事例:

> 及即伪位之后,改立宗庙,以父骧为汉始祖庙,特、雄为大成

---

① 《晋书》卷一一六《姚弋仲载记》谓:"永和七年,拜弋仲使持节、六夷大都督、都督江淮诸军事、车骑大将军、仪同三司、大单于,封高陵郡公。八年,卒,时年七十三。……苌僭位,追谥曰景元皇帝,庙号始祖。"(第2961页)
② 《晋书》卷一一六《姚苌载记》,第2973页。
③ 《晋书》卷一二二《吕光载记》,第3059页、第3064页。

庙,又下书言与期、越别族,凡诸制度,皆有改易。①

李寿在咸康四年(338)即位后改立宗庙,以父骧之庙为汉始祖庙,李特、李雄之庙为大成庙。李寿公开宣扬李期等人为别族并改变了一些相关制度,从这点来看,可以认为李寿改立宗庙的理由是为了强调自己的政治系谱并不在李特、李雄之后。对此,继任李寿的李势在即位之后,有以下争论:

> 太史令韩皓奏荧惑守心,以宗庙礼废,势命群臣议之。其相国董皎、侍中王瑕等以为景武昌业,献文承基,至亲不远,无宜疏绝。势更令祭特、雄,同号曰汉王。②

李势即位后,太史令上奏认为"荧惑守心"是由于宗庙之礼荒废所致。于是,李势命群臣议论,群臣以为"景武(景皇帝李特、武帝李雄)使帝业昌盛,献文(献帝李骧、昭文帝李寿)继承基业,至亲并不疏远,不宜疏离断绝"。所以,李势重新祭祀李特、李雄,并将他们称为汉王。

笔者认为,李寿采用的宗庙分离,将大成庙置之不顾,只是为了祭祀汉始祖庙(甚至汉的宗庙)。但李势即位后,由于出现了宗庙祭祀问题,也就决定祭祀大成庙的李特、李雄(大概是由有司摄事),同时也将他们称作汉王。这种做法大概是为了表明自己在政治系谱上承自李特、李雄的一种措施。此外,作为庙号,虽然李特之庙应该称始祖,但李骧之庙却被称作"汉始祖庙",而这以后的庙号则不是很清楚。③

在前赵有个非常有趣的和宗庙改变相关的事例:

---

① 《晋书》卷一二一《李寿载记》,第3046页。
② 《晋书》卷一二一《李势载记》,第3047页。
③ 据《华阳国志》所载,成的君主庙号仍旧没有变更。《华阳国志新校注》卷九《李雄特期寿势志》谓:"太史令韩皓上言,'荧惑守心,乃宗庙不修之谴。'势乃更命祀成始祖、太宗,皆谓之汉。"(第391页)

(光初二年)六月,缮宗庙,社稷,南北郊于长安,令曰:"盖王者之兴,必禘始祖,我皇家之先,出自夏后,居于北夷,世跨燕朔,光文以汉有天下岁久,恩德结于民庶,故立汉祖宗之庙,以怀民望,昭武因循,遂未悛革。今欲除宗庙,改国号,御以大单于为太祖,其速议以闻。"于是,太保呼延宴等议曰……曜从之。于是以冒顿配天,渊配上帝。①

刘曜即位之际,就下令探讨有关国号与宗庙改变的事宜。所谓的宗庙改变,就是废除汉的宗庙,重新以大单于(冒顿单于)为太祖。关于结果,虽然没有直接提及,但从"以冒顿配天"这点来看,恐怕是实现了以冒顿单于为宗庙上的太祖这一目标。

如将其与成汉进行比较,就可以发现比较有趣的事情。据说从成到汉的国号改变之际,李寿是在声明与李期他们是别族的基础上改变了制度。可以说,这是由于李寿不想在政治系谱上把自己置于李特、李雄之后,所以采用了其他的宗庙祭祀方式。另一方面,从汉到赵的国号改变之际,刘曜改变了始祖。考虑到从汉的刘渊的血统来看,刘曜相当于别族,这一始祖的改变正好与李寿的措施如出一辙。就如罗新所指出的那样,刘曜所采取的措施在结果上"进而终于恢复了种姓的本来面目,并且也承认了魏晋的法统地位"。② 不过,刘曜敢于改变宗庙的动机是,与刘渊父子〔汉〕在王统上的非连续性——也就是说,可以认为是由于刘曜的血统所引起的。③

---

① 〔宋〕李昉等撰:《太平御览》卷一一九《偏霸部三》引《十六国春秋·前赵录》,北京:中华书局,1960年影印本,第1册,第576页下栏至第577页上栏。
② 罗新:《十六国北朝的五德历运问题》,《中国史研究》2004年第3期。
③ 虽说如此,但刘曜并没有完全无视刘渊,这点从以"渊配上帝"的措施可以看出。刘曜所采取的一系列措施(国号和宗庙的改变等)是以对抗劲敌石勒为背景的。参见〔日〕小野响:《前趙と後趙の成立——五胡十六国時代における匈奴漢崩壊後の政治史的展開》,《立命館東洋史学》第36号,2013年,第58—63页。

在本节的最后,将对太祖号与其他庙号关系相关的颇具特点的事例进行分析。(请参照表1,表1若有出典,正文将省略注释)首先,相对于后赵的开国者石勒获赠高祖之庙号,石虎则获赠了太祖之庙号。不过,在宗庙上的定位,石勒被认为是太祖。如下所示:

> 赵明字显昭,南阳人。虎摄位,拜为尚书。及诛勒诸子,明谏曰:"明帝功格皇天,为赵之太祖,安可以绝之?"虎曰:"吾之家事,幸卿不须言也。"①

石虎摄位(即赵天王位)之后,诛杀了石勒诸子。于是赵明进谏,当时的谏言中有明帝(石勒)为"赵之太祖"这句话。石勒之庙号实为高祖,这里大概是以始祖的含义来表现太祖的。这也是宗庙上的太祖(王朝的始祖)与庙号中的太祖不相重合的事例。

其次是在前燕,慕容儁在即皇帝位之际,追尊祖父慕容廆为高祖、父慕容皝为太祖。从始封这一观点来看,慕容廆的时候就已经被授予了辽东郡公等爵位。慕容皝也自称燕王,而且受到东晋政府的追认。②奠定创业基础的慕容廆被赠与高祖之庙号,使燕的封土得到追认的慕容皝被赠与太祖之庙号。

此外,在后来的事例中,夏的开国者赫连勃勃则赠与其父太祖之庙号,其自身却被赠与世祖之庙号。如此看来,也存在开国者以外的人被赠与太祖的事例。

这里,我们简单地归纳下前面的讨论结果。即在五胡诸君主之中,有人被授与始祖庙号,并且,可以确定存在着始祖号与太祖号分开的事例,也可以确定存在不曾把太祖庙号赠与开国皇帝的事例,也存在随着

---

① 《太平御览》卷四五四《人事部九五·谏诤四》引《十六国春秋·前赵录》(案此处前赵录应为后赵录),第2册,第2087页上栏。
② 《晋书》卷一○八《慕容廆载记》,第2807页;同书卷一○九《慕容皝载记》,第2817—2821页。

国号、皇统的变化,宗庙祭祀方式也随之改变的情况。

此外,关于吴、五胡的宗庙祭祀是怎样运行的,仍有许多不确定的地方。管见所及,孙吴政权在废黜皇帝时要告庙于先祖,①出自旁系者在继承帝位时有谒庙之礼,②他们全都会告祭孙权之庙。而五胡诸国,谒庙有战胜告捷(慕容儁、慕容垂)、战败谢罪(苻坚)、使即位正当化(苻丕在国都外建立行庙而即位)、表明东迁(事实上的亡国)的决意、出征前的拜庙(慕容垂,结果未遂)、代行郊庙祭祀(石虎,原本应该亲祭)等情况(据《晋书》各君主之载记)。

从运用层面来看,几乎没有举行过四时祭与禘袷等定期祭祀的迹象,只是在使皇位继承正当化时采用过宗庙祭祀,这在吴、五胡时期是共通的。另外,在五胡时期也可以看到出征、战胜、战败、亡国等有关战争的宗庙祭祀事例。

## 代结语

现总结本文所探讨的结内容如下:

① 同样在汉的继承势力中,对于宗庙的处理也略有不同。在公孙氏、蜀国时期几乎看不到有配备七庙的意向。另一方面,刘渊曾选拔功德昭著的两汉皇帝来祭祀,这是因为他与两汉历代皇帝毫无血缘关系,故从其中找出功德显著的皇帝,以近似七庙的方式祭祀,进而彰显其政权的正统性。

② 吴和五胡中的一部分,有意地区分了宗庙里的始祖与太祖。其中有像成汉那样,不仅庙号,就连建筑物也是分开的。此外,也有明确区分宗庙中的太祖与庙号之太祖,并把作为庙号的太祖授与开国皇帝以外之人的情况存在。

---

① 《三国志》卷六四《孙琳传》,第 1448 页。
② 《三国志》卷六一《陆凯传》,第 1404 页。

这样，不以禅让或中兴而成立的吴、五胡诸势力，采取了与魏晋大致不同的宗庙祭祀。关于庙号的选定，从宗庙祭祀的运用层面来看，几乎看不到吴、五胡诸国有定期祭祀的意愿。似乎只要在决定临时大事（即位、废位、战争）之际有依据就足够了。

在本文的最后，将对这种宗庙运用的情况与南北朝时期的宗庙运用之间有怎样的关系作一展望。把始祖与太祖分开的措施，也同样被北魏道武帝所采纳。赵永磊在列举了姚苌、吕光的相关史料后，认为这种措施"与十六国政权相类，明显具有缘饰经典及郑玄学说迹象"。①虽然在没有依据魏晋旧制这一点上是值得肯定的，但从目前的探讨结果来看的话，倒不如说是三国以来，各王朝在宗庙祭祀方面进行了多种尝试。我们应该从这一点来进行评价。换言之，不管七庙（太祖、二祧庙、四亲庙，或是太祖、六亲庙）的形式如何，宗庙营建本身与彰显正统性之间关系密切的这种观念，难道不是被三国以来的各王朝所继承，并以各种方式进行了实践吗？②

通过选定太祖（始祖）来表明正统性这一点，正如本文所指出的那样，前赵和成汉等也曾做过，南北朝也在继续实行。特别是，从给与不是开国之祖的皇帝以太祖的事例来看，其意图是为了以皇帝与太祖间的联系为基础来巩固自己的正统性。例如，赫兆丰认为刘宋的孝武帝刘骏授与其父太祖庙号，是为了标榜孝道并构筑皇位继承的正统性。③另外，田丹丹认为梁的萧衍给与没有开国之功的父亲太祖之号，是为了

---

① 赵永磊：《塑造正统：北魏太庙制度的构建》，第 28 页。
② 金子修一列举了董卓、献帝的南郊与公孙度的郊庙之例，认为"直到东汉末期，宗庙与郊祀作为关系皇帝权威的祭祀，确实有了无可动摇的地位"（[日] 金子修一：《中国古代皇帝制の特質》，《古代中国と皇帝祭祀》，东京：汲古书院，2001 年，第 44 页）。本文的研究成果，正是对上述见解的进一步推进，三国自不必说，五胡也说明了宗庙关系到皇帝的权威与正统性。
③ 赫兆丰：《正统的诉求与建构——对刘宋文帝"太祖"庙号的考察》，第 36 页。

给世人留下梁王朝的创业根基深厚的印象。① 关于北朝,王铭认为东西魏的太祖变更、维持,与对外炫耀正统性有着密切的关系。② 此外,北魏的孝文帝拓跋宏(元宏)、北齐的武成帝高湛都曾对太祖的变更有所举措。这不仅伴随着从太祖到现任皇帝的政治系谱的重新定义,也同时改变了与宗室的关系。③ 从这些有关南北朝时期太祖的相关研究中可以得知,虽然太祖的确定与变更和正统性的彰显关系密切,但那是各皇帝根据必要而随时做出的调整,并不是永远保证王朝正统性的措施。南北朝时期,关于宗庙的议论很周详,虽然宗庙制度本身也很完备,但在这一点上,与本文所讨论的吴与五胡诸国的情况相同。

如果这一推测妥当的话,那么通过宗庙祭祀来彰显正统性,原本就含有某种结构性的动摇。但另一方面,宗庙祭祀确实是"明确了从作为最初受命者的祖宗开始的血统顺序"。④ 正因如此,可以说作为彰显各皇帝正统性的宗庙祭祀是必要的,并得以维持下来。对这一推论的正式验证,将留作今后的课题。

---

① 田丹丹:《萧梁太祖追认与历史书写》,第116页。
② 王铭:《"正统"与"政统":拓拔魏"太祖"庙号改易及其历史书写》,第317—319页。
③ 关于北魏孝文帝,参见王铭:《"正统"与"政统":拓拔魏"太祖"庙号改易及其历史书写》,第305—306页;关于北齐武成帝,参见赵永磊:《神主序列与皇位传承:北齐太祖二祧庙的构建》,第172—173页。附带说一下,北魏孝文帝"构建了一个新的政统,将非道武子孙的力量排除在政治权力之外"(参见前揭王文,第305页),北齐武成帝也有笼络宗室中的远亲这种意图。总之,可以说现任皇帝与宗室间关系的变更,是有排除和笼络两种方向性的。另外,太祖的变更并不仅仅是以皇统的重新设定和与宗室的关系的变更为目的。北魏孝文帝有明确表达北魏是中原正统王朝这种意识的意图。关于北齐文成帝的情况,"其意也在于明确北齐继北魏而起,其政权正统性直接源出北魏"(参见前揭赵文,第172页)。
④ 〔日〕渡边信一郎:《前漢時代の宗廟と楽制——〈安世房中歌〉十七章と承天のイデオロギー》,《中国古代の楽制と国家 日本雅楽の源流》,京都:文理阁,2013年,第88页。此外,渡边氏认为西汉宗庙祭祀的本质是"确认受命者从高祖那里获得了权力继承的正统性",并列举了作为论据的景帝、宣帝确定其父的庙乐这一点。(参见前揭渡边著,第94—96页)

表 1　五胡十六国庙号列表

| No | 王朝 | 人名 | 庙号 | 出处 | 备考 |
|---|---|---|---|---|---|
| 1 | 汉（前赵） | 刘渊 | 高祖 | 《晋书》卷一〇一《刘元海载记》 | |
| 2 | 汉（前赵） | 刘聪 | 烈宗 | 《晋书》卷一〇二《刘聪载记》 | |
| 3 | 后赵 | 石周曷朱 | 世宗 | 《晋书》卷一〇四《石勒载记上》 | 石勒父 |
| 4 | 后赵 | 石勒 | 高祖 | 《晋书》卷一〇五《石勒载记下》 | |
| 5 | 后赵 | 石寇觅 | 太宗 | 《晋书》卷一〇六《石季龙载记上》 | 石虎父 |
| 6 | 后赵 | 石虎 | 太祖 | 《晋书》卷一〇七《石季龙载记下》 | |
| 7 | 冉魏 | 冉瞻 | 烈祖 | 《晋书》卷一〇七《石季龙载记下》 | 冉闵父 |
| 8 | 前燕 | 慕容廆 | 高祖 | 《晋书》卷一一〇《慕容儁载记》 | |
| 9 | 前燕 | 慕容皝 | 太祖 | 《晋书》卷一一〇《慕容儁载记》 | |
| 10 | 前燕 | 慕容儁 | 烈祖 | 《晋书》卷一一〇《慕容儁载记》 | |
| 11 | 前秦 | 苻健 | 世宗→高祖 | 《晋书》卷一一二《苻健载记》《太平御览》卷一二一《偏霸部五·苻健》 | 《十六国春秋·前秦录》：（苻坚）永兴初，追尊曰景明皇帝，庙号高祖。 |
| 12 | 前秦 | 苻坚 | 世祖 | 《晋书》卷一一四《苻坚载记下》 | |
| 13 | 前秦 | 苻登 | 太宗 | 《晋书》卷一一五《苻登载记》 | 苻登子苻崇追尊 |
| 14 | 后秦 | 姚弋仲 | 始祖 | 《晋书》卷一一六《·姚弋仲载记》 | |
| 15 | 后秦 | 姚苌 | 太祖 | 《晋书》卷一一六《姚苌载记》 | |
| 16 | 后秦 | 姚兴 | 高祖 | 《晋书》卷一一八《姚兴载记下》 | |
| 17 | 成 | 李特 | 始祖 | 《晋书》卷一二〇《李特载记》 | |
| 18 | 成 | 李雄 | 太宗 | 《晋书》卷一二一《李雄载记》 | |
| 19 | 汉（成汉） | 李寿 | 中宗 | 《晋书》卷一二一《李寿载记》 | |

(续表)

| No | 王朝 | 人名 | 庙号 | 出处 | 备考 |
|---|---|---|---|---|---|
| 20 | 前凉 | 张轨 | 太祖 | 《太平御览》卷一二四《偏霸部八·张轨》 | 《十六国春秋·前凉录》；《四库全书》作太祖 |
| 21 | 前凉 | 张寔 | 高祖 | 《太平御览》卷一二四《偏霸部八·张寔》 | 《十六国春秋·前凉录》 |
| 22 | 前凉 | 张茂 | 太宗 | 《太平御览》卷一二四《偏霸部八·张茂》 | 《十六国春秋·前凉录》 |
| 23 | 前凉 | 张骏 | 世祖 | 《太平御览》卷一二四《偏霸部八·张骏》 | 《十六国春秋·前凉录》 |
| 24 | 前凉 | 张重华 | 世宗 | 《太平御览》卷一二四《偏霸部八·张重华》 | 《十六国春秋·前凉录》；《四库全书》作世宗 |
| 25 | 后凉 | 吕望 | 始祖 | 《晋书》卷一二二《吕光载记》 | 吕光为三河王，追尊吕望，永为不迁之庙 |
| 26 | 后凉 | 吕光 | 太祖 | 《晋书》卷一二二《吕光载记》 | |
| 27 | 后燕 | 慕容垂 | 世祖 | 《晋书》卷一二三《慕容垂载记》 | |
| 28 | 后燕 | 慕容宝 | 烈宗 | 《晋书》卷一二四《慕容宝载记》 | |
| 29 | 后燕 | 慕容盛 | 中宗 | 《晋书》卷一二四《慕容盛载记》 | |
| 30 | 西秦 | 乞伏国仁 | 烈祖 | 《晋书》卷一二五《乞伏国仁载记》 | |
| 31 | 西秦 | 乞伏乾归 | 高祖 | 《太平御览》卷一二七《偏霸部一一·乞伏乾归》 | 《十六国春秋·西秦录》 |
| 32 | 西秦 | 乞伏炽磐 | 太祖 | 《太平御览》卷一二七《偏霸部一一·乞伏炽磐》 | 《十六国春秋·西秦录》 |
| 33 | 北燕 | 冯跋 | 太祖 | 《太平御览》卷一二七《偏霸部一一·冯跋》 | 《十六国春秋·北燕录》 |
| 34 | 南凉 | 秃髪乌孤 | 烈祖 | 《晋书》卷一二六《秃髪乌孤载记》 | |

(续表)

| No | 王朝 | 人名 | 庙号 | 出处 | 备考 |
|---|---|---|---|---|---|
| 35 | 南燕 | 慕容德 | 世宗 | 《太平御览》卷一二六《偏霸部一〇·慕容德》 | 《十六国春秋·南燕录》 |
| 36 | 北凉 | 沮渠蒙逊 | 太祖 | 《太平御览》卷一二四《偏霸部八·沮渠蒙逊》 | 《十六国春秋·北凉录》 |
| 37 | 西凉 | 李暠 | 太祖 | 《晋书》卷八七《凉武昭王李玄盛传》 | |
| 38 | 夏 | 刘卫辰 | 太祖 | 《晋书》卷一三〇《赫连勃勃载记》 | 赫连勃勃追尊,父卫辰曰桓皇帝,庙号太祖 |
| 39 | 夏 | 赫连勃勃 | 世祖 | 《太平御览》卷一二七《偏霸部一一·赫连勃勃》 | 《十六国春秋·夏录》 |

## 【附记】

本文是以"《文史哲》青年学者工作坊暨第十二届中国中古史青年学者联谊会"(2019年8月25日,山东大学)的报告为基础,并对其构成、内容修订而成的。在联谊会上承蒙评议人胡胜源,以及与会的赵永磊、尹承和胡鸿等学者提出宝贵意见,特此致谢。遗憾的是,本文无法充分地反映与会学者所提的宝贵意见,只得留作今后的课题来展开。另外,本文也是JSPS科研费(课题号18H00700,研究代表者:伴濑明美)研究成果的一部分。联谊会报告的翻译是由东北大学大学院的博士生[现中山大学历史学系(珠海)特聘副研究员]时坚、柴栋所完成的,而本文翻译则是由柴栋所完成的。非常感谢他们在有限的时间里所做的这些工作。当然,文中如有内容、表达方面的错误皆由笔者本人负责。

# 正统竞争与文明承继：
## 论汉赵国的"以孝治天下"
### ——由《晋书》类传所载汉赵人物切入[*]

刘 兵

北魏宣武帝时，御史中尉王显奏称："自金行失御，群伪竞兴，礼坏乐崩，彝伦攸斁。"[①]这是孝文帝以北魏直接承继西晋法统，将十六国打入僭伪行列之后，[②]时人对十六国统治下政治秩序和社会风气的总体评价。崔鸿著述《十六国春秋》亦本此观念，不仅将十六国斥为北魏兴起之"驱除"，而且以"穷兵锐进，以力相图"[③]来概括其历史面貌。这样的评价标准与历史叙述，经唐修《晋书》的采录引用而流传下来，遂成为后世对五胡十六国历史的固定观感。当前，学术界已经开始对这种惯性观感进行反思与克服，对十六国时期的思想文化、学术教育以及宗教

---

[*] 本文曾于2019年12月1日于安徽师范大学历史与社会学院、南京大学六朝研究所主办的"第六届六朝历史与考古青年学者交流会"上宣读，评议人南京师范大学社会发展学院副教授刘可维，以及参会同仁陆帅、小野响等师友提出许多宝贵意见，谨此致谢。

① 〔唐〕李延寿：《北史》卷一七《景穆十二王上·广平王洛侯传附继子匡传》，北京：中华书局，1974年，第645页。

② 参见罗新：《十六国北朝的五德历运问题》，《中国史研究》2004年第3期，后收入氏著《王化与山险：中古边裔论集》，北京：北京大学出版社，2019年，第284页。

③ 〔北齐〕魏收：《魏书》卷六七《崔光传附弟子鸿传》，北京：中华书局，1974年，第1503页。崔鸿自称著述十六国史，不过因其"善恶兴灭之形，用兵乖会之势，亦足以垂之将来，昭明劝诫"（第1504页）。

事业等均已展开探索,并给予了基于历史事实的客观评价。① 但就笔者阅读所及,目前有关十六国诸政权的伦理秩序建设,尤其是本文所关注的孝治政策及其实践的研究,似不多见。故本文拟由《晋书》类传所载汉赵国人物切入,②探讨汉赵国"以孝治天下"的表现、成因及其意义,在助力汉赵国史研究的同时,期以丰富和深化学界有关十六国史认知的点滴之效。

## 一、《晋书》类传所载汉赵人物及其共性

《晋书》三十卷载记是今所留存的最完整、最集中的十六国史料。载记之外,《晋书》中另一处十六国史材料相对较多且集中的地方就是类传。③ 在《晋书》诸类传中,不少传主存在由西晋而入十六国各政权的情况,除却为晋死节或守节者(如麴允、辛勉之类)、避世而不仕者(如隐逸、艺术传所载相关人物),后又入仕十六国各政权或与之存在较密切关系者亦所在皆有,④而其中尤以进入汉赵国者居多,由此出现晋朝

---

① 参见刘国石、高然:《二十世纪中国大陆十六国史研究》"六、思想、文化及社会史",中国魏晋南北朝史学会、武汉大学中国三至九世纪研究所编:《魏晋南北朝史研究:回顾与探索——中国魏晋南北朝史学会第九届年会论文集》,武汉:湖北教育出版社,2009年,第51—52页。

② 近见利用《晋书》类传探讨汉赵国相关问题的研究还有董刚:《匈奴汉国汉化问题辨析》,《甘肃社会科学》2018年第4期。

③ 虽然各类传所载十六国人物都以个体的形式出现,篇幅也不大,史料地位与载记相比不在同一个量级,但由于十六国史料稀缺,如对这些类传中仅存的十六国人物资料,不深入挖掘加以利用,就太可惜了。

④ 如后赵:桑虞(孝友传)、续咸和韦谀(儒林传)、佛图澄(艺术传);冉魏:韦谀(儒林传);前燕:王欢(儒林传)、黄泓(艺术传)、慕容垂妻段氏和段丰妻慕容氏(列女传);前秦:王嘉和僧涉(艺术传)、韦逞及其母宋氏和苻坚妾张氏、窦涛妻苏氏、苻登妻毛氏(列女传);前凉:宋矩和车济(忠义传)、郭瑀和祈嘉(隐逸传)、张天锡妾阎氏和薛氏(列女传);后秦:王嘉和鸠摩罗什(艺术传);后凉:鸠摩罗什(艺术传)、吕纂妻杨氏和吕绍妻张氏(列女传);南凉:昙霍(艺术传);西凉:李玄盛妻尹氏(列女传);另有特殊者如郭黁,则历仕前凉、前秦、后凉、西秦、后秦。

的忠臣义士,与不共戴天之敌国即汉赵国的孝子节妇同传并列的奇特现象。

这种情况的出现,自然与《晋书》自身体例有关。中华书局点校本"出版说明"总结《晋书》内容称:"它的叙事从司马懿开始,到刘裕取代东晋为止,记载了西晋和东晋封建王朝的兴亡史,并用'载记'形式,兼叙了割据政权'十六国'的事迹。"①也就是说,《晋书》仍以晋朝历史为叙事主线、内容框架和时空范围,只不过同时兼及十六国历史,并将之集中安置在"载记"部分。这种体例原则表现在类传中,就是在述及由西晋而入十六国时代的相关人物时,传主事迹的主体内容仍放在晋朝,而只在传尾处简单交代传主在晋亡以后的出处或结局。② 但这并不代表此类传记的内容结构本就如此,其实这些传主更主要的活动、更重要的事迹恰恰是在其进入十六国政权之后。作为灭亡西晋、继而在中原建立起第一个非华夏政权的汉赵国,自然是十六国诸政权中接收此类人物最多者。那么相应的,在十六国诸政权中,《晋书》诸类传述及汉赵国人物也就最多。

当然,以晋为主、以晋为正、以晋为断,只是《晋书》体例的总体原则,但因晋史本身的复杂性,《晋书》取材、叙事已然越出两晋范围之外,加之《晋书》成于众手,破例疏漏之处所在不少,所以《晋书》诸类传中也就多有跳脱上述通例的情况。最显著的是《晋书·列女传》,该传前序交代其时限、范围为"上从泰始,下迄恭安,一操可称,一艺可纪,咸皆撰录,为之传云",这正是《晋书》通例在类传中的贯彻,然其下紧接着又补充道"在诸伪国,暂阻王猷,天下之善,足以惩劝,亦同搜次,附于篇末",③并收入了刘聪、苻坚、慕容垂等十六国国主之妃后的事迹,此即《晋书》叙事、取材兼及十六国史而在类传中出现的变例。另一个较显

---

① 〔唐〕房玄龄:《晋书》,北京:中华书局,1974年,"出版说明",第1页。
② 如下文将要论及的汉赵国人物刘殷、王延、王育、韦忠、刘敏元、乔智明、范隆及朱纪等,都是此种情况。
③ 《晋书》卷九六《列女传》,第2507页。

著的例外是《晋书·艺术传》,该传前序并未言及将行用如《列女传》那样的变例,但事实上,该传中不仅有部分传主的事迹,十六国时期的篇幅较之西晋时代,或几乎相当(如《卜珝传》等),或已大幅超过(如《佛图澄传》等),甚至多有十六国人物的专传(如《鸠摩罗什传》等),此属《晋书》类传中变例之外的破例。除《艺术传》外,破例的情况在其他类传中亦偶有之,典型者如《儒林传》中的韦謏、《孝友传》中的王延。这些情况同样也是由于《晋书》叙事、取材兼及十六国史而出现的,这也正是《晋书》中除载记之外,类传中保存了不少十六国各政权人物的原因。然而,变例、破例的情况虽然存在,但就《晋书》类传总体而言,毕竟仍属少数,因此在《晋书》诸类传中,十六国各政权人物虽皆有所见,但仍以汉赵国人物居多。①

表1统计了《晋书》诸类传所载汉赵国人物,总16人,显然远多于其他十六国政权只有零星或少数人物见载的情况。就族属而言,这些人物有屠各,有南匈奴,也有汉人;就身份而言,这些人物有朝廷三公、皇帝妃后,也有地方牧守、文臣武将,以及官员家属、普通百姓;就时间而言,这些人物的活动跨度基本涵盖了汉赵国的始终。可以说除载记之外,这样一种相对集中的类传呈现,也为我们从新的角度切入汉赵国史提供了新的线索。

表1 《晋书》类传所见汉赵国人物简表

| | 姓名 | 族属 | 在汉赵国的终官 | 亡期 | 出处 |
|---|---|---|---|---|---|
| ● | 刘殷 | 汉 | 太保、录尚书事 | 刘聪朝 | 孝友 |

---

① 王应麟从于晋失节的角度谓"《晋史·忠义传》可削者三人",即韦忠、王育、刘敏元[参见〔宋〕王应麟著,〔清〕翁元圻等注,栾保群、田松青、吕宗力校点:《困学纪闻》(全校本),上海:上海古籍出版社,2008年,第1541页],就是未看破《晋书》类传的体例特点。

(续表)

| 姓名 | 族属 | 在汉赵国的终官 | 亡期 | 出处 |
|---|---|---|---|---|
| ● 王延 | 南匈奴① | 金紫光禄大夫 | 刘粲朝 | 孝友 |
| 王育 | 汉 | 太傅 | 刘聪朝② | 忠义 |
| ● 韦忠 | 汉 | 镇西大将军、平羌校尉 | 刘聪朝 | 忠义 |
| 刘敏元 | 汉 | 中书侍郎、太尉长史 | 刘曜朝以后 | 忠义 |
| ● 乔智明 | 南匈奴③ | 司隶校尉、冠军将军 | 刘聪朝④ | 良吏 |
| ● 范隆 | 汉 | 太尉 | 刘曜朝⑤ | 儒林 |
| 朱纪 | 汉 | 太傅 | 刘曜朝 | 附见上传 |
| 韦謏 | 汉 | 黄门郎 | 冉闵朝⑥ | 儒林 |

① 《晋书》卷八八《孝友传·王延传》仅言其为"西河人也"(第2290页),未明言其族属,但本传载其"继母卜氏",而卜氏(须卜氏)乃匈奴四姓名族之一[参见姚薇元:《北朝胡姓考》(修订本)"卜氏"条,北京:中华书局,2007年,第158—160页],加之西河本南匈奴最主要的聚居地,而王氏亦是匈奴及屠各的常见姓氏(参见陈连庆:《中国古代少数民族姓氏研究——魏晋南北朝民族姓氏研究》匈奴"王氏"条,长春:吉林文史出版社,1993年,第16—17页),因此,王延有可能是南匈奴族人,但也仅属推测。

② 刘聪嘉平四年"大定百官",曾任"王育为太傅"(《晋书》卷一二〇《刘聪载记》,第2665页),然自此以后,王育不再见诸记载,应是在此不久后即去世,故表中姑且定其死于刘聪朝。上列刘殷的亡期,亦系如此推知。

③ 《晋书》卷九〇《良吏传·乔智明传》记其"鲜卑前部人也"(第2337页),周一良先生已指出"鲜卑前部"为"匈奴前部"之讹,见氏著《魏晋南北朝史札记》(补订本)《晋书》部"匈奴乔氏"条,北京:中华书局,2015年,第101—102页。

④ 313年4月,乔智明随刘曜出征长安,出发时其官爵为司隶校尉,当年十一月兵败被杀时,官职为冠军将军,见《资治通鉴》卷八八,晋愍帝建兴元年,北京:中华书局,2011年,第2842页、2851页。《晋书·刘聪载记》亦载其出征时官"司隶"(第2664页),但未记其战败被杀事。

⑤ 《晋书》卷九一《儒林传·范隆传》载"隆死于刘聪之世,聪赠太师"(第2353页),但事实上,至刘粲朝靳准乱政时还见"太傅朱纪、太尉范隆出奔长安"(《刘聪载记》,第2668页),在刘曜平定靳准之乱时仍见"太傅朱纪、太尉范隆等上尊号"(《晋书》卷一三〇《刘曜载记》,第2684页),此后则皆不再见诸记载,应皆亡于刘曜朝。

⑥ 韦謏先仕刘曜,后入石赵、冉魏,本传所载事迹亦主要集中在后,严格来说,应当划属《晋书》类传所见后赵国人物的行列,但考虑到本传明言其"仕于刘曜,为黄门郎"(《儒林传·韦謏传》,第2631页),故暂收入表中。

(续表)

| 姓名 | 族属 | 在汉赵国的终官 | 亡期 | 出处 |
|---|---|---|---|---|
| 卜珝 | 南匈奴 | 太常、使持节、平北将军 | 刘聪朝 | 艺术 |
| 台产 | 汉 | 太子少师 | 刘曜朝以后 | 艺术 |
| ●刘娥 | 汉 | 皇后 | 刘聪朝 | 列女 |
| 刘英 | 汉 | 左贵嫔 | 刘聪朝 | 附于上传 |
| ●王广女 | 不明 | 王广为西扬州刺史① | 刘聪朝 | 列女 |
| ●陕妇人 | 不明 | 民女 | 刘曜朝 | 列女 |
| ●靳康女 | 屠各 | 靳康为靳准篡乱的左右手 | 刘曜朝 | 列女 |

备注：标●者，为传文中对传主孝德、孝行有明文记载者。

在这些林林总总的人物的或长或短的记录中有一个值得注意的共性现象，即其中九人的传文都有关于传主孝行的具体记载，或对传主孝德的明确强调。② 见载于《孝友传》的刘殷、王延，重点表彰的就是其孝行，传中载录了二人孝感冥通以致天赐菫粟、邻火绕行、叩凌鱼出等异迹。《忠义传》的韦忠，本传载其"年十二，丧父，哀慕毁悴，杖而后起……服阕，遂庐于墓所"。③《良吏传》的乔智明，亦记其"少丧二亲，哀毁过礼"。《儒林传》的范隆，亦载其"年四岁，又丧母，哀号之声，感恸行路"。《列女传》的刘聪后刘娥，记其"性孝友"。④《王广女传》重在交代其为父报仇之烈节，正乃至孝之行。《陕妇人》虽重在渲染其蒙冤被

---

① 吴士鉴疑西扬州乃《晋书·地理志》载刘聪所置西河阳（第429页）之误，参见〔清〕吴士鉴、刘承干撰：《晋书斠注》卷九六"梁纬妻辛氏"条，《续修四库全书》，上海：上海古籍出版社，2002年，第227册，第252页下栏。

② 九人之外其他人物，除韦谀不论外，朱纪、刘英因是附见，所以记载简略；卜珝、台产则偏重对其占术的记述，未多涉及其品行一面；《忠义传》中的王育、刘敏元，分别表彰的是前者忠而欲杀辱其长官者、后者义而欲代同邑老人陷于贼者的事迹；《晋书》类传择取此六人的材料，虽未留下传主孝德孝行方面的记录，但并不排除其原始材料中存有这方面记载的可能性，尤其王育、刘敏元的事迹已有此端倪。

③ 《晋书》卷八九《忠义传·韦忠传》，第2310页。

④ 《晋书》卷九六《列女传·刘聪妻刘氏传》，第2519页。

诛所致之灾异,但原因仍在其本是"事叔姑甚谨"乃至毁面目拒再嫁的孝媳,这从后来刘曜赠谥"孝烈贞妇"亦可见。①《靳康女传》虽重在表彰其在父兄被诛后不事刘曜之志操,但其行为的出发点以及"曜哀之,免康一子"②的结局,无乃都是大孝。《孝友传》表彰传主孝行自是应有之义,《忠义传》涉及传主孝德也可以理解,但《良吏传》《儒林传》都专门强调传主的孝行,特别是《列女传》所载四人全有对其孝德的表彰,而且这种情况在《晋书》类传所见并不算多的汉赵人物中所占比例已然过半,尤其是其他十六国政权所见人物列传几无相关记载,即使对比西晋人物出现相关记载的频次亦无不及,这就应该引起注意了。

无论这些传记中有几分夸张虚构,③它们以如此集中的方式呈现出来,尤其是考虑到其中绝大多数都是与汉赵政权关系密切的政治人物,这就不能不让人思考这种现象与汉赵国政权之间所存在的关联,这种关联性最明显的一点,无疑就是这些传记的史源就来源于汉赵政权所编撰的汉赵国史。

## 二、《晋书》类传所载汉赵人物传记的史源及其意义

众所周知,唐初官修《晋书》短期而成,系"以臧荣绪《晋书》为主"④,综合此前诸家《晋书》,"兼引伪史十六国书"⑤而成。因《晋书》

---

① 《列女传·陕妇人传》,第 2520—2521 页。
② 《列女传·靳康女传》,第 2521 页。
③ 刘殷等的孝感神迹,皆取自当时流行的孝子叙事模式,如《刘殷传》中火绕殡屋的故事,又见于同卷《何琦传》,如《王延传》叩凌鱼出的故事,就同于广为人知的同书《王祥传》卧冰求鲤的故事。因此这些记载的真伪虚实,并非本文的关注点所在。
④ 〔五代〕刘昫等:《旧唐书》卷六六《房玄龄传》,北京:中华书局,1975 年,第 2463 页。
⑤ 〔唐〕刘知几著,浦起龙释:《史通通释》外篇《古今正史》,北京:商务印书馆,1930 年,第 3 册,第 33 页。

中十六国史料的主体是载记,学界关注的重心自然也在载记,故而多忽略了《晋书》类传中亦有相对较多的十六国资料,因此,言及《晋书》中取自十六国史传的部分,通常也就局限于载记,而往往不及类传中的相关传记。① 但毫无疑问的是,《晋书》类传中所见十六国人物的列传,其史源亦为列国国史。

就上举《晋书》类传中所载汉赵国人物传记而言,表 2 通过检索《太平御览》等类书,对其史源进行了追溯。② 由表 2 可见,《孝友传》中的刘殷和王延、《艺术传》中的卜珝、《列女传》中的刘聪后刘娥和陕妇人,相关传记材料在《御览》中都引自崔鸿的《十六国春秋·前赵录》。众所周知,崔鸿《十六国春秋》乃"搜集诸国旧史","因其旧记",③增删改编而成。因此,这些参考了崔鸿《十六国春秋·前赵录》的《晋书》汉赵国人物传记,其史源自然也就是汉赵国的史传材料。如《列女传》王广女的材料,《御览》所引正是和苞的《汉赵记》,就非常有力地证明了这一点。

表 2 《晋书》类传所载汉赵国人物传记史源统计表

| 《晋书》类传 | | 《御览》④所引 |
| --- | --- | --- |
| 孝友传 | 刘殷传 | 卷四一一·人事部五二·孝感,引崔鸿《十六国春秋·前赵录》,第 1895 页下栏 |
| | 王延传 | 同上 |

---

① 如张泽咸先生介绍《晋书》时说:"《史通》说它'兼引伪史十六国书'即是就《载记》而言。"(陈高华、陈志超等:《中国古代史史料学》,天津:天津古籍出版社,2006 年,第 115 页)另如柴德赓先生亦言:"《晋书》所载十六国事,大部分在载记中","载记以《十六国春秋》为主要资料,参考唐初流传的范亨《燕书》、裴景仁《秦记》、张证(笔者按,张证应是张咨)《凉记》等记述撰成"(见氏著《史籍举要》,北京:北京出版社,1982 年,第 47 页、第 50 页),也未言及类传部分。

② 当然,笔者同时参考了汤球《十六国春秋辑本》和吴士鉴《晋书斠注》有关各条的辑考成果。

③ 《魏书·崔光传附弟子鸿传》,第 1502 页、第 1504 页。

④ 〔宋〕李昉等:《太平御览》,北京:中华书局,1960 年影印本。

正统竞争与文明承继:论汉赵国的"以孝治天下"　　75

(续表)

| 《晋书》类传 | | 《御览》所引 |
|---|---|---|
| 艺术传 | 卜珝传 | 卷六四六·刑法部一二·斩,引崔鸿《前赵录》,第2892页下栏① |
| 列女传 | 刘娥传 | 卷一四二·皇亲部八·刘聪小刘后,引崔鸿《三十国春秋·前赵录》,第694页上栏② |
| | 王广女传 | 卷四四〇·人事部八一·贞女中,引和苞《汉赵记》,第2025页上栏 |
| | 陕妇人传 | 卷四三九·人事部八〇·贞女上,引崔鸿《前赵录》,第2021页上栏 |

备注:a. 为避烦琐,相关条目重出或有其他内容,仅取录与孝德孝行相关者;
b. 《汉赵记》《十六国春秋》及《三十国春秋》重出,则靠前征引,不录其余。

虽然《忠义传》中的王育、韦忠、刘敏元,《良吏传》的乔智明以及《列女传》的靳康女,在《御览》中的记载都引自《晋书》;《儒林传》的范隆、《艺术传》的台产,暂未找到线索,但无疑都同样取材于崔鸿的《十六国春秋·前赵录》,或直接录自和苞的《汉赵记》。靳康女的事迹,毫无疑

---

① 《御览》此条卜珝写作卜栩,但系同一人无疑。
② 前一条即"刘聪大刘后"刘英,亦引崔鸿《三十国春秋·前赵录》,但言其"以左贵嫔立为皇后",将劝说刘聪勿杀大臣、停建宫殿一事系于其下,与《晋书》不同。另,此处《御览》所谓崔鸿《三十国春秋》应误,因该书并非崔鸿所著。《三十国春秋》有南朝宋武敏之撰、南朝梁萧方等撰两种,前者流传不广,内容也不得而知;后者则见于《隋志》以下诸书目文献,且多被史家采用、论及(参见吴振清:《四种久佚史籍简介》,《古籍整理研究学刊》1986年第2期),《御览》所引《三十国春秋》即为后者。特别是,《御览》引《三十国春秋》缀以作者姓名者,只有崔鸿、萧方两种情况,缀以崔鸿者,极少数以"崔鸿《三十国春秋》"的形式出现,绝大多数则具体到《三十国春秋·某某录》;而缀以萧方者,则几乎都以"萧方等《三十国春秋》"的形式出现,唯一例外则具体到《三十国春秋·西凉传》(《太平御览》卷一七六《居处部四》堂,第857页上栏),考虑到征引体例与录、传之不同,笔者认为《御览》所引崔鸿《三十国春秋·某某录》者(甚至包括仅具崔鸿《三十国春秋》这种情况),可能都是崔鸿《十六国春秋·某某录》的讹误。当然,萧方等撰《三十国春秋》亦是网罗诸国群史而成(参见晁公武撰,孙猛校证:《郡斋读书志校证》,上海:上海古籍出版社,1990年,第109页),不论此条究系崔著,还是萧著,都不致影响本文立论。

问是如此,自不需赘论。作为匈奴前部人的乔智明,作为刘渊同门的范隆(包括朱纪),凭其在晋朝时期的身份地位及个人事迹,断无入列晋朝国史的可能,而他们之所以出现在唐修《晋书》的类传中,无疑是因为他们后来在汉赵政权跻身高层,得以入载汉赵国史,最终又被唐修《晋书》所采录。同理,其他人物如王育、韦忠、刘敏元、台产,虽在晋朝时皆已略有事迹,但同样职位均低(如王育为司马颖帐下将领,韦忠为平阳郡功曹),甚至是白身(如刘敏元、台产),为晋朝国史载录的可能性很小,而他们同样均在汉赵国仕至高位,也应该是因为进入了汉赵国史记载,后才被唐修《晋书》所择取。① 可以为此提供侧证的是,史源出于汉赵国史者,如《孝友传》中的刘殷、王延两传,《列女传》中的刘聪妻刘氏、王广女、陕妇人、靳康女,皆以类相从、前后相连,说明《晋书》史臣在采录汉赵国史材料时,基本遵循着汉赵国人物集中安置、密集排列的原则。②《忠义传》中的王育、韦忠、刘敏元三人同样也是前后紧接,虽然刘敏元与前两人之间,夹着一个为晋守节的辛勉,但辛勉传的主体内容皆是其随怀帝被俘平阳后的情况,因此辛勉事迹应亦取材自汉赵国史。不仅如此,王育之前的贾浑,虽也是为晋死节者,但《御览》载其妻宗氏不屈于汉将乔晞的事迹却引自崔鸿《十六国春秋·前赵录》,③由此可

---

① 汉晋时代,将本地孝子贤妇的德行记录上报中央,是地方政府上计的规定内容(参见〔汉〕班固:《汉书》卷八九《循吏传·黄霸传》,北京:中华书局,1962年,第3632—3633页),此项材料应系后来朝廷修史之际,孝友、列女等传的主要史料来源。但考虑到西晋末年"衣冠轨物,图书记注,播迁之际,皆归江左"(〔唐〕魏徵等:《隋书》卷四九《牛弘传》,北京:中华书局,1973年,第1299页),而且此处所举人物皆身入汉赵,其本人,包括其家人子孙就是"活的材料",因此,汉赵国史的主要史源因采自当朝,原西晋朝廷保存的相关档案材料或毁灭,或南迁,未必是这些人物列传的主源。

② 《艺术传》中的卜珝、台产两传不邻接,属于破例。但上文已言,《晋书》众手官修,破例的情况颇多。所以,虽有此一处破例,但并不足以否定上述史例的存在。

③ 《太平御览》卷四二二《人事部六三·义妇》,第1947页上栏。引文中,贾浑作贾潭,但系同一人无疑。

推,贾浑的事迹与辛勉一样,亦应取自汉赵国史,因此贾浑、王育、韦忠、辛勉、刘敏元诸人才会在《晋书·忠义传》中前后相连。①

十六国政权"各有国书",②《隋书·经籍志》"举其见在",列出"二十七部,三百三十五卷",③其中就有和苞所撰《汉赵记》十卷。《史通·古今正史》"十六国史"条历述诸政权国史详情,其中述及:"前赵刘聪时,领左国史公师彧,撰《高祖本纪》及功臣传二十人,甚得良史之体,凌修谮其讪谤先帝,聪怒而诛之。刘曜时,平舆子和苞撰《汉赵记》十篇,事止当年,不终于曜灭。"④公师彧所撰可能不慎触及屠各刘渊的某些忌讳,因而被刘聪诛杀,⑤但其所撰不可能皆触忌讳,其初衷和主体应仍是歌颂开国之君及创业功臣,就像后赵石虎亦有刊削史稿之事,但其所刊削者也正是此前石勒所授意编撰者。⑥ 和苞修史应吸取了公师彧的前车之鉴,在敏感处更多回避,在麻烦处更行回护。上举《御览》王广女的前一条,是同引自和苞《汉赵记》所述的梁纬妻辛氏事迹,内容与《晋书·列女传·梁纬妻辛氏传》基本相同,特别是其结尾记辛氏"亦自杀",《晋书》本传亦与之同,且还有"曜以礼葬之"⑦一句,足证《晋书》此传史源亦为和苞《汉赵记》,这一点由其与相同史源的《贾浑妻宗氏传》前后并列亦可证。⑧ 然《御览》引邓粲《晋纪》同述辛氏事,却记其"因据

---

① 颇疑贾浑之前的麹允传亦出汉赵国史,暂无直接证据,姑志于此。
② 《魏书·崔光传附弟子鸿传》,第1502页。
③ 《隋书》卷三三《经籍志二》,第963—964页。
④ 〔唐〕刘知几著,浦起龙释:《史通通释》,第38页。
⑤ 关于刘聪朝这起"国史之狱"的探讨,可参见罗新:《从依傍汉室到自立门户——刘氏汉赵历史的两个阶段》,《原学》第5辑,北京:中国广播电视出版社,1996年,后收入氏著《王化与山险:中古边裔论集》,第123—124页。
⑥ 事见《晋书》卷一百五《石勒载记下》,第2735—2736页;《史通通释》外篇《古今正史》"十六国史",第38页。
⑦ 《晋书·列女传·梁纬妻辛氏传》,第2513页。
⑧ 贾浑妻宗氏、梁纬妻辛氏二人,虽与后面刘聪妻刘氏诸人分割开来,但仍体现了上述《晋书》于汉赵国史材料集中排列的体例。

地大哭,从者亦哭,曜并杀之"。① 事实的真相暂置不论,和苞作为汉赵史臣,与作为东晋史家的邓粲,叙述同一件事而有情节不同的版本,正说明了各自皆有其政治立场,在修史之际皆有取舍裁剪。

顺着梁纬妻辛氏出现不同版本的思路,我们或许会将《晋书》类传所载汉赵国人物多有孝德孝行的现象,解释为汉赵史官在修史之际的隐恶虚美,但其超过一半的比例,又显然说明这种现象并非仅仅是史官对个别人物或特定对象的虚美所导致。那么跳出《晋书》类传的范围,我们还可以见到更多汉赵人物的孝德孝行记载,特别是这些人物、包括《晋书》类传中所见者,他们的孝德孝行又是与其生前的政治身份、政治地位以及政治活动密切相关的,而不仅仅是死后对其的一种虚美性生平书写,换句话说,汉赵国史中传主孝德孝行的高频次出现,应是汉赵政权国家意识形态及社会伦理导向的直接反应。

## 三、汉赵国实践"以孝治天下"的表现

表3统计了《晋书》类传以外、同样有孝德孝行记载的其他汉赵国人物。②《载记》记刘渊"七岁遭母忧,擗踊号叫,哀感旁邻,宗族部落咸共叹赏",自是对其孝德的明确记录。刘曜汲汲于将父母之丧自太原、平阳迎还,大建陵墓,追赠谥号,自然皆属孝行的表现。刘曜太子刘熙被誉为"孝友仁慈","足以堂负圣基,为承平之贤主",仁孝之德正是其克承统胤的主要原因。刘聪后呼延氏有"恭孝称于宗族"之德,上夫人王氏在刘聪"大怒"的情况下,"叩头乞哀"保住父命,无疑亦属孝举。江

---

① 《太平御览》卷四三九《人事部八〇·贞女上》引邓粲《晋纪》,第2021页上栏。

② 除表中所列者外,《御览》卷五五七《礼仪部三六·冢墓一》引崔鸿《前赵录》,述陇西人张冔哀感幽显母死复活之事(第2521页上栏),但张冔系王弥部下(见《晋书》卷一〇〇《王弥传》第2611页),最后是否进入汉赵国不明,故暂未列入表中。

都王刘延年"少孤,为叔父所养","奉叔以孝闻",以己子从"啖人贼"手中换回叔孙;长乐王刘洋"性至孝,言及二亲,未尝不呜咽摧恸,每忌日辄三日不食";上郡王刘俊亦为叔父刘密从贼人手中以己子换回,"密后亡,俊勺饮不入口者五日,虽服丧期年,而心丧六载";都是大孝至孝的典型。以之与表1所列人物相比,前者身份多样、地位各异,而此七人全属帝室与皇族一系,也就是说,更加集中在了汉赵政权的核心成员身上。这反映出汉赵政权统治阶层对孝德的普遍重视,从而透露出汉赵国应亦奉行着"以孝治天下"的政策。

表3 有孝德孝行记载的其他汉赵国人物简表

| 身份 | 姓名 | 出处 |
| --- | --- | --- |
| 皇帝 | 刘渊 | 《晋书》卷一〇一《刘元海载记》,第2645页① |
| 皇帝 | 刘曜 | 《晋书》卷一〇三《刘曜载记》,第2684页、2693页 |
| 太子 | 刘熙 | 同上卷,第2696页 |
| 后妃 | 刘聪后呼延氏 | 《御览》卷一四二·皇亲部八·刘聪呼延后,引崔鸿《三十国春秋·前赵录》,第694页上栏 |
| 后妃 | 刘聪上夫人王氏 | 《晋书》卷一〇二《刘聪载记》,第2661页 |
| 宗王 | 江都王刘延年 | 《御览》卷四二一·人事部六二·义中,引《十六国春秋·前赵录》,第1940页下栏 |
| 宗王 | 长乐王刘洋② | 《御览》卷四一三·人事部五四·孝中,引崔鸿《十六国春秋·前赵录》,第1905页上栏 |
| 宗王 | 上郡王刘俊 | 《御览》卷四一六·人事部五七·友悌,引崔鸿《十六国春秋·前赵录》,第1918页 |

虽然史料中没有汉赵国奉行"以孝治天下"的直接且明确的记载,但通过梳理,我们还是能够辨识出某些个别事件,正是汉赵国实践孝治

---

① 《御览》卷一一九《偏霸部三》前赵刘渊,全引崔鸿《十六国春秋·前赵录》,但无相应内容,或是《御览》裁省之故,因为《御览》皇王、偏霸载诸帝王类皆精简。下列刘曜内容同此。

② 《御览》刘洋作刘详,但系同一人无疑。

精神、实施孝治政策的体现。比如上已提及的，刘曜为陕妇人平反冤屈并赠谥"孝烈贞妇"的行为，即可视为汉赵政权将孝治政策贯彻至民间的一个例证。此外，史料中留有一条刘曜朝"赐人爵两级"，同时加赐"孤老贫病不能自存者帛各有差"①的记载，此虽是远袭汉代普赐民爵之陈迹，②所赐之爵应已无实际意义，但其中特别针对"孤老"的救济举措，无疑仍显示出汉赵政权在民间贯彻孝治政策的精神。再如刘粲继位后，"尊聪后靳氏为皇太后，樊氏号弘道皇后，宣氏号弘德皇后，王氏号弘孝皇后"③。其中王氏所获"弘孝"的封号，与"弘道""弘德"这两个至高至极、本已统辖其他所有具体"道""德"的封号并列，则无疑是汉赵国孝治精神在后宫妃号封赠中的体现。由此三例进而与上述史籍中所见汉赵人物多有孝德孝行的现象同观并览，则不难判定此种现象也正是汉赵国奉行"以孝治天下"的表现和结果。也只有放在汉赵国奉行"以孝治天下"的背景之下，我们也才能够理解何以汉赵国史所记上至皇帝妃后、宗室诸王，下至三公保傅、卿将众臣，以及命官家眷、普通百姓，无不是天生孝性、躬行孝德。

那么在这种意义上，也就不宜将汉赵国史录其本国人物多记其孝德孝行的现象，仅仅解释为史官的曲笔虚美或一种单纯的历史书写，而应将之视为当日汉赵国建设政权、实施统治以及立主选妃、命官择人，乃至政教宣扬、民风导化过程中的实情反映与实态记录。也就是说，汉赵国当时本就要求其政治人物包括普通民众具备并践履孝德孝行，且以此作为旌善表德、选贤与能的重要标准。比如刘殷、王延居汉国三公保傅，应即由于其在西晋时期就已是广为人知的大孝，故而被屠各刘氏选为汉赵政权朝廷百官的表率和代表，并以此来彰显和强化自身"以孝治天下"的国策。另如刘殷二女被选入后宫，小女刘娥进而成为汉赵国

---

① 《晋书·刘曜载记》，第 2693 页。
② 有关汉代普赐民爵的情况，可参见〔日〕西嶋定生著，武尚清译：《中国古代帝国的形成与结构：二十等爵制研究》，北京：中华书局，2004 年。
③ 《晋书·刘聪载记附刘粲传》，第 2678 页。

一代贤后,也同样是由于其家门背景与自身修养。当然,汉赵国史所载有孝德孝行的本国人物中自然会有名实不符者,但这就完全属于另外的问题,而与本文主旨意在揭示汉赵国亦奉行"以孝治天下"的国策已不相干。

在这个背景下,汉赵史官的秉笔也就同样可以视为汉赵国孝治国策的体现和反映,虽然其必有回护剪裁之处,但其所推崇表彰者无疑仍代表着汉赵国的官方意识形态。比如它记载了本国帝王将相的孝德孝行,同时也存录了那些不降于汉赵的义士烈妇的事迹(如上举贾浑及其妻宗氏、辛勉兄弟、梁纬妻辛氏等);比如除了表彰孝德之外,它同时还表彰了友悌、忠义、吏能、儒业、数术、贞烈(如表1所列类传所示),以及直谏(如陈元达①)、明直(如段凯②)、谦冲(如陈寔③)、困学(如李景年④)、轻死(如曹光⑤)、骁武(如刘翌⑥),等等。那么从这串不短的名单中,我们不难看出汉赵国在政治秩序、社会伦理方面,绝非如文首所引北魏王显所言之"礼坏乐崩,彝伦攸斁",而是同任何一个国家政权一样,也在积极建设、努力维系,"以孝治天下"的孝治政策正是其中的核心理念与核心策略,只是其努力和效果被五胡十六国时代民族纷争的

---

① 陈元达事见《太平御览》卷一七六《居处部四》堂引和苞《汉赵记》,第857页下栏。
② 段凯事见《太平御览》卷二二六《职官部二四》御史中丞下引崔鸿《十六国春秋·前赵录》,第1073页下栏。
③ 陈寔事见《太平御览》卷四二四《人事部六五》让下引崔鸿《前赵录》,第1955页下栏。
④ 李景年事见《太平御览》卷三五一《兵部八二》戈引崔鸿《前赵录》,第1616页上栏。
⑤ 曹光事见《太平御览》卷三七四《人事部一五》须引崔鸿《前赵录》,第1725页下栏。
⑥ 刘翌事见《太平御览》卷三七九《人事部一一》手引崔鸿《前赵录》,第1704页上栏。

动乱形势所遮蔽和冲淡了而已。①

## 四、汉赵国奉行"以孝治天下"的原因

上述汉赵国从皇帝皇后到三公保傅都有孝德孝行的现象,很容易让人联想到陈寅恪先生探讨西晋统治阶级的阶级属性、西晋治术的文化面貌时所谈到的现象:

> 晋皇室司马懿(宣帝)至司马炎(武帝)都重孝、重礼。"三年之丧,自古达礼",而晋皇室自司马懿以来,"居亲丧皆毁瘠逾制",可谓有过之而无不及。②
> 
> 司马氏将移魏鼎之际,其三公为王祥、何曾、荀颢,而此三人者,当时皆以孝行著称。③

真可谓易代而同工。众所周知,陈先生认为西晋统治阶级乃东汉儒家大族之后继,故视西晋代魏乃"尽复东汉时代士大夫阶级统治全盛之局",④西晋皇室躬行三年丧礼、西晋三公多用大孝之士等,皆应求之于"其家传之政治理想",因为"东汉儒家(即)以孝治天下"。⑤ 虽然学界对陈先生以阶级、文化的视角远接东汉与魏晋的研究取径已有反思与

---

① 《晋书》诸类传中,除《外戚传》不计,《隐逸传》特殊之外,只有《文苑传》不见汉赵国人物。这种现象与当时东晋与十六国南、北社会风尚不同的现实亦复相合,恰可反过来证明,其他类传中多出现汉赵国人物,一定程度上也应是当时汉赵国实际情况的反应。
② 万绳楠整理:《陈寅恪魏晋南北朝史讲演录》,贵州:贵州人民出版社,2012年,第5页。
③ 陈寅恪:《崔浩与寇谦之》,《岭南学报》1950年第11卷第1期,收入氏著《金明馆丛稿初编》(第2版),北京:生活·读书·新知三联书店,2009年,第144页。
④ 陈寅恪:《书世说新语文学类钟会撰四本论始毕条后》,《中山大学学报》1956年第3期,收入氏著《金明馆丛稿初编》,第49页。
⑤ 陈寅恪:《崔浩与寇谦之》,《金明馆丛稿初编》,第143—144页。

商榷,①但陈先生所揭示的西晋奉孝治为国策这一点则确然为不易之事实。《世说新语·任诞》篇载:

> 阮籍遭母丧,在晋文王坐进酒肉。司隶何曾亦在坐,曰:"明公方以孝治天下,而阮籍以重丧,显于公坐饮酒食肉,宜流之海外,以正风教。"②

此条材料为世所习知,亦足证西晋奉行"以孝治天下"之国策。

西晋司马氏皇室皆重孝行孝,晋朝三公皆用大孝之士,而灭晋继起的汉赵国主亦皆有孝德孝行,汉赵三公保傅亦皆用孝名卓著者,这其中明显透露出攀比、竞争的意味。特别是汉赵大孝刘殷、王延之事迹,与西晋首孝王祥类多相似,尤其王延之孝感祥征为叩凌鱼出以进继母,几就是王祥卧冰求鲤以奉继母的翻版。③这些现象都进一步透露出汉赵国当时私下模仿、刻意攀比的痕迹。虽然在现存汉赵国史料中,我们看不到有关屠各皇室服丧及其年限的记载,无法在这方面与司马氏诸帝作对比,但刘曜悦纳乔豫、和苞之谏,停建自己之寿陵,而不纳游子远之谏,为父营造规模盛大之陵墓,这看似前后反复、互相矛盾的现象,其实应即屠各皇室欲在孝治方面压过司马氏之心理与意图的反应,只不过将着力点放在了物质表现层面而已。

众所周知,五胡十六国诸政权,尤其是推翻西晋首先在中原建国的汉赵国,其开国立朝所面临的首要任务就是政权合法性的争夺与树立。

---

① 参见田余庆:《曹袁之争与世家大族》,《秦汉魏晋史探微》(重订本),北京:中华书局,2004年,"作者跋语",第161—162页。另参见仇鹿鸣有关魏晋政治史研究与"政治集团"分析方式的学术史回顾及反思,收入氏著《魏晋之际的政治权力与家族网络》,上海:上海古籍出版社,2012年,"绪论",第1—11页。

② 〔南朝宋〕刘义庆著,〔南朝梁〕刘孝标注,余嘉锡笺疏,周祖谟、余淑宜、周士琦整理:《世说新语笺疏》,北京:中华书局,2007年,第854—855页。

③ 参见《晋书》卷三三《王祥传》,第988页。

学界已有研究证明,汉赵政权合法性的建设最初走的是一条"延续炎汉,排斥魏晋"①的路子。刘渊起兵之初自号"汉氏之甥",借助汉与匈奴曾"约为兄弟"的历史事实,依据"兄亡弟绍"的继承原则,建国称汉,在即汉王位的诏书中历述西汉、东汉、蜀汉诸帝功业时,皆称"太宗孝文皇帝""世宗孝武皇帝""中宗孝宣皇帝""显宗孝明皇帝""肃宗孝章皇帝",特别是还"追尊刘禅为孝怀皇帝",②明确显示出屠各刘氏对两汉"以孝治天下"精神的准确认知及有意识地继承。③ 由此可以说,汉赵国"以孝治天下"国策之所以形成并贯彻,来源于完全不同但又彼此相关的两个路径——续汉,故要承继其"以孝治天下"的传统政策;斥晋,则要竞争其"以孝治天下"的正统地位。④ 这承继与竞争正、反两方面的动力和压力,可以说直接促成了汉赵国孝治政策的顺利确定与激进推行,由此才会出现上述汉赵国史所载人物多有孝德孝行,虽经唐初史臣筛选过滤,但在《晋书》中仍留下众多线索这样的现象。

　　这里还必须强调的是,汉赵国对汉朝"以孝治天下"的承继,绝不仅仅是权宜借用汉家旗号的无心插柳,汉赵国史中出现如此众多具有孝德孝行的人物,也绝非全为与西晋"恶性"竞争的结果,而应是其对华夏传统、华夏文明有意识、有目的的选择和承继。因为五胡十六国诸非华

---

① 罗新:《十六国北朝的五德历运问题》,《王化与山险:中古边裔论集》,第275页。

② 《晋书》卷一〇一《刘元海载记》,第2649—2650页。

③ 有关汉代孝治的情况,可参见刘修明:《"汉以孝治天下"发微》,《历史研究》1983年第6期;赵克尧:《论汉代的以孝治天下》,《复旦学报(社会科学版)》1992年第3期。

④ 学界对司马氏施行孝治天下的原因,以及汉晋间忠孝关系问题亦多有探讨(参见唐长孺:《魏晋南朝的君父先后论》,《魏晋南北朝史论拾遗》,北京:中华书局,2011年),姚大力还将此问题与古代中国的国家意识、国家认同联系起来进行考察(参见氏著《变化中的国家认同:对中国国家观念史的研究述评》,《追寻"我们"的根源:中国历史上的民族与国家意识》,北京:生活·读书·新知三联书店,2018年,第81—82页),本文主旨集中在究发汉赵国亦行孝治天下政策,暂不旁涉其他相关问题。

夏族群所建立的政权,仍多以立足华夏世界、建立华夏式政权为其理想和目标,①作为其揭橥者的汉赵国,最初即"以取晋而代之为目标",要"仿照晋朝建立政权",而"要建立一个能够号召晋人的华夏式政权,就不可避免地要适应传统政治观念与文化"。② 而且,这种适应并不是被动消极的,而是积极主动的,刘渊在起兵建汉之际称"夫帝王岂有常哉,大禹出于西戎,文王生于东夷,顾惟德所授耳"③,就明确反映出他要成为天命所寄之德的代表,以此来缔造华夏传统所认可的政权。当此之际,本之于最基本的人情伦常的孝,经汉晋以来历代王朝的政治实践,④已发展成为一套内涵丰富、体系完备、运用成熟的孝治理念和方案,作为当时公认的华夏传统政治理念和治国方略,当然最易被刘渊及汉赵国统治阶层所继承和运用,⑤而其建立华夏式政权的理想和目标,也决定了汉赵国的"以孝治天下"绝不是权宜假借或攀比竞争,而是对

---

① 参见〔日〕关尾史郎:《日本的五胡十六国时代史研究——以谷川道雄的〈隋唐帝国形成史论〉与三崎良章的〈五胡十六国的基础性研究〉为中心》,《魏晋南北朝史研究:回顾与探索——中国魏晋南北朝史学会第九届年会论文集》,第64页。

② 罗新:《十六国北朝的五德历运问题》,《王化与山险:中古边裔论集》,第274页。

③ 《晋书·刘元海载记》,第2649页。

④ 张分田认为"以孝治天下"的政治模式发端于华夏国家产生之初,其巅峰状态出现在西周,不认同将"孝治"理论的创造归功于"儒家",将"孝治"实践的拓展归功于汉朝(参见张分田:《西周"孝治"的主要特征及其历史性蜕变》,《天津师范大学学报(社会科学版)》2014年第2期),且这一政治传统在秦朝也并未中断(参见张分田:《秦朝"以孝治天下"的主要措施及其历史贡献》,《天津社会科学》2014年第1期)。

⑤ 匈奴族旧有所谓"贵壮健,贱老弱"(《史记》卷一〇〇《匈奴列传》,北京:中华书局,1982年,第2879页)之风俗,似与后来匈奴汉赵国重孝德、行孝治颇成抵牾,但前者实乃人类社会在特定阶段和极端条件下的应激反应,华夏族在早期亦有过与之类似的风俗(参见吴天明:《原始文化的生存竞争与生殖竞争主题——论原始先民贵壮贱弱弃杀老弱的野蛮习俗》,《中国文化》2002年第19期、第20期),所以并不足以对后来汉赵国推行孝治产生滞碍。

华夏文明和传统的切实承继。① 毕竟,比起更多集中在名分、名义层面的法统竞夺,实践环节的具体治术选择和政治运作成效,才真正关乎政权的稳定与命运,这同样也决定着汉赵国实践和推行"以孝治天下"不会仅是自欺欺人、流于形式。

《隋书·经籍志》备举十六国"霸史"后论曰:"自晋永嘉之乱,皇纲失驭,九州君长,据有中原者甚众。或推奉正朔,或假名窃号,然其君臣忠义之节,经国字民之务,盖亦勤矣。"②《晋书》载记前序虽称十六国时期"穷兵凶于胜负,尽人命于锋镝,其为战国者一百三十六年",但仍承认其"华夷咸暨,人物斯在"。③ 对比文首所举王显、崔鸿的说法,唐初史臣似对北魏孝文帝以来形成的五胡十六国史观已有所更张,对十六国诸政权的评价也更趋公允,这是十六国北朝纷乱世局迈入隋唐统一之局后的应有结果。本文由史载汉赵国人物多孝德孝行的现象切入,揭示汉赵政权亦奉行"以孝治天下"的华夏传统治术,进而论证此乃汉赵政权实质性拥抱华夏文明的观点,可为唐初史臣的上述观点添加一条注脚。

---

① 后刘曜虽改变了汉国的历运选择路径,由继汉攘晋改为坦承种族、接续晋朝,但其行用华夏传统文化及治国方略的本质没有改变,此由表一所列人物中有刘曜朝者可见。
② 《隋书·经籍志》,第964页。
③ 《晋书·刘元海载记》,第2644页。

# 后凉与"东人"
## ——后凉权力基础初探

小野响 撰　张　今 译

## 引　言

　　后凉是五胡十六国时代割据河西地区的五凉政权之一,建国者吕光是出身略阳的氐族人。吕光作为前秦部将,曾奉天王苻坚之命远征西域,并挟攻克龟兹等战果凯旋。然而,当吕光等人归来之时,前秦却因淝水战败而日渐衰弱。吕光为自身计,遂与前秦政权日渐疏远,最终自立为王,建立后凉。

　　当时,河西地区存在着大量著姓,他们是维系当地统治的关键所在。但吕光却因遭到索氏、宋氏等河西大族及"名士"十余人的排挤,而将其全部杀害(详见下文)。以此为史料基础,若干先行研究围绕后凉统治者的"氐族本位政策"展开讨论。[①] 此外,有学者认为后凉政权重用非汉族官员[②],他们还指出,虽然后凉秉持氐族本位政策,但对汉人

---

[①] 参见赵向群:《五凉史探》之"后凉篇",北京:社会科学文献出版社,2019年(初版于1996年);冯培红:《敦煌学与五凉史论稿》之"敦煌大族与五凉王国",杭州:浙江大学出版社,2017年;贾小军:《魏晋十六国河西史稿》第四章"十六国时期河西地区政治形势研究",天津:天津古籍出版社,2009年。

[②] 参见〔日〕三崎良章:《五胡十六国 中国史上の民族大移動》(新订版),东京:东方书店,2012年,第121—122页(初版于2002年)。

也十分看重。① 那么问题随之而来,若氐族本位政策与重视汉人并行不悖,"氐族本位"的提法仍然适用吗?

更需注意的是,吕光麾下的前秦西域远征军②并非唯氐族吕氏马首是瞻的单一族群。若仅从吕光的支持者是氐族等非汉民族这一民族视角出发进行探讨,则难有进一步发挥的余地,因为民族视角似乎很难帮助我们理解吕光集团的本质。笔者认为可以引入"东人"概念,因为正是这一群体在背后支持着后凉。有鉴于此,本文拟对"东人"进行考察,进而以此为线索,尝试对这个名正言顺的后凉核心群体及其特性展开考察。③

## 一、释"东人"

后凉末期遭后秦进犯,在都城姑臧爆发了"东人"叛乱。(下文所引史料中,下划线处俱为笔者标注)

《晋书》卷一二二《吕隆载记》:

> (姚)硕德遂率众至姑臧。……吕超出战,大败,遁还。隆收集离散,婴城固守。时荧惑犯帝坐,有群雀斗于太庙,死者数万。东

---

① 参见前引赵向群:《五凉史探》之"论十六国时期河西主要民族的地位与作用",第353页。

② 参见贾小军:《魏晋十六国河西社会生活史》之"魏晋十六国时期河西地方精英内部的权势转移",兰州:甘肃人民出版社,2011年,第58页。此外,关于吕光西域远征军的问题,还可参见蒋福亚:《管豹集》之"吕光征西",北京:国家图书馆出版社,2014年(初版于1993年)。

③ 依据吕光君主号的变化及其与旧主前秦的关系,学者们对后凉建国的时间存在不同理解,本文谨以385年吕光割据姑臧作为后凉建国的标志。虽然更为审慎的说法认为,396年之后,以天王为名号、大凉为国号的后凉政权才可谓名实兼具。但自从吕光据姑臧以插手河西统治以来,种种举措透露出的割据势力特征愈发明显,故本文将割据姑臧看作后凉建国之始。因此,下文称"后凉"者,均指吕光割据姑臧之后的势力范围。

人多谋外叛,将军魏益多又唱动群心,乃谋杀隆、超,事发,诛之,死者三百余家。于是群臣表求与姚兴通好,隆弗许。吕超谏曰……隆从之,乃请降。

据此可知,在姑臧至少有三百余家"东人"及其相关人员。同样的记载还可见于《资治通鉴》,"东人"即"东方之人"①,其意义无疑就是"东方的人"。

再看《晋书》卷一二二《吕光载记》:

麿推后将军杨轨为盟主,轨自称大将军、凉州牧、西平公。吕纂击麿将王斐于城西,大破之,自是麿势渐衰。光遗杨轨书曰:"自羌胡不靖,郭麿叛逆,南藩安否,音问两绝。行人风传,云卿拥逼百姓,为麿唇齿。卿雅志忠贞,有史鱼之操,鉴察成败,远侔古人,岂宜听纳奸邪,以亏大美。陵霜不彫者松柏也,临难不移者君子也,何图松柏彫于微霜,鸡鸣已于风雨。郭麿巫卜小数,时或误中,考之大理,率多虚谬。朕宰化寡方,泽不逮远,致世事纷纭,百城离叛。勠力一心,同济巨海者,望之于卿也。今中仓积粟数百千万,东人战士一当百余,入则言笑晏晏,出则武步凉州,吞麿咀业,绰有余暇。但与卿形虽君臣,心过父子,欲全卿名节,不使贻笑将来。"轨不答,率步骑二万北赴郭麿。

据上文,可知吕光对自己的实力颇为自信,透过"今中仓积粟数百千万,东人战士一当百余"一句更可知"东人"中的"战士"显然正是吕光自矜之战力所在。那么,"东人"所指究竟为何?

---

① 参见《资治通鉴》卷一一二"安帝隆安五年(401)闰八月"条。

后凉割据时期，从东方来到河西的人不外乎以下两类。①

（一）吕光率领的前秦远征军及之后加入者；②

（二）与吕光远征军无关，但因某种原因从中原移居凉州者。

不用说，（一）是后凉建国的基础，也是吕光最为倚重的力量。之后加入者，指的就是像吕光嗣子吕绍等人那样，在淝水战败后趁关中混乱避难而来的人，他们听闻吕光割据自处，纷纷前来投靠。③

而第（二）种情况指的是在后凉为官的人，例如程肇。《魏书》卷六〇《程骏传》：

> 程骏，字驎驹，本广平曲安人也。六世祖良，晋都水使者，坐事流于凉州。祖父肇，吕光民部尚书。

此外，从东方移居凉州的人也应被包括在内。《晋书》卷八七《凉武昭王李玄盛传》载：

> 初，苻坚建元之末，徙江汉之人万余户于敦煌，中州之人有田畴不辟者，亦徙七千余户。郭黁之寇武威，武威、张掖已东人西奔敦煌、晋昌者数千户。及玄盛东迁，皆徙之于酒泉，分南人五千户置会稽郡，中州人五千户置广夏郡，余万三千户分置武威、武兴、张掖三郡，筑城于敦煌南子亭，以威南虏。

由此可知，在苻坚执政时期确有凉州移民来自江汉或中州地区，他

---

① 关于这一时期河西移民的情况，参见前引贾小军：《魏晋十六国河西史稿》第五章"五凉移民与河西学术变迁"，第113—120页。

② 赵向群对于"东人"的理解，应该即为此处的（一）。参见前引赵向群：《五凉史探》之"后凉篇"。

③ 《晋书》卷一二二《吕光载记》："光妻石氏、子绍、弟德世至自仇池，光迎于城东，大飨群臣。"

们虽然没有被称为东方人,但作为"南人"和"中州人",同样被与当地人区别开来。此外,经过李智君的汇总调查,可知移民河西的人中出仕后凉者并不多。①

佐藤智水认为:"从后凉的官员构成来看,除将军与郡太守外,以宗室(氐族吕氏)和胡族出身者为大宗,而汉人仅在郡太守和文官中占据少量席位。"②然而,吕光麾下却能见到汉人武将的身影,例如洛阳人窦苟。③《晋书》卷一二二《吕光载记》:

> 光遣其南中郎将吕方及其弟右将军吕宝、振威杨范、强弩窦苟讨乞伏乾归于金城。

据此可知,窦苟曾作为将军活跃在吕光时期。且依据《十六国春秋》还能获知窦苟是洛阳人,他起初以前秦将军的身份随吕光远征西域。《太平御览》卷七六五《梯》引《十六国春秋·后凉录》:

> 窦苟,洛阳人也,以壮勇知名。从吕光攻龟兹,登云梯,入地道,或时堕落,苏而复上。光深奇之。

接下来,我们再看看吕光远征西域时的军队阵容。《晋书》卷一二二《吕光载记》:

> 坚既平山东,士马强盛,遂有图西域之志,乃授光使持节、都督

---

① 参见李智君:《五凉时期移民与河陇学术的盛衰:兼论陈寅恪"中原魏晋以降之文化转移保存于凉州一隅"说》,《中国史研究》2006年第2期。
② 〔日〕佐藤智水:《五胡十六国から南北朝時代》,〔日〕榎一雄编:《講座敦煌2 敦煌の歴史》,东京:大东出版社,1980年,第60页。
③ 史料中"苟"(《晋书》之《吕光载记》《秃发乌孤载记》)与"荀"(《晋书·安帝纪》《太平御览》引《十六国春秋》)混用,本文依循《吕光载记》作"窦苟"。

西讨诸军事,率将军姜飞、彭晃、杜进、康盛等总兵七万,铁骑五千,以讨西域。以陇西董方、冯翊郭抱、武威贾虔、弘农杨颖为四府佐将。

据此,七万五千名①远征军士兵由胡汉两族组成。虽然士兵们具体的民族成分尚不明确,但考虑到将军中的陇西董方、冯翊郭抱、武威贾虔、弘农杨颖皆为汉人,那么士兵中也应当有汉人。

总而言之,后凉建国的基础是由胡汉两族共同构成的前秦西域远征军。② 来自东方的两族将军与士兵当即吕光引以为傲的"东人"核心,也即上文所说的(一)。他们是在吕光指挥下平定西域的精锐部队,故不难理解吕光将之视作自家武装。与此同时,在河西人眼中,(二)也是外来者,与(一)并无本质区别。③ 因此,所谓"东人"可以说是以(一)为中心,同时也包含了(二)的"从东方来的人"。

那么,后凉和"东人"的关系又是怎样的呢? 即便吕光对"东人"的倚重显而易见,但若细读史料,仍可看到一部分"东人"背叛过吕光,下节先来看看他们都是谁。

---

① 《晋书》卷五八《周虓传》载吕光西域远征军的士兵人数为二十万,《资治通鉴》卷一〇四"孝武帝太元七年(382)九月"条载士兵十万,铁骑五千。《太平御览》卷一二五《偏霸部》引《十六国春秋·后凉录》作七万,《晋书》卷一一四《苻坚载记》也同样作七万。恐怕《吕光载记》中七万士兵和五千铁骑的记载是最可靠的,而《十六国春秋》和《苻坚载记》则阙记铁骑数量。《资治通鉴》有将"七"讹写作"十"的可能。另,蒋福亚认为《周虓传》的记述不足为信(前引《管豹集》,第325页),笔者从之。

② 前秦苻坚的统治从民族主义视角来看显得比较自由(译者注:谷川道雄称之为"德治主义")。参见〔日〕谷川道雄《增補 隋唐帝国形成史論》之"五胡十六国史上における苻堅の位置"(东京:筑摩书房,1998年,初版于1968年)及拙稿《前秦苻堅政權論序説》(《集刊東洋学》114,2016年)等文。

③ 武威贾虔亦在吕光的远征军中,他显然不属于"东人"。因此,不宜将吕光的远征军一概视为"东人",即使其中非"东人"者并不多。

## 二、后凉与"东人"、河西士人

上节已述,后凉政权的核心是原本并不居住在河西地区的、胡汉杂糅的"东人"群体。包括吕光在内,在河西地区没有根砥的外来者们理应团结一致割据河西。但在前秦朝臣看来,吕光只是远征军的统领而并非君主。换言之,吕光与其率领的远征军只是上峰同部下的关系,并非君臣。因此,"东人"无须对吕光效忠,反叛亦合情理。

《晋书》卷一二二《吕光载记》:

> 其将徐炅与张掖太守彭晃谋叛,光遣师讨炅,炅奔晃。

这条史料说明,彭晃虽然跟随吕光远征西域(即"东人"),后来却背叛了吕光。而且,吕光也对自己身边颇具实力的"东人"心存防范,如建国元勋杜进风头强劲,但因吕光的猜忌心而遭杀害。① 《晋书》卷一二二《吕光载记》:

> 初,光之定河西也,杜进有力焉,以为辅国将军、武威太守。既居都尹,权高一时,出入羽仪,与光相亚。光甥石聪至自关中,光

---

① 顺带一提,杜进在屠本《十六国春秋》中被视作氐人,但尚不清楚屠乔孙如此记载有何根据。屠本还记载吕光妻石氏和窦苟也是氐人,但其史料依据同样不明。关于屠本《十六国春秋》,〔日〕梶山智史《屠本〈十六国春秋〉考:明代における五胡十六国史研究の一斑》(《史学雑誌》119—7,2010 年)有过详细考察。梶山氏认为,虽然屠本《十六国春秋》试图复原崔鸿《十六国春秋》的本来面目,但在崔鸿《十六国春秋》的佚文中,《晋书》《魏书》等史籍记载的拼合同样毫无根据。因此就现状来看,史料的不确定性无须讳言。例如冯培红在《敦煌学与五凉史论稿》"粟特人与五凉王国"(前引,第 353 页)中说到,考虑到屠书的不确定性,本书所载人物籍贯不足取信,甚至冯文将杜进看作关中的汉族人(同书,第 354 页)。但既然杜进参加了西域远征军,他无疑也是"东人"中的一员。

曰："中州人言吾政化何如。"聪曰："止知有杜进耳，实不闻有舅。"光默然，因此诛进。

由此可知，"东人"对吕光并非绝对支持，而吕光对近侧亦不失戒备。奇怪的是，上节所引吕光倚重"东人"的记载发生在吕光政权末期，时间被系于彭晃叛乱和杜进被诛之后。也就是说，即使经历了"东人"部将的离叛，我们仍然可推知"东人"群体是吕光所依靠的力量。①

为何吕光对"东人"如此重视？或可归因于河西当地势力与吕光之间的紧张关系。正如诸多先行研究指出的那样②，吕光割据后立马杀害河西当地名士等行为导致他与河西强宗们形成对立。③《晋书》卷一二二《吕光载记》：

> 光主簿尉祐，奸佞倾薄人也。见弃前朝，与彭济同谋执梁熙，光深见宠任，乃谮诛南安姚皓、天水尹景等名士十余人，远近颇以此离贰。

另据《魏书》卷九五《吕光传》载，因为杀害名士，"于是远近失望，人怀离贰"。齐陈骏、郭锋还指出，据《魏书》列传可知当时河西著名的学者均不愿出仕后凉，而选择投靠河西地区其他割据政权如西凉和北

---

① 与其将吕光及其族人视作"东人"的一部分，倒不如说"东人"将领的减少能让"东人"士兵对吕氏一族更加依赖。

② 参见冯培红《敦煌大族与五凉王国》（前引）、佐藤智水《五胡十六国から南北朝時代》（前引）。

③ 虽然以下引用《晋书·吕光载记》时未标注年份，但《资治通鉴》卷一〇六将吕光击败梁熙与杀害河西名士一并系于公元三八五年九月。如此说来，吕光在姑臧积聚势力的同时，也引起了河西强宗们的不满。胡三省为《资治通鉴》作注时亦就杀害河西名士的举动评价为"吕光始得凉士而无以收凉人之心，宜其有国不永也"，揭示出吕光割据河西所面临的危机。

凉①，由此益可知河西士人与后凉之间存在隔阂。②

更需注意的是，不仅汉族名士抵触后凉，河西的胡族势力也不支持吕光。③《晋书》卷一二九《沮渠蒙逊载记》：

> 会伯父罗仇、麹粥从吕光征河南，光前军大败……俄而皆为光所杀。宗姻诸部会葬者万余人，蒙逊哭谓众曰："昔汉祚中微，吾之乃祖翼奖窦融，保宁河右。吕王昏耄，荒虐无道，岂可不上继先祖安时之志，使二父有恨黄泉。"众咸称万岁。遂斩光中田护军马邃、临松令井祥以盟，一旬之间，众至万余。

吕光把分布在河西周边的卢水胡沮渠罗仇等人铲除，致使沮渠氏叛离。可以说，不论胡汉，河西地区原住民对后凉政权都充满了敌意。

即便到了末代君主吕隆时期，这一局面也没有太大变化。《晋书》卷一二二《吕隆载记》：

> 隆多杀豪旺，以立威名，内外嚣然，人不自固。

---

① 参见齐陈骏、郭锋：《氐人吕光和他的后凉政权》，《西北史地》1985年第1期。

② 吕光杀害河西著姓的事例另可举出数则。《晋书》卷一一五《苻丕载记》："建威、西郡太守索泮，奋威、督洪池已南诸军事、酒泉太守宋皓等，并为光所杀。"索泮本传所载更详，《晋书》卷一一五《苻登载记附索泮传》载："索泮字德林，敦煌人也。世为冠族。……吕光既克姑臧，泮固郡不降，光攻而获之。光曰：'孤既平西域，将赴难京师，梁熙无状，绝孤归路，此朝廷之罪人，卿何意阻郡固迷，自同元恶。'泮厉色责光曰：'将军受诏讨叛胡，可受诏乱凉州邪。寡君何罪，而将军害之。泮但苦力寡，不能固守以报君父之雠，岂如逆氏彭济望风反叛。主灭臣死，礼之常也。'乃就刑于市，神色不变。"

③ 当然，也不是没有胡族支持吕光。在吕光占领姑臧后归降的"四山胡夷"就是其代表。《晋书》卷一二二《吕光载记》："光报檄凉州，责熙无赴难之诚，数其遏归师之罪。遣彭晃、杜进、姜飞等为前锋，击胤，大败之。胤轻将麾下数百骑东奔，杜进追擒之。于是四山胡夷皆来款附。武威太守彭济执熙请降。光入姑臧，自领凉州刺史、护羌校尉。"

终后凉一代,河西士人的抵触情绪从未消退。① 因此,虽然前文所引诸家观点认为后凉重视氐人,或者说重视非汉民族,但笔者认为胡汉杂糅的"东人"才是后凉倚赖的重要支柱。② 虽说其间也曾出现叛乱,但与其在视自己若仇雠的河西强宗中寻求援助,还不如依靠同为外来者的"东人"。也正因如此,吕光在执政末期毫不吝啬对于"东人""战士"的夸耀。有鉴于此,"东人"中的士兵阶层是后凉政权的军事基础。而对凉州而言同样是外来者的"东人",其内部也存在若干差异。③

若要考量在政权运作中扮演的角色,任官经历自然是参照之一。对国家而言,某一人物或集团首领越重要,往往会授予他(们)相对权重的官职,其进入官僚体系的人数也会相对占优。那么,在后凉的官僚体系中,"东人"群体处境如何?河西士人又占据怎样的位置?下节重点论述。

## 三、后凉的官僚体系与"东人"、河西士人

论述之前,烦请读者先行参看文末所列表格。是表将管见所及、能够确认的后凉官员汇总起来,胪列姓名和职官信息("将""前锋"这类难以称之为职官的名号,则一律从略)。

首先,从表中可以总结出后凉官僚体系的大致情况。

中央职官中,尚书制的完备和太常的设置是可以确定的。因为在

---

① 但需要指出,这并不意味着后凉与河西士人完全隔绝,依然有河西人才被吸纳进入官僚体制。例如敦煌大族成员宋繇就在吕光时期被举为秀才。《魏书》卷五二《宋繇传》:"宋繇,字体业,敦煌人也。……吕光时,举秀才,除郎中。后奔段业,业拜张中散、常侍。繇以业无经济远略,西奔李暠,历位通显。"然而,宋繇离开后凉出奔段业,之后又转投李暠,他与后凉的关系想来也并不紧密。

② 河西著姓不仅有名望,还拥有经济实力和军事力量(参见前引赵向群《五凉史探》之"河西著姓社会探赜",第339页)。如果得不到他们的帮助,就只能向别处求援,而对后凉而言,别处即是"东人"。

③ 此点相关史料不足详论,故留待日后持续思考。

九卿中,太常的存在最不紧要,所以其余诸卿很有可能在它之前设置齐全。民部尚书也已经存在,可据此窥知尚书省的职能,且理论上没有设置三公。接着看将军号,杂号将军名目很多,除四征将军外,还有车骑将军、骠骑将军和左右前后将军。张金龙认为,后凉建立了与西晋类似的禁卫军制度。① 州刺史极少设置,仅见秦州刺史吕纂、沙州刺史吕牛②,而太守和护军领管诸事,或许是因为后凉实际管辖疆域并没有那么大。③

那么,后凉官僚体系与"东人"、河西士人的关系具体是怎样的呢?首先,"东人"数量之多引人注目。如表1所示,由于一些"东人"的身份尚难确认,暂不计入总数,故实际上"东人"的数量可能要比表中所列还多些。例如吕光部将姜飞的司马张象(表中的385年9月)和参军郭雅(表中的385年9月),其为"东人"的可能性很高。因为姜飞是吕光所率西域远征军的将军,故张象和郭雅作为姜飞部下与其同赴仕途是很有可能的。但因为找不到确凿的史料加以证明,故暂不将其算作"东人",因此表中的"东人"比例尚有增加空间。④

此外,虽然"东人"中武官较多,但也不乏文官。像弘农杨氏一族中的杨桓、杨颖等,⑤一直活跃到后凉末期,这样的"东人"文官始终存在。

---

① 参见张金龙:《魏晋南北朝禁卫武官制度研究》上册之"十六国禁卫武官制度",北京:中华书局,2004年,第395—397页。

② 吕达墓志载吕牛为"凉侍中、骠骑将军、沙州刺史",张蕾指出此"凉"即后凉。参见张蕾:《读北魏吕达、吕仁墓志》,《淮阴师范学院学报(哲学社会科学版)》2012年第5期。

③ 关于后凉疆域的变迁,参见魏俊杰:《十六国疆域与政区研究》之"后凉",上海:复旦大学出版社,2018年,第398—408页。

④ 为谨慎起见,需要在此声明,同样的情况也适用于"河西"一栏,即没有确凿史料证明其为河西出身的人,表1一概不予纳入统计。这意味着,实际出身河西者的数量有可能更多。

⑤ 据杨桓女儿本传的记载,可知桓出身弘农。《晋书》卷九六《吕纂妻杨氏传》:"吕纂妻杨氏,弘农人也。……(吕)超将妻之,谓其父桓曰:'……'"此外,这里的杨颖就是前引《晋书》中吕光远征西域时的"弘农杨颖"。

杨桓是后凉第三代君主吕纂的妻父,也就是外戚。从这个角度来看,很多"东人"都是吕氏一族的姻亲。甚至可以说,吕氏及其姻亲才是后凉的权力中心。[①] 不过,既然弘农杨氏也是此集团中的一员,恰恰说明从民族角度对其进行分类是存在问题的。

另一方面,河西士人不仅可被任用为地方官员,还可担任太常那样的中央职官。当然,其绝对数量较"东人"为少,因为如上节所述,后凉与河西士人素有仇怨,故导致后者出仕比例颇为低下。总而言之,从职官角度看,"东人"是后凉政权的支柱。

## 结　语

后凉是因前秦西域远征军统帅吕光不得已割据河西而诞生的国家。也就是说,在远征西域的途中,谁都没有预想到会割据河西,就此意义而言,后凉建国较为偶然。

尽管后凉是在如此情形下建立政权、割据河西,但吕光却因杀害许多河西名士而与当地宗族生出仇怨。鉴于此,吕光等人不得不寻求其他势力的支持。以往研究都认为后凉以氐族为中心构筑政权,而实际上,来自东方的、由胡汉两族共同组成的人群才是后凉真正的核心,他们被称为"东人"。要言之,外来者"东人"割据河西的政权即为后凉。但在政权末期,"东人"叛乱终于爆发,后凉难逃倾覆结局。

"东人"以吕氏一族为核心,自然囊括许多氐人,但因其原本是前秦的西域远征军,故难以从民族视角分析其群体构成。也就是说,后凉不宜以民族视角作分析,而有必要以外来者政权(即所谓流寓政权)的思路进行思考。民族问题虽然是五胡十六国时代的重要议题,但有时也需要从其他角度切入,后凉便是绝佳例证。

---

① 如上文谈及的吕光外甥石聪,也活跃在后凉政权中,但因其职官无法确认,故表中不予纳入。这一类姻亲也应被视为"东人"。

顺带一提，吕光及其继任者们如何约束多民族杂糅的"东人"？又为何失去他们的支持？以及后凉覆灭后"东人"在凉州的生活境遇如何？这一系列问题留待今后解决。

【附记】

本文初稿曾于 2019 年 11 月在"第六届历史与考古青年学者交流会"（安徽师范大学）口头发表，后修订成此。评议人朱艳桐及与会代表们多惠赐宝贵意见，谨致谢忱！

表1 后凉百官表

| 年 | 月 | 姓名 | 职官 | 河西 | 东人 | 出处 | 备注 |
|---|---|---|---|---|---|---|---|
| 385 | 9 | 彭济 | 武威太守 | | ○ | 《晋》122《资》106 | 氐 执梁熙以降吕光 |
| | | 杜进 | 武威太守 | | ○ | 《晋》122《资》106 | |
| | | | 辅国将军 | | | 《晋》122 | |
| | | 尉祐 | 主簿 | | ○ | 《晋》122《资》106 | |
| | | 尉祐 | 金城太守 | | ○ | 《晋》122《资》106 | 背叛吕光 |
| | | | 宁远将军 | | | 《晋》122 | |
| | | 张象 | 司马 | | | 《晋》122 | 姜飞的司马 谋杀姜飞，事发出逃 |
| | | 郭雅 | 参军 | | | 《晋》122 | 姜飞的参军 谋杀姜飞，事发出逃 |
| 386 | 2 | 王世强 | 昌松太守 | | | 《资》106 | |
| | | 杜进 | 辅国将军 | | ○ | 《晋》122《资》106 | |
| | | | 武威太守 | | | 《晋》122 | |
| | | 李隰 | 建康太守 | | | 《资》106 | |
| | | 严纯 | 祁连都尉 | | | 《资》106 | |

（续表）

| 年 | 月 | 姓名 | 职官 | 河西 | 东人 | 出处 | 备注 |
|---|---|---|---|---|---|---|---|
| 387 | 12 | 康宁 | 西平太守 |  |  | 《资》107 | 独立，自称匈奴王 |
|  |  | 强禧 | 湟河太守 |  |  | 《资》107 | 被康宁杀害 |
|  |  | 彭晃 | 张掖太守 |  | ○ | 《晋》122《资》107 | 背叛吕光 |
|  |  | 郭文 | 驿马令 |  |  | 《资》107 | 疑为王穆部下 |
|  | ? | 房晷 | 中郎 |  |  | 《北》158《凉记》 |  |
| 388 | 3 | 段业 | 参军 |  | ○ | 《资》107 | 原为杜进的记室 |
|  | ? | 盖敏 | 阳川令 |  |  | 《艺》99《凉记》 | 《太》922《凉记》作"郭敏" |
| 389 | 2 | 吕他 | 左将军 |  | ○ | 《晋》122 | 宗室 |
|  |  | 吕纂 | 武贲中郎将 |  | ○ | 《晋》122 | 宗室 |
|  |  | 杨颖 | 中书侍郎 |  | ○ | 《晋》122 |  |
|  | ? | 傅曜 | 张掖督邮 |  |  | 《晋》122 |  |
|  | ? | 尹兴 | 丘池令 |  |  | 《晋》122 |  |
|  | ? | 段业 | 著作郎 |  | ○ | 《晋》122 |  |
| 390 | ? | 沮渠罗仇 | 西宁太守 | ○ |  | 《艺》100《凉记》 | 卢水胡《魏》99、《宋》98作"西平太守" |
| 392 | 8 | 吕宝 | 右将军 |  | ○ | 《晋》122《资》108 | 宗室 |
|  |  | 吕纂 | 虎贲中郎将 |  | ○ | 《晋》122《资》108 | 宗室 |
|  |  | 孙峙 | 白土都尉 |  |  | 《晋》122 |  |
|  |  | 吕方 | 南中郎将 |  | ○ | 《晋》122 | 宗室 |
|  |  | 杨范 | 振威将军 |  |  | 《晋》122 |  |
|  |  | 窦苟 | 强弩将军 |  | ○ | 《晋》122 |  |
|  |  | 杨轨 | 扬武将军 |  | ○ | 《晋》122 | 氐 |
|  |  | 沮渠罗仇 | 建忠将军 | ○ |  | 《晋》122 | 卢水胡 |
|  |  | 梁恭 | 建武将军 |  |  | 《晋》122 |  |

后凉与"东人" 101

(续表)

| 年 | 月 | 姓名 | 职官 | 河西 | 东人 | 出处 | 备注 |
|---|---|---|---|---|---|---|---|
| 394 | 1 | 秃发乌孤 | 冠军大将军 | ○ | | 《资》108 | |
| | | | 河西鲜卑大都统 | | | | |
| | 7 | 吕覆 | 都督玉门以西诸军事 | | ○ | 《晋》122 《资》108 | 宗室 |
| | | | 西域大都护 | | | | |
| | | | 使持节 | | | 《晋》122 | |
| | | | 镇西将军 | | | | |
| 396 | 6 | 王详 | 尚书左仆射 | | | 《晋》122 《资》108 | 由中书令转任 |
| | | 段业 | 尚书 | | ○ | 《晋》122 《资》108 | 由著作郎转任 |
| 397 | 1 | 吕纂 | 秦州刺史 | | ○ | 《高》2 | 宗室 |
| | | 耿稚 | 司马 | | | 《晋》122 《资》108 | 吕延的司马 |
| | 4 | 沮渠罗仇 | 尚书 | ○ | | 《晋》122 《资》109 | 卢水胡 |
| | | 沮渠麴粥 | 三河太守 | ○ | | 《晋》122 《资》109 | 卢水胡 |
| | | 马邃 | 中田护军 | | | 《晋》122 《晋》129 | |
| | | 井祥 | 临松令 | | | 《晋》129 | |
| | ? | 吕纂 | 镇东将军 | | ○ | 《宋》98 | 系于399年,存疑 |
| | | 沮渠男成 | 将军 | ○ | | 《晋》122 《资》109 | 卢水胡 投奔沮渠蒙逊 |
| | 5 | 赵策 | 宁戎护军 | | | 《晋》122 | |
| | | 垒澄 | 酒泉太守 | | | 《晋》122 《资》109 | |
| | | 赵策 | 将军 | | | 《晋》122 | |
| | | 赵陵 | 将军 | | | 《晋》122 | |
| | | 段业 | 建康太守 | | ○ | 《晋》122 《晋》129 《资》109 | 背叛吕光 |

(续表)

| 年 | 月 | 姓名 | 职官 | 河西 | 东人 | 出处 | 备注 |
|---|---|---|---|---|---|---|---|
| | | 房晷 | 侍中 | | | 《晋》122 《资》109 | |
| | | 王详 | 仆射 | | | 《晋》95 《晋》122 《资》109 | |
| | 8 | 郭黁 | 散骑常侍 | ○ | | 《晋》122 《资》109 | 背叛吕光 |
| | | | 太常 | | | | |
| | | 杨统 | 司马 | | ○ | 《晋》122 《资》109 | 吕纂的司马 加入郭黁叛乱 |
| | | 石元良 | 西安太守 | | | 《晋》122 《资》109 | |
| | | 杨轨 | 后将军 | | ○ | 《晋》122 《资》109 | 氐 背叛吕光 |
| | | 程肇 | 将军 | | | 《资》109 | |
| | | | 西河太守 | | ○ | 《太》454 《凉记》 | |
| 398 | 4 | 吕纯 | 西郡太守 | | ○ | 《晋》129 《资》110 | 宗室 |
| | | 王德 | 晋昌太守 | | | 《晋》129 《资》110 | 归降段业 |
| | | 孟敏 | 敦煌太守 | | | 《晋》129 《资》110 | 归降段业 |
| | 9 | 田瑶 | 乐都太守 | | | 《资》110 | 归降秃发乌孤 |
| | | 张祧 | 湟河太守 | | | 《资》110 | 归降秃发乌孤 |
| | | 王稚 | 浇河太守 | | | 《资》110 | 归降秃发乌孤 |
| | 10 | 李鸾 | 建武将军 | | | 《资》110 | 归降秃发乌孤 |
| 吕光时 | ? | 宋歆 | 敦煌太守 | | | 《初》20 《凉记》 | 《艺》86、《太》969 记载相同 |
| | ? | 宋繇 | 郎中 | ○ | | 《魏》52 | 之后投奔段业 |
| | ? | 宗燮 | 太常 | ○ | | 《魏》52 | 《后凉百官表》系于 387 年 |
| | ? | 张资 | 中书监 | | | 《高》2 | 时间当早于 400 年 |
| | ? | 王桢 | 西海太守 | | | 《晋》95 | 郭黁举兵之前 |

(续表)

| 年 | 月 | 姓名 | 职官 | 河西 | 东人 | 出处 | 备注 |
|---|---|---|---|---|---|---|---|
| | ? | 吕宝 | 尚书左丞 | | ○ | 《晋》95 | 宗室<br>郭黁举兵之前 |
| | ? | 程肇 | 民部尚书 | | ○ | 《魏》48 | |
| | ? | 吕宪 | 建中将军 | | ○ | 《太》439<br>《十六国春秋》 | 宗室 |
| | | | 辽东太守 | | | | |
| 吕光末 | ? | 吕隆 | 北部护军 | | ○ | 《晋》122 | 宗室 |
| | | 吕纂 | 太尉 | | ○ | 《晋》122<br>《资》111 | 宗室 |
| | | 吕弘 | 司徒 | | ○ | 《晋》122<br>《资》111 | 宗室 |
| | | 吕超 | 骠骑将军 | | ○ | 《资》111<br>《晋》122 | 宗室<br>《晋书》作"骁骑将军" |
| | | 姜纪 | 尚书 | | | 《晋》122<br>《资》111 | |
| | | 齐从 | 左卫将军 | | | 《晋》122<br>《资》111 | |
| | | 吕开 | 虎贲中郎将 | | ○ | 《晋》122<br>《资》111 | 宗室 |
| 399 | 12 | 吕弘 | 大都督 | | ○ | 《晋》122<br>《资》111 | 宗室 |
| | | | 督中外诸军事 | | | | |
| | | | 大司马 | | | | |
| | | | 车骑大将军 | | | | |
| | | | 司隶校尉 | | | | |
| | | | 录尚书事 | | | | |
| | | | 番禾郡公 | | | | |
| | | | 使持节 | | | 《晋》122 | |
| | | | 侍中 | | | | |
| | | 吕方 | 征东将军 | | ○ | 《晋》122<br>《资》111 | 宗室 |

（续表）

| 年 | 月 | 姓名 | 职官 | 河西 | 东人 | 出处 | 备注 |
|---|---|---|---|---|---|---|---|
| 400 | 3 | 房晷 | 侍中 | | | 《晋》122 《资》111 | |
| | | 杨桓 | 尚书左仆射 | | ○ | 《晋》122 《资》111 | 吕纂妻杨氏之父 汉族 |
| | | | 凉都尹 | | | | |
| | | | 散骑常侍 | | | 《晋》122 | |
| | | 杨颖 | 中书令 | | ○ | 《晋》122 《资》111 | 汉族 |
| 401 | 2 | 杨颖 | 太常 | | ○ | 《晋》122 《资》112 | |
| | | 王回 | 殿中侍御史 | | | 《晋》122 | |
| | | 王儒 | 中书侍郎 | | | 《晋》122 | |
| | | 吕超 | 番禾太守 | | ○ | 《晋》122 《资》112 | 宗室 |
| | | 杜尚 | 殿中监 | | | 《晋》122 《资》112 | |
| | | 吕隆 | 中领军 | | ○ | 《晋》122 | 宗室 |
| | | 魏益多 | 将军 | | | 《晋》122 《资》112 | |
| | | 吕佗 | 巴西公 | | ○ | 《晋》122 《资》112 | 宗室 |
| | | 吕超 | 都督中外诸军事 | | ○ | 《晋》122 《资》112 | 宗室 |
| | | | 辅国大将军 | | | | |
| | | | 录尚书事 | | | | |
| | | | 安定公 | | | | |
| | | | 使持节 | | | | |
| | | | 侍中 | | | 《晋》122 | |
| | | | 司隶校尉 | | | | |
| | | 杨桓 | 尚书右仆射 | | ○ | 《晋》126 《资》112 | 外戚 汉族 |
| | 7 | 吕邈 | 龙骧将军 | | ○ | 《资》112 | 宗室 |

(续表)

| 年 | 月 | 姓名 | 职官 | 河西 | 东人 | 出处 | 备注 |
|---|---|---|---|---|---|---|---|
|  | 12 | 王集 | 中垒将军 |  |  | 《资》112 |  |
|  |  | 孟祎 | 昌松太守 | ○ |  | 《晋》126 《资》112 |  |
|  |  | 苟安国 | 广武将军 |  |  | 《资》112 |  |
|  |  | 石可 | 宁远将军 |  |  | 《资》112 |  |
| ? | ? | 吕牛 | 沙州刺史 |  |  | 吕达墓志 |  |
|  | ? | 张质 | 金城太守 | ○ |  | 《北史》34 |  |
|  |  |  |  |  |  |  |  |

史料简称说明(史料名称后的数字为卷数)
《晋》=《晋书》 《宋》=《宋书》 《魏》=《魏书》 《高》=《高僧传》 《资》=《资治通鉴》 《太》=《太平御览》 《艺》=《艺文类聚》 《初》=《初学记》 《北》=《北堂书钞》

# "咸和土断"小议

毕　云

六朝历史与考古青年交流会举办多年,有幸数次参与,所见文章思绪之开阔、评议用力之精深、讨论气氛之友善,俱令人神怡。在这样一种氛围下,感到可以真正不揣简陋、拥抱批评。故因曾经的大胆设想,改此小文,围绕东晋"咸和土断"的相关问题,在前人基础上再加讨论,权作引玉之砖。

## 一、背景

晋代自八王之乱,战乱相寻,天灾迭萌,[①]复因族群冲突,中原士民率外逃以避难;而据陈寅恪先生指出,北方的胡族统治者也凭借武力,强迫徙民,由此,在主动逃遁和被动驱离的双重作用下,出现了北方人口大规模流动的现象,且影响深远,所谓"不徙有事发生,徙则有大事发生,南北朝无一大事不与徙有关"。[②] 在中原士民流动的三个主要方向中,就史籍所见,确如陈寅恪所言,赴西北归依于凉州张轨的最少,[③]奔

---

[①] 关于当时气候对于民众迁徙的影响,参见 Connie Chin, "Climate Change and Migrations of People during the Jin Dynasty," *Early Medieval China*, Numbers 13/14, 2008, pp. 49-78。

[②] 万绳楠整理:《陈寅恪魏晋南北朝史讲演录》,贵阳:贵州人民出版社,2008年,第114—115页。

[③] 但其中不乏名儒,见《晋书·儒林传》。

东北托庇于慕容鲜卑者数量居中,南渡侨寄于孙吴故壤者最众,①而最初负责接收南徙流民的,便是"王与马共天下"的东晋朝廷。

永嘉丧乱以南渡者最众,南渡衣冠又对都城建康周边和作为东晋战略后方的三吴地区②最为青睐。建康作为南廷所在,对于那些原本在北方居于政治、社会高位的士族有着天然的吸引力;京口和晋陵地区向时可供开垦的空间很大,但莽莽榛榛,不是高门首选,却予流民群聚;作为三吴腹心的会稽地区,土壤饶沃、山泽俱佳,经济条件优越,开发潜力最大,对汲汲于求田问舍、经营产业、立足生根的南来士族而言无疑是一方乐土。且会稽与建康间也有稳定顺畅的水陆交通,进退出处两相宜,无虑和朝廷断了联系——这也是基于九品制度背景和在玄风吹扇的文化氛围下对于维系名望的需要,因为名望直接关系到仕途,仕途又决定了侨寓在南方时的境遇(包括经济条件);这样的乐土在南方并不止一处,但只有选择这里才能保证自身作为外来者的家业经营得到家族成员政治地位的有效荫护。③ 总此种种,永嘉以来的侨寓人员中,最为我们所熟悉的无疑是以江左为目的地的"南渡衣冠",这是由他们南渡前的政治与社会地位、南渡后在历史舞台上的活跃性,以及后世相

---

① 对于晋至南朝的大规模中原人民流亡南下,王仲荦先生总结有七个时期,分别为:1. 永嘉元年(307),司马睿移镇江东,北方流民相率过江;2. 太兴四年(321),祖逖病死,郗鉴自邹山(今山东邹县东南)退屯合肥,祖约自谯城(今安徽亳县)退屯寿春,其后遂尽失黄河以南、淮水以北地区,流民渡江者转多;3. 永和五年(349),梁犊起义雍城,石虎愁怖病死,石赵政权崩溃,桓温出兵关中,雍、秦流民多南出樊、沔,或至汉中;4. 太元八年(383),肥水大捷,苻坚败亡,黄河流域再度分裂,中原流民相率渡江;5. 义熙十二年(416),刘裕北伐,河南、关中次第收复,既而复失关中,刘裕死,又失河南,流民南渡者转多;6. 宋元嘉二十七年(450),北魏南侵至瓜步,流民南渡江淮;7. 宋泰始二年(466),失淮北四州及豫州淮西之地,流民南渡江淮。详见王仲荦:《魏晋南北朝史》,北京:中华书局,2007年,第344页。

② 关于三吴地区的战略地位,可参见田余庆:《东晋门阀政治》,北京:北京大学出版社,2012年,第70—84页。

③ 相关论述可参见田余庆先生关于门阀士族经济基础的讨论,《东晋门阀政治》,第333—337页。

关史料的丰富程度所决定的；但也有学者关注到了另一群徙往长江中游襄阳地区的侨流人士，以及他们在东晋南朝的历史中所扮演的角色。①

在如此背景下，流民的安置成了贯穿东晋南朝的政治主题之一，侨州郡县的设置及土断等历史问题均由此而生。胡阿祥即曾指出，在这一时期错综复杂的历史中，南北方各有线索可寻，在十六国北朝为胡汉问题，在东晋南朝为侨旧问题，而"侨旧问题之一大关键，又在土断。通过土断，侨寓渐同土著。侨寓之渐同土著，又广泛影响了东晋南朝乃至此后的政治、经济、文化、军事等各方面"。②

土断的问题，虽然贯穿东晋南朝，但在东晋初期更为关键：从迫切性而言，草创阶段比任何时期都需要整理户籍、落实赋役，以集中资源、强化国家力量，维持内部稳定和对外安全；从操作的难度而言，则关系到如何利用一个此前已经存在的理念来解决当下的现实问题，也关系到在内外未稳的情况下触动包括当轴主政衮衮诸公和流民武装在内之南渡者的利益；相比之下，后世的土断有时更多的是一种权力的实践，即刘宋元徽元年八月诏行土断时所云"贻长世之规，申土断之制"③是也。

## 二、土断的基本问题

土断研究在 20 世纪引起了许多讨论，在"土断"的语义、黄白籍的定义、关键史料的解读乃至土断次数等问题上都是众说纷纭，尤其中、

---

① 前引王仲荦先生关于中原士民南下分期的整理中已经提到桓温出关中时有一批南出樊和沔的雍、秦流民。对此展开具体研究的案例可参见 Andrew Chittick, *Patronage and Community in Medieval China: The Xiangyang Garrison, 400 - 600 CE*, Albany: State University of New York Press, 2009；拙译《中古中国的荫护与社群：公元 400—600 年的襄阳城》，南京：南京大学出版社，2020 年。

② 胡阿祥：《论土断》，《南京大学学报（哲学·人文科学·社会科学版）》2001 年第 2 期，第 83 页。

③ 〔南朝梁〕沈约：《宋书·后废帝纪》，北京：中华书局，1974 年，第 180 页。

日、欧美学界之间,早期就此问题鲜有交流;①到 21 世纪初,经过胡阿祥等学者的总结深描,已渐清晰明朗。② 这里只就与本文论述有关的一些方面,作少许回顾和补充。

贯穿东晋南朝的侨州郡县制度,与土断关联紧密。王仲荦先生认为晋元帝司马睿在太兴三年(320)侨立怀德县于建康,以安置相随南渡的千余户琅琊士民,成帝咸康元年(335)又在江乘县(今江苏句容县北六十里)境内侨立南琅琊郡,并于郡界内侨立临沂县,可算是侨郡县之始创。③ 而据陈乾康的考证,侨置郡县的渊源至迟可以追溯到汉初,东晋南朝侨州郡县只是对汉魏旧制的沿用。④

至于土断本身,虽然包括本文在内的众多研究习称"东晋南朝土断",把土断研究限定在东晋南朝的范围内,但土断与侨州郡县一样,非始于东晋。关于这一点,前辈学者已经注意到了。⑤ 史载西晋初年卫

---

① 英语学界关于土断问题的讨论并不枝蔓,观点的继承性较强,较早的研究有 William G. Crowell, "Northern Émigrés and the Problems of Census Registration," in Albert Dien ed., *State and Society in Early Medieval China*, Stanford: Stanford University Press, 1990, pp. 171-209。"土断"一般被按字面意义翻译成"residence determination"并在英语学界习用。

② 详见胡阿祥:《东晋南朝侨州郡县与侨流人口研究》,南京:江苏教育出版社,2008 年,第 89—111 页。按作者所论,土断的定义是"东晋南朝侨州郡县与侨籍的整理",除了对侨流人户的登记,还有一个重要层面即对于侨置州郡县的调整,具体包括省并、割实、改属、借名新立等不同性质的操作。笔者对此并无异议,但本文的讨论以人户为主。

③ 王仲荦:《魏晋南北朝史》,第 347 页。

④ 陈乾康:《论东晋南朝的侨州郡县》,《四川师范大学学报(社会科学版)》1995 年第 2 期,第 100—107 页。文中据《汉书·高祖纪》应劭注:(高祖十一年,即公元前 195 年)"太上皇思欲归丰,高祖乃更筑城寺市里如丰县,号曰新丰,徙丰民以充实之"。认为新丰县既有安置侨民之实,又沿用旧壤之名,是名副其实的侨县,可与上蔡、新沓、新汶、南丰等县,并为有据可考的最早一批侨县。

⑤ 如前引胡阿祥《论土断》,第 84 页。

瓘即曾奏请土断。① 当时中原未乱,也没有大规模的人口流徙,卫瓘所论也不是因为国家亟须解决赋役来源问题,但还是和人员流动有关。事实上,卫瓘等人上疏,所要议论的是选举制度。他们认为九品之制是在曹魏"承颠覆之运,起丧乱之后,人士流移,考详无地"的特殊时代背景下所采用的"权时之制",是"粗具一时选用之本"而已;而"今九域同规,大化方始",故"宜皆荡除末法,一拟古制,以土断定,自公卿以下,皆以所居为正,无复悬客远属异土者",②恢复乡举里选的"古制",以博荐才之路,兼收励贤黜恶之效。

这一建议当然没有得到贯彻落实,史书也说"武帝善之,而卒不能改"。但西晋时或许还是发生过土断的实践。据《西晋文纪》卷一七载陆云《与戴季甫书第五》曰:

> 王季杨孝友行素,既简清尘。在此接近,备其所顾。居心秉尚,用志不苟,公私操实,足为美器。今为土断,品还此郡,前群小虚妄,遂下其编牒,为之愤叹。人物远主,彝伦多失,愿垂末光,益有以润。区区至心,谨复言意。戴彦远永昌犹为远小,想其必有惠政耳。

按陆云系陆抗之子,其成年后的主要活动时间就在西晋初年。对于书信中的故事,暂时还没有足够的资料可以"节外生枝",只看信中"今为土断,品还此郡"语。如前所述,土断的理论构想并不是永嘉南渡

---

① 〔唐〕房玄龄等:《晋书·卫瓘传》,北京:中华书局,1974年,第1058页。与卫瓘同时代的刘毅、李重等也都有过类似针对九品制度的言论,对此前辈学者已有关注,如胡宝国《魏西晋时期的九品中正制》专门谈到了西晋时期人们对于九品制度的批评,详见氏著《将无同》,北京:中华书局,2020年,第72—95页,原载《北京大学学报(哲学社会科学版)》1987年第1期。

② 按点校本作"一拟古制,以土断,定自公卿以下,皆以所居为正",考虑到语义,不从。

的产物;而陆云的书信告诉我们,西晋初年在卫瓘、刘毅、李重等上疏批评九品制度、奏复古制之后,或许确实有过土断的实践——即使只是简单的(甚至是局部的)"以土断定",让一部分此前因乱流移的人按当前所居地重新著籍。虽然我们知道西晋并没有借此从九品制度改回乡举里选的"古制",但户籍的整理总没有坏处,而且西晋一统之后,原当有一些宏规制举,因此,西晋中前期是完全可能发生过一定程度之土断实践的。

就我们能够接触到的关于晋代土断的材料而言,土断似乎并不起到限制人口流动的作用。首先,在卫瓘等人的构想中,土断主要起到一个为"考详无地"之人重新著籍的作用,著籍前后都不想也不能限制人口流动,如李重上疏时说到"九品既除,宜先开移徙,听相并就,且明贡举之法,不滥于境外,则冠带之伦,将不分而自均,即土断之实行矣"[1]云云,这反而是要开放政策,任由人口(这里主要是指作为官方人才储备资源的士人)自由流动,通过乡举里选的名额限制让人们自发四散均布,避免因"扎堆"而加大分母、削减自身获察举的机会。

其次,东晋南朝的历次土断中,有的以户籍整理为重心,有的以侨置行政区划的整理为主要成果,并没有专门解决人口流动问题的诉求或尝试——或许在当时特殊的历史环境下,也根本没有把人口流动视作一个当下迫切需要解决的问题,尤其在初期,北方总有人南来,已经

---

[1] 李重上疏事见载于《晋书·李重传》、《资治通鉴》卷八一《晋纪三》武帝太康五年条(北京:中华书局,1956年,第2588页)、《通志》卷五八《选举略一》、《通典》卷一四《选举二》等众史籍,各处文字稍有出入,详略亦有不同。

南来的也幻想着重返中原庶几可期。① 事实上,虽然所谓流民大多是自江北南来避祸,在觅得安居之所后往往因为安土重迁的传统价值观而不再流徙,但这不代表土断政策限制他们的人身自由;如果这些人在土断著籍之后又再移动,并在此过程中遇上第二次土断,那么他们所面临的也无非是再一次以现居地重新著籍而已——我们或许可以想象,土断著籍后的人们如果再次流动,会为自己承担赋役造成不便,但这毕竟只是个人的取舍,而不是制度层面的规定。寓目所及,土断中涉及的惩罚机制,一般只针对藏匿人户而言,刘裕义熙土断中处决的虞亮,以及本文将谈到的苏峻之反,都与此有关;② 至于针对人员流动作出惩罚,似未见明例。当然,实际的情况是,侨流士人往往因为长期寓居某地而产生了乡里观念的变化,将寓居之地看作事实上的旧土本邦,土断到后来对这些人而言不过是顺水推舟、成人之美。按陈文帝天嘉初年的诏文曰:"其亡乡失土,逐食流移者,今年内随其适乐,来岁不问侨旧,悉令著籍,同土断之例。"明言土断著籍前可以随意流动。

但东晋南朝以后的人们议论土断,却似乎都认为土断能够起到限

---

① 相关论述可参见如〔德〕安然(Annette Kieser):《魂返故土还是寄托异乡——从墓葬和墓志看东晋的流徙士族》,蒋赞初主编:《南京大学历史系考古专业成立三十周年纪念文集》,天津:天津人民出版社,2002年,第290—295页;另外墓志所见李纂家庭墓葬前后著籍的改变,一般认为体现了兴宁二年桓温主持庚戌土断的成效,参见罗新、叶炜:《新出魏晋南北朝墓志疏证》,北京:中华书局,2005年,第24—26页;但也在一定程度上反映出人们心态上的变化——因为学界有一种观点认为,在刘裕义熙土断之前仍可以"挟注本郡",详见下文有关黄白籍的讨论。

② 按苏峻之乱散记于《晋书》多处,各有细节互补。卷六七《温峤传》说苏峻"藏匿亡命,朝廷疑之",详见点校本第1789页;卷一〇〇《苏峻传》更为详细,云苏峻"颇怀骄溢,自负其众,潜有异志,抚纳亡命,得罪之家有逃死者,峻辄蔽匿之",详见点校本第2628—2629页。

制人员流动的作用,甚至以此为土断的主要目的。① 但近人研究中持类似观点者其实很少。按说对于东晋南朝的事情,唐宋时期的人们应当比我们更为熟悉,但在土断作用的问题上,似乎古今之间有着分明的壁垒。如前所述,就我们今天所能接触到的材料而言,又似乎没有看到特别能说明此点的证据——甚至会指向相反方向。其中一条能朝着这个方向推导的材料,是《南齐书》记载建元二年虞玩之应诏上表云:

>……又有改注籍状,诈入仕流,昔②为人役者,今反役人。又生不长发,便谓为道,填街溢巷,是处皆然。或抱子井居,竟不编

---

① 如唐陆贽《翰苑集》卷二二"均节赋税恤百姓"第三条"论长吏以增户加税辟田为课绩"云:"理人之要,莫急于兹。顷因兵兴,典制弛废,户板之纪纲罔缉,土断之条约不明,恣人浮流,莫克禁止,纵之则凑集,整之则惊离,恒怀幸心,靡固本业,是以赋税不一,教令不行。"认为土断得法将能解决时人"浮流"的问题。又宋欧阳修《文忠集》卷七五"以为如何无惜辞费"条云:"然自井田一隳,四民失业,士不本乡里,举不明真伪,后世之取贤者,宜条禁之。故有行限年之制,有复乡举之请,有立秀才之科,有立中正以品功伐之高下,有从土断以禁人士之流移。科条益严,变更非一,贤否之辨,未睹其真,岂非制其末而失其要欤?"直言土断的作用在于"禁人士之流移"。又田锡《咸平集》卷一〇《复井田论》云"东晋以来,人流不息,乃设土断之法。……仓用常平而常得酌剂,民依土断而不得流亡",并同书卷二十二《策对二·开封府试策三道》其中第三道曰"后代救时之弊者,或以土断禁流亡之俗,或以常平均丰歉之民",也都以土断为禁流亡之法。又张方平《乐全集》卷一二"不孝之刑"中曰:"伏以天下冠裳士人,鲜全孝友之行,率以宦游,或缘婚媾,遂营卜乎田宅,辄轻去乎坟墓。苟思择利而处,罔念首丘之仁。古者氏族,各有流源,闾里系乎图版,一则宾举自乎乡里,一则忠孝考乎阀阅。转徙侨寓盖由乱离,方我治朝宜从土断,岂有无故而去父母之国,独善而委兄弟之亲? 臣实见之,比比而是。流俗相习弗以怪,时议为常不以讥。节义所以陵迟,民德所以亏薄。此其玷陛下之风教,败理世之体道,坏法侵纪,其损至大。"认为土断可以解决时人"率以宦游"、不尽孝义的问题。又元代柳贯《待制集》卷七《策问·国学私试十一首其四》云:"自田不井疆,民不什伍,而分田令赋,造器制禄,起田役作军旅,凡先王所以维系其民之意,于是微矣。秦开阡陌,汉事兼并,人忘重迁,俗尚流寓。至晋稍明土断之制,逮齐复申黄籍之令,故户口漏于国版,而夫家脱于联伍者,皆受而注之。"同样认为土断可以解决"人忘重迁,俗尚流寓"的问题。

② 此处《南齐书》新校本作"苦",别本作"昔"。考虑下文"今反役人",当作"昔"。

户,迁徙去来,公违土断。属役无满,流亡不归。宁丧终身,疾病长卧。……①

其中"迁徙去来,公违土断"和"属役无满,流亡不归"似乎都和人员流动有关。人员的肆意流动会给行政管理造成困扰,也可能造成社会问题,这一点无疑;两晋土断的理论构想或实践中存在希望通过土断解决"民无定本,伤治为深"②的倾向,也是确定的,但按照一般理解,那只是希望通过解决户籍问题而敦使士民立业扎根、避免屡迁其居而不安其业的情况,却并没有明文限制流动;而任何人若想通过土断的具体实行来解决人口流动问题,就必须确保土断在这方面有制度层面的规定,但相关内容在我们当下能接触的史料中暂时还看不到。虞玩之作为生活在南朝的人,在给皇帝的上表中如此谈论,我们很难去想象这是出于他的对于土断的误解。因此,土断或许真的有限制人员流动的作用;但是这样的作用又和我们所了解的两晋土断的理论与实践不完全匹配。

在尽可能减少与现有史料冲突的指导思想下,本文倾向于相信,以土断限制人员流动的诉求或许是南朝历史的新发展。这可能与晋宋之际门阀政治向皇权政治的回归有关:当皇权政治恢复常态,当北方局势渐定、南北对峙已成定局,当人们已经不再抱有旋反中原的幻想,当墓葬中不再有"假葬"思想的体现,南朝统治者们或许也会变得不像与门阀士族共天下的东晋统治者那样能够容忍境内士人的肆意流动——因为那意味着南朝还没有完全进入稳定王朝的常态,也意味着统治者的德行才能还不足以追寻"先王制治,九土攸序,分境画疆,各安其居,在昔盛世,人无迁业"③的治世踪迹。而陆贽、欧阳修等人对于土断作用

---

① 〔南朝梁〕萧子显:《南齐书·虞玩之传》,北京:中华书局,2017年,第677页;亦载于〔唐〕杜佑撰,王文锦等点校:《通典》卷三《食货三·乡党土断、版籍并附》,北京:中华书局,1988年,第58—59页,文字略有出入。
② 《宋书·武帝纪》载刘裕上表请行义熙土断的奏文,第29—30页。
③ 《宋书·武帝纪》,第29页。

的理解,也是从离他们更近的南朝继承而来;而南朝土断关于限制人员流动的具体规定并没有留传到当今的学术视野中,因此并未给当代学者造成深刻印象,形成共识。如此,则不存在和我们对于两晋土断的一般理解矛盾冲突的问题;也能够解释古今认知差异的形成。但这毕竟只是猜想,在发现新的相关史料前,恐难定论。

## 三、黄白籍问题

黄白籍也是土断中的一个关键问题,尤其与东晋初的咸和、咸康两次土断有关。《南齐书》卷三四《虞玩之传》载建元二年齐高帝萧道成诏朝臣曰:"黄籍,民之大纪,国之治端。"可知黄籍的重要性。在如何理解黄白籍的问题上,前人众说纷纭,而众人论述所涉及的其中一条最关键的史料大概是东晋太元十四年,孝武帝司马曜诏公卿牧守普议得失,范宁所上的陈时政疏:

> 古者分土割境,以益百姓之心;圣王作制,籍无黄白之别。昔中原丧乱,流寓江左,庶有旋反之期,故许其挟注本郡。自尔渐久,人安其业,丘垄坟柏,皆已成行,虽无本邦之名,而有安土之实。今宜正其封疆,以土断人户,明考课之科,修闾伍之法。难者必曰:"人各有桑梓,俗自有南北。一朝属户,长为人隶,君子则有土风之慨,小人则怀下役之虑。"斯诚并兼者之所执,而非通理者之笃论也。古者失地之君,犹臣所寓之主,列国之臣,亦有违适之礼。随会仕秦,致称春秋;乐毅宦燕,见褒良史。且今普天之人,原其氏出,皆随世迁移,何至于今而独不可?[①]

较早对黄白二籍进行全面考证的是高敏,通过对《太平御览》卷六〇六

---

[①] 《晋书》卷七五《范汪传附子宁传》,第1986—1988页。

引《晋令·札》中"郡国诸户口,黄籍,籍用一尺二寸札,已在官役者载名"和徐坚《初学记》卷二一引《桓玄伪事》"古无纸,故用简……今诸用简者,皆以黄纸代之"①等语的援引,基本确定了黄籍是以黄纸所载的户口册。② 在此基础上,胡阿祥进一步考证黄籍是"以蘗汁入纸,谓之入潢。入潢则纸不生蠹虫,缝不绽解",同时指出这与当时尚黄观念有关,并归纳出黄籍内容"包括姓名、年龄、籍贯、家族、家庭成员、家庭成分、职历、爵位、健康情形、服役年限及乡里清议、士庶门第等项目"。③ 韩树峰利用虎溪山、走马楼"黄簿"等出土资料,结合传世文献,提出几点新见。④

白籍的问题比之黄籍又更复杂,因为这关系到对咸康土断关键史料的释读和理解。《晋书·成帝纪》云"实编户,王公已下皆正土断白

---

① 〔唐〕徐坚等:《初学记》(第2版),北京:中华书局,2004年,第517页。
② 高敏:《关于东晋时期黄、白籍的几个问题》,《中国史研究》1980年第4期。
③ 胡阿祥:《东晋南朝侨州郡县与侨流人口研究》,第102—103页。前引虞玩之上表言及"有改注籍状,诈入仕流,昔为人役者,今反役人"云云,亦可为之佐证。
④ 韩树峰:《汉晋时期的黄簿与黄藉》,《史学月刊》2016年第9期。文中主要观点包括:(1)黄簿、黄籍到东晋时才等同于户籍,在西晋时还包含其他内容,《晋令》中的黄籍甚至不包含户籍;(2)黄籍在西晋时不是黄纸,而仍以简牍为书写载体;(3)称"黄"除了简牍本色,也与崇尚黄色的观念有关。按前人研究或许只足以确定黄籍在东晋以后的性质和情况,即可以假设永嘉南渡是黄籍由简变纸的一个转折;但这样的假设须有一前提,即北方依然保持用简作黄籍。事实上,据崔鸿《十六国春秋·前燕录》记:"夏五月,广义将军岷山公黄纸上表,儁曰:'吾名号未异于前,何宜便尔? 自今但可白纸称疏。'"(参见〔北魏〕崔鸿撰,〔清〕汤球辑补,聂溦萌、罗新、华喆点校:《十六国春秋辑补》,北京:中华书局,2020年,第321页)按慕容儁时为燕王,并未如冉闵般"僭称大号",由此或可推知,"黄纸上表"在当时是皇帝专利,王一级只可"白纸称疏",可见黄纸非但用于正式文书载体,且规格极高,绝对堪当用作簿籍;更为关键的是,慕容儁等人一直处于北方,且从崔鸿的记录来看,无论是"黄纸上表"还是"白纸称疏"都并非慕容儁等人从东晋学来的创举,而是一直沿用的习惯做法,慕容儁只是根据自己的身份做一选择耳。北方使用黄纸显然不会是因为永嘉南渡,因此以南渡作简、纸的分水岭显然还有需要进一步作出解释的地方。事实上,出土文献显示西晋时存在以简牍作载体的黄籍,和同时存在以黄纸作载体的档案文书,二者间似乎并不构成必然冲突。

籍"①;《资治通鉴·晋纪》"成帝咸康七年四月丁卯"条作"诏实王公以下至庶人皆正土断、白籍"②;另《建康实录》记作"诏实编户,王公已下皆正土断、白籍"③。前人对此有各种各样的解读,后由张学锋归纳为两派,即"土断前白籍"和"土断后白籍":前者即认为咸康土断前已存在白籍户——白籍在这里指临时的、侨寓的、免于赋役的户籍——而咸康土断的主要任务在于把这些白籍户黄籍化,改成正式的、不论侨旧的、承担服役的户籍;后者则认为白籍是咸康土断的产物,此前是无籍或虚籍,是次土断后才变成实际登记在案的、或许拥有一定特权、有限承担赋税义务的白籍户,在之后刘裕主持的义熙土断中再变成黄籍。④

---

① 《晋书》卷七,第 183 页。
② 《资治通鉴》卷九六,第 3045 页。
③ 〔唐〕许嵩撰,张忱石点校:《建康实录》,北京:中华书局,1986 年,第 197 页。
④ 张学锋:《论东晋的"度田税米"制——特别是从其与土断的关系来看》,韩国中国史学会《中国史研究》第 8 辑,2000 年。按范宁上疏陈时政虽然奏请土断,但并未得到落实;后来刘裕主持义熙土断,或许是由于共通的伸张皇权的需要,因此在很多层面都似乎是在将范宁的理论付诸实践,包括"圣王作制,籍无黄白之别"的问题,换言之,白籍的彻底或大规模黄籍化,极有可能就是在义熙土断中完成的。但同时应注意到,出土墓志材料中有与之不全然匹配的文本:1998 年出土于南京市雨花台区铁心桥镇的刘宋时期宋乞夫妇合葬墓志,从时间上来看,在宋乞死后到夫妻合葬之间应当经历了义熙土断,但墓主属籍是"扬州丹杨建康都乡中黄里领豫州陈郡阳夏县都乡扶乐里",既标示现居地又保留旧籍,似乎正是理应被义熙土断"取缔"的"挟注本郡"的著籍方式,详见罗新、叶炜:《新出魏晋南北朝墓志疏证》,第 41—44 页;《江苏南京市中华门外铁心桥出图南朝刘宋墓志》,《考古》1998 年 8 期。又〔明〕陶宗仪《古刻丛钞》卷六八三录谢涛墓志云:"宋故散骑常侍、扬州丹杨郡秣陵县西乡显安里领豫州陈□(郡)阳夏县都乡吉迁里谢涛,字明远,春秋卌有九,元嘉十(八)〔六〕年,岁次屠维,月依林钟,十七日卒。"按原文作"元嘉十八年",但是年为辛巳年,岁阳纪年在重光,如果"岁次屠维"的话,应当是早两年的己卯年(显然"六"与"八"之间的讹写比"屠维"和"重光"之间混淆的可能性要高,尤其南朝墓志鲜有如北方碑刻工整清晰者);按元嘉十六年倒推谢涛年岁,可知其一生先后经历晋末义熙、宋初元嘉两次土断。除宋乞和谢涛墓志这两方刘宋墓志外,东晋墓志中暂未见到类似的著籍方式。因此,这种新旧兼顾的著籍方式到底是义熙土断取消白籍挟注本郡后人们眷怀旧土、在墓葬中所表达的一点私心,还是也存在于当时义熙土断后的官方文书档案登记中,甚至就是义熙土断处理白籍户的统一操作——赋役义务等一应黄籍化,但允许在现籍后遥领故籍以作象征性的"纪念"——仍有待新材料的发掘方有望定论。

实际上两种观点都有比较难以拆解的逻辑或史料矛盾。（1）对于"土断前白籍"而言，必须交代清楚的是，如果白籍不是咸康土断的产物，那么它究竟是从何而来的呢？高敏推测白籍之始同于侨寓户口之始，但这样一种户籍——无论它是多么的临时、多么的不正式——究竟是在何种政治行为中诞生的呢？在土断以外，又有什么样的政治安排能为所有南渡的侨流士人登记一个临时的、"许其挟注本郡"的旧籍呢？期待所有南渡士人积极主动向地方政府报到领白籍显然是不太现实的。时人都是因乱南渡，《世说新语》中也有不少关于渡江颠沛的故事，可知南来不易，不可能像今天出入境那样一一申报；而东晋南朝政府也不可能为无数侨流士人办理"入境登记"——就算白籍只是一张写着姓名、侨籍的普通白纸，也不可能会凭空出现的。（2）对于"土断后白籍"而言，固然不需要考虑白籍起源的问题，因为正是要把它看作咸康土断的产物。但与此同时，其所面临最难拆解的问题在于，如果咸康土断的产物是白籍，那么似乎与"实编户"的主旨是冲突的；①此外还要面临"咸康土断前莫非所有侨寓人员都没有实籍"的质疑。

对于上述困境，本文希望提出两种猜想，皆秉持"不要一刀切"的主张：（1）如果是"土断前白籍"，不要一刀切地认为白籍如果不是咸康土断的产物，就只能在渡江前后产生——毕竟咸康土断之前还有一次咸和土断，如果说咸和土断的户籍整理中包含了为侨寓人员注册白籍的工作，是否能解释得通一些问题呢？（2）如果是"土断后白籍"，或许我们可以尝试不要一刀切地认为土断前所有侨流人员都没有实籍、所有白籍都是咸康土断后产生的；其中一个可能的情况是，在南渡之后，主动向侨寓当地政府申报的士人会被登记为白籍户，"许其挟注本郡"，并享有一定的赋役优待；也可能是此前的咸和土断就包括了白籍的登记

---

① 张学锋文中已虑及此，并提出白籍户承担"口税米"的猜想，以此来解释白籍与"实编户"的关系。

工作，只是并未实现全国普及，而这许许多多或不愿登记或未登记到或因晚渡没来得及登记的人，可能便是咸康土断的目标群体——也就是说咸康土断的目的是把之前未登记的人注籍在编，成为白籍，诏令针对全国"王公以下"，但实际操作中只涉及一部分①；而不论白籍是否承担有限的赋役义务，为大量无籍之人登记本身也算是符合"实编户"的字面含义了。

## 四、咸和土断

话题回到本文中心——东晋南朝的第一次土断。纵观史乘，关于咸和土断的明确记载仅得一种，即《陈书》卷一《高祖纪》所云：

> 高祖武皇帝讳霸先，字兴国，小字法生，吴兴长城下若里人，汉太丘长陈寔之后也。世居颍川。寔玄孙准，晋太尉。准生匡，匡生达，永嘉南迁，为丞相掾，历太子洗马，出为长城令，悦其山水，遂家焉。尝谓所亲曰："此地山川秀丽，当有王者兴，二百年后，我子孙必钟斯运。"达生康，复为丞相掾，咸和中土断，故为长城人。……②

至于"咸和中"究竟是哪一年，不得而知。这个问题吸引了不少学

---

① 这有点类似当今普遍要求手机互联网信息实名注册，但并不排除有人在之前已经完成实名注册了。
② 〔唐〕姚思廉：《陈书》卷一《高祖纪》，北京：中华书局，1972年，第1页。

者的关注,但未有定论,争议分别在于开始和完成的时间。① 众人引以为据的史料包括《南史·王僧孺传》:

> 晋咸和初,苏峻作乱,文籍无遗。后起咸和二年以至于宋,所书并皆详实,并在下省左户曹前厢,谓之晋籍,有东西二库。此籍既并精详,实可宝惜,位宦高卑,皆可依案。②

及前引《通典》卷三《食货三·乡党土断、版籍并附》:

> 晋咸和初,苏峻作乱,版籍焚烧。此后起咸和三年以至乎宋,并皆详实,朱笔隐注,纸连悉缝。而尚书上省库籍,唯有宋元嘉中以来,以为宜检之日,即事所须故也。晋代旧籍,并在下省左人曹,谓之晋籍,有东西二库。既不系寻检,主者不复经怀,狗牵鼠啮,雨湿沾烂,解散于地,又无肩縢。此籍精详,实宜保惜,(位高官卑)〔位宦高卑〕,皆可依按。

又《沈约集》卷四《上言宜校勘谱籍》被引较少,但内容文字稍有不同,一并列作参考:

> 晋咸和初,苏峻作乱,版籍焚烧无余。此后起咸和三年,以至于宋,所书并皆详实,朱笔隐注,纸连悉缝。而尚书上省库籍,唯有

---

① 相关论著有万绳楠:《论黄白籍、土断及其有关问题》,《魏晋南北朝史研究》,成都:四川省社会科学院出版社,1986年;李则芬:《东晋侨置州郡与土断》,《两晋南北朝历史论文集》,台北:台湾商务印书馆,1987年;赵云旗:《论魏晋南北朝时期户口管理与国家财政的关系》,《安徽史学》2003年第4期;郑欣:《淝水之战东晋获胜的经济原因》,《文史哲》1995年第4期;许辉:《六朝户籍制度刍议》,《学海》1991年第5期;许辉:《东晋南朝时期南方经济发展的原因》,《史学月刊》1985年第5期;等等。

② 〔唐〕李延寿:《南史》卷五九,北京:中华书局,1975年,第1461—1462页。

宋元嘉中以来，以为宜检之日，即事所须故也。晋代旧籍，并在下省左户曹前厢，谓之晋籍。有东西二库。既不系寻检，主者不复经怀，狗牵鼠啮，雨湿沾烂，解散于地，又无扃縢。此籍既并精详，实宜保惜，(位高官卑)〔位宜高卑〕，皆可依按。①

大体而言，据《南史》者认为始于咸和二年，据《通典》者认为始于咸和三年。从逻辑上而言，两相比较下还是咸和二年更为合理，毕竟苏峻乱及建康，在这种情况下开展土断工作是无法想象的。若要为之梳理的话，在咸和初至咸和五年大赦诏税田之间，有几个比较关键的事件：

咸和二年十一月，历阳太守苏峻、豫州刺史祖约以讨庾亮为名举兵作乱。咸和三年二月，苏峻破卞壶、败庾亮，矫诏大赦天下，独不免庾亮兄弟。五月，逼成帝迁于石头城，群臣步从。六月，陶侃、温峤、庾亮会师石头城西北。九月，苏峻战死白石，②其弟苏逸继而为帅，退守石

---

① 香港中文大学中国文化研究所汉达古文献数据库中心，九卷本。亦见〔清〕严可均辑《全上古三代秦汉三国六朝文·全梁文》卷二七，京都：中文出版社，1972年，第3110页上至第3110页下。

② 苏峻之死一如罗生门：《建康实录》说陶侃使将军杨谦攻石头，"峻轻骑出战，谦诈北，奔白石垒，峻逼之，才交锋，峻堕马，侃督军护竟陵太守李阳临阵斩峻于白石陂岸"(第174页)。《晋书·成帝纪》记叙更为简略，只说"峻轻骑出战，坠马，斩之"(第173页)。按照这两则记载，苏峻轻骑出战似乎愚蠢，阵前堕马又似乎运气太差。然《晋书·温峤传》曰："时峻劳其将士，因醉，突阵马踬，为侃将所斩。"(第1794页)补充了战前酒醉的细节，令失足堕马顺理成章，但轻骑出战仍令人费解。再看《晋书·苏峻传》："峤与赵胤率步兵万人，从白石南上，欲以临之。峻与匡孝将八千人逆战，峻遣子硕与孝以数十骑先薄赵胤，败之。峻望见胤走，曰：'孝能破贼，我更不如乎！'因舍其众，与数骑北下突阵，不得入，将回趋白木陂，牙门彭世、李千等投之以矛，坠马，斩首脔割之，焚其骨，三军皆称万岁。峻司马任让等共立峻弟逸为主。"(第2630—2631页)则苏峻因一时错误的意气而轻敌突进(可能还是因为《温峤传》提到的战前醉酒)，又因旁人投矛坠马被斩。

头城。①

咸和四年正月戊辰，苏峻子硕②攻宫城，"焚烧堂殿秘阁皆尽"③；庚午，大破祖约于历阳。二月戊戌，诸军攻石头，破苏逸于查浦；甲午，追擒苏逸于溧阳。秋七月，"诏复遭贼郡县租税三年"。咸和五年春正月己亥，大赦。六月癸巳，诏初税田，亩三升。

此处的讨论有一个前提，就是认可沈约这段文字是关于咸和土断的。那么根据沈约语义，我们可以得出两点基本讯息：（1）苏峻乱前的东晋朝廷所存户籍全遭焚毁，此事发生在咸和四年正月，要为此事负责的是苏硕，这是咸和土断的背景和动因。（2）苏峻之乱平定后，出现了新造版籍，这是咸和土断的主要成果。

在此基础上，我们可以把前引学界看法大体分为三种：

---

① 苏峻之乱的细节当然远不止这些，只因与本文讨论关系不大，故未详叙，如关于郗鉴在其中扮演的角色，可参见田余庆：《东晋门阀政治》，第70—74页。
② 《建康实录》以苏硕为苏峻子（第175页），《晋书·成帝纪》《晋书·温峤传》《晋书·苏峻传》亦同；《世说新语·方正篇》"苏子高事平"条引《灵鬼志·谣徵》云："明帝初，有谣曰：'高山崩，石自破。'高山，峻也。硕，峻弟也。后诸公诛峻，硕犹据石头，溃散而逃，追斩之。"（余嘉锡：《世说新语笺疏》，北京：中华书局，2007年，第376—377页）余嘉锡笺疏指出，《晋书·五行志》亦载此谣，但更翔实，其云："明帝太宁初，童谣曰：'恻恻力力，放马山侧。大马死，小马饿。高山崩，石自破。'及明帝崩，成帝幼，为苏峻所逼，迁于石头，御膳不足，此'大马死，小马饿'也。高山，峻也，又言峻寻死。石，峻弟苏石也。峻死后，石据石头，寻为诸公所破，复是崩山石破之应也。"则苏峻又多出一位弟弟"苏石"。惟按谣言的一般风格，似乎很少会不加修饰地用人名原字入谣；况且苏硕是所有史籍中都存在的人物，只是与苏峻关系未明。因此本文倾向于相信《晋书·五行志》存在传写之讹，应当与《灵鬼志·谣徵》一样，说的是苏硕。然而其他史籍中还有一位苏峻之弟苏逸，且是在苏峻死后被推为统帅，且是在整场叛乱最后被擒，诸军攻石头所破的也是苏逸，似乎与谣言中苏硕据守石头城的描述不符；但这其实并不矛盾，苏逸苏硕二人可以都在石头城中顽抗（《晋书·温峤传》就说苏峻死后"峻弟逸及子硕婴城自固"，第1794页），实际的统帅或许还是苏逸，但谣言选苏硕，因为硕字更符合造谣的需要。至于苏硕身份，除谣言外似乎没有其他支持是弟或否定是子的证据，而正史诸处中皆作苏峻子，且从之。
③ 语出《建康实录》（第175—176页）。另《晋书·成帝纪》作："峻子硕攻台城，又焚太极东堂、秘阁，皆尽。"（第174页）

第一种观点认为咸和土断发生在苏峻之乱前,即从《南史》"咸和二年"说,且认为土断与造籍工作是该年咸和二年十一月苏峻之乱前就已经完成的,万绳楠、赵云旗、郑欣等皆持此观点。这种观点虽把沈约之言看作最有力证据,但他们的结论却似乎不符合沈约的语义。按沈约表述的逻辑,是东晋本有户籍存档,但在苏峻之乱中焚毁殆尽,此后另有一次"所书并皆详实"的重新造籍;如果苏峻乱前已经完成造籍,那么必然也被苏硕付之一炬了,史书中却再也找不到关于平乱后重新造籍的记载,莫非要等到咸康土断时再顺便造籍?这显然是不合理的。再者,如果咸和土断完成时中央所存版籍完好,那么咸和土断的目的和主要工作是什么?另外,苏峻虽被很多朝臣看出骄逸,但他起兵作乱的具体时间节点是无法准确预料的,如何有鉴于此、快马加鞭地完成土断工作,又如何保证在不到一年的完成造籍,这些都是难以想象的。

第二种观点认为咸和土断是在咸和二年十一月苏峻之乱前开始的,却直到咸和四年平乱之后才完成户籍整理的工作,许辉主此说。这种观点与第一种最大的分歧在于咸和土断完成的时间上。我们可以把这种观点理解为,咸和二年开始土断,此时版籍未遭战火,理应没有重新造籍的需要,后因苏峻乱,在咸和四年平乱后为这次土断增加一项原本不在计划内的任务:重新造籍。如此这般,还是把咸和土断看作苏峻乱前发生的事,不符合沈约语义。

第三种观点认为咸和土断发生在咸和四年彻底平定苏峻之乱以后,并在五年六月诏税田三升之前完成,李则芬主此观点,并认为土断令下最可能的时间是与咸和五年正月大赦同时,以期抵消一些反抗情绪。这种观点实际上是因为没有参考沈约之言,而凑巧符合沈约文意而已。因为沈约原话必须是"此后起咸和四年"或"咸和五年"方能与这个观点相符合,而史籍之中"二"与"三"之间的讹写固然常见,但无论"二"还是"三"都不大可能是由"四"或"五"讹写而来的。

或许我们可以按照沈约之言的时间和逻辑顺序,认为原文应当作

"此后起咸和三年以至于宋"而不是"二年",因为苏峻乱在咸和二年末,沈约作为史家,既称"此后",则至少应该在咸和三年,才能符合起码的逻辑。若以史料出处论,李延寿作《南史》,于南朝四书基础上删繁就简、事增文省,其心虽可嘉,但此举易滋误生乱,确实有可能将"三年"书作"二年";而《沈约集》集中辑录沈约诗赋文章,且《全梁文》与之一致,皆作"三年",似乎以为更为可信。但事实上,即使是"咸和三年"也不能拆解所有矛盾,因为苏硕焚烧版籍是在咸和四年,无论从时间上还是从逻辑上都称不上"此后",而咸和三年既不应是土断开始的时间,也不能是土断完成的时间。

那么,咸和土断是否如许辉认为的那样,并非因为版籍焚毁而开始的呢?要循这一思路的话,就要质疑沈约对于东晋历史的掌握,这样的想法显然是缺乏支撑的。如果我们假设史籍所载沈约之言完全无误,那么咸和三年间能够主持土断的只有裹挟成帝的苏峻了,但这样的大事不可能不见载于史,而苏峻在当时的形势下似乎难有余暇操持这种事情。况且,除非在苏硕纵火前苏峻自己也烧了一次,否则还是和沈约之言凑不上;但若真是如此,苏峻自己烧完之后自己主持再修,修完还要在不久的将来被苏硕再烧一次,实在荒谬。

韩树峰在讨论黄簿与黄籍的时候顺带给咸和造籍作了一段较新的解释,其云:

> ……按沈约所说,由于苏峻等人的叛乱,东晋咸和三年(328)以前的版籍荡然无存。旧籍的内容不得而知,但沈约称赞咸和三年以后的户籍内容全面而精确。中央所藏户籍被苏峻焚毁了,但各地户籍不会受到根本性冲击,它们必定成为咸和三年中央再造户籍的唯一依据。为苏峻所毁的咸和元年(326)以前的中央户籍,内容自然也来自地方户籍。两年之间,地方户籍的内容不可能发生根本性的变化,因此,咸和三年中央户籍的"精详""详实",在某种程度上可视为咸和元年以前中央户籍的翻版。我们知道,一直

到太兴四年,东晋政府还在对流民及士族荫客的状况进行大规模的调查,此时下距咸和元年不过五年的时间,因此,翔实的咸和元年籍应该是晋元帝时期户籍整顿的结果,东晋初期户籍制度改革的成效由此得窥一斑。①

其中有关利用地方户籍再造户籍的设想颇具启发性,也有可能是符合当时实际情况的。唯此解释仍未能解决时间和逻辑顺序上的冲突——咸和三年的时候,版籍是依然完好保存在中央的。

虑及以上种种思维困境,本文欲大胆假设:如果"咸和(二)三年"实为"咸康(二)三年"之误,是否能够解释得通呢?改讹字释史、以求理通辞圆在学界并不少见,②对于古籍整理而言或许更是常见。若"咸和"是"咸康"传写之误,即沈约原话或作"晋咸和初,苏峻作乱,版籍焚烧无余。此后起咸康三年,以至于宋,所书并皆详实",则可顺理成章地解释为:晋初原有户籍,苏峻乱中焚烧无余,乱平后组织再造工作,至咸康初完成,"并皆详实",并保留这一值得赞扬的造籍传统直至刘宋。这样一来,沈约这段话就没有与史实矛盾或无法自洽的地方了。

当然,如此诠释最大的问题在于,从咸和四年到咸康二年或三年,当中有七八年的跨度,比前人一般设想的一两年多耗用了好几倍——若按照韩树峰所提出的以地方户籍再造中央版籍的方法,所需时间更短——那这是否不合理、是否有矛盾呢?诚然,如果像韩文所想的那样,短短两三年间"地方户籍的内容不可能发生根本性的变化",换言之,如果中央户籍的再造只是把地方户籍档案简单整合,那么确实不用太久。但如果咸和土断另有任务呢?结合前文针对咸康土断中黄白籍问题的猜想,不论是所谓的"土断后白籍"还是"土断前白籍",即不论是

---

① 韩树峰:《汉晋时期的黄簿与黄藉》,第32页。
② 如前引张学锋《论东晋的"度田税米"制——特别是从其与土断的关系来看》即将咸康七年诏释读为"实编户,王公已下,皆(正)[以]土断(为)白籍",认为"正"字为"以"字之讹误。

土断为白籍还是以白籍户为土断对象，可能都需要仰赖咸和土断的前期工作。

东晋初年的户籍，在没有大规模土断工作的情况下，很可能只包含南方土著的黄籍和部分侨寓人员的白籍，但东晋一朝土断和户籍整理的大趋势还是"实编户"，即实现全员的黄籍化；因此，在苏峻乱后，单纯把几年前的地方户籍档案拿来抄一遍再整合，或许是不能满足统治需要的。如前所述，即使咸康七年是全面推行白籍注册，令"王公以下皆土断为白籍"，也不能排除此前有一部分人已经是白籍，这或许也是咸和土断其中一项工作，那么搜蔽扬仄、全境普查，且在经历动乱、元气大伤的情况下，费力耗时也是情理之中；如果咸康土断前已经有白籍，咸康七年是要把白籍户土断为黄籍，那么这项工作无疑是咸和土断中完成的。

另外，在咸和土断的过程中，很可能还伴随着新的人员流动以及侨置郡县的设置，如《宋书·州郡志》"南徐州刺史"条云：

> 晋永嘉大乱，幽、冀、青、并、兖及徐州之淮北流民，相率过淮，亦有过江在晋陵郡界者。晋成帝咸和四年，司空郗鉴又徙流民之灾淮南者于晋陵诸县，其徙过江南及留在江北者，并立侨郡县以司牧之。①

据此可知咸和四年时（当在苏峻乱平之后）尚有徙民、立侨郡县之事，这就意味着咸和土断所要处理的工作是在随时增加的，且包括户籍整理和侨置郡县两个方向。如此，咸和四年到咸康初这七八年的时间，或许也并不太长。本文没有论及的刘宋元嘉土断，根据学界的一般观点，从工作开展到土断成果形成，有将近二十年的时间。

---

① 《宋书》卷三五，第1038页。

土断是一个老问题,但并不是一个被研究到通透烂熟、题无剩义的老问题。囿于史料,过往研究中其实存在不少争议,一直未有定论;而新文献又是可遇不可求的。因此,我们只能努力提出一些设想,尝试从一些新角度对老问题给出解释,以适用尽可能多的史料。本文主要是由这类设想构成,恐不为严谨扎实的研究者所喜。望将来能有幸遇到新史料面世,以帮助我们拨云见日。

# 释奠与齿胄之礼

## ——中国中世的皇太子与礼仪

千田丰 撰　段　彬 译

## 绪　论

儒学对于中国乃至整个亚洲而言,都是不可或缺的存在。释奠正是为了振兴儒学而举行的一种祭祀孔子的仪式。释奠最初的祭祀范围并非仅限于孔子——它原本是祭祀众多先圣先师的仪式。关于"释奠",《礼记·文王世子》云:

> 凡学,春官释奠于其先师。秋冬亦如之。凡始立学者,必释奠于先圣先师。

据此记载,释奠是想要开始治学的人祭祀先圣先师的行为。释奠从三国曹魏到唐代之间曾被频繁举行,在这期间逐渐形成了祭祀孔子及其弟子的释奠形式。

迄今为止,学界已有众多关于释奠的研究成果,但大部分是为了探究教育史或礼仪而进行的研究。[1]

---

[1] 〔日〕多贺秋五郎:《唐代教育史の研究——日本学校教育の源流》,东京:不昧堂书店,1953年;高明士:《唐代东亚教育圈的形成——东亚世界形成史的一侧面》,台北:"国立"编译馆中华丛书编审委员会,1984年;朱溢:《事邦国之神祇——唐至北宋吉礼变迁研究》,上海:上海古籍出版社,2014年。另外,还有从唐代的释奠来理解日本释奠的研究,代表性作品有〔日〕弥永贞三:《古代の釈奠について》,1972年首次发表,收入《日本古代の政治と史料》,东京:高科书店,1988年。

不过，为了振兴儒学而举行的释奠，也承担着其他方面作用。松浦千春先生特别就魏晋时期的释奠指出，当时举行释奠的是幼年皇帝或者皇太子，这一仪式几乎与加元服同时存在，因此被认为是"帝位继承过程所需经过的礼仪"，以显示他们具备了足以肩负皇帝、皇太子重任的人格。① 此后从南朝开始，经由无趣的解释学，释奠的时代特殊性被礼学经典的普遍性逐步吸收、同化。

松浦先生认为，后代对于释奠，渐渐不及魏晋时代重视。直至唐代，"虽然高祖、太宗将释奠纳入了儒教、国学振兴政策的范围内加以实施，但已存在着与南朝时截然不同的侧面"②。也就是说，释奠虽然被保留了下来，实际上却已发生了很大的变化。

我们的确可以发现，相比魏晋南朝，唐代的释奠已有很大的不同。但是在唐代，为皇太子举行释奠仍然十分常见，可见其意义不仅仅是国学振兴政策而已。

同样，如果我们着眼于举行释奠的皇太子本身，便会发现南朝皇太子参与礼仪的程度相比汉代时要深入得多，③而皇太子制度本身的变化也是自魏晋南北朝时期开始的。这样的话，释奠与皇太子制度的变化便是几乎同时发生的。笔者认为，这是理解魏晋至唐代的皇太子乃至皇权的重要线索。

本文中，笔者将对举行释奠的皇太子加以关注。首先，让我们对皇太子释奠的起源及其谱系进行观察。其次还会提及，唐代释奠与此前不同的是齿胄被加以重视。笔者想从这些方面来了解前近代皇太子的释奠究竟意味着什么，并通过这样的考察，希望对阐明魏唐之间释奠的实际情况以及皇太子制度有所帮助。

---

① 〔日〕松浦千春：《魏晋南朝の帝位継承と釈奠儀礼》，《東北大学東洋史論集》第 9 辑，2003 年。
② 前引松浦先生论文，第 181 页。
③ 〔日〕冈部毅史：《梁簡文帝立太子前夜——南朝皇太子の歴史的位置に関する一考察》，《史学雑誌》第 118 卷第 1 号，2009 年。

## 第一节　释奠礼的谱系——从魏晋至唐代

本节拟逐步观察魏晋南朝、北朝、唐代等各个时代释奠制度的变迁。

### 一、魏晋南朝的释奠

这一时期，史书中有关释奠最早的记载见于《宋书》。《宋书》卷一七《礼志》云：

> 魏齐王正始二年（241）三月，帝讲《论语》通，五年五月，讲《尚书》通，七年十二月，讲《礼记》通。并使太常释奠，以太牢祀孔子于辟雍，以颜渊配。

这里叙述了魏齐王芳时期的释奠。《三国志》卷四《三少帝纪》中也有对应的记事，不过未见有"释奠"一词。同样是在《宋书》卷一七《礼志》中：

> 晋武帝泰始七年（271），皇太子讲《孝经》通，咸宁三年（277），讲《诗》通，太康三年（282），〔讲《礼记》通，惠帝元康三年（293），皇太子〕讲《论语》通，①元帝太兴三年（320），皇太子讲《论语》通，太子并亲释奠，以太牢祠孔子，以颜渊配。成帝咸康元年（335），帝讲《诗》通，穆帝升平元年（357）三月，帝讲《孝经》通，孝武宁康三年（375）七月，帝讲《孝经》通，并释奠如故事。穆帝、孝武并权以中堂为太学。

可见两晋时期也经常举行释奠。

---

① 根据《宋书》（北京：中华书局，1974 年）校勘记补充。

刘宋也和晋朝一样举行释奠，这从《宋书》卷一七《礼志四》后续的记载便可得知：

> 宋文帝元嘉二十二年（445）四月，皇太子讲《孝经》通，释奠国子学，如晋故事。

据此可知，这一时期皇帝或皇太子会在释奠时祭祀先圣、先师。举行仪式时，他们通常会讲解《孝经》或《论语》等书。释奠一词虽然早在《礼记》中便可以看到，但当时的释奠是否伴随有讲经则不清楚。自东汉开始的讲经，应当是释奠讲经的起源。①

曹魏齐王以讲学为中心的释奠，被晋王朝所继承，南朝的释奠也被认为遵循了两晋释奠仪式的基本形式。松浦千春先生的论文对魏晋时期的释奠已有详细的叙述。

松浦先生认为，因为齐王芳不是先帝明帝的亲生子，没有血统上的正当性，所以要通过讲经所象征的"好学、聪明的少年天子"的形象来标榜其自身。另外，晋惠帝做太子时也时常举行释奠。惠帝作为武帝的嫡长子，在血统上虽然具有完全的正当性，但因惠帝被人称作"不慧"，故而试图通过讲经来表示其能力上的正当性。在这以后，经过东晋南朝的延续，释奠被认为是"帝位继承过程的必经仪式"。②

那么，刘宋以后释奠的真实情况是什么样的呢？《南齐书》卷九《礼志上》：

> 永明三年（485）正月，诏立学，创立堂宇，召公卿子弟下及员外

---

① 〔日〕古胜隆一：《釈奠礼と義疏学》，2001年首次发表，又见于《中国中古の学術》，东京：研文出版，2006年；《南斉の国学と釈奠》，2005年首次发表，同样见于《中国中古の学術》；〔日〕保科季子：《漢代における経学講論と国家儀礼—釈奠礼の成立に向けて》，《東洋史研究》第74卷第4号。

② 前引松浦先生论文，第172页。

郎之胤,凡置生二百人。其年秋中悉集。(中略)其冬,皇太子讲《孝经》,亲临释奠,车驾幸听。

也就是说,南齐于永明三年创立了学校,设置学生名额二百,并在当时举行了释奠。

此后,梁、陈也继续举行释奠。《隋书》卷九《礼仪志四》:

> 梁天监八年(509),皇太子释奠。(中略)又有司以为:"礼云:'凡为人子者,升降不由阼阶。'案今学堂凡有三阶,愚谓客若降等,则从主人之阶。今先师在堂,义所尊敬,太子宜登阼阶,以明从师之义。若释奠事讫,宴会之时,无复先师之敬,太子升堂,则宜从西阶,以明不由阼义。"

这里具体讨论了皇太子在释奠中的立场。梁代的释奠相较于南齐,表现出对老师更为全面的尊敬。冈安勇先生说:"太子向老师行礼时,设有面朝东、面朝西两种席位,老师就坐于面朝东的席位。"① 阼阶指东阶,从东边登上台阶,说明皇太子要面朝西。这意味着皇太子要向老师行弟子之礼。《隋书》卷九《礼仪志四》接着又说:

> 吏部郎徐勉议:"郑玄云:'由命士以上,父子异宫。'宫室既异,无不由阼阶之礼。请释奠及宴会,太子升堂,并宜由东阶。若舆驾幸学,自然中陛。又检东宫元会仪注,太子升崇正殿,不欲东西阶。责东宫典仪,列云'太子元会,升自西阶',此则相承为谬。请自今东宫大公事,太子升崇正殿,并由阼阶。其预会宾客,依旧西阶。"

---

① 〔日〕冈安勇:《中国古代史料に現われた席次と皇帝西面について》《史学雑誌》第 92 卷第 9 号,1983 年,第 17 页。

如其所言,释奠被认为是皇太子的"东宫大公事"。在梁代,昭明太子、简文帝都举行过释奠。到了陈代,后主、吴兴王胤也举行过释奠。也就是说,在南朝,皇太子基本上都要举行释奠。

## 二、北朝的释奠

那么,接下来我们来看看北朝的释奠又是怎样的?关于北魏的释奠,《魏书》卷九《肃宗纪》:

> 正光元年(520)春正月乙酉,诏曰:"建国纬民,立教为本,尊师崇道,兹典自昔。来岁仲阳,节和气润,释奠孔颜,乃其时也。有司可豫缮国学,图饰圣贤,置官简牲,择吉备礼。"

翌年即正光二年举行了释奠,当时已经是北魏王朝的末期了。关于正光二年释奠,《魏书》卷八二《常景传》载:

> 时肃宗行讲学之礼于国子寺,司徒崔光执经,敕景与董绍、张彻、冯元兴、王延业、郑伯猷等俱为录义。事毕,又行释奠之礼,并诏百官作释奠诗,时以景作为美。

从这条史料来看,当时十二岁的孝明帝亲自举行了释奠。两晋南朝在讲经后举行释奠,在北魏,讲经和释奠则被置于同时。我们还可以看到北魏与南朝存在一个不同点——那就是执经。在正光二年释奠中,由崔光手执经书进行讲经,这一点在《崔光传》和《儒林传》中也有记载,①

---

① 《魏书》卷六七《崔光传》:"正光元年冬,赐光几杖、衣服。二年春,肃宗亲释奠国学,光执经南面,百僚陪列。"《魏书》卷八四《儒林传》:"正光二年,乃释奠于国学,命祭酒崔光讲孝经,始置国子生三十六人。暨孝昌之后,海内涌乱,四方校学所存无几。永熙中,复释奠于国学;又于显阳殿诏祭酒刘廞讲《孝经》,黄门李郁说《礼记》,中书舍人卢景宣讲《大戴礼·夏小正篇》;复置生七十二人。"

可见此次释奠并非由主祭者来讲《孝经》。在北魏永熙三年(534)孝武帝举行释奠时,讲解《孝经》《礼记》《大戴礼·夏小正篇》之人,也全部是主祭者以外的人。① 北朝的情况皆是如此。

北齐时期的情况,据《隋书》卷九《礼仪志四》:

> 后齐制,新立学,必释奠礼先圣先师,每岁春秋二仲,常行其礼。每月旦,祭酒领博士已下及国子诸学生已上,太学、四门博士升堂,助教已下、太学诸生阶下,拜孔揖颜。日出行事而不至者,记之为一负。雨沾服则止。学生每十日给假,皆以丙日放之。郡学则于坊内立孔、颜庙,博士已下,亦每月朝云。

这一时期,释奠改为每年二月、八月举行两次,每月由祭酒及学生拜祭孔子。

相比南朝,北朝的释奠要少得多,很多详细情况不明。不过,主祭者自己不讲经,以及北齐每年举行释奠等情况,在南朝都是不存在的,而这些特点皆为唐代所继承。

### 三、唐代的释奠

唐代在安史之乱以前,皇太子皆行释奠,之后便不再有相关记载。唐代的首次释奠,在高祖武德七年(624)。《旧唐书》卷一《高祖纪》:

> [武德七年(624)二月]丁巳,幸国子学,亲临释奠。

接下来是太宗时,《旧唐书》卷三《太宗纪》:

---

① 《魏书》卷八四《儒林传》:"永熙中,复释奠于国学;又于显阳殿诏祭酒刘廞讲《孝经》,黄门李郁说《礼记》,中书舍人卢景宣讲《大戴礼·夏小正篇》;复置生七十二人。及迁都于邺,国子置生三十六人。"

[贞观十四年(640)]二月丁丑,幸国子学,亲释奠,赦大理、万年系囚,国子祭酒以下及学生高第精勤者加一级,赐帛有差。

从这两条史料来看,似乎皇太子并未举行释奠,而是由高祖、太宗亲自举行。但是,玄宗下令编纂的《大唐开元礼》中记载了皇太子释奠、国子释奠、诸州释奠,却并没有记载皇帝释奠。于是,笔者从其他史料中重新审视了高祖的释奠。《旧唐书》卷一八九上《徐文远传》:

　　武德六年(623),高祖幸国学,观释奠,遣文远发春秋题,诸儒设难蜂起,随方占对,皆莫能屈。

根据这里的说法,高祖是行幸国学并"观"释奠。关于太宗,据《旧唐书》卷二四《礼仪志四》:

　　贞观十四年(640)三月丁丑,太宗幸国学,亲观释奠。

可见太宗和高祖同样是"观"。太宗在当时的释奠中,对以祭酒兼讲《孝经》的孔颖达进行了提问,但举行释奠的人说到底仍是皇太子。总而言之,唐代的释奠基本上是皇太子举行的祭祀。

　　顺便说一下,隋代也曾举行过一次高祖释奠。《隋书》卷七五《儒林传》载:

　　天子乃整万乘,率百僚,遵问道之仪,观释奠之礼。

如此,皇帝依然是"观"释奠之礼。可以推测,皇太子才是举行释奠礼的人。

　　这里所谓的"观",应被认为是皇帝的视学。《大唐六典》卷二一《国子监》:"皇帝视学,皇太子齿冑,则执经讲义。"《新唐书》与《大唐开元礼》中①也保留有皇帝视学的详细仪式顺序。据此可知,"观释奠之礼"表示的正是皇帝视学之事,将皇太子视作释奠的主祭者应当是比较妥当的。

另外,关于唐高祖时期举行释奠的时间,《旧唐书》本纪作武德七年,《徐文远传》则为武德六年。对此,多贺秋五郎先生、高明士先生、谢明宪先生②都认为是举行了两次释奠,但《旧唐书》中的《高祖纪》《礼仪志》《陆德传》以及《通典》等处全都只记载了武德七年释奠,武德六年释奠的记载只存在于《徐文远传》。通常,释奠是一个人只举行一次,明确可知举行过两次释奠的只有玄宗做太子之时,此外别无他例。因此高祖时举行的释奠,也应该只有武德七年这一回。

唐代举行过释奠的皇太子有:李建成、李承乾、李治(后来的高宗)、李弘、李哲(后来的中宗)、李隆基(后来的玄宗)、李瑛,也就说安史之乱以前的皇太子基本上都举行过释奠。

如上所述,笔者通过列举皇太子释奠,对释奠的起源与变化进行了整理,从而得知释奠在每个时代都有些许变化。若按时间顺序来观察,这些变化是:首先在魏晋时期,由皇太子或者幼年皇帝举行释奠,并在其间讲经,这种讲经曾多次举行,也就说是魏晋的释奠较为重视讲经。到了南朝,只有皇太子才举行释奠,且讲经也只举行过一次。北朝的释奠也进行讲经,不过作为主祭者的皇帝或皇太子并不执经。唐代与南朝相同,只举行基本性的皇太子释奠,讲经则由国子祭酒等人而非皇太子举行。另外,至于举行释奠者的年龄,魏晋南朝基本是十几岁,最多二十岁,唐代则大多超过了二十岁,李哲和李隆基举办释奠时甚至已经二十六岁。这一情况的原因详见后文分析。

---

① 《新唐书》卷一四《礼乐志》:"皇帝视学,设大次于学堂后,皇太子次于大次东。"《大唐开元礼》卷五二:"皇帝皇太子视学。"
② 前引多贺先生论文,第 26—30 页;前引高明士论文,第 209 页;以及谢明宪:《释奠与权力:初唐国家教化的理解与建构》,新北:华艺学术出版社,2016 年。

## 第二节 《大唐开元礼》所见释奠

接下来,笔者想从《大唐开元礼》中残留的皇太子释奠的仪式流程,来考察唐代释奠仪式的意义。

在唐代,释奠被归类为"中祀",《大唐开元礼》的"吉礼"中有"皇太子释奠于孔宣父"。释奠中,要依次举行斋戒、陈设、出宫、馈享、讲学、环宫。仪式的中心环节是馈享。《大唐开元礼》卷五三《吉礼·皇太子释奠于孔宣父》载:

> 享日未明十五刻,太官令帅宰人以鸾刀割牲,祝史以豆二取毛血置于馔所,遂烹牲。未明五刻,郊社令帅其属及庙司各服其服,升设先圣神座于堂上西楹间,东向。设先师神座于先圣神座东北,南面西上。席皆以莞。设神位各于座首。

可以看出,先圣神座在堂上之西,面朝东放置,先师神座在先圣的东北,面朝南放置。皇太子的座位在堂的东阶的东南方,面朝西,①太子从此处登上堂上,举行仪式。前面提到的《隋书》卷九《礼仪志四》也说:"今先师在堂,义所尊敬,太子宜登阼阶,以明从师之义。"这表示,要明示尊师之义,必须登"阼阶",也就是从东阶登上堂上。从这个席次可知,对于先圣、先师,皇太子要表现出弟子的姿态。同一史料中又载:

> 太祝各跪取币于篚,兴立于尊所。率更令引皇太子,永和之乐作,皇太子自东阶升,左庶子以下及左右侍卫量人从升。皇太子升堂,进先圣神座前,西向立。乐止,太祝以币授左庶子,左庶子奉币

---

① 《大唐开元礼》卷五三《皇太子释奠于孔宣父》:"典设郎设皇太子便次于庙东,西向,又设便次于学堂之后,随地之宜。"

> 北向进,皇太子搢笏受币。登歌,作肃和之乐,以南吕之均。率更令引皇太子进,西面跪奠于先圣神座前,俯伏,兴。率更令引皇太子少退,西向再拜。讫,率更令引皇太子进先师首座前,北向立。又太祝以币授左庶子,左庶子奉币西向进,皇太子受币,率更令引皇太子进,北面跪奠于先师首座,俯伏,兴,率更令引皇太子少退,北向再拜。

一开始,皇太子需要向先圣、先师奉上"币"。前引《礼记·文王世子》:"及行事,必以币。"举行释奠之际,币被认为是重要的道具。币便是帛,可以认为这种赠物代表了束帛。释奠中,币之所以重要,正是由于其源于束帛。据《大唐六典》卷二一《国子监·国子博士》:

> 其生初入,置束帛一篚、酒一壶、修一案,号为束脩之礼。

一般学生向老师求教时,即入学拜师时,要行束脩之礼。不仅是国子学学生,太学、四门学等其他学校的学生也要行束脩之礼。[①] 这样的话,皇帝之子也不能例外,在《大唐开元礼》卷五四中记载,皇子束脩仪式中也要奉上"束帛一篚、酒一壶、脩一案",与上引文献所述大致相同。[②] 这与《大唐六典》所说的一致,无论学生是什么身份,都要举行束脩之礼才能入学。币对释奠礼来说之所以重要,正是因为它是求师的必要礼物,不可或缺。

仔细查阅《大唐开元礼》中的释奠礼可以发现,仪式的中心环节"馈享"的举行,是要让皇太子对先圣、先师行弟子之礼。席次的安排也是皇太子扮演弟子角色的视觉化表现。总而言之,释奠就是皇太子的入

---

[①] 《大唐六典》卷二一《太学博士》:"其束脩之礼,督课、试举,如国子博士之法。"四门博士、律学博士、书学博士、算学博士也同样如此。

[②] 皇子由相者引导,学生由赞礼引导。而且在祭奠物品中,皇子要奉上"脩",一般学生的话则是"脯",意义相同,皇子与一般学生之间没有太大的差异。

学之礼。

为了进一步论证释奠即入学礼,让我们再来看看在魏晋南北朝时期的释奠。《梁书》卷二《武帝纪》:

> [天监九年(510)三月]乙未,诏曰:"王子从学,著自礼经。贵游咸在,实惟前诰。所以式广义方,克隆教道。今成均大启,元良齿让,自斯以降,并宜肄业。皇太子及王侯之子,年在从师者,可令入学。"

这是在当时的皇太子萧统(昭明太子)举行释奠的第二年下达的诏敕,命令皇太子和王侯之子入学。又《陈书》卷二六《徐孝克传》:

> 至德中,皇太子入学释奠,百司陪列,孝克发《孝经》题。后主诏皇太子北面致敬。

这里的"至德中",即指至德三年皇太子陈胤举行释奠之事,亦可据此推测,释奠包含有入学的意图。

不仅是皇太子,皇帝亦然。《初学记》卷一八引王隐《晋书》云:

> 魏高贵乡公之入学也,将崇先典。乃命王祥为三老,侍中郑小同为五更。祥南面几杖,以师道自居,帝北面乞言。

可见皇帝也有入学的经历。高贵乡公虽未见有举行释奠的记载,[①]不过若以释奠作为年幼皇帝的入学之礼,亦为自然之事。

有关北朝的情况,史料中没有详细的记载。据前引《魏书》卷九《肃

---

① 《三国志》卷四《高贵乡公纪》记载了高贵乡公在太学与儒者讨论《易》《尚书》《礼记》的情形。

宗纪》:"建国纬民,立教为本,尊师崇道。"可知举行释奠正是为了尊师。因此与魏晋南朝相比,其宗旨没有太大的差异。

综上所述,皇太子的释奠,应当是作为入学之礼而举行的。①

## 第三节　释奠与齿胄之礼

### 一、齿胄之礼

到了唐玄宗治世,关于释奠礼出现了与以往不同的记载。《通典》卷五三《吉礼一二·大学》:

> 开元七年(719)十月,皇太子诣国学,行齿胄礼。

据此记载,玄宗太子李瑛所举行的礼仪,不是以往所说的释奠,而是"齿胄",且与祭祀先圣时的释奠似乎一样。那么齿胄又是什么呢?它和释奠之间是怎样的关系呢？循此疑问,有必要对唐代的释奠进行一番考察。

关于齿胄礼,在有关释奠的研究中几乎没有人探讨过。只有松浦先生提到了《新唐书》中有"如释奠"的记述,他说:"这个'齿胄礼'与释奠礼似乎是分开的。从内容上来看,应该是文献中所说的'入学、御讲学始'的仪式吧。"②据此,他对唐代释奠进行了展望。

而盖金伟先生针对齿胄和释奠表述道:"皇太子的齿胄礼是国子学释奠礼中的一个重要环节。"③

---

① 前引古胜先生的论文中,有注解说明了释奠为入学之仪,但没有给出其论据。
② 前引松浦先生论文,第181页。
③ 盖金伟:《汉唐官学学礼研究》,博士学位论文,华东师范大学,2007年,第94页。

另外,古胜隆一先生说:"'齿胄之礼'是唐代对魏晋以来释奠礼的称呼,是皇太子即将加元服、入国子学时,祭祀先圣、先师的仪式。"①但是,唐代的释奠基本是在皇太子二十多岁时才举行的,加元服和释奠之间似乎并无关系。因此,笔者很难认同入国子学是在即将加元服时的观点。

首先,我们来考察一下所谓齿胄礼究竟是怎样的一种礼仪。

最初的"齿"和"胄"分别代表什么含义呢?关于"齿",《春秋左氏传》隐公十一年云:

> 寡人若朝于薛,不敢与诸任齿。[杜预注:齿列也。][孔颖达疏:《礼记·文王世子》曰:"古者谓年龄,齿亦龄也。"然则齿是年之别名。人以年齿相次列。以爵位相次列亦名为齿,故云齿也。]

可见"齿"乃年龄的序列。那么"胄"为何意?据《说文解字注》:"胄,胤也。"又《尚书·舜典》:"教胄子。[注]胄,长也。"由此可见"胄"表示继承人或长子。关于"齿"与就学的关系,《礼记·王制》云:

> 王大子,王子,群后之大子,卿、大夫、元士之嫡子,国之俊选,皆造焉。凡入学以齿。

各种身份的人在入学之时,要根据年龄来决定其序列。也就是说,所谓齿胄,是在入学时根据年龄长幼,来决定身份各异的长子们的序列。《文选》卷四六《王元长三月三日曲水诗序》云:

> 出龙楼而问竖,入虎闱而齿胄。[李周翰注]公卿之子为胄子。言太子入学,以年大小为次,不以天子之子为上,故云齿胄。齿,

---

① 前引古胜先生论文,第312页。

年也。

这说明皇太子在入学时，是依据年龄来决定他的次序。

在西晋时，释奠与齿、胄的关系已见于记载。《晋书》卷五五《潘尼传》中留存有潘尼的《释奠颂》，从中可以窥见西晋时期对释奠的认知：

> 其辞曰，（中略）笃生上嗣，继期挺秀。圣敬日跻，浚哲闳茂。留精儒术，敦阅古训。遵道让齿，降心下问。铺以金声，光以玉润。如日之升，如干之运。（中略）莘莘胄子，祁祁学生。洗心自百，观国之荣。

值得注意的是，"遵道让齿""莘莘胄子，祁祁学生"等用语，说明年龄序列与胄子身份的意识，已经存在于当时的释奠中。曹魏时虽未见有相关记载，但西晋释奠时，确已有齿胄的内容进入了相关的"颂"里。

此外，《初学记》卷一四《释奠》引何承天《释奠颂》云：

> 乃昔孔颜，梦周希虞。自天由美，异代同符。经修讲治，研几识理。道贵崇业，降尊尚齿。

何承天初仕于东晋，后入刘宋。元嘉十九年（442），刘宋成立国子学后，他兼任国子博士，参加了释奠。因此推测，这次释奠指的应该是元嘉二十二年太子刘劭之释奠。他关于"齿"的看法与潘尼的《释奠颂》也并无二致。

有关胄子，《初学记》卷一四《释奠》引傅咸皇太子《释奠颂》云：

> 亹亹皇储，希心阙里。济济儒生，侁侁胄子。

从释奠颂中常用的句子来看，"齿"与"胄子"是释奠中不可或缺的部分。在唐代，"齿"与"胄子"合称为"齿胄"，见于正史。所以齿胄指的是，后继者们(胄子)入学之际,根据其年龄(齿)而非身份差异来决定序列的礼仪,而皇太子亦需遵守此礼。如上所述,从《大唐开元礼》所示的仪式来看,释奠是入学之礼。根据《礼记·王制》的记述,作为学生入学之际的思想准备,齿胄之法在晋代及南朝、唐代应当是一以贯之的。严格来说,释奠和齿胄是不同的礼仪。也就是说,释奠是指入学礼这一仪式,而齿胄则是自入学开始必须遵守的原则。因为齿胄是入学后理所应当要遵守的礼仪,所以它在唐以前并未构成一个需要讨论的问题。说到底,齿胄只是就学时要遵守的规矩——尽管就笔者管见所限,北朝齿胄和释奠的关系尚未见有记载——到了唐代,齿胄却被特地拿出来讲,这倒是一个很有意思的现象。

这一节开头提到,唐代的释奠礼和齿胄礼曾被认为是同一种礼仪。接下来,我们就来考察一下唐朝的齿胄。

## 二、有关唐代的齿胄与释奠

在唐代,齿胄一词常与皇太子相关联。能够特别体现出唐代齿胄之意义的表述,是下列针对唐太宗第一位皇太子李承乾的谏言:

> (贞观)十三年(639),又上书谏曰:"臣闻周公以大圣之材,犹握发吐飧,引纳白屋。而况后之圣贤,敢轻斯道。是以礼制皇太子入学而行齿胄,欲使太子知君臣、父子、长幼之道。然君臣之义、父子之亲、尊卑之序、长幼之节,用之方寸之内,弘之四□之外,皆因行以远闻,假言以光被。(中略)臣恐殿下败德之源,在于此矣。"承乾并不能纳。(《旧唐书》卷七五《张玄素传》)

另外,《册府元龟》卷二六一《储宫部·褒宠》:

> 皇太子承乾抗表谢诏。答曰:"汝家之冢嫡,国之储两。故有斯命,以彰有殊。入学齿胄,则君臣之义也。"

这是张玄素与太宗对太子承乾的劝谏。由此可见,皇太子入学行齿胄,是为了使君臣、父子、长幼之道闻名于天下,从而提高皇太子的权威。因此齿胄本身就代表了君臣、父子、长幼之节,而这对皇帝来说也是极其重要的。《礼记·文王世子》云:

> 是故知为人子,然后可以为人父,知为人臣,然后可以为人君,知事人,然后能使人。成王幼,不能莅阼,以为世子,则无为也。是故抗世子法于伯禽,使之与成王居。欲令成王之知父子、君臣、长幼之义也。

了解为人子之道,便可知为人父之道,了解为人臣之道,便可知为人君之道。作为皇帝继承人的皇太子,具备父子、君臣、长幼之义可谓十分重要。前述张玄素与太宗之言,明显是基于《礼记·文王世子》为基础而立论的,这说明在唐代观念中,皇太子恪守父子、君臣、长幼之道乃是理所当然之事。

《礼记·文王世子》又云:

> 行一物而三善皆得者,唯世子而已。其齿于学之谓也。故世子齿于学,国人观之,曰:"将君我。而与我齿让,何也?"曰:"有父在则礼然。"然而众知父子之道矣。其二曰:"将君我,而与我齿让,何也!"曰:"有君在则礼然。"然而众著于君臣之义也。其三曰:"将君我,而与我齿让,何也?"曰:"长长也。"然而众知长幼之节矣。故父在斯为子,君在斯谓之臣。居子与臣之节,所以尊君亲亲也。故学之为父子焉,学之为君臣焉,学之为长幼焉。父子、君臣、长幼之道得而国治。

一般认为,君主的世子(继承人)在学校与他人交流时,序长不序爵,方为正道。如此而为,则父子之道、君臣之义、长幼之节可以借此彰显。

所以，只有坚持齿胄，皇太子方能具备必要的父子、君臣、长幼之道。唐代之所以强调齿胄，是由于唐代相比于前朝，更加强调皇帝即位时应具备的素质。正因为如此，为了强调皇太子是下一任皇帝，应该严格遵循释奠礼。由于对齿胄的强调，这一名词基本成为释奠的同义词。

齿胄在册立皇太子时的册文中也被提及过。《唐大诏令集》卷二八《册代王为皇太子文》：

> 维永徽七年（656），岁次景辰。正月景寅朔，六日辛未。（中略）朕虔奉灵图，凤膺丕业。仰惟七庙之重，思隆万叶之庆。畴咨列辟，钦若前修。是用命尔为皇太子。往钦哉。尔其祗奉宪章，率由轨度，尽谦恭于齿胄，审方俗于迎郊。

唐永徽七年，高宗的第五子代王李弘被立为太子，当时的诏敕，要求皇太子谦恭地遵行齿胄。

此外，唐廷为了李重俊（节愍太子）的名誉恢复而进行的册赠、立太子的文书中，也有与齿胄相关的文字。[①] 对于皇太子来说，齿胄可谓大事，他要在百官面前通过齿胄，来彰显自己的正统性。

举行释奠时，会有百官共同参加。一般由皇太子站在上面举行释奠礼，其排序的依据不是身份而是年龄。太子通过在百官面前举行齿胄之礼，证明自己是重视长幼的优秀人物，向众人展示出自己作为皇太子的合格形象。

这就是唐代释奠中，出现了有关齿胄的用词，并对其颇为重视的原因。相比其他王朝，唐代经常出现皇太子的废立事件，可见唐代皇太子

---

① 《唐大诏令集》卷三二《节愍太子谥册文》："皇帝若曰，咨尔故皇太子重俊，业隆继体，才膺守器，辨日高视晋储，防年逼吞汉两，抚军监国，皇基攸固，齿胄问安，圣图惟永，顷以谗邪浸润，恩礼疏薄，外迫伊戾之谋，中启骊姬之谮，彼则凶计斯甚，摇动元良，尔乃诚心密运，扫除悖德，兴晋阳之甲，以罪荀寅，拥汉阙之兵，而诛赵盾云云。"

的地位是非常不稳定的。因此推测,唐代之所以特别重视齿胄礼,是为了向百官展示皇太子比其他皇子更适合作为继承人的事实。

从玄宗曾行两次释奠之举,就可以看出唐代皇太子释奠的重要性。玄宗在睿宗即位后被立为太子,翌年即景云二年八月,举行了释奠。① 第二年二月,也就是六个月后,他又举行了第二次释奠。第一次释奠与其他的释奠一样,是与立太子的仪式一起举行的。第二次释奠,大概是出于睿宗让位的缘故。正因为这次权力交接是禅让这种非比寻常的继承方式,为了提高玄宗的权威,释奠受到了十分的重视。

另外在南朝,释奠也有意识地针对百官之观瞻。南朝举行过释奠的六人中,除了陈朝的皇太子外,其余四位皇太子都深度参与了监国等政治事务,②而且将监国安排在了释奠之后。之所以及早举行释奠,是为了通过释奠在百官心中确立皇太子这一角色的形象。处在分裂混乱时代,监国是皇太子重要的角色之一。南齐萧长懋(文惠太子)和梁简文帝(做皇太子时)的释奠年龄比其他皇太子高,也是这个原因。

到了宋代,齿胄成了皇太子释奠的代名词。据《宋史全文》卷三六,宋理宗针对宋代的齿胄这样论述:

---

① 《旧唐书》卷七《睿宗纪》:"(景云二年八月)丁巳,皇太子释奠于太学。"《旧唐书》卷七《睿宗纪》:"(景云三年二月)丁亥,皇太子释奠于国学。"

② 刘宋的刘劭在元嘉二十二年(445)举行了释奠,并于四年后的元嘉二十六年(449)监国。[《宋书》卷一五《礼志》:"(元嘉)二十六年二月己亥,上东巡。……其时皇太子监国,有司奏仪注。"]南齐的萧长懋(文惠太子)在永明三年(485)举行了释奠,这是他在被立为太子后的三年。有关文惠太子监国的记载虽未看到,不过《南齐书》卷二一《文惠太子传》载:"太子年始过立,久在储宫,得参政事,内外百司,咸谓旦暮继体。"可见他被立为太子之后便举行了释奠,其后参与了政事。梁的萧统(昭明太子),据《梁书》卷八《昭明太子传》:"太子自加元服,高祖便使省万机。"萧统加元服在天监十四年(515),是在举行释奠的六年后。与之类似,梁简文帝在萧统薨逝后被紧急立为皇太子,由于武帝的在位时间很长,他被立为太子时已经三十九岁。也许因为这个,据《陈书》卷三二《殷不害传》:"[大同五年(539)]是时朝廷政事多委东宫。"早在大同五年他就参与了政务,而释奠在大同七年(541)举行。

> [景定元年(1260)]内批:"虎闱齿胄,太子事也。此礼固已废久,如释奠舍菜之事,我朝俱未之废。然享师敬道,又不可拘旧制。可来年正月择日令太子谒拜先圣。"

虎闱即国子监。据此记载,宋代已经废除了齿胄,但未废"释奠舍菜之事"。"舍菜"即释奠。① 在唐代被认为是同义的齿胄和释奠,在宋代被分开叙述。关于皇太子以外的释奠,《旧唐书》卷二四《礼仪志四》载:

> (贞观)二十一年(647),诏曰:"左丘明、卜子夏、公羊高、谷梁赤、伏胜、高堂生、戴圣、毛苌、孔安国、刘向、郑众、杜子春、马融、卢植、郑玄、服虔、何休、王肃、王弼、杜预、范宁、贾逵总二十二座,春秋二仲,行释奠之礼。"初,以儒官自为祭主,直云博士姓名,昭告于先圣。

可见这类释奠仅作为常祭举行。也就是说,在宋代,皇太子举行的释奠才被称为齿胄,由有司负责的作为常祭的孔子祭则被称为释奠,二者被完全分开来称呼。另外,《册府元龟·储宫部》中也有齿胄,其中所提到的都是皇太子释奠。②

但是皇太子的释奠,也即齿胄,在唐玄宗的皇太子李瑛之后,便没有再举行过了。作为孔子祭祀的释奠,则至今仍然存在。

---

① 《礼记·月令》:"天子乃帅三公、九卿、诸侯、大夫亲往视之。仲丁,又命乐正入学习舞。"疏云:"以大胥云'舍菜合舞',舍即释,故知释菜在合舞之前。"可知舍菜即释菜。有关释菜,《礼记·文王世子》:"始立学者,既兴器用币,然后释菜。不舞不授器。"根据注云:"释菜礼轻也",可知释菜是相比释奠程度较轻的礼仪。

② 前引保科先生论文说:"少年皇帝、皇太子亲自讲论,想要向天下显示的,不是其成为皇帝的资质和帝位继承的正统性,而是天子的教化,这是基于儒教的中国皇帝政治的理念。"(第24页)这否定了松浦千春先生的观点。释奠确实蕴含有"天子教化"的理念。但西晋皇太弟、皇太孙的出现,以及南朝皇太子权力的扩大,与释奠的相关记载几乎同时出现,这说明释奠蕴含的作用远远超过了"天子教化"这一方面。

## 结　语

　　正如松浦先生所说,魏晋时期举行的释奠,是为了用礼仪性的象征来宣示皇太子作为继承人的正当性。

　　到了南朝,大多数皇太子在监国或处理政务之前都要举行释奠。因与敌对的北朝相邻,国内的混乱便有可能导致亡国,所以当皇帝不便时,作为继承人的皇太子的存在是非常重要的。也就是说,南朝通过释奠,向百官传递了只有皇太子才能掌握实权的信号,以防不测。

　　随着时代的发展,到了唐代,为了展示皇太子充分具有成为皇帝之权威,其礼仪象征不再是入学礼(释奠)本身,而是入学时应当遵循的齿胄礼。齿胄表示了尊崇长幼有序,即使是身份崇高的皇太子,也要根据年龄而不是身份来决定其序列。这一重要性早在《礼记》中就有记载,根据年龄排序,可以与下任皇帝必备的父子之道、君臣之义、长幼之节的理念紧密相连。而且在百官面前如此行事,可以显示出皇太子已经具备了作为继承人的资质。

　　随着统一王朝唐朝的建立,皇太子对于政权的必要性相对南朝有所降低。这一时期,皇太子的权威也逐渐下降,皇太子的废立事件频繁发生。与其他王朝相比,唐朝废立皇太子的次数较多,太子的地位非常不稳定。这一点可以从《旧唐书》卷九五《让皇帝宪传》感受到。

　　　　睿宗践祚,拜左卫大将军。时将建储贰,以成器嫡长,而玄宗有讨平韦氏之功,意久不定。成器辞曰:"储副者,天下之公器,时平则先嫡长,国难则归有功。若失其宜,海内失望,非社稷之福。臣今敢以死请。"

　　此时,睿宗的嫡长子李成器本应成为皇帝,但因三子李隆基防止韦后篡位有功,最终被立为太子。虽然在李隆基建储的过程中,确实还有各种各样的其他政治活动暗中影响,但在选择皇太子时,功绩确实成为其被立的理由。如果立功便可做太子,那么其他皇子也有成为皇太子的充分可能。因此,有必要在百官面前展示齿胄之礼,向天下昭示皇太子比其他皇子更适合作为继承人。正因为如此,相比前朝,唐代皇太子举行释奠时的年龄要高一些。皇太子通过释奠,向天下昭示自己适合成为下一任皇帝。皇太子固然具有非常尊贵的地位,但经过魏晋南北朝之后,皇太子的功绩和实务能力越来越受到重视,这又对唐代皇太子的地位产生了怎样的影响呢?笔者将在另文中探讨。

【附记】

本文在 2017 年《历史文化社会论讲座纪要》第 14 号中刊载的《释奠与齿胄之礼——中国中世纪的皇太子与礼仪》一文的基础上修改而成。

表 1　南北朝、隋唐的释奠与主祭者

| 王朝 | 举行释奠之年 | 主祭者 | 年龄 | 主要依据的典籍 |
| --- | --- | --- | --- | --- |
| 宋 | 元嘉二十二年(445) | 皇太子(劭) | 20 | 《宋书》卷17《礼志》 |
| 南齐 | 永明三年(485) | 皇太子(长懋) | 28 | 《南齐书》卷9《礼志》 |
| 梁 | 天监八年(509) | 皇太子(统) | 9 | 《梁书》卷8《昭明太子传》 |
|  | 大同七年(541) | 皇太子(→简文帝) | 39 | 《陈书》卷34《杜之伟传》 |
| 陈 | 太建三年(571) | 皇太子(→后主) | 19 | 《陈书》卷5《宣帝纪》 |
|  | 至德三年(585) | 皇太子(胤) | 13 | 《陈书》卷6《后主纪》 |
| 北魏 | 正光二年(521) | 明帝 | 12 | 《魏书》卷67《崔光传》 |
|  | 永熙三年(534) | 孝武帝 | 25 | 《魏书》卷11《出帝纪》 |

(续表)

| 王朝 | 举行释奠之年 | 主祭者 | 年龄 | 主要依据的典籍 |
|---|---|---|---|---|
| 北齐 | ? | 皇太子(百年) | ? | 《北齐书》卷31《王晞传》 |
| 北周 | ? | 太祖 | ? | 《隋书》卷46《杨尚希传》 |
|  | 大象二年(580) | 宣帝 | 22 | 《周书》卷7《宣帝纪》 |
| 隋 | 开皇初 | 皇太子(勇) | ? | 《隋书》卷75《儒林传》 |
| 唐 | 武德七年(624) | 皇太子(建成) | 36 | 《旧唐书》卷24《礼仪志》 |
|  | 贞观十四年(640) | 皇太子(承乾) | 21 | 《旧唐书》卷24《礼仪志》 |
|  | 贞观二十一年(646) | 皇太子(→高宗) | 21 | 《旧唐书》卷3《太宗纪》 |
|  | 总章元年(668) | 皇太子(弘) | 17 | 《旧唐书》卷24《礼仪志》 |
|  | 永隆二年(681) | 皇太子(→中宗) | 26 | 《旧唐书》卷5《高宗纪》 |
|  | 景云二年(711)、景云三年(712) | 皇太子(→玄宗) | 26、27 | 《旧唐书》卷7《睿宗纪》、《旧唐书》卷24《礼仪志》 |
|  | 开元七年(719) | 皇太子(瑛) | 10 | 《旧唐书》卷24《礼仪志》 |

# 中古士族研究的推进与展望

权家玉

士族,一直以来在学者眼中都是魏晋南北朝史中的重要甚至主要群体,对于这个群体的研究不仅上及东汉,在近年的研究已经贯穿隋唐,成为整个中古史研究无法绕开的话题。士族这一主题影响之巨,不仅关联到政治史、制度史,甚至社会史、经济史中也处处可见其深刻烙印,无疑是打开整个中古史的锁钥。

"中古"这一提法大体来源于日本京都学派,涵盖的时段为魏晋南北朝隋唐甚至五代,这一在日本带有明确论点意向的分期,近年因与日本学界的大量交流,国内学界的使用也日渐宽泛,用以涵盖这一特殊时期。士族这一话题在国内与境外有着不同的称谓,国内学者一般称其为"士族",而日本与西方学界则多谓其"贵族",虽然早期存在研究方向的差异,但近十年来争议已日趋冷却。与此同时,我们也注意到中古史的研究领域在逐渐拓展,对新方法、新理论与新材料的追求成为目前中古史研究的主导话题,在这一现象的背后,是传统问题推进的艰难,士族研究尤其如此。

近十年以来国内士族的研究,论文寥若晨星,较为代表性的著作似仅《中古太原士族群体研究》一部,[1]这也在一定程度上反映了这一话题在国内中古史研究领域的处境。相对于新研究成果的减少,大量引

---

[1] 参见范兆飞:《中古太原士族群体研究》,北京:中华书局,2014年。

入和借鉴境外研究成为新的趋势，①上海古籍出版社的"日本中国史研究译丛"、中华书局的"日本学者中国史研究丛刊"及复旦大学出版社的"日本学者古代中国研究丛刊"等数十种日本重要研究成果被介绍进来，使得国内学人可以越过资讯与语言的阻碍，接触到更多的日本研究成果，受惠颇多。这也体现国内中古史学界的传统观念：重日本轻西方。但近年来引入的西方学者在中古史研究领域的成果也引起国内学者的关注。

在方兴未艾的翻译工作中，似乎重新营造了中古史基础研究的氛围，而事实是，对于新方法、新理论的引进而带来的新话题，国内中古史研究领域仍然在艰难的消化中；新方法、新理论乃至新材料已经解脱了研究手段的定位，一定程度上已然演变为研究的主题。记得齐奥尔格·西美尔说过一句话：人们为了达到一定的目的而去寻求合适的手段，在寻求手段的途中却忘记了目的，误将手段当做了目的，他将这称为手段对目的的殖民。在极力向外延拓展时，我们也需要注意到，基础研究的重要性仍然不可忽视。这不应仅仅停留在口头上，相对于新领域的开发，原有领域的继续发展同样重要。或许正是出于这样的目的，2018年的士族话题，尚有《南北朝时代の士大夫と社会》一书，②在一个不太长的时间内，围绕如此艰难的话题出现几部著作，这究竟是旧时代的收官还是新时代的开局尚无法判断，或许这也仅仅说明这一话题尚未达到无人问津的地步。

---

① 自2011年以来，陆续翻译引入的境外著作主要有：〔美〕伊沛霞著，范兆飞译：《早期中华帝国的贵族家庭：博陵崔氏个案研究》，上海：上海古籍出版社，2011年；〔美〕姜士彬著，范兆飞、秦伊译：《中古中国的寡头政治》，上海：中西书局，2016年；〔美〕谭凯著，胡耀飞、谢宇荣译：《中古中国门阀大族的消亡》，北京：社会科学文献出版社，2017年；〔美〕何肯著，卢康华译：《在汉帝国的阴影下：南朝初期的士人思想和社会》，上海：中西书局，2018年；范兆飞编译：《西方学者中国中古贵族制论集》，北京：生活·读书·新知三联书店，2018年。

② 参见〔日〕池田恭哉：《南北朝时代の士大夫と社会》，东京：研文出版，2018年。

在此仅就2018年出版的两部译作和一部著作简单谈谈看法,以及对于未来士族研究拓展问题的不成熟想法。这是我治学以来首次撰写评介性论文,是否能够精准把握作者及译者的想法也缺乏自信,如有不当之处,还请方家谅解与指正。

## 一、中古士族研究的"西学东渐"

对于魏晋南北朝隋唐史而言,日本学者的研究成果一直处于我们无法回避的地位,与此对应的是欧美学界的研究往往不被重视或居于次要地位,相对于语言与资讯的阻碍,这种固有观念或许是导致我们对西方研究生疏的原因。在引入西方研究成果的过程中,近年范兆飞陆续翻译三部重要作品,无疑在推进国内对西方学界的了解方面厥功至伟,这里首先要讨论的是其2018年编译的论文集《西方学者中国中古贵族制论集》。

全书收录6位作者的7篇论文,大体均为20世纪70—80年代的成果,另附编译者围绕姜士彬与伊沛霞的研究所总结的北美研究士族学术史一篇。研究对象的时段跨域从东汉到唐末,所选论文均为各时段相对较为典型的研究成果,结而成集,恰可展现西方学界对于中国中古士族这一话题的研究,从东汉到唐末数百年时间的完整脉络,足见编者的良苦用心。7篇论文中,《东汉的二重君主关系》《中古中国南方的大族》《唐代统治阶层的构成——敦煌发现的新证据》三篇属宏观梳理,可视为一类;《中古中国南方的人名——以琅琊王氏和太原王氏的模式化命名为例》《高门大族抑或布衣素士?——南朝谢氏个案研究》《一个大族的末年——唐末宋初的赵郡李氏》均为个案研究,《精英的形成——5世纪中国山东地区的地方政治与社会关系》从地区的角度梳理地方政治与社会关系,亦可归入此类。总体而言,西方学者理论上的优势在这里得到充分体现,这也是国内学者此前相对欠缺而这些年力图补充的领域。

伊沛霞《东汉的二重君主关系》一文成为该书的开篇，该文原文发表在1983年，编译者如此安排，应该也是认为东汉为士族的肇始阶段。作者在探讨东汉的两对关系：师生关系及故主与故吏的关系，而将其类比君主集权制下的君臣关系。与以往的讨论片面强调伦理与道德不同，作者首先从徐干《中论》入手，解构东汉士人赋予门生沉重的道德枷锁下，门生投附行为的深层内涵。以政治利益的追求为动因，推动整个东汉社会中二重君臣关系的形成。作者摇摆于利益的攫取和道德的约束之间，既试图揭开举主长官与门生故吏之间的温情，而这恰是此前观察汉末士林的主要视角，又注重维系个人关系的道德纽带，最终服膺于后者，并借此塑造了一个以个人关系网为体系展开的另一个秩序井然的社会，将之与政治权力对照，视作第二重君臣关系。

东汉后期的士林社会在这里被作者回避，代之的是以关系的展开为枢纽，体现宏观的理论与微观的梳理相结合，通过个人展开一个可与君臣关系对照的另一个领域。作者在士林规则领域着墨不多，但文中可见对此的认可。论述存在另一个误区——官本位，这是目前对整个中古史士族的研究都过于重视的一个倾向。且不论此后的南北朝，东汉后期士林社会的形成，在很大程度上正是建立在与政治保持距离的基础上。作者虽然提及了东汉后期士人不应征辟的话题，①但并未给予重视。相对于她忽略的问题，日本学者冈村繁的研究颇值得借鉴。②士人的社会活动或许对于每个个体而言，在深层意义上都存在着仕途成就的目的，但往往在公共空间中的表现却与之不完全一致，而这种不一致在不同个体身上体现得又较为一致，从而由这种虚伪的因素形成一种公共约束——士林规范。

---

① 〔美〕伊沛霞：《东汉的二重君主关系》，《西方学者中国中古贵族制论集》，第7页。

② 冈村繁从士人的角度入手，并未介入家族因素，同时对官本位的态度也较为持中，从而使其对于东汉后期士人社会的描述更具说服力，详见〔日〕冈村繁著，陆晓光译：《汉魏六朝的思想和文学》，上海：上海古籍出版社，2009年，第41—213页。

从士人到贵族之间的过渡,一直以来是士族研究忽略的话题,一般认为与魏晋时期士人"政治地位"的获得有关。[1] 魏晋南北朝史研究发展至今日,更多的细节和微妙的不同越来越被重视,浮华交游在士族的形成上起到了很重要的作用,故而对士族的定位唯政治地位论或许存在片面的倾向。作者在提及士人到家族的过渡时,也是简单地从九品官人法直接引入,这一思路在作者此前的另一部著作中也可见到,[2]在该文出现以前也一直是国内的共同看法。[3] 但细究之下会发现,魏晋的家族与所谓继承中原正统的南朝士族区别颇大。魏晋形成了政治主导下的家族,在西晋末年出现了一定的断层,虽然东晋的成立被认为是衣冠南下,但事实上大多参与东晋建国的人物来自此前西晋洛阳圈以外的边缘群体,故而东晋虽然可称为门阀政治,但却经历了很长时期的士林重建与名士社会向士族社会的重新过渡,这一点在陈郡谢氏身上体现得最为明显。本书收录的陈美丽《高门大族抑或布衣素士?——南朝谢氏个案研究》,恰恰针对这一家族,惜乎作者在追述谢氏发展史时,并未主动深入其历史背景,而是直接进入家族研究的路径,以政治地位为依据,梳理其家族谱叙,而对其"士"的形象完全忽略。

《世说新语·贤媛》:

> 王凝之谢夫人既往王氏,大薄凝之。既还谢家,意大不说。太

---

[1] 唐长孺在《士族的形成和升降》一文中即认为只有在魏晋时获得政治地位的家族才有资格列于士族,《魏晋南北朝史论拾遗》,北京:中华书局,2011年,第63页。

[2] 〔美〕伊沛霞:《早期中华帝国的贵族家庭:博陵崔氏个案研究》,第22—23页。以九品官人法作为贵族制的制度支撑,在东西方学界一直有着深远影响。在日本学界的影响作者已有总结(第5—6页)。此后弗朗西斯·福山在《政治秩序的起源:从前人类时代到法国大革命》也基本直接吸收这一观点。参见〔美〕弗朗西斯·福山著,毛俊杰译:《政治秩序的起源:从前人类时代到法国大革命》(第2版),桂林:广西师范大学出版社,2014年,第134页。

[3] 详见唐长孺:《东汉末年的大姓名士》及《士族的形成和升降》,均收于《魏晋南北朝史论拾遗》。

> 傅慰释之曰:"王郎,逸少之子,人材亦不恶,汝何以恨乃尔?"答曰:"一门叔父,则有阿大、中郎。群从兄弟,则有封、胡、遏、末。不意天壤之中,乃有王郎!"①

谢道韫对王凝之的鄙薄,恰从士的才能上体现,郗氏、王氏、谢氏之间的关系展开在一定程度上反映"士"的重要性,②如仅以门第而论,先起的琅琊王氏与高平郗氏何至于在后起的陈郡谢氏面前体现得如此弱势?宫崎市定认为九品官人法在东晋南朝逐渐式微,成为一种点缀,但却觉得这是在它完成贵族制建立的使命后功成身退,③事实上否认了东晋时期士林重建的环节,从而将东晋建康社会直接看作西晋洛阳社会的延续。这是历来被公认的看法,但东晋前期士林的存在是不可忽略的。《世说新语·品藻》所云:

> 世论温太真,是过江第二流之高者。时名辈共说人物,第一将尽之间,温常失色。④

可以明确的是,这并非中正品题活动,更非排定家族秩序,⑤这从根本

---

① 〔南朝宋〕刘义庆著,〔南朝梁〕刘孝标注,余嘉锡笺疏:《世说新语笺疏》卷下之上《贤媛第十九》第 26 条,北京:中华书局,2007 年,第 820 页。同卷第 25 条载:"王右军郗夫人谓二弟司空、中郎曰:'王家见二谢,倾筐倒庋;见汝辈来,平平尔。汝可无烦复往。'"(第 819 页)

② 宫崎市定似乎也注意到"士"的情况,最终却以"仕"等同,又回到官本位的视角,参见〔日〕宫崎市定著,韩昇、刘建英译:《九品官人法研究:科举前史》,北京:中华书局,2008 年,第 116 页。

③ 详见〔日〕宫崎市定:《九品官人法研究:科举前史》,第 121 页。

④ 《世说新语笺疏》卷中之下《品藻第九》第 25 条,第 613 页。

⑤ 守屋美都雄在《中国古代的家族与国家》中将该材料归入家族秩序范围,详见〔日〕守屋美都雄著,钱杭、杨晓芬译:《中国古代的家族与国家》,上海:上海古籍出版社,2010 年,第 323—324 页。这存在明显的失误,单一家族论,温峤孤身南下,虽然刘孝标注引《温氏谱》称其世为太原郡著姓,但在东晋前期是不足以居二流的,故这里明显是人物的排序,而非家族。

上体现的是东晋前期对人物的厘定工作,亦即士人秩序的重建。如果将九品官人法看作官方介入名士社会的工具,则在东晋政权相对羸弱的背景下,贴着浓重政治话语标签的九品官人法的式微似乎也成为必然,与之相对应的是名士社会重新振兴起主导地位,共同体内部秩序的厘定逐渐脱离九品官人法,回到了以往人物品评的轨道。在此期间中正官的任命,是否可以视为政权系统对名士社会既定秩序的加冕,或许也是值得思考的话题。

葛涤风两篇一为宏观梳理,一为个案考察,《中古中国南方的大族》一文基本是对大量前人研究成果的总结性梳理,从而理出一条完整的东晋以降贵族发展脉络。继而他在《中古中国南方的人名——以琅琊王氏和太原王氏的模式化命名为例》一文中,从人名的规律总结探讨贵族家族系统的维系与秩序的排定。霍姆格伦的文章则采取地域与家族相结合的视角,探讨一个时期内同一地区地方大族的发展轨迹,相对于唐长孺先生的研究,[1]在同样重视地域的前提下,一以家族为纲,一以特殊群体为重。虽然研究同样的人群,但在方法上区别较大,而与田余庆先生的路径相似,[2]在一定意义上说,该文视角更像是唐先生与田先生二文视角的结合。

杜希德与姜士彬两文集中关注唐代的家族兴衰,相似的是对"谱学"都给予了足够的重视,国内学者在士族研究的拓展层面,目前似乎要远远落后西方学者,随着新材料的不断被重视,近年自谱学研究士族的取向在国内才逐渐兴起,因为出土材料的优势,国内学者似乎又走得比西方学者更为深入。

译者在文末对西方学界学术史的总结一文,颇值得重视,虽然近年较多西学的引入不断弥补国内对其了解的不足。总体而言,中国古代

---

[1] 唐长孺:《北魏的青齐土民》,《魏晋南北朝史论拾遗》,第93—123页。
[2] 田余庆:《南北对立时期的彭城丛亭里刘氏》,《秦汉魏晋史探微》,北京:中华书局,2004年,第376—390页。

史学界,尤其是中古史领域,对西方研究的了解仍难说充分。相对于这部论文集,姜士彬从"士"本身的特点入手,①探讨处于政治最高层的群体衍生规律显得体系更为完整,作者最终回到族属的角度,从而将政治群体的研究再次引入士族,在一定程度上也远离了作者的初衷。②

20世纪70年代在士族研究问题上同样重要的还有伊沛霞的《早期中华帝国的贵族家庭:博陵崔氏个案研究》一书,英文版面世于1978年。这是梳理家族个案的较早的研究成果,在很长时期内为此后的士族研究拟定了范式,首先以九品中正制为支点营造起一个贵族时代,梳理时代的特点及流变,并界定贵族制社会的研究范围,再以博陵崔氏的案例植入其中,详述其家族从走上政治舞台到退出的整个历程。这一研究路径成为此后对贵族制社会中的家族个案研究的通行方法,足见此书影响之巨,在译著面世之前,国内对该书的了解和采用多来自周一良先生的评介。③

同样在2018年翻译出版的还有《在汉帝国的阴影下:南朝初期士人思想和社会》一书,相对于整个魏晋南北朝而言,直接聚焦南朝的研究成果相对较少,甚至较之北朝研究亦相差甚远。该书初版于90年代,与国内所了解的西方成果相比,显得较为前沿。本书以东晋开端,试图全方位解读士族社会的衍生与消亡全过程,但在材料使用上仍存在很大的误区,即大量采用西晋的材料与制度解读南朝士人社会特权的形成。开篇"重塑中国"的提法亦存在歧义,"中国"的概念是观念疆域内的政权,抑或疆域内汉人成立的政权,这一点一直存在争议,国人似乎更多地认为"中国"应视为疆域内汉文化主导或沾染汉文化的政权。从这个角度上讲,整个魏晋南北朝不存在"重塑"的问题。作者引入"想象的共同体"概念,试图从民族的界限解读这一时期国家的建构

---

① 〔美〕姜士彬著,范兆飞、秦伊译:《中古中国的寡头政治》,第6—24页。
② 〔美〕姜士彬著,范兆飞、秦伊译:《中古中国的寡头政治》,第1—5页。
③ 周一良:《〈博陵崔氏个案研究〉评介》,《中国史研究》1982年第1期。

思想。但国内中古史研究的不断推进,对早期的研究对象已经开始结构性拆分,底层群体对国家概念的认知情况,似乎已不如数十年前学者那般乐观,在旧体系崩溃之时,倘若宇内尚有权力真空区域,似乎从来都不缺少重建至高权力的欲望,即或该权力只是概念上的存在。西晋的灭亡与东晋的建立,似展现出重塑的痕迹,但周嵩上书被贬,似又说明民族矛盾在重要性上让位于至高权力的加冕,①这与刘备登基时费诗上书遭贬极为类似,②司马睿的登基,虽然披着民族主义的外衣,不过是与刘备称帝一样的权力抢滩而已。相较于此前西方学者在前人研究结论上利用理论优势进行重组构建,何肯在研究层面表露出试图推进的意愿,但似乎每前进一步都显得似是而非,这些在其导言中体现得极为突出。同时书名为《在汉帝国的阴影下》,似乎至少应从东汉开篇,在聚焦南朝的同时,或许应更多地考虑东汉社会的观念遗留,在此基础上看待南朝社会如何在东汉遗留观念下展开,否则不免文不对题之嫌。

整体而言,西方学者在研究中以理论见长的特点极为显著,近年大量西方学者成果的引入,无疑会在这方面为国内学者提供助益。与此同时,理论的优势又凸显出理论先行的特点,往往开篇就是宏大的理论建构,而在接下来的论述中往往是机械的填充。在文献的解读上,西方学者相对于日本学者呈现明显的劣势。可以看出西方学界的特点:通常是站在日本学界的研究基础上,建构他们认知的历史情境。③ 对于基础研究的展开,他们表现得极为谨慎,甚至每一步都显得如履薄冰,或许正是因为材料的解读能力有限,他们在这一方面表现得并不如日本学者自信,多直接站在日本研究的基础上尽量发挥他们的理论所长。当然这些成果多出现在 20 世纪 70—80 年代,稍晚些的也在 90 年代。

---

① 东晋元帝即位,周嵩上书提出中原未清、国仇未复,不宜急于登基,待至中原光复,尊位可不求而得,在晋元帝急于称帝的背景下,周嵩因此被贬,详见《晋书》卷六一《周嵩传》。

② 详见《三国志》卷四一《费诗传》,北京:中华书局,1959 年。

③ 范兆飞在《中古太原士族群体研究》中亦表达这一观点,第 8—18 页。

以今天的视野和标准评价20到30年前的成果并不公允,更重要的是要看到他们在认知上的推进,理论见长是他们的优势,而对于国内学者而言,这或许能对目前已近于进退维谷的中古史研究注入强心剂,带来新的天地。

## 二、士族研究的推进

近十年来,相对于大量翻译作品的出现,国内在士族话题上的研究则相对较少,近几年在出土文献的基础上,这一话题开始呈现转向"谱牒"研究的新趋势,①传统视角下的士族研究愈显艰难。在这一背景下,《中古太原士族群体研究》与《南北朝时代の士大夫と社会》两部著作即显得较为突出,两书面世虽然间隔四年,但在传统视野下恰好形成国内与国外的直接对照。

范书在理路方法上与伊沛霞著作有共通之处,以地域为群体界限,梳理中古时期太原境内几个家族的发展史,与前揭霍姆格伦文在方法上极为相似。在研究的展开过程中,作者在史料掌握与解读层面的优势远非后者能企及。以往在材料的使用上国内与日本学者采取的途径相似,直接佐证或文义承接。近年来对传统文献的解读水平有了大幅度提高,尤其是在历史书写与史料批判的推动下,对史料背景、史家态度等层面的发掘,使得研究不再停留在史料本身承载的信息上,对其折射出的史料以外的信息更为重视,范书正是站在对史料重新解读的基础上,在传统视野下展开的士族研究,从这一角度而言,该书在利用新方法做老问题。

如果我们严格划分士人的生活场景,那么大体可分为家门内部的私人空间,交游、联姻等活动构成的公共空间和步入仕途后官僚群体形

---

① 在范兆飞、仇鹿鸣等人不断推进下,陈爽的《出土墓志所见中古谱牒研究》(上海:学林出版社,2015年)一书最具代表性。

成的政治空间,三者之间紧密结合,最终构成了全面的士人生活场景。作者在以太原为中心,以地域社会为对象,考察从汉末直至隋唐这一长时段背景下,太原地区士族的升降浮沉,构成史诗般的画面。作者从家族内部的学术传承、家门规范等角度考察私人空间下的士人日常活动;从公共空间入手展开士人间的活动内容,通过这些活动洞察士人排序情况及家族升降背后的原因,在很大程度上摆脱了孤立研究个案所带来的局限性;最终以类似地域共同体的形式梳理太原的小社会在风云多变的政治更迭中的兴衰浮沉。事实上也是在另一层面展开三个空间结合下的横向社会场景及纵向流变情况。

在史料的掌控与运用上作者达到了极为成熟的程度,大多西方学者在这一层面上难以望其项背。近年学界对理论的兴趣甚至达到狂热的程度,作者却并未急于在开篇即云山雾罩地援引各色理论以建立框架,而是慢条斯理地道出文章旨趣,并一步步缓慢展开,颇有前辈史家之风。尤其值得一提的是,在传统的婚宦角度以外,作者大量采用出土文献,展开谱系的梳理,在某种程度上说,这也为近年的士族谱系研究拉开帷幕。该书面世以来,传统的士族研究在国内相对冷落,或许学界对传统话题已然失去兴趣,但无论是对史料的驾驭还是对研究路径的继承与课题的拓展,该书都是士族研究史无法回避的一环。

日本学者池田恭哉于2018年出版大作《南北朝时代の士大夫と社会》,书名虽称士大夫,事实上仍然在贵族制社会的基础上展开,讨论家门教养等相关的问题。作者首先从《颜氏家训》入手,这与很多日本学者在研究南北朝家族时的切入点相同。这不禁让人想起守屋美都雄的著作,①从颜之推的经历而言,他亲眼看见了南北社会的差异,所著家

---

① 详见〔日〕守屋美都雄《中国古代的家族与国家》第五、六章,第347—400页。与他们不同的是,川胜义雄采取从《世说新语》入手,在寻找士人到士族过渡的轨迹上,似更胜一筹。参见〔日〕川胜义雄著,徐谷芃、李济沧译:《六朝贵族制社会研究》,上海:上海古籍出版社,2018年,第238—252页。

训为研究南北朝社会史无法绕开的关键文献,其人与其书正是打开南北朝士族社会的重要窗口。随后作者乃以典故与特定文献为脉络,展开对士大夫精神世界的探讨,诸如对于自我的认知,对于家族、社会与国家的概念形成与态度,结合出仕与隐逸,构建了南北朝时期的时代场景。在框架与轨迹上,该著述与此前翻译出版的吉川忠夫的作品有很大的共通之处。① 优点在于以单本文献形成文章线索,有利于对文献的深度发掘,从史家入手更能深入解读其生活场景。当然,本书的缺陷也很明显,即挑选的案例是否具有典型性特征,从礼与经学的角度展开,这固然在中国古代的政治生活中占据极为重要的地位,但在士大夫的私人空间,和相对脱离政治的公共空间中的分量如何,恐怕很难估计。《颜氏家训》所展现的士人生存问题极为多样,对交流圈的重视与复杂技能的培训,注定不是简单通过儒学所能透视的。

在士族社会生成史上,《颜氏家训》的时代性决定了它是我们了解南北朝社会及南北差异成因的重要依据,它是历史长河中的一个坐标,却不是一个追溯源头的线索。南朝与北朝的社会存在很大的差别,这一差异由来已久,如果将此看做一源的二流,通过静态的对比,很难实现溯源的目的。

颜之推指出南朝与北朝在家族观念上的差异,②这一现象在东晋后期已然有了突出表现。

(王)睿字元德,北土重同姓,谓之骨肉,有远来相投者,莫不竭

---

① 详见〔日〕吉川忠夫著,王启发译:《六朝精神史研究》,南京:江苏人民出版社,2012年。

② 《颜氏家训集解》卷二《风操第六》载:"凡宗亲世数,有从父,有从祖,有族祖。江南风俗,自兹已往,高秩者,通呼为尊,同昭穆者,虽百世犹称兄弟;若对他人称之,皆云族人。河北士人,虽三二十世,犹呼为从伯从叔。梁武帝尝问一中土人曰:'卿北人,何故不知有族?'答云:'骨肉易疏,不忍言族耳。'当时虽为敏对,于礼未通。"(北京:中华书局,1993年,第86—87页)颜之推对于北朝家族的观念亦颇不认同。

力营赡,若不至者,以为不义,不为乡里所容。仲德闻王愉在江南,是太原人,乃往依之,愉礼之甚薄,因至姑熟投桓玄。①

太原王氏的王懿兄弟东晋后期过江,亦即所谓晚渡北人,二人携北方家族观念南来,与王愉的接触在很大程度上体现为南北家族观念的直接碰撞,正是这种差异导致最终的不欢而散,相对于颜之推讨论的南北不同,或许这一事例更接近源头。

在士族研究传统视角下,"婚"与"宦"一直是最为核心的两个视角,士人非类不婚和对起家仕宦的重视成为这两个视角的切入点,但其中亦不无问题。从"婚"的角度而言,联姻的范围在很大程度上受到交往圈的限制,以个人推广到群体的社会活动圈而言,婚姻关系一定在婚姻主体为中心的辐射范围之内。而影响这一辐射场范围的因素在曹魏西晋和江南五朝又有区别。

《晋书·列女传》记载一个故事:

> (钟)琰女亦有才淑,为求贤夫。时有兵家子甚俊,济欲妻之,白琰,琰曰:"要令我见之。"济令此兵与群小杂处,琰自帏中察之,既而谓济曰:"绯衣者非汝所拔乎?"济曰:"是。"琰曰:"此人才足拔萃,然地寒寿促,不足展其器用,不可与婚。"遂止。其人数年果亡。②

太原王氏在西晋为一时权门,在联姻问题上,虽是兵家子,王济亦欲以妹妻之,其母最终称其"地寒寿促"。已知其为兵家子的前提下犹欲见之,可知拒绝的原因只是顾虑其"短命"而已。西晋的联姻思想尚较为

---

① 〔南朝梁〕沈约:《宋书》卷四六《王懿传》,北京:中华书局,1974年。
② 〔唐〕房玄龄等:《晋书》卷九六《列女传·王浑妻钟氏传》,北京:中华书局,1974年。

开放,此前对这一话题的研究多认为东晋南朝对联姻对象选择严苛,指出这是维系门第地位的重要因素,但何以在两晋之间出现这样的变化却探之者稀。

《陈书·王元规传》描述江东社会婚宦与门第关系的一个例子:

> (王)元规八岁而孤,兄弟三人随母依舅氏往临海郡,时年十二。郡土豪刘瑱者,资财巨万,以女妻之。元规母以其兄弟幼弱,欲结强援,元规泣请曰:"姻不失亲,古人所重。岂得苟安异壤,辄婚非类!"①

这是体现南朝婚宦与门第关系的重要材料,对于该材料的时代性,在此前使用过程中被有意无意地忽略。南朝晚期的观念是否可以用来论证东晋社会是值得怀疑的,结合西晋时期的材料就更应警惕了。直接建构一套属于魏晋南北朝的不变规则,应该留意晋室南迁带来的社会重组问题。

虽然西晋时慎于择交已经成为一种呼声,但实质性的变化在东晋。② 西晋的崩溃,中原固然丧乱,冠带南下也经历了社会的重组,侨姓内部的沟通显著增强,与吴人的隔膜也愈显扩大,由此带来的婚姻范围的缩小,则不言而喻。这固然逐步体现为门第的矜持,但主因却与社会转型紧密相关。婚姻关系的研究一直服务于士族门第的话题,却始终未能引起对"侨姓"植入型社会的探讨,交流圈的缩小以及与原住民

---

① 〔唐〕姚思廉:《陈书》卷三三《王元规传》,北京:中华书局,1974年。
② 《世说新语》卷下之上《任诞第二十三》第4条载刘昶饮酒杂秽非类事,实为渲染其洒脱。(第857—858页)卷下之下《忿狷第三十一》第6条王献之不礼习凿齿虽为不交非类,亦为谢安非议。(第1040页)卷中之下《赏誉第八》第62条刘孝标注引《晋阳秋》称:"(王)述体道清粹,简贵静正,怡然自足,不交非类。虽群英纷纷,俊乂交驰,述独蔑然,曾不慕羡。由是名誉久蕴。"(第541页)突出体现了择交与声望积累的关系。卷中之上《方正第五》第51条刘惔与王濛所谓"小人都不可与作缘"(第387页)的警惕。在很大程度上都显示了择交在东晋的盛行。

的群体界限等诸多问题都有待开发。

讲求仕宦成为社会普遍关注的问题始自魏晋,这也是此后家门秩序形成的主因,但与东汉基层社会解体有着密不可分的关系。虽然如弘农杨氏、汝南袁氏"四世三公"已为学界熟知,但东汉后期士人"不应征辟"却成为声望提升的重要途径,[①]这种对出仕的抵制与四世三公的名望显达似已形成矛盾。一种价值体系的退场与另一种价值体系的登台,其背后的社会变化或许才是推动的主因。名士的黯然谢幕与其捧场群体的消失有着密不可分的关系,汉末基层社会的解体与官私教育系统的废置,终于使名士们的名望舞台坍塌,群雄割据后形成的三国对立,终于使官僚系统的地位标识填补了社会价值的真空,成为衡量社会身份的唯一标准。政权割据的形势决定了特定群体在政治上的利益及利益继承,此后以所谓的"宦"作为拱卫门第等级的重要标准,或许正是在这一基础上形成的。三国为西晋规划了模式,也许也为此后整个分裂时代营建了一种特殊的政权与社会群体的结合形式,也正是这种长期获益的特点,使得特殊群体的家族观念及印记逐渐显露。

士族问题本为社会史研究的范畴,但一直以来对它的研究范围并未进一步拓展,相反却在不断收缩,紧紧锁住与其直接相关的各分支话题,形成无法拓展的死局,不但未能成为打开魏晋南北朝社会史的窗口,相反却形成研究的单一取向,使得社会史多方位多维度的复杂性,被士族话题简单粗暴地占据,成为这一时期社会史研究的标签。

日本学界往往从教养、学术的角度出发,对特定文献进行深度发掘并由此展开,相对于西方长于理论框架的构建,他们更擅长对特定理论进行穷追猛打。如同一切历史都是当代史的理论一样,文化的差异无疑为社会心理的理解树了一道障碍,士族与贵族的一字之差,使国内与日本学界的研究方向渐行渐远,这中间本无对错之分,在不同的历史背

---

① 《三国志》卷六《袁绍传》裴注引《英雄记》载中常侍赵忠谓诸黄门曰:"袁本初坐作声价,不应呼召而养死士,不知此儿欲何所为乎?"

景下面对同一历史对象,或许都无法避免自身历史的印记。

时至今日,士族的婚、宦话题在现有的文献资料下推进已是举步维艰,偶有成果出现亦不过拾遗补阙。士族谱系的研究业已拉开序幕,随着出土文献的大量采用,此后其发展空间尚不得而知。范书《太原士族》以近乎竭泽而渔的方式,以婚宦入手而终于谱系,在传统视角下近乎达到极致,不论作为传统研究的谢幕还是研究新取向的序幕,都是一部兼具收官与衔接的作品。

日本学界的研究特点在国内并不陌生,对西方学界的情况则缺乏总体的认知。审视伊沛霞、姜士彬、何肯三著或许可从中稍窥门径,对于贵族制相关具体问题的争论与取舍,范兆飞已然做出精准的梳理与总结,[①]相较于其近年来大量浸淫西方学者的研究而言,本人在熟悉程度上难望项背,这里仅谈谈个人的看法。20世纪70年代末到80年代,国内的研究虽然在努力挣脱以往意识形态的束缚,但依然不由自主地试图在魏晋南北朝历史中寻找类似地主阶级的痕迹,依然习惯阶级分析的思维方式。时至今日,旧的意识形态的桎梏已经剥离,但其主导下研究中古社会的视角却被保留下来,对大量材料的标签性认知早已成为习惯,如何摆脱惯性思维,寻求一个新的视角,对基础文献重新认知,或许正是实现突围的门径。

在西方政治学与社会学普遍融入历史学科的背景下,西方学者解读东方帝国的特殊阶段似乎具备天然的优势,然而基础研究层面的薄弱成为制约其深入展开的致命缺陷。伊沛霞一文一书,以士族个人关系的展开,试图拓展到社会层面,建构起一个政权体系之外的世界,但在魏晋却出现了断层,转而从家族关系入手进而展开对特殊帝国的认知,姜士彬则试图从政治人的角度认知中古帝国政治的特点,最终仍归于家族。何肯再次出现回归,仍以"士"为关注对象,试图对特殊时代重新建构,视线最终落脚于家族似乎也是必然,官本位终究成为他们理解

---

① 详见范兆飞编译:《西方学者中国中古贵族制论集》,第304—348页。

士人的依据。可以看出他们试图通过社会学的方法建构一个特殊时期的社会情境,进而以政治学的手段营造特殊的帝国政治场景,却是站在具有鲜明自身色彩的日本学界的研究基础上,理论的拓展受到限制,终于陷入巧妇难为无米之炊的困境。在这一点上国内学者似乎具有天然的优势,文化差异造成的理解困境并不存在,但由于理论的相对弱势,同样一筹莫展。士族研究或许正是打开魏晋南北朝社会史的窗口,如何带着对窗内的全面认知走出窗外开辟天地?国内学者身处窗内,西方学者站在窗外,日本学者骑在窗上,似乎都无法跨越关键的一步。

## 三、士族研究的展望

一直以来对士族的研究大体集中在婚姻关系、出仕、家学传承及家族势力的发展等几个层面,经过一代代前人的努力,继续推进似乎举步维艰。近年开始利用出土文献转向谱牒研究,似乎给士族话题的研究注入强心剂,但出土文献本身的局限性以及谱牒信息所能带来的研究空间仍不容乐观。未来如何发展,是摆在这一代学人面前最大的问题。

学术研究固然是由一代代学人不断推进,这也形成一个共识,即在前人的研究基础上前进。学界的固有传承习惯也因为对前人观点的因循,形成了诸多的"不疑话题",层垒效应终究造成牢不可破的壁垒,影响对学术的推进和展开。胡适曾指出"做学问要在不疑处有疑",对"不疑之地"展开怀疑,或许能够反思以往不论主观还是客观原因造成的认知误区,重新为士族这一话题研究的各个基础层面注入活力。

贵族的说法一直为日本学者及西方学者研究中古的重要视角,这或多或少都存在他们与本国历史特定阶段相对照的痕迹。[①] 对于相应

---

① 何肯即指出中国的中古与欧洲的中世纪极为相似,这也在一定程度上代表了大量西方学者的态度。详见〔美〕何肯著,卢康华译:《在汉帝国的阴影下:南朝初期的士人思想与社会》,第8—9页。

群体，国内学者则多称其为士族，名称上的差异虽一字之别，最终却会导致整个研究方向的分流。中国历史上是否衍生出类似于日本和西方历史上的贵族，是值得怀疑的事情。士族的提法，体现了"士"与"族"两个概念，或许这更能指代从东汉的名士社会到此后南朝以"士"为支撑的"族"的观念。在展开过程中，对"族"的过度钟情，却引起了视线的聚焦，从而忽略了"士"及其活动对于公共空间的影响。在这一趋势下虽偶有论"士"的个体，但终究归于"族"的平面，似乎个体"士"的轨迹在魏晋即戛然而止，这是否符合历史事实值得反思。此观念的影响导致对历史人物个体意识的淡漠，这在很大程度上抹杀了历史人物的独特性，对南朝的研究尤其深受影响。家族的关怀事实上一直存在，或许在南北朝表现得更为突出，但对于家族时代的探索，直接溯源到非家族时代的东汉，这在很大程度上会导致对历史认知的偏离。

"士"之于"族"何者为重，一方面如萧子显的感叹："贵仕素资，皆由门庆，平流进取，坐至公卿，则知殉国之感无因，保家之念宜切。"①突出家门对于个人仕途带来的优势，但同时也有士族的形成与升降并不取决于"冢中枯骨"的看法，②这在家门地位与士人地位的讨论中似乎进入到鸡与蛋何者为先的诡辩循环，然而《世说新语·简傲》所记郗愔的事例似又给出了答案。

> 王子敬兄弟见郗公，蹑履问讯，甚修外生礼。及嘉宾死，皆箸高屐，仪容轻慢。命坐，皆云："有事，不暇坐。"既去，郗公慨然曰："使嘉宾不死，鼠辈敢尔！"③

郗愔官至司空，却因其子郗超的存亡受到其外甥王献之云泥之别的对

---

① 〔南朝梁〕萧子显：《南齐书》卷二三史臣曰，北京：中华书局，1972年。
② 详见唐长孺：《士族的形成和升降》，《魏晋南北朝史论拾遗》，第53—63页。
③ 《世说新语笺疏》卷下之上《简傲第二十四》第15条，第911页。

待,究其因在于郗超在东晋名士圈的地位,①士之于家门的重要性对比显而易见。

这里同样透露另一信息,恰可引起我们对官本位取向的反思。郗超仕至司徒左长史,与其父居官相差甚远,在其死后郗愔仕至司空,却因他的去世为王献之轻慢,政治地位在名士交往中并未体现为单一的评判标准。亲情、官位在交往圈中都让位于"士"和才能,以往对于家门与士族的探讨、对官位的钟情是否值得重新思考呢?

下面又是一个经常被征引的事例:

> 先是,中书舍人纪僧真幸于武帝,稍历军校,容表有士风。谓帝曰:"臣小人,出自本县武吏,邂逢圣时,阶荣至此。为儿昏,得荀昭光女,即时无复所须,唯就陛下乞作士大夫。"帝曰:"由江斅,谢瀹,我不得措此意,可自诣之。"僧真承旨诣斅,登榻坐定,斅便命左右曰:"移吾床让客。"僧真丧气而退,告武帝曰:"士大夫故非天子所命。"时人重斅风格,不为权幸降意。②

纪僧真深得齐武帝倚重,其欲作士大夫,皇帝也做不了主,只能无奈地感叹"士大夫故非天子所命",恰可证明士大夫的身份并不取决于官位。齐武帝"不得措此意"的自知之明与北魏孝文帝诏定天下姓族的行为③形成了鲜明的对比,南朝与北朝的差异在于士族秩序为自发形成,而导致其形成的因素正是一直以来士族研究中被忽略的部分——南朝的士林。

---

① 《世说新语笺疏》卷上之上《言语第二》第75条载:"谢公云:'贤圣去人,其间亦迩。'子侄未之许。公叹曰:'若郗超闻此语,必不至河汉。"(第161页)《晋书》卷七五《王坦之传》载时人余:"盛德绝伦郗嘉宾,江东独步王文度。"
② 《南史》卷三六《江斅传》,北京:中华书局,1975年。
③ 参见《魏书》卷一一三《官氏志》载太和十九年诏,北京:中华书局,1974年。

私人空间与政治空间的家族观念起源很早,但自从东汉的名士社会形成后,公共空间的士林社会一直以个体为依托,并不论其家门。①直至南朝虽然频繁见到在政治场域下的门内举荐,交往圈中却一直表现得遮遮掩掩,人物品评在南朝仍然盛行,只是性质出现了变化,多为门内察慧,此类事例在南朝五史中俯拾皆是。② 这种对于幼童的品评近乎成为传记的书写模式,但成为一种现象,并载入文献时,即成为一种不可忽略的存在。与以往不同的是品评对象多为幼童,不论对于品题者还是被品者,都意义非凡。尤其是被品者,应该是其成人以后步入名士交往圈的重要依据。③ 与东汉人物品评不同的是,南朝的察慧多为门内幼童,汉末作为名士领袖奖拔后进的重要才能——人伦识鉴,在南朝已然湮灭。士林社会的规则从汉末到南朝经历多次变化,或许这也体现出家族观念介入后带来的不同,学界则一直保持着对士族的浓厚兴趣,而对士林态度的漠然,使这些变化同样被忽视。

## 小　结

近年士族研究,国内的冷落与域外研究译著的大量袭来形成鲜明

---

① 东汉的许劭、许虔兄弟虽并称二龙,但其各自成名的轨迹明显,并非在士林社会中互相提携造成,详见《后汉书》卷六八《许劭传》,而许靖虽为其从兄弟,与许劭一直关系不佳,亦为独自成名。详见《三国志》卷三八《许靖传》。
② 《宋书》卷四七《刘敬宣传》载桓序评刘敬宣;卷五八《谢弘微传》载谢混品谢弘微;卷七六《王玄谟传》载王蕤品王玄谟,卷一〇〇《自序》王恭品沈林子,《南齐书》卷二五《垣崇祖传》载垣护之品垣崇祖;卷二六《王敬则传》载其母品;卷二七《刘怀珍传》载其伯父奉伯品;卷三三《王僧虔传》载王弘品王僧虔;同卷《张绪传》载张镜品张绪,《梁书》卷五〇《文学传下·刘杳传》载明僧绍品;同卷《谢征传》载其父谢璟品等等,这些虽然都涉及南朝所谓察慧的内容,但仍为人物品评的范畴,属于士林生活的重要内容。
③ 谢惠连因失爱于乃父谢方明,故不得门内察慧,后由其族兄谢灵运"知赏",方在名士圈得以营造名望。详见《宋书》卷五三《谢方明传附子惠连传》及卷六七《谢灵运传》。

对比,一方面是原有格局难以打开,另一方面与异域学者的交流推动着摆脱困局的尝试。翻译者由此前大多专业外人士转变为大多专业相近的研究者,这在很大程度上推动了翻译水平的提高,译著也不再如以往那样艰涩。一代学人对境外成果引入方面的努力,使我们对国外研究的了解尽量做到不留死角,也期望他们理论的优势能够为境内学者研究领域的拓展带来新的生机。

士族研究本为社会史下的话题,在经历了近一个世纪研究成果的积累后,近乎成为社会史下的唯一话题,也促使魏晋南北朝社会史研究呈现出单一性的特征。汉末官宦身份并非名士定位的唯一条件,魏晋以后随着名士社会的解体,重建的共同体在官僚群体中形成,官宦身份为活跃在名士圈的个体所共同具备,或许这只是成为名士的必备条件而非充分条件,名士圈切断了下层与上层的流动道路,使得名士个体在很大程度上呈现出继承色彩。随着社会的一再转型,交流圈在不断缩小,但并未消亡,士林隐藏于士族之内,仍然在发挥着重要作用,成为转动南朝士族门第升降的支点。

地域社会

# 试论汉六朝闽地人群的编户化进程
## ——以墓砖铭文为中心

林昌丈

对于不同区域人群的华夏化进程而言,中原帝国一以贯之推行的户籍编排政策具有重要的意义。在漫长的社会碰撞和文化接触过程中,当地人群主动或被动地获取华夏的合法政治身份,成为帝国行政体系中的编户民,同时自身也获得了华夏式的姓和名。与此有关的讨论,业已积累了一些引人注目的研究成果。① 其中,从简牍资料入手考察汉晋南方族群的姓氏结构和人名变迁问题,颇值得引起注意。② 更为重要的是,无论是一些南方土著人群的得姓还是整齐划一的单名现象,编户体系的建立无疑起到关键作用。然而,囿于中古时期简牍资料的不均衡分布,不同区域的相关研究进展不一。那么,在简牍资料阙如的区域,是否存在探讨这一论题的其他史料呢?

答案是肯定的。除了简牍资料,另外尚有一种资料和当地人群密切相关,那就是墓砖铭文。大多数的六朝砖室墓出有墓砖铭文。砖文虽然零乱、字数稀少,但是具有独特的学术价值。③ 它们模印、刻画了

---

① 有关早期中国的编户情况,参见杜正胜:《编户齐民——传统政治社会结构之形成》,台北:联经出版事业股份有限公司,1990年。汉晋南方地区蛮族问题的相关讨论,参见鲁西奇:《释"蛮"》,《文史》2008年第3期;罗新:《王化与山险——中古早期南方诸蛮历史命运之概观》,《历史研究》2009年第2期。

② 魏斌:《吴简释姓——早期长沙编户与族群问题》,《魏晋南北朝隋唐史资料》第24辑,武汉大学文科学报编辑部,2008年,第23—45页;魏斌:《单名与双名:汉晋南方人名的变迁及其意义》,《历史研究》2012年第1期。

③ 华国荣:《六朝墓文字砖的归类分析》,《南方文物》1997年第4期。

纪年、姓氏和官职等重要内容，为考察有关区域人群的姓氏、编户等问题提供了重要的史料信息。进一步而言，砖铭的制作者一般是当地的匠人、家庭或家族亲属成员，有些还是墓主生前亲自烧造。因此，铭文内容能够在一定程度上反映出当地人群对姓氏、王朝纪年和官职的认识。不仅如此，砖铭所在的墓葬、墓群一般拥有确定的出土地，这对观察当地人群的定居、聚落等情况颇有裨益。本文即以砖铭资料为核心，①梳理汉六朝时期闽地人群的姓氏，并试图论析该地区人群的编户化过程。

探研闽地早期历史者，着眼于该地区的经济开发、外来移民的迁入和人口发展，倾向于认为闽越灭国后闽地人群基本由外地移入。② 其实，早在南宋陈振孙《直斋书录解题·地理类》中，就已存在相似的看法。他著录唐人林谞《闽中记》，并云："其言永嘉之乱，中原仕族林、黄、陈、郑四姓先入闽，可以证闽人皆称光州固始之妄。"③宋代的方大琮则提到晋永嘉时林、王、陈、郑、丘、黄、胡、何八姓入闽。④ 四姓入闽或是

---

① 有关福建地区砖文资料的初步整理，参阅陈明忠：《试析福建六朝墓砖铭文》，《福建文博》2013年第2期。此文所遗漏以及后出的砖文资料，本文一并整理利用。

② 〔美〕汉斯·比伦斯泰因著，周振鹤译：《唐末以前福建的开发》，《历史地理》第5辑，上海：上海人民出版社，1987年，第278—291页；陈支平：《汉人南来与闽北的开拓》，福建省炎黄文化研究会、中共南平市宣传部编：《武夷文化研究》，福州：海峡文艺出版社，2003年，第37—43页；林汀水：《福建人口迁徙论考》，《中国社会经济史研究》2003年第2期。

③ 〔宋〕陈振孙撰，徐小蛮、顾美华点校：《直斋书录解题》卷八，上海：上海古籍出版社，2015年，第257页。

④ 〔宋〕方大琮：《宋宝章阁直学士忠惠铁庵方公文集》卷三二《跋方诗境叙长官迁莆事始》，四川大学古籍整理研究所编：《宋集珍本丛刊》，北京：线装书局，2004年，第79册，第69页上栏。

八姓入闽之说，应是唐宋时人对永嘉时期入闽姓氏的构建和概要性认识。① 然《开元录》却说道："闽州，越地，即古东瓯。今建州亦其地，皆蛇种，有五姓，谓林黄等是其裔。"②《开元录》认为林黄等五姓是越人后裔，和上述的说法明显抵牾。③ 通过考证可知，《开元录》应当属于开元年间的政事汇编资料。这就表明至迟在开元年间，唐代官方存在着闽地人群五姓越人后裔之说，而《闽中记》"四姓入闽"的说法和唐代中后期闽地郡望的形成和构建有着密切的关系。④ 已有学者驳斥永嘉时期"四姓入闽"或"八姓入闽"之说，此不赘论。⑤ 然由此出发，需要进一步追问的是，六朝时期所谓的林黄等姓究竟是外来移民、还是当地越人后裔？抑或是两者皆有？换言之，六朝时期闽地的姓氏，哪些是土著人群的姓氏？哪些是入闽的外来姓氏呢？更为关键的是，这些姓氏，和六朝时期闽地的编户化之间存在着怎样的关联？带着上述问题，本文的讨论先从闽（东）越国时期开始。

---

① 弘治《八闽通志》卷八六《拾遗·兴化府》又将"八姓"说成是"林、黄、陈、郑、詹、丘、何、胡"（福州：福建人民出版社，1990年，下册，第1018页）。与方大琮所举的"八姓"有出入。有关"八姓入闽"的详细研究，参见尹全海：《"八姓入闽"考释》，《中州学刊》2015年第6期。

② 〔宋〕李昉等撰：《太平御览》卷一七〇《州郡部一六·江南道上》"福州"栏下引《开元录》，北京：中华书局，1960年，第831页上栏；〔宋〕乐史撰，王文楚等点校：《太平寰宇记》卷一〇〇《江南东道十二·福州》"风俗"栏下引《开元录》，北京：中华书局，2007年，第1991页。

③ 《开元录》，一般认为即是《开元释教录》。然此条佚文却不见于今本《开元释教录》，佚文也并不契合《开元释教录》的内容。唐人孙樵《读开元杂报》提到《开元录》一书，乃据开元中朝廷公开条报之政事汇编而成。则此条佚文，属于此《开元录》中佚文的可能性更大。参见〔唐〕孙樵撰：《孙可之文集》第十卷《杂著·读开元杂报》，《宋蜀刻本唐人集丛刊》，上海：上海古籍出版社，2013年，第85—87页。

④ 关于唐代闽地郡望的研究，参见吴修安：《福建早期发展之研究：沿海与内陆的地域差异》，新北：稻乡出版社，2009年，第222—236页。

⑤ 朱维幹：《福建史稿》上册，福州：福建教育出版社，1984年，第64—70页；葛剑雄：《福建早期移民史实辨正》，《复旦学报（社会科学版）》1995年第3期；吴修安：《福建早期发展之研究：沿海与内陆的地域差异》，第95—96页。

## 一、闽(东)越国时期闽地一般越人的有名无姓

众所周知,秦虽设闽中郡,然闽地实际上处于越人君长的自治状态。汉初,闽君无诸因佐汉有功封为闽越王。《史记·东越列传》记闽越王无诸与东海王摇,姓驺氏。这应是闽(东)越国社会上层王公贵族的姓氏,如东越王余善所遣的"吞汉将军"驺力者,其中"驺"为姓氏,而"力"为其名。又如《东越列传》提到的建成侯敖和东越将多军,其云:"封建成侯敖为开陵侯;封越衍侯吴阳为北石侯;封横海将军说为案道侯;封横海校尉福为缭荣侯。……东越将多军,汉兵至,弃其军降,封为无锡侯。"①其中"敖""吴阳"和"多军"三人是闽(东)越臣。关于"多军",《汉书音义》《史记索隐》释作人名,而韦昭认为姓"多"名"军"。②《史记》此段行文省"韩说"为"说"、"刘福"为"福",暗示《史记》在记载"敖"等东越臣也是省略姓氏的。这正符合《东越列传》开篇所述,认为闽(东)越国姓驺氏。至少可以认为,闽(东)越国的上层王公贵族,在中原帝国看来,是拥有汉姓的。而实际上,他们可能以名、号的使用为主。③ 那么,一般的闽地越人拥有华夏姓名的状况又是如何呢?

有关这方面的信息,史文缺略,不易明悉。幸运的是,在武夷山城村汉城遗址、浦城临江镇上面山遗址中,出土大量的板瓦、筒瓦等汉代建筑材料,板瓦、筒瓦的内外面往往拍印或者戳印文字。除此之外,出

---

① 〔汉〕司马迁:《史记》卷一一四《东越列传》,北京:中华书局,1959年,第2979—2983页。

② 同上书,第2984页。

③ 按,有学者认为"驺"并非越人姓氏,越人只有名或号。参见李锦芳:《百越族系人名释要》,《民族研究》1995年第3期。《史记》谓东海王摇姓驺氏,应该不会胡乱记载。揣测进入秦汉时期,越人上流阶层很有可能效仿华夏式的姓名体例,而拥有了汉姓。

土的陶器上亦有印文。① 对于这些文字,有学者认为其内容有陶工姓名,有单姓,有单名,或更有一部分地名。② 这一认识非常敏锐,但失之偏颇。仔细观察这些印文可知,姓、名无法做出明确的区分,更不用说是地名。因此另有学者认为这些印文不存在姓,而是职官、人名和吉语。其中,人"名"占据绝大多数。③ 这一看法的依据是印文"官"字后紧接的是人名而非姓。类似的例子,还可见于南越国宫苑遗址和南越王墓中出土的文字。④

在这些史料和研究的基础上,我们将印文分为官衔、人名和吉语。官衔只出现于陶器戳印上,如"官长""官黄""官径""官信""乾官"。其特点是"官"字后面或前面加上工匠的名,表示陶器是官府作坊的某位工匠负责制作。然而多数印文并无"官"字,而只是单字或双字,因此这几种戳印文字反映的很有可能是作坊监造官的身份。在出土的印文中,除了官衔之外,绝大多数文字应该是工匠的人名,少数是吉语。兹根据相关考古报告制表如次:

---

① 福建博物院、福建闽越王城博物馆编,杨琮主编:《武夷山城村汉城遗址发掘报告(1980—1996)》,福州:福建人民出版社,2004年,第132—147、189—192、390、391—392页;福建省博物馆:《崇安城村汉城探掘简报》,《文物》1985年第11期;杨琮:《崇安县城村汉城北岗遗址考古发掘的新收获》,《福建文博》1988年第1期;福建闽越王城博物馆:《浦城县上面山汉代遗址发掘简报》,《福建文博》2012年第1期。

② 陈直:《福建崇安城村汉城遗址时代的推测》,《考古》1961年第4期。

③ 杨琮:《闽越国文化》,福州:福建人民出版社,1998年,第405—408页。

④ 广州市文物管理委员会、中国社会科学院考古研究所等:《西汉南越王墓》上册,北京:文物出版社,1991年,第300—303页;广州市文物考古研究所、中国社会科学院考古研究所等:《广州市南越国宫署遗址2003年发掘简报》,《考古》2007年第3期;南越王宫博物馆筹建处、广州市文物考古研究所编著:《南越宫苑遗址:1995、1997年考古发掘报告》上,北京:文物出版社,2008年,第144—183页。

表 1　城村汉城遗址、浦城上面山遗址建筑材料、陶器上所见的文字

| 官衔 | 官长、官黄、官径、官信、乾官(官乾) |
|---|---|
| 人名 | 林、黄、马、邓、徐、胡、唐、周、卢、赖、钱、莫、辕、狼(良)、木、蓝、裹、结、气、气结、粗、根、径、居、茸、胥须、从、最、脩、伤、屋、夫唐、□旂、会、封、侍、皋、诘、作、驭、真、鍛、枝五、枝、隼、卒、卖、喜、共、自、由、分、严、君、集、宫(官?)、堂、疆 |
| 吉语 | 日利、乐、寿、眉、□金 |

　　值得注意的是，表1许多文字同时出现在板瓦、筒瓦等建筑材料和陶器制品上，这显示出它们是由同一作坊的工匠在同时期烧制而成。根据《发掘报告》，城村汉城遗址出土的陶器制品和中原地区出土的汉式陶器大相径庭，而具有浓厚的地方特征。① 那么同时期的板瓦、筒瓦等建筑材料显然也是出于当地工匠之手。联系到城村汉城遗址是一处西汉前期至中期闽越国时期的王城，② 上述的工匠自然是闽越国时期的越人。

　　表1中的这些文字颇为有趣。有些人名是非常地道的华夏式姓氏，如林、黄、马、邓和徐等，因此一些学者就认为他们属于姓氏。虽然这个看法存在问题，但由此意识到当地工匠群体取用这些华夏式姓氏的人名，很有可能是按照越人名、号的发音对译而成。表中人名如气结、胥须、夫唐和枝五等，留下明显的越语对译痕迹，可佐证上述说法。③ 此外，表中"吉语"部分不排除是人名的可能性。④

　　表1的文字不仅说明当时闽越国输入汉字、使用汉字的事实，而且显示当时的闽地越人模仿中原文化为自己取汉名。和闽越国王公贵族

---

① 福建博物院、福建闽越王城博物馆编，杨琮主编：《武夷山城村汉城遗址发掘报告(1980—1996)》，第 375—379 页。
② 参见吴春明：《崇安汉城的年代与族属》，《考古》1988 年第 12 期；杨琮：《论崇安城村汉城的年代和性质》，《考古》1990 年第 10 期。
③ 参见李锦芳：《百越族系人名释要》，《民族研究》1995 年第 3 期；郑张尚芳：《古越语地名人名解义》，《温州师范学院学报(哲学社会科学版)》1996 年第 4 期。
④ 有关战国至西汉时期以吉语作人名的梳理，参见刘钊：《古文字中的人名资料》，原载《吉林大学社会科学学报》1999 年第 1 期，后收入氏著《古文字考释丛稿》，长沙：岳麓书社，2005 年，第 360—383 页。

的骆姓不同,印文表明当时闽越国核心地区城村汉城的工匠群体存在着有汉名无汉姓的现象。这颇值得关注。虽然并不清楚为何是表中的这些文字成为当地越人的人名,但应是在接触华夏文化后受其影响的结果。《史记·东越列传》记载"故越衍侯吴阳前在汉,汉使归谕余善"①。"吴阳"是地道的汉人名字,因其久居汉廷,较早接受汉文化。以此类推,表中的有名无姓的匠人,很有可能是在接触汉文化、汉字初期而开始取名。概言之,闽(东)越国工匠群体的有汉名无汉姓的状况,应以汉化程度深浅的视角加以理解,然实际上都是闽越国工匠群体运用汉字这样一种文化符号标记自身的方式。更重要的是,当时闽越国是否已经建立一套自己的编户系统,不得而知,但列表中的工匠群体显然处于当时国都的控制之下。他们汉名的获取,更有可能是闽越国官方效仿汉廷"物勒工名"制度的做法。就这一层面而言,这些群体名字的获取是被动的。无论如何,汉名的获得和使用可谓闽越国时期当地越人汉化的重要特征之一。② 那么,当地越人土著是如何从"有名无姓"过渡到拥有华夏式"姓名"的呢?即,他们是怎样取得汉姓的呢?

## 二、闽地土著人群的得姓:从"遁逃山谷者" "安家之民"到郡县编户民

因闽越灭国,邑君式的政治体瓦解而遭到徙民,闽地土著人群的华夏化进程戛然而止。《史记·东越列传》谓汉武帝因"东越狭多阻,闽越

---

① 《史记》卷一一四《东越列传》,第 2983 页。
② 考古资料表明闽越国在接受、使用汉字的同时,也有自己的文字系统。如在福州冶山路和浦城临江镇锦城村闽越建筑遗址中,不但发现汉字,而且有许多无法辨识的文字。它们很有可有可能是闽越国所使用的文字。参见福建博物院、福州市文物考古工作队:《福州冶山路财政厅工地发掘简报》,《福建文博》2005 年增刊;杨琮:《福建战国秦汉考古的重要发现》,《福建文博》2002 年第 2 期;杨琮:《闽越文化新探索》,《东南学术》2004 年第 S1 期。

悍,数反覆,诏军吏皆将其民徙处江淮间。东越地遂虚"①。《宋书·州郡二》江州刺史"建安太守"栏下云:"汉武帝世,闽越反,灭之,徙其民于江、淮间,虚其地。后有遁逃山谷者颇出,立为冶县,属会稽。"②"东越地遂虚",应该是说闽(东)越国直接掌控的越民被徙往江淮间,遁入山谷的越民则仍旧生活于闽地。③ 他们与东瓯国内徙后留在当地的"遗人"相似。《吴地记》曰:"闽越兵止,东瓯乃举国徙中国,处之江淮间。而后遗人往往渐出,乃以东瓯地为回浦县。"④因此,在冶县设立之前的较长一段时间内,这些"遁逃山谷者"处于一种脱离汉王朝管控而自治的状况。冶县的设立,标志着闽地开始从"蛮荒"状态、"化外之地"纳入汉王朝的郡县行政体系中。

诚如学者所论,冶县更多是充当东南海道的中转站和港口,⑤但作为县级政区,必定有不少闽地越人被编户入籍。这可谓闽地越人纳入汉廷管控的第一次编户。未被汉廷迁徙江淮同时又被编户了的当地越人,或是在这一阶段开始获得姓氏。也就是说,编户入籍恰成为当地土著取得汉姓的途径之一。遗憾的是,囿于史料的阙乏,诸多相关的细节问题无法落实。比如,有多少"遁逃山谷者"编户入籍,他们入籍后的姓名具体情况如何,等等。然而应当提出的是,这些"遁逃山谷者"和福建地区出土的竖穴土坑墓以及一些汉代遗存有着密切的关联。由此,我们可以从空间分布上寻觅"遁逃山谷者"的足迹。

在城村汉城遗址南城墙外福林岗西麓的缓坡顶部,出土一座竖穴土坑墓,墓底铺河卵石,随葬陶器有钵、罐、瓿和匏壶。此外,在城村遗

---

① 《史记》卷一一四《东越列传》,第 2984 页。
② 〔南朝梁〕沈约:《宋书》卷三六《州郡志二》,北京:中华书局,1974 年,第 1092 页。
③ 吴小平:《汉晋南朝时期福建政治、经济中心区域的变迁》,《中国社会经济史研究》2000 年第 2 期。
④ 《太平寰宇记》卷九九《江南东道十一·处州》引《吴地记》,第 1982 页。
⑤ 葛剑雄:《福建早期移民史实辨正》,《复旦学报(社会科学版)》1995 年第 3 期。

址东北、崇阳溪东岸的渡头村又发现四座竖穴土坑墓,墓葬形制、墓底特征和随葬器物与福林岗 M1 一致。它们是西汉时期闽越人的墓葬①。进而言之,墓主最有可能是居住于汉城遗址内外的闽越人。除了城村遗址附近出土的闽越人墓葬之外,在闽侯县荆溪镇庙后山、武平县小径背和亭子岗、长泰县陈巷镇犁头山和石牛山也出土类似的墓葬。墓葬而外,在浦城县临江镇锦城村、建阳县将口镇邵口□砖瓦厂后门山与平山、武平县岩前镇座前山和戈林山、南靖县金山镇四房山、龙海市九湖镇田墘村胡仁庙山等地发现与城村遗址类似的陶器或硬纹陶遗存,②表明墓主和使用者都是西汉闽越国时期或其后不远的闽越人。相对于闽越国都而言,部分墓葬、遗存的位置相对较偏,这也印证了"遁逃山谷者"为躲避徙民而入山的事实。虽然这时期发掘刊布的墓葬数量有限,但由此可试做推测,在战乱徙民的风波过后,不少"遁逃山谷者"重新回到原先居住、生活的地方,而后成为冶县编户民。

不仅如此。史籍还曾记载和"遁逃山谷者"居住环境类似的闽地土著人群,即"安家之民"。孙吴沈莹《临海水土异物志》对其描述道:

安家之民,悉依深山,架立屋舍于栈格上,似楼状。居处饮食,衣服被饰,与夷州民相似。父母死亡,杀犬祭之,作四方函以盛尸。

---

① 吴春明:《崇安汉城的年代与族属》,《考古》1988 年第 12 期;福建博物院、福建闽越王城博物馆编,杨琮主编:《武夷山城村汉城遗址发掘报告(1980—1996)》,第 49 页、第 121—122 页。

② 林忠干:《福建地区出土的汉代陶器》,《考古》1987 年第 1 期;吴春明:《福建秦汉墓葬的文化类型及其民族史意义》,《东南文化》1988 年 Z1 期;王振镛:《论闽越时期的墓葬及相关问题》,《福建文博》1990 年第 1 期;谢道华、王治平:《建阳县邵口□汉代遗址调查简报》,《福建文博》1990 年第 1 期;杨琮:《关于崇安等地出土汉代陶器的几点认识——兼与林忠干同志商榷》,《福建文博》1990 年第 2 期;吴春明:《闽江流域先秦两汉文化的初步研究》,《考古学报》1995 年第 2 期;福建闽越王城博物馆:《浦城县上面山汉代遗址发掘简报》,《福建文博》2012 年第 1 期。更多的闽越国时期遗址、遗存,参见国家文物局主编:《中国考古 60 年:1949～2009》,北京:文物出版社,2009 年,第 290—293 页。

饮酒歌舞毕,仍悬着高山岩石之间,不埋土中作冢墎也。男女悉无履。今安阳、罗江县民,是其子孙也。①

材料中"安家之民"和"夷州民"相对应,则"安家"应是一处地名。通过沈莹的说法,可知"安家"所指称的大致地域范围是孙吴临海郡的安阳、罗江二县,即今浙江瑞安至福建连江、罗源一带。② 更为重要的是,材料透露出孙吴所置的安阳、罗江二县不少编户民即原来的"安家之民"。换言之,居住于深险之地的"安家之民",原先和"遁逃山谷者"一样,并未纳入版籍系统。至汉末三国时期,受到孙吴政府的武力征伐,不少"安家之民"逐渐被强制编户,成为二县民众。这也反映出两汉之际相当一部分"遁逃山谷者"并未受到冶县的控制而仍旧依傍山险。此外,与上述闽地越人使用土坑竖穴墓的形制不同的是,沈莹所描述的"安家之民"使用的是悬棺葬。这暗示着闽地土著人群内部至少存在着丧葬习俗相异的两类群体,一类是使用土坑竖穴墓的葬制,另一类则依傍山险,使用悬棺葬制。③ 相较而言,前者受到中原文化的影响较深,华夏化程度相对较高。

无论如何,随着冶县等县级政区的设立,遗留于闽地的土著人群再一次开始华夏化。这在墓葬上有所反映,比如已发掘刊布的福州西郊洪塘路金鸡山、闽侯县荆溪镇庙后山和光泽县止马乡凤林山。④ 它们

---

① 《太平御览》卷七八〇《四夷部一》"东夷"引《临海水土异物志》,第3456页上栏。

② 关于罗江县的考证,参见林汀水:《闽东、闽北若干政区地名沿革考辨》,《厦门大学学报(哲学社会科学版)》1998年第1期。

③ 闽地悬棺葬制在闽地可能有更加广泛的分布,而墓葬实物则主要发现于今武夷山脉地区。参见黄荣春编著:《闽越源流考略》,福州:海潮摄影艺术出版社,2002年,第76—77页。

④ 曾凡:《福州洪塘金鸡山古墓葬》,《考古》1992年第10期;黄汉杰:《福建荆溪庙后山古墓清理》,《考古》1959年第6期;陈远志、林贤炳:《光泽县止马乡发现东汉墓》,《福建文博》1987年第1期。

属于西汉晚期至东汉时期的墓葬。除了延续西汉前中期闽越国的风格外,墓葬中出土了青铜镳壶、铁釜、釉陶坛等东汉时期江西、湖南等地区共有的随葬器物。这表明东汉时期闽地墓葬习俗在受到汉文化因素的影响下逐渐发生变动。① 事实上不仅葬俗如此,更多当地土著纳入汉帝国的郡县行政体系也就意味着越来越多的当地人取得汉姓和选用汉名。

遗憾的是,这一方面于史无征。不过,政和县出土东汉晚期至三国时期窑址中的文字,使我们可稍稍了解这一时期闽地人群姓氏的一些情况。这些文字有"翁□私印""郑女""郎东官器""洪""东"和"唐□□□"②。其中,"郎东官器"表示的是官府作坊生产的产品。"洪"字应是姓氏。这从下文《三国志》提到该地区的"洪明""洪进"二贼帅的姓名上可以得到证明。以此类推,"郑""翁"和"唐"三者也应是姓氏。"东",或即"郎东"。尤可注意者,"唐"姓的出现,可能和表1中闽越人名"唐""夫唐"有关联。以土著音译人名作为姓氏,很有可能是官府登记户籍的一种做法。

不仅如此,《三国志·吴书》有关孙氏政权征伐"山越"的记载,更进一步表明汉末三国时期闽地土著人群的姓名、社会组织等状况。《三国志·贺齐传》曰:

> 建安元年,孙策临郡,察齐孝廉。时王朗奔东冶,候官长商升为朗起兵。……升畏齐威名,遣使乞盟。……贼帅张雅、詹彊等不愿升降,反共杀升,雅称无上将军,彊称会稽太守。……雅与女婿

---

① 吴春明:《闽江流域先秦两汉文化的初步研究》,《考古学报》1995年第2期。
② 福建博物院:《福建政和县发现东汉晚期至三国时期窑址》,《南方文物》2013年第4期。

何雄争势两乖,齐令越人因事交构,遂致疑隙。①

在这段材料中,候官长商升是否为闽人不得而知。而贼帅张雅、詹彊和何雄,大抵是当地越人。其中"彊"与浦城上面山闽越建筑遗址出土的印字"彊"相似,这很有可能是当地越人常用的音译汉名。张雅等人拥有很强的地方势力,击杀候官长商升而与贺齐对立。他们的姓名已与一般的汉人无异,属于东部候官较早汉化的当地人士。贺齐于建安八年(203)进击建安、汉兴和南平三县。《贺齐传》又云:

> 贼洪明、洪进、苑御、吴免、华当等五人,率各万户,连屯汉兴,吴五六千户别屯大潭,邹临六千户别屯盖竹,同出余汗。……凡讨治斩首六千级,名帅尽擒,复立县邑,料出兵万人,拜为平东校尉。②

名帅洪明、洪进与吴免、吴五应当是兄弟或父子辈分,而苑御、华当无考。他们的组织形式以"万户""千户"相称,不仅形容人数众多,而且暗示了洪明等贼帅聚集了建安等三县的大多数编户民。无论如何,在东汉末年的东部候官和建安等县,已出现翁、郑、唐、张、詹、何、洪、吴、华、邹、徐等姓。③ 他们以及聚集的民众原先都是各县的编户民,在汉末动荡时期脱离版籍形成以名帅为首的地方军事组织。然而,在贺齐平定叛乱、重新恢复县级行政建制后,他们又再次被编户入籍。由此可知,当地土著华夏化的进程并非一蹴而就,而往往是经历编户、逃户、再

---

① 〔晋〕陈寿:《三国志》卷六〇《吴书·贺齐传》,北京:中华书局,1959 年,第 1377—1378 页。

② 《三国志》卷六〇《吴书·贺齐传》,第 1378 页。

③ 东汉时期,闽地有徐姓,人物是方士徐登,见于〔南朝宋〕范晔:《后汉书》卷八二下《方术列传·徐登》,北京:中华书局,1965 年,第 2741 页。

编户的反复过程。① 在三国时期,闽地仍有贼帅叛乱事件。如孙吴嘉禾四年(235),东冶贼随春发生反乱;赤乌五年(242),"建安、鄱阳、新都三郡山民作乱,出(钟离)牧为监军使者,讨平之。贼帅黄乱、常俱等出其部伍,以充兵役"②。这其中,黄乱很有可能是建安郡的山民。③ 若此推测不致大误的话,则三国时期闽地至少还有随、黄这样的姓氏。

综上所述,所谓"遁逃山谷者""安家之民""山民""贼帅"或是"山越",都是闽地的土著人群。他们的得姓是非常复杂的历史过程,有着诸多因素。其中直接有效的方式之一是编户。通过编户,土著人群逐渐获得姓氏。也就是说,在经历不同程度的华夏化进程以及多次、反复的编户入籍后,当地土著最终取得了具有华夏特征的姓名。然而不少姓名比较生硬,很可能是对当地土著姓名的发音进行直译的结果。更为重要的是,通过编户,不少姓氏如唐、黄、吴等,很有可能直接来自土著音译人名的首字。当然,姓名的获得只是华夏化的开端,因为至汉末三国时期,我们看到当地贼帅聚集民众是以"万户""千户"的组织形式,而非"宗族""家族"的方式。换言之,当地土著人群并未形成一套以姓氏的延续、传承为核心的"家族""宗族"的观念。这也暗示了当地土著人群获取华夏姓氏并不会太久。紧接着的两晋南朝时期,随着外来移民的入闽,闽地人群的姓氏组成又逐渐在发生变化。

---

① 这一现象,亦存在于北朝胡族的编户化、华夏化进程当中。参见侯旭东:《北魏对待境内胡族的政策——从〈大代持节豳州刺史山公寺碑〉说起》,原载《中国社会科学》2008年第5期,收入氏著《近观中古史——侯旭东自选集》,上海:中西书局,2015年,第238—246页。

② 《三国志》卷六〇《吴书·吕岱传》,第1385页;《三国志》卷六〇《吴书·钟离牧传》,第1393页。关于"民帅"的进一步探讨,参见林昌丈:《社会力量的合流与东吴政权的建立约论》,《魏晋南北朝隋唐史资料》第32辑,上海:上海古籍出版社,2015年,第13—19页。

③ 按建安郡,据《三国志》卷四八《吴书·三嗣主传》,设置于永安三年(260)。在此前的赤乌五年(242),不应有"建安郡"之称。这很有可能是陈寿的笔误。

## 三、砖室墓的出现、扩展和闽地人群的持续编户

如果说闽地的竖穴土坑墓、悬棺葬是先秦两汉时期当地土著使用的墓葬形制的话，那么砖室墓则是六朝时期闽地流行的新葬式。和浙江、江西一带相对较早流行砖室墓不同，闽地砖室墓的出现要迟至六朝初期。砖室墓在闽地的出现、扩展，不仅表明移民入闽的事实，而且从侧面反映当地一些土著人群开始吸纳新的墓葬形制的历史过程。[①] 不仅如此，墓葬、墓葬群反映了其周边地带人群生前定居并已形成一定规模成型聚落的事实，透过这一观察，可以间接了解更多的移民和当地土著编户化的持续过程。

移民入闽，依凭海道和陆路两种方式。这对砖室墓在闽地的出现、扩展具有重要的意义。六朝时期闽地砖室墓的空间分布，往往和当时这两种入闽交通路线密切相关。如霞浦县沙江镇、松城镇和建瓯市东峰镇的孙吴纪年墓，分别处于海、陆交通的要道。前者很有可能是东吴时温麻船屯的所在地，后者不仅地处入闽重要的陆路交通线上，也位于建安郡治所附近。下面分别简述闽地沿海地区和内陆山区砖室墓的出现和扩展情况。

沿海的温麻、晋安郡治和梁安郡治周边是移民进入闽地的重要据点。《宋书·州郡志二》晋安太守"温麻令"下云："晋武帝太康四年，以温麻船屯立。"[②]沙江镇永安六年(263)墓砖铭文曰："永安六年六月三十吉作"，"永安温麻□年□吉作"。[③] 则至迟在永安六年，温麻船屯已

---

[①] 土坑墓依旧是六朝时期闽地的主要葬制，但此种墓葬不易保存，随葬品稀少，因此出土、刊布不多。

[②] 《宋书》卷三六《州郡志二》，第1093页。

[③] 陈明忠：《试析福建六朝墓砖铭文》，《福建文博》2013年第2期；郑辉、栗建安：《福建晋唐五代考古的主要收获》，《福建文博》2002年第2期；曾凡：《关于福建六朝墓的一些问题》，《考古》1994年第5期。

经设立。作为孙吴在东南滨海地区的造船基地之一,温麻船屯必定吸纳不少随海道南来的移民。他们当中不少人士死于当地并将墓葬营造在温麻周边。因砖室墓对砖石的需求较大,温麻当地便设立"专(砖)瓦司"这一机构负责烧砖。松城镇天纪元年(277)墓砖铭文就说道:"天纪元年七月十日,专瓦司造作,当□天作□。"①可见温麻当地砖室墓的流行程度。

除了温麻船屯之外,沿着傍海道南行,福建沿海地区的福州市郊、闽侯县和泉州南安丰州镇等地成为砖室墓的集中分布地。福州及其市郊在两晋南朝时期不仅是晋安郡治所在,早在东吴时也是建安典船校尉的所在地。《宋书·州郡志二》晋安太守"原丰令"下云:"晋武帝太康三年,省建安典船校尉立。"②此地成为孙吴官员的贬谪之所。《三国志·三嗣主传》谓孙皓于凤凰三年(274)将会稽太守郭诞送付建安作船;而张纮孙张尚,也是在孙皓时被送往建安作船。③六朝时期的东安县、晋安县、梁安(南安)郡治所以及陈朝末年的丰州治所皆在今泉州南安丰州镇一带。④简言之,当时的晋安郡和梁安(南安)郡、丰州等治所聚集了不少官吏和移民,两地周边出土数量较多的砖室墓,其墓主应该不少是外来的官吏和移民。

再就闽地内陆地区而言,砖室墓及墓群往往沿着重要的陆路交通线分布。入闽移民沿着泉峤—柘岭道、鄱阳—建安道、临川盱水—东兴岭道和南丰—绥城道进入建安郡的北部和西部地区,再利用区域内的山间河流分散到各处。其中,浦城莲塘乡吕处坞、建瓯东峰镇东峰村和

---

① 黄亦钊:《霞浦发现东吴天纪元年墓》,《福建文博》1989年第1、2期合刊。
② 《宋书》卷三六《州郡志二》,第1093页。
③ 《三国志》卷四八《三嗣主传》,第1170页;《三国志》卷五三《张纮传》,第1246页。
④ "梁安郡"见于〔唐〕道宣撰,郭绍林点校:《续高僧传》卷一《陈南海郡西天竺沙门拘那罗陀传五》,北京:中华书局,2014年,第20页。相关研究,参见章巽:《真谛传中之梁安郡——今泉州港作为一个国际海港的最早记载》,《章巽文集》,北京:海洋出版社,1986年,第66—72页。

政和县石屯镇凤凰山是该地区出土砖室墓最为集中的几处墓群。吕处坞村已发掘的40座两晋南朝砖室墓集中分布在村子周边的几座山坡上；东峰村的春坑口、牛头山和九郎柯三处发掘西晋、南朝墓葬24座；在凤凰山山坡上密布着近达60座的两晋南朝墓葬。① 聚集分布的墓葬不仅说明了其周边人群定居和聚落存在的事实，而且也间接透露出官府可能对成型聚落和居住人群的控制情况。更为重要的是，砖室墓葬流行并扩展的现象背后，是移民入闽和当地土著华夏化的过程。

关键的问题是，与以往认为砖室墓主是外来移民或者中原人士不同，我们意识到部分砖室墓的墓主是当地土著。下面通过部分砖室墓的出土地和墓砖铭文等信息，试图辨析外来移民和当地土著这两类闽地人群。这里所说的闽地土著，主要由以下两部分人群构成：自闽越国、冶县时期以来世代居住于闽地的越人和经由相对较早时期入闽移民转变而来的当地居住者。但这种区分是相对的，因为侨居者定居、入籍并经过若干代后便可成为当地土著。

### (一) 入闽移民

由于任官、贬谪和战乱等诸种因素，外来人士入闽是毋庸置疑的。② 然而正史记载的入闽人士，只作短暂的侨居，很少长期居住并入籍当地。《三国志·陆凯传》记东吴天册元年(275)孙皓贬徙吴郡陆凯家族于建安郡，但在天纪二年(278)陆氏家族便被召还建业；③《晋书·汝南王亮传》附其子"司马宗传"谓"咸和初，御史中丞钟雅劾宗谋反，庾亮使右卫将军赵胤收之。宗以兵拒战，为胤所杀，贬其族谓马氏，徙妻

---

① 国家文物局主编：《中国考古60年：1949～2009》，第293—294页；厦门大学历史系考古专业、南平市博物馆：《福建建瓯市东峰村六朝墓》，《考古》2015年第9期；福建博物院：《政和县凤凰山六朝墓第二次考古发掘简报》，《福建文博》2013年第4期。
② 吴修安：《福建早期发展之研究：沿海与内陆的地域差异》，第87—90页。
③ 《三国志》卷六一《吴书·陆凯传》，第1403、1410页。

子于晋安,既而原之"①;《宋书·傅亮传》云宋太祖诛傅亮后,亮子"悝、湛逃亡,湛弟都,徙建安郡。世祖孝建之中,并还京师"②;《梁书·袁昂传》谓其父袁颛于泰始初年"举兵奉晋安王子勋,事败诛死。昂时年五岁,乳媪携抱匿于庐山,会赦得出,犹徙晋安,至元徽中听还,时年十五"③;《陈书·虞荔传》附其弟"虞寄传"谓侯景之乱时,张彪由会稽往临川,"强寄俱行,寄与彪将郑玮同舟而载,玮尝忤彪意,乃劫寄奔于晋安"。至陈文帝平定陈宝应后,虞寄方能由闽中返乡。④ 这些贬徙入闽的人士,属于当时的官僚世家大族,其中既有侨姓大族,也有吴郡、会稽郡当地大姓。基于上述记载可知,在六朝时期,侨姓大族和江南其他地区的土著大姓甚少定居于闽地,但墓砖铭文等资料显示早在西晋前期闽地已有王姓定居的踪迹。

浦城县吕处坞村4座元康六年(296)墓出土的砖文曰:"元康六年秋冬告作,宜子孙,王家","元康六年□□起公,王家,宜子孙","王家","元康六年,王家"⑤。4座墓葬营造于同一时期,并且墓葬形制、墓砖铭文和出土随葬品基本一致,应是王氏家庭成员的墓葬。那么,"王家"究竟是谁呢?报告者根据随葬器物推测墓主是"中原入闽的士族地主",然而这一判断过于宽泛,也无实际参考价值。据考古资料,在当地一座六朝墓葬中出土的青瓷碗,底部墨书"王宝用"三字。⑥ 此处的"王宝"和"王家"应有密切的关系。不同于永嘉时期播迁江南地区的琅琊

---

① 〔唐〕房玄龄等:《晋书》卷五九《汝南王亮传》,北京:中华书局,1974年,第1595页。

② 《宋书》卷四三《傅亮传》,第1341页。

③ 〔唐〕姚思廉:《梁书》卷三一《袁昂传》,北京:中华书局,1973年,第451页。

④ 〔唐〕姚思廉:《陈书》卷一九《虞荔传》附其弟"虞寄传",北京:中华书局,1972年,第258页、第263页。

⑤ 福建省博物馆、浦城县文化馆:《福建浦城吕处坞晋墓清理简报》,《考古》1988年第10期。

⑥ 郑晖:《福建地区六朝考古的发现与研究》,《福建文博》2008年第4期;陈明忠:《试析福建六朝墓砖铭文》,《福建文博》2013年第2期。

王氏、太原王氏等侨姓大族,浦城县"王家"应在吴晋之际便已入居闽地。

除浦城"王家"外,琅琊王僧兴家族在齐梁之际定居于闽地。唐人杨炯所撰《唐恒州刺史建昌公王公神道碑》曰:

> 公讳义童,字元稚,其先琅琊临沂人也。永嘉之末,徙于江外……祖僧兴,齐会稽令、梁安郡守、南安县开国侯。……父方賒,梁正阁主簿、伏波将军、梁安郡守,隋上仪同三司。①

从姓名上观察,王僧兴很有可能出自琅琊王弘、王昙首一系。王方賒,即《续高僧传·陈南海郡西天竺沙门拘那罗陀传五》提到的王方奢。据学者研究,梁安郡析置、王僧兴出任郡守和王氏家族参与萧梁代齐的政治事件有着密切的关联。② 王僧兴在梁安郡颇有经营,故其子王方賒能继任梁安郡守。可以说,王氏父子在南朝后期实际上掌控了梁安(南安)郡。值得注意的是,在晋江池店镇霞福村出土的南朝齐隆昌元年(494)墓中,有砖铭曰:"隆昌元年七月廿日,为王智首造专。"③则墓主显然是王智首,造砖者很可能是其家人。"王智首"这一姓名看起来和"王昙首"同一辈,然而王昙首卒于刘宋元嘉七年(430)④,王智首卒于萧齐隆昌元年,两者在时间上相去甚远。因此,我们揣测王智首更有

---

① 〔唐〕杨炯撰,祝尚书笺注:《杨炯集笺注》卷七,北京:中华书局,2016年,第820页。

② 章巽:《真谛传中之梁安郡》,《福建论坛》1983年第4期;张俊彦:《真谛所到梁安郡考》,《北京大学学报(哲学社会科学版)》1985年第3期;廖大珂:《梁安郡历史与王氏家族》,《海交史研究》1997年第2期。

③ 晋江市博物馆:《霞福南朝墓清理简报》,《福建文博·晋江文物专辑》2000年第1期;福建省泉州市文管办、福建省晋江市博物馆:《福建晋江霞福南朝纪年墓》,《南方文物》2000年第2期;陈明忠:《试析福建六朝墓砖铭文》,《福建文博》2013年第2期。

④ 《宋书》卷六三《王昙首传》,第1680页。

可能是王僧兴的父辈。无论如何,王僧兴家族最迟在萧齐后期便已定居梁安郡,经过王僧兴至王义童的经营,发展成为当地强有力的大族。

王姓之外,南朝前期吴郡陆氏应有家族成员定居于闽地。在南平政和县东平镇新口村牛头山出土的元嘉十二年(435)墓砖文曰:"元嘉十二年七月十二日,陆氏。"①陆氏应是墓主。就已刊布的墓砖铭文而言,闽地陆姓,仅此一见。《太平寰宇记·建州》"浦城县"栏引《邑图》云:"晋尚书陆迈、〔梁〕〔宋〕尚书郎江淹皆为吴兴令。"②则陆迈曾经担任过建安郡吴兴县令。《世说新语·规箴第十》"苏峻东征沈充"条下引《陆碑》曰:"迈字功高,吴郡人。器识清敏,风检澄峻。累迁振威、太守、尚书吏部郎。"③陆迈事迹于正史无征,他应在升迁他官前于吴兴县令任上作短暂停留。虽然没有直接证据说明上述的陆氏和陆迈有关系,但墓砖铭文表明吴郡陆氏活动于建安郡一带,其中某一家族成员很有可能便定居并落籍当地。

至于普通民众入闽,史籍亦有零星记载。《建安记》曰:"长乐村,后汉时此川民居殷富,地土广阔。孙策将欲检其江左,时邻郡亡逃,或为公私苛乱,悉投于此,因是有长乐、将检二村之名。"④长乐村是一处逋逃的渊薮,吸纳邻郡的逃户。若此记载稍可信靠的话,则在汉末三国之际,闽地已开始出现一定数量的外来移民,但这一数字不宜高估。至西晋永嘉之际,大规模的侨人渡江而居于建康周边、三吴地区,但没有史料显示成规模的侨人从三吴地区或者豫章、临川等地流入闽地。倒是

---

① 福建省博物馆、政和县文化馆:《福建政和松源、新口南朝墓》,《文物》1986年第5期。
② 《太平寰宇记》卷一○一《江南东道十三》,第2014页。按《邑图》,《太平御览》卷一七○《州郡部十六》"建州"栏下作《图经》。(第830页下栏)则《邑图》或即是《建州图经》。
③ 余嘉锡笺疏:《世说新语笺疏》卷中之下,北京:中华书局,2007年,第669页。
④ 《太平寰宇记》卷一○一《江南东道十三》武军邵武县"长乐村"下引《建安记》,第2019页。

在南朝侯景之乱及其以后,不少流民迁入闽地。《陈书·世祖纪》天嘉六年(565)三月乙未,"诏侯景以来遭乱移在建安、晋安、义安郡者,并许还本土,其被略为奴婢者,释为良民"①。此诏书恰好颁布于天嘉五年(564)冬平定陈宝应之乱后,是陈世祖试图拉拢民心的举措。不仅如此,诏书反映出当时不少民众迁入闽地,同时部分人士已经入籍当地,因此才有"并许还本土"之说。这也表明入闽民众若可选择的话,依旧倾向于回到原籍地居住。这正是诏书能够拉拢民心的原因。这也从侧面反映出六朝时期闽地并不具有吸纳移民的优势。

以上只是从几个特殊时段大体了解普通移民入闽的情况。事实上,更多不见经传的民众在六朝时期陆续入闽。砖室墓的纪年分布间接说明东晋南朝时期是移民定居闽地的高峰,②然而移民数量不宜高估。六朝时期闽地人群的主体仍旧是当地土著。

(二) 闽地土著

除了陆续入闽的移民外,六朝时期的闽地人群还包括当地土著。由上述可知,至迟在汉末三国时期,闽地土著中已有张、詹、何、洪、吴、华、邹、随、黄、翁、唐和徐等姓。张姓、吴姓仍旧见于南朝后期。《陈书·世祖沈皇后》曰:"后忧闷计无所出,乃密赂宦者蒋裕,令诱建安人张安国,使据郡反,冀因此以图高宗。安国事觉,并为高宗所诛。"③张安国可据郡造反,显示其在建安郡有着不可小觑的势力。这也反映出无论是东汉末年的张雅还是陈朝的张安国,拥有一股长期延续不断的地方势力。吴姓,萧梁时有晋安郡渠帅吴满。《梁书·羊侃传》云:"(中大通)六年,出为云麾将军、晋安太守。闽越俗好反乱,前后太守莫能止息。侃至讨击,斩其渠帅陈称、吴满等,于是郡内肃清,莫敢犯者。"④吴

---

① 《陈书》卷三《世祖纪》,第 58 页。
② 陈明忠:《试析福建六朝墓砖铭文》,《福建文博》2013 年第 2 期。
③ 《陈书》卷七《世祖沈皇后》,第 127—128 页。
④ 《梁书》卷三九《羊侃传》,第 558 页。

姓和张姓一样,属于闽地长期延续的地方大姓。除此之外,南朝时期闽地又有陈、蒋姓。陈姓,下文将详述。蒋裕也是建安郡人。《陈书·世祖九王》"始兴王伯茂"下云:"及建安人蒋裕与韩子高等谋反,伯茂并阴豫其事。"①不仅如此,墓砖铭文进一步证明部分当地土著姓氏的延续性。

先说詹姓。浦城县莲塘乡吕处坞村会窑永嘉五年(311)砖铭曰:"永嘉五年……□元□詹文□冢,七月廿日。"②墓主即为"詹文□",可证西晋时建安郡仍有詹姓。联系到吕处坞村会窑一带是两晋砖室墓葬群,事实上应有更多詹姓人士聚居于此。另外,在建瓯市水西放生池出土的刘宋元嘉二十九年(452)墓中,砖文内容有"元嘉廿九年七月廿二日,郡卿、孝廉、郎中令詹横堂冢"③。建瓯市水南机砖厂南朝墓M1中出土的墓砖,与此砖文书写体例类似,其曰:"游孝有郡卿作横床冢。"④则"横堂冢"即"横床冢",二者应是对砖室墓这一墓葬形制的地方俗称。"游孝"当作"游徼"。"郡卿"一词,不独见于砖文。邯郸淳撰《汉鸿胪陈纪碑》曰:"天子憋焉,使者吊祭。郡卿以下,临丧会葬。"⑤它是"郡府卿"之省称。后汉《执金吾丞武荣碑》云:"君即吴郡府卿之中子,敦煌长史之次弟也。"⑥又应劭《汉官》曰:"大县丞左右尉,所谓命卿三人。小

---

① 《陈书》卷二八《世祖九王》,第359页。
② 福建省博物馆:《浦城吕处坞会窑古墓群清理简报》,《福建文博》1991年第1、2期合刊;陈明忠:《试析福建六朝墓砖铭文》,《福建文博》2013年第2期。
③ 陈明忠:《试析福建六朝墓砖铭文》,《福建文博》2013年第2期;建瓯县博物馆:《建瓯水南机砖厂南朝墓》,《福建文博》1989年第1、2期合刊。
④ 建瓯县博物馆:《建瓯水南机砖厂南朝墓》,《福建文博》1989年第1、2期合刊;《考古》1993年第1期。
⑤ 〔清〕严可均辑:《全上古三代秦汉三国六朝文·全三国文》,北京:中华书局,1958年,第2册,第1196页上栏。
⑥ 〔宋〕洪适撰:《隶释》卷一二,《隶释·隶续》,北京:中华书局,1986年,第139页下栏。

县一尉一丞,命卿二人。"①则"郡府卿"或应作"郡府命卿"。据洪适考证,汉人有称"丞"为"卿"者。② 结合应劭的说法,"丞""尉"应皆可称"卿"。因此,墓主"詹某"生前曾担任郡丞(尉)和郎中令,并举孝廉。砖文并未说明他担任何郡官职,但由墓葬出土地来看,"詹某"应是担任建安郡郡丞(尉)、建安王国郎中令。也就是说,至迟在南朝前期,詹姓已担任建安郡(王国)的重要官职,同时举孝廉,显现出詹姓在建安郡的地方影响力。

接着是黄姓。《贞观氏族志》敦煌残卷著录泉州南安郡五姓,分别是"黄、林、单、仇、盛"③。《古今姓氏书辨证》"黄"姓条引《元和姓纂》,谓黄姓有江陵、洛阳、晋安三族,皆唐世士人新望。④ 这是唐代闽中大姓黄氏的情况。往前追溯,上已提及,黄姓很有可能由越人音译名字转变而来。在三国时期,黄姓是建安郡"山民"的身份,随后逐渐"华夏化",至东晋时期,建安郡仍有黄姓的足迹,这表明黄姓一直世居于当地。建瓯市小桥镇阳泽村 M1 出土的砖文曰:"泰宁二年六月廿日壬子起","咸和六年八月五日,黄作"。⑤ 此墓同时出现相隔七年的两种纪年砖文,说明"太宁"砖很有可能是旧砖新用,或是营造坟墓时间。"咸和六年"(331)砖文中的"黄"姓身份是墓主或造砖工匠。报告者仅根据墓葬形制就断定墓主是"中原入闽的士族地主"⑥。显然这一看法依据不足。此墓葬出土于建溪支流小桥溪,墓葬出土地反映出 M1 的墓主

---

① 《续汉书·百官志五》,参见〔南朝宋〕范晔:《后汉书·志第二十八》"尉大县二人,小县一人"下注引应劭《汉官》,北京:中华书局,1965 年,第 3623 页。

② 参见《隶释》卷一五《蜀郡属国辛通达李仲曾造桥碑》下洪适按语,第 160 页下栏。

③ 岑仲勉:《重校〈贞观氏族志〉敦煌残卷》,《岑仲勉文集》,广州:中山大学出版社,2004 年,第 16 页。

④ 〔宋〕邓名世撰,王力平点校:《古今姓氏书辨证》卷一五,南昌:江西人民出版社,2006 年,第 222 页。

⑤ 建瓯县博物馆:《建瓯县阳泽晋墓清理简报》,《福建文博》1988 年第 1 期;建瓯县博物馆:《福建建瓯阳泽晋墓清理简报》,《考古》1989 年第 3 期。

⑥ 建瓯县博物馆:《福建建瓯阳泽晋墓清理简报》,《考古》1989 年第 3 期。

生前应是定居当地。这一居住环境或可说明 M1 墓主是一位已接受、使用砖室墓形制的建安郡"山民"。遗憾的是,由于资料的缺乏,有关东晋南朝时期的晋安郡、南安郡黄氏的情况,很难知悉。

至于闽地土著林姓,得姓过程很有可能和黄姓类似。然而《元和姓纂》于晋安郡林氏下却说道:"林放之后,晋永嘉渡江,居泉州。东晋通直郎林景,十代孙宝昱,泉州刺史。"①林景于史无征。《隋书·炀帝下》大业十年(614)六月辛未,"贼帅郑文雅、林宝护等众三万,陷建安郡,太守杨景祥死之"②。从时间上推测,林宝昱和林宝护应是同时代人。学者认为二人有血缘关系,甚至可能是同一人③。无论如何,林姓在南朝时期也应是闽地大姓。虽然没有直接证据,但《元和姓纂》的说法,不排除唐时闽地林姓攀附中原姓氏的可能。

值得一提的是陈姓。众所周知,以陈羽、陈宝应为代表的陈氏父子,于南朝后期割据闽中。已有学者指出,闽地陈氏很有可能是永嘉之乱时期南渡的颍川陈氏的支系。④ 即使这一说法较接近事实⑤,从陈氏入闽至南朝时期,他们也已经是入籍晋安郡侯官县的当地居民。《陈书·陈宝应传》谓其"世为闽中四姓",即是明证。晋安郡陈氏,除陈氏父子外,梁中大通时期有晋安渠帅陈称,被晋安太守羊侃斩首⑥。此

---

① 〔唐〕林宝著,岑仲勉校记:《元和姓纂》卷五,北京:中华书局,1994年,第740页。

② 〔唐〕魏徵、〔唐〕令狐德棻:《隋书》卷四《炀帝下》,北京:中华书局,1973年,第87页。

③ 吴修安:《福建早期发展之研究:沿海与内陆的地域差异》,第214—215页。

④ 何德章:《论梁陈之际的江南土豪》,《魏晋南北朝史丛稿》,北京:商务印书馆,2010年,第56页;〔日〕中村圭尔:《六朝时代福建の陈氏について》,收入〔日〕谷川道雄等:《中国辺境社会の歴史的研究》,东京:玄文社,1989年,第38—45页。

⑤ 《续高僧传》卷一九《唐台州国清寺释智晞传七》曰:"释智晞,俗姓陈氏,颍川人,先世因官流寓,家于闽越。"(第708页)智晞生活于陈朝末年至唐初,稍早于道宣。

⑥ 《梁书》卷三九《羊侃传》,第558页。

外,福州怀安南朝窑址中发现的许多窑具刻画着朱、陈、常、于、安等姓氏。① 可见当时的侯官一带是陈姓分布较为集中的地区。另外,晋安郡南部即今泉州南安丰州镇一带也是陈氏的聚居地。② 从当地的纪年砖室墓来看,至迟在东晋中期,丰州镇一带已经出现较为成熟的聚落。同时,太元三年(378)狮子山 M1 中出土的"部曲将"印说明墓主的武官身份和当地的军事组织形式。这一点和渠帅陈称和"为郡雄豪"的陈羽非常相似。可以说,陈氏活跃于晋安郡沿海一带,以军事组织的形式掌控地方。

此外如邹、洪等姓氏,墓砖铭文的发现有力证明了它们长期存在于闽地,属于当地土著人群。福州市屏山公园出土的"永和元年"(345)墓葬砖文曰:"永和元年八月十日,邹氏立,子孙□令长太守□□。"③泉州市丰泽区北峰镇招丰村石角山南朝"承圣四年"(555)墓砖云:"承圣四年,[上]洪方建立。"④"上"字字体特殊,用于标示墓砖的位置,"洪"是姓氏。自汉末迄于南朝,不少土著姓氏仍旧得以延续,编户入籍自不待言,还进一步预闻地方政治。

通过上述考析可知,六朝时期,因移民的移入、定居,闽地人群呈现出侨、旧相杂的姓氏组合。可考的外来姓氏有王、陆等姓,闽地土著姓氏则有张、吴、洪和黄等姓。此外,南朝时期记载的一些姓氏,目前尚不能确定是否属于外来姓氏,如方、谢姓。《梁书·王金传》载王金"出为建安太守。山酋方善、谢稀聚徒依险,屡为民患。金潜设方略,率众平

---

① 福建省博物馆、福州市文物管理委员会:《福州怀安窑址发掘报告》,《福建文博》1996 年第 1 期。

② 福建博物院:《南安丰州皇冠山墓群的发掘与收获》,《福建文博》2007 年第 3 期。

③ 《福州市北门外屏山东晋墓清理资料》,福建博物院编:《福建考古资料汇编(1953—1959)》,北京:科学出版社,2011 年,第 128 页。

④ 泉州市文物保护研究中心:《泉州北峰南朝墓清理简报》,《福建文博》2005 年第 2 期。

之。有诏褒美,颁示州郡"①。方、谢姓未见于此前的文献或出土砖文中。然而他们的身份是"山酋",使人倾向于认为他们更加可能是闽地土著人群。此外,又如刘、朱、常、于、安等姓,皆见于福州怀安南朝窑址的窑具、垫具中。垫具铭文曰:"大同三年四月廿日造此,长男刘满新。"②于姓,当即余姓。建瓯市东峰镇东峰村九郎柯 M1 砖铭曰:"太康五年九月十六日,余。"③余姓或是墓主。最后如康、郭姓,见于出土的墓砖铭文。政和县石屯镇松源村凤凰山 M44 砖文曰:"永嘉年八月十二日,康立。"④福州市闽侯县荆溪庙后山 M2 出土砖铭曰:"永和五年九月,郭岁(?)立。"⑤为便于阅读,兹列表如次:

表2 六朝时期闽地人群的姓氏

| 外来姓氏 | 王、(琅琊)王、陆 |
|---|---|
| 土著姓氏 | 张、吴、洪、黄、詹、陈、蒋、何、华、邹、随、翁、唐、徐、林 |
| 不确定的姓氏 | 方、谢、常、安、朱、刘、余(于)、康、郭 |

正如学者所论,直至南朝晚期,移民入闽的数量仍旧非常有限。⑥表2可佐证这一说法。表中姓氏虽然无法全面反映闽地人群的姓氏结构,但无疑具有一定的抽样意义。不可否认的事实是,土著人群在闽地仍占有主导地位。总而言之,砖室墓的墓主包含入闽移民和闽地土著。这表明移民入闽在一定程度上改变了汉末三国时期当地土著的姓氏组

---

① 《梁书》卷二一《王金传》,第327页。
② 福建省博物馆、福州市文物管理委员会:《福州怀安窑址发掘报告》,《福建文博》1996年第1期。
③ 厦门大学历史系、南平市博物馆:《福建建瓯市东峰村六朝墓》,《考古》2015年第9期。
④ 陈明忠:《试析福建六朝墓砖铭文》,《福建文博》2013年第2期。
⑤ 黄汉杰:《福建荆溪庙后山古墓清理》,《考古》1959年第6期。
⑥ 葛剑雄:《福建早期移民史实辨正》,《复旦学报(社会科学版)》1995年第3期。

合,形成侨旧混杂的社会面貌。① 不仅如此,墓葬群反映出其周边长期存在一定规模的成型聚落。它们是郡县治所、交通要道上的据点或者是相对偏僻的河网支流地带的乡村聚落。值得说明的是,闽地砖铭中并没有出现对墓主或墓葬所在地乡里名称的记载。和相邻其他地区比较而言,这一点尤为不同。这究竟是砖文书写体例的差异导致的,还是当地人群并没有形成对"乡里"的认同意识,目前不得而知。然而这一现象使我们认识到,一些相对僻远的乡村聚落很有可能尚未被纳入六朝乡里行政体系的控制下。这也意味着居住于这些聚落的人群未被编户入籍,或者游离于控制体系,成为逃户。《梁书·臧厥传》就说得非常清楚:"出为晋安太守。郡居山海,常结聚遁逃,前二千石虽募讨捕,而寇盗不止。厥下车,宣风化,凡诸凶党,皆襁负而出。居民复业,商旅流通。"② 山川险阻的地理环境削弱、阻滞了闽地人群的编户化进程。因此,所谓编户化是经历了编户、逃户和再编户等不同阶段。砖室墓形制的扩展、传播,可视作"风化"宣传手段之一。它为闽地人群进一步编户奠定了基础。

## 四、余论

通过上述考述可知,汉六朝时期闽地人群的编户化过程,大体经历了以下三个阶段:(1)闽越国时期,闽地属于汉帝国的"化外"之区。对闽越国工匠群体的考察,反映出当时的一些越人很有可能是拥有汉名而无汉姓,更多的民众应该只有越人的名、号。这是他们在华夏化初期的表现特征。(2)作为闽地沿海地区行政据点的冶县,"遁逃山谷者"应是其设县初期的主要编户民。随着闽地县级政区的逐渐设立和建

---

① 这不仅仅在姓氏上有所反映。地方墓葬群呈现出土坑墓、砖室墓形制夹杂的葬俗景观,比如在福建荆溪庙后山同时出土了土坑墓、砖室墓。
② 《梁书》卷四二《臧厥传》,第601页。

安、晋安郡的分立,闽地确立了相对稳定的郡县行政体系。在此体系的行政运作和当地长官的政策实践下,更多的闽地人群被编户入籍。与此相应的是,闽地土著人群逐步获得了具有华夏化特征的姓氏。(3) 稍成规模的移民入闽应发生于东晋南朝时期,但这一数量不宜高估。他们定居并落籍闽地,在一定程度上改变了原有土著人群的姓氏结构,形成侨旧混杂的社会面貌,而闽地土著姓氏占有主导地位。

受到地理环境和官府控制力薄弱的制约,闽地人群的这一编户化过程,呈现出编户、逃户和再编户等反复循环的特点,不过最终促使土著人群获得华夏式的姓名。虽然南方土著人群华夏式姓名的获得是多方因素综合影响的结果,但官府长期推行的编户政策具有最为直接有效的作用。作为政治、社会身份标签的姓氏,实质上是对社会成员的一种控制方式。[①] 它和帝国一以贯之施行的编户策略所带来的意义是相一致的。就此点而论,土著人群从"化外"至"化内"转变的初期特征便是获得具有直观意义的华夏式姓名。本文尝试勾勒闽地土著人群的编户化过程,是东南地区土著人群华夏化进程的组成部分。利用墓葬和砖文等出土资料,探研不同区域人群的姓氏结构、编户化和华夏化,是今后应继续深化的重要课题。

实际上,若从汉唐五代的长时段视角来看,六朝时期则是闽地人群长期缓慢编户化、华夏化进程的开端。刘宋沈怀远《次绥安》诗略曰:"番禺竟灰尽,冶南亦沦覆。至今遗父老,能言古风俗。"[②]绥安县为东

---

① 纳日碧力戈:《姓名论》,北京:社会科学文献出版社,1997年,第35—43页。

② 此诗,逯钦立《先秦汉魏晋南北朝诗》无辑录。冯登府编《闽中金石志》卷二唐咸通二年(861)《沈怀远碑》下注引《漳州府志》,谓"咸通二年,漳浦兴教寺僧元慧,录古今诗铭作粉版,有宋沈怀远造次绥安诗"(《石刻史料新编》第1辑第17册,台北:新文丰出版公司,1982年,第12672页上栏)。诗文内容,参见何乔远编纂《闽书》卷二八《方域志·漳浦县》"古绥安溪"条下,福州:福建人民出版社,1995年,第685页。

晋义熙九年（413）所置，属义安郡。① 据《宋书》，沈怀远于刘宋大明中贬徙广州。② 此诗很可能是其游览义安郡时所作。此地属于汉代东越、南越的交界处，故有"番禺""冶南"之说。"遗父老"，指的是越人后裔。"古风俗"，说的是越人风俗。这暗示至南朝初期，闽地仍存在一些"遗人"，尚能知晓越人风俗，这也间接反映了闽地华夏化进程的缓慢。更重要的是，晚至唐末五代时期，闽地才进入经济开发的高潮，③闽地人群的大规模编户入籍也要到唐朝中后期。这从闽地新县的置立上可以得到证实。④ 进入隋唐时期，闽地人群如何持续地编户化和华夏化，也需要日后作进一步考察。

【附记】

本文曾提交"全球视野下的岭南研究国际学术研讨会暨第六届中国中古史前沿论坛"，承蒙王万隽先生提出诸多宝贵的修改意见，在此谨致谢忱！

---

① 《宋书》卷三八《州郡志四》，第1199页。绥安县治所，大致在今漳州漳浦县西南梁山一带。参见李澳川：《绥安县的兴废》，《漳浦文史资料》第6辑，1986年，第1—3页。

② 《宋书》卷一九《乐志一》，第556页；《宋书》卷八二《沈怀文传》附其弟"沈怀远传"，第2105页。

③ 〔日〕日比野丈夫：《唐宋时代に於ける福建の開發》，《東洋史研究》第4卷第3号，1939年，第187—213页。

④ 鲁西奇：《新县的置立及其意义——以唐五代至宋初新置的县为中心》，荣新江主编：《唐研究》第19卷，北京：北京大学出版社，2013年，第155—232页。

# 西晋当利里社残碑的历史性意义

福原启郎　撰　胡　伟　译

## 绪　论

东汉建安十年(205),时任司空的曹操发布禁碑令,至西晋咸宁四年(278),武帝司马炎再度下令禁碑,[①]导致汉以后碑刻数量的下降。然而,魏晋时期的碑刻并未因此完全消匿,譬如清末至民国时期在洛阳近郊出土的两块西晋碑,即晋辟雍碑[②]和当利里社残碑。

与晋辟雍碑相比,当利里社残碑并不知名,拓片也相对稀缺,唯一相关的先行研究即宁可《记晋〈当利里社碑〉》一文,对释文、社的发展、社民的身份(官爵·籍贯)、里社的职称、汉代里社与当利里社的不同、

---

[①] 《宋书》卷一五《礼二》:"汉以后,天下送死奢靡,多作石室石兽碑铭等物。建安十年,魏武帝以天下凋敝,下令不得厚葬,又禁立碑。此(魏高贵乡公甘露二年)后复弛替。晋武帝咸宁四年,又诏曰:此石兽碑表,既私褒美,兴长虚伪,伤财害人,莫大于此;一禁断之。其犯者虽会赦令,皆当毁坏。"《太平御览》卷五八九《文部五》"碑"条:"《晋令》曰:'诸葬者皆不得立祠堂、石碑、石表、石兽。'"咸宁四年的诏令,是针对甘露二年(257)之后禁令松弛的状况,且这一诏书,与禁立"石碑、石表、石兽"的晋令相通,或许令文即由此诏而来。参见魏鸣:《魏晋薄葬考论》,《南京大学学报(哲学·人文科学·社会科学)》1986年第4期;刘涛:《魏晋南朝的禁碑与立碑》,《故宫博物院院刊》2001年第3期。

[②] 参见〔日〕福原启郎:《晋辟雍碑に関する考察》,《魏晋政治社会史研究》,京都:京都大学学术出版会,2012年。(另有中译,参见〔日〕福原启郎著,陆帅、刘萃峰、张紫毫译:《魏晋政治社会史研究》,南京:江苏人民出版社,2021年,第107—156页。——译者注)

六朝时代社的变化、唐代里社的消亡等问题展开了探讨,在此基础上得出结论:"晋当利里社碑所反映的,就是两汉传统的里社向私社演变中的里社的一些情况。"①关于当利里社碑的大致信息和历史性意义,宁可一文大体上已有阐明。但在这里,仍有对刻文进行更为细密的分析并再作讨论的余地。

近年来,王幼敏《〈当利里社碑〉试读》一文,引用马衡、马子云的意见,讨论了三种拓本的情况,并对碑文句读进行了释读。② 郭玉海《金石传拓的审美与实践》,详细论述了碑刻原石的运转与变迁状况。③

然而,在碑禁的环境下,因何要立起一块与"社"有关的碑呢? 本文即吸收前人研究的成果,以对刻文的分析等方面为基础,试图解决以上提出的疑问。④

最后,对本文的结构略作交代。讨论对象大致分为(A)出土的当利里社残碑、(B)原本的当利里社碑和(C)当利里社本身三个部分。第一节是对(A)当利里社残碑的概况介绍;第二节与第三节利用(A)当利里社残碑的刻文对(B)当利里社原碑的残损状况进行分析;第四节对与(C)当利里社相关的社和里社的历史性发展进行确认;第五节论述(C)当利里社的特征,对(B)当利里社原碑,进而是(A)当利里社残碑的历史性意义予以澄清。

---

① 宁可:《记晋〈当利里社碑〉》,《文物》1979年第12期,后收入《宁可史学论集》,北京:中国社会科学出版社,1999年。
② 王幼敏:《〈当利里社碑〉试读》,《紫禁城》2012年第8期。
③ 郭玉海:《金石传拓的审美与实践》,北京:故宫出版社,2015年。
④ 笔者于2015年9月完成了对淑德大学书学文化中心所藏拓本、邹安辑《古石抱守录》艺术丛编石印本(1918)、周进编《居贞草堂(所藏)汉晋石影(石刻墨影)》(天津1929)与北京大学图书馆所藏拓本的调查,但未能得见北京故宫博物院所藏原石。

## 一、当利里社残碑的概况

### (一) 名称

首先,试对基于碑阳刻文的几种命名进行整理。第一类如《后土碑》《祀后土碑》,得名于"能平后土、祀以为社";[①]第二类如《社正朱阐祀神残碑》,得名于"社正朱阐,祗奉神祇";[②]第三类即《当利里社残碑》,得名于"当利里社者,□□旧□"。[③] 而本文讨论的《当利里社残

---

[①] 第一类有《后土碑》[参见郭玉堂访记,王宏庆校录:《洛阳出土石刻时地记》,洛阳:大华书报供应社,1941年;〔日〕井波陵一《三国时代的出土文字资料班》:《魏晋石刻資料選注》,京都:京都大学人文科学研究所,2005年]、《晋后土断碑》(参见郭玉堂访记,王宏庆校录:《洛阳出土石刻时地记》)、《祀后土碑》(参见方若原著,王壮弘增补:《增补校碑随笔》,上海:上海书店出版社,2008年)、《晋祀后土碑》(参见刘承干撰:《希古楼金石萃编》卷十,1933年),关于《后土碑》这一命名方式,马衡以之为"俗称"。

[②] 第二类有《社正朱阐祀神残碑》(参见方若原著,王壮弘增补:《增补校碑随笔》)、《朱阐祀神残碑》(〔日〕西林昭一《中国書道文化辞典》中提及,京都:柳原出版,2009年)、《朱阐等里社断碑》(参见郭玉堂访记,王宏庆校录:《洛阳出土石刻时地记》)。

[③] 第三类有《晋当利里社残碑》(参见周进编:《居贞草堂(所藏)汉晋石影(石刻墨影)》,天津,1929年)、《当利里社残碑》(北京鲁迅博物馆,上海鲁迅纪念馆编辑:《鲁迅辑校石刻手稿》碑铭第三册《魏吴蜀前秦》,上海:上海书画出版社,1986年;〔日〕西林昭一:《中国書道文化辞典》;书学文化中心:《淑徳大学書学文化センター蔵中国石刻拓本目録》,2014年)、《晋当利里社碑》(马衡称名,参见王幼敏:《〈当利里社碑〉试读》,《紫禁城》2012年第8期)、《当利里社碑》(罗振玉:《石交录》,收入《贞松老人遗稿甲集》、《罗雪堂先生全集续编》第三册卷二,1941年;宁可《记晋〈当利里社碑〉》,《文物》1979年第12期,后收入《宁可史学论集》;郑珉中,胡国强主编:《故宫博物院藏文物珍品全集》卷28《铭刻与雕塑》,香港:商务印书馆,2008年;王幼敏:《〈当利里社碑〉试读》;郭玉海:《金石传拓的审美与实践》)。第三类命名,依据"晋""残"两字的有无分成了四种,但都包含"当利里社"与"碑"字在内。此外,还有命名为《晋石社碑》的梧台里石社碑,邹安则命名为《晋社老等画像题名残石》,参见邹安辑:《古石抱守录》艺术丛编石印本,1918年;方若原著,王壮弘增补:《增补校碑随笔》。

碑》即属于第三类。

## (二) 出土年份、地点与收藏机构

关于出土年份,存在两说。郭玉堂、王宏庆、气贺泽保规、郭培育、郭培智认为出土于清末宣统元年(1909年),①刘承干、井波陵一认为出土于"乙丑年",即民国十四年(1925年)。②

出土地点为河南洛阳故城东北五里朱家仓村,③后为金石藏家周进收藏,1956年由周叔弢捐赠于北京故宫博物院(文物号:新13589)。

## (三) 拓片情况

当利里社残碑,由于其出土物的性质及刻文的独立性等原因,几乎没有伪刻的可能。然而,拓片本身则存在问题,④由于出土时的断裂,洛阳的古董商将其运至北京,用混凝土修复,并补上了缺损文字,这一阶段的拓片称为"初拓本"或"补字本"。其后,由周进购入并将混凝土及补缺字去除,恢复了原状,这一阶段的拓片即称为"精拓本"。两个版本中,与一般认为原拓较好的常识不同,"精拓本"质量反而更高。此后,由故宫博物院进行了重修工作,但并未修补缺损字。

当利里社残碑拓片稀少,《北京图书馆藏中国历代石刻汇编》第二册晋朝部分并未收录,⑤国家图书馆也未收藏。中国方面,北京故宫博

---

① 参见郭玉堂访记,王宏庆校录:《洛阳出土石刻时地记》;〔日〕气贺泽保规编著:《復刻洛陽出土石刻時地記》,东京:汲古书院,2002年;郭培育、郭培智主编:《洛阳出土石刻时地记》,郑州:大象出版社,2005年。

② 参见刘承干:《希古楼金石萃编》;〔日〕井波陵一(三国时代的出土文字资料班):《魏晋石刻資料選注》。

③ 参见郭玉堂访记,王宏庆校录:《洛阳出土石刻时地记》;气贺泽保规编著:《復刻洛陽出土石刻時地記》;郭培育、郭培智主编:《洛阳出土石刻时地记》。

④ 参见王幼敏:《〈当利里社碑〉试读》。

⑤ 北京图书馆金石组编:《北京图书馆藏中国历代石刻拓本汇编》第二册(六朝部分),郑州:中州古籍出版社,1989年。

物院藏有"精拓本"和现拓两种；北京大学图书馆藏有"清拓本""初拓本"与"民国拓本"三种。① 日本方面，京都大学人文科学研究所藏有"初拓本"一种；淑德大学书学文化中心藏有"精拓本"一种。

### （四）形状、刻文等

原碑材质为石质，此外不详。形制上属小型碑（表里两面均有刻字），上部可确认存有突起（据原碑照片），碑额及下部残缺，方趺（台座）、枘等部件的有无情况亦无法确认。残碑尺寸高宽为 70×64（厘米），②厚度不详（据原碑照片判断较薄），较汉碑之庄重而相对简陋。

碑阳碑阴两面皆有刻字，碑侧情况不详，因从未有先行研究提及，笔者推测应无刻字（参看原碑照片）。

碑阳刻字 15 行，共计 147 字。③ 西林昭一指出："插入 3.7 厘米×3.5 厘米的方格后可知，除了终行三字之外，应还有十三至十六个字，但整体上有一半左右的损毁。"④

碑阴部分为题名，据西林昭一的描述："上段用线刻勾勒出八个人像，分别冠以社老、社掾、社正、社史等名称，图像右侧各用两行刻写了籍贯与姓名。下段在二十四行的方格内刻写了二十四位社史（社民）的官职、籍贯与姓名。碑面虽有斜裂断纹，残留文字仍十分清晰。"⑤

---

① 北京大学图书馆古籍特藏库所藏拓片三种，原藏于 1931 年 12 月国立北京大学研究所国学门，于 2009 年 12 月，由杜毓澄夫妇赠贻获得，分别为一、清拓、典藏号：A33176。二、民国拓、典藏号：05501:134。三、清拓、典藏号 05979。拓片一和拓片三与京都大学人文学研究所藏拓本相同。
② 参见郑珉中、胡国强主编：《故宫博物院藏文物珍品全集》卷 28《铭刻与雕塑》；郭玉海：《金石传拓的审美与实践》。此外，西林昭一记约 67 厘米×63 厘米（残部最长处），参见西林昭一：《中国書道文化辞典》；宁可记为 68.4 厘米×62.5 厘米（拓本），参见宁可：《记晋〈当利里社碑〉》；井波陵一记为 62 厘米×57.6 厘米，参见井波陵一（三国时代的出土文字资料班）：《魏晋石刻资料选注》。
③ 参见郭玉海：《金石传拓的审美与实践》。
④ 参见〔日〕西林昭一：《中国書道文化辞典》。
⑤ 参见〔日〕西林昭一：《中国書道文化辞典》。

碑阳刻字"整体上有一半左右的损毁",相较而言,碑阴部分则"虽有斜裂断纹,残留文字仍十分清晰",这一点正能表明,当利里社残碑属于碑阴朝下埋藏的状况。

刻文字体为八分书,①关于书法风格,据西林昭一的描述:"大体上呈方形结构,稍有背势,点画之间斩钉截铁,书风遒劲,属于固定化的样式。"②

## (五) 释文部分的先行研究

前人关于释文部分的研究有:

刘承干:《希古楼金石萃编》《晋祀后土碑》

罗振玉:《石交录》《当利里社碑》

宁可:《记晋〈当利里社碑〉》

北京鲁迅博物馆、上海鲁迅纪念馆:《鲁迅辑校石刻手稿》《当利里社残碑》③

井波陵一:《魏晋石刻資料選注》

郑珉中、胡国强主编:《故宫博物院藏文物珍品全集》《铭刻与雕塑》,附录《当利里社碑》

王幼敏:《〈当利里社碑〉试读》

---

① 〔日〕福原启郎:《晉辟雍碑に関する考察》一文第一节,及《西晉の墓誌の意義》第二节第三项对刻文书体(晋隶)的考察,两文一同收入福原启郎:《魏晉政治社会史研究》,京都大学学术出版会,2012年。(两文中译可参见〔日〕福原启郎:《魏晋政治社会史研究》(中译本),第107—156页、第341—403页。——译者注)

② 参见〔日〕西林昭一:《中国書道文化辞典》。

③ 《鲁迅日记》上卷《丙辰日记》一九一六年七月:"二十一日曇。上午得西泠社函并《古泉丛话》一册,《艺风堂读书记》二册,《恒农冢墓遗文》一册,《汉晋石刻墨影》一册,十九日付邮。……即其书账中所记"汉晋石刻墨景一册 二·三〇",又《戊午日记》一九一八年六月:"十日晴。午后往留黎厂买《里社残碑》并阴二枚,似晋刻,又《元思和墓志》一枚,共券十二元……"即其书账所记"里社残碑并阴二枚 八·〇〇 六月十日"鲁迅:《鲁迅日记》(上·下),北京:人民文学出版社,1976年。

郭玉海:《金石传拓的审美与实践》《当利里社碑》

在参考以上诸家释文的基础上,笔者将于下文给出自己的释文,第二节开头为碑阳释文,第三节开头为碑阴释文,异体字等在原则上改为正字。

## 二、碑阳刻文的分析

本章中,首先出示碑阳残刻的释文(数字代表行数),加上句读,并对刻文展开分析。

### (一) 释文

1　(上缺)昔勾龙、能平后土、祀以为社。列仙氏、能□(下缺)

2　焉。春祈秋荐、【紫】降于万叶、声垂于雅篇。且□(下缺)

3　宇。于是社正朱阐、祇奉神祇、训咨三老。金(下缺)

4　百灵靡□、毕□□□、咸履信思顺、□凭□(下缺)

5　芒芒大(太)古、悠悠□民、树以俊哲、经济彝(下缺)

6　灵□无幽、求□□人。颙颙庶□、翼翼四(下缺)

7　峨峨崇基、仰仰□□、□□烟□、□宇弘(下缺)

8　阳雀轩(幹)翼、阴□□□、□龙若□、□虎若(下缺)

9　煌煌祠主、万□□□、□□□节、□□(下缺)

10　祚与晋降、神其永□。

11　当利里社者、□□旧□、处深涧之□、(下缺)

12　天、下之至灵、□年合德、日月齐明。□(下缺)

13　女、风靡草倾、心同断金、志合意并。(下缺)

14　鬱、流水净净、凤皇来仪、朱鸟嘤嘤。(下缺)

15　洽、永安且宁。

图1 周进辑《居贞草堂汉晋石影》所收
《晋当利里社残碑》及其碑阳画像题名

图2 郭玉海《金石传拓的审美与实践》
所收碑阳照片及拓片1

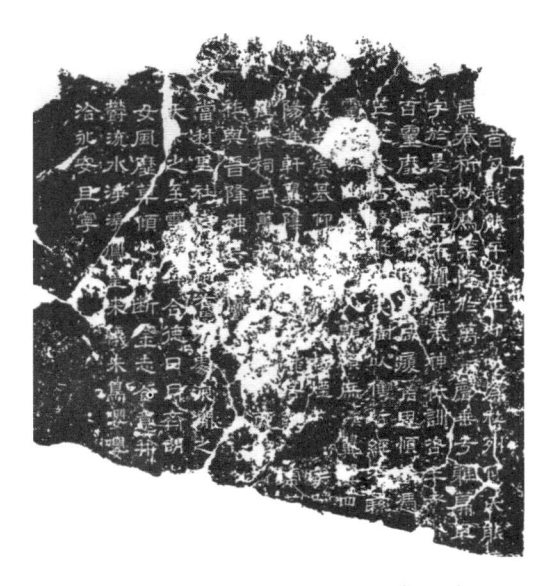

西晋当利里社残碑的历史性意义    *211*

图 3　郭玉海《金石传拓的审美与实践》
所收碑阳照片及拓片 2

图 4　井波陵一《魏晋石刻数据选注》
所收碑阳拓片（京都大学人文科学研究所）

以上为笔者在前人研究基础上进行的重新释读，试举出几处不同：如第2行的"降"，刘承干释为"备"，①宁可、王幼敏、郭玉海皆释为"隆"，②井波陵一、郑珉中、胡国强亦释为"降"，③与笔者意见一致；第10行的"降"，宁可、郭玉海释为"隆"，④井波陵一、郑珉中、胡国强与笔者相同。⑤ 其余释文歧异处，此处不再赘述。⑥

## （二）结构

由于下部的缺损，碑阳刻文的内容并非十分清晰，但仍可据残部进行大致的推断。首先，关于整体的构成，全十五行中，可以确认第10行与末行（第15行）分别以八字与五字终结，没有下缺，此外十三行则全部存有下缺。据此可知，碑文被分成了前后两部分，第1行至第10行为前半部分，第11行至第15行为后半部分，前后内容量大致为二比一。

前半部分韵脚不详，而后半部分可以确认第12行至末行（第15行）押"灵""明""倾""井""净""嘤""宁"韵，前后两部分或为碑序与碑铭。然而，后半部分起于"当利里社"这一固有名词，并无铭文，这一点上产生了疑问。

---

① 参见刘承干：《希古楼金石萃编》。
② 参见宁可：《记晋〈当利里社碑〉》；王幼敏：《〈当利里社碑〉试读》；郭玉海：《金石传拓的审美与实践》。
③ 参见〔日〕井波陵一（三国时代的出土文字资料班）：《魏晋石刻资料選注》；郑珉中、胡国强主编：《故宫博物院藏文物珍品全集》卷28《铭刻与雕塑卷》。
④ 参见宁可：《记晋〈当利里社碑〉》；郭玉海：《金石传拓的审美与实践》。
⑤ 参见〔日〕井波陵一（三国时代的出土文字资料班）：《魏晋石刻资料選注》；郑珉中、胡国强主编：《故宫博物院藏文物珍品全集》卷28《铭刻与雕塑》。
⑥ 关于第1行"列仙氏、能□（下缺）"中的"□"，汪华龙据其右上部类似"米"字的残迹，判断这一缺字或可释为"播"，则"列仙氏"一句，往下即可释为"列仙氏，能播百谷，祀以为稷"（如第一行开头上缺部分为空格，则可与"昔勾龙、能平后土、祭祀为社"形成对应）。

## (三) 措辞

关于措辞,这里列举刻文中的叠词、固有名词以及与社相关联名词。

通观前后刻文,可以看到叠词的频繁使用,如前半部分第 5 行"芒芒"对"悠悠"、第 6 行"颙颙"对"翼翼"、第 7 行"峩峩"对"仰仰"、第 9 行的"煌煌"、后半部分第 14 行"净净"对"嘤嘤",等等。① 叠词的频繁使用,或是刻文稚拙性的表现。

关于固有名词,如首行(第 1 行)的"勾龙""后土""列仙氏",第 3 行的"社正朱闿",第 10 行的"晋",第 11 行的"当利里社"。② 与社相关联的名词有第 2 行的"春祈秋荐""【粢】"、第 3 行的"三老"、第 7 行的"崇基"、第 9 行的"祠主"。

由于刻文的缺损,或仅是巧合,叠词与固有名词,并未出现于同一行中。

## (四) 内容

接下来,将基于结构和措辞的特征,对碑阳刻文的内容展开更为具体的讨论。

首行(第 1 行)与第 2 行,对于"社""稷",首先来看与其由来相关的"勾龙""后土""列仙氏"(烈山氏、厉山氏)的传说以及汉代里社的春秋祭祀。"(上缺)昔勾龙、能平后土、祀以为社。列仙氏、能□(下缺)/焉"

---

① 应典于《毛诗·大雅·生民之什·卷阿》:"颙颙卬卬,如圭如璋,令闻令望,岂弟君子,四方为纲。"

② "当利"为汉代县名,李周炫依据江陵凤凰山一〇号墓出土第四号木牍,指出"当利里"在汉代隶属于江陵县西乡,参见〔韩〕李周炫:《秦漢代財政における賦錢》,《資料学の方法を探る》第 14 卷,2015 年。第 11 行同行内"处深涧之□","涧"应是溪流之义,抑或是指代涧水的专有名词。然而涧水在汉魏洛阳城的西部与洛水汇合,而当利里社残碑则出土于汉魏洛阳故城东北部,可推知当利里社应位于西晋洛阳的东郊,这两则信息相互矛盾。

一条，应是典于《尚书·召诰》"越翼日戊午，乃社于新邑，牛一，羊一，豕一"、伪孔安国《尚书传》"共工氏子曰句龙，能平水土，祀以为社"、《左传》昭公二十九年"共工氏有子，曰句龙，为后土。此其二祀也，后土为社。稷，田正也，有烈山氏之子曰柱，为稷，自夏以上祀之，周弃亦为稷，自商以来祀之"及同句杜预注"其子句龙，能平水土，故死而见祀"等。① 第 2 行"春祈秋荐，【柴】降于万叶，声垂于雅篇"一条，"春祈秋荐"指的是春秋社日（第四章第二节后述），"【柴】"代指焚柴祭天。②

　　第 3 行，从首行（第 1 行）至第 2 行关于"社""稷"的抽象话题中脱出，进入当利里社这一具体的、与社相关的话题（当然，当利里社这一名称，最早出现于后半部分开头的第 11 行）。首先，是社正朱阐的出现。"社正朱阐、祇奉神祇"的"社正朱阐"，即位于碑阴题名中第二列第一位的"社正涪凌（陵）朱/阐字玄方"，是当利里社的实际领导者。其后，"训咨三老"的"三老"是指由碑阴题名第一列第一位的"□［社］（中缺）/遗字子（下缺）"（"［上缺］老河南刘/遗字子□"）③、第一列第二位的"社老代郡赵/秋字承伯"以及第一列第三位的"社老京兆唐昊字巨伯"三人组成的三位"社老"。④

---

① 《国语·周语》："共工氏之伯九有也，其子曰后土，能平九土，故祀以为社。"《礼记·祭法》："是故，厉山氏之有天下也，其子曰农，能殖百谷。夏之衰也，周弃继之，故祀以为稷。共工氏之霸九州也，其子曰后土，能平九州，故祀以为社。"郑玄注："厉山氏炎帝也，起于厉山，或曰烈山氏。"《国语·鲁语》："昔烈山氏之有天下也，其子曰柱，能殖百谷百蔬。"韦昭注："烈山氏，炎帝之号也。"蔡邕《独断》："社神，盖共工氏之子句龙也，能平水土，帝颛顼之世，举以为土正，天下赖其功，尧祀以为社。……稷神，盖厉山氏之子柱也，柱能殖百谷，帝颛顼之世，举以为田正，天下赖其功。……"参见〔日〕池田末利：《社の变迁—句龍伝説批判—》，《哲学》第 13 辑，1936 年。后改题为《社の起源とその变迁—句龍伝説批判—》，收入池田末利：《中国古代宗教史研究—制度と思想—》，东京：东海大学出版会，1981 年。

② 《说文解字》一上："柴、烧柴尞祭天也。……"

③ 北京大学图书馆古籍特藏库所藏拓本三种，其中拓本二民国拓本（典藏号：05501:134）为"（上缺）老河南刘/遗字子□"。

④ 宁可指出：碑文有"社正朱阐，祇奉神祇，训咨三老"之语，此朱姓之人之后为社老二人，则此人当也是社老。参见宁可：《记晋〈当利里社碑〉》，并一同参看下一章。

第 4 行之后，使用了多重的对句与叠词，回归了抽象的内容。其中引人注目的是第 7 行中的"峩峩崇基"，"崇基"指的是露天的平台。①第 8 行的"阳雀轩（幹）翼、阴□□□、□龙若□、□虎若"应与朱雀（"阳雀"）、玄武（"阴□"）、青龙（"□龙"）、白虎（"□虎"）有关。② 关于"阳雀"，在第 14 行"凤皇来仪、朱鸟嘤嘤"，可见同为神鸟的凤凰（"凤皇"）与朱雀（"朱鸟"）。第 9 行"煌煌祠主"，"祠主"的"主"或是指神灵栖息的凭依物。前半部分的末行（第 10 行），"祚与晋降"，此处的"晋"为晋王朝，或表示里社与晋王朝一心同德的意识。

后半部分为第 11 行至第 15 行，第 11 行开头的"当利里社"表示以下刻文的具体主体。然而之后的刻文运用了多重的对句与叠词，且更为押韵，引经据典，③继续讲述抽象的内容。

## 三、碑阴题名的分析

本章首先出示碑阴部分残缺的题名释文（关于数字的使用，第一第二列表示分占两行的单个题名，第三列表示行数），其后针对题名展开分析。

---

① 《文选》卷七《赋丁》，潘岳《藉田赋》："结崇基之灵址兮，启四涂之广陌"，李善注："崇基谓坛也。于坛四面而为阶也。"参见〔日〕井波陵一（三国时代的出土文字资料班）：《魏晋石刻资料選注》；牟发松：《从三老到民望》，《许昌学院学报》2011 年第 4 期。

② 参见王幼敏：《〈当利里社碑〉试读》。

③ 第 12 行"□年合德，日月齐明"典于《周易·乾文言》："夫大人者，与天地合其德，与日月合其明。"；第 13 行"心同断金"典于《周易·系辞传上》："子曰：君子之道，或出或处，或默或语。二人同心，其利断金。同心之言，其臭如兰。"第 14 行"凤皇来仪"引用了《尚书·夏书·益稷》"箫韶九成，凤皇来仪"的原句；末行（第 15 行）"永安且宁"应是出于《毛诗·小雅·鹿鸣之什·常棣》"丧乱既平，既安且宁，虽有兄弟，不如友生"。参见〔日〕井波陵一（三国时代的出土文字资料班）：《魏晋石刻资料選注》。

## (一) 释文

第一列

1　□[社](中缺)/遗字子(下缺)

2　社老代郡赵/秋字承伯

3　社老京兆唐/昊字巨伯

4　社掾河内王/钧字孝叙

第二列

1　社正涪凌(陵)朱/阐字玄方

2　社掾钜鹿李/忠字信伯

3　社史陈郡陈/修字文烈

4　社史赵国范/肇字弘基

第三列

1　社民千人督都乡□[侯](下缺)

2　社民殿中校尉关中(下缺)

3　社民骑部曲将关内(下缺)

4　社民骑部曲将关中(下缺)

5　社民偏将军勃海孙□(下缺)

6　社民偏将军河间庞□(下缺)

7　社民大医校尉广平冯(下缺)

8　社民大医校尉京兆刘(下缺)

9　社民归义侯大(太)原王洪(下缺)

10　社民大(太)中大夫颖(颍)川郑□(下缺)

11　社民大(太)中大夫弘农涓□(下缺)

12　社民大(太)中大夫勃海王彪(下缺)

13　社民骑部曲将河南褚勔(下缺)

14　社民骑部曲将大原玄兰(下缺)

15　社民骑部曲将高阳齐午字(下缺)

16　社民骑部曲将常山张龙字(下缺)
17　社民骑部曲将钜鹿韩囶字□(下缺)
18　社民骑部曲将勃海徐遵字□(下缺)
19　社民武猛校尉长乐马休字元(下缺)
20　社民散都尉常山高奋字长南
21　社民散将代郡莱生字玄茂
22　社民散将广平裴恭字元茂
23　社民陈郡陈【苾】字文威
24　社民河内毛寄字仲伯

图5　周进辑《居贞草堂汉晋石影》所收
《晋当利里社残碑》及其碑阴画像题名

图6　郭玉海《金石传拓的审美与实践》
所收碑阴照片及拓片1

图7　郭玉海《金石传拓的审美与实践》
所收碑阴照片及拓片2

西晋当利里社残碑的历史性意义　　219

图8　井波陵一《魏晋石刻数据选注》
所收碑阴拓片（京都大学人文科学研究所）

## （二）各部分碑阴题名的构成

由于碑阴部分下部亦存缺损，其整体情况，尤其是题名的列数已经难以得知。[①] 题名与画像的结合则颇有趣味，这样的例子并不多见。

图9　北京大学图书馆藏拓片三种之民国拓本碑阴部分

---

① 对于残碑上题刻的 32 个题名，宁可指出："主持社事者达八人之多，此社亦当不止 32 人。可以推测题名残缺了两列左右，则入社者当在 50 至 100 人左右……此碑题名不可能达 150 人以上。"（参见宁可：《记晋〈当利里社碑〉》）

题名的结构为：

社内职称(＋官位＋爵位)＋本籍郡国＋姓名＋字(＋画像)

第一列、第二列与第三列分论，第一、第二列的结构为：

社内职称＋本籍郡国＋姓名＋字＋画像

第三列的结构：

"社民"(＋官位＋爵位)＋本籍郡国＋姓名＋字

其构成要素与汉晋表彰碑的碑阴题名基本相同。以下，将依次探讨构成题名的社内职称、官爵（官位、爵位）、本籍郡国、姓名和字等要素。

## （三）社内职称

社内职称可大致分为两类，前者为处于第一、第二列，并伴有画像的领导阶层，①包括"社老"（3名）、"社正"（1名）、"社掾"（2名）与"社史"（2名），后者为处于第三列的"社民"，只有前者配有戴冠帻的坐像，②且不记官爵。另一方面，两类中，无论是"社老""社正""社掾""社史"还是"社民"，都冠有"社"字。"社老"（3名）即碑阳刻文第三行中的"三老"，"社正"（1名）即碑阳刻文第三行的"社正朱阐"。③ 前者八名为里社的领导层，相较而言，"社民"应是社内的一般人员（残碑上刻有

---

① 宁可称其为"主持社事者"，参见宁可：《记晋〈当利里社碑〉》。
② 参见宁可：《记晋〈当利里社碑〉》。
③ 参见本文"二、碑阳刻文的分析"之"（四）内容"。

24人）。领导层内的顺序为："社正""社掾""社史"，"社老"或许较为特殊，但与碑阴题名中的排列关系则尚不可知。

| 社掾 | 社老 | 社老 | 社（老） |
| 社史 | 社史 | 社掾 | 社正 |

### （四）官爵

第三列24人中，22人具有官爵，其中有官位者21人，有爵位者5人，第1至第4行有4人并有官爵，第23至第24行（末行）有2人无官无爵。[①]

题名中的官爵及其品第，据宁可的研究，千人督、殿中校尉、骑部曲将、偏军、大医校尉、太中大夫、武猛校尉、散都尉、散将/都乡侯、关内侯、归义侯，皆是位于六品至九品间"分属不同的机构"的"中下游文武官吏"。[②] 其中不排除曾担任官职的社民退任的可能性。

再者，仅有第三列的社民部分刻有官爵，第一、第二列的"社老""社正""社掾""社史"均未记载官爵，这是与第三列第23至24行两名无官爵者相同的情况，抑或仅是省略了记载？[③] 如果是无官爵的情况，其中又蕴含着怎样的意义？

### （五）本籍郡国

关于本籍郡国，题名的32人中可明确的有27人（第一列第1位及第三列的第1、2、3、4位，共五人，情况不详）。如将这27人的本籍郡国

---

[①] 即"社民陈郡陈【蕋】字文威""社民河内毛寄字仲伯"，宁可称其为"平民"。（参见宁可：《记晋〈当利里社碑〉》）

[②] 宁可指出："题名中的武职如骑部曲将、散将等，即属士家或身份近似。"（宁可：《记晋〈当利里社碑〉》）

[③] 宁可亦指出："社的主事者八人均未载其官爵，情况不明。"（宁可：《记晋〈当利里社碑〉》）

按州分类（数字表示有两人以上情况时的人数），即：

　　冀州 10　　勃海 3、常山 2、钜鹿 2、赵国、河间、高阳

　　司州 7　　河内 2、广平 2、弘农、河南、长乐

　　予州 3　　陈郡 2、颍川

　　雍州 2　　京兆 2

　　并州 2　　太原 2

　　幽州 2　　代郡 2

　　梁州 1　　涪陵

其中包含了当时 19 州中的 7 州（兖、荆、徐、扬、青、平、凉、秦、益、宁、交、广 12 州不在其列），除了旧蜀汉版图内梁州下辖的涪陵郡［第二列第 1 位的"社正涪凌（陵）朱/阐字玄方"］以外，都是旧曹魏版图内的各个郡国，孙吴版图内的郡国则一例也没有［但是，仍不能确定当利里社碑立于太康元年（280）以前］。如果与泰始九年（273）晋武帝于司、冀、兖、豫四州选拔宫人一事相参照，题名 27 人中，司州 7 人，冀州 10 人，兖州 0 人，豫州 3 人，共计 20 人，约占七成左右。可知即使是在当时西晋的版图内，尤其是出身于与都城洛阳联系紧密的地区的人，也占有很大的比重。但仅除一人［第三列第 13 行"社民骑部曲将河南褚劭（下缺）"］外，再无其他人出身于洛阳所属的河南郡。①

## （六）姓名与字

从姓名、字及官爵等方面来判断，题名者应全部属于男性。

第二列第 3 位的陈修（"社史陈郡陈/修字文烈"）与第三列第 23 位的陈【荵】（"社民陈郡陈【荵】字文威"）两人，本籍郡与姓氏全部相同，且字中都带有"文"字，"烈"与"威"为同类词，或可推断两人为兄弟关系。

以上的第三节至第六节，即是对构成碑阴题名的社内职称、官爵、

---

　　① 宁可指出："社民的籍贯……，属于本地（河南郡）的只一人。"（宁可：《记晋〈当利里社碑〉》）

本籍郡国、姓名和字等要素，进行的一番探讨。

## 四、社与里社

### （一）社

社在历史中不断地发生变迁，存续至近代，相关研究继 1901 年 E. シャヴァンヌ（Édouard Chavannes）的先行研究《Le dieu du sol dans l'ancienne religion chinoise》（《古代中国の宗教における土地神》）以后，已得到了充分的积累。シャバンヌ认为"社"的本义即土地神，① 且《说文解字》示部亦有"社，地主也"的记载。白川静指出，"社"字为"土"的初文，表示祭祀土地神的"凭代"。② 关于"社"的起源，小南一郎《社祭的各种形态及其起源》一文，将社的起源归结于新石器时代部族社会的宗教活动，因此，里社式的民众自发活动的特质，直至后世也一直保存下来。且对部族社会的三种神灵附身形态进行了概括，即（1）石柱；（2）树木、丛林；（3）封土（土坛）。③

勾龙传说记载了与"社"（与"稷"连称）之起源相关的男性神灵，但已属于二次创作，至迟形成于战国时代。④ 在先秦时期，伴随着都市国家的成立、统一王朝的出现，"社"逐渐走向政治化，分离为宗庙（祖先神）和社稷（土地神＋谷物神，两者分离于周代），并被一同纳入国家的

---

① 〔法〕E. シャヴァンヌ（Édouard Chavannes），〔日〕菊地章太译注、解说：《古代中国の社—土地神信仰成立史》，东京：平凡社，东洋文库 887，2018 年。
② 〔日〕白川静：《字統》，东京：平凡社，1984 年。
③ 〔日〕小南一郎：《社の祭祀の諸形態とその起源》，《古史春秋》第 4 号，1987 年。另可参见〔日〕沟口雄三、丸山松幸、池田知久编：《中国思想文化事典》，小南一郎、松本浩一执笔"社"部分，东京：东京大学出版会，2001 年。
④ 参见本文"二、碑阳刻文的分析"之"（四）内容"所引《左传》昭公二十九年条；〔日〕池田末利：《社の変遷—句龍伝説批判—》；〔日〕沟口雄三、丸山松幸、池田知久编：《中国思想文化事典》"社"部分。

礼制体系。①

秦汉时期,民间原本存在着的"乡社""里社"发生了变化,原本密不可分的"里"与"社"产生了分离。另一方面,与国家相关的"帝社""郡社""国社""县社"等形态也应运而生。另外,由官吏与戍卒们结成的称为"社"之类的"私社"亦派生出来。②

进入六朝时期,一方面,"里社"继汉以后依然存续,另一方面,"私社"则作为一种新的历史现象正式登场。具体而言,即与佛、道等宗教共同体及宗族相关联的"法社"或"宗社"。"法社"的典型代表为"白莲社"(后世的称呼),即东晋末年(402)以庐山东林寺的慧远为中心的道俗123人组成的念佛结社。③ 另一种新的现象,并不涉及"社"本身,是与丧葬仪式相结合的新的土地神的出现,并与从前的"社"产生了交流。④ 滨岛敦俊指出:"汉末三国时期,中国人的信仰与祭祀发生了巨变,从整个聚落共同立坛,以祭祀自然神的'社',转变为在庙宇中供奉人格神的'土地庙'。"⑤

以上关于"社"的起源及其至六朝时代的发展,亦参照了池田末

---

① 〔日〕沟口雄三、丸山松幸、池田知久编:《中国思想文化事典》"社"部分。

② 《汉书·五行志》中可见政府对于私社的禁绝,《汉书》卷二十七《五行志中之下》:"建昭五年,兖州刺史浩赏禁民私所自立社。"颜师古注:张晏曰:民间三月九月又社,号曰私社。臣瓒曰:旧制二十五家为一社,而民或十家五家共为田社,是私社。师古曰:瓒说是。参见〔日〕小南一郎:《社の祭祀の諸形態とその起源》。关于"私社"的情况,参见宁可:《记晋〈当利里社碑〉》;宁可:《汉代的社》,《文史》第9辑,1980年,后收录于《宁可史学论集》。

③ 参见〔日〕塚本善隆:《中国净土教史研究》,《塚本善隆著作集》第4卷,东京:大东出版社,1976年。

④ 参见〔日〕北田英人:《一~六世紀における土地神生成の諸相》,《中国史学》第6卷,1996年。

⑤ 参见〔日〕滨岛敦俊:《総管信仰—近世江南農村社会と民間信仰》,东京:研文出版,2001年。

利①、守屋美都雄②、松本善海③、三上顺④、藤善真澄⑤等学者的先行研究。⑥

---

① 〔日〕池田末利:《古代支那の地母神に関する一考察》,《宗教研究》第168号,1936年。后改题为《古代中国の地母神に関する一考察》,收入池田末利:《中国古代宗教史研究—制度と思想—》。

② 〔日〕守屋美都雄:《社の研究》,《史学雑誌》第59编第5号,1950年,后收入守屋美都雄:《中国古代の家族と国家》,京都:东洋史研究会,1968年。以及《アジア歴史事典》第4卷,守屋美都雄执笔的"社"部分,东京:平凡社,1960年。

③ 旧版《世界大百科事典》第10卷,〔日〕松本善海执笔的"社"部分,东京:平凡社,1965年。

④ 〔日〕原利国编:《中国思想辞典》,〔日〕三上顺执笔的"社""社稷"部分,东京:研文出版,1984年。

⑤ 〔日〕尾崎雄二郎、〔日〕竺沙雅章、〔日〕户川芳郎:《中国文化史大事典》,〔日〕藤善真澄执笔的"社"部分,东京:大修馆书店,2013年。

⑥ 隋唐以后,"普贤社""米社""香行社"等结社性质的社衍生而出,国家力量开始介入其中,隋代以25家民间的社为单位设置了义仓(社仓)。唐代后期,城隍与土地神(冥界神)确立了上下级关系,人格神的土地神的诞生与宋代以后的村社(里社)的重建,例如与土豪的宗庙合并等现象联系在一起。参见〔日〕金井德幸:《社神と道教》,《讲座·道教》第2卷,东京:平河出版社,1983年;《宋代浙西の村社と土神——宋代乡村社会の宗教构造》,《宋代の社会と宗教(宋代史研究会报告第2卷)》,东京:汲古书院,1985年。

及至宋代,出现了自卫团体(如弓箭社等)、流氓无赖的结社(如"没命社""亡命社""霸王社"等)、诗社和市场的祭祀组织"社火"、文艺演出的团体组织(如杂剧艺人的"绯绿社"等)、宗教组织分离而出的教化机关"社学"等等。宋代以后,村社(里社)发生了变化,尤其是祭礼,由农业的礼节仪式转变为农业-商业仪式,并逐渐艺术化、戏剧化。参见〔日〕田仲一成:《中国祭祀演剧研究》,东京:东京大学出版会,1999年。

根据敦煌文书中关于"社"的文书,可知9—10世纪敦煌的"社",其成员有社长,社官(副社长)、录事(事务处理)三官组成的社老(社中长老),及月直、席录、虞候、团头等社人。其活动主要有春秋二社日举办的宴会,对吉凶事务(特别是丧葬)的援助,灾难的救济,宗教祭祀等。准许自由入社与退社。此外,女子结社与同行业者结社也很发达。参见〔日〕竺沙雅章:《敦煌出土"社"文书的研究》,《东方学报》第35册,1964年。收入竺沙雅章:《中国仏教社会史研究》,京都:同朋舍出版,东洋史研究丛刊34,1982年。后经补充修正录入竺沙雅章:《增订版中国仏教社会史研究》,东京:朋友书店,2002年。

入元后,"社"用于村落统治,被安置于行政组织的末端(50家为1社),社长负责劝农与安保工作,社师负责农民教化。明代后期江南地区的社,在祭祀-信仰层面产生了统属关系,县、镇的城隍庙及其供奉的城隍(城市的守护神)处于上一级,乡村(社村)的土地庙(社庙)及其中供奉的"总管"等"土神"("民间道教"系的人格神)位于下一级。参见〔日〕滨岛敦俊:《総管信仰——近世江南农村社会と民间信仰》;〔日〕鹫尾浩幸:《民国元年の苏州における抗租と新政权》,《历史学研究》第933号,2015年。近代的社延续了明清时期的状况,参见鲁迅《社戏》、赵树里《李家庄的变迁》等。

## (二) 里社

关于秦汉时期的"里社",这里首先依据宁可、小南一郎与松本浩一的已有研究进行概述。①

在民间,社祭是村落的中心活动。② 农业仪礼的特殊化,表现为对社神的祭祀,即在每年春二月和秋八月的社日(上旬的戊日)分别举行的祈祷和感谢收获的祭典。③ 自新石器时代以来社被编入国家祭祀体制,秦汉时期"里社"即取代了这一角色,成为新的民众自治性祭祀组织。"里"与"社"密不可分,且在原则上其成员全体参与祭祀活动。④

里正和里父老为社事的领导者,社祭的具体工作则由社宰、社祝等巫术者负责。⑤《史记·陈丞相世家》:"里中社,(陈)平为宰,分肉食甚均。父老曰:善,陈孺子之为宰。平曰:嗟乎,使平得宰天下,亦如是肉矣。"⑥

关于东汉末期的里社,《三国志·董卓传》:"(董卓)尝遣军到阳城。时适二月社,民各在其社下……"记载了阳城县(属豫州颍川郡)下各里社"民"的聚集。

此外,与东汉里社相关的石刻还有立于熹平五年(176)的梧台里石

---

① 参见宁可:《记晋〈当利里社碑〉》;〔日〕沟口雄三、丸山松幸、池田知久编:《中国思想文化事典》"社"部分。
② 《尚书·召诰》:"越翼日戊午,乃社于新邑,牛一羊一豕一。"关于邑、社的祭祀,参见〔日〕小南一郎:《社の祭祀の諸形態とその起源》。
③ 《白虎通·社稷》:"岁再祭(之)何、春求(谷)(秋)(报)之义也。"《礼记·月令》《四民月令》《荆楚岁时记》亦有相关记载。参见宁可:《记晋〈当利里社碑〉》、《汉代的社》;〔日〕中村裕一:《中国古代の年中行事》第一册《春》,东京:汲古书院,2009年、《中国古代の年中行事》第三册《秋》,东京:汲古书院,2010年。
④ 《礼记·郊特牲》有相关记载,参见〔日〕小南一郎:《社の祭祀の諸形態とその起源》。
⑤ 参见宁可:《记晋〈当利里社碑〉》《汉代的社》两文。
⑥ 《汉书》卷四〇《陈平传》:"里中社,平为宰,分肉甚均。里父老曰:善,陈孺子之为宰。平曰:嗟乎,使平得宰天下,亦如此肉矣!"

社碑,出土于清末山东,碑额残破,上有篆字刻写的"梧台里/石社碑"以及大树等图像,[1]应是梧台里的里社碑。立碑的理由,或与当时里社的存续危机有关。

六朝以降,里社仍然存续下来。[2] 但据宁可的研究,可知里社于唐中叶以后便消失在历史中。[3]

## 五、当利里社的特征

继第一章至第三章对当利里社残碑本身,特别是对其碑文的探讨,及第四章对社的发展历程的勾勒,本章即对西晋时期当利里社的特征进行考察,在此基础上试图回答笔者在绪论中提出的问题,即在碑禁的

---

[1] 据《水经注·淄水》的记载,梧台里石社碑立于熹平五年(176),于北魏以后亡佚,至当利里社残碑出土的宣统元年(1909),仅在今山东省淄博市临淄区梧台镇梧台村发掘出土其残缺碑额,现藏于山东博物馆。残部高72.5 cm,宽度71.2 cm,厚度20.7 cm。圆首碑额上刻有篆书与画像,碑额阳面分两行刻写"梧台里/石社碑",碑额阴面上段刻有兽面,中段为左右"栖"有二鸟的一棵大树,下段则刻有一鸟一猴,碑额左右两侧分别刻有白虎像与青龙像。社神应该就是大梧桐树。参见罗振玉:《石交录》;施蛰存:《水经注碑录》,天津:天津古籍出版社,1987年;北京图书馆金石组编:《北京图书馆藏中国历代石刻拓本汇编》第一册(秦汉部分),郑州:中州古籍出版社,1989年;〔日〕永田英正编:《漢代石刻集成》《図版·釈文篇》《本文篇》,京都:同朋舍出版,1994年;金石拓本研究会:《漢碑集成》,京都:同朋舍出版,1994年。永田英正进而指出,梧台里石社碑与侍廷里父老僤约束石券都是"与地域共同体有关的碑"。参见〔日〕永田英正编:《漢代石刻集成》概论《漢代の石刻》一文,对石刻形状和内容及相关其他碑刻的论述。出土于山东省昌乐县的熹平三年(174)的营陵置社碑,与梧台里石社碑额同为东汉熹平年间与社相关的碑(碑额)。碑阳碑阴均有题刻(碑阳136.0 cm×38.0 cm,碑阴137.0 cm×38.7 cm),题名位于背侧,隶书。参见北京图书馆金石组编:《北京图书馆藏中国历代石刻拓本汇编》第一册(秦汉部分);金石拓本研究会:《漢碑集成》。营陵置社碑或为伪刻,参见方若原著,王壮弘增补:《增补校碑随笔》。

[2] 如殷仲堪《合社文》,参见〔日〕小南一郎:《社の祭祀の諸形態とその起源》。

[3] 宁可指出:"……到了唐中晚期,里社已湮没不彰,完全与私社合流了。"(宁可:《记晋〈当利里社碑〉》)

环境下,何以仍要立起这块与"社"相关的当利里社碑。并尝试探寻当利里社碑的历史性意义。而在此之前,首先对当利里社的成立年代及地点试做探讨。

## (一) 当利里社成立的年代与地点

首先对当利里社的成立年代及地点进行讨论,亦即当利里社碑的立碑年代与地点。

关于立碑年代,残碑刻文的书体属于隶书的八分书,或为晋隶,且据碑阳"祚与晋降神其永□"一条中的"晋"字,[1]可知立于晋代的可能性较高。碑阴题名的本籍郡国部分不见孙吴版图内的郡国,据此可知应立于孙吴灭亡的太康元年(280)以前,[2]且"社史赵国范/肇字弘基"一条中出现了"赵国",而非"赵郡",可知立碑时间必然限定于八王之乱的主导者司马伦从琅琊国徙封赵国的咸宁三年(277)八月癸亥之后。据此推断,立碑时间应有很大可能位于咸宁三年八月至太康元年(280)之间。[3]若进一步考虑到西晋咸宁四年(278)武帝司马炎发布的禁碑令,则立碑时间或可限定于咸宁三年(277)八月癸亥以后,咸宁四年(278)之前。如当利里社成立于这一时期,当利里社碑是否也立于同一时期呢?[4]

那么,当时当利里的位置在何处?且当利里社碑是否随当利里社的成立而一同竖立?关于立碑地点,只要当利里社碑(或残碑)在竖立之后未遭移动,便极有可能位于残碑的出土地,即河南洛阳故城东北五

---

[1] 参见本文"二、碑阳刻文的分析"之"(四)内容"。
[2] 参见本文"三、碑阴题名的分析"之"(五)本籍郡国"。
[3] 参见本文"三、碑阴题名的分析"之"(五)本籍郡国"。
[4] 宁可指出:"从当利里社碑残存的碑文看,这个碑大约是该里居民兴建社祠时所立。"(宁可:《记晋〈当利里社碑〉》)

里的朱家仓村。① 此外,从碑阴题名中"社民"大多具有官位、爵位这一点,②可以推测当利里社位于西晋都城洛阳城内,或其近郊,③位于现今汉魏洛阳故城东北部的一块区域。然而,若碑阳第 11 行"处深涧之□"的"涧"指的是涧水,则立碑地亦有可能位于汉魏洛阳故城的西郊。

## (二) 当利里社的特征

当利里(碑阳刻文"当利里社者",第一节所指立碑地点)是位于西晋(第一节所指立碑年代)都城洛阳的一处区划,其中所设(C)当利里社的成员竖立了一块(B)当利里社碑,其残部即(A)当利里社残碑。

"当利里社"这一名称,来自碑阳刻文后半部分开头,即第 11 行的"当利里社者,□□旧□"。④ 且里社中可能存有与早期"社"中的"封"和"主"相对应的"崇基"(碑阳刻文第 7 行)=坛⑤与"祠主"(碑阳刻文第 9 行),⑥或者还有焚柴祭天的仪式(碑阳第 2 行"【柴】")。⑦

根据碑阳第 2 行的"春祈秋荐",可知当利里社也极有可能举办春

---

① 参见本文"一、当利里社残碑的概况"之"(二)出土年份、地点与收藏机构"。
② 参见本文"三、碑阴题名的分析"之"(四)官爵"。
③ 宁可指出:"当利里当是西晋都城洛阳的一个里,即最基层的行政区划。"(宁可:《记晋〈当利里社碑〉》)
④ 参见本文"二、碑阳刻文的分析"之"(四)内容"及本文"四、社与里社"之"(二)里社"。
⑤ 河南省偃师县出土东汉章帝建初二年(AD77)的《侍廷里父老僤买田约束石券》中出现了"侍廷里父老僤""造起僤"的纪录。"坛"即"僤""墠"。关于"社"与"僤""墠"的关联,籾山明指出:"社是象征一里中全体居民共同性的宗教性建筑物,而坛只不过是偶尔需要共同性的人们设立的广场。"参见[日]籾山明:《漢代結僤習俗考—石刻史料と郷里の秩序(1)—》,《島根大学法文学部紀要文学科編》第 9 号-1,1986 年。
⑥ 参见本文"二、碑阳刻文的分析"之"(四)内容"及本文"四、社与里社"之"(一)社"。
⑦ 参见本文"二、碑阳刻文的分析"之"(四)内容"。

秋社祭。① 一般对社而言，尤其是原本的里社，春秋社指的是在二月和八月分别举行的祈祷和感谢收获的祭典。② 而当利里社的情况，或许已渐于形式化。另外，9—10世纪位于敦煌的"社"也举行春秋二社的宴会。③

此外，碑阳刻文第8行"阳雀轩（幹）翼、阴□□□、□龙若□、□虎若（下缺）"，如果确指朱雀、玄武、青龙、白虎，④应与东汉熹平五年（176）所立梧台里石社碑，其残损的圆首碑额左右两侧刻画的白虎像与青龙像相关。第14行"凤皇来仪、朱鸟嘤嘤"，可见同为神鸟的凤凰（"凤皇"）与朱雀（"朱鸟"），而在梧台里石社碑的圆首碑额残损的额阴处，上段刻有兽面，中段为左右"栖"有二鸟的一棵大树，下段则刻有一鸟一猴的画像，两者间或存在联系。

以下，将基于第三章的分析，从当利里社残碑刻文中最为具体且信息量最大的碑阴题名入手，尝试提炼出当利里社诸成员的相关特征。

第一，碑阴刻有题名，题名全员都带有社内职称，且作为职称的"社老""社正""社掾""社史""社民"都冠有"社"字。⑤ 根据其成员在本籍地分布上显示出的任意性，可知与汉代里社合一的情况相异，当利里社的成员并非当利里的全体居民。⑥

第二，正如宁可所述，当利里社的职称，与里社合一的汉代里社不同，⑦并非里中的职务，而是县、乡、里中官名的混用，且无宗教上的称谓。⑧ 此外，在9—10世纪敦煌出土的"社"的文书中亦可见"社老"以

---

① 参见本文"二、碑阳刻文的分析"之"（四）内容"。
② 参见本文"四、社与里社"之"（二）里社"。
③ 参见本文"四、社与里社"之"（一）社"。
④ 参见本文"二、碑阳刻文的分析"之"（四）内容"。
⑤ 参见本文"三、碑阴题名的分析"之"（三）社内职称"。
⑥ 参见本文"四、社与里社"之"（二）里社"。
⑦ 领导里社事务的"里正""父老"与负责具体执行的"社宰""社祝""祭尊"。（宁可：《汉代的社》）
⑧ 参见宁可：《记晋〈当利里社碑〉》。

及与"社民"相近的"社人"等称呼。①

第三,基于第三章第四节对官爵的讨论,可知至少 24 名"社民"里有 22 名属于"中下流文武官吏"(武职、士家与文官),2 名为平民,其中武职占 3/4 之多("千人督"1 名、"殿中校尉"1 名、"骑部曲将"8 名、"偏将军"2 名、"大医校尉"2 名、"武猛校尉"1 名、"散都尉"1 名、"散将"2 名,共计 18 名),可知 24 名社民情况不一,唯一的共同点即是居住于同一里中。②

第四,值得注意的是,尽管有较多人出身于同都城洛阳关联紧密的地区,但在本籍郡国上除一人外,再无其他人出身于洛阳所属的河南郡。③ 这是因为,当利里社尽管是里社合一的状况,但从各原籍地移居而来,现居于都下当利里的文武官吏("太中大夫""骑部曲将"等),在新的地缘关系下建起了社祠,成为其成员,可谓二次形成的里社。

第五,从题名者的姓名和字、多数人具有官爵、领导层配有的冠帻坐像等方面看,里社成员应全部属于男性。

### (三) 秦汉里社与当利里社的比较

宁可《记晋〈当利里社碑〉》一文,指出社在东汉至南北朝时期发展的两股趋势,一是佛教的"邑义"和"法社"、宗教(或宗族)的"宗社"、"按阶级和职业(主要是官吏)结成的社"等私社的流行,二是里社的私社化。所谓里社的私社化,如与汉代里社"里社合一""全部居民参加""社

---

① 参见本文"四、社与里社"之"(一)社"及〔日〕竺沙雅章:《敦煌出土"社"文書の研究》。
② 宁可指出,"这样一些官品有高下,官署不相同,职事有清浊,身份有差等,籍贯乃至民族也不一的人混合立社,唯一的共同点必然只能是都同在洛阳当利里。社称为当利里社,正说明了这一点。"(宁可:《记晋〈当利里社碑〉》)
③ 参见本文"三、碑阴题名的分析"之"(五)本籍郡国"。

祭活动"等特性相比，有社从里中的分离、①一部分居民的自发性结合、除原本的社祭以外的活动这三点特征，私社化了的里社几乎与私社没有区别。宁可以"私社"作为理解社的发展的关键，对其以上论述，笔者表示赞同。

以下比较了西晋当利里社与原本秦汉时期的里社的不同（由于陈平的故事发生于秦统一时期，因此将秦也列入），并整理为表1，希望在此基础上对宁可的理解再做补充。

表1　秦汉里社与当利里社的不同处

|  | 时代 | 居所 | 都鄙 | 成员 |
| --- | --- | --- | --- | --- |
| 里社 | 秦汉 | 本籍地 | 农村 | 农民 |
| 当利里社 | 西晋 | 现住地 | 都市（首都） | 中下级官吏、平民 |

如以秦汉里社为基准，当利里社与秦汉里社具有共通之处，如"里社""当利里社"的名称以及参社成员均为同一里内的居民等。② 与此相应的不同点，从前一节利用碑阴题名提炼出的当利里社成员的特征来看，第一，虽然当利里社成员也是同一里内的居民，但在本籍地分布上具有任意性；第二，社内职称不同；第三，当利里社的成员皆是居于都城洛阳的中下级官吏与平民（参看表1都鄙和成员两列）；第四，成员皆离开了本籍地，现居于都城洛阳（参看表1居所一列）；第五，成员都为男性。其中值得注意的有：第四点居所方面，秦汉里社立于本籍地，且

---

① 关于社从里中分离的具体依据，宁可《记晋〈当利里社碑〉》一文举出三点。第一，汉代里社中领导社事者即作为里中指导者的里正、里父老，而当利里社中领导社事者为社老、社正、社掾、社史，已有专门的称谓，明显可以说明社已经成为独立于里的组织；第二，例如，社正、社掾、社史中的"正""掾""史"均为县、乡、里中的官吏称呼，而非里的职称（社老对应汉代的里父老），可知当利里社的职称与西晋里的职称并非严格对应；第三，汉代里社的参加者即是里人，并没有专门的称呼，而当利里社入社者已专称"社民"。

② 宁可指出，"秦汉时期，里普遍立社，里名为社名"，"从当利里社碑的记载看，西晋的里社在按地域结合即同里居民的结合这个基本点上，仍是两汉传统的里社的继续"。（宁可：《记晋〈当利里社碑〉》）

位于农村,而当利里社则立于现居地,位于城市(都城);第三点成员方面,秦汉里社的成员为农民,而当利里社的成员属于下级官吏等。因此,设立于现居地的西晋当利里社,作为在新的地缘关系下二次性形成的"里社",除"里社"称谓这一表面上的共同点以外,与秦汉的里社截然不同,与其说是在社的历史性发展进程中,兼有了魏晋时期新阶段里社的特征与私社的特征,倒不如说实质上就是私社的一个例子。

### (四)当利里社残碑的历史性意义

设立于本籍地的秦汉里社与位于现居地(洛阳)的当利里社,关于两者间的对立关系,笔者在《西晋墓志的意义》一文中已有涉及,[1]西晋时期的小型碑形墓志并非安置在"旧墓"所在的本籍地,而是应宗族分出的房支(甚至是个人)进行"假葬"的需要,在其现居地(多为洛阳)制作而成,与之相应被安置于假葬的墓室中。[2] 且魏晋时期,在现居地(洛阳)的私社(当利里社)与坟墓(假葬)的墓室中分别立着当利里社碑与小型的碑形墓志,两者不正共同反映出从本籍地方宗族分离后,居于现居地(洛阳)的家族(或个人)在心理层面上的想法吗?

对于笔者在先前绪论中提出的问题,即在碑禁的环境下,何以仍要

---

[1] 〔日〕福原启郎:《魏晋政治社会史研究》第 11 章《西晋の墓誌の意義》。(中译本可参见〔日〕福原启郎:《魏晋政治社会史研究》,第 341—403 页。——译注)

[2] 这一点也应与笔者在《魏晋政治社会史研究》的结语部分所讨论的曹魏九品中正制度创设的社会背景相通。东汉后期产生于乡里社会的人物品评的风潮,是以本籍地与现居地相一致为前提,而由于东汉末年的战乱等因素导致的人士流移,使得本籍地与现居地产生了明显的分离。这一阶段,在默认本籍地与现居地分离的基础上,标榜本籍地的"本籍地主义"(与此相对应,使得本籍地与现居地重新合一的措施即"土断")成为九品中正制的前提,其结果,在脱离"乡里"的同时,某种意义上也脱离了现居地的束缚,如国家和社会保持安定,官僚则多数居住于都城中。

立起这块与"社"相关的当利里社碑,①可以认为,当利里社既不是秦汉延续下来的原本的里社,也不属于私社化了的里社,其本身就是一种私社,其成员并非里内的全部居民,因此才有立碑的必要。当利里社虽然也是里社的一种,却不是碑阴题名上的本籍地所在的乡村里社,而是设立于现居地都城洛阳当利里中,一个具有人为性、社团性与任意性的里社,所以才有必要将其始末、成员等信息予以刻碑记录。

因此,关于当利里社残碑的历史性意义,正如上一节所述,在社的历史性发展中,作为魏晋时期私社的一个代表,同时也表现出魏晋时期对于现居地(洛阳)的观念和看法。从这一点上看,当利里社残碑应能对魏晋时期贵族制及古代向中世的转换等问题的成立与否提供新的帮助。

## 结　语

本文的主要工作,一言概之,即是对宁可《记晋〈当利里社碑〉》一文得出的"晋当利里社碑所反映的,就是两汉传统的里社向私社演变中的里社的一些情况"这一结论做了再确认。如果说对宁文有一点补充,即明确了当利里社实质上是一种私社,设于现居地洛阳当利里,而非本籍地。且在这一点上,与魏晋时期墓志的出现和九品中正制的创设是共通的关系,从中都可以看出这个时代的印记。

在这里应该强调,本文探讨的对象始终是出土的(A)当利里社残碑,是原本(B)当利里社碑的残部,并基于这块(B)当利里社碑对(C)当利里社进行了一番考察。换言之,本文提供论述的史料即为当利里社、与之成立相关的当利里社碑、当利里社残碑及其刻文,所利用的始终是处于残缺状态的当利里社残碑,因此,笔者殷切期待原碑残部的新发

---

① 有一点不能回避探讨,即同样与里社相关的梧台里石社碑的立碑理由,可能在于东汉后期与里社存续相关的危机。

现,借此实现当利里社碑的完全复原,希望这一想法有实现的可能。

关于今后的课题,暂不去考虑魏晋时期社在整体上的问题,仅就当利里社碑而言,在这里或举一二与本文有关的问题,如碑阴题名中当利里社的"社老""社正""社掾""社史"等领导层,是何缘故呈现出第三章第二节所揭示的排列顺序?何以唯一一位本籍地位于蜀汉故郡的人,能够成为当利里社实际上列于首位的"社正"?进而利用(A)当利里社残碑,开展对(B)当利里社碑的复原工作,例如,在宁可所推测(B)当利里社碑碑阴题名的人数及汪华龙所做刻文分析的基础上,对(B)当利里社碑的高度、碑阳刻文一行的字数及碑阴题名的列数等进行推断。

## 【致谢】

淑德大学的小川博章先生协助调查了淑德大学书法文化中心所藏拓本,及部分与当利里社相关联的贵重资料;中山大学的白石将人先生协助调查了北京大学图书馆所藏拓本;扬州大学的汪华龙先生在碑文释读等方面惠赐了意见,在此一并致谢!

# 晋辟雍碑碑阴"凉州散生"考

## ——兼谈辟雍碑碑阴题名的添改

汪华龙　熊长云

晋辟雍碑,碑额题作"大晋龙兴皇帝三临辟雍皇大子又再莅之盛德隆熙之颂",罗振玉称之为"传世晋碑之冠"①。碑立于西晋武帝咸宁四年十月廿日(公元 278 年 11 月 21 日),1931 年 5 月出土于河南省洛阳市偃师县佃庄乡东大郊村,②1963 年碑座约出土于同地,后证实为汉魏辟雍遗址中心殿基南侧。③ 此碑现仍立于东大郊村,2001 年由村民

---

①　罗振玉:《石交录》卷二,罗继祖主编:《罗振玉学术论著集》第 3 集,上海:上海古籍出版社,2010 年,第 237 页。

②　晋辟雍碑出土信息,以郭玉堂《洛阳出土石刻时地记》所记最为确切:"民国廿年(一九三一年)阴历三月廿四日(按,即西历 1931 年 5 月 11 日),洛阳东南大郊村北一里许,黄瑞云墓旁掘得之,与石经出土处同地。"参见郭玉堂原著,〔日〕气贺泽保规编著:《復刻洛陽出土石刻時地記》,东京:汲古书院,2002 年,第 15 页。此外,余嘉锡、罗振玉、张鹏一、傅振伦、杨育彬等也先后谈到辟雍碑的出土时间与地点,诸说多有出入,〔日〕福原启郎《晋辟雍碑に関する考察》已有检讨,兹不赘述,见氏著《魏晋政治社会史研究》,京都:京都大学学术出版会,2012 年,第 109—162 页。

③　据中国社会科学院考古研究所编著:《汉魏洛阳故城南郊礼制建筑遗址——1962—1992 年考古发掘报告》(北京:文物出版社,2010 年),碑座出土时间为 1963 年 11 月。碑座出土位置,见《发掘报告》图 90"辟雍 A 区中心建筑基址平剖面图"所标记的"K1 辟雍碑座坑槽"(第 131 页)。据《发掘报告》第 126 页注 2 以及段鹏琦《对考察洛阳汉魏古城的片断回忆》(中国人民政治协商会议河南省洛阳市委员会文史学习处编:"洛阳文史资料"第 18 辑《文化与考古》,1997 年,第 151—152 页),发掘时经询问村民,确定碑座出土处即郭玉堂所记"黄瑞云墓房"所在地,由此可确定碑身、碑座的出土位置。此外,《发掘报告》提及碑座刻有 10 个人物,即孔子及其门人 9 人(第 168 页),刻像摹本见图 129"辟雍碑座四面刻像摹本"(第 170 页)。2015 年审视原碑,碑座刻像已较为模糊。

捐资立院,村民李良杰先生看护至今。

辟雍碑通高 2.73 米,宽 1.12 米,厚 0.27 米。除去碑额,碑阳高 2.31 米,恰为汉制一丈。碑阳前为序辞,先追述先王功德,再记叙武帝、太子历次临雍情形;后为颂辞,由诸生起草,以歌功颂德。碑阳分 30 行,行容 55 字,总计 1 518 字。碑阴题名分 10 列,第一列 15 行,余列 44 行,总计约 409 条题名。①

辟雍碑出土后,一度引起轰动,引发学界普遍的探讨。迄今为止,与之相关的题跋、释读、论文多至数十种。基于前人研究,本文所做的工作,一是以拓片、原碑通校诸家释文,订讹补正,重作释文;二是揭橥碑阴题名,初刻仅至散生为止,现在所呈面貌,实因后来添改所致;三是考明散生身份,多为凉州豪右子弟,西晋将其召入太学,以并收劝厉、拘致、教化的功效,从而强化对凉州的控制;最后,推测碑阴的添改或与司马伦篡位有关。

## 一、释文、研究的再检讨与凉州散生问题

辟雍碑的全本释文,今见四种:一见刘承干《希古楼金石萃编》②;

---

① 参见顾廷龙:《大晋龙兴皇帝三临辟雍皇太子又再莅之盛德隆熙之颂跋》,《燕京学报》1931 年第 10 期,后收入《顾廷龙文集》,上海:上海科学技术文献出版社,2002 年,第 188—199 页。又,余嘉锡:《晋辟雍碑考证》,《辅仁学报》3 卷 1 期(1932 年 1 月),后收入《余嘉锡论学杂著》上册,北京:中华书局,2007 年,第 133—173 页。余文统计碑阳计 1516 字,误。顾、余所见拓本,碑阴第十列左端似仅残泐一行,第 43 行仍能见到,现在则仅能见到第 42 行,左侧残泐。据当地人说,出土后碑阴两侧的残泐,与不法者盗凿碑字以牟利有关。那么,第十列是否存在第 44 行,并不清楚。余嘉锡记题名总计 408 条,即第十列统计至第 43 行为止。福原启郎推测第 44 行存在的可能性较大,亦即碑阴列满题名,则共计 409 条。后文将会论及,碑阴最末一列半题名,是后来添改所致,添改时甚而抹去散生题名补刻弟子题名,据此,第十列似应当题满 44 行。

② 刘承干:《希古楼金石萃编》卷九,《石刻史料新编》第 1 辑第 5 册,台北:新文丰出版公司,1982 年,第 3913—3925 页。

二见罗振玉《石交录》①；三见京都大学"三国时代的出土文字资料班"《魏晋石刻资料選注》②；四见毛远明《汉魏六朝碑刻校注》③。

四本所据拓本，刘本应为初拓本；罗本为1931年洛阳碑贾所寄拓本；京都本为京都大学人文科学研究所所藏拓本；毛本为北图拓本汇编本。④ 通校四本录文，并校以熊长云所藏初拓本、陈志伟20世纪90年代手拓本，在录文准确度上以罗本最佳，京都本舛误最多。而刘本碑阴题名释文，将碑文的第四、第五列，错乱排列为第四、第五、第六列，并因此误衍出一列，将碑阴释为十一列。以上三本皆为独立释读，以校勘而论，不能偏废。毛本虽纠正了刘本的衍误，但释文多承自刘本，校勘意义不大。

此外，福原启郎《晋辟雍碑に関する考察》亦收碑阳全部与碑阴六列释文。胜于上述四家的是，福原本是唯一对校过原碑的，并据以更正许多前人误释处。美中不足的是，碑阴释文并非全本，且其中仍有误释。

2015年3月13日，我们到洛阳东大郊村访观原碑，多有收获。以原碑校定五家录文疑字，共订正一百余处，各家皆误的有十多处。⑤

辟雍碑的研究，以顾廷龙、余嘉锡为代表。顾氏对碑文做了细致的基础整理，为后来的研究者奠定了基础。余氏以碑文与传世文献互证，对碑文所涉及的史事、制度、经学等问题，做出了精深的分析。顾、余的文章，是研究辟雍碑的典范之作，如童岭所说，"余、顾二氏的业绩，七十

---

① 罗振玉：《石交录》卷二，第226—258页。据《石交录》罗振玉本序记"己卯春，岁寒退叟书于七经堪"，约成书于1939年。又据其辟雍碑录文前序："岁辛未，洛估寄《大晋龙兴皇帝三临辟雍皇太子又再莅之盛德隆熙颂》拓本及碑阴凡二纸，云出县城东大郊。"（第227页）罗振玉得到拓片，应在1931年辟雍碑出土后不久。

② 〔日〕井波陵一（三国时代的出土文字资料班）：《魏晋石刻資料選注》，第30—36页。

③ 毛远明：《汉魏六朝碑刻校注》第2册，北京：线装书局，2008年，第267—274页。

④ 北京图书馆金石组编：《北京图书馆藏中国历代石刻拓本汇编》第2册，郑州：中州古籍出版社，1989年，第43页。

⑤ 释文与校勘记拟另行发表。

多年后至今未能有人整体超越"①。

较新的研究,则以福原启郎《晉辟雍碑に関する考察》为代表。福原全面搜罗了已有的研究成果,并提出许多卓有新意的推论,此文无疑是顾、余之后最具分量的辟雍碑研究文章。

顾、余等人对碑阴职名与身份的讨论,仍有未尽之处。尤其占题名相当数量的凉州散生,一直未得到较好解释。顾廷龙推测散生为"预备入太学为门人者"②,余嘉锡称:

> 题名有散生五十一人,考其籍贯,皆属于西海、敦煌、西平、金城四郡及西域人,四郡并隶凉州刺史。散生盖在太学弟子员之外者,然不知其与门人寄学有何不同,又不知何以独并州(按,应为凉州)及西域人为散生,且无一礼生弟子门人,而他州亦无一散生也。岂以其介在边陲,文风不及中原,特设此名以处之耶?不可考矣。③

对此问题的解答,必须先回到对碑阴题名的整体把握中去。

晋初太学规模庞大,人数众多,碑阳称"并时集至万有余人",大致属实。④ 那么,刊名碑阴的409人,绝非当时行礼、观礼人员的全部,而

---

① 童岭:《晋初礼制与司马氏帝室——〈大晋龙兴皇帝三临辟雍碑〉胜义蠡测》,《学术月刊》2013年第10期。余、顾以后的研究,如民国学者张鹏一、陈伯弢、许平石等,日本学者伏见冲敬、足立豊、西林昭一、木岛史雄等,参见〔日〕福原启郎《晉辟雍碑に関する考察》,第110—112页。1949年以后的研究,如丘菊贤、汤淑君、王东洋、方韬、仇鹿鸣等,参见童岭:《晋初礼制与司马氏帝室——〈大晋龙兴皇帝三临辟雍碑〉胜义蠡测》。此外,还有张乃翥:《〈三临辟雍碑〉与晋武之文教视野》,荣新江、李孝聪主编:《中外关系史——新史料与新问题》,北京:科学出版社,2004年;李艳婷:《从辟雍碑看西晋时期的教育和礼仪制度》,《中原文物》2013年第6期。

② 顾廷龙:《大晋龙兴皇帝三临辟雍皇太子又再莅之盛德隆熙之颂跋》,第195页。

③ 余嘉锡:《晋辟雍碑考证》,第167页。

④ 余嘉锡:《晋辟雍碑考证》"廓开太学 集至万有余人"条,证以刘馥上书、嵇康临刑,认为其"纵非实数,亦约略近之矣"(第142—143页)。此外,〔南朝梁〕沈约:《宋书》卷一四《礼志一》载:"晋武帝泰始八年,有司奏:'太学生七千余人,才任四品,听留。'"(北京:中华书局,1974年,第356页)

是经刻意挑选后的入选者,不仅如此,碑阴题名还显示出刻意排布后的整饬层级(表1):

表1 晋辟雍碑碑阴题名的层级排布

| 层级 | 列行区间 | 身份 | 人数 | 备注 |
| --- | --- | --- | --- | --- |
| 1 | 1.1—1.15 | 太常、丞、博士 | 15 | |
| 2 | 2.1—2.11 | 礼官、学官 | 11 | |
| 3 | 2.12—4.34 | 郑大射礼生 | 110 | 以"右郑大射礼生"结 |
| 4 | 4.35—6.12 | 王乡饮酒礼生 | 65 | 以"右王乡饮酒礼生"结 |
| 5 | 6.13—8.16 | 弟子 | 92 | 夹杂"寄学倍位"1条等 |
| 6 | 8.17—9.28 | 散生 | 56 | 夹杂辽东"门人"2人,武都"弟子"1条,凉州"散生"50条等 |
| 7 | 9.29—10.44 | 弟子 | 60 | 夹杂"寄学"3条、"礼生"2条等 |

注:列行区间号,1.1表示第1列第1行

而在碑阳的序辞与颂辞中,也存在一个太学生员的职名序列(表2):

表2 晋辟雍碑碑阳序辞、颂辞职名对应关系

| 序辞 | 延王公卿士 | 博士、助教、治礼、掌故、弟子、门人,咸在列位 | 于是礼生、守坊、寄学、散生乃共刊石 |
| --- | --- | --- | --- |
| 颂辞 | 百辟云集,卿士率从 | 儒林在位 | 爰暨生童[①] |

---

① 颂辞中"爰暨生童"的"童",似乎表明太学生员中,应当存在未成年的学生。汉晋时,以十五岁为成童。〔南朝宋〕范晔:《后汉书》卷六三《李固传》:"年始成童",注曰:"成童,年十五也。《礼记》曰'十五成童,舞《象》'也。"(北京:中华书局,1965年,第2088页)〔唐〕房玄龄等:《晋书》卷二一《礼志下》:"有司议奏:'礼,十五成童,国君十五而生子,以明可冠之宜。'"(北京:中华书局,1974年,第664页)成童指年满十五,由童年而成人,可以行冠礼。司马伦篡位时,"太学生年十六以上……皆署吏"(《晋书》卷五九《赵王伦传》,第1601页),其以十六为限,应由户调式规定"男女年十六已上至六十为正丁"(《晋书》卷二六《食货志》,第790页)所致。据此,司马伦时,太学生中应当有十六岁以下的学生存在。又,《后汉书》卷四三《乐恢传》注引《华峤书》:"(杜)安亦节士也,年十三入太学,号奇童。"(第1477页)〔唐〕杜佑撰,王文锦等点校:《通典》"太学"条记汉桓帝元嘉二年诏书"童子颍川王通通经,拜太子舍人"(《通典》卷五三《礼》十三"太学"条,第1463页),则东汉时,太学中即存在童子生员。那么,推知晋初太学,应当也有十五岁以下的生员,也就是颂辞中"童"的指谓。

由序辞看,弟子、门人接续博士等职名之后,称"咸在列位",与颂辞"儒林在位"对应,身份似较"礼生、守坊、寄学、散生"的序列为高。余嘉锡《考证》引《通典》:"魏文帝黄初五年,立太学于洛阳,时慕学者,始诣太学为门人,满二岁,试通一经者称弟子,不通一经者罢遣",并认为"据此碑则晋亦沿用魏制"①。那么,门人应即太学中的初入学者,其数量也应当占太学生员的相当部分。然而,碑阴中却仅见两条"门人",位置也相对靠后。

基于余嘉锡对凉州与散生对应关系的观察,福原启郎进一步指出,题名中存在职名与籍贯的两组"排他"关系,即散生都为凉州人,门人都为辽东人,其身份都带有明显的边地生员的印记。② 其实,夹在凉州散生与辽东门人之间的"弟子武都王璆弘琳",也属同样性质。魏晋时期,武都为氐人聚居地。曹操曾徙武都氐于秦川,刘禅亦徙武都氐于广都,至西晋末,氐人杨茂搜更据武都、阴平,建立仇池国。据此,辽东门人、武都弟子的三条题名,实际与随后的凉州散生一起,构成碑阴题名中的边疆地区生员,显示出晋初对边疆地方的特别关注。③

门人仅获两条题名,并且是因籍贯而非职名入选,可见题名遴选的严格④。相比之下,史籍阙载并在职名序列中恭陪末座的散生,却多至

---

① 余嘉锡:《晋辟雍碑考证》"弟子门人"条,第164—165页。引文见《通典》卷五三《礼》十三"太学"条,第1464页。

② 〔日〕福原启郎:《晋辟雍碑に関する考察》,第144页。

③ 张乃翥:《〈三临辟雍碑〉与晋武之文教视野》:"楼兰、尼雅出土众多具有泰始纪年的行政文书,都是晋初锐意经略西域的确凿证明","考古资料显示,西晋王朝颁赐诸胡官印的数量,已远远超出汉魏两代同类官印数量的总和,这充分反映出西晋年间汉胡政治阶层人事往来的频繁",第170页。

④ 类似的,碑阳所见的"守坊",也未出现在碑阴,余嘉锡称"独守坊不可考"(《晋辟雍碑考证》,第149页),福原则认为是"弟子门人"的合称(《晋辟雍碑に関する考察》,第145页)。由碑阳序辞来看,弟子、门人与礼生、守坊、寄学、散生之间,应存在身份性上的高低差异,则福原所论,未必成立。"守坊"的职级,应当较"门人"更低。如前述,占太学生员相当比例的"门人",如果不是因为其中的两名辽东人,或许也不会出现于碑阴,那么,身份更低的"守坊"不见于碑阴,其实也在情理之中。

50条题名。这一反差,突出地指向了散生题名背后的西晋凉州政策。

## 二、碑阴题名中的添刻、改刻现象

碑阴中散生的排列,整齐而连贯,其中却夹杂了两条弟子题名:

9.7 弟子乐陵李顺建忠
9.18 弟子清河卞曾正子

福原启郎指出,这两名弟子将西平散生大致分为三组,每组约十人,因而推测是辟雍行礼时,在西平散生中特意配置"冀州出身的模范生"的情况。①

对校拓片时,我们发现,这两行有抹去重刻的痕迹,访观原碑后,更证实了这一怀疑(图1)。相比两侧题名,9.7条呈现出抹去重刻所致的内凹,"子"下残存"生"字末横,"陵"字捺笔上残存"平"字长横的右半,"李顺建忠"四字较为残泐,但同样可见内凹与残笔,则此条原本应为

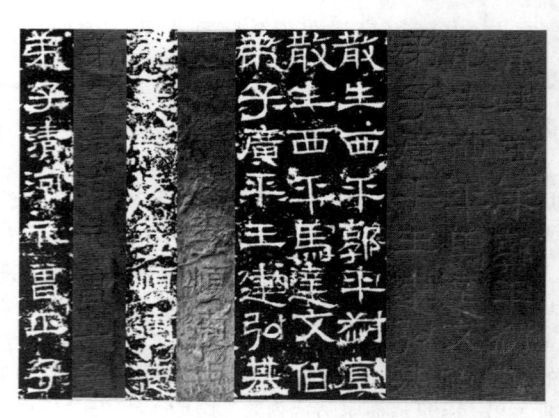

图1 散生题名中抹去重刻的五条

---

① 〔日〕福原启郎:《晋辟雍碑に関する考察》,第143页。

西平散生题名,后全行抹去,重刻为弟子题名。9.18条亦属同例,"子"下残存"生"字末横,"清"字"氵"部第二点上残存"西"字首横的左半。

紧接散生之后的第一条弟子题名,同样如此:

9.29 弟子广平王建弘基

"弟子"下残存"散生"残笔较清晰,"平"下残存原"平"字,整体位置较重刻"平"字为低,"建"字右部残存似"内"字的结构,"弘"字下残存原"叔"字,此行原本也应为"散生西平□□叔□"。

此外,散生题名中,还有两条保留籍贯,仅重刻名、字或名:

9.27 散生西平郭平叔直
9.28 散生西平马达文伯

9.27条,"郭平叔直"四字为抹去重刻,原字仅存残笔,"阝"中部残存一捺笔,"直"字左部残存一竖撇。9.28条,"马达"两字为抹去重刻,"马"字左上残存两撇,右下残存一捺笔。

在西平散生的小范围内,集中出现多次改刻,恐怕不会是书手误书或刻工误刻所致。尤其特别的,是将原有的西平散生题名铲去,改刻为弟子,在整饬的散生题名中颇显突兀。而如将这三条弟子题名,还原为散生题名,散生题名整体就严格依郡籍而整齐排布,依次为西海3人,西域4人,金城9人,敦煌6人,西平31人,共计53人。这应当就是初刻时的面貌。

不仅如此,紧随凉州散生之后的弟子题名,其书风、刻风,与碑阴前部的题名相比,存在较大差异。如图2所示,由白线将两种书风、刻风隔开,散生题名的写刻,与碑阴前部的写刻风格一致,其后的题名,则截然不同。前部题名字体较小,横纵方向上相邻两字笔画间,都留有较大的空隙。而后部题名,字体较大,几乎填满行格,相邻两字的笔画间,空隙较小。前者书风圆润俊美，典雅流畅；后者则方硬平直，稍显粗糙 ["羆"(罴)、"膚"(肤)、"獻"(献)等字(图2)，结字均有失整饬]。

图 2　碑阴末一行半题名与此前题名对比图

前、后两部差异，也体现在具体的文字写刻上。最为显著的是，"弟子"两字的写刻：

"弟"字，差异体现在中部左侧的竖撇。在前部，竖撇起笔大多与第二横左端断开，约在第二横与第三横的中间或稍偏下处起笔，与第三横相连，并向下长出第三横。后部的"弟"字，竖撇多在第二横左端起笔，与第二横相连而非断开。

"子"字，差异体现在横笔与勾画在左侧的长短上。在前部，横笔大多短于勾画，也有少数几例大致等长。在后部，横笔与勾画的长短恰与前部相反，横笔多长于或等长于勾画。此外，"子"字上半部分的横折，也多较前部为大。

图1中由散生所改的"弟子"，其写刻与最后的"弟子"题名一致。据此可知，对散生题名的改刻，与碑阴末尾弟子题名的添刻，应是同时

所为。

上述论断，亦可引辟雍碑格局为旁证。碑阴每列间，间隔均为三横行，唯独第九、第十列间，仅间隔一横行。此等高规格、精制作的丰碑巨制，在写刻前应当统筹过行格与排布，最末两列题名间距的骤然紧缩，应当不是设计时所作迁就，而是添改所致。此外，如题名恰到散生所在的第九列为止，则碑阴碑阳写刻的底线大致平齐，碑底留白相当。

至此，碑阴题名的二次添改，应可判明。咸宁三年立碑时，碑阴题名至西平散生为止，改刻前的 9.29 条西平散生题名，是题名截止处。后来，碑阴题名遭到添改，不仅在西平散生题名中窜改了五行题名，并且紧接其后添刻了约一列半的弟子题名（图 3）。

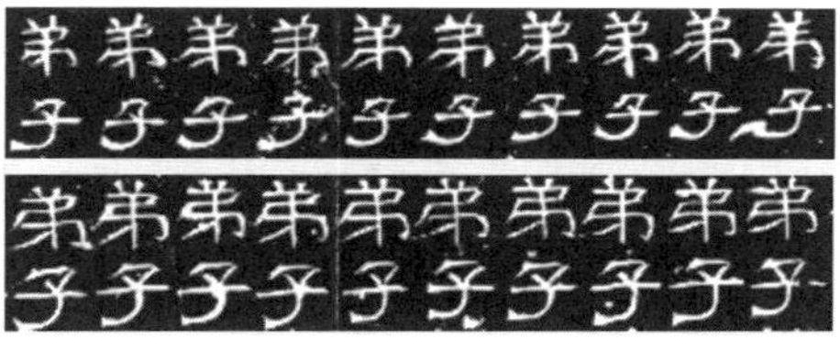

图 3　"弟子"前部与后部对比图

由添改事实所还原出的碑阴原貌，愈发凸显出凉州散生题名的独特地位。凉州散生题名不仅构成了题目的最后层级，且限于一州、等级较低的散生题名，相比于兼举各州、学中翘楚的弟子题名，居然超过了后者的半数，更遑论寥寥可数的门人、寄学等其他生员的题名。那么，这一现象背后的原因何在呢？

## 三、散生为豪右子弟考——兼说西晋的征召凉州散生

对碑阴集中出现的凉州散生题名，通行的解释多认为与晋武帝经略凉州、西域的文教相关，如张乃翥认为："辟雍碑列有众多敦煌籍贯的散生题名，应该折射出晋室经略西域之文教，含有通过河西地区逐步向

西方濡染浸润的姿态。"①这一论断虽大致无误,但如细考散生题名,仍有再作探讨的余地。

凉州散生题名中,最引人注目的,是西平麴氏的三条题名(9.6、9.11、9.20)。

西平麴氏,自东汉末至麴氏高昌立国,一直活跃于凉州地方。《晋书·麴允传》称允"与游氏世为豪族",又记谣谚云:"麴与游,牛羊不数头。南开朱门,北望青楼。"②其豪族的身份,突出表现在麴氏对武装力量的掌握上:

> 边章、韩遂为乱凉州,金城麴胜袭杀祖厉长刘儁。③
>
> 太祖崩,西平麴演叛,称护羌校尉。则勒兵讨之。演恐,乞降……后演复结旁郡为乱,张掖张进执太守杜通,酒泉黄华不受太守辛机,进、华皆自称太守以应之……演闻之,将步骑三千迎(苏)则。④
>
> 西平麴光等杀其郡守……(张既)乃檄告谕诸羌,为光等所诖误者原之。⑤

自东汉末到曹魏,麴氏凭借其武装力量,在凉州不断发起叛乱。其影响所及,不止于西平、金城,更扩张到武威、张掖、酒泉,在羌人中也拥有相当的号召力。此外,也有不少麴氏族人出仕于中央王朝,如麴允官至尚

---

① 张乃翥:《〈三临辟雍碑〉与晋武之文教视野》,第171页。
② 《晋书》卷八九《麴允传》,第2307页。又,本传记麴允为"金城人",麴氏郡望,分为西平麴氏与金城麴氏,但西平郡本为建安末从金城郡中分出别置,故两支应为同源。
③ 〔晋〕陈寿:《三国志》卷八《魏书·张绣传》,北京:中华书局,1959年,第262页。按,祖厉为武威属县。
④ 《三国志》卷一六《魏书·苏则传》,第491—492页。
⑤ 《三国志》卷一五《魏书·张既传》,第476—477页。

书左仆射,又西夷校尉麹炳、雍州刺史麹特等。① 麹氏势力发展的巅峰,在公元 497 年麹氏高昌立国,其后直至公元 640 年才为唐所灭。自汉末以来四百余年间,麹氏在凉州地方长盛不衰。

细考散生题名,其中多有与麹氏类似,著名凉州的豪右郡姓。谨将凉州散生依郡、姓、人数多寡排列如下:

西海:陈氏 2 人,郑氏 1 人;
西域:隗氏 2 人,朱氏 1 人、王氏 1 人;
金城:马氏 2 人,窦氏 2 人,毛氏 2 人,张氏 1 人,淳于氏 1 人;
敦煌:马氏 2 人,盖氏 1 人,窦氏 1 人,田氏 1 人,孟氏 1 人;
西平:田氏 3 人,马氏 3 人,杨氏 3 人,麹氏 3 人,鞠氏 2 人,卫氏 2 人,郭氏 2 人,蛴氏 1 人,彭氏 1 人,孙氏 1 人,王氏 1 人。

同样以武装力量见称的凉州豪右,为马氏、郭氏、田氏、卫氏:

马氏,郡望为扶风,马氏在凉州的兴盛,或与东汉末马腾的活动有关。在麹氏高昌之前,马氏也曾据有高昌。此外,张玄靓时,有酒泉太守马基。②

西平郭氏,汉魏间有郭宪,"西平人,为其郡右姓……以仁笃为一郡所归"。③ 魏明帝郭后,"西平人也,世河右大族。黄初中,本郡反叛,遂没入宫"。④ 张玄靓时,有"西平人郭勋解天文"。⑤

西平田氏,北凉时,部将言于段业云"西平诸田,世有反者"。⑥ 田

---

① 麹氏在凉州、高昌地方的活动,详见王宗维:《金城麹氏的活动及其族属问题》,《兰州学刊》1986 年第 5 期。
② 《晋书》卷八六《张玄靓传》,第 2248 页。
③ 《三国志》卷一一《王修传》注引《魏略》,第 350 页。
④ 《三国志》卷五《魏书·明元郭皇后传》,第 168 页。
⑤ 《晋书》卷八六《张玄靓传》,第 2248 页。
⑥ 《晋书》卷一二九《沮渠蒙逊载记》,第 3192 页。

氏可考者，有张轨时曹祛牙门田嚣，张寔时灭寇将军田齐，张玄靓时叛者西平田旋。①

西平卫氏，张玄靓时，"西平人卫缉又据郡叛"，郭勋称"张氏应衰，卫氏当兴"。②

盖氏、隗氏、张氏、彭氏、窦氏，也多是凉州大姓：

盖氏，东汉时有盖勋，"敦煌广至人，家世二千石"，"曾祖父进，汉阳太守"，"祖父彪，大司农"，"父字思齐，官至安定属国都尉"，"子顺，官至永阳太守"。③

隗氏，姚薇元考为高车族姓，④两汉之际有隗嚣。

张氏，敦煌张氏"为河西著姓"，东汉末有张奂，魏张恭仕为执金吾，前凉张质仕为金城太守。⑤ 此外，还有前凉国姓的安定张氏，以及敦煌所分出的晋昌张氏，如晋昌张越为"凉州大族"。⑥

彭氏，晋初有彭祈，陇西襄武人，历任西郡、酒泉太守，护羌校尉⑦；张玄靓时，"陇西人李俨，诛大姓彭姚，自立于陇右"。⑧

窦氏，两汉之交有窦融，"世任河西为吏"，初求为张掖属国都尉，"即将家属而西"，以后据有武威、张掖、酒泉、敦煌、金城五郡，金城、敦

---

① 《晋书》卷八六《张轨传》及附《张寔传》《张玄靓传》，第2223页、第2228页、第2248页。

② 《晋书》卷八六《张玄靓传》，第2248页。

③ 《后汉书》卷五八《盖勋传》及注引《续汉书》《谢丞书》，第1879页、第1884页。

④ 姚薇元：《北朝胡姓考》外篇第四《高车诸姓》六《隗氏》："天水隗氏，本春秋时赤狄之后，高车族也。"（北京：中华书局，2007年，第334页）

⑤ 〔唐〕李延寿：《北史》卷三四《张湛传》，北京：中华书局，1974年，第1265页。

⑥ 《晋书》卷八六《张轨传》，第2223页。

⑦ 《晋护羌校尉彭祈碑》，〔宋〕赵明诚撰，金文明校证：《金石录校证》卷二〇《跋尾十》，桂林：广西师范大学出版社，2005年，第346—347页。

⑧ 《晋书》卷八六《张玄靓传》，第2248页。

煌窦氏,或即窦融一支。① 张凉时有窦涛,历任金城、武威太守。②

以上所考凉州散生郡望,虽然未必能够一一对应,但以此来证明凉州散生多为当地豪右子弟,应能成立。如再考虑到碑阴题名遴选之严格,大量列名的凉州散生,应当也不是无名之辈。

东汉以来,地方豪强势力之盛,前贤探讨已多,兹不赘述。凉州地方,因其僻处西陲,豪族的强盛及其对地方的掌控,远甚于内郡。试举几例为证:建安中,"(酒泉)太守徐揖诛郡中强族黄氏",最终反为黄昂所杀。③ 魏文帝初年,"张掖张进执太守杜通,酒泉黄华不受太守辛机",再度反叛。④ 明帝太和中,"(敦煌)郡在西陲,以丧乱隔绝,旷无太守二十岁,大姓雄张,遂以为俗"。⑤ 凉州地方,几乎就是当地豪强控制下的独立王国。因而解决凉州问题,势必要妥善处理凉州的豪强。

通过招揽凉州豪右子弟,以强化对凉州的控制,在汉晋时期绝非孤例,《后汉书·虞诩传》:

> 诩曰:"今凉土扰动,人情不安,窃忧卒然有非常之变。诚宜令四府九卿,各辟彼州数人,其牧守令长子弟皆除为冗官,外以劝厉,答其功勤,内以拘致,防其邪计。"修善其言,更集四府,皆从诩议。于是辟西州豪桀为掾属,拜牧守长吏子弟为郎,以安慰之。⑥

东汉安帝时,"羌胡反乱,残破并凉",大将军邓骘议弃凉州,在虞诩等人的坚决反对下,此议并未实行。虞诩所拟对策,即由公卿"辟西州豪杰

---

① 窦氏虽曾举家东迁,但据《后汉书·窦武传》:"武少以经行著称,常教授于大泽中,不交时事,名显关西。"(第2239页)则窦武应仍居关西,可知凉州地方仍应有窦氏势力存在。
② 《晋书》卷八六《张轨传》,第2225页、第2229页、第2234页。
③ 《三国志》卷一八《阎就传》裴注引《魏略·勇侠传》,第550页。
④ 《三国志》卷一六《苏则传》,第492页。
⑤ 《三国志》卷一六《仓慈传》,第512页。
⑥ 《后汉书》卷五八《虞诩传》,第1866页。

为掾属",同时"拜(凉州)牧守长吏子弟为郎",以收"劝厉""拘致"之效。

由辟召为吏演进为召入太学,曹魏末已可见过渡,《晋书·索靖传》:

> 索靖字幼安,敦煌人也。累世官族,父湛,北地太守。靖少有逸群之量,与乡人汜衷、张甝、索纷、索永俱诣太学,驰名海内,号称"敦煌五龙"。①

索靖于晋太安末(303)卒,年六十五,假定其在二十岁左右诣太学,即公元258年前后,曹髦在位,司马昭主政时。索氏、汜氏、张氏,无一例外的都是敦煌大族。则当曹魏末,已有凉州豪右子弟远诣太学的现象。

辟雍碑碑阴散生题名所呈现出的,晋初大规模征召凉州豪右子弟入太学,应是对汉魏政策的借鉴与改进。晋初尊奉儒学、大兴文教,将远方殊俗召入太学,一方面是儒家宣示王化的"肃慎楛矢"式的标榜;同时,入学比之除吏,不仅能在劝厉、拘致之外,更收"教化"之效,在"儒教国家"的背景下,也显得更为优渥。征召远人入太学以宣行教化的做法,为后世所承袭。苻坚破代王涉翼犍之后,"坚以翼犍荒俗,未参仁义,令入太学习礼"。②

在咸宁四年之后不过二十余年,也就是公元4世纪初,当张轨据有凉州以后,其模仿晋初的举措,或更能昭示出晋初太学招揽凉州散生的深意。《晋书·张轨传》:

> 永宁初,出为护羌校尉、凉州刺史……以宋配、阴充、汜瑗、阴澹为股肱谋主,征九郡胄子五百人,立学校,始置崇文祭酒,位视别

---

① 《晋书》卷六〇《索靖传》,第1648页。
② 《晋书》卷一一三《苻坚载记》,第2899页。

驾,春秋行乡射之礼。①

在张轨以武力平定凉州之后,即"征九郡胄子五百人,立学校",并"春秋行乡射之礼"。这一举措,几乎完全是晋辟雍碑碑阴凉州散生的翻版。"九郡胄子",其身份上的豪右子弟的特征,与凉州"散生"的职名相比,更为明显。张轨此举,同样是在叛乱屡兴的凉州地方,借以并收"劝厉""拘致""教化"之效,以巩固其统治。

总之,晋初对凉州地方的特别重视,既大规模地征召凉州豪右子弟入太学,又在国之大典的"彰显碑"的碑阴,给凉州散生以远超一般郡国的题名名额,应当说显示出了西晋王朝尝试解决凉州问题、将其彻底纳入统一王朝的决心与策略。余英时曾论及汉和帝时规定孝廉岁举人数须依郡国人口为比一事,认为此制在网罗士人外,"更深一层的用心则是全国各地区的'士'能平均而不断地进入帝国的权力系统",使"举孝廉"成为"政府与整体社会"间的通道。"公平"的全国取士,是对边远地区相当程度上的照顾,既使其利益在朝中有了发声的"喉舌",又借由大传统与小传统的交流,来取得全国性的文化统合。② 这一评述,移之于西晋的凉州政策上,或亦无不妥,而西晋更是将"公平"改为对凉州地方的"特别照顾"。与由于凉州政策的失败间接导致了灭亡的东汉相比,西晋虽然崩溃于中央,其凉州政策的意义却不能就此抹杀。西晋的凉州政策,很大程度上缓解了汉末以来凉州对中原王朝的"离心",在永嘉之乱后,河西地方之所以能成为北方汉文化的孤岛,既与胡汉矛盾有关,或也承西晋将凉州再度纳入统一王朝的格局所致。此外,受业太学的凉州散生,反之亦推动了凉州地方的学术文教。如索靖受业太学,

---

① 《晋书》卷八六《张轨传》,第 2221 页。
② 余英时:《试说科举在中国史上的功能与意义》,《二十一世纪》2005 年 10 月号,后收入氏著《中国文化史通释》,北京:生活·读书·新知三联书店,2012 年,第 212—213 页。

"该博经史,兼通内纬"①,S1889《敦煌汜氏家传并序》记汜祎"少好学,事师(师事)司空索静(靖),通三礼、三传、三易、河洛图书,玄明,究算历"②,可见索靖在学术上亦反哺于凉州。又,《晋书·索纨传》:"索纨字叔彻,敦煌人也。少游京师,受业太学,博综经籍,遂为通儒。明阴阳天文,善术数占候……知中国将乱,避世而归。"③如索纨一般,在太学学成后返归凉州的生员,应当也不在少数。陈寅恪曾论及,河陇区域在魏晋已降,独保有汉代中原之文化学术,辗转灌输而加入隋唐统一之文化,蔚然为独立之一源。④ 其源流之开立并"能不失坠",或也承惠于西晋凉州政策而来。

## 四、碑阴二次添改原因蠡测

前文既已判明碑阴题名的添改,随之而来的,则是对添改时间与原因的推断。辟雍碑的兴立,旨在彰显皇帝、太子临雍行礼。由其等级之高,可知此次添改,应也得到皇帝的授意或认可,而不会是由太学中人私自所为。

福原启郎敏锐地将散生题名与秃发树机能的叛乱相联系。福原指出,碑阴的凉州散生中,不见凉州所辖武威、西郡、张掖、酒泉四郡的生员。这一现象,或是因秃发树机能在咸宁三年(277)迁移到以武威为中心的区域,四郡陷于叛乱,西域、西海散生因此避开河西走廊,向南越过

---

① 《晋书》卷六〇《索靖传》,第1648页。
② S1889《敦煌汜氏家传并序》,郝春文等编著:《英藏敦煌社会历史文献释录》第8卷,北京:社会科学文献出版社,2012年,第178页。
③ 《晋书》卷九五《艺术传·索纨传》,第2494页。
④ 陈寅恪:《隋唐制度渊源略论稿·礼仪》,《隋唐制度渊源略论稿·唐代政治史论述稿》,北京:生活·读书·新知三联书店,2001年,第22页。

祁连山脉,经由西平、金城前往洛阳。① 是否确实如此,不得而详。②但将碑阴凉州散生题名,与立碑前后仍然炽烈的秃发树机能之乱相联系,确是独到的见解。凉州散生题名的多处涂抹重刻,或即与叛乱有关。秃发树机能之乱,在立碑的第二年即咸宁五年臻于极盛,《晋书·武帝纪》载:"五年春正月,虏帅树机能攻陷凉州。"③至当年十二月,才为马隆所平定。被抹去的凉州散生题名,或许就是因家族被裹挟进秃发树机能之乱,又或是参与后来的叛乱,因而才被抹去。

当武帝、惠帝时,因叛乱而改刻凉州散生题名,虽然可以成立,但再度添刻一列半的题名,似乎难以解释其原因。由添改题名与原刻在书风上的差异而言,这次添改距立碑应当有一定间隔,否则,当时写手、刻工俱在,不应呈现相异风格。

这次添改发生的时间,应当就在惠帝到怀帝时期。怀帝永嘉五年(311),刘曜攻陷洛阳后,"曜等遂焚烧宫庙,逼辱妃后",④"害诸王公及百官已下三万余人,于洛水北筑为京观"。⑤ 此时的辟雍,恐怕也不能免于兵燹,而刘曜也没有添改辟雍碑的动机。愍帝即位,已在长安,自然无缘添改立于洛阳的辟雍碑。永嘉之后,中原板荡,且上距立碑年月渐久,添改发生的可能更是微乎其微。

添改近乎"国之重器"的辟雍碑碑阴,应当不会是无端生事,而势必与某种政治利益相关。因此,前面既然将添改时间推定在惠、怀之间,

---

① 〔日〕福原启郎:《晋辟雍碑に関する考察》,第143页。
② 碑阳称:"至于文皇帝……荡定梁益……文告江裔……廊开大学,广延群生,天下鳞萃,远方慕训,东越于海,西及流沙,并时集至万余人。"余嘉锡已考明司马昭"廊开太学"在咸熙二年(265)四月以后(《晋辟雍碑考证》,第140—143页),即魏晋嬗代的前叶。据碑阳,凉州散生前往太学,即被系于此时。如碑阳记述可信,秃发树机能叛乱前,四郡或已有前往太学的散生。那么,碑阴之所以不见四郡生员,或许是因立碑时当地正处于叛乱,因而在选择刊名人选时做出的主动的排除。
③ 《晋书》卷三《武帝纪》,第69页。
④ 《晋书》卷五《孝怀帝纪》,第123页。
⑤ 《晋书》卷一百二《刘聪载记》,第2658页。

我们随之对碑阴末尾添刻题名郡籍进行了统计分析。① 散生之后的题名,加上改刻的三名弟子,总数为62人,其中三行残泐,②故仅统计59人,依州籍统计如下(表3):

表3 晋辟雍碑碑阴添改题名州籍表

|  | 冀州 | 司州 | 兖州 | 并州 | 青州 | 雍州 | 徐州 |
|---|---|---|---|---|---|---|---|
| 添改 | 43 | 4 | 3 | 2 | 3 | 3 | 1 |
| 前部 | 106 | 38 | 39 | 6 | 26 | 7 | 7 |
| 总计 | 149 | 42 | 42 | 8 | 29 | 10 | 8 |

由表3可见,新添刻的题名中,并无梁、豫、幽、平、荆、凉六州以及西域的生员,而生员分布的冀、司、兖、并、青、雍、徐七州中,以冀州为最多,约占添刻总数的73%。碑阴题名409人中,冀州人总计149人,约占37%;在添改前的部分,冀州人约占30%。由此可见,在添刻的题名中,冀州人所占的比例之高,是很不寻常的。此外,碑阴前部题名中,题名数量稍次于冀州的是司、兖、豫、青四州,而添刻中不见豫州人,司、兖、青三州,亦仅添刻2、3人。据此,我们推测,这一次添改的情形,应与冀州的势力相关。

东汉以来,冀州的地位就相当重要。光武、袁绍都据河北之地而兴盛,曹操始封魏公,所领也是"冀州之河东、河内、魏郡、赵国、中山、常山、巨鹿、安平、甘陵、平原凡十郡"③。西晋初几次分封,冀州阖州,除博陵一郡封王沈为郡公,其他诸郡都先后置为同姓诸侯王国。将辟雍碑碑阴所添改冀州题名,依郡籍统计人数,并附列碑阴前部的该郡人数如下(表4):

---

① 前文已论,散生题名的改刻,或因其参与叛乱而致除名,添刻的两名散生(9.27、9.28),应即补入者,以下的讨论,不再涉及这两条题名。

② 指第九列末行与第十列末两行。

③ 《三国志》卷一《武帝纪》,第38—39页。

表4　晋辟雍碑碑阴添改冀州题名郡籍表

| 郡国 | 赵国 | 赵郡 | 平原 | 安平 | 乐陵 | 清河 | 勃海 | 河间 | 中山 | 常山 | 高阳 | 巨鹿 |
|---|---|---|---|---|---|---|---|---|---|---|---|---|
| 添刻 | 6 | 1 | 17 | 1 | 2 | 4 | 4 | 2 | 1 | 1 | 2 | 2 |
| 原刻 | 1 | 7 | 20 | 17 | 4 | 7 | 15 | 4 | 9 | 5 | 8 | 7 |

对比可见，冀州诸郡国添刻题名情况约分为三类：一为平原，添改人数最多，几乎与前部相等。二为赵国，虽然合并赵国、赵郡来看，添改人数也约与前部相等，与平原相似。但赵地置郡在先，置国在后，单以赵国来看，是添刻诸郡国中，唯一远超前部人数的。其余九个郡国，可以归入第三类，添刻人数或多或少，多数为1、2人，清河、勃（渤）海虽然都是4人，但考虑到前部两郡国相应人数，仍然可以归入此类。

添改题名中，平原与赵国的独特情形，使我们将目光聚焦在这两个郡国上。

平原为晋武帝叔父司马干封国。据《晋书·司马干传》，"咸宁初，遣诸王之国，干有笃疾，性理不恒，而颇清虚静退，简于情欲，故特诏留之"，"干虽王大国，不事其务"。[①] 由本传看，司马干是一个没有太大政治野心、却对政治风向极为精明的人物，因此咸宁初遣诸王之国，司马干仍能留居洛阳，此后也未受八王之乱波及，于永嘉五年洛阳沦陷前死去，卒年八十。这样一个优游卒岁，甚而私生活有些荒唐的人，恐怕不会去关心辟雍碑碑阴题名的添改。

赵国，为赵王司马伦封国。司马伦即八王之乱中的第三王，初封于琅邪，咸宁三年(277)八月，徙封为赵王。元康元年(291)九月，司马伦迁征西将军，镇关中，后因"刑赏失中，氐羌反叛"，[②]于元康六年五月征还京师。汝南王司马亮、楚王司马玮之乱后，贾后执政，元康九年十二月，废太子司马遹，永康元年(300)三月矫诏杀遹。四月，赵王伦与梁王彤等诛贾氏，自为相国，次年正月，赵王伦篡位。三月，齐王冏、成都王

---

① 《晋书》卷三八《宣五王传·平原王干传》，第1120页。
② 《晋书》卷五九《赵王伦传》，第1598页。

颖、河间王颙、常山王乂起兵讨伦，四月，诛司马伦。

至此，我们推测，辟雍碑碑阴题名的添改，或许就在司马伦篡位前后，由司马伦授意或认可后进行。这一推断虽缺乏直接证据，但与司马伦的相关史料参验，显得颇合情理：

第一，虽然元康元年以后，司马伦就离开赵国，先后居关中、洛阳，但赵国仍是其根本所在。三王起兵后，常山王乂举兵响应，赵国在常山国南，是由常山入洛的必经之地，而乂"过赵国，房子令距守，乂杀之，进军为成都后系"①。房子令抵抗常山王乂，应即赵王伦一系。据此，赵王伦虽离开赵国，但仍与赵国关系密切，并在当地拥有支持者。那么，在其篡位前后，添刻赵国生员，也在情理之中。

第二，司马伦篡位时，封赏猥滥，以博得支持：

> 是岁，贤良方正、直言、秀才、孝廉、良将皆不试。计吏及四方使命之在京邑者，太学生年十六以上及在学二十年，皆署吏。郡县二千石令长赦日在职者，皆封侯。郡纲纪并为孝廉，县纲纪为廉吏……其余同谋者咸超阶越次，不可胜纪，至于奴卒厮役亦加以爵位。每朝会，貂蝉盈坐，时人为之谚曰："貂不足，狗尾续。"而以苟且之惠取悦人情，府库之储不充于赐，金银冶铸不给于印，故有白版之侯，君子耻服其章，百姓亦知其不终矣。②

尤其值得注意的，是其对"在学二十年"的太学生署以为吏的行为。当然，这条史料中，"年十六以上"与"在学二十年"存在重合，亦即"在学二十年"的太学生必然"年十六以上"。因此，《通鉴》将此事记为"郡国计吏及太学生年十六以上者皆署吏"③，而剔除了"在学二十年"的记载。

---

① 《晋书》卷五九《长沙王乂传》，第1612页。
② 《晋书》卷五九《赵王伦传》，第1601页。
③ 〔宋〕司马光：《资治通鉴》卷八四《晋纪六》，北京：中华书局，2011年，第2698页。

然而，《晋书》所记看似有所重合，所指代的应当是两种身份与两种署吏方式，"在学二十年"之所以与"年十六以上"分记，或是因为两者署吏的层级存在高下之别。而司马伦篡位在公元301年，距立辟雍碑的279年相隔22年，则司马伦署为吏的"在学二十年"者，很可能，多有咸宁四年在辟雍观礼或是行礼的太学生员。这些原本未得勒名碑阴的太学生员，沉沦太学二十年后，终于得以署吏。他们或即在司马伦的许可或授意下，在辟雍碑阴添刻自己的题名，以示荣宠。这一行为，既源于司马伦封赏猥滥，"以苟且之惠取悦人情"，或而也是为其篡位营建合法性。辟雍碑添改题名所呈现出的写刻粗滥，也可与当时的"白版之侯"相印证。

第三，在司马伦篡位前后添改题名的假设下，所添题名的籍贯也存在较统一的特征。前列冀州题名的郡籍，涉及冀州的十一郡国，都为同姓诸侯的封国，他们各自握有相当数量的武装。而其余司、兖、并、青、雍、徐各州，也多见同姓诸侯王的封国，如青州北海，初为司马陵封国，时为司马攸子寔封国；青州济南，为济南王遂一支封国；雍州扶风，为扶风王骏一支封国；雍州京兆，伦子馥为京兆王，司州广平，伦子虔为广平王。那么，添改题名中大量出现的同姓诸侯王的封国，或许也是司马伦"以苟且之惠取悦人情"，借以博取宗室支持的做法。

故此，我们推测，碑阴题名末尾所出现的添刻、改刻现象，或即发生于司马伦篡位前后。而辟雍碑后来的遭遇，或也受此波及。①

---

① 《水经注》中提及当时仍能见到泰始二年辟雍行礼碑，但碑已断为两截。亦即到北魏时，泰始二年碑虽然断为两块，但仍可见，晋辟雍碑则无从寻迹。张鹏一据此认为，辟雍碑应在北魏孝文帝迁都洛阳时遭到埋没，至尔朱荣之乱，彻底湮灭不见。（张鹏一：《晋辟雍碑跋》，《北平图书馆馆刊》第7卷第6期，1933年12月）福原启郎认为，由此碑两面保存的完好程度来看，此碑的仆倒掩埋，应发生在永嘉之乱以前。（《晋辟雍碑に関する考察》，第161页）如添改确系司马伦所为，三王讨伦时，成都王颖"营于太学"，平定以后，"百官是伦所用者，皆斥免之，台省府卫仅有存者"。也就是说，在讨平司马伦以后，三王对司马伦篡位前后所任命的官吏乃至卫士，做了全面的罢免。那么，在太学被署为吏的太学生员，应当也在清洗之列。添刻这些人员题名的辟雍碑，也因此被放倒掩埋。这样，在时间上也就与福原的推测相吻合了。

总之，辟雍碑碑阴集中出现的凉州散生，呈现出晋初凉州政策之一斑：征召凉州豪右子弟进入太学，借以浸染文教，并控制当地豪强，从而解决凉州问题，重建统一国家。这一举措，既缓解了凉州与中原王朝的"离心"，也推动了凉州地方学术文教的发展。而基于对拓片、原碑的考察，我们发现并证实碑阴题名存在添改现象，并推测其与司马伦篡位相关。

【致谢】

本文承出土文献与中国古代文明研究协同创新中心·中国人民大学中心支持，得到韩树峰、张忠炜、邬文玲等先生的指正，谨此致谢！另，本文原刊《中国史研究》2017年第4期，文字稍有修订。

# 从温峤、温式之墓志试析温氏家族的贵族化之路

邓玮光

> 当我们在一张纸上画一个圆形时,事实上是它的"边缘"让它看来像个圆形。
>
> ——王明珂

在科学开始显示力量的18世纪,讲求客观性几乎成为所有学科的追求,彼时的历史学也不例外。而客观性研究的起点就是对研究对象进行定义。凡是定义就意味着要把研究对象从其他的对象中区分出来,但这种区分究竟是由于自身客观属性而自然形成的,还是依赖研究者主观意志而人为划分的,在认识论上,这个疑问就像一个令人不安的幽灵漂浮在所有研究者的头顶,为客观性的大厦蒙上了不祥的迷雾。

随着客观性研究在文科研究中遇到了瓶颈,人们已不能再像过去那样漠视这个幽灵的存在。19世纪末,经济学、社会学、民族学等都开始不同程度地出现了从客观性研究向主观性研究的路径转移。而转移的一个标志就是从早期对本体论的执着,转向对认识论的反思。研究者开始关心研究的基础——研究对象的定义到底从何而来,以及何以可能。即研究对象究竟是什么,它是如何产生的,它是如何变化的,每个变化阶段中是谁在赋予它定义,又是谁在使用这些定义,后来者又是在什么样的背景下理解和接受前人的这些定义的。在这个探索的过程中,"边缘研究"成为众多方法中一股不容忽视的力量。

什么叫"边缘研究"? 即研究一个概念,将注意力放在这个概念的

边缘部分展开研究。打个比方,作为江苏人,我们家乡最常使用的两个概念——苏南、苏北。这是两个一眼看上去非常普通的地域概念,但在江苏特殊的语境中随着使用者的不同,其内涵往往大相径庭。就苏南而言,南京、镇江人会认为那是指长江以南,而苏锡常人则默认是指常州以南。与之相对,苏北这个概念,苏锡常人认为是常州以北,南京、镇江人认为是长江以北,而扬州、泰州、南通则认为是他们北边。由此可知,概念的定义会随着使用者的变化而变化,而对此最敏感的恰是处于这个概念最边缘的人。因此,要研究苏南、苏北这两个概念的内涵,最好的研究对象就是处于这个概念边缘的那部分人。

苏南、苏北如此,一、二流贵族的划分又何尝不是如此呢?挣扎在一、二流边缘的贵族们正是拉着那条看不见的分界线左右晃动的真正出力者。因此,对他们进行研究,也许更容易帮我们把握住一、二流贵族的实情。下面,笔者想尝试利用两块墓志,以温氏这个介于一、二流间的边缘家族为切入点,重新对贵族制中一、二流贵族的界限到底何在这个老话题略做讨论。这次,笔者并不执着于分析一、二流贵族划分的客观标准,而是尝试构建出一个在主观上形成一、二流贵族的过程,然后在此基础上重新审视温氏家族的贵族化之路。

## 一、温峤、温式之墓志简介

2001年2月至10月,南京市博物馆在下关区郭家山发掘了四座东晋砖室墓,其中 M9 出土了一方砖质墓志,志主为温峤;M12 出土了一件圆首碑形陶质墓志,志主为温峤次子温式之。[1]

现以发掘简报为基础,参照拓片,将温峤、温式之墓志释文迻录如下。

---

[1] 南京市博物馆:《南京北郊东晋温峤墓》,《文物》2002年第7期;南京市博物馆:《南京市郭家山东晋温氏家族墓》,《考古》2008年第6期。

温峤

祖济南太守恭，字仲让，夫人太原郭氏。父河东太守襜，字少卿，夫人颍川陈氏，夫人清河崔氏。使持节、侍中、大将军、始安忠武公、并州太原祁县都乡仁义里温峤，字泰真，年卌二，夫人高平李氏，夫人琅邪王氏，夫人庐江何氏。息放之，字弘祖；息式之字穆祖；息女胆；息女光。

温式之

泰和六年四月廿九日，晋故散骑常侍、新建开国侯、太原郡祁县都乡仁义里温式之葬琅耶郡华县白石岗□□□阅如左：

祖司徒右长史河东太守，讳□，字少卿。夫人颍川陈氏。夫人清河崔氏，父御史中丞参。考使持节、侍中、大将军、始安郡忠武公，讳峤，字太真。夫人高平李氏，父河南尹□□祖。夫人琅耶王氏，父修武令诩，字季演。夫人庐江何氏，父吴国内史□，字□伟。兄使持节、辅国将军、交州刺史，袭封始安公，讳放之，字弘祖。夫人太□□□□□□守企，① 字子及。式之，夫人颍川荀氏，父御史中丞闿，字道明。大妹适颍川庾□，字宣庆。小妹适余杭令陈国袁矫之，字叔产。大妹二男三女，小妹四男五女。放之，三男三女。长女适陈国谢廓，字敬庆。长息嵩之，字敬林，散骑侍郎，袭封始安公，配河内山氏，父东阳太守遐，字彦林。式之长女适谯国桓胐，字少仁。中女适陈国谢遁，字□□。小女适琅耶颜畅，字少和。长息崇之，字□□□□□。次息铿之，字仲光。次息慕之，字□□。

---

① 原释文为"夫人太[原庞氏父庐陵太守]企"。查看拓片，[ ]中字在拓片中已无法辨识。经发掘者介绍，原志为碎砖拼接而成，此处已残，为石膏补出。简报书写者是凭"企字子及"四字，搜索文献后，发现只有庞企符合条件，故补出，并无其他证据。出于谨慎，笔者此处留空。

次息□□字稚光。凡此八人皆荀氏之……①

《晋书》《世说新语》等史料中,关于温峤的叙述多局限于温峤本身。温峤、温式之墓志的出土为我们了解温氏家族的情况提供了更丰富的资料。

## 二、试析温氏家族的婚姻策略

结合温峤与温式之墓志中的信息,可将温家的结婚对象总结如下(为方便比较,以墓志中所见最早祖先为第一代):

第一代

温恭:太原郭氏

第二代:

温襜:颍川陈氏、清河崔参女

第三代:

温峤:高平李绲女、琅琊王诩女、庐江何邃女

第四代:

温放之:无法确定(发掘者推测为太原庞企女)

温式之:颍川荀閤女

温胆:颍川庾宣庆

温光:陈国袁矫之

第五代:

温放之长女:陈国谢廓

温放之长子温嵩之:河内山遐女

---

① 原释文为"凡此八[人]皆荀氏之□□□□□□",因此段为碑文的结尾,不知"荀氏之"后尚有几字,故以……代替。此外,墓志前文所言人数为七人,这里总结为"八人",姑且存疑。

温式之长女：谯国桓胅

温式之中女：陈国谢通

温式之小女：琅琊颜畅

下面笔者想结合时间线索，对温家不同时期的婚姻对象及背后的策略进行分析。

温家在墓志中可追溯的第一代温恭，所娶为同郡人太原郭氏。同郡通婚是东汉以来的常例，似无特别之处，但在温峤的直系谱系中，除了温放之夫人疑似为太原人外，就再无同郡婚姻的例子，这引起了笔者的关注。笔者推测温郭的结合可能并非只是简单的同郡通婚。

太原郭氏在《三国志》中著名的有两支，即太原界休的郭太一支与太原阳曲的郭淮一支，仅凭墓志很难判断温氏的结亲对象究竟为哪支。但如果综合温恭子温襜的结亲对象——颍川陈氏、清河崔氏来看，笔者怀疑最有可能的就是郭淮这支。据《晋书·温羡传》可知，温恭父为温恢。[1] 温恢在《三国志》中有传，言其曾为丞相刺奸主簿，这里的丞相就是曹操。[2] 而太原郭氏的代表郭淮、颍川陈氏的代表陈群、清河崔氏的代表崔琰俱入曹操幕府。郭淮为丞相兵曹议令史，[3]陈群参丞相军事，[4]崔琰为丞相东曹掾。[5] 温恭、温襜父子的婚姻很可能是温恢在曹操幕府中借同僚关系所奠定的。温家的婚姻，似乎从温恢开始就打下了以政治向背为考量的底色。而这也应是这一时期大族婚姻的基本原则。

时移世易，随着汉魏革命，魏晋革命，当原来的曹操幕府集团成为

---

[1] 〔唐〕房玄龄等：《晋书》卷四四《温羡传》，北京：中华书局，1974年，第1266页。

[2] 〔晋〕陈寿：《三国志》卷一五《温恢传》，北京：中华书局，1959年，第478页。

[3] 《三国志》卷二六《郭淮传》，第733页。

[4] 《三国志》卷二二《陈群传》，第633页。

[5] 《三国志》卷一二《崔琰传》，第368页。

过眼烟云时,温家的政治联盟也发生了迁移,而温峤的两段婚姻及其子温式之的婚姻正好是温家政治转换的最好注脚。

温峤父温襜资料较少,与之相比,更有名的是温襜的兄长、温峤的伯父温羡。温羡最早为晋齐王司马攸所辟,后来攸子齐王冏辅政时,"以羡攸之故吏,意特亲之,转吏部尚书"①。可以说温羡最早的政治靠山就是齐王一系。而温式之夫人荀氏父荀闿亦为齐王冏故掾属,这可能就是双方结亲的契机。

但随着齐王冏败亡,温羡的政治地位受到冲击,出为冀州刺史。这时温氏需要新的靠山,而送来这个靠山的就是刘琨。② 刘琨先附贾谧,后附赵王司马伦。伦败,投靠齐王司马冏。冏败,附范阳王司马虓。司马虓为东海王司马越一系,司马越又以琨父蕃为淮北护军、豫州刺史,进一步加深了刘家与东海王的关系。③ 在这种背景下,当司马虓被刘乔击败后,刘琨为其寻找新的根据地奔走,最终联系上了温羡。④ 温羡与刘琨都曾出仕过齐王冏,双方有一定的交集。⑤ 经过利益交换,才出任冀州刺史不久的温羡让出冀州给司马虓。作为回报,在司马越当政后,很快温羡便被征为中书监,未拜,会惠帝崩,怀帝即位,迁左光禄大夫、开府、领司徒。这种火箭般的上升速度,令"论者佥谓为速",而这不过是不知内情的人的牢骚而已。⑥

在温羡为司徒的同时,王衍为司空,而王衍是司马越死党。值得注

---

① 《晋书》卷四四《温羡传》,第 1266—1267 页。
② 同上。
③ 《晋书》卷六二《刘琨传》,第 1679—1680 页。
④ 《晋书》卷四四《温羡传》,第 1267 页;《晋书》卷六二《刘琨传》,第 1680 页。
⑤ 此外,刘琨与温氏还有姻亲关系,但限于材料,很难判断,刘琨是与温氏先有婚姻关系,再达成联盟关系,还是先达成联盟,再用婚姻关系来巩固。《三国志》卷六七《温峤传》记"平北大将军刘琨妻,峤之从母也",1785 页。又〔南朝宋〕刘义庆著,〔南朝梁〕刘孝标注,余嘉锡笺疏:《世说新语笺疏》卷下,"温公丧妇,从姑刘氏",北京:中华书局,2007 年,第 1006—1007 页。
⑥ 《晋书》卷四四《温羡传》,第 1267 页。

意的是,温峤第二任妻子,正是王衍弟王诩女。罗新、叶炜两位先生推测温峤娶王氏是在渡江后,①但这一推测存在两个疑点。一、温峤渡江是为了替刘琨劝进,其一开始应无在南方常住的打算,因此也不可能一过江就与南边的人通婚。而在其渡江不久,母亲崔氏就亡于北方,②按东晋礼制,温峤应守孝三年,此时也不可能会结婚。③ 而温峤渡江时已届 30,若过江后娶王氏,则其与王氏结婚当在 33 岁以后。而温峤终年 42 岁,在王氏之后又娶何氏,温峤育有二子二女,④有可能皆为何氏所生(非定论),如果排除存在双胞胎的可能,即使连续生育,何氏与温峤结婚可能至少也在温峤 38 岁以前甚至更早,在 33 到 38 岁之间,温峤娶王氏,而王氏又很快去世,这种可能性虽不能说没有,但确实存在疑点。二、王氏为王衍侄女,与王导一支并非近属。且王导与司马睿南渡时,王衍正是春风得意之时,其亲属近支未必会与王导一起南渡,相反,待在王衍身边似乎更为合理。如果此时,王诩父女与王衍在一起,则王衍被害后,其能否逃离北方,顺利南渡,也是一个疑问。而如果将温峤娶王氏放在渡江前,考虑到温峤在温羡与刘琨交易冀州时为 18 岁,正是当婚之年。温峤第一任夫人高平李𫘡女早卒,此时很可能已经去世。

---

① 罗新、叶炜:《新出魏晋南北朝墓志疏证》(修订本),北京:中华书局,2016年,第 14 页。

② 根据《晋书》卷六《元帝纪》、卷六七《温峤传》,温峤于建武元年六月替刘琨上劝进表,则计算路程,其大致应在建武元年初南下,其时,峤母犹在。据卷二〇《礼志中》其于同年(建武元年)除散骑侍郎时,"以母亡值寇,不临殡葬,欲营改葬,固让不拜"(《晋书》卷二〇《礼志中》,第 640 页)。则其母丧于建武元年。温峤死于成帝咸和四年(329),年 42,则建武元年(317),峤年 30。

③ 《晋书》卷二〇《礼志中》专门就温峤的问题展开讨论,确定了像温峤这样亲死北方,因战乱不得奔赴的,都限行三年之礼。虽然,这只规定了丧礼的时间上限,但以当时对孝的重视,温峤又是以亲故屡辞诏命,所以笔者判断温峤虽出任做官,但至少其他方面也应服丧三年,而服丧期间是不得嫁娶的。

④ 据《晋书·温峤传》载:"其后峤后妻何氏卒,子放之便载丧还都。"(《晋书》卷六七《温峤传》,第 1796 页)笔者从语序推测,放之似应为何氏之子。而放之为温峤长子,何氏为温峤最后一任夫人,故其弟、妹皆应为何氏所生。

作为政治交易,温羡以弟子婚王衍弟女来巩固双方的联盟,似乎更为合理。因此,笔者推测温峤第二任夫人王氏很可能娶于江北,就在此时。①

如果说温恢主导了儿子温恭、孙子温襜的婚姻,温羡主导了侄子温峤的婚姻,那在此之后站上主导之位的就是温峤。

借助与刘琨的姻亲关系,温峤成为刘琨的亲信。当时,由于司马越与司马睿的关系,刘琨在司马越败亡后,选择以司马睿作为继续合作的对象。于是建武元年(317),温峤以刘琨心腹的身份来到了江南。

可能是因为王夫人的关系,温峤在江南最早想选择的合作者是王导。而王导在渡江诸人中,至少表面上尚有恢复中原的志向。② 而温峤之所以南下替刘琨劝进,就是想借机在南方找到支持力量,北上援助刘琨,于是双方一拍即合。而温峤对王导也不惜赞誉,"江左自有管夷吾,吾复何虑"③。不过这时的温峤对于东晋政权尚只是一过客,并未参与太深。

但随着刘琨为段匹磾所杀,失去了北方靠山又被东晋朝廷强留在江东的温峤,不得不参与进南方的政局中。凭借与王导的关系,其做了王导的长史。④ 这时,值得注意的是温峤的婚姻状况。也许王夫人到了江南不久就去世了,这时为了巩固与新联盟的关系,温峤娶了第三任妻子庐江何邃女。之所以选择何氏,很可能是考虑到庐江何氏与琅琊王氏之间的密切关系。庐江何氏代表人物何充为王导妻之姊子,王导对何充也颇为提携,因此,温峤娶的虽然是庐江何氏,但背后表达的却

---

① 当然,因为温峤三夫人中,只有王氏与何氏,被追赠印绶,所以笔者推测王氏很可能其与温峤一起渡江,而温峤最早的夫人李氏则死后葬在了江北,无法给予印绶。
② 王导新亭之会,犹有"克复神州"之言。详见《世说新语笺疏》卷上,第109—110页。
③ 《晋书》卷六七《温峤传》,第1786页。
④ 《晋书》卷六七《温峤传》,第1786页。

是对琅琊王氏的亲近。

但在讨论刘琨死后待遇时,温峤与王氏之间似乎产生了隔阂。值得玩味的是太兴三年(320)温峤上疏为刘琨请求待遇时的身份为"太子中庶子"①。理论上说,刘琨死后不久,温峤就有机会为其请求追赠,而那时他作为王导的长史,只要王导同意,应是相对容易的事。但根据史书中的记载,温峤却是在成为太子中庶子后才提出辩解,这似乎从侧面说明王氏在这一事件上的微妙态度。在刘琨才死时,东晋朝廷为了笼络段匹磾,不为刘琨举哀,直到太兴三年(320),段匹磾大势已去后,才对刘琨予以追赠。② 以东晋初期朝堂上的政治势力分布而言,琅琊王氏的发言权举足轻重,因此,在对刘琨一事上采取功利主义态度的主推者很可能就是王氏。这也许埋下了王、温双方不和的种子。

随着江左逐渐稳定,王与马共天下的局面也出现了裂痕。王敦的叛乱使双方矛盾浮出水面,而与明帝为布衣之交的温峤最终在王与马之间,选择了司马皇室为效忠对象。在王、温分道后,虽然史书中没有直接记载王导对温峤的态度,但王家的另一位重要人物王敦对温峤却是恨之入骨。③ 与王氏的渐行渐远,让温峤不得不重新选择合作对象。

在温峤本传中,言其过江所交好的人中有庾亮、谢鲲、桓彝三人。④ 而颍川庾氏、陈郡谢氏、谯国桓氏正是温式之墓志中与温家通婚的

---

① 《晋书》卷六七《温峤传》中,将温峤为刘琨分辩的事,记在其为王导长史前。但传记中的时间线索有时比较跳跃,书写顺序未必直接反映事件的前后顺序。且在对温峤提议的最后,记载"帝然之",表明温峤的建议被采纳了。而东晋对刘琨予以追赠是太兴三年,此前,一直顾及段匹磾而未置可否。《刘琨传》中也载"太子中庶子温峤又上疏理之",而且在此后紧接着就是晋元帝下诏予以追赠,在逻辑顺序上与《温峤传》相同。故笔者判断,两者讲的就是一回事,只是《温峤传》中未完全按照时间顺序记录。
② 《晋书》卷六二《刘琨传》,第1687—1690页。
③ 《晋书》卷六七《温峤传》,第1788页。
④ 《晋书》卷六七《温峤传》,第1786页。

三家。

　　三家中，颍川庾氏、陈郡谢氏可能与温家早有交集。"时王敦、谢鲲、庾敳、阮修皆为衍所亲善，号为四友。"①鉴于王衍与温家的姻亲关系，谢鲲、庾敳与温峤可能在江北即已相识。

　　其中，庾敳是庾亮从叔，虽然与庾亮关系已远，但毕竟存了一份联系。渡江后，颍川庾氏与司马皇室联姻，而与王氏龃龉，成为司马氏的支持者。因为背离王氏，而在江南失去靠山的温峤，考虑到温庾两家在西晋时的关系以及庾氏的政治态度，最终倒向了庾氏。对于庾氏，温峤给以鼎力支持，即使在此后庾氏面临危难之际——苏峻之乱时，也没有改弦更张。因此，虽然温峤死时儿女尚幼，但颍川庾氏显然记下了温家的恩情，在温峤死后，娶了他的大女儿作为家族间的纽带。

　　而谢鲲除了在西晋时与温家的关系外，在东晋又曾与温峤同为王敦僚属，这为双方的交往创造了条件。在政治倾向上，双方都偏向司马氏。此外，值得注意的是谢鲲的夫人为中山刘氏，而刘琨正是中山刘氏，两者可能是同族。② 由前文可知，温家与刘家也有婚姻关系。这些都使谢、温两家在风云诡谲的东晋政坛中有成为盟友的可能。陈郡谢氏自谢鲲以来，谢尚、谢万、谢安等都曾莅临中游。而温家在温峤之后也曾长期滞留中游的豫章，两者之间遂开始频繁通婚，除了温式之墓志所反映的温放之长女嫁谢廓、温式之中女嫁谢遁外，在谢温墓志中也有其姊嫁太原温楷之的信息。③

　　桓彝，在晋明帝欲伐王敦前被拜为散骑常侍，引参密谋，与温峤同为明帝的心腹。王敦乱平后，温峤举荐桓彝为宣城内史。④ 桓、温两家

---

① 《晋书》卷四三《王澄传》，第 1239 页。
② 南京市文物保管委员会：《南京戚家山东晋谢□墓简报》，《文物》1965 年第 6 期。
③ 南京市博物馆、雨花区文化局：《南京南郊六朝谢温墓》，《文物》1998 年第 5 期。
④ 《晋书》卷七四《桓彝传》，第 1940 页。

也展现出互动的关系。

很可能正是基于共同的政治立场,温、庾、谢、桓四家构成了一个婚姻集团。

除了这四家外,以司家山谢氏家族墓所出墓志梳理出的谢氏婚姻圈中还有陈郡袁氏,这同样也出现在温家的婚姻圈中。袁氏与谢氏都是陈郡阳夏人,袁谢通婚可能有地域的因素。也许正是以谢氏为纽带,袁氏也加入了这个婚姻集团。

除以上政治利害关系所产生的通婚外,当年温峤在任太子中庶子时的同僚关系也发挥了一些作用,与温峤同为太子中庶子的颜含所属的琅琊颜氏中的颜畅(据《元和姓纂》为颜含之孙)与温式之小女结婚。

而温峤妻所属的庐江何氏在温家的婚姻圈中也可能起过一定的作用。温放之长子温嵩之娶河内山遐女,山遐曾为余姚令,而其长官会稽内史即为何充。温、山两家的联姻可能就是在这个背景下定下的。

最后,如果温式之墓志中所提及的温放之妻,确实如发掘者所推测的为太原庞企女的话,那这段婚姻可能是温峤为江州时的关系所遗留下的结果,因为庞企为庐陵太守,而庐陵属江州。

综观温峤一族的婚姻选择,我们似乎看不到所谓"门地"的绝对界限,我们看到的只是为了家族延续与上升而进行的赤裸裸的交易。

## 三、对贵族分类标准的再思考

最终,温家通过这一系列操作成为一流贵族了吗?这是六朝家族研究中在对某一家族研究进入尾声时常会关注的一个话题。以往对贵族社会的研究,最重两条线索,便是"婚"与"宦"。研究者大都默认一种操作方法,即判断一流贵族的标准无非两条,与固定的几家通婚——主要是王谢,起家官做到相应的职位——著作郎、秘书郎等,便是贵族。这几乎成了教条。

参照以上标准,温家至少到温峤时似乎并不欠缺,但当时人却不这么认为。《世说新语·品藻》:"世论温太真,是过江第二流之高者。时名辈共说人物,第一将尽之间,温常失色。"①这里表面是品藻人物,背后其实也隐含着品评家格,所以温峤对自己被放在二流是不满意的——"常失色",因为至少在他看来,无论是婚还是宦,他都不比所谓的一流差。

除了温氏家族外,我们在研究中也经常会发现另外一些家族,实际上他们已经满足了前述所有条件,比如通婚王谢,比如起家著作郎、秘书郎,在婚宦方面都达到了今天我们所定义的一流贵族的标准,但似乎当时人并不视他们为一流贵族。对此,有学者解释,这是由于他们任职时间不够(不是代代都如此),或者通婚情况是特例。

但笔者认为,一个标准制定后,又需用新的附加标准去重新校准,这本身恰恰显示出该标准的不完备。那是否能提出一个完备的贵族定义呢?似乎很难,在具体实践中,总能找到反例。这时,我们也许需要转换一下思路。问题本身无法解决,可能不是解决者能力的问题,而是问题本身的方向错了。

如果方向错了,那该如何转向呢?王明珂先生的《华夏边缘:历史记忆与族群认同》可以给我们一些提示。在序论一中王先生提到:"一个族群理论如果能回答'我们是谁',这一定是个有问题的理论。事实上,现代族群理论希望解答的问题是:'为何我们要宣称我们是谁?'"②这样的思路也可以运用到贵族制的研究中,即我们似乎更应考虑的不是"一流贵族是什么",而是"是谁在定义一流贵族,他们又为何要这么定义"。

民族学的研究经历过从客观论向主观论的转向。所谓客观论,即预设存在一个相对稳定的客观群体——民族,然后通过对其核心人群

---

① 《世说新语笺疏》卷中,第613页。
② 王明珂:《华夏边缘:历史记忆与族群认同》(增订本),杭州:浙江人民出版社,2013年,第1页。

的观察,总结出一些与其他群体相区别的特征(体质、语言、文化、生活习惯等),从而对该民族内涵进行科学定义,最后再用这个定义对具体的研究对象进行分类研究。

客观论的问题在于相对稳定的客观群体真实存在吗?如果存在,其边界又如何确定?以民族为例,任何一个民族真的能通过一些客观标准(体质、语言、文化、生活习惯等)截然与其他民族分开吗?显然不能。因此,一些学者转移了研究路径。主观论应运而生。

主观论认为民族是人群主观认同之结群,造成族群最主要的是它的"边界",所以其将研究重点放在边缘人群上。对此,王明珂曾举过一个形象的比喻,"当我们在一张纸上画一个圆形时,事实上是它的'边缘'让它看来像个圆形"。[1]

将这种思路引入到贵族制研究上也许是可行的。所谓的一流贵族实际在不同的语境中是变动的。就像前文所说的苏南、苏北这对概念一样,偏向正向感情的就急于将自己包进去,偏向负向感情的则急于将自己撇清。而贵族中所谓一、二流的分法也大致如此,一、二流的分别关键在于由谁来分。

贵族形成的过程,大致可分为三个阶段。第一阶段,所有的家族都在竞争,不过还是以单兵作战为主。这时的婚姻策略更多的是考量对现实政治的帮助,因此,通婚对象并不固定。如温家开始时所表现的那样。这样的策略,在政局变化时可以保持相当的灵活性,但也因此,可能会让自己在面对困境时陷入孤立无援的境地。

随着竞争的加剧,贵族形成开始进入第二阶段。一些家族开始联合,形成了最早的核心家族圈,他们互相通婚,在政治中长期合作,而不局限于一时的成败。这虽减少了家族婚姻策略的灵活性,但同时也减少了一个家族由于某一代出现断层而被挤出利益圈的风险。核心家族圈一旦形成,相对于单兵作战的家族就表现出强大的集团优势,贵族名

---

[1] 王明珂:《华夏边缘:历史记忆与族群认同》,第4页。

额的竞争变成了不同家族圈之间的竞争。

随着一些家族集团的脱颖而出,贵族形成开始进入第三阶段。这时,游离的家族必须做出选择,要么加入某一家族圈,要么被彻底排挤。相对于早期加入者来说,后来的加盟者都属于边缘家族。围绕着胜利者,边缘家族开始呈现依附之势。

但边缘家族尴尬之处在于,其面临着三重困境。第一,他们的地位渊源自依附对象的地位。因此,他们在自证自身贵族身份时,也不得不顺带强调依附对象的地位。第二,由于是后来者,所以他们的身份需要核心家族圈的认证,这使他们的地位随时面临被取消的威胁。第三,它们又面临其他边缘家族的竞争。

这三重困境使暂时取得优势的边缘家族为了巩固自身的地位,排除其他潜在竞争者,而有意制定一系列的约束条件(比如婚、宦),并不失时机地在一切可能的场合公开宣扬,以此来显示自身相对于其他边缘家族的优势。这样,随着时间的推移,边缘家族开始不自觉地充当起贵族圈守门人的角色。与此同时,核心家族反而免去了自证的义务,并进而生出了对圈子外延进行界定的权力。而这种权力成为他们交易的砝码。

那具体如何交易呢?对于家族来说,交易标的无非两种——"婚"与"宦"。"宦"名义上仍是皇权的范围,家族只能被动地垄断一些官职,排除一批人,但不能轻易推进一批人。与之相对,婚姻则是更好的砝码,其主动权完全掌握在家族手中,只要价格合理,回报丰厚,他们并不介意成为天使投资人。而之所以不愿意交易,在很多情况下,门地悬殊不过是借口,真正的根源还是在于成本与收益不能令他们满意而已。虽然出卖了婚姻,但核心家族也并不担心在圈中放入过多的竞争者,因为他们有不知疲倦的看门人在帮他们排忧解难。同时,他们以自己的核心地位及最终的裁判权,牢牢把控圈内的舆论。婚姻是贵族的必要条件,但不是充分条件,他们随时可以通过自己的舆论操控来覆盖婚姻的影响。因此,才会出现当沈约(守门人)对王源婚宦失类痛心疾首时,我们却可以通过墓志发现,琅琊王氏对南阳刘氏、[1]吴兴施氏是来者不拒的。[2]

## 四、温氏家族的贵族化之路

明白了这一过程,我们再来看温氏家族。早期的温家(温恭、温襜时期),正好处于贵族形成的第一阶段,所以从婚姻对象上看不出存在固定通婚家族集团的痕迹。到了温峤时,东晋正处于第二阶段、第三阶段的转换期。温峤曾有机会加入正在形成的以王氏为核心的家族集团。考虑到温峤个人的价值,作为核心家族的琅琊王氏毫不犹豫地伸出了橄榄枝,这也成为温家最有可能迈入一流贵族行列的机会。但随着温峤在政治上选择了皇室,最终与王氏分道扬镳,一切成为泡影。面对温氏的不合作,作为核心家族的王氏,毫不犹豫地开始在舆论上予以压制,《世说新语》中对温峤的品评也许正是在这样的背景下诞生的。但温家也并非完全没有机会,它后来加入了以谢氏为核心的家族集团。但这时的谢氏还在一、二流间徘徊,甚至被诸葛家拒婚。谢氏的真正崛起要到谢安以后,而谢家的崛起也与其与王家的合流有关。在这种合流中,原来的集团必然会经历清洗,那时的温家似乎已经没有温峤这样的人物来支撑门面。所以在谢家崛起时,温家似乎并未能附其骥尾。这也决定了在婚宦两方面都不是很差的温氏,最终被排在了二流的位置。

---

[1] 南阳刘氏例见南京象山 9 号墓——王建之、刘媚子墓。详见南京市博物馆:《南京象山 8 号、9 号、10 号墓发掘简报》,《文物》2000 年第 7 期。

[2] 吴兴施氏见南京象山 5 号墓——王闽之墓。详见南京市博物馆:《南京象山 5 号、6 号、7 号墓清理简报》,《文物》1972 年第 11 期。

# 刘宋罗氏家族买地券研究

## ——南徐州侨民与晋宋之际的建康社会

陆 帅

建康城研究是六朝史领域的基本课题,①但由于文献不足征等原因,由建康城内外居民的具体活动所构成的社会历史图景,仍不十分清晰。② 如何将考古新资料与传世文献相结合,深入描画六朝建康社会变迁的具象,无疑是值得进一步探索的课题,也是近年来建康城研究中新的学术增长点。③ 在这方面,南京江宁区出土刘宋罗健夫妇、罗道训买地券就提供了一组崭新的资料群,弥足珍贵。由于学界对这三方买地券的讨论尚不充分,④故本章拟先对买地券加以录文,介绍基本情

---

① 相关学术史参见张学锋:《六朝建康城的发掘与复原新思路》,《南京晓庄学院学报》2006年第2期;〔日〕中村圭尔:《六朝江南地域史研究》,东京:汲古书院,2006年,第453—553页。此外还可参见杨国庆、王志高:《南京城墙志》,南京:凤凰出版社,2008年;陈刚:《六朝建康历史地理及信息化研究》,南京:南京大学出版社,2002年。

② 相关学术史参见卢海鸣:《六朝都城建康研究状况综述》,《南京理工大学学报》2005年第1期。

③ 中日学界近来关于建康都城圈、郊外等一系列的研究就很具代表性,如张学锋:《六朝建康都城圈的东方——以破冈渎的探讨为中心》,《魏晋南北朝隋唐史资料》第32辑,2015年,第63—83页;魏斌:《南朝建康的东郊》,《中国史研究》2016年第3期;〔日〕小尾孝夫撰,陆帅译:《六朝建康都城圈的形成与江右地区》,收入张达志编:《中国中古史集刊》第2辑,北京:商务印书馆,2016年,第40—57页。

④ 六朝买地券的系统整理,可参见王志高:《六朝买地券综述》,《东南文化》1996年第2期;鲁西奇:《中国古代买地券研究》,厦门:厦门大学出版社,2014年,第146—149页。

况。而后围绕着券文所提示的墓主人籍贯变迁、仕宦经历、葬地选择等问题展开讨论,以此触及晋宋之际建康周边人群、社会的变动实态。

## 第一节　买地券的基本情况与录文

罗健夫妇买地券两方(下文简称 A 券、B 券),罗道训买地券一方(简称 C 券),现藏于南京江宁博物馆。2013 年,《东山撷芳:江宁博物馆暨东晋历史文化博物馆馆藏精粹》一书刊布了券砖正面部分的照片,并提供了形制、出土地点等信息。① 2019 年,这三方墓志的拓片得以正式公布,并由王志高加以释读。② 在此依据拓片及王志高的释读,将三方买地券录文、标点如下:

(1) 罗健夫妇买地券 I(A 券)

宋元嘉廿二年八月丁亥朔十日丙申□。堂邑郡高山县都乡治下里兰陵太守刘阳县开国男罗健、妻旳。蒿里/父老、墓乡右秩、左右冢侯、丘丞墓伯、地下两千石、安都丞、武夷王等,共买此地,纵广五顷。与堂邑/郡男女死人罗健夫妻,得钱万々九千九百九十九枚钱,即日毕了。玄都鬼律、地下女青诏书:从/军乱以来,普天死人听得随生人所在丹阳郡湖孰县西乡都乡里中亭邑买/地葬埋,今皆于此地中掘作葬墓埋健夫妻尸丧,魂魄自得归此冢庐。随/地下死人科法。五腊吉日、月晦十五日,休假上下,往来不得留难。有□呵问、左/右比居他人妄仍夺取健地。时人张坚固、李定度,沽酒各半,共为券莂。

(2) 罗健夫妇买地券 II(B 券)

---

① 参见江宁博物馆、东晋历史文化博物馆编:《东山撷芳:江宁博物馆暨东晋历史文化博物馆馆藏精粹》,北京:文物出版社,2013 年,第 14—15 页。
② 参见王志高:《南京淳化新见南朝罗氏地券考释》,《文物》2019 年第 10 期。

宋元嘉廿二年太岁己酉八月丁亥朔十日丙申□。堂邑郡高山县都乡治下里兰陵太守、/刘阳县开国男罗健八十岁，妻昉年八十岁。醉酒命终，当归蒿里。玄都鬼律，地下/女青诏书科律：从军乱以来，普天下死人皆得随生人所在葬埋。今葬丹扬郡湖孰县都乡/西乡里中，地下先人、蒿里父老、墓乡右秩、左右冢侯、丘丞墓伯、地下二千石、安都丞、武夷王买此冢地/纵广五顷，地中掘作藏葬尸丧，雇钱万々九千九百九十九枚，即日毕了。地下先人、蒿里父老、墓/乡右秩、左右冢侯、丘丞墓伯、地下二千石、安都丞、武夷王等，皆听随于此地中掘土作冢葬埋，/不得使左右比居妄志此地，侵犯分界。时知者张坚固、李定度，沽酒各半，共/为券莂。

(3) 罗道训买地券(C 券)

宋元嘉卅年太岁癸巳七月辛丑朔廿一日辛酉子(时)，南/徐州彭城郡彭城县都乡安上里地下先人、蒿里/父老、墓乡右秩、左右冢侯、丘丞墓伯、地下二千石、/安都丞、武夷王等共买此地，纵广一顷余地，/与彭城都乡安上里罗道训。以义熙五年/六月三日庚申，诏书除袭父封刘阳县开/国男，食邑五百户，地方卅五里。到十二年四月十七/日甲子，诏书除武原令。元嘉四年七月一日癸酉，/诏书除魏郡广川令。到六年六月廿一日辛巳，/诏书除南广平太守。到其年十月十九日丙申，/诏书除龙骧将军。到十七年十月七日壬戌，诏/书除左卫殿中将军。到廿二年十二月十八日壬寅，诏书/除南平昌太守。到廿七年十二月卅日乙酉，诏书/除行参征北将军事。道训得钱万万九千九/百九十九枚，即日毕了。承玄都鬼律、地下/女青诏书科律：从军乱以来，普天下死人/听随生人所在郡县乡里亭邑买地葬埋。今/皆于地中掘土作冢藏埋尸丧，魂魄自/得还此冢庐，随地下死人科法。腊节吉日、/月晦十五日，休傲上下往来，不得留难。有所呵/问、左右比居他人妄仍夺取道训地。时知者/张坚固、李定度，沽酒各半，共为券莂。/右埋著延门户外，入土三尺。

同时，A、B两券侧面亦有铭文。A券为一行二十四字，分为三段，上段倒刻有"廿二年/八月十日"、中段正刻"以钱九十九枚系著埋延户前，入土三（尺）"、最后一段正刻"宋元嘉"。B券为一行六字，先正刻"著亡人座前"五字，其下有一倒刻的"宋"字。

三方买地券文内容丰富，涉及墓主籍贯、官职、爵位以及买地位置、时间等信息。A、B券主人为罗健夫妇，其内容、形制相同。① C券主人为罗道训，其与A、B券在结构上的区别在于详细记录了墓主的仕宦履历，这在六朝买地券中不多见。②

众所周知，买地券的主要功能是宣告亡者在阳间的生命结束，通过"买地"获得阴间的居留权。作为一种观念性的产物，它往往与特定的宗教信仰联系在一起，罗氏买地券也不例外。上述三份券文都提到了"玄都鬼律"与"地下女青诏书科律"。检诸资料，具有此类文字的买地券在湖南、湖北、两广等地皆有出土。研究认为，其源自天师道信仰。③ 东晋南朝时代，建康周边是天师道颇为流行的区域，罗氏买地券出土地东面不远的茅山更是南朝道教的中心所在，信仰氛围极其浓厚。④ 罗氏买地券文中鲜明的天师道因素，正是这种信仰氛围的具体表现。

券文所反映信仰实态是一方面。另一方面，买地者罗健、罗道训的情况，同样令人很感兴趣。具体而言，他们究竟来自何处，是何身份，又为何葬于建康周边？见于三方买地券的年代、职官、地理等信息，提供

---

① 此类地券组合在六朝时代尚有数例，如南京出土的五凤元年（254）黄甫买地券、湖北鄂州出土的宋元嘉十六年（439）莆谦买地券。参见鲁西奇：《中国古代买地券研究》，第87—88页、第112—113页。

② 目前公布的六朝买地券中，仅出土于武昌的齐永明三年（485）刘觊买地券简要记载了墓主人父、祖的官历，但与C券仍有所不同。参见鲁西奇：《中国古代买地券研究》，第121页。

③ 详细的梳理参见刘安志：《六朝买地券研究二题》，《新资料与中古文史论稿》，上海：上海古籍出版社，2014年，第65—86页。

④ 参见刘屹：《晋宋"奉道世家"研究》，《天问》丁亥卷，南京：江苏人民出版社，2008年，第213—240页；魏斌：《句容茅山的兴起与南朝社会》，《历史研究》2014年第3期。

了不少线索。

## 第二节　罗氏父子的行迹

首先需要判定的是罗健、罗道训的关系。上述三方买地券出土于同一地点,墓主又为同姓,很容易将之联想为一个家族。事实上,券文中的爵位记载也证明了此点。

据券文,罗健、罗道训封爵都为刘阳县开国男。① 罗健葬于元嘉二十二年(445),受封时间不详,但肯定在此年以前。罗道训亡于元嘉三十年(453),C券记载其受封的时间与缘由曰:

> 义熙五年六月三日庚申,诏书除袭父封刘阳县开国男。

可知罗道训的爵位是东晋义熙五年(409)袭父封而来。此后至元嘉三十年下葬,其间并无改封。按中古爵制,一爵不能同时分封两人。若罗道训自义熙五年至元嘉三十年之间为刘阳县开国男,罗健便不可能在元嘉年间持有此爵位。这一矛盾,恰说明两者为父子关系:罗健为父,先封刘阳县,义熙五年时由子罗道训袭封。

A、B券系爵位于罗健是对死者的尊称,与C券并不冲突。

罗道训于义熙五年袭封,罗健夫妇买地下葬却是在三十余年后的元嘉年间。这一时间差的产生原因,可以考虑两种可能。其一,罗健于义熙五年致仕,让爵于子罗道训,至元嘉二十二年去世,夫妻合葬。② 其二,罗健的亡故就在义熙五年,由子罗道训袭爵。翻检史传,是年四月刘裕伐南燕,五月至青齐,合战数次。③ 罗健作为刘裕旧部(说详下

---

① 《宋书》卷三七《州郡志·三》长沙国下有浏阳县,即刘阳县。
② 南北朝时期爵位继承的主流是父死子继,生前让爵的情况也有。如《魏书》卷四一《源贺传附源思礼传》载北魏大臣源贺"辞老",让爵于其子源思礼。
③ 《宋书》卷一《武帝纪·上》。

文)或于此时战死。由于卢循、徐道覆与此同时在南方起兵,进逼建康。故青齐战事甫定,刘裕随即班师。纷乱之际,罗健很可能就地草葬,灵柩未归。至元嘉二十二年,罗健夫人去世,其亲属重新择地,将两人正式合葬。①

另可注意的是,券文所记罗氏父子的籍贯并不相同:A、B券载罗健为堂邑郡高山县人,C券载罗道训为南徐州彭城郡彭城县人。梳理两晋南朝政区,堂邑郡高山县位于江北,东晋末已撤废,南徐州彭城郡彭城县在江南,刘宋元嘉时尚存。② 综合以上材料来看,罗氏一族应是南渡过江的侨民。堂邑郡高山县是其本贯,南徐州彭城郡彭城县则是南渡后所著籍贯,其南渡时间当不迟于东晋末。③

---

① 六朝时代迁葬的情况很常见,如东晋大臣陶侃曾在上书中提及要将父母坟茔由浔阳迁至封国境内。温峤则死后先葬于豫章郡,后迁葬建康。参见《晋书》卷六六《陶侃传》、卷六七《温峤传》。又券B载罗健夫妇均八十而亡,则生死同年,似乎过于巧合,未必真实。

② 堂邑、高山原均为县,西晋武帝时属临淮郡。晋惠帝永兴元年(304),立堂邑郡,治堂邑县。此时高山县所属不详,不过两县相互毗邻,属堂邑郡的可能性很大。东晋在江南又侨设过堂邑郡,但仅领堂邑一县。因此该行政区划必然位于江北。彭城郡原在江北,后侨置属南徐州,在江南。堂邑郡的情况,参见《宋书》卷三五《州郡志·一》、《晋书》卷一五《地理志·下》。南彭城郡的位置,参见胡阿祥:《〈宋书·州郡志〉汇释》,合肥:安徽教育出版社,2006年,第34—35页。

③ 位于江北的堂邑郡东晋末被改为秦郡,侨设于江南的堂邑郡则于宋文帝元嘉十一年时被省并。换言之,罗健下葬之际,堂邑郡不存在于当时的行政区划中,故只能是其南渡前的原籍。南徐州(南)彭城郡彭城县在江南,元嘉时代尚存,其应是罗氏南渡后的著籍郡县。堂邑郡相关史料参见前注。南彭城郡彭城县虽不见于《宋书》卷三五《州郡志·一》,但如点校本第21条校勘记所言,《州郡志》记南彭城郡辖县十二,县名却仅有十一,所缺当即为彭城县。需要指出的是,王志高在《南京淳化新见南朝罗氏地券考释》中认为,罗氏地券说明"至少在元嘉二十二年堂邑郡尚存,且除堂邑县外,堂邑郡又辖有原临淮郡所领高山县"。但这样一来,就与《宋书·州郡志》的记载矛盾了。故笔者对此观点持保留意见。

六朝时代，侨民更改籍贯的情况很常见。① 南徐州彭城郡所在的京口周边，也正是侨民在江南的一个聚居地。② 晋末、刘宋时代，南彭城郡的地位很特殊。一方面，它是宋武帝刘裕的乡里所在；另一方面，郡内侨民在代晋建宋的过程中也很活跃。《宋书》卷四九《刘钟传》载刘裕起兵京口之际，侨彭城郡民颇多"赴义者"。这些侨民被"立为义队"，"恒在左右，连战皆捷"，是刘裕极为信赖的一支力量。

著籍南彭城郡的罗氏父子，就是追随刘裕起事的旧部。史载，刘裕登基后随即下诏对前代爵位按例"降杀"——即减封、除国，但"宣力义熙，豫同艰难者"，则"一仍本秩，无所减降"。③《晋书》卷三五《陈骞传附陈舆传》、卷七六《王舒传附王晏之传》载"宋受禅，国除"；刘宋《谢珫墓志》载谢氏家族在晋宋禅代以后"诸国并皆削除"等，都是爵位"降杀"的实例。④ 如前所述，自东晋至刘宋，罗氏父子一直为刘阳县开国男，爵等没有变化，正说明他们曾经效力于刘裕麾下，参与了"造宋"大业。这一层渊源，也成为罗氏父子进入刘宋政权的契机。券 C 所载罗道训的官职转迁情况，就是最为直接的体现。

这份履历自东晋义熙十二年（416）起，至刘宋元嘉二十七（450）年止，字句雅正，当可凭信。据之整理如下（表1）：

---

① 孙吴时代彭城张氏、沛郡薛氏南渡后皆改注江东籍贯。永嘉乱后南渡侨民改注新籍的例证也有不少，南京周边出土东晋《李纂夫妇墓志》、刘宋《宋乞墓志》就是最为直接的一手材料。相关考证参见田余庆：《暨艳案及相关问题——再论孙吴政权的江东化》，《秦汉魏晋史探微（重订本）》，北京：中华书局，2011年，第322页；罗新、叶炜：《新出魏晋南北朝墓志疏证》，北京：中华书局，2005年，第24—26页、第41—44页。

② 南彭城郡及京口的情况，参见胡阿祥：《〈宋书·州郡志〉汇释》，第34—35页；田余庆：《北府兵始末》，《秦汉魏晋史探微（重订本）》，第328—375页。另需指出的是，刘宋永初元年（420），诏令位于南方的侨州郡县均加"南"字。故 C 券所谓彭城郡，当作南彭城郡。参见《宋书》卷三《武帝纪·下》。

③ 参见《宋书》卷三《武帝纪·下》。

④ 《谢珫墓志》释文参见张学锋：《南京司家山出土谢氏墓志研究——东晋流寓政府的挽歌》，《南京晓庄学院学报》2004年第3期。

表 1　罗道训官历简表

| 时间 | 官职 |
| --- | --- |
| 义熙十二年 | 武原令 |
| 元嘉四年 | 魏郡广川令 |
| 元嘉六年 | 南广平太守 |
| 元嘉六~十年间 | 龙骧将军 |
| 元嘉十七年 | 左卫殿中将军 |
| 元嘉廿二年 | 南平昌太守 |
| 元嘉廿七年 | 征北将军行参军 |

如表1所见，罗道训的仕宦生涯长达三十余年，转迁颇多。所任官职大致可分为郡县守令与武职两大类。其所守诸郡县中，魏郡广川县隶扬州，其余都属南徐州。[1] 扬州为京畿所在，南徐州是刘宋帝室的"桑梓本乡"，皆地位优重。[2] 罗道训在此两州频繁任职，是刘宋政权对罗氏参与佐命的回报，无需赘言。不过，这些郡县都是无实土侨郡县，事务清闲，近于寄禄之职。真正体现出其与当时政治密切联系的，是其于元嘉十七年(440)转任左卫殿中将军一事。

按《宋书》卷四〇《百官志·下》，殿中将军为皇帝近侍武官，"朝会宴飨，则将军戎服，直侍左右，夜开城诸门，则执白虎幡监之"，在宫城防务中地位关键。罗道训任此职在是年十月，此时刘宋宫廷发生了一起重大事变：权倾朝野的彭城王刘义康被外放，刘湛等党羽伏诛。《宋书》

---

[1] 表格中诸郡县所属，参见胡阿祥：《〈宋书·州郡志〉汇释》，第24—42页。需要稍做解释的是魏郡广川县。该县刘宋时冀州、扬州均有设置，但属冀州者元嘉九年始置，故罗道训元嘉四年所任广川令当属扬州。刘宋冀州的情况，参见胡阿祥：《〈宋书·州郡志〉汇释》，第144—153页。

[2] 刘宋南徐州的地位及刺史、守令人选，学界有不少讨论，参见田余庆：《北府兵始末》；〔日〕中村圭尔：《南朝政权と南徐州社会》，收入唐代史研究会编：《東アジア史における国家と地域》，东京：刀水书房，1999年，第60—91页；〔日〕小尾孝夫：《南朝宋斉時期の国軍体制と僑州南徐州》，《唐代史研究》第13号，2010年，第3—32页。

卷六八《武二王·彭城王义康传》述其梗概云：

> （元嘉十七年十月戊午）其日刺义康入宿，留止中书省，其夕分收湛等，青州刺史杜骥勒兵殿内，以备非常。遣人宣旨告以（刘）（括注的"刘"放到上一行的"湛"前）湛等罪衅，义康上表逊位……改授都督江州诸军事、江州刺史，持节、侍中、将军如故，出镇豫章。

宫内防务例由禁军负责，宋文帝却在处分刘义康、刘湛等人时令"青州刺史杜骥勒兵殿内，以备非常"，引入外军，这一细节值得玩味。翻检史传，自元嘉九年（432）至当年五月，统领禁军的领军将军一直由义康党羽刘湛所担任。① 宋文帝对禁军不完全信任，正在于此。而刘湛伏诛后，引入心腹力量，重新控制禁防也就成为当务之急。罗道训转任殿中将军恰在事件发生后四日。② 不久后，宋文帝又任命皇弟刘义融为领军将军。③ 这些人事调整，皆可以置于此背景下理解。罗氏父子是早年的从龙旧部，与刘宋皇室渊源颇深，这或许是罗道训为宋文帝所信任的原因。

罗道训的死，同样与刘宋政治有关。券文记载，元嘉二十七年（450）起，罗道训除征北行参军。检《宋书》纪传，时任府主的是始兴王刘浚。元嘉三十年二月，皇太子刘劭弑文帝即位，刘浚协成其事。此时罗道训的动向不详，但作为刘浚的僚属，难免被卷入其中。元嘉三十年五月，孝武帝刘骏的军队平定京邑，刘劭、刘浚及同党伏诛，罗道训则葬

---

① 刘湛任免领军将军的情况见《宋书》卷五《文帝纪》。领军将军在南朝禁卫制度中的地位，参见张金龙：《南朝禁卫武官组织系统考》，《史学月刊》2005年第1期。
② 是月丙辰朔，刘义康事变发生于戊午（三日），C券载罗道训任职于七日。
③ 参见《宋书》卷五《文帝纪》。

于是年七月。此后,罗氏家族的封国也被废除。① 综合这些来看,他很可能是作为"二凶"的同党,死于这场事变。②

通过以上讨论,罗健、罗道训的行迹大致得以明了。堂邑罗氏名不见经传,史书中几乎无迹可寻。罗氏父子对于刘宋政治的参与,所凭借的也并非门第,而是参与代晋建宋所积累的政治资本。质言之,他们属于随刘宋政权而兴起的一批新贵。立足于这一背景,有助于对罗氏父子的墓葬位置作进一步的观察与认识。

## 第三节 都城圈与新居民

罗氏家族买地券出土于今南京市江宁区淳化街道咸墅岗。③ 但券文所记地望却不尽相同:A、B券皆记为丹杨郡湖孰(熟)县,之后作"西乡都乡里"与"都乡西乡里"不一。作为民间文献,这类讹误在古代买地券中很常见。券C则云买地于"南徐州(南)彭城郡彭城县都乡安上里"。

---

① 《宋书》卷三七《州郡志·三》长沙国下有"浏阳侯相",而非"浏阳男相"。如沈约在《州郡志》序中所言,这是刘宋大明八年的行政区划。"浏阳"即"刘阳",前注已详。

② 《宋书》卷九一《孝义传·卜天兴》、卷九九《二凶传》均提及当时刘劭麾下有"旧将""军主"罗训,与罗道训身份相类。若再考虑到六朝人名中"道""之""灵"等皆为虚字,常略写,此罗训或就是罗道训。"二凶"事件中,刘浚是刘劭的主要支持者,其僚属罗道训为刘劭所用很正常。

③ 参见江宁博物馆、东晋历史文化博物馆编:《东山撷芳:江宁博物馆暨东晋历史文化博物馆馆藏精粹》,第14—15页。

综合相关资料来看，罗氏父子葬地属于湖熟县西乡的可能性较大。① 当然，这并不重要。重要的是，墓葬所在的这片区域与都城建康的联系很紧密。这一点，通过墓葬西北、西南不远处的两个地点——倪塘与方山，就能够十分清晰地观察到。

倪塘在今江宁区上坊街道附近，这个地名在六朝史料中屡有出现，尤以胡三省注《资治通鉴》引《金陵记》中的一段记载为人熟知：

> 梁都之时，城中二十八万户。西至石头，东至倪塘，南至石子岗，北过蒋山，东西南北各四十里。②

萧梁时代，倪塘是建康城东面的主要地标。不过其与建康的联系，远早于梁代。南齐柳世隆"于倪塘创墓"；晋末刘毅赴任荆州，路过建康，刘裕"出倪塘会之"；王恭为司马道子所拘，"于建康之倪塘斩之"，皆为其证。③ 在上坊街道周边发现的大量高等级皇族、官僚墓葬与神道石刻，如孙吴上坊大墓、棱角山、沙石岗天册元年墓、东晋下坊村墓、石马冲荀籍墓、耿岗、侯村、刘家边（梁萧正立）南朝神道石刻等，也从另一

---

① 汉六朝湖熟县均治今江宁区湖熟镇。1989年，湖熟镇东北东汉墓葬中曾出土木牍一方，上有"丹杨郡湖孰（熟）都乡"等字，罗氏买地券出土于湖熟镇西北8公里处，似属西乡。至于C券云买地于"南徐州（南）彭城郡彭城县"，恐非现实。因为宋、齐时代，南彭城郡均为寄治京口的无实土侨郡。既无实土，也就不存在买地的实体空间，此地点应是葬者观念中的籍贯。木牍参见南京市博物馆、江宁县文化局：《南京湖熟汉代朱氏家族墓地》，《南京文物考古新发现》，江苏人民出版社，2006年，第3—15页。南彭城郡的情况，参见胡阿祥：《〈宋书·州郡志〉汇释》，第34—35页；《南齐书》卷一四《州郡志》。另需说明的是，王志高在《南京淳化新见南朝罗氏地券考释》中对罗氏地券中的"南徐州（南）彭城郡彭城县"有不同理解，认为当时该郡县就设置于罗氏地券的出土地，为实土郡县，笔者对此观点持保留意见。
② 《资治通鉴》卷一六二，梁武帝太清三年（549）。
③ 参见《南齐书》卷二四《柳世隆传》、《宋书》卷五〇《胡藩传》、《晋书》卷八四《王恭传》。

角度说明了倪塘是仕宦于建康的诸多官僚贵族活动、营葬的场所。①

方山位于倪塘以南,即今江宁方山。其东侧有方山埭,是六朝时代连接秦淮水系与三吴水系的重要水道——破冈渎的起点,也是建康东面最重要的关津。作为交通枢纽,方山埭是商旅辐辏之地。② 都城中的贵族官僚,在此周边殖产营业者也为数不少。如刘宋何尚之致仕,"于方山著《退居赋》";州韶"筑室湖熟之方山";梁萧正德"自征虏亭至于方山,悉略为墅"。③ 又《初学记》卷七《地理下》曰:

> 常熟有赤山湖、夏架湖、丹阳湖、张昭湖。昭封娄侯,又因名娄湖。高平湖、太傅湖。太傅即谢安也。著作簿湖、刘南蛮湖、侍中湖、张侯湖、葛塘湖、倪塘湖、庾冰湖……自娄已下,谓皆独擅一湖之利。④

上引文字出自点校本。文首的"常熟"与赤山湖(今句容赤山湖)、倪塘湖(今江宁上坊街道附近)等距离甚远,似误。日本宫内厅书陵部藏南宋刻本《初学记》作"湖熟",是。按引文所言,娄湖、太傅湖、庾冰湖、倪塘湖等,都是"独擅一湖之利"的产业。它们自倪塘绵延至方山的周边,遍布湖熟县境内。其主人如张昭、谢安、庾冰、倪氏等,有些属于土著豪强,但更多的还是来自建康的权贵官僚。六朝时代,权贵官僚热

---

① 相关材料,参见南京市博物馆:《南京考古资料汇编》,南京:凤凰出版社,2013年;南京市博物总馆、南京市考古研究所编:《南京文物考古新发现(第四辑)》,北京:文物出版社,2016年;等等。
② 方山埭与都城建康的关联,参见张学锋:《六朝建康都城圈的东方——以破冈渎的探讨为中心》。
③ 参见《宋书》卷六六《何尚之传》、卷九三《隐逸传·州韶》;《南史》卷五一《梁宗室传上·萧正德》。
④ 〔唐〕徐坚等:《初学记》卷七《地理下》,北京:中华书局,2004年,第140页。

衷于以屯、邸、别墅等形式封山占泽。① 倪塘、方山所在的湖熟县密迩建康，自然颇受青睐。乃至于东晋皇室在此亦有产业。②

以方山、倪塘为代表，六朝建康城周边存在着一系列与之紧密关联的经济、生活区域。这种现象，学界将之命名为"建康都城圈社会"。③ 买地营葬于方山东侧的罗氏父子，当然也是都城圈社会中的一员。这片区域对于罗氏家族的意义，在反复出现于三方买地券文中的一段文字中有所提示：

> 从军乱以来，普天下死人听随生人所在郡县乡里亭（邑）买地墓（埋）。

以上引自C券，A、B券大体相近。如其所言，这里不仅是罗氏父子"买地墓埋"之所，也是其家族的"生人所在"，也就是实际居住地。文中提到的"军乱"，指东晋末年的孙恩、卢循之乱。④ 由此还可推知，罗氏生居、死葬于此是在东晋末以后。若不是这样，也就没必要特意写上这番话了。

罗氏家族迁居建康周边的动因不难索解。前面说到，凭借代晋建宋的功勋，罗健、罗道训活跃在晋末、刘宋政治中。尤其是罗道训，元嘉年间两次任职京邑。至其为双亲营葬的元嘉二十二年，他更已在建康宫中达五年之久。可以想象，仕宦生涯的中央化，使得建康成为罗氏家族的生活重心所在，他们也由此在东南不远的湖熟县购地置业，成为都

---

① 参见唐长孺：《南朝的屯、邸、别墅及山泽占领》，《历史研究》1954年第3期。

② 《晋书》卷一〇《安帝纪》载："（义熙九年）夏四月壬戌，罢临沂、湖熟皇后脂泽田四十顷"，可证。

③ "都城圈"的定义，张学锋《六朝建康都城圈的东方——以破冈渎的探讨为中心》有详细叙述。

④ 参见刘昭瑞：《妳女买地券与早期道教的南传》，《考古发现与早期道教研究》，北京：文物出版社，2007年，第320—335页。

城圈中的新居民。

那么，罗氏家族在新居地的生活如何？一个耐人寻味的事实是，罗氏父子先后下葬的元嘉年间，淮水两岸仍为刘宋所控制，原高山县地仍在版图内。显然，定居日久的他们已不打算回去了。从这一角度理解买地券中的"死人听随生人所在买地墓埋"这句话，其表现出的也就不仅是侨民异地埋葬的无奈，更是他们对于江南新居地、对于建康社会的实际认同。六朝江南侨、旧民之间的融合，也正是以这种心理认同为基础而不断展开的。

晋宋之际，随着政治格局的剧烈变动，建康的居住人群也出现了相应的变化。罗氏父子的活动，可以说就是这种变化的一个缩影。在当时，类似的南徐州侨民家族还有不少，萧子显在《南齐书》卷一四《州郡志·上》中对晋末以后南徐州的区域变化概述云"宋氏以来，桑梓帝宅。江左流寓，多出膏腴"，就是其生动写照。刘宋政权建立以后，这些新发迹的"膏腴"之家，纷纷进入体制上层，其舞台也自然从京口周边转移到了朝廷所在、官署集中的都城建康。那么，这些南徐州侨民"进入"建康社会的具体情况如何？与京口旧里是否还存在联系？这些问题，令人很感兴趣。

## 第四节　南徐州侨民与晋宋之际的建康社会

南徐州侨民对建康社会的"进入"，最直接表现为宅居地的占有。现有的文献记载，与青溪有关的比较多，这是建康城东的一片住宅区。如《太平广记》卷三二四引《异苑》"檀道济居清（青）溪"[①]；《南齐书》卷三《武帝纪》载萧道成宅在"建康青溪"。萧宅位于"青溪中桥"之东，西

---

[①]〔宋〕李昉等编：《太平广记》卷三二四《檀道济》，北京：中华书局，1961年，第2571页。

过桥为湘东寺,是宋湘东王刘彧旧宅。① 此宅非刘彧所造,而是原"萧惠开宅邸"。② 檀道济及兄弟檀祗、檀韶"世居京口",晋末随刘裕起事。③ 萧道成、萧惠开同属兰陵萧氏,与刘宋皇室关系至密。萧道成先祖南渡后世居"晋陵武进县之东城里"④,萧惠开"旧乡宅"在曲阿,⑤都距离京口不远。他们移居建康,也都是在东晋末年以后。

不过,青溪所在的淮水以北,包括潮沟、御道等地段,由于侧近宫城、环境优良,东晋南朝时代多为高门权贵所居,地价昂贵。⑥ 有条件置宅于此的新居民毕竟只是少数。在淮水南岸至于更为广阔的都城近郊择地安家,才应是一般情况。例如梁武帝萧衍家的居宅位置,《梁书》卷一《武帝纪·上》载:

〔梁〕高祖以宋孝武大明八年甲辰岁生于秣陵县同夏里三桥宅。

萧衍父顺之与萧道成同族,也旧居"晋陵武进县之东城里",刘宋时移居建康。其建康宅位于"三桥"。《梁书》卷二《武帝纪·中》载:"(天监九年春正月)庚寅,新作缘淮塘,北岸起石头迄东冶,南岸起后渚篱门迄三桥。"可知三桥就位于淮水南岸。梁天监六年,萧衍舍此宅以为光

---

① 〔唐〕许嵩撰,张忱石点校:《建康实录》卷二《吴太祖·下》,北京:中华书局,1986年,第49页。
② 《太平广记》卷一三五《宋明帝》,第967—968页。
③ 《宋书》卷四三《檀道济传》、卷四五《檀韶传》、卷四七《檀祗传》。
④ 《南齐书》卷一《高帝纪》。
⑤ 《宋书》卷八七《萧惠开传》。
⑥ 《建康实录》卷二《吴太祖·下》注引陶季直《京都记》:"典午时,京师鼎族,多在青溪左及潮沟北。"(第50页)姚思廉:《梁书》卷九《曹景宗传》:"御道左右,莫非富室。"又《宋书》卷三一《后妃传》载宋明帝出行过御道,见有草屋,"问尉曰:'御道边那得此草屋,当由家贫。'"可知刘宋时代御道周边已多富人居住。更为细致的研究,详见刘淑芬:《六朝的城市与社会》,台北:台湾学生书局,2003年,第111—134页。

宅寺,沈约所作《光宅寺刹下铭》亦称其在"南郭"。① 南朝建康的外郭,由环绕四周的五十六所篱门组成,是当时都城邑、郊的分界。②《太平御览》卷一九七引《南朝宫苑记》载:"三桥篱门在光宅寺侧。"③三桥篱门是五十六所篱门之一,位于建康城东南。④ 萧衍家的住宅,已非常接近郊外。

移居建康的南徐州侨民,有一些还保留京口的居宅。《宋书》卷五〇《刘康祖传》载:

> 刘康祖,彭城吕人,世居京口。伯父简之,有志干,为高祖所知。……(康祖)每犯法,为郡县所录,辄越屋踰墙,莫之能禽。夜入人家,为有司所围守,康祖突围而去,并莫敢追。因夜还京口,半夕便至。明旦,守门诣府州要职。俄而建康移书录之,府州执事者并证康祖其夕在京口,遂见无恙。

此条材料无系年,结合前后文判断应在刘宋元嘉时。刘康祖本"世居京口",元嘉时已移居建康,多为不法。他"夜还京口",又串通"府州执事者"为之包庇,说明与京口故里还有相当紧密的联系。不过,刘康祖夜还旧宅,毕竟只是意外。较之繁华富庶的建康,京口周边自然环境不佳,社会经济发展程度也比较低。⑤ 因此,一旦在建康的生活稳定下来,愿意再回京口的人就不多了。《宋书》卷八七《萧惠开传》载萧惠开曾为亡父萧思话起立四座佛寺,"南岸南冈下,名曰禅冈寺;曲阿旧乡

---

① 〔唐〕释道宣:《广弘明集》卷一六《佛德篇第三之二·光宅寺刹下铭并序》,大正藏版,第212—3页。
② 南朝建康篱门的梳理,详见魏斌《南朝建康的东郊》。
③ 〔宋〕李昉等撰:《太平御览》卷一九七《局处部·藩篱》,北京:中华书局,1960年,第950页。
④ 三桥篱门的相关考证,详见魏斌《南朝建康的东郊》。
⑤ 关于京口周边的自然环境、经济生产特征,田余庆有详细考证。详见田余庆《北府兵始末》。

宅,名曰禅乡寺;京口墓亭,名曰禅亭寺;所封封阳县,名曰禅封寺"。位于曲阿的住处已是"旧乡宅"。舍宅为寺,说明萧惠开也没有归居旧宅的打算。同传又云:"(宋孝建五年)会稽太守蔡兴宗之郡,而惠开自京口请假还都,相逢于曲阿。"①公退之遐,萧惠开"还"的也并非京口、曲阿,而是"都",即建康。从中亦可窥见这些南徐州侨民生活重心的变化。

跟随南徐州侨民移动的,不止居地,还有葬地。常年担任中央官职、定居都城的侨民家族,也就很自然地在建康周边择地安葬。不过,刘宋时期,南徐州治京口至建康"水二百四十(里),陆二百(里)",②距离并不算远。迁居建康的南徐州侨民,死后是归葬京口旧茔,还是在建康周边就近择地安葬,都不失为一种选择。

实际上,元陶宗仪所编《古刻丛钞》所载《刘袭墓志》就综合了这两种情况,很具有代表性。③ 根据墓志提供的信息,《刘袭墓志》中的葬地记载共有四处:(1) 刘袭祖父长沙景王刘道邻葬于"琅玡临沂莫府山";(2) 刘袭父桂阳恭侯刘义融及夫人王韶凤、刘袭生母宣城汤氏、刘袭长兄刘颛及夫人何宪英、刘袭第五弟刘季葬于"丹徒谏壁雩山";(3) 刘袭第三弟刘彪、第四弟刘寔及夫人王淑婉葬于"江乘白山";(4) 刘袭本人

---

① 《宋书》卷八七《萧惠开传》。
② 《宋书》卷三五《州郡志·一》。
③ 《古刻丛钞》录有传主同为刘宋临澧侯刘袭的墓志文字两则,分别题为《宋故临澧侯刘使君墓志》《宋故散骑常侍护军将军临澧侯刘使君墓志》。前者载刘宋桂阳恭侯刘义融及其子临澧忠侯刘袭一支的谱系、婚配、葬地,后者为刘袭本人的传略及赞铭,两者合一,恰为一方完整墓志,故一般将两者合称为《刘袭墓志》。参见〔清〕陶宗仪:《古刻丛钞》,清知不足斋丛书本。刘袭墓志的录文及相关研究,参见南京中央古物保管委员会:《六朝陵墓调查报告》,1935 年,第 151—165 页;陈直:《南北朝王、谢、元氏世袭表》,陈直:《摹庐丛著七种》,济南:齐鲁书社,1981 年,第 513 页、第 519 页、第 528—530 页、第 533 页;王去非、赵超:《南京出土六朝墓志综考》,《考古》1990 年第 10 期;邵磊:《刘宋临澧忠侯〈刘袭墓葬〉疏证》,收入邵磊:《冶山存稿》,南京:凤凰出版社,2004 年,第 138—150 页。其中,邵磊的录文及研究尤为翔实。

葬于"琅玡之乘武冈"。刘袭兄弟五人均在建康为官,而在死后的葬地选择上,长兄刘颛、五弟刘季归葬刘氏京口祖茔所在的"谏壁雩山",刘袭与三弟刘彪、四弟刘寔所葬的"江乘白山""琅玡乘武冈",则是该家族在建康北郊所营建的新葬地。这个家族,正处于从南徐州侨民向建康土著居民的转变过程之中。

其实,不仅仅是南徐州侨民对建康社会的"进入"。类似的人群流动,在此后的齐、梁、陈时代仍在不断发生。南北方的政治、社会变动,往往都伴随着各色人群对建康周边的进入。刘宋后期"青齐土民"的南下,萧梁时期从中原南奔而来北魏皇族、士人,等等,都是如此。新居民的到来,不仅改变了建康社会的人群结构,还带来了自身所固有的生计习俗、信仰传统,构成了更为复杂而多元的社会文化图景。这种图景,也就是《隋书》卷三一《地理志·下》所概括的"(建康)人杂五方,其俗(与二京)颇相类"。那么,不断进入的新居民是如何与建康社会展开互动的,他们给建康的城市景观、文化样貌带又来了哪些影响?以这些问题意识为参照,六朝建康城的研究将会变得更加有趣起来。

# 梁陈时代的土豪酋帅与岭南政局

张兢兢

梁陈时代是南方地区土豪酋帅在政治上崭露头角的时期，尤其是梁末侯景之乱到陈朝初期，十余年间各地的豪酋蜂拥而起，从中央到地方形成大大小小的政治势力，深刻地影响了南朝历史的进程。历来对梁陈土豪的研究着眼于整体，[①]缺少地区性的专论。[②] 陈霸先所起家的岭南是土豪酋帅最为活跃的地区，而对于梁陈王朝对岭南的统治与豪酋势力的动向，缺乏从历史地理角度进行的过程性剖析，本文以"始兴豪杰"、高凉冼氏与中央政权的关系为中心，探讨这一时期岭南各区域的政治演进。

---

① 全局性的研究主要有周一良：《南朝境内之各种人及政府对待之政策》，《魏晋南北朝史论集》，北京：中华书局，1963年；陈寅恪：《魏书司马睿传江东民族条释证及推论》，《金明馆丛稿初编》，北京：生活·读书·新知三联书店，2009年；〔日〕川胜义雄：《南朝貴族制の没落に關する一考察》，《東洋史研究》第20卷第4号，1962年；〔日〕铃木修：《梁末陳初の地方大豪族について》，《立正史学》第55号，1984年；朱大渭：《梁末陈初少数民族酋帅和庶民阶层的兴起》，《纪念陈寅恪教授国际学术讨论会文集》，广州：中山大学出版社，1989年；张国安：《论梁代江湘交广诸州豪强的兴起》，《河南师范大学学报（哲学社会科学版）》1989年第2期，《论陈代江湘交广诸州的豪强》，《许昌师专学报（社会科学版）》1990年第1期；何德章：《论梁陈之际的江南土豪》，《中国史研究》1991年第4期。

② 区域性的研究主要有欧阳小桃：《梁末陈初的南川酋豪》，《争鸣》1992年第2期；吴慧莲：《东晋南朝时期岭南地区的土豪酋帅及其与中央政府的关系》，《淡江史学》第5期，1993年；胡守为：《南朝岭南社会阶级的变动》，《中山大学学报（社会科学版）》2000年第1期。

## 一、梁陈之际的"始兴豪杰"与岭南局势

《陈书》卷三五《史臣曰》:"梁末之灾沴,群凶竞起,郡邑岩穴之长,村屯邬壁之豪,资剽掠以致强,恣陵侮而为大。"对于梁陈之际南方地区全面兴起的土豪酋帅,陈寅恪指出:"南朝当侯景乱兴,中央政权崩溃之际,岩穴村屯之豪酋乘机竞起,或把持军队,或割据地域,大致不出二种方式:一为率兵入援建邺,因而坐拥大兵。一为啸聚徒众,乘州郡主将率兵勤王之会,以依法形式,或势力强迫,取代其位。"[1]侯景之乱中岭南豪酋的异军突起,亦不外乎此二种途径,而以南岭东部的"始兴豪杰"最具代表性,然其身份在此前多已从岩穴洞主转变为郡县体制内的豪族。

北江流域的始兴郡在六朝时代作为建康通往岭南的主要门户,较早获得开发,当地的华夏化进程亦先于交广地区,至齐末已有相当多的土著人群纳入朝廷治下。[2] 其中,上层酋帅势力成为始兴郡的大姓豪强,他们的部曲奴婢则由下层部民转化而来。然而萧齐委派的始兴内史与土豪争夺人口的举措,不免招致豪族的不满,"郡多豪猾大姓,二千石有不善者,辄共杀害,不则逐之"[3]。这种现象到梁初依然不断,[4]以至于引起梁武帝的忧虑:"始兴郡频无良守。"[5]因此萧梁较为重视始兴长官的选任,太守、内史多有"清"的赞誉,[6]实际上维护了豪族的利益,

---

[1] 陈寅恪:《魏书司马睿传江东民族条释证及推论》,《金明馆丛稿初编》,第113页。

[2] 〔韩〕金裕哲:《梁陳時代嶺南統治와 種族問題—'俚'의 성격을 중심으로—》,《東洋史學研究》第76辑,2001年,第114页。

[3] 〔唐〕李延寿:《南史》卷五七《范云传》,北京:中华书局,1975年,第1418页。

[4] 〔唐〕姚思廉:《梁书》卷一九《乐蔼传》,北京:中华书局,1973年,第303页。

[5] 《梁书》卷四一《萧介传》:"始兴郡顷无良守,岭上民颇不安。"而《南史》卷一八《萧介传》:"始兴郡频无良守。"按"顷"当为"频"之讹。

[6] 参见《梁书》卷四一《萧介传》:"介至任,宣布威德,境内肃清。"同卷《刘览传》:"出为始兴内史,治郡尤励清节。"同书卷五三《伏暅传》:"时始兴内史何远累著清绩。"

从而保障了地方社会的安定有序。①

　　经过萧梁一代，始兴土豪颇具文化修养，并被广泛吸收进入地方政府。《梁书》卷一〇《杨公则传》云："湘俗单家以赂求州职，公则至，悉断之，所辟引皆州郡著姓，高祖班下诸州以为法。"此政策出台后，南方土豪著姓入仕州郡者日增。在始兴地区，作为"邑里雄豪"的侯安都，自其父便"少仕州郡，以忠谨称"，本人"工隶书，能鼓琴，涉猎书传，为五言诗，亦颇清靡"，被辟为郡主簿，梁末随陈霸先北上戡乱，成为陈朝的开国元勋；②同样是"豪族"出身的欧阳𫖮，③自其祖便为州治中，本人"少质直有思理，以言行笃信著闻于岭表"，"专精习业，博通经史"，在清远太守、天门太守、临贺内史任上，俨然以郡国官长的身份讨伐土著的蛮俚人群，梁末陈初以衡州为依托发展成为岭南最大的地方实力派。④无论是进入中央政界的侯安都，还是控制地方社会的欧阳𫖮，这些带有豪酋背景的家族，在梁世华夏化水平已经相当高了。

　　衡州置于梁天监六年(507)，分湘州桂阳、始兴、阳山、临贺四郡与广州齐乐郡而立，其后增置安远、清远、梁乐三郡。⑤ 天监九年(510)又

---

　　① 葭森健介对魏晋南北朝史书中普遍出现的含有"清"的词语进行统计和分析，指出"清"的政治姿态普遍表现为减轻税役、放宽法律、尽量不增加地方社会以及民众生活的负担，参见〔日〕葭森健介：《门阀"贵族"支配及"清"的理念》，《文史哲》1993年第3期。

　　② 〔唐〕姚思廉：《陈书》卷八《侯安都传》，北京：中华书局，1972年，第143—144页。

　　③ 《陈书》卷九《欧阳𫖮传》称其长沙临湘人，又云"𫖮少质直有思理，以言行笃信著闻于岭表"，长期活动于岭南，而同书卷二一《萧引传》则称其为始兴人。据此周一良以为欧阳𫖮少时尝居始兴，参见周一良：《南朝境内之各种人及政府对待之政策》，《魏晋南北朝史论集》，第75页；陈寅恪则疑欧阳𫖮原籍始兴，迁于长沙，盖有俚人背景，参见陈寅恪：《魏书司马睿传江东民族条释证及推论》，《金明馆丛稿初编》，第118—119页。

　　④ 《陈书》卷九《欧阳𫖮传》，第157—158页。

　　⑤ 胡阿祥、孔祥军、徐成：《中国行政区划通史·三国两晋南朝卷》，上海：复旦大学出版社，2014年，第1267—1269页。

置衡州督区,范围包括湘州始安郡、广州绥建郡在内。① 南岭地区长期分属湘、广二州,形成犬牙交错、相互遏制之势,但并不利于治理的展开,远隶湘州的始兴郡"边带蛮俚,尤多盗贼"②。衡州的设立第一次将南岭东部单独划置高层政区,衡州督区的成立则表明整个南岭东西部渐成一独立的军事区域,③加强了中央对南岭地区的控制。④ 此后衡州山区的土著人群受到了巨大的军事压力,至大通年间当地的蛮俚诸洞一时平荡,⑤安远、始兴、阳山、清远四郡紧密地分布在北江上游至中游段,是土著蛮俚编户化的成果。而北江是由大庾岭进入广州核心区珠三角平原的主动脉,沿此交通线的经营,为其后大同年间中央对岭南的深入经略提供了保障。

大同以降,担任西江督护的陈霸先在大规模的伐俚战争中逐步崛起,⑥侯景乱起后"厚结始兴豪杰同谋义举"⑦。陈霸先于大宝元年

---

① 《梁书》卷二四《萧昌传》,第 370 页。
② 《南史》卷五七《范云传》,第 1418 页。
③ 衡州督区始为独立督区,普通至大通间常隶于湘州都督区,大同以降复为一独立都督区,所辖区域略无变化,参见胡阿祥、孔祥军、徐成:《中国行政区划通史·三国两晋南朝卷》,第 273—274 页、第 279 页。
④ 衡州督区初置,即以宗室萧昌出镇衡州,其后宗室刺衡者复有萧恭。这与宋齐两代宗室无人出镇岭南形成反差,而在梁世宗室普遍出镇岭南的背景下,刺衡宗室人数仅次于刺广宗室,可见梁武帝对衡州的重视。关于这项统计,参见胡守为:《岭南古史》,广州:广东人民出版社,1999 年,第 177—183 页。
⑤ 《梁书》卷三二《兰钦传》,第 466 页。
⑥ 陈霸先集团中的核心将领如杜僧明、周文育、胡颖、徐度、沈恪都是以伐俚起家的,参见《陈书》卷八《杜僧明传》:"频征俚獠有功,为新州助防……高祖征交阯及讨元景仲,僧明、文育并有功。"同卷《周文育传》:"累征俚獠,所在有功,除南海令。"同书卷一二《胡颖传》:"出番禺,征讨俚洞,广州西江督护高祖在广州,颖仍自结高祖,高祖与其同郡,接遇甚隆。及南征交阯,颖从行役,余诸将帅皆出其下。及平李贲,高祖旋师,颖隶在西江,出兵多以颖留守。"同卷《徐度传》:"梁始兴内史萧介之郡,度从之,将领士卒,征诸山洞,以骁勇闻。高祖征交阯,厚礼招之,度乃委质。"同卷《沈恪传》:"映迁广州,以恪兼府中兵参军,常领兵讨伐俚洞……高祖与恪同郡,情好甚暱,萧映卒后,高祖南讨李贲,仍遣妻子附恪还乡。"
⑦ 《陈书》卷一《高祖纪上》,第 3 页。

(550)度岭北上,留欧阳𬱟任内史镇守始兴,与图谋割据的广州刺史萧勃分道扬镳。其后,江陵的梁元帝分始兴郡置东衡州,以欧阳𬱟为刺史,不难看出其笼络岭南土豪以遏制萧勃之意。侯景乱平后陈霸先坐镇下游,为壮大自身实力而荐欧阳𬱟出岭,却为萧勃所留。① 在梁元帝、萧勃与陈霸先的三方博弈中,据有大庾岭要冲的欧阳𬱟顿时身价倍增,依违其间,成为他们竞相拉拢的对象,以便从中获取最大的政治利益。按胡鸿的说法:"华夏网络的正常运行需要中央权威的强力掌控以及各地之间的畅通联络","帝国体系瓦解,中央权威消失,群雄割据相争,华夏网络处处崩坏,山地与平原的轻重强弱在某些区域随之逆转",致使"华夷关系中优势与主动权的局部逆转"。② 梁陈之际的南岭山区正是处于这样一种"华夏网络"的"断裂带"上。

当梁元帝遣王琳兵临南岭之时,"𬱟别据一城,不往谒勃,闭门高垒,亦不拒战";至西魏破江陵后,"𬱟委质于勃";而欧阳𬱟随萧勃北上与陈霸先争雄,兵败被擒后又迅速投靠陈霸先。在一系列政治变动中,欧阳𬱟拥有极大的主动权,因而其获得的官爵名位日益丰厚。萧勃死后岭南扰乱,陈霸先借助"有声南土"的欧阳𬱟,"及𬱟至岭南,皆慑伏,仍进广州,尽有越地"。陈朝建立后的永定二年(558),欧阳𬱟受封都督广交越成定明新高合罗爱建德宜黄利安石双十九州诸军事、镇南将军、平越中郎将、广州刺史,次年增都督衡州诸军事,这是岭南土豪担任广州刺史的首例。至天嘉初年,"时𬱟弟盛为交州刺史,次弟邃为衡州刺史,合门显贵,名振南土"。③ 陈霸先虽起家于岭南,但其所积聚的核心力量皆跟随北上,致使岭南在梁末陈初几成土豪势力的天下。

太平二年(557)梁陈禅代前夕,秘书监徐陵奉陈霸先命写给岭南豪酋的书信,颇可看出其时中央对岭南控制的无力与无奈:"彼豪门著姓,

---

① 《陈书》卷九《欧阳𬱟传》,第 158 页。
② 胡鸿:《六朝时期的华夏网络与山地族群——以长江中游地区为中心》,《历史研究》2016 年第 5 期。
③ 《陈书》卷九《欧阳𬱟传》,第 158—159 页。

典牧方州,拘隔天朝,亟离寒暑……今所擒欧阳颁、傅泰等,莫不弘宥,政尔授其兵马,处以荣禄,坦然游狎,无介怀抱……君之才具,信美登朝,如恋本乡,不能游宦,门中子弟,望遣来仪。"①这封书信中,陈霸先对岭南豪酋极尽安抚和倚重之意,这样的姿态与宋、齐、梁立国之初迥然有别,中央权威已降至最低点。尽管梁世大量任用南方土豪出仕本州郡县僚佐,但在门阀制度下仕进艰难,他们在整个官僚体系中处于边缘化的地位。《资治通鉴》卷一五八"梁武帝大同七年"条云:"交趾李贲世为豪右,仕不得志。同郡有并韶者,富于词藻,诣选求官,吏部尚书蔡撙以并姓无前贤,除广阳门郎;韶耻之。"交州土豪李贲因为"仕不得志",连同"数州豪杰"掀起规模浩大的叛乱,其声势遍及交趾以南诸州,亲历指挥平叛数年的陈霸先定然有所体味。在王朝鼎革之际为避免动乱,陈霸先允诺对岭南豪酋开放上升渠道,希望他们派遣子弟入京为官,将其进一步纳入中央体制,加速其华夏化进程,同时也可牵制日益失控的土著势力,然而欧阳颁对此未予理会。

出人意料的是,次年远在西江南岸的俚酋首领冼夫人送年仅九岁的独子冯仆"帅诸首领朝于丹阳",②此举不独表其忠心而已,在当时的形势下更有其特殊的用意。这一年,欧阳颁升任岭南最高军政长官,其任内征讨俚人,"多致铜鼓、生口"③,必然激化了与西江俚酋的冲突。冼夫人向陈霸先示好,乃为联络陈朝共制欧阳颁势力的扩张。陈霸先对此心领神会,所以送还冯仆以表信任,并拜为阳春太守。④ 事实证明在后来欧阳纥叛乱时,冼氏作为中央外援,发挥了至关重要的作用。由于陈朝前期无法恢复对岭南地区的直接统治,只能利用豪酋间的矛盾

---

① 〔南朝陈〕徐陵撰,许逸民校笺:《徐陵集校笺》卷七《为陈武帝作相时与岭南酋豪书》,北京:中华书局,2008年,第776—778页。
② 〔唐〕魏徵等:《隋书》卷八〇《谯国夫人传》,北京:中华书局,1973年,第1802页。
③ 《陈书》卷九《欧阳颁传》,第159页。
④ 《隋书》卷八〇《谯国夫人传》,第1802页。

彼此制衡,不使一方坐大。

## 二、萧梁高凉俚区的统治与冼氏部落的动向

陈霸先集团中的岭南豪酋,除了活跃在政治前台的"始兴豪杰",还有一支隐蔽的力量高凉冼氏。西江以南的滨海地带是岭南土著势力最为深厚的区域之一,汉末高凉置郡后并未实现对土著人群的有效支配。①《南史》卷五一《萧劢传》云:"劢以南江危险,宜立重镇,乃表台于高凉郡立州。敕仍以为高州,以西江督护孙固为刺史。"又《元和郡县图志》云:"后为夷獠所据,梁讨平俚洞,置高州。"②按《南齐书》卷一四《州郡志上》"广州"条列有高凉郡,疑齐末没于俚人,梁普通初开置高州③,平讨高凉俚人的西江督护孙固出任刺史,军事上的胜利使王朝力量重新进入高凉俚区。

孙固之后的高州刺史见有冼挺,④出身高凉俚酋冼氏。《隋书》卷八〇《谯国夫人传》云:"世为南越首领,跨据山洞,部落十余万家。"而高凉郡注籍编民在刘宋大明八年(464)才1429户,⑤至隋大业五年(609)也不过9917户,⑥梁世户数应在此间。即使《谯国夫人传》夸大了冼氏部众,其人数亦当远超官府掌握的民户,编户化水平之低可以想见治理

---

① 参见《晋书》卷五七《陶璜传》:"广州南岸,周旋六千余里,不宾属者乃五万余户,及桂林不羁之辈,复当万户。至于服从官役,才五千余家。"
② 〔宋〕王象之:《舆地纪胜》卷一一七《广南西路》"高州"条引《元和郡县图志》,北京:中华书局,1992年,第3429页。
③ 据《中国行政区划通史·三国两晋南朝卷》考证,高州置于普通元年至三年之间。
④ 按《隋书》卷八〇《谯国夫人传》载"夫人兄南梁州刺史挺","南梁州"无考,殆高州(别称高凉州)之讹,参见谭其骧:《自汉至唐海南岛历史政治地理——附论梁隋间高凉冼夫人功业及隋唐高凉冯氏地方势力》,《历史研究》1988年第5期。
⑤ 〔南朝梁〕沈约:《宋书》卷三八《州郡志四》,北京:中华书局,1974年,第1197页。
⑥ 《隋书》卷三一《地理志下》,第882页。

高州的难度。西江督护暂时的军事占领并未改变这一现状,结果是迫使萧梁政府委任俚酋冼挺为刺史,实施羁縻统治。

西江南岸的俚人在孙吴之世尚处于"往往别村,各有长帅,无君主"①极其松散的氏族社会阶段,及至两百多年后的齐梁时代已出现不受村落限制的大规模部落联盟。② 然则梁置高州后,当地仍保持有"好相攻击"的原始习俗,冼挺"恃其富强,侵掠傍郡,岭表苦之"。③ 这种好杀导致的血亲复仇传统长期存在,联盟酋长有限的政治权威不足以完成俚人社会的整合,阻碍了部落联盟向更高级政治体的转变。

另一方面,东晋以来西江南岸岭北移民的增多,加速了华夏政治文明的传播,对部分上层俚酋产生影响,集中体现在冼挺之妹冼夫人身上。面对俚人部落间的互相攻掠,夫人"每劝亲族为善",善于"抚循部众",不仅"信义结于本乡",而且诸部之间因此"怨隙止息",进而取得了"压服诸越"的地位,甚至使"海南、儋耳归附者千余洞"。④ 冼夫人由此成为更大规模部落联盟新的酋长,意味着她以"信义"止杀的努力获得极大成功,在岭南土著社会得到了前所未有的威望,海南岛俚人的归附显示出其权威覆盖范围超过了此前的松散联盟。

萧梁中期,以高凉冼氏为中心的俚人政治体发展壮大,主要得益于其政治组织的华夏化。原本作为土著部落联盟酋长的冼氏摇身一变,成为高凉俚区最高级别的地方长官,利用高州刺史的官爵名位强化了自身的俚酋权力;同时东至潭江、西抵鉴江流域的高州下辖十郡之多,⑤这些郡县多为羁縻各部大小俚酋而置,从而将他们顺利吸收进入

---

① 〔宋〕李昉等撰:《太平御览》卷七八五《四夷部六》"俚"条引《南州异物志》,北京:中华书局,1960年,第3478页。
② 谭其骧:《自汉至唐海南岛历史政治地理——附论梁隋间高凉冼夫人功业及隋唐高凉冯氏地方势力》,《历史研究》1988年第5期。
③ 《隋书》卷八〇《谯国夫人传》,第1801页。
④ 《隋书》卷八〇《谯国夫人传》,第1800—1801页。
⑤ 胡阿祥、孔祥军、徐成:《中国行政区划通史·三国两晋南朝卷》,第1253—1254页。

官僚系统。又冼夫人以华夏文化改造俚俗的举动进一步凝聚了俚人族群，推动了土著部落联盟的扩大及其向州郡政治体的演进，直接成果表现为普通四年（523）分高州于雷州半岛置合州，①以及其后在海南岛儋耳俚洞开置崖州。②

《资治通鉴》卷一五八"梁武帝大同五年"条云："时上方事征伐，恢拓境宇，北逾淮、汝，东距彭城，西开牂柯，南平俚洞，纷纶甚众，故异请分之。其下品皆异国之人，徒有州名而无土地，或因荒徼之民所居村落置州及郡县，刺史守令皆用彼人为之，尚书不能悉领，山川险远，职贡罕通。"梁武帝推进南方开发的过程中，为了深化统治蛮、俚、獠等土著人群，施行广建州郡的政策。胡阿祥认为在土著聚居区增置的州郡是用来绥抚酋帅的，尤其表现为岭南州级政区的滥设。③ 但值得注意的是，梁世岭南的州郡析置伴随着南朝以来俚区政府军事力量强化这一大的背景，一些新置的州实际上是由军事镇戍发展而来的，比如高凉俚区的罗州。《太平寰宇记》卷一六七《岭南道十一》"化州"条云："宋将檀道济于陵罗江口筑石城，因置罗州，属高凉郡。梁、陈复置罗州。"檀道济所筑石城位于高凉西部鉴江支流罗江与其支流陵江汇流处，南朝以前高凉郡属县主要布于东部的漠阳江谷地，由于中间云雾山脉的阻隔，西部的鉴江谷地基本处于未开发状态。④ 刘宋石城作为统治据点嵌入高凉西部，在此基础上建立的罗州县，⑤具有极强的军事性质。梁置高州后，受羁縻的冼氏不仅仍控制着高凉地区，而且其势力越过雷州半岛的

---

① 胡阿祥、孔祥军、徐成：《中国行政区划通史·三国两晋南朝卷》，第1255页。
② 《隋书》卷三一《地理志下》，第885页。
③ 胡阿祥：《六朝政区增置滥置述论》，《中国历史地理论丛》1993年第3期。
④ 〔晋〕陈寿：《三国志》卷六〇《吕岱传》："延康元年，代步骘为交州刺史。到州，高凉贼帅钱博乞降，岱因承制，以博为高凉西部都尉。"高凉西部都尉为羁縻酋帅而置，但不见于《晋书·地理志》《宋书·地理志》，盖孙吴以后再没于土著势力，其范围疑在云雾山脉以西郡县控制薄弱区域。
⑤ 《宋书》卷三八《州郡志四》，第1197页。

合州,抵达海南岛西北部的崖州,将广州与越州之间的沿海地区连成一片。罗州的建置显然是为了切断高州与合州的冼氏势力,而州刺史之职授予了南迁的冯氏一族。

《隋书》卷八〇《谯国夫人传》云:"梁大同初,罗州刺史冯融闻夫人有志行,为其子高凉太守宝娉以为妻。融本北燕苗裔。初,冯弘之投高丽也,遣融大父业以三百人浮海归宋,因留于新会。自业及融,三世为守牧,他乡羁旅,号令不行。至是,夫人诫约本宗,使从民礼。每共宝参决辞讼,首领有犯法者,虽是亲族,无所舍纵。自此政令有序,人莫敢违。"又《广州人物传》云:"融,业之孙也,世为罗州刺史。至融,能以礼义威信镇其俗,汲引文华士,相与为诗歌,蛮中化之,蕉荔之墟,弦诵日闻。每行部所至,蛮酋焚香具乐,望双旌而拜迎者相望,辄戒其下曰:'冯都老来矣,毋为不善以婴罪戮。'都老,俚言官长称也。自是,溪、峒之间,乐樵苏而不罹锋镝者数十年。……俚人始相率受约束。融所以结人心者,婚冼氏之力也。融既卒,郡人思其德,祀之。"①北燕皇族冯氏一支浮海南下寄居岭南,其后族人世代出任俚区牧守,盖南朝政府利用此等南迁家族的势力与俚酋博弈,然"他乡羁旅,号令不行"。在这种情况下,梁大同初作为王朝官方代理人的冯融父子与冼氏联姻,加剧了高凉俚酋华夏化与冯氏家族土著化的双重进程。一方面,冯氏对高凉俚区华夏秩序的传播、国家权威的树立起到了非常重要的作用,俚人部落"始相率受约束""使从民礼",执法不避亲,高凉社会阶序化程度加深,其政治体加速华夏化;又俚酋之谓"毋为不善以婴罪戮"及冯融卒后"郡人思其德",可见儒家礼法向俚区的渗透,显露出俚人心理上的国家认同。另一方面,冯氏从俚人的"都老"进而"累代为本部大首领",②及

---

① 〔明〕黄佐:《广州人物传》卷二《冯融传》,北京:中华书局,1985年,第36页。

② 〔后晋〕刘昫等:《旧唐书》卷一〇九《冯盎传》,北京:中华书局,1975年,第3287页。

至隋唐西江流域的最大俚酋遂由冯氏接替了冼氏。①

　　冯氏家族的土著化反过来壮大了高凉俚人的政治势力，因而冯融去世后，萧梁政府并未让其子冯宝接任罗州刺史。《梁书》卷三《武帝纪下》云："遣越州刺史陈侯、罗州刺史宁巨、安州刺史李智、爱州刺史阮汉，同征李贲于交州。"陈至唐初，安州（钦州）刺史一直在当地的宁氏一族中传承，其先宁逵在梁世先后担任定州刺史和爱州刺史，②尚未与安州产生联系，又梁置安州后刺史唯见李智，盖宁氏当时还没有定居安州，而是像先前的冯氏家族一样作为流寓势力，受到官方的倚重，借助其力经略俚区。宁巨极有可能是这一家族的成员，其代替冯氏出任罗州刺史，与当初设置罗州的目的如出一辙，乃以新的外来势力遏制新旧合一的冯冼本土势力。

　　大同中，与高凉西部权力更迭大体同时进行的是萧梁政府对高凉东部的直接经营。《陈书》卷一《高祖纪》云："土人李贲连结数州豪杰同时反，台遣高州刺史孙冏、新州刺史卢子雄将兵击之，冏等不时进，皆于广州伏诛。子雄弟子略与冏子侄及其主帅杜天合、杜僧明共举兵，执南江督护沈颙，进寇广州，昼夜苦攻，州中震恐。"孙冏与首任高州刺史孙固或即一人，③则高州刺史复从土官变成流官。高州以北的新州位于西江下游支流新兴江流域，分广州新宁郡置，④刺史卢子雄是前任南江督护卢安兴之子。《陈书》卷八《杜僧明传》云："梁大同中，卢安兴为广州南江督护，僧明与兄天合及周文育并为安兴所启，请与俱行。频征俚

---

　　①　谭其骧：《自汉至唐海南岛历史政治地理——附论梁隋间高凉冼夫人功业及隋唐高凉冯氏地方势力》，《历史研究》1988年第5期。

　　②　〔清〕陆增祥：《八琼室金石补正》卷二七《正议大夫宁赞碑》，北京：文物出版社，1985年，第174页；〔唐〕林宝：《元和姓纂》卷九《四十六径》"宁"条："梁有爱州刺史宁达"，北京：中华书局，1994年，第1353页，按"宁达"乃"宁逵"之误。

　　③　《南史》卷五一《校勘记》，第1285页。

　　④　〔宋〕乐史：《太平寰宇记》卷一六三《岭南道七》"新州"条引《舆地志》，北京：中华书局，2007年，第3117页。

獠有功，为新州助防。"①卢氏父子虽在新州形成地方势力，然非土豪酋帅。从广陵杜僧明与义兴周文育的早年行迹来看，二人与岭南从无交集，而卢安兴此行之所以带他们南下，是因为熟悉此二人的善战性格，当与他们具有共同的经历，故被任命为专事伐俚的南江督护。卢安兴所部在新州一带征伐，但《杜僧明传》称其为"广州南江督护"，盖当时新州未置，地属广州新宁郡，则南江督护应是沿新兴江活动的。又上引《南史·萧劢传》云以南江的高凉郡立高州，则高凉郡所处漠阳江亦称南江，盖梁世南江泛指西江南岸的新兴江、漠阳江流域。

西江干流与高凉地区之间南北绵延着三列大山，即以云雾山脉为中脊，挟东西两翼的天露山和云开大山，使得这片高地以南的滨海地域形成了相对封闭独立的地理空间。在地理因素的作用下，高凉土著政治势力难以向北发展，只能向西南的海隅半岛甚至海岛扩张，限制了俚人政治体的成长。同样，王朝统治亦难向南深入，而利用纵横于山地中的河流水道构筑交通网络，就成为向俚区渗透的有效途径。云雾山与天露山之间夹峙的新兴江—漠阳江谷地，是联结广州与高州最重要的陆上孔道。大同初，长期叛服无常的西江俚帅陈文彻在广州被擒，②西

---

① 《南史》卷六六《杜僧明传》："梁大同中，卢安兴为新州刺史、南江督护"，中华书局《校勘记》："'新州'各本作'广州'。按下文，时广州刺史为新渝侯萧映。又安兴死，杜僧明复副其子子雄；而据《陈书·武帝纪》，子雄时为新州刺史。则此广州当为新州之误，今改正。"按《南齐书》卷一四《州郡志上》，南江督护与西江督护同为伐俚而置。由宋至梁西江督护所见者皆以郡守兼任，而历任西江督护中职位最重、实力最强者当属梁末高要太守、督七郡诸军事的陈霸先，而南江督护的情况在宋齐时并不清楚，梁世仅见卢安兴、沈颙二人，可知其地位不如西江督护重要，则与西江督护陈霸先约略同时的南江督护卢安兴身兼州刺史似不合情理。盖以《陈书·杜僧明传》所载"卢安兴为广州南江督护"为确，《南史》各本作"广州刺史"，非为"新州刺史"之误，而是多了"刺史"二字衍文。

② 《南史》卷五一《萧劢传》云："西江督护陈文彻出寇高要，又诏劢重申蕃任。未几，文彻降附。"又《梁书》卷三二《兰钦传》云："经广州，因破俚帅陈文彻兄弟，并擒之。"按上文引《萧劢传》置高州事可知其任广州刺史在普通初年，而据《兰钦传》前后文可知其经广州述职衡州事在大同初年宇文泰请结邻好之后，盖十余年中陈文彻一直活跃在广州西部西江下游一带。

江下游的宁定保证了南海郡至高要郡航道的畅通。在此条件下自高要峡口向南入新兴江置南江督护,其目的是打通南江孔道,新州的设置巩固了这一成果,而高州刺史改易流官当即发生在控制南江的有利局面下。

大同十年(544),孙囧、卢子雄的进军因瘴疠引发的疾疫致使军士死散大半,即便在这种情形下,回到高、新二州的残兵发动的哗变却能震恐广州,由此可见南江驻防军力颇为可观。兵变平息后,高要太守、西江督护陈霸先收拢孙、卢旧部,不久又挥师交州讨李贲,①造成西江下游及南江一带防务的空虚。为了应付突如其来的变故,萧梁政府再次引入流民势力进入高凉俚区,新任高州刺史李迁仕即此势力的代表。徐陵为陈霸先加九锡所作策文中称:"迁仕凶慝,屯据大皋,乞活类马腾之军,流民多杜弢之众,推锋转斗,自北徂南,频岁稽诛,实惟勍虏。"②这里明确李迁仕的身份是自北而来的流民军首领,在南江的政府驻军不足之时被委任为高州刺史。

然而侯景之乱的爆发,又一次改变了高凉地区各方力量的分布态势。太清二年(548)李迁仕率军入援,③次年台城陷落后回军屯据大庾岭以北的赣江上游,企图攻占南康郡。④李迁仕的流民军北上后迟迟不归,高州再度呈现权力的真空,于是在大宝元年(550),洗夫人以李迁仕谋逆为由名正言顺地出兵州城,⑤至此洗氏重新控制了高州。

与此同时,陈霸先统帅着在西江督护任上积聚的精兵悍将北上勤王,使西江流域的土著势力获得了发展的空间。但是,整个岭南地区山地、丘陵、台地、平原相互交错,地形复杂多样,遍布各处的土著部落难于整合,无法形成统一的高级政治体。即使是西江流域最大俚酋的高

---

① 《陈书》卷八《杜僧明传》,第 136 页。
② 《陈书》卷一《高祖纪上》,第 16 页。
③ 《梁书》卷一《高祖纪下》,第 94 页。
④ 《陈书》卷一《高祖纪上》,第 4 页。
⑤ 《隋书》卷八〇《谯国夫人传》,第 1801 页。

凉冼氏，其发展亦受制于山海包围的地理劣势，只能选择依附于中央政权，利用获得政府的官爵名位与传播儒家的礼法秩序来形塑自身的俚酋权威，从而获得有限的扩张。而当萧梁统治分崩离析之际，寻求新的王朝势力作为政治庇护者，理所当然为冼夫人所关心。

大同以降，在岭南伐俚战争和一系列政治变故中，坐拥最强实力的陈霸先最终成为冼夫人选择支持的对象。《隋书》卷八〇《谯国夫人传》云："夫人总兵与长城侯陈霸先会于赣石。还谓宝曰：'陈都督大可畏，极得众心。我观此人必能平贼，君宜厚资之。'"二人唯一的这次相见，史书仅仅一笔带过，但其意义却非同一般。以冼夫人为首的土著势力对于新兴王朝势力的臣服，决定了岭南俚区的政治走向，其本人成为陈隋两代统治岭南尤为倚重的对象。

## 三、陈朝对岭南豪酋的压制与利用

陈文帝即位后，为了削弱欧阳𬱟的势力，首先分两步从其手中夺回南岭东部的衡州。衡州自梁太平元年(556)并入东衡州复称衡州，[①]至陈天嘉初一直为欧阳氏所控。天嘉元年(560)分衡州始兴、安远二郡，改桂阳汝城县为卢阳郡，合三郡复置东衡州，以侯安都从弟侯晓为刺史、九岁之子侯祕为始兴内史，[②]第一步显然是利用始兴侯氏制约欧阳氏在衡州的势力。随着天嘉三年(562)侯晓去世，[③]文帝乘机任命钱道戢为都督东西二衡州诸军事、衡州刺史并领始兴内史，[④]将衡州收归中央控制。次年欧阳𬱟死后，其子欧阳纥继任广州刺史，"都督交广等十

---

① 胡阿祥、孔祥军、徐成：《中国行政区划通史·三国两晋南朝卷》，第1268页。
② 《陈书》卷八《侯安都传》，第146页。
③ 《陈书》卷八《侯晓传》，第149页。
④ 《陈书》卷二二《钱道戢传》，第295页。

九州诸军事",①对照其父都督的二十州,减去的一州当即脱离欧阳氏势力范围的衡州。第二步朝廷既压制了日益骄纵的侯安都,也据有了经大庾岭下广州的交通线,将欧阳氏封锁于岭外,在日后成功抵挡住欧阳纥叛军的北上。

同时值得注意的是,南岭西部的桂州一开始就不在欧阳頠所都督二十州之内。桂州置于梁天监六年(507)广州苍梧、郁林郡境,"因桂江以为名",②始无固定治所,盖临时性的军镇戍防,随伐俚的军事需要不断移镇,大同六年(540)将州治北移固定在桂江中游的始安郡。③桂江下游梁世新置静州,④亦非属欧阳頠统管的都督区。桂江沟通着灵渠水道与西江,是由越城岭进入岭南西部最便捷的孔道,两汉岭南的政治、经济中心偏重西部,故而这条水路尤为关键。⑤然自孙权徙交州治番禺、分交置广后,六朝政权无不重视广州,从大庾岭度岭的"东道"愈显重要。⑥相比之下,始安至苍梧的桂江沿线直至梁以前始终无郡县的辟置,此条道路的作用明显下降。桂、静二州的建置反映了梁世控制桂江进而经营西江流域的企图,西江中上游成、石、定诸州的依次拓置当与此有关,于是位处湘桂走廊联结点上的桂州在梁陈以降地位渐重。桂州设立之初不置都督,梁世先后隶于湘州、广州、衡州都督区。⑦承圣元年(552),梁元帝始以淳于量为桂州刺史,都督桂、定、东宁、西宁四

---

① 《陈书》卷九《欧阳纥传》,第159页。
② 〔唐〕李吉甫:《元和郡县图志》卷三七《岭南道四》,中华书局,1983年,第917页。
③ 《太平寰宇记》卷一六二《岭南道六》,第3097页。
④ 《隋书》卷三一《地理志下》,第883页。
⑤ 王元林:《秦汉时期南岭交通的开发与南北交流》,《中国历史地理论丛》2008年第4期。
⑥ 何德章:《六朝建康的水陆交通——读〈宋书·州郡志〉札记之二》,《魏晋南北朝隋唐史资料》第19辑,2002年,第66—67页。
⑦ 胡阿祥、孔祥军、徐成:《中国行政区划通史·三国两晋南朝卷》,第282页。

州诸军事。[1] 时桂州不受他州都督,自为一独立都督区,覆盖了南岭西部南至西江上游水系的广大地区。天嘉末年淳于量归顺后,朝廷取得对桂州的控制,则南岭东西全为中央所有,并获得西江上游流域,对广州的欧阳氏形成半包围之势。

陈文帝陆续讨平南方各地的割据势力后,至宣帝初年腾出手来解决岭南问题,遂于太建元年(569)派章昭达率军南征。次年,洗夫人"帅百越酋长迎章昭达","内外逼之,纥徒溃散"。[2] 欧阳纥被建康朝廷与俚酋洗氏联手清除后,陈宣帝所遣心腹重臣沈恪接任广州刺史,"州罹兵荒,所在残毁,恪绥怀安缉,被以恩惠,岭表赖之"[3],岭南始纳入陈朝中央的有效控制。

陈朝中后期岭南局势渐趋平稳,对土著人群的政策亦随之由绥怀安缉复改为武力征讨。《陈书》卷一四《陈方庆传》云:"初,广州刺史马靖久居岭表,大得人心,士马强盛,朝廷疑之。至是以方庆为仁威将军、广州刺史,以兵袭靖。靖诛,进号宣毅将军。"又同书卷二一《萧引传》云:"时广州刺史马靖甚得岭表人心,而兵甲精练,每年深入俚洞,又数有战功,朝野颇生异议。高宗以引悉岭外物情,且遣引观靖,审其举措,讽令送质。引奉密旨南行,外托收督赕物。既至番禺,靖即悟旨,尽遣儿弟下都为质。"从行为、地域和姓氏上看,马靖当是岭南土豪,[4]这表明太建时期土豪酋帅统率的地方武力仍为陈朝政府所仰赖,历史的发展已使他们的武力达到不容忽视的地步。[5] 在岭南对俚政策上,陈朝大体一仍梁旧,唯更借重归附国家的豪酋武装,大力任用谙于俚事的

---

[1] 《陈书》卷一一《淳于量传》,第180页。
[2] 《隋书》卷八〇《谯国夫人传》,第1802页。
[3] 《陈书》卷一二《沈恪传》,第194页。
[4] 张国安:《论陈代江湘交广诸州的豪强》,《许昌师专学报(社会科学版)》1990年第1期。
[5] 吕春盛:《陈朝的政治结构与族群问题》,新北:稻乡出版社,2001年,第146—147页。

"熟俚"酋帅,对未肯宾服的"生俚"讨伐遂更频繁激烈。"兵甲精练"的马靖因战功使"朝野颇生异议",从侧面也透露出其伐俚规模之大、收编俚人之多。然则太建以降中央权威的恢复,与陈初已大为不同,陈宣帝对待岭南豪酋无需像武帝那样放低姿态,而是直接遣使逼迫马靖送质入京,马靖亦俯首听命。萧引此行托以收取赕物之名,反映了萧梁以来中央对岭南俚区经济控制的强化,①就连陈初欧阳頠对建康输送的财富都称得上"颇有助于军国"②,至太建年间中央主动向岭南征调赕税,似已属惯常之举。即便如此,至德二年(584)陈后主仍以宗室陈方庆出镇广州并袭杀马靖,陈末对广州的绝对控制,意味着这时岭南的中央权威全面压过了土豪酋帅。

高凉冼氏作为与陈朝密切合作的盟友,在岭南历次动乱中始终坚定不移地依附于中央政府。但是,参与平定欧阳纥之乱的冯仆仅从高州阳春太守转任罗州石龙太守,连高凉俚区刺史之职亦未授予,可见陈朝对其势力的防范。又冼夫人虽是西江流域俚人部落联盟酋长,但迟至陈朝后期俚人仍"世相攻伐"③,社会整合度依然极其有限,无法形成强有力的政治体组织。作为联盟酋长的冼氏,其权力实际支配的领域,恐怕难出高凉地区。在这样的情形下,冼夫人更需与陈朝合作,进一步提升个人的威望。她在陈朝获得了中郎将、石龙太夫人的称号,"其卤簿一如刺史之仪"④,即使是形式上的册封,亦有助于俚酋权威的形塑。

---

① 《南史》卷五一《萧劢传》云:"广州边海,旧饶,外国舶至,多为刺史所侵,每年舶至不过三数。及劢至,纤豪不犯,岁十余至。俚人不宾,多为海暴,劢征讨所获生口宝物,军赏之外,悉送还台。前后刺史皆营私蓄,方物之贡,少登天府。自劢在州,岁中数献,军国所须,相继不绝。武帝叹曰:'朝廷便是更有广州。'"萧梁以前的广州刺史普遍利用广州在海外贸易中优越的地理区位,大肆掠夺商贸物资,同时征讨俚人所获人口、财物多入私囊,中央政府极少从中获利。萧梁宗室出镇广州时期,中央对广州始有强力控制,不过这一改变起初也只是萧劢的个人行为而已。
② 《陈书》卷九《欧阳頠传》,第159页。
③ 《陈书》卷二三《沈君高传》,第301页。
④ 《隋书》卷八〇《谯国夫人传》,第1802页。

陈隋之际,"数郡共奉夫人,号为圣母,保境安民",但冼夫人在"验知陈亡"后迅速迎隋师入岭。当王朝更迭、岭北形势再次突变之时,冼氏依旧放弃了自立企图,绝非如其自称"尽赤心向天子"。"未几,番禺人王仲宣反,首领皆应之",则冼氏之号令难行不难想象。① 盖经梁陈两代,冼氏权威的增长仍未达到能够统合整个岭南土著社会的程度,而归于一统的岭北更非如梁陈之际的一盘散沙,于是冼夫人故伎重施,与隋军里应外合共定岭南。《隋书》卷八〇《谯国夫人传》云:"夫人亲被甲,乘介马,张锦伞,领彀骑,卫诏使裴矩巡抚诸州,其苍梧首领陈坦、冈州冯岑翁、梁化邓马头、藤州李光略、罗州庞靖等皆来参谒。还令统其部落,岭表遂定。高祖异之,拜盎为高州刺史,仍敕出暄,拜罗州刺史。追赠宝为广州总管、谯国公,册夫人为谯国夫人。以宋康邑回授仆妾洗氏。仍开谯国夫人幕府,置长史以下官属,给印章,听发部落六州兵马,若有机急,便宜行事。"冼夫人一如既往地充当了华夏政权统治岭南俚区的代理人角色,为中央政府的统一事业可谓不遗余力;同时其自身的权力大大扩充,成为高、罗等六州最高军政长官,至此真正获得了凌驾于岭南众酋领之上的政治地位与军事实力。此即冼氏所谓"我事三代主,唯用一好心"的真相,冼夫人地位的每一步跃升,皆离不开华夏政权的扶植,其结果是推动了俚人部落逐步向华夏政治体演进、国家认同不断强化。

## 四、结　语

萧梁时代岭南地区大规模分州置郡,西江流域州镇星罗棋布,深山海隅之地获得开拓经营,对俚区的统治大为强化;同时俚人政体组织的华夏化,增强了土豪酋帅的国家认同,俚酋豪帅向州郡长官的转变,使其在岭南地方的政治影响日益显著,梁陈之际成为岭南政局中举足轻

---

① 《隋书》卷八〇《谯国夫人传》,第 1802 页。

重的力量。

梁末陈霸先集团主力的北上,促使豪酋势力填补了岭南的政治空白,成为陈朝前期岭南的实际掌控者,而随着陈朝统治的稳定,中央恢复并进一步强化了对岭南的支配。陈朝后期削弱土豪酋帅的同时,继续利用熟俚酋帅的力量深化对生俚人群的治理。梁陈时代岭南豪酋势力的壮大,反映了俚人政治体的成长发育,南岭地区至西江流域的俚酋广泛地进入官僚系统,成为华夏化的地方豪族,是南朝后期中央全力经营岭南俚区所致。

# 六朝建康长干里考略

许志强

长干里是六朝都城建康(三国吴时称"建业",平吴后改称"建邺",后避晋愍帝讳改称"建康")城南的里巷,位于秦淮河南岸。孙吴定都建业后,人口迅速朝都城聚合。孙吴政府在秦淮河入江口附近沿河筑堤立栅,约束河道,称"栅塘",防止河水因潮涨溢;又缘江往上筑"横塘",防止江潮的侵袭,[1]并在附近的秦淮水北岸建大市。良好的居住环境及便利的生活设施,使长干里一带很快成为民庶杂居的城市空间。左思《吴都赋》所言"横塘、查下,邑屋隆夸。长干延属,飞甍舛互",就是对孙吴时期长干里比屋连甍、生齿繁庶的描述。不过,让"横塘""长干"这样的小地名广为人们所知的,是唐人李白、崔颢等人的诗作。李白《长干行》"同居长干里,两小无嫌猜""嫁与长干人,沙头候风色",崔颢《长干曲》"君家何处住,妾住在横塘""同是长干人,生小不相识",脍炙人口。在六朝送行临别时的"长干折柳"旧俗的渲染下,"横塘""长干"已然成为唐人笔下的江南意象,广为传颂。

---

[1] "横塘"与"查塘",记载中常有乖忤。〔唐〕许嵩撰,张忱石点校:《建康实录》卷四《后主》"宝鼎二年六月"条引《宫城记》注云:"横塘,今在淮水南,近陶家渚,俗谓回军毋洑。古来缘江筑长堤,谓之横塘。淮在北,接栅塘,在今秦淮径口,吴时夹淮立栅。"则缘江所筑之堤为"横塘"(北京:中华书局,1986年,第98页,标点略作改动)。〔宋〕周应合纂:《景定建康志》卷一九《山川志三》注引《宫城记》则言:"吴大帝时,自江口沿淮筑堤,谓之横塘。北接栅塘,在今秦淮径口,吴时夹淮立栅。"则沿淮所筑之堤为"横塘"(南京:南京出版社,2009年,第458页)。又,"栅塘"与"查塘"是否同指,目前亦不甚明了。本文据《建康实录》引《宫城记》,权将缘江而筑者名为"横塘"。

然而，词赋家笔下的情景描述或多或少都有夸张之处，事实上长期以来人们对"横塘""长干"的认知，几乎全部来自上述文学作品，意象是高远的，但印象是模糊的。就历史研究而言，管见所及，仅孙齐先生《说"南冈士大夫"》一文中略有涉及。孙齐运用"社区阶层化"这一社会学的概念，阐述"南冈士大夫"这一称谓的背后显示出来的南朝士人居住地的变迁及士族地位的分化。[①]这里的"南冈"，指的是建康城南石子冈附近，而这一带就是六朝长干里的所在。

然而，孙齐在阐述"南冈"这一地理空间时，所据文献依然仅见《吴都赋》李善注及《建康实录》自注所引《丹阳记》，未能顾及长干里的具体范围及其与石子冈、长干寺等地位置关系。2008年，南京市博物馆在今中华门外明大报恩寺遗址内发掘了北宋长干寺塔基、地宫。2015年，笔者发掘了上述北宋长干寺地宫遗址西约600米的"越城天地"地块，确认了六朝长干里的部分遗迹。因此，本文拟基于上述两个地点的发掘资料，结合传世文献的记载，对六朝长干里的相关问题展开初步讨论，以期为今后的建康城研究提供一个具体可信的地标。

## 一、文献所见长干、长干寺、长干里

文献所见长干里的相关记述，最早见于前引左思所作《吴都赋》："横塘查下，邑屋隆夸。长干延属，飞甍舛互。"《吴都赋》问世不久，几乎与左思同时代的刘逵便曾为其作注，对长干的大致位置、得名由来作了较为详细的说明。唐钞本《文选集注》载："刘逵曰，横塘查下，皆都下百姓所居之区名也。江东谓山垅间为干，建业之南有山垅，其间平地，吏人杂居之，故号为长干。中有大长干、小长干、东长干，皆相属，疑是古

---

[①] 孙齐：《说"南冈士大夫"》，《南京晓庄学院学报》2015年第5期。

称干也。《韩诗》云,考般在干。《传》曰,地下而广曰干。"①据刘逵注,江东俗称山冈之间为"干",建业城南山冈之间的平地,被称为"长干";长干之内有大长干、小长干、东长干之分,其间吏民杂居。刘逵的这条注解,当随着《吴都赋》的广泛传播而为时人所熟知。

六朝建康寺院众多,其中长干寺或因位于长干里而得名,南朝时期成书的一些佛教典籍中,出现了多处关于"长干寺"的记述。如东晋咸和年间(326—334),丹阳尹高悝在张侯桥下的水道里发掘出一尊金佛像,于是"悝载像还至长干巷口,牛不复行,非人力所御,乃任牛所之,径趣长干寺"②。刘宋元嘉十一年(434),有胡僧法号三藏者,熟谙佛经,至建康传播经典,"于宋都长干寺集诸学士,法师云公译语,法师观公笔受。考校治定,周年乃讫"③。正史中最早的记述见于《宋书·五行志》。元兴元年(402),桓玄攻入建康,杀执政司马元显,于是童谣曰:"长干巷,巷长干。今年杀郎君,明年斩诸桓。"④此后《梁书》《陈书》《南

---

① 周勋初纂辑:《唐钞〈文选集注〉汇存》,上海:上海古籍出版社,2000年,第188页。众所周知,《文选》不同版本间,注文因传抄或六臣、李善、旧注之间的拆合造成了极大差异。傅刚《论韩国奎章阁本〈文选〉的文献价值》(《文献》2000年第3期)曾举《吴都赋》为例,谈到《文选集注》所保留的李善注,相较于尤刻本《文选》,更接近李善原貌。同样,《吴都赋》刘逵注在《文选》不同版本中,呈现出来的差异也很明显,如明州本"疑是居称干也",《集注》本作"疑是古称干也";尤袤本、明州本"地下而黄曰干",《集注》本作"地下而广曰干"。均以《集注》本文意为长。又下引《建康实录》卷二《太祖下》"江东谓山垄之间曰干。建邺南五里有山冈,其间平地,民庶杂居,有大长干、小长干、东长干,并是地里名"一条,显然抄自刘注,其文字也与《集注》本刘逵注最相合。因此对校诸本,我们也认为《集注》本《吴都赋》旧注可能更为接近刘逵原貌,因此在这里选为讨论对象。
② 〔梁〕释慧皎撰,汤用彤校注:《高僧传》卷一三《晋并州竺慧达》,北京:中华书局,1992年,第478页。
③ 〔南朝梁〕释僧祐撰,苏晋仁等点校:《出三藏记集》卷一〇《后出杂心序》,北京:中华书局,1995年,第385页。
④ 〔南朝梁〕沈约:《宋书》卷三一《五行志二》,北京:中华书局,1974年,第919页。亦见于《晋书·桓玄传》(北京:中华书局,1974年,第2601页),童谣云:"长干巷,巷长干,今年杀郎君,后年斩诸桓。"

史》等关于"长干里"均有涉及。其中,《梁书》卷五四《诸夷传》"扶南国"条记载刘萨何于东晋宁康年间(373—375)在长干寺掘得佛骨舍利一事时,明确提到了长干里。称刘萨何"游行礼塔,次至丹阳,未知塔处,乃登越城四望,见长干里有异气色,因就礼拜,果是阿育王塔所,屡放光明"①。《南史》卷七八《夷貊传》"扶南国"条记载与《梁书》基本相同,亦明确提到了长干里。②

出土文献中关于长干里的记载,目前所见仅有一例。梁普通元年(520)《故永阳敬太妃(王氏)墓志铭》载萧敷妻王太妃"祔葬于琅邪临沂县长干里黄鹄山"。③ 然而,东晋南朝侨置琅琊郡临沂县位于建康北部,萧敷夫妇墓亦被推定于这一区域内,这与长干里位于建康城南的记载抵牾非常明显。因此,中村圭尔先生认为,或者有两个长干里,或者萧敷夫妇墓地发生了迁移,然而两种推测均缺乏相应的证据。④ 鉴于这一孤例在现有材料下难以获得一个相对合理的解释,故本文将其暂记于此,不作展开。

唐人许嵩根据前人记载,结合实地考察,对长干里的方位道里、得名由来、内部区划等作了简明扼要的记述,成为今天我们认识六朝长干里的重要凭据。许嵩所撰《建康实录》卷二《太祖下》黄武五年(226)冬十月条引《丹阳记》自注云:

> 大长干寺道西有张子布宅,在淮水南,对瓦官寺门,张侯桥所也。桥近宅,因以为名。其长干是里巷名,江东谓山陇之间曰干。

---

① 〔唐〕李延寿:《梁书》卷五四《诸夷传》,北京:中华书局,1973 年,第 791 页。
② 〔唐〕李延寿:《南史》卷七八《夷貊传》,北京:中华书局,1975 年,第 1954—1955 页。
③ 拓片藏上海博物馆,释文见赵超:《汉魏南北朝墓志汇编》,天津:天津古籍出版社,2008 年,第 29—31 页。
④ 〔日〕中村圭尔著,刘驰译:《关于南朝贵族地缘性的考察——以对侨郡县的探讨为中心》,《南京晓庄学院学报》2005 年第 4 期。

建康南五里有山冈,其间平地,民庶杂居,有大长干、小长干、东长干,并是地里名。小长干在瓦官南,巷西头出江也。①

这条关于"干""长干"的释义及长干里方位的叙述,应该源自《吴都赋》刘逵注。至此,可以明确长干里是位于建康城南五里山冈之间的平地。而文献所载长干寺位于长干里这一信息,为确定长干里的方位提供了重要的参考坐标。

《建康实录》卷一七《高祖武皇帝》天监元年(502)条载:

是岁,旱,米一斗五千文,人多饿死。立长干寺。案,《寺记》:寺在秣陵县东长干里,内有阿育王舍利塔,梁朝改为阿育王寺。②

《寺记》称长干寺"在秣陵县东长干里",这条史料在提供了长干寺位于长干里这一重要线索的同时,也给我们造成了一定的困扰。按不同句读,这句话可以有两种解释:一、寺在秣陵县之"东长干里";二、寺在秣陵县东之"长干里"。这涉及六朝建康城是否存在"东长干里"等相关问题,必须关注。造成上述歧义的原因,或许与秣陵县治的迁移有关。关于秦汉时期的秣陵县治,虽有异说,③但主流意见均认为在今江宁区秣陵镇附近。东晋安帝时迁至建康城区附近的斗场,④东晋元熙

---

① 《建康实录》卷二《太祖下》,第44页。
② 《建康实录》卷一七《高祖武皇帝》,第672页。
③ 如王志高《秦汉秣陵县治新考》(《学海》2014年第5期,后收入氏著《六朝建康城发掘与研究》,南京:江苏人民出版社,2015年,第10—18页)考证秦汉秣陵县治在今南京市区建邺路一带,但与诸多六朝史料不合,本文暂从旧说。
④ 《宋书》卷三五《州郡志一》载:"秣陵令,其地本名金陵,秦始皇改。本治去京邑六十里,今故治邨是也。晋安帝义熙九年,移治京邑,在斗场。恭帝元熙元年,省扬州府禁防参军,县移治其处。"(第1030页)

元年(419)又迁至小长干巷。① 据前引《建康实录》可知,小长干位于长干里的最西端,那么秣陵县治亦应位于长干里的西部。相应的,长干寺位于秣陵县治的东侧,于是便有了"寺在秣陵县东长干里"的表述方式。南宋张敦颐《六朝事迹编类》卷一一《寺院门》"长干寺"条云"梁初起长干寺"后,引《塔记》云:"在秣陵县东,今天禧寺,乃大长干也。"②表述得更加准确、清晰。此后成书的《景定建康志》《至正金陵新志》等均沿袭了这种表述方式。

综上所述,引起歧义的"东长干里",仅见一条。从《吴都赋》刘逵注开始,到《丹阳记》《寺记》,再到《建康实录》,一系列的记载均表明,长干里是一个作为基层组织的"里"名,或是因这个"里"的规模过大或分布在不同的"山陇之间",因此内部又有大、小、东长干之分,正如前引各种文献中出现的"是里巷名""巷西头出江""长干巷口""长干巷、巷长干""小长干巷"等名称所显示的那样,大、小、东长干是长干里内的不同区划,所用"巷"字,或正是其处于"山陇之间"这一自然地理特征的反映。

## 二、六朝建康长干里的范围推定

文献中明确记载长干寺位于长干里,《六朝事迹编类》更表明长干寺位于大长干,因此,长干寺的位置是确定长干里方位的重要坐标。长干寺是佛教传播至中国南方后建造的首批寺院之一,据《梁书》卷五四《诸夷传》"扶南国"条在记载天监三年(504)梁武帝改建阿育王寺后追述称:"吴时有尼居其地,为小精舍,孙琳寻毁除之,塔亦同泯。吴平后,诸道人复于旧处建立焉。晋中宗初渡江,更修饰之,至简文帝咸安中,

---

① 《建康实录》卷一〇《恭皇帝》载:"是岁,省扬州禁防参军,移秣陵县于其地,在宫城南八里一百步小长干巷。"(第350页)

② 〔宋〕张敦颐撰:《六朝事迹编类》卷一一《寺院门》,南京:南京出版社,2007年,第106页。

使沙门安法师程造小塔,未及成而亡,弟子僧显继而修之,至孝武帝太元十九年,上金相轮及承露。"①长干寺在孙吴、东晋时期的兴废略而可见。

2008年,南京市博物馆在今中华门外明大报恩寺遗址内发掘了北宋长干寺塔基和地宫,地宫中出土了供奉佛舍利的石函、铁函、七宝阿育王塔、金棺银椁等重要遗物。据地宫石函所刻《金陵长干寺真身塔藏舍利石函记》及其他文字材料可知,该塔基为北宋长干寺真身塔塔基,建于北宋大中祥符四年(1011),其所处位置即六朝时期的古长干寺。《石函记》称"东晋出现,梁武再营。宝塔参空,群生受赐",知六朝长干寺的兴废与文献所载基本一致。从《石函记》"洎平陈之日,兵火废焉,旧基空列于蓁芜,崺级欻兴于佛寺"的叙述中亦可知,隋平陈之际,六朝长干寺毁于兵火,然遗址犹存,位置清晰。北宋大中祥符年间(1008—1016),即于原址重建金陵长干寺。②天禧二年(1018),宋真宗赐名"天禧寺",寺名及伽蓝一直沿用到明代初期。③ 2008年的这次考古发掘,彻底解决了六朝至北宋长干寺的位置问题。

据前引《建康实录》,长干里位于"建康城南五里"。目前,关于六朝建康城的复原虽然存在着多种意见,但有一点是明确的,这就是作为建康城中轴线的御道,自宫城正门大司马门至秦淮水北的朱雀航长七里,

---

① 《梁书》卷五四《诸夷传》,第790—791页。
② 南京市考古研究所:《南京大报恩寺遗址塔基与地横发掘简报》,《文物》2015年第5期;祁海宁、周保华:《南京大报恩寺遗址塔基时代、性质及相关问题研究》,《文物》2015年第5期。
③ 关于长干寺的历史沿革,详见龚巨平、祁海宁:《〈金陵长干寺真身塔藏舍利石函记〉考释及相关问题》(《东南文化》2012年第1期)及上引《南京大报恩寺遗址塔基时代、性质及相关问题研究》。

自都城正门宣阳门至朱雀航长五里,朱雀航位于今中华门内镇淮桥迤北。① 考虑到长干寺遗址的位置,很明显,此处的"建康南五里",是以都城正门宣阳门至朱雀航之间的距离来计算的。② 朱雀航横跨在流经建康城南的秦淮河上,"城南五里"必定在秦淮河以南。加之长干里"江东谓山陇之间曰干"这一得名的由来,长干里应位于秦淮河以南的长干寺一带。

虽然秦淮河自东往西横贯建康城南,但河道从城东进入建康后,非常夸张地往南延伸,在朱雀航达到最南端,从此开始西北流入长江,形成了"V"字形河道。因此,前文虽然概言长干里位于在秦淮河水南岸,但正像前引《丹阳记》所言"小长干在瓦官南,巷西头出江"及东晋末年移秣陵县治至"小长干巷"那样,位于秦淮河河道西南方的古瓦官寺、小长干巷一带,也均在长干里的范围之内。

基于民国时期绘制的地图及实地考察,这一区域内的地形地貌与"山陇之间"的记载基本相符。区域南为石子冈,即以今雨花台为中心的东北—西南向山陇冈阜,大致以今应天大街为界。区域东为戚家山,③其山体为石子冈主峰向东北的延伸等一系列低矮冈阜,经应天大街高架(高架下山体因修路破除不存)、报恩寺遗址公园东侧的1865文化产业园以及晨光机械厂、明城墙赤石矶登城口,直至今南京明城墙东

---

① 参见张学锋:《六朝建康城的发掘与复原的新思路》(初见《南京晓庄学院学报》2006年第2期;修订稿以《六朝建康城的研究、发掘与复原》为题,载《蒋赞初先生八秩华诞颂寿纪年论文集》,北京:学苑出版社,2009年,第276—292页)及《六朝建康城研究中的史料学问题——以建初寺的地点考证为例》(《南京晓庄学院学报》2012年第1期),后均收入氏著《汉唐考古与历史研究》,北京:生活·读书·新知三联书店,2013年。

② 朱雀航位于秦淮河V形河道的最南端,地处御道正南端,是当时秦淮河上最重要的航桥,故叙事亦常以其作为坐标来标注其周边区域距离都城、宫城的道里。此处朱雀航以南山陇之间的长干里径直标为都城南五里,即受此表述方式的影响。

③ 《景定建康志》卷一七《山川志一》载:"戚家山在城南天禧寺东。"(第409页)

南角内仍有绵延(如"周处读书台"明显高于周边)。这条山陇的明城墙以内部分,五代时因修建金陵城墙、城壕而被凿通、隔断,经千余年不断被削低、平整,原始山坡的踪迹几乎无存。

区域西侧南段是天然界线长江,江岸为一系列西南—东北向山陇,阻挡了江水的东侵,部分低矮处由人工加筑,与自然山体相接,形成了东北—西南走向的堤陇,是为横塘;北段是古称"凤台山"今名"花露岗"的南北向山陇。刘宋时期,在"V"字形秦淮河道的西南岸,出现了凤皇里这个名称。《宋书》卷二八《符瑞志中》载:"文帝元嘉十四年三月丙申,大鸟二集秣陵民王颛园中李树上,大如孔雀,头足小高,毛羽鲜明,文采五色,声音谐从,众鸟如山鸡者随之,如行三十步顷,东南飞去。扬州刺史彭城王义康以闻,改鸟所集永昌里曰凤皇里。"①可知在元嘉十四年(437)改名凤皇里前这里曾名永昌里。永昌里因祥瑞改为凤皇里后,在其侧旁的山顶上修筑了凤凰台,山陇亦因此改称凤台山,即今南京市区集庆路以南的冈阜地带。永昌里的建置时间已不可考,或与东晋元帝改元永昌有关,也应该与永嘉南渡晋室中兴后建康人口的增长有关。因此,我们在思考长干里的空间范围,或利用长干里作为建康都城的地标时,必须关注到孙吴西晋时期的古长干里在东晋南朝时期的变化,而孙吴西晋时期古长干里的西北界就在今集庆路西段以南的花露岗一带。

长干里的北界为"V"字形的秦淮河河道。因北宋以后的长年淤积及居民侵占河道,今秦淮河的宽度已不足 20 米,但六朝时期的秦淮河河面宽广,建在河面上的朱雀航"长九十步"②,约合今 140 米。很难想象,六朝时期作为基层单位的"长干里"能地跨秦淮河两岸。晋平吴后的太康三年(282),"分秦淮水北为建邺,水南为秣陵县,仍在秦邑

---

① 《宋书》卷二八《符瑞志中》,第 795 页。
② 《建康实录》卷七《显宗成皇帝》注引《地志》:"用杜预河桥法作之。长九十步,广六丈,冬夏随水高下也。"(第 189 页)

地"①。东晋南朝时期,统称建康、秣陵为"京邑二县"或"京邑两岸",甚至以"南岸""北岸"作为秣陵和建康的代称。② 作为基层行政单位的"里",更不应该横跨两县之地。如此,长干里的范围基本清晰。

## 三、考古发掘所揭示的长干里遗迹

长干里的范围基本厘清后,我们便可以利用这一范围内的考古资料对其内部功能展开适当的细部分析。

位于长干里东侧的明大报恩寺遗址,经过多年的考古发掘,不仅发现了北宋长干寺地宫和明大报恩寺建筑遗址,③还在地宫周围清理了数十座汉六朝时期的墓葬。④ 这批墓葬主要集中于东汉末年到东晋时期,说明长干寺附近的山体缓坡区域在六朝早期是作为葬地使用的。建安二十四年(219)龙桃杖墓出土的买地券证实了这一点,⑤券铭称"龙桃杖从余根买□上冢地",其中"□"应该是"塍"的异体字或错别字,指的应该就是石子罡(冈)。⑥ 进入六朝以后,横亘于长干里东、南的石子冈成为建康城南最集中的葬地,所谓"葬者依焉""冢墓相亚",与"民庶杂居"的居民区之间尚有一定的距离。

2015年7月—12月,南京市考古研究所在城南"越城天地"地块进行了考古发掘。该地块北至明城墙南墙护城河、东至中山南路、南至应

---

① 《建康实录》卷五《中宗元皇帝》,第121页。
② 《宋书》卷七四《沈攸之传》,第1927页。
③ 南京市考古研究所:《南京大报恩寺遗址塔基与地横发掘简报》,第4—52页;祁海宁:《南京大报恩寺遗址六号井的发掘及与"义井"关系的探讨》,《东南文化》2015年第4期。
④ 除部分数据发表外,其余发掘资料现存南京市考古研究所,墓葬的信息概况承蒙发掘者龚巨平先生相告。
⑤ 南京市博物馆:《南京市东汉建安二十四年龙桃杖墓》,《考古》2009年第1期。
⑥ 张学锋、陈刚:《吴都建业的都城空间与葬地》,"六朝历史与南京记忆国际学术研讨会"论文,南京晓庄学院、江苏省六朝史研究会,2017年。

天大街、西至凤台南路。发掘区东侧距六朝、北宋长干寺遗址约 600 米,地块总面积约 21 万平方米,实际发掘面积 6 000 平方米。

发掘区地层堆积可划分为:第①②层,近现代层;第③层,明清层;第④层,宋代层;第⑤⑥层,六朝层;六朝层下为生土层。从这个地点的发掘情况来看,首先,发掘范围内生土距地表的深度很不一致,山陇顶部的地层很薄,有的甚至直接叠压在表土层下,而山陇之间的文化层则较厚,生土距地表的深度可达四五米,很明显可以看出存在着数道东西向的山陇。其次,六朝地层仅发现于发掘区域东部和中南部,发掘区域的西部和靠近护城河的北部则未发现。西部邻近长江岸边的沿江山陇,居住的人口应该不多,且经后世削平,仅有的一点活动痕迹也会荡然无存。紧靠护城河的北部区域,仅见明清时期地层,未见更早遗存,推测这一带六朝时期地层随着杨吴南唐修金陵城开挖护城河及明初拓宽、改造护城河而遭到了破坏。在六朝地层分布区内,发现了 10 座六朝时期水井,分布比较密集。这些水井按形制可分为土井和砖井两种,时代纵跨汉末孙吴至南朝时期。(表 1)水井中出土大量实用器物及陶瓷片、砖瓦块等,器形可辨者包括罐、盆、钵、盏、盘口壶、瓦当、砚台、铁镬斗、钱币等,质地以陶瓷类为主,个别容器的肩系上还有残留的绳索。发掘区域内虽然没有发现六朝的建筑遗址,[①]然而,六朝时期的地层、水井等相关遗存已足以说明,这一区域属于六朝时期的生活空间。

---

① 这可能是由多种原因造成的:a. 这是一处叠压型的生活空间,不同时期人类在此处先后活动,六朝时期建筑遗存可能被后期人类活动扰乱。b. 相较于占地面积而言,此次考古发掘的面积极为有限,因此不排除在未发掘区域存在遗漏的可能。c. 推测六朝时期江南地区普通民众的居住空间,仍以木结构干栏式房屋为主,不易在考古学上留下明显迹象。

表1 "越城天地"地块发掘六朝水井简介表

| 遗迹编号 | 开口层位 | 时代判断 | 形制尺寸 |
| --- | --- | --- | --- |
| J31 | ⑥层下 | 汉末孙吴时期 | 土井,平面呈圆形,近直壁,平底。口径1.0米,底径0.75米,残深1.6米。 |
| J17 | ⑥层下 | 汉末孙吴时期 | 土井,平面呈圆形,口大底小,剖面呈喇叭形。口径1.8米,底径0.85米,残深3.4米。 |
| J20 | ⑥层下 | 汉末孙吴时期 | 土井,平面呈圆形,口大底小,剖面呈喇叭形。口径1.45米,底径0.8米,残深2.7米。 |
| J44 | ⑥层下 | 汉末孙吴时期 | 土井,平面呈圆形,剖面呈喇叭形。口径1.1米,底径0.8米,残深2.3米。 |
| J21 | ⑥层下 | 孙吴西晋时期 | 土井,平面呈圆形,口大底小,剖面略呈喇叭形。口径1.2米,底径0.8米,残深3.8米。 |
| J14 | ⑤层下 | 东晋时期 | 土井,平面呈圆形,直壁,平底。口径0.9米,底径0.85米,残深3.7米。 |
| J18 | ⑤层下 | 南朝时期 | 砖井,平面呈圆形,上部砖圈已塌落,下部井圈保存较好。井坑直径1.3米,井圈内径0.75米,残深4.05米。 |
| J25 | ⑤层下 | 南朝时期 | 砖井,上部井圈为砖砌,下部为竹片,紧贴坑壁,竹片已腐烂变形。口径1.2米,底径0.9米,残深4.7米。 |
| J13 | ③层下 | 南朝时期 | 土井,平面呈圆形,剖面呈喇叭形。口径1.6米,底径0.9米,残深3.5米。 |
| J15 | ③层下 | 六朝时期 | 土井,平面呈圆形,口大底小,剖面呈喇叭形。口径1.4米,底径0.8米,残深2.8米。 |

在发掘区西侧的近现代层下,发现了六朝隋唐时期的长江东岸江滩线,即长江东界。界线以东为黄褐色生土,界线以西为灰色沙土,沙土淤积很厚,无法清理到底,且非常纯净,未发现任何包含物,可以确定是江水冲积的原始堆积。分布在江滩上的一座五代墓葬(编号M10),确定了江滩的时代下限。M10开口于近现代层下,整体砌筑于江滩层上。该墓为长方形砖室墓,砖室长4.1米、宽1.36—1.46米、残深0.7米。墓室左右两壁各有4个长方形壁龛,前后两壁各有3个长方形壁

龛。墓底四周平铺一层砖框,中间裸露原始沙土。墓葬出土陶罐、铜釜、"开元通宝"钱等遗物。从墓葬形制和出土遗物判断,该墓为南京地区较为典型的五代时期墓葬。M10叠压于江滩之上,说明至五代南唐时期,江水已经往西退却,逐渐远离六朝长干里范围。这座墓葬的存在,从考古学上卡定了这一段江滩的存在年代早于五代时期,应是六朝长干里的西界。① 这条江滩线,向南延伸,对应今虹悦城窑岗村一带的山陇高地;向北延伸,与今花露岗一线南北向山陇相接。此外,江滩东侧的生土带明显隆起,水平高度高于发掘区东侧地层分布较为丰富区域的生土线。根据发掘区域生土线之间的水平差,可以作出这样的推测:紧邻江滩的生土带,原本为低矮的山丘,为抵御江水东漫,在山丘上沿江筑堤,这就是文献中所说的"横塘"。唐代中后期长江中下游地区不断开发,导致流失的泥土在下游沉积,河道淤积变窄,江水逐渐向西退却,山丘阻拦江水的功能随之消失,在后代的城市建设中不断被削低,形成了现今相对平坦的地貌。

## 结　语

通过对历史文献的梳理、现场地貌考察,结合考古发掘资料,我们对六朝建康长干里的四至范围、周边地貌、内部构成等问题有了一个初步的认识。长干里南至石子冈北侧边缘(今应天大街),东至戚家山,西至六朝江岸——花露岗,北以秦淮河"V"字形河道为界。长干里范围内,既有寺院区、墓葬区,亦有大片的生活区域。长干里由小长干、大长干和东长干等内部小区域组成。其中,小长干位置最西,靠近长江,位于秦淮河"V"字形河道的西南岸以南至石子冈北侧边缘,上述"越城天

---

① 关于六朝时期长江与建康关系的综合研究,可参见陈刚:《六朝建康历史地理及信息化研究》,南京:南京大学出版社,2012年,第47—75页。本次发掘,第一次从考古学上准确卡定了长江东岸的局部江滩线,这对深入研究建康城的城市空间布局等相关问题具有重要的参考价值。

地"地块即应位于小长干；大长干位于小长干以东，大报恩寺遗址周边一带；推测今大报恩寺遗址以东以北至秦淮河"V"字形河道的东南岸为东长干。

六朝时期的长干里，是一个相对独立的地理单元，吏民杂居，为建康城南重要的生活聚居区之一。杨吴时期修筑金陵城，筑城墙、开城壕，长干里被分割成了城内、城外两部分，城墙之外的部分逐渐被冷落。明初大规模修筑南京城，都城南墙的走向基本沿用了五代金陵城城墙。这一段城墙、城壕的出现，对后人认知和考察六朝建康城南的城市布局、历史风貌造成了极大的迷惑和困扰。明人顾启元已意识到了这一点，在谈到长干里与古瓦官寺的位置关系时指出："是时瓦官寺在淮水南城外，不与长干隔。而今日赛工桥西即是江水流处。其后洲渚渐生，江去长干遂远，而杨吴筑城，围淮水于内，瓦官遂在城中，城之外别开壕，而长干隔远不相属矣。"①

【附记】

"越城天地"地块考古发掘领队为马涛老师，参加发掘人员有许志强、王海、杨秀生、孙林如、张栓堂等。张学锋老师对如何认识这批"其貌不扬"的考古材料提出了许多指导性建议，这正是本文的缘起。成文过程中，蒙张学锋老师及"雠温社"诸位师友提出宝贵修改意见，并提示补充关键史料。一并致谢！

---

① 〔明〕顾起元撰：《客座赘语》卷五"长干"条，北京：中华书局，1987年，第151页。

# 北魏至唐沮渠氏踪迹钩沉

## ——以墓志碑刻、西域文书为中心

朱艳桐

公元439年,北魏太武帝拓跋焘伐北凉,北凉国主沮渠牧犍携宗亲吏民三万余家归魏。442年以沮渠无讳和沮渠安周为首的北凉流亡政权辗转西迁入吐鲁番地区,建立高昌北凉政权,460年为柔然所灭。其后"沮渠"一姓鲜见于史籍,幸赖墓志、文书的出土,使我们得以追寻沮渠氏遗踪。

沮渠氏东迁入魏后,沮渠秉、沮渠牧犍、沮渠万年与沮渠祖先后因谋叛被诛,沮渠牧犍之女分别婚配文成帝拓跋濬、渤海(辽东)高氏、河内司马氏,传世史书对此记载较为明确,学界在研究北魏政治史和家族史时亦多有涉及。[①] 由于沮渠氏多次反叛,魏主"诛其宗族",使我们误以为入魏沮渠氏传承已断绝,幸得出土文献更正了此点。2006年《故凉州武威太守沮渠愍之墓志》公布后,王素即指出北凉投降北魏,沮渠无讳、沮渠安周西入高昌后,"中原就再也未见到沮渠氏子孙的下落。这方墓志的出土,对于了解沮渠氏的谱系及其子孙在北魏的仕历,将会

---

[①] 参见张金龙:《北魏政治史(四)》第五卷《太武帝时代(423—452)下:内政与外交》,兰州:甘肃教育出版社,2008年;仇鹿鸣:《"攀附先世"与"伪冒士籍"——以渤海高氏为中心的研究》,《历史研究》2008年第2期;山西省大同市博物馆、山西省文物工作委员会:《山西大同石家寨北魏司马金龙墓》,《文物》1972年第3期;张学锋:《墓志所见北朝的民族融合——以司马金龙家族墓志为线索》,《许昌学院学报》2014年第3期。

有很大的裨助"①。本文另搜罗到《大代建康大长公主大沮渠树圀墓志》《北魏翟兴祖造像碑》《隋伊穆及妻沮渠氏墓志》《隋姚勋墓志》《唐奉先观老君像碑》等碑志,对志主、功德主身份细致考索,重新认识沮渠牧犍的僭位经过,探寻北凉沮渠氏的遗民心态以及北魏对之的态度,并将沮渠氏中原活动踪迹下延至隋唐时期。

前辈学者已关注到北凉灭亡后吐鲁番地区生活的沮渠氏后裔。王宗维在《金城麴氏的活动及其族属问题》中认为:"沮渠高昌北凉政权灭亡后,在高昌地区很少见到姓沮渠氏的人,《吐鲁番出土文书》中仅有'沮渠僧救'等极少遗民。"②杜斗城、郑炳林所制《高昌王国各姓出现次数对照表》列出沮渠姓氏一例,可惜文章未列出人物姓名。③ 李方、王素在《吐鲁番出土人名地名索引》中举出沮渠意达、沮渠僧救、沮渠进达、沮渠悥仁、沮渠足住五人。④ 陆庆夫修订《十六国时期五凉地区的人口迁徙》一文时,指出沮渠僧救、沮渠意达、沮渠进达等人是北凉王姓后裔。⑤ 石墨林编《〈大谷文书集成〉(贰)(叁)人名地名索引》增补大谷文书中沮渠氏后裔资料四条,分别是姐渠酉达、姐渠武意、姐渠定仁、姐渠元裕。⑥ 笔者另从《唐开元四年(716)西州柳中县高宁乡籍》找到一

---

① 王素:《近年来中国出土文献整理研究概况》,《唐代史研究》第9号,2006年。
② 王宗维:《金城麴氏的活动及其族属问题》,《兰州学刊》1986年第5期。此文核心观点认为沮渠氏与麴氏同源,沮渠无讳、安周西退时所属部众在高昌北凉政权灭亡后,他们不再姓沮渠,而恢复原来的麴氏了。
③ 杜斗城、郑炳林:《高昌王国的民族和人口结构》,《西北民族研究》1988年第1期。
④ 李方、王素编:《吐鲁番出土文书人名地名索引》,北京:文物出版社,1996年,第210—211页。
⑤ 陆庆夫:《十六国时期五凉地区的人口迁徙》,《丝绸之路史地研究》,兰州:兰州大学出版社,1999年,第125页。此文最早发表在《兰州大学学报》1992年第4期,吐鲁番沮渠氏的资料是收录氏著时新增内容。
⑥ 石墨林编:《〈大谷文书集成〉(贰)(叁)人名地名索引——附录与其他吐鲁番文书互见的人名地名》,《魏晋南北朝隋唐史资料》第20辑、第22辑,武汉:武汉大学出版社,2003年、2005年,第242页、第295页。

位沮渠氏的女性人物。北凉灭亡后,从高昌国时期直至唐西州时期仍有为数不少的沮渠氏人物,前辈学者仅列举人名,本文在补充人物数量的基础上,进一步探讨其社会生活状况。

## 一、墓志碑刻所见沮渠氏探踪

北魏太平真君八年(447),魏主拓跋焘以谋反罪名赐死沮渠牧犍,《魏书》记载"诛其宗族,唯万年及祖以前先降得免"①,452年沮渠万年与沮渠祖亦因反叛被诛。沮渠牧犍之女婚配高氏,生子高崇,史载"初崇舅氏坐事诛,公主痛本生绝胤,遂以崇继牧犍后,改姓沮渠"②。沮渠氏接连被诛以及高崇的继嗣,易使我们误以为入魏沮渠氏已经断绝。幸赖墓志碑刻材料,得以明晰此问题。

《大代建康大长公主大沮渠树焉墓志》记载:

> 大代延兴四年岁次甲寅(474),三月壬申朔十一日壬午,凉故平远将军,建康、昌松二郡太守,驸马都尉,永安侯,西安郡万岁县谢过茴念妻建康长公主大沮渠树焉之铭。③

志主大沮渠树焉为建康长公主,其身份应为沮渠蒙逊之女、沮渠牧犍平

---

① 〔北齐〕魏收:《魏书》卷九九《卢水胡沮渠蒙逊传》,北京:中华书局,1974年,第2208—2209页。
② 《魏书》卷七七《高崇传》,第1707页。
③ 大同北朝艺术研究院编:《北朝艺术研究院藏品图录·墓志》,北京:文物出版社,2016年,第76—77页。

辈姐妹。这是罕见的北凉王室成员墓志。① 墓志所书其夫谢过酋念之官职均得自北凉,而非北魏,可能谢过酋念在北魏灭凉战役中死亡,并未进入北魏疆域,未获官职;也有另外一种可能,即故意不书北魏经历,这样的做法在《北魏皇兴二年张略墓志》中已有先例,该墓志出土于辽宁省朝阳市,志主张略是迁徙至代北和龙镇的北凉旧人,志文通篇记述了张略在北凉的职官。罗新、叶炜指出:"他在和龙的身份难以考证,但他的家人对于其北凉背景还是念念不忘,虽然很多年过去了,当他在献文帝皇兴二年(468)去世以后家人给他刻写墓志,还是详记他所历北凉职官。"②大沮渠树焉与谢过酋念在北凉地位显赫,入魏后未受重用,后人可能因其王室后裔的身份更对北凉"念念不忘"。

洛阳出土《故凉州武威太守沮渠愍之墓志》记载:

> 公讳愍,字伏念,凉州武威人也。其先,沙州刺史、河西王蒙逊之苗胄。高祖提,以分枝景极,识度渊凝,授凉州牧、敦煌伯。祖双,袭爵。值百水运穷,日月改照,遂归大魏,被赐女郎,霍光之宗胤。公禀纯和之气,生而雅正,志亮高明。圣世板召武威太守。辞疾疗养,神不降德。岁次辛丑,时年五十九,薨于伊阙。右带高丘,左傍洪流。遨游栖息,闲居之处。而以为墓记述铭,颂其辞曰:
>
> 公之立德,唯贞唯洁。文雄武健,雅志超世。威猛难犯,慈柔多悦。性若松竹,寒霜守节。三阳代谢,四序流速,灾风暴扇,狂折

---

① 在此墓志之前,吐鲁番发掘了大且渠封戴墓和大且渠蒙逊夫人彭氏墓,分别出土《大凉承平十三年(455)且渠封戴墓表》《追赠大且渠封戴敦煌太守墓表》《北凉承平十六年(458)武宣王大且渠蒙逊夫人彭氏随葬衣物疏》等文书,见新疆文物考古研究所:《吐鲁番阿斯塔那第十次发掘简报(1972—1973)》,《新疆文物》2000年第3—4期合刊;吐鲁番地区文物保管所(柳洪亮):《吐鲁番北凉武宣王沮渠蒙逊夫人彭氏墓》,《文物》1994年第9期。

② 罗新、叶炜:《新出魏晋南北朝墓志疏证》,北京:中华书局,2005年,第48页。

梁木。缁素号悼,哀动山岳。铭记千载,永传道俗。①

此墓志中出现的"遂归大魏",即指归降北魏。墓主沮渠慜蔑于辛丑年,牧犍降魏后,北魏辛丑年份有文成帝拓跋濬和平二年(461)、孝明帝元诩正光二年(521)。毫无疑问,沮渠慜逝世于521年,"时年五十九",则其生于463年。

墓志记载沮渠提"授凉州牧",在北凉担任过凉州牧的仅有段业、沮渠蒙逊。刘宋与北魏册封蒙逊为凉州牧,沮渠牧犍则称凉州刺史,沮渠无讳降魏时,亦被封为凉州牧。可见"凉州牧"于北凉来说权位相当之高,仅封北凉最高首脑。"凉州牧"沮渠提当就是北凉世子沮渠菩提,②其"凉州牧"或为死后追封。墓志中提到沮渠双时期归魏,而非沮渠菩提时期,志文亦未载菩提之子,当是北魏灭凉之时沮渠菩提及其子已经离世,③这很可能与沮渠牧犍攫取沮渠菩提的世子之位有关。

北凉义和三年(433)四月,"蒙逊卒,时年六十六。私谥曰武宣王。菩提年幼,蒙逊第三子茂虔时为酒泉太守,众议推茂虔为主,袭蒙逊位号"④。《资治通鉴》的记载更为详细:

> 凉王蒙逊病甚,国人共议,以世子菩提幼弱,立菩提之兄敦煌太守牧犍为世子,加中外都督、大将军、录尚书事。蒙逊卒,谥曰武

---

① 吴钢主编:《全唐文补遗(千唐志斋新藏专辑)》,西安:三秦出版社,2006年,第436—437页。
② 〔日〕园田俊介作《北凉沮渠氏世系表》,表示沮渠提与沮渠菩提为同一谱系,见《北凉沮渠氏と河西社会——北凉建国以前の沮渠氏を中心として—》,《西北出土文献研究》第8号,2010年。
③ 《资治通鉴》记载北凉罢黜沮渠菩提世子的原因是"世子菩提幼弱"。439年北凉降魏之时,菩提是否有子尚不明确。考虑到北魏武威公主拓跋氏以高潜继嗣沮渠牧犍,沮渠双有过继的可能。
④ 〔南朝梁〕沈约:《宋书》卷九八《氏胡·大且渠蒙逊传》,北京:中华书局,1974年,第2415页。

宣王，庙号太祖。牧犍即河西王位，大赦，改元永和。①

牧犍为蒙逊第三子，但在前世子沮渠兴国被俘后，蒙逊选择兴国的同母弟菩提为世子，当与嫡庶之别有关。北魏曾多次派李顺出使河西，《魏书》记载了其对北凉继承者的看法："臣略见其子，并非才俊，能保一隅。如闻敦煌太守牧犍，器性粗立，若继蒙逊者必此人也。"②《资治通鉴》将二者对话系于刘宋元嘉九年（432），即立沮渠菩提为世子后不久。李顺至北凉虽未见到牧犍，却已听闻牧犍品行，断定即位者为牧犍，这也是牧犍提前着手经营的结果。沮渠牧犍僭位后，很可能处死了具有继承者身份的沮渠菩提，以保证臣民对牧犍王权的效忠无有贰意，对沮渠菩提的后代沮渠双则不予处置，防止新君初立政治局势不稳。

沮渠双入仕北魏后与霍氏联姻，从"被赐女郎"来看，似是北魏的赐婚，说明沮渠双仍处于政府的严密监管之下，北魏选取门第不高的霍氏，当亦有考量。沮渠愍曾任北魏武威太守，但这个太守是"板召"的，也就是魏晋南北朝时期的"板授"。俞鹿年《北魏职官制度考》中指出："版授，简称版，版或作'板'……朝廷、公府以至都督、刺史均可版授官吏。所授之官有官名、俸禄，可以持版，而无印绶与实职。此制寓有安插闲散人才、绥静地方以至安抚军勋的作用。"③沮渠愍的板授武威太守不为朝廷重视，却被后世子孙写入墓志，正如侯旭东指出："对朝廷与士族来说，郡守、县令都是为人耻居的职位，板授郡守、县令以及州郡辟除的僚佐更不屑一顾，但在身处基层的百姓的心目中，这些官职就足以

---

① 〔宋〕司马光：《资治通鉴》卷一二二"宋文帝元嘉十年夏四月"条，第3848页。
② 《魏书》卷三六《李顺传》，第832页。
③ 俞鹿年：《北魏职官制度考》，北京：社会科学文献出版社，2008年，第378页。

令他们感到荣耀了。"①沮渠憨后代还是心存彰显荣耀的想法将板召武威太守写入了墓志。

志文颂辞曰"缁素号悼","缁"为"缁衣"的简称,是为僧侣,与"永传道俗"一并透露出沮渠憨信奉佛教,这也与北凉沮渠氏的佛教信徒身份相符。沮渠憨薨于伊阙(今洛阳龙门),沮渠双入魏后可能与牧犍等同在平城,后随魏迁都而至洛阳。

1984年文博部门在偃师县收集到《北魏正光四年(523)翟兴祖造像碑》,碑身正面下部第一排人物左数第七身榜题为"加叶主沮渠显遵",此方造像碑上题刻了斛斯氏、乙弗氏、纥斗邻、支、石、白、曹、刘、兰、翟等有胡人可能性的功德主,另有很多汉人姓氏。李献奇据此指出北魏时各族人民友好交往,②换个角度来看,亦说明沮渠氏已经融入北魏多民族社会中。

《故凉州武威太守沮渠憨之墓志》中沮渠双、沮渠憨和《北魏翟兴祖造像碑》中沮渠显遵的出现,说明北魏在诛牧犍宗族事上是有选择的,很可能限制在与沮渠牧犍关系密切的"实力派"后裔之中,其他支系得以保存。

《隋伊穆及妻沮渠氏墓志》载:

> 大隋开皇六年(586)岁次癸丑十一月戊寅朔丁酉日。君讳穆,字延和,上谷人也。绵勺始自虞年,休绪蔚乎兹岁。乃祖及考,达世知名;唯昆与弟,当途吉士,解巾奉朝请。但百年之路未穷,难再之悲奄及。夫人沮渠氏,平原琮之女。既擅妇功,体兼四德。以大隋开皇六年十一月廿日合葬。地据三川,侧望洢阙。丹青易歇,金

---

① 侯旭东:《北朝村民的生活世界——朝廷、州县与村里》,北京:商务印书馆,2005年,第132页。
② 李献奇:《北魏正光四年翟兴祖等人造像碑》,《中原文物》1985年第2期。

石永固。①

"平原琮"说明隋代平原郡有一支沮渠氏活动,他们可能是从北魏都城平城迁至平原的沮渠氏后裔。志文词曰:"宅兆迁措,唯安洛邑",墓志又出土于洛阳,当是志主伊穆与沮渠夫人已经迁至洛阳生活。伊穆本鲜卑后裔,②沮渠氏与伊穆的联姻再次证明了沮渠氏东迁百余年后已完全融入当地社会。

2011年陕西礼泉县出土了《隋姚勋墓志》,志文记载:

> 以大业三年二月十八日薨于豫州河南县恭安乡之第,春秋五十有五。呜呼哀哉。夫人且渠氏,次夫人颍川陈氏,粤以其年十月九日合葬于澧泉县澧泉乡礼也。③

姚勋有妻且渠氏。志文记载姚勋卒于豫州河南县,郡望在冯翊,又晚居夏州,最后葬于澧泉,周晓薇研究该志时疑此葬地与合葬之且渠氏或陈氏有关。④ 志文对且渠氏的书写过少,据此仅知北朝后期与姚氏联姻,葬于澧泉。

入唐以后,沮渠氏的活动记载增多,主要见于高昌、西域一带,寓居中原者现仅见沮渠智烈一人。宋代赵明诚作《金石录》记载:

---

① 图版见赵君平编:《邙洛碑志三百种》,北京:中华书局,2004年,第35页;录文见王其祎、周晓薇编著:《隋代墓志铭汇考》第1册,北京:线装书局,2007年,第215—216页。图版、录文又见洛阳市第二文物工作队、乔栋、李献奇、史家珍编著:《洛阳新获墓志续编》,北京:科学出版社,2008年,第12页、第314—315页。

② 王其祎、周晓薇编著:《隋代墓志铭汇考》第1册,第216页。

③ 胡元超:《隋姚勋墓志勘误》,《乾陵文化研究》第6辑,2011年,第343—345页。

④ 王其祎、周晓薇:《咸阳地区新出隋代墓志铭研读两则——大业三年〈姚勋墓志〉与大业七年〈赵荣墓志〉》,《乾陵文化研究》第13辑,2019年,第211页。

北魏至唐沮渠氏踪迹钩沉　　*333*

唐少姨庙碑　　杨炯撰,沮渠智烈书,永淳元年(682)十二月。
唐启母庙碑　　崔融撰,沮渠智烈书,永淳二年(683)正月。
唐奉先观老君像碑　　李审几撰,沮渠智烈书,垂拱元年(685)。①

唐高宗调露二年(680),高宗与武则天幸嵩山,亲谒少姨庙、启母庙,并命立碑,②秘书省校书郎、崇文馆学士杨炯承诏作《少室山少姨庙碑》,宫门丞兼直崇文馆学士崔融作《嵩山启母庙碑》,二碑今已不存,碑文在文集中尚可见。此二碑是奉旨而立,表明沮渠智烈之书法造诣得到唐政府的官方认可。叶昌炽《语石》称:"垂拱以后,开元以前书家,沮渠、'二王'(王绍宗、王玄宗)鼎足而三矣。"③《奉先观老君像碑》亦是沮渠智烈书丹,碑铭全称《大唐洛州济源县宗姓奉为高宗天皇大帝于奉先观敬造太上老君石像碑》,今在河南济源奉先观内。碑末记:

朝散郎上骑都尉泸水沮渠智烈书,雍州富平县人赵文素镌。垂拱元年岁次乙酉十二月壬申朔四日乙亥□□□□建。④

朝散郎是唐代从七品上的文散官,其勋官为正五品的上骑都尉,碑文没有记载其实任官职,但保留了"泸水"这一词语。"泸水"可理解为沮渠智烈认定其姓氏发源地为泸水,也说明其自我认同仍然是卢水胡人。沮渠智烈的主要活动时间在高宗时期,主要活动地点在河南,与魏迁都

---

① 赵明诚:《宋本金石录》卷四,北京:中华书局,1991年,第90页、第93页。考释在卷二四,第570—572页。
② 〔后晋〕刘昫等:《旧唐书》卷五《高宗纪下》,北京:中华书局,1975年,第106页。
③ 叶昌炽撰,韩锐校注:《语石校注》卷七《王绍宗一则》,北京:今日中国出版社,1995年,第667页。
④ 图版见北京图书馆金石组编:《北京图书馆藏中国历代石刻拓本汇编》第17册,郑州:中州古籍出版社,1989年,第34页;录文见陈垣编纂,陈智超、曾庆瑛校补:《道家金石略》,北京:文物出版社,1988年,第70—71页。

后沮渠氏主要在洛阳一带活动相符。

## 二、沮渠氏在西域的社会生活

吐鲁番阿斯塔那517号墓《高昌某年浐林道人保训等入酒帐(一)》文书中出现了"沮渠僧救":

```
6    沮渠僧救入酒八十三斛中正月十八  ☐
7    三斛六斗,次取二斗付僧救,次取德  ☐
```

这是一件酒账,第六行记载了沮渠僧救的入酒数量,第七行记载又取出二斗酒支付僧救。同墓另出土四件高昌延昌纪年文书,《吐鲁番出土文书》整理者将此文书归于高昌国时期。① 这是现今见到的高昌北凉灭亡后最早的沮渠氏后裔记载。以"僧救"为名者多半为佛教僧侣,②此名很可能如"佛奴""僧奴"一样,反映了宗教信仰。③ 沮渠氏霸居河西时

---

① 此墓经盗扰混入了唐代文书,唐长孺主编:《吐鲁番出土文书》壹,北京:文物出版社,1992年,第260页。

② "僧救"一名见于西魏大统年间《大般涅槃经卷第十五瓜州维那僧救题记》(〔日〕池田温编:《中國古代寫本識語集錄》,东京:东京大学东洋文化研究所,1990年,第122页)和S.2876《大般涅槃经卷第三瓜州维那僧救题记》写经题记中,题为"维那僧救"。梁初入蜀的康国僧人释明达医治一个患腿疾的"沙门僧救"(〔唐〕道宣撰,郭绍林点校:《续高僧传》卷三〇《梁蜀部沙门释明达传》,北京:中华书局,2014年,第1200页)。《高昌僧弘润等僧尼得施财物疏(四)》、《高昌樊寺等寺僧尼名籍(四)》中分别出现了"北僧救"一名(《吐鲁番出土文书》壹,第157页、第185页)。"北僧救"的"北"字可能代表了寺院的简称。《高昌张□禾等粗细粮帐》出现了"白僧救"(《吐鲁番出土文书》壹,第243页),《高昌俗下科马帐》中出现了"虎牙僧救"(《吐鲁番出土文书》贰,北京:文物出版社,1994年,第270页),虎牙是虎牙将军的简称。"维那僧救""沙门僧救"都可确定为佛教教徒,"北僧救"分别出现在僧尼财物疏和僧尼名籍中,为佛教信徒无疑。"白僧救"身份不明,"虎牙僧救"为虎牙将军。半数以上用"僧救"为名者为佛教僧侣。

③ 高启安《唐宋时期敦煌人名探析》,《敦煌研究》1997年第4期。

就崇信佛教,加之处于佛教兴盛的高昌地区,其后代崇信佛教无可厚非。

唐西州时期,沮渠氏后裔的资料有所增多。《唐西州高昌县授田簿(一六)》记载了政府授予|沮|渠|懿|仁|部田一事。

```
1    城东卅里高宁水(?)    牛□□□□□
2    一段一亩部田    城东卅里高宁北部渠    |东|□□□□
3    一段一亩部田    城南五里白地渠    东渠□□□□
4    一段一亩部田    城西五里神石渠    |东|□□□□
5    □□□□□亩部田    城东五里左部渠    |东|□□□
6    |右| |给| |沮| |渠| |懿| |仁| 充分□□□□□□①
```

陈国灿推断此组授田簿为总章元年(668)或稍后。② 文书 1—5 行记载了|沮|渠|懿|仁|获得的部田数量与位置。根据池田温的研究,无论授田量、授田位置、授田段数、授田种类,|沮|渠|懿|仁|所获田地与一般唐西州居民无二。③

---

① 唐长孺主编:《吐鲁番出土文书》叁,北京:文物出版社,1996年,第139页。
② 转引自〔日〕池田温著:《初唐西州高昌縣授田簿考》,黄约瑟、刘健明合编:《隋唐史论集》,香港:香港大学亚洲研究中心,1993年,第179—180页。
③ 此组给田充分文书中每人所获田段数分别为 1—5 段不等,获得田地数量为 1—10 亩不等,所分田地位置,池田研究结果为"地段分布不均,在城东殊多,而在城北特少。其次,给田地段半数以上分布于距县城 5 里以内,但于离县城东面 20 里、30 里之酒泉、高宁两城下分布 32 段……城西几乎为部田,城南则部田稍多。各地段大体以亩为单位,而以 1 亩、2 亩为主,时加半亩"。(参见〔日〕池田温:《初唐西州高昌縣授田簿考》,黄约瑟、刘健明合编:《隋唐史论集》,第 191 页)沮渠懿仁于城东三十里处的高宁有部田两段,高昌县城南、西、东各有一段为数一亩的部田。按池田研究成果,仅被授予部田而未被授予常田者占总数的 42.86%(或为 35.71%,因有二例因文书残破,未见授予常田的记载)。像沮渠氏这种只授部田的情况也属常见。

《唐开元四年(716)西州柳中县高宁乡籍》中出现了"叔母俎渠年伍拾柒岁,丁寡、笃疾、两目盲"的记载。① 我们首先要判断"叔母俎渠"姓"俎渠",还是姓"俎"名"渠"。此籍帐中出现的女性名字分别为"母张""母苏""妻令狐""户主大女白小尚""母季小娘""户主大女阴婆记"。"白小尚"与"阴婆记"因是户主,所以同时记载姓和名。"季小娘"可能因为"开元三年帐后死"这样的特殊身份而被记载姓名,统观全籍,凡身死没落且与户主不同姓者不论男女均记为"姓+名",如"夫翟祀君,垂拱贰年疏勒道行没落"。除户主与身死外,其他见在女性只记姓,不记名,因此"俎渠"应为叔母的姓,如同"母张""母苏",先记与户主的关系,后记姓。因此"叔母"姓"俎渠"。

从已出土的北凉王室成员供养经、造祠碑、墓表、随葬衣物疏来看,其自书姓氏为"大且渠",②酒泉出土白双且石塔和敦煌所出索阿后塔发愿文作"大沮渠"。③ 新疆出土文书记载了四例姓"俎渠"者,一例姓"姐渠","沮渠意达"在不同文书中又写作"俎渠意达"(详见下文)。"且""俎""姐""沮"字形相近,可能出现混用的情况,东汉《巴郡太守张纳碑》即将"俎豆"写作"沮豆"。④ 因此,"且渠""沮渠""俎渠""姐渠"均

---

① 〔日〕池田温著,龚泽铣译:《中国古代籍帐研究》,北京:中华书局,2007年,录文与插图第100页。

② 《优婆塞戒经后记》《优婆塞戒卷七后记》题:"大且渠兴国"(〔日〕池田温编:《中国古代写本识语集录》,图8,第83页)。吐峪沟出土《持世纪》、吐鲁番三堡出土《佛说菩萨藏经》、吐鲁番出土《十住论》、鄯善出土《华严经》《凉王大且渠安周碑》均题"大且渠安周"(《中国古代写本识语集录》第86页,图11;第87页,图12;第87页,图13;第88页,图14)。吐鲁番出土《大凉承平十三年(455)且渠封戴墓表》(新疆文物考古研究所:《阿斯塔那古墓群第十次发掘简报》,《新疆文物》2000年第3—4期合刊)、《北凉承平十六年(458)武宣王沮渠蒙逊夫人彭氏随葬衣物疏》(吐鲁番地区文物保管所:《吐鲁番北凉武宣王沮渠蒙逊夫人彭氏墓》,《文物》1994年第9期)也写作"大且渠"。

③ 史岩:《酒泉文殊山的石窟寺院遗址》,《文物参考资料》1956年第7期;殷光明:《北凉石塔研究》,新竹:财团法人觉风佛教艺术文化基金会,1999年,第31页、第50页。

④ 〔宋〕洪适撰:《隶释·隶续》卷五,北京:中华书局,1985年,第62页。

是北凉王姓的异体字书写。

库车出土的唐代龟兹差科簿大谷 8074 文书极有研究价值,其中 4—5 行载:

```
4    三 人 花 林 园 役
5    白支陀羡宁    □□磨大斯    姐渠元裕作人俱满提①
```

刘安志、陈国灿说"'花林园'较少见,或为官府养植花木之处所。所列'姐渠元裕'应为卢水胡人。其后记其'作人'俱满提,当是替其上役的雇工。"②通过服差科来看,姐渠元裕是唐廷治下的编户,并雇了作人俱满提替其上役。

除了上文所述身为平民的沮渠氏后裔外,尚有充任府兵者。阿斯塔那 501 号墓《唐高宗某年西州高昌县左君定等征镇及诸色人等名籍》记载了"一人大角手:沮渠足住"③。黄惠贤将此文书时间定在垂拱三、四年(687、688)间。④ 文欣指出黄文忽视了名籍中"二人安西镇"的记载,垂拱二年(686)年底已弃四镇,垂拱三、四年间不会有安西镇之卫士,因此将文书定为垂拱二年年底。⑤ 此考证非常细致谨慎,本文从

---

① 〔日〕小田义久编:《大谷文書集成》第三卷,京都:法藏馆,2003 年,第 228 页,图版 18。

② 刘安志、陈国灿:《唐代安西都护府对龟兹的治理》,《历史研究》2006 年第 1 期。

③ 《吐鲁番出土文书》叁,第 387 页。

④ 黄惠贤:《从西州高昌县征镇名籍看垂拱年间西域政局之变化》,唐长孺主编:《敦煌吐鲁番文书初探》,武汉:武汉大学出版社,1983 年,第 396—438 页。

⑤ 文欣:《吐鲁番阿斯塔那 501 号墓所出军事文书的整理——兼论府兵番代文书的运行及垂拱战时的西州前庭府》,《敦煌吐鲁番研究》第 10 卷,上海:上海古籍出版社,2007 年,第 198—200 页,此文后有修改,收入孟宪实、荣新江、李肖主编:《秩序与生活:中古时期的吐鲁番社会》,北京:中国人民大学出版社,2011 年,第 75—77 页。

之。"大角者,金吾所掌工人,谓之角手,备鼓吹之列"①,即吹奏大角者被称为大角手。《唐六典》卷一六《卫尉宗正》载:"凡诸道行军皆给鼓、角","镇军则给三分之二"。②《左君定名籍》中出现了"金山道行""八百人数行""安西镇"等诸道行军与镇军,表明沮渠足住是军事编制内的角手。《新唐书·百官志》载"卫士六百为大角手,六番阅习,吹大角为昏明之节,诸营垒候以进退"。③ 担任大角手的身份是卫士,其职责是吹奏大角曲指挥兵士进退。

大谷文书中一系列兵役关系文书记载了"沮渠武意""沮渠酉达""沮渠定仁"。

大谷3030：

　　1　六人来月一日方亭戌上
　　2　队正贾建通　卫士曹畔洛　沮渠武意　张白狐

大谷3028＋3029＋3016：

　　1　康牛知你潘　李峻达　孟胜才　邓羊德　沮渠酉达

大谷3026＋3019：

　　1　□(廿)□(二)□(人)差送□(讫)

---

① 〔宋〕王溥撰:《唐会要》卷三三《北狄三国乐》,北京:中华书局,1955年,第621页。
② 〔唐〕李林甫等撰:《唐六典》卷一六《卫尉宗正寺》,北京:中华书局,1992年,第463—464页。
③ 〔宋〕欧阳修、宋祁:《新唐书》卷四九上《百官志·左右金吾卫》,北京:中华书局,1975年,第1285页。

（中略）

　　　5　桥富奴　沮渠定仁　何盲奴　韩□□□□□①

学者们都肯定此组文书为府兵文书，但是属于蒲昌府还是前庭府尚有争议，②时间当在垂拱三年。③沮渠酉达、沮渠定仁之"沮"字，小田义久录为"沮"，石墨林作人名地名索引时已更改为"沮"。沮渠武意担任"六人来月一日方亭戍上"，沮渠酉达职事不明，沮渠定仁与另外二十一人"差送"，可能是差送某人，也可能如"一十二人送马往龟兹"一样差送某种军需物资。

《武周隆住等放马人名籍》记载了"沮渠意达""沮渠进达"：

（一）73TAM509:19/17—1

　　　1　□隆住　李定意　小张德师　令狐回住已上三月廿一日，放马。
　　　2　安青草　沮渠意达　卫弘进

（二）73TAM509:19/17—2

---

① 〔日〕小田义久编：《大谷文書集成》第二卷，京都：法藏館，1990年，大谷3030见第7页，图版51；大谷3028＋3029＋3016是已缀合文书，沮渠酉达见3028号断片，第7页，图版50；沮渠定仁见3026号断片，第6页，图版54。

② 参见〔日〕白須净真：《唐代の折衝府の等級と西州の折衝府の等級に関する覚書(2)—編纂資料と出土文書の相互補完を求めて》，《吐魯番出土文物研究会会報》第68号，1991年；李方：《唐西州官僚政治制度研究》，哈尔滨：黑龙江教育出版社，2013年，第88—89页。

③ 文欣：《吐鲁番阿斯塔那501号墓所出军事文书的整理——兼论府兵番代文书的运行及垂拱战时的西州前庭府》，第198—200页。

1　□小住　康文感　翟行感　樊住达已上人四月一日，放马。
　　2　☐☐☐☐|沮|　|渠|进达　师寅住　德感已上人四月十一日，放马。①

文书分别记载了"沮渠意达"与"|沮|　|渠|进达"按日放马事。此二文书由葬于武周久视元年（700）的女尸纸鞋上拆下，为武周时期文书。唐玉华认为"这件文书中所列放马人分组计日轮流放马，一定是养官马无疑"。② 那么沮渠意达、进达的身份为兵士。此墓出土了多件天山府和岸头府文书，尚不清楚二人归属的兵府。

《唐征马送州付营检领状》载"俎渠意达"送马事：

　　5　　　　　状上州
　　6　☐☐☐☐|马|一匹赤草五岁　刘伏举一匹忩草六岁　俎渠意达一匹紫父□□
　　7　☐☐☐☐牒称得状称前件人等，被征马速备送州者，营☐☐☐
　　8　☐☐☐☐|今|随状送州，请呈印者，别牒营检领讫上，仍取领☐☐
　　9　☐☐☐☐付坊馁饲讫，今以状上。③

该文书中的"俎渠意达"很可能就是上文所讨论的"沮渠意达"。孙继民

---

① 唐长孺主编：《吐鲁番出土文书》肆，北京：文物出版社，1996年，第261—262页。
② 唐玉华：《吐鲁番出土文书所见唐代西域马政》，方晓华主编：《学苑采芳》，乌鲁木齐：新疆人民出版社，1998年，第155页。
③ 唐长孺主编：《吐鲁番出土文书》肆，第28页。

指出背面骑缝签署名字与同墓所出《唐神龙二年主帅浑小弟上西州都督府状》背面签署字迹一样,时代大概在神龙二年(706)前后,但此文书未书写武周新字,文书上限应在中宗复位时,加之文书中已出现"十二月",那么此文书最早时间是神龙元年(705)十二月。① 此件与《武周隆住等放马人名籍》时间相近,所记"䢐渠意达"与"沮渠意达"应为同一人,为府兵放马人。

高昌北凉灭亡后,沮渠氏后裔以编户身份融入西域多民族社会,他们信仰佛教,获得授田,承担兵役、差科。本文采集十位沮渠氏后裔人物的主要信息制表如下(表1):

**表1 流散西域沮渠氏后裔主要信息表**

| 时代 | 人物 | 身份 | 地点 | 备注 |
| --- | --- | --- | --- | --- |
| 高昌国延昌年间 | 沮渠僧救 | 白丁 | 吐鲁番 | 崇信佛教 |
| 唐总章元年(668)前后 | 沮渠意仁 | 白丁 | 吐鲁番 | 得授部田 |
| 唐垂拱二年(686) | 沮渠足住 | 府兵 | 吐鲁番 | 大角手 |
| 唐垂拱三年(687) | 䢐渠武意 | 府兵 | 吐鲁番 | 方亭戍上 |
| 唐垂拱三年(687) | 䢐渠酉达 | 府兵 | 吐鲁番 | |
| 唐垂拱三年(687) | 䢐渠定仁 | 府兵 | 吐鲁番 | 差送 |
| 武周时期(690—704) | 沮渠进达 | 府兵 | 吐鲁番 | 放马人 |
| 武周时期(690—704)<br>唐神龙元年(705)<br>十二月或之后 | 沮渠意达<br>䢐渠意达 | 府兵 | 吐鲁番 | 放马人 |
| 唐开元四年(716) | 䢐渠氏 | 丁寡 | 吐鲁番 | |
| 安西都护府治下 | 䢐渠元裕 | 花林园役承役人 | 龟兹 | 雇佣作人 |

---

① 孙继民:《从浑小弟一组文书看唐代早期健儿制度的几个问题》,《敦煌学辑刊》1995年第1期,后收入氏著《敦煌吐鲁番所出唐代军事文书初探》,北京:中国社会科学出版社,2000年,第73页。

460 年沮渠氏北凉灭亡后，直至 668 年才见到沮渠僧救的记载，其间两百余年沮渠氏的情况不明。沮渠氏后裔的流散地以吐鲁番为主，身在龟兹者仅见姐渠元裕一人。高昌北凉统治核心在吐鲁番，其后沮渠氏以吐鲁番为核心生活区域属正常现象。龟兹与高昌间交通便利，现已无法确认姐渠元裕的西迁时间。

## 三、结论

《大代建康大长公主大沮渠树焉墓志》《故凉州武威太守沮渠愍之墓志》《北魏翟兴祖造像碑》等一系列墓志的出土，让我们认识到北魏在清除北凉后裔沮渠氏时，是有选择性的，部分沮渠氏后裔入魏后未受重用，也因此得以保留。《大代建康大长公主大沮渠树焉墓志》是北凉长公主之墓志，是罕见的北凉王室成员墓志。《故凉州武威太守沮渠愍之墓志》所记沮渠提当是蒙逊时期世子沮渠菩提，沮渠提少年亡故，很可能与牧犍代立有关，沮渠提之子孙在世祖灭凉后东迁入魏，官职不显。《隋伊穆及妻沮渠氏墓志》说明隋代平原郡有一支沮渠氏活动。《隋姚勋墓志》记载了另一支沮渠氏葬于陕西澧泉。高昌北凉政权被柔然所灭，北凉王族沮渠氏变身平民融入西域多民族社会中，吐鲁番出土文书记载了至唐已经完全平民化的沮渠氏后裔。其生活地以吐鲁番地区为主，延伸至龟兹一带。他们信仰佛教，获得政府授田，需承担兵役、差科，部分沮渠氏后裔成为府兵。相较之下唐代沮渠智烈以书法造诣为唐高宗及后人所认可，已算其中佼佼者。沮渠智烈自署"泸水沮渠"当引起我们的重视，一是表明沮渠氏自身对姓氏发源地的判断，二是说明北凉灭亡二百年之后沮渠氏的自我认同仍是"泸水"胡人。

（原载《中国边疆史地研究》2019 年第 4 期，2020 年 6 月修订）

# 地域、家族与信仰:《魏法师碑》所见唐初江南社会

周 鼎

## 一、问题所在:"中央化"之外

一般认为,魏晋以降形成的士族阶层,至隋唐之际纷纷迁离乡里,落籍两京,在"中央化"与"官僚化"的螺旋作用下,逐渐褪去了原先作为地方社会领袖的历史底色。[①] 时人所谓"里闾无豪族,井邑无衣冠,人不土著,萃处京畿"[②],很大程度上正反映了这一时代变局。也正因此,相比前代正史,两《唐书》中对传主入仕前乡里生活的记载大幅缩减,近乎结构性缺失。乡里,或曰地方的图景在唐代整体上呈现出一种晦暗不明的状态。受此影响,六朝史研究中备受瞩目的地方社会议题,在唐史研究中则显得相对沉寂。[③]

史传叙事重心转移,并不意味着其间发生的历史也无关宏旨。相

---

① 毛汉光:《从士族籍贯迁移看唐代士族之中央化》,《中国中古社会史论》,上海:上海书店出版社,2002年。
② 〔唐〕杜佑撰,王文锦等点校:《通典》卷一七《选举五》,北京:中华书局,1988年,第417页。
③ 学界对唐代两京以外其他区域的研究,议题多集中于政区沿革、区域经济及特定城乡空间的复原等方面,真正深入地方社会内部,探讨其深层结构与人群互动关系的地方社会史研究,除敦煌、吐鲁番等个别区域外,其实并不多见。详见徐畅:《对近年来唐代区域史研究的概览与思考》,《中国社会历史评论》第十七卷(上),天津:天津古籍出版社,2016年。

反，这可能正是我们对时代整体认知中缺失的环节，补足缺环往往有助于反思某些先入为主的认知框架。其实最早揭橥士族"中央化"议题的毛汉光先生已有清醒认知："士族'新贯'于中央是渐渐地，很少能以一道诏令立刻改变，任官中央而长期居留两京一带，有时候要经过数世才设籍并归葬于两京一带。"①可以想见，所谓"中央化"，绝非一蹴而就的进程，在很长一段时间内，"衣冠"与"井邑"之间还是存有千丝万缕的纠葛。

本文拟以唐代润州为例，聚焦"中央化"大潮下那些盘桓乡里的旧士族群体。唐代润州治京口故地丹徒县，曾是东晋南朝政权安置北来流民的主要区域，也是侨姓低级士族渡江后的萃居之所。② 另外，纵观有唐一代，作为六朝旧都的建康，其实并未常设州级行政建制，而是长期隶属于润州。③ 因此，唐代润州一地实涵盖了东晋南朝建康与京口这两大士族聚居区，无疑是观察相关人群活动的理想样本。作为长期以来地域社会秩序的主导者，旧士族如何因应新变局？生存境遇相比前代发生了哪些变化？更进一步说，历经数次疾风骤雨式的政权鼎革，南朝故地的基层社会秩序是否发生了根本性的改观？

在以上问题关照下，进入我们视野的是仪凤二年（677）所立《大唐

---

① 毛汉光:《从士族籍贯迁移看唐代士族之中央化》，第333页。此外，作者还对安史之乱后依旧定居原籍的士族群体有所揭示，参见《论安史乱后河北地区之社会与文化——举在籍大士族为例》，《晚唐的社会与文化》，台北：学生书局，1990年。

② 谭其骧:《晋永嘉丧乱后之民族迁徙》，《长水集》，北京：人民出版社，2009年；〔日〕中村圭尔:《六朝江南地域史研究》第一编《江南社会と流民》、第三编第八章《南京附近出土六朝墓に関する二三の問題》，东京：汲古书院，2006年；胡阿祥:《东晋南朝侨州郡县与侨流人口研究》，南京：江苏教育出版社，2008年，第312—330页。

③ 〔唐〕魏徵等:《隋书》卷三一《地理志下》"丹阳郡"条，北京：中华书局，1973年，第876页；〔后晋〕刘昫等:《旧唐书》卷四〇《地理志三》"润州上元县"条，北京：中华书局，1975年，第1584页；〔宋〕欧阳修、宋祁:《新唐书》卷四一《地理志五》"昇州江宁郡"条，北京：中华书局，1975年，第1057页。

润州仁静观魏法师碑》(以下简称《魏法师碑》),尤其镌刻于碑阴的大批信众题名,为考察上述问题提示了重要线索。为便讨论,下面先拟对《魏法师碑》历代著录与研究情况做一番梳理。

## 二、《魏法师碑》概况

《魏法师碑》,胡楚宾撰文,张德言书,仪凤二年立石,碑阳高184厘米,宽74厘米,碑阴高194厘米,宽82厘米,碑额篆书"魏法师碑"四字,额下有穿。碑阳正文32行,满行75字,碑阴有题名17列。① 原石今藏镇江焦山碑林。目力所及,传世文献中,此碑最早著录于《嘉定镇江志》卷九,差不多同期成书的《舆地纪胜》卷七中亦有提及。② 可知自立碑迄南宋,石皆存于世。此后久佚,③至清乾、嘉之际复出,偶有拓本流布。④ 叶昌炽《语石》卷二载:"《魏碑》沈湮已久,王可庄(仁堪)修撰

---

① 以上信息据《北京图书馆藏历代石刻拓本汇编》第16册,郑州:中州古籍出版社,1989年,第62页。

② 《嘉定镇江志》卷九《道观》"丹徒县"条:"华阳观在城东北五十里丹徒乡马墅村,宋元嘉初置曰'仁静观'。(原注:唐《魏法师碑》在观内,胡楚宾文)"(《宋元方志丛刊》第3册,北京:中华书局,1990年,第2383页);〔宋〕王象之撰:《舆地纪胜》卷七《镇江府·人物》:"唐魏法师,名隆,字道崇,本任城人。……后居润之仁静观,其卒也,葬马迹山。崇文馆学士胡楚宾为之铭。"(北京:中华书局,1992年,第428页)

③ 按,元《至顺镇江志》卷一九《人材》亦载魏法师事迹,文字与《舆地纪胜》略同。然考其书卷一〇《道观》,无"华阳观(仁静观)"条,盖其时观废碑圮,书中记魏法师事,照录旧志原文而已。

④ 孙星衍《寰宇访碑录》卷三已有著录,系据仁和赵氏拓本,《石刻史料新编》第1辑第26册,台北:新文丰出版公司,1982年,第19884页;另参徐树钧:《宝鸭斋题跋》卷下,《石刻史料新编》第2辑第19册,台北:新文丰出版公司,1979年,第14359页。

出守镇江，始拓寄荦下。"由此方为世所知，时在光绪十七年前后。① 缪荃孙《江苏通志稿·艺文志》最早据拓片收录全文，②今人所编诸类石刻资料中，陈垣、陈智超《道家金石略》，陈尚君《全唐文补编》，吴钢《全唐文补遗》（第六辑）等书均有录文，但于碑阴题名多所删略。

长期以来，对《魏法师碑》的关注大多集中在其"初唐妙品"的书法鉴赏价值，作为史料，相对而言并未引起足够重视。管见所及，较早注意到《魏法师碑》尤其是碑阴题名价值的当推佐竹靖彦，③但他的着眼点主要在于唐宋之际宗族形态的演变，研究视角乃至对史料属性的认知均与本文存在很大差异。此后，就此做过专门探讨的是爱宕元《唐代江南における宗教的関係を媒介とした士人と地域社会—「潤州仁静観魏法師碑」を手がかりに—》一文，④对碑主家世背景、师承关系以及碑阴题名均有极为细致的分析，读来令人颇受启发。国内方面，近年裴伟、吴宗海亦曾撰文介绍其中所涉史事。⑤ 本文的讨论将主要以爱宕氏的研究为起点展开。为便讨论，先将碑文及碑阴题名迻录如下。⑥

---

① 〔清〕叶昌炽撰，韩锐校注：《语石校注》，北京：今日中国出版社，1995 年，第 189—190 页。又，叶昌炽：《缘督庐日记》"光绪十九年四月廿六日"条："王旭庄（仁东，仁堪弟）来，赠《润州魏法师碑》、《政和七年敕华阳观劄子》。"（台北：学生书局，1964 年，第 212 页）

② 《石刻史料新编》第 1 辑第 13 册，第 9517—9524 页。

③ 〔日〕佐竹靖彦：《唐宋変革期における江南東西路の土地所有と土地政策——義門の成長を手がかりに》，初刊〔日〕谷川道雄《東洋史研究》31（4），1973 年，后收入《唐宋変革の地域的研究》，京都：同朋舎，1990 年，第 327—336 页。

④ 初刊〔日〕谷川道雄：《中国士大夫階級と地域社会との関係についての総合的研究》，昭和 57 年度科学研究費综合研究成果报告书，1983 年；后收入〔日〕爱宕元：《唐代地域社会史研究》，京都：同朋舎，1997 年，略有增补。

⑤ 裴伟、吴宗海：《〈魏法师碑〉文献价值初步研究几题》，《镇江高专学报》第 25 卷第 1 期，2012 年。

⑥ 据《北京图书馆藏中国历代石刻拓本汇编》第 16 册所收拓本录文，同时参见缪荃孙《江苏通志稿·艺文志》《石刻史料新编》第 1 辑第 13 册，第 9517—9524 页）；张廷银、朱玉麒主编：《缪荃孙全集·金石》第 2 册，南京：凤凰出版社，2014 年，第 91—100 页。

（碑阳）

大唐润州仁静观魏法师碑并序　　中书右史兼崇文馆学士安定胡楚宾撰　　清河张德言书　　东海徐秀昉镌」

原夫有物混成，分两仪而造天地；不言冲用，廓四序而运阴阳。为无为，事无事，是谓玄德，其善人之宝乎！自二皇之化不追，六辨之游罕嗣，舞利剑者矜情，逸于盗夸，乘驷马者寓心，忘于道进。遂使」苍璧在玩，昆仑之珍非重；玄珠已沉，罔象之求何获。若乃妙□悬解，深体至精，韫大白之高量，步中黄之前轨，悠然配极，邈天古以为邻，澹乎养空，清谷神而内保，得忘荃于真宰，抑有仁静魏法师欤！」法师讳降，①字道崇，其先任城樊人也。稷林启构，元功迈于五臣；程树疏基，宗盟流于百代。复侯开兆，既叶车马之占；和戎受赐，且谐金石之响。信陵之名驰列国，降礼夷门；高梁之鉴极知人，延荣誓」岳。岂止据河按部，入于贤臣之传；浮江树勋，显于中兴之录。灵根所以增蔚，弈叶所以联华。曾祖允，梁安城王国侍郎。侍竹苑而影缨，照通梁月；游兰台而奉笔，声迈楚风。谈诗茂醴席之恩，摛赋轶」梦田之赏。祖迁，陈长沙王国将军。有大树之英略，司前茅之重任，维城所以式固，磐石所以载隆。考翔，隋奉信员外郎。雅量川渟，伟材山嶷。许宵翔凤，既骞巢阁之仪；孔门馈鲤，终有过庭之训。法师」禀乾和之粹气，含岳镇之英精。蘜驭本良，载产滇池之曲；木难素美，重生郁浦之滨。肇自弱龄，风称神骏。松飚激吹，入虚室以凝凉；桂魄分辉，照清襟而动色。蓻羁伊始，慕道知归。栖真而会六通，克」念而捐三业。居然夷静，不杂嚣尘。甫及冠年，心迹逾厉。严君有命，将择嘉姻。法师志在不羁，情敦无想，眷言畴昔，鄙德耀之齐眉；及此恭闻，类许由之洗耳。遂拂衣高蹈，

---

① "降"，缪荃孙《江苏通志稿·艺文志》、爱宕元前揭文皆录作"隆"；陈垣、陈智超《道家金石略》、陈尚君《全唐文补编》录作"降"。笔者曾于2020年1月15日赴镇江焦山碑林勘验原碑，比照同碑"降""隆"二字，写法区别显然，此处当作"降"无疑。名降字道崇，盖取"降己"以"崇道"之意。

托于茅山之观焉。有徐昂法」师,道门领袖。一从投刺,爱事服膺,凡厥学徒,特推英妙。属炎精乱象,巨祲横流,蛇豕荐食,豺狼当道。昂师游方逃难,历涉名山,法师舆轿担簦,陪奉邅路。虽复天台幽旷,罗浮超远,青溪闶景,紫盖凌」烟,莫不躐蒙笼以迅驱,践莓苔而直指。霑霜沐露,极万里而忘疲,越壑逾岑,周十年而匪懈。太素上清之法,三景八会之文,咸就昂师,备皆餐受。昔紫云在瞩,关尹得其常名;玄门斯登,道陵探于秘」箓。拟伦往载,异轸同归。继而圣历权舆,率土宁晏,驾言负笈,旋迹首禾,①复与昂师同还茅岭。昂师遍游五岳,总石笥之真筌,傍察九宫,得琅函之宝契。餐霞漱日,神王中岩,素行高远,声闻」辇毂。贞观九载,(徐昂)被召入京,太宗嘉而悦之,于内道场供养。每届峒山之驾,屡宣汾水之游,亲问昂师,询求上足。师云:"有魏降者,精苦绝伦,冲退守一,当今莫二。"先朝钦承道行,有裕宸襟。累降皇」华,征赴天邑。法师偶踪青岭,叶契沧洲。确操不杖之心,固全长往之节。朝旨重违其愿,乃亦优而允之。由是蒙度出家,配居谁[谯]山之仁静观。此观东瞻环海,抃鳌灵浦澹其隅;西望钟阿,蟠龙秀岳」纡其表。南则平皋极目,郊野云蒸;北则长江无际,波澜雾杳。实卜居之胜境,固栖闲之福地。但以厥初缔构,多历年所,乱离瘼矣,栋宇焚如。蕊宫遗迹,久烬夷陵之火;莲座余基,永泣胥台之露。岩扉」涧牖,示(?)免风霜。法师亦既来仪,聿怀兴复,因万方之无事,恻九仞之亏功。经启全搴,范围崇阯。原陵文杏,入彤梁而迥亘,岱甽贞松,分绮楹而间植。修廊宛转,两耀回薄于棼楣;复殿阴岑,四时隔碍」于帘幌。金颜俯映,似窥光碧之庭;珠帐傍垂,疑迩泰丹之室。非夫思通神域,将孰臻于此哉!郁彼洞天,实称宝地。列真所馆,惟帝

---

① "禾",原拓此字漫漶,陈垣、陈智超《道家金石略》,陈尚君《全唐文补编》皆释为"乐",张廷银、朱玉麒整理本《缪荃孙全集·金石》作"采"。今按《淮南子·谬称训》:"夫子见禾之三变也,滔滔然曰:'狐向丘而死,我其首禾乎!'"高诱注:"禾穗垂而向根,君子不忘本也。""首禾"犹"首丘"之意。

下都。法师畴昔隐沦,是焉游憩,迄于永久,无革登临。尝以一朝诣于」方隅仙穴,于穴之际,遇猛兽焉,跪奉法师,出居于外。俄而危峰之上,数石俱倾,兽又奉师旋于本次。岂非至德冥感,神灵所扶。法师动静怡然,音容自若,孰与夫探鲫无惧,循槛不惊,可同年而语矣!」天皇纂戎当扆,执契凝图,怀柔百灵,体合三大,凡厥真仙之府,咸崇望秩之规。总章二年,诏于茅山修福,精禋茂典,并委于师。天后又降殊恩,赐山水纳帔一缘。回绮文于星杼,绚宝饰云衣,」悠悠往初,未之有也。方谓天心辅德,神道福谦,随大椿而不凋,比仙松以俱茂。岂意少微之象,奄属辰巳之期。粤以上元三年六月六日,忽有异香满室,佳气充庭,合观相骇,惊其所谓。师乃晨兴沐」浴,匡坐凝怀,命诸弟子而谓之曰:"仙官见召,吾其往乎。"有顷之间,溘然迁化。春秋八十有二。颜色不变,屈伸如常,道俗瞻奉,哀感行路。即以其月十三日,安厝于观西南之马迹山。远近攀号,人将万」数,擗标哀送,凌蔽山原。于时朱明驭辰,赤熛驰景,灵舆将发,深虑烦歊。其日乃阴云翳天,凉风拂野,区宇澄肃,宛若高秋。固知吉人云亡,又亦幽明感应。先是,茅山高顶,每有三白鹤焉,方事之殷,鹤」乃届于坟所,敛翼来下,疑接王乔之仙,投足哀鸣,似切子安之逝。非夫精诚所达,罕或异类衔悲。时众观瞻,莫不悽叹。惟法师立身制事,惩邪屏欲,以聃、周为师范,以巢、务为宾朋,处顺安排,不扰于」俗。阴阳纬候,河洛图书,九门开闭之占,五色死生之变,常善救物,匪替于心。犹山宗之括众材,若谷王之纳群派。鼎俎弗用,恒以松桂为资;钟簴所积,务供藜藿之士。是故邦君藩后,拥篲轼间,莫不」仰止高山,盈量而返。武陟公李厚德、范阳公卢承庆、驸马都尉乔师望等,并以懋功明德,作牧朱方,闻风致礼,披云投谒,饥渴道味,极师资之敬焉。其余鼓箧抠衣、升堂坐虎者,先进后进,千有余人。」寔所谓明白四通,含德之厚者矣!惜乎黄金难化,青石遽湮,葛陂之杖不归,叶县之棺俄远。依依宿草,洒晨露而增凄;寂寂修杨,吟寒飚而自咽。犹子道士元昶,弟子胡思简、桓文祭、萧弘楷、生文义,」门人赵志冲、徐文珞、祁行则、魏法怿、张文礼、朱玄爽、石忍等,并夙承教义,恭陪善学,挹隆而得宝,循往化而凝哀。同气相求,飏言于众曰:"夫惟天为大,日月有盈亏之道;谓地盖广,陵谷有迁谢之」期。不镂迹于丰碑,何著芳于神理?盍旌故实,用表德音。"丹徒魏行斌,我之自出,法师曩昔,情深宗眷,感惟永往,须余制文。诚则不材,岂忘从众,式陈无愧,乃作铭云:」

　　大满若冲,其用不穷。善成善贷,玄妙玄通。希微韫德,橐籥齐功。不有藏往,谁其执中。粤若倚人,承家济美。分枝程树,植根丰芑。文武叠迹,惠昭方轨。高平建侯,剧阳封子。妙年体迹,远志凌虚。祥室攸」保,灵山是居。丹房受契,紫遗探书。春园梦蝶,秋水观鱼。运属屯蒙,时婴版荡。逖矣退逝,超然长往。建木南登,元天北上。发明六气,牢笼万象。帝图首出,辩驭来归。复开黄冶,还临翠微。案有」新牍,门余旧扉。萝承野带,薛入岩衣。迹晦道彰,身幽誉显。服心蒋径,驰名汉辇。严绋载流,聘车遥践。凿坏(坯)贞遁,高踪悠缅。特纡芝检,式耀莲冠。珠宫养素,金灶还丹。疏廊烟极,架牖云」端。福基弘启,真相闲安。旷望仙台,逍遥洞府。感通殊类,祥超夐古。导引三光,蠲除十苦。企景波属,钦风星聚。凤京斯远,鸿装不留。朝骖度隟,夜壑迁舟。牝谷长晦,骞林遽秋。悲深黄鹤,望断青牛。锵楚」挽于通郊,拂危旌于迥甸。陇沉沉兮出没,山苍苍兮隐见。凝云愁而拱木荫,垂露泣而平芜变。庶陵夷兮海竭,邈玄风以孤扇。」

## (碑阴)

维大唐仪凤二年岁次丁丑十一月己未朔十五日癸酉树碑。谨录门人、男女弟子及舍施檀越等人名如左:

　　(第一列)
　　　　前扬州长史殷雅前瀛洲清苑县令魏鸞　处士韦道惠　处士张

通　前丹徒县录事韦士元　护军韦子容　上柱国魏孝孙　前江宁县博士魏琼　江宁县助教六品子魏士贤　杭州法师张奉昭　法师武法藏　杭州法师许文旻　雍州道士麹元敬　雍州道士李琛　沂州道士王仕开　处士魏法奘　上骑都尉魏仪　处士魏士亮　魏法朗　沂州道士咸明解　法师任元秀　处士魏士亮　处士魏法奘　魏难敌　魏阿耨　魏子游　张法诠　韦子嵩　上护军孙道从　轻车都尉孙道通　尼明进　尼华净因　魏法朗　上骑都尉魏仪　六品子魏令孙　六品子魏豪孙　六品子魏满孙　通真观道士石道智　弟子石惠训　弟子冷孝彻　尼明彻　尼陈令妍

（第二列）

仁静观　道士夏文昌　道士查孝辩　道士华文荣　道士钟离智威　道士曹文蒇　道士高德弘　道士何法智　道士陈元坦　道士孙元宠　道士张文礼　福堂观　道士荣智徽　道士吴智旷　道士谢法安　道士吴宝圆　道士曹智瑜　道士荣法该　道士张法嶡　道士来弘彦　道士陈智珑　道士吴怀表　洞清观　道士任智颙　道士桓文发　道士马元楷　道士戴玄楷　道士彭文广　道士师文□　道士韦道恭　道士华元静　道士张公喜

（第三列）

茅山华阳观　道士徐文珞　扬州通真观　道士桓敬真　希玄观　道士祁行则　道士辛智感　道士倪玄敏　云阳观　道士桓文祭　道士贲伯仁　道士弘法隆道士褚德冲　道士环法安　道士陈法奘　道士朱法玮　庆林观　道士魏法琎　道士徐公顼　道士袁法谟　道士陈彦藻　道士葛法静　道士□法筠　道士谭德俨　道士虞法达　道士居明建　道士公孙法豪　道士王道简　精舍观　道士禹子琳　道士陈(?)法详　道士吕法达　道士张彦容

（第四列）

海陵乐真观　道士朱玄英　道士石法忍　道士孙法拟　道士杨文稜(?)　道士王玄真　道士刘法顺　福基观　道士王法雅

道士周法端　道士张法建　道士夏惠才　道士司徒法彦　道士谭法珉　道士王惠颙　道士陈文靖　道士伍道隆　崇玄观　天师属蜀郡繁县都乡上移里十五代孙张文礼　男绍仙　男道彦　男道颙　男道嵩　扬州海陵县习真馆　女官冷法度　女官陈法琳　女官王净贤　女官陈伯胜　女官马妙妍　女官夏法喜　女官高静真

（第五列）

广济馆　女官魏净敏　女官倪法端　女官武妙姝　女官魏法泉　女官魏法静　女官朱法顺　女官魏法真　女官魏法成　女官武法宣　女官魏法俨　女官魏智修　女官魏智暹　女官夏净琛　女官魏法惠　女官徐法敬　女官朱令修　女官万法端　女官丁静修　女官朱法秀　女官陈敬谨　女官许智暹　招真馆　女官谭法□　女官□玄习　女官吴真妃　女官□道胜　女官吴令瑶　女官张法登　女官吕法宠　女官孔令韶　女官俞法□　女官张明贵

（第六列）

女官萧法琼　女官李法静　女官徐玉娘　女官倪法要　女官萧法环　女官莫法果　女官萧惠娥　女官徐令姿　女官徐令容　女官张法姬　女官莫宝明　女官袁罗妃　女官何净意　女官王丽姿　女官徐镇娘　女官来静敏　女官倪法瑛　女官刘静□　崇真馆　女官生净□　女官□□□　女官生净贤　女官陈道姬　习真馆　女官严净姬　女官武令端　女官□法进　女官葛道擎　扬州福习馆　女官朱法胜　女官赵志□　女官嵇宠

（第七列）

齐乡馆　女官桓法舍　女官张惠静　女官孙智辩　女官桓文傅　女官桓文俨　女官蔡惠丰　女官王净斐　女官周元禺　女官虞净真　女官许擎姬　女官王惠逊　女官朱令丰　女官王令姬　女官□仲颖　女官虞□响　女官王法言　女官王净姬　女官温明梵　女官虞妙慈　女官王净询　女官夏净颙　女官夏□□　女官□惠成　女官夏净琰　女官谢真智　女官虞净敷　女官朱法瑛

女官陈净婉　女官徐净敷　女官张净玉　女官郝法妍　女官嵇净辩

（第八列）

上善馆　女官任法真　女官唐忠真　女官高妙奇　女官皇□□　女官任伯□　女官任净□女官唐道隆　女官皇法宣　女官孙道容　女官茅知□　女官皇玄静　女官皇道本　女官谭妙贤　女官孙法伦　女官冷定婉　女官郑道端　女官谭妙容　女官丁令姿　女官董令谂　海陵建乡馆　女官张志辩　女官王善惠　女官戚净行　女官许法胜　女官杨净真　女官杨智胜　女官成令识　女官徐法爱　女官徐法伦　女官徐惠津　女官曹明姬　女官王法伦

（第九列）

前□□司户参军事魏高　前括州括苍县尉魏仕颤（？）　安定胡楚妃　越州诸暨县尉魏德文　前豪州司法参军魏锵　前苏州吴县丞杜安仁　守润州谯山戍主解建威　将仕郎魏修　文林郎魏智□　将仕郎魏德显　文林郎桂元庆　文林郎杜怀贞　上柱国魏太平　上柱国魏孝礼　骑都尉魏德礼　上柱国任雄　上轻车都尉生仕贵　护军高道胤　上骑都尉王贵郎　骑都尉任文彦　上轻车都尉皇法明　飞骑尉皇法恭　骑都尉朱孝叔　骑都尉朱法伦　上柱国冷君牙　云骑尉桑□头　飞骑尉田伯达　武骑尉殷小妹　骑都尉殷法珉　女官周道暹　女官朱妙先　女官□法果　女官任妙玉

上骑都尉萧文强　上护军胡党子　骑都尉萧思郎　云骑尉魏孝□　前六合县令魏□越　飞骑尉贾贵儿　骑都尉贾孝俨　祭酒陈文干　骑都尉胡行德　前湖州武康县令胡智辩　上轻车都尉周仕豪　上骑都尉许殷师　骑都尉徐仕贵　文林郎魏子彦　前新兴乡博士魏长兴　文林郎徐孝敬　上骑都尉魏智瓒　江宁博士魏道威　上柱国倪惠常　上柱国柳文荡　上骑都尉孙郭和　弟子查孝则　弟子生道昶　上骑都尉高贵生　骑都尉朱伯宠　骑都尉魏文旷

（第十列）

马墅村　马□□　邹文　王元畏　邹僧儿　邹通儿　萧冲生孝恭　萧仕元　萧仕恭　萧仕达　生仕诠　生仕信　生文宠夏侯文招　高法朗　王文强　高惠喜　龙赞公　柳树儿　何玄敞　萧泰　胡道弘　胡道开　高尚儿　萧智诠　孙孝谦　倪伯琛萧孝进　高孝详　夏文朗

（第十一列）

朱走　妻冷五娘　来弘礼　朱□表　朱弘通　朱□秀　朱公喜　朱兴贵　朱兴将　朱兴玉　朱智才　朱仕怀　朱义任　元崇皇客僧　义门孙难　孙舍　孙和　孙黄头等　里正范娘子　里正王君礼　里正王秀才　里正严仕弘　里正颜孟孙　倪文豪　夏侯郡　里正萧孝辩　檀绍基　王伯胤　王子干　高叶儿

（第十二列）

唐村　任辩　任荣略　任进郎　任开宗　任擎手　贾妙朗胡敬娘　贾昌蒲　贾仕诠　贾仕怀　皇法达　皇孝静　皇孝则任孝卿　皇文通　周崱　任宝　皇知礼　东武村　朱黯　朱法超朱法真　朱法达　朱法荣　朱公养　朱子琳　朱子强　朱子荣朱贵成　黄援子　冷要娘

（第十三列）

桑村等　张冲儿　冷干　□顺礼　□孝则　樊孝仁　樊孝怀王喜郎　桑宝琮　桑槌头　陈绍进　桑莫道　桑贵郎　张□儿王佛养　桑彪儿　与仕英　陈孝辩　桑婆养　桑砺儿　桑罗逻葛村　宦定可　冷元霸　冷仕瑜　桂丰郎　葛仕侃　葛仕荣陈政则　陈君勇　葛仕恭　贾子辩　王伯琳

（第十四列）

僧法贵　僧道璧　僧智造　僧昙椿　义宁村　殷文亮　殷成宗　田俱达　殷道现　殷侍　许郡　殷珖　殷敬　殷鹭　殷□□殷文建　殷孝谦　卜子华　殷法珉　徐智强　殷贵　殷养　殷

逻儿　殷惠仁　田俱进　钱豪　任宝立　任子超　任元凯　张镇州　冷仕彻　刘智伍　萧君业

（第十五列）

北乐村　魏子直　魏公果　魏师寄　魏元徽　魏荣　魏合孙　魏元歆　魏树提　魏智澄　魏智训　魏孝端　魏子□　魏运　魏孝裕　魏孝表　魏孝宝　魏标　魏伯楷　魏孝辩　魏道暹　魏伯停　魏绍祖　武孝义　魏德贤　魏孝登　魏孝轨　魏仕干　魏仕儿　张桃公　田伯开　殷昂　皇文宠

（第十六列）

徐聪娘　魏伯媚　魏乐娘　魏净停　涧壁村　颜孝轨　唐孝弘　周乌目　徐君义　纪惠文　戴意郎　禹山村　夏孝绍　上柱国纪伯玫　华文绪　颜孟德　夏都儿　女人高娘子　李丰　夏侯叔　柳胤宗　柳贵郎　王端娘　纪道超　上柱国纪道副　纪道成　上柱国纪道进　纪道起　纪道珍　刘喜　颜道强　周大乐　石匠满通

（第十七列）

徐公羡　倪叔儿　查孝通　查孝敬　萧弘昱　萧弘景　彭遍宗

（碑右另行补刻）

魏道成　□□□　魏玄靖　魏元颢　魏绍叔　魏绍业　青州乐安任隆

（碑左另行补刻）

上骑都尉高惠难　飞骑尉胡元凯

## 三、任城魏氏的谱系与信仰

据上引碑文，魏法师名降，字道崇，先世为任城樊县人。《元和姓纂》卷八"任城魏氏"条载其源流:"(魏)无知曾孙不害,生汉任城太守,因家焉。不害孙相,汉丞相、高平侯。裔孙舒,晋司徒。"①碑文中"据河按部,入于贤臣之传"、篇末铭文"高平建侯"云云,皆指西汉魏相。按《汉书》本传,魏相并非任城人,他与任城魏氏的关系应是后世谱牒、姓氏书所附会。然而魏氏确是汉晋之际的任城大姓,如东汉魏应,以儒术进用,官至上党太守;②三国时期的魏衡,官至吏部郎,"有名当世";其从侄魏舒最为显贵,西晋一朝位列佐命元勋,官至司徒,爵封剧阳子。③《魏法师碑》末铭文中有"剧阳封子"一句,正是指魏舒。文中虽未明言魏法师家族即魏舒直系后裔,但他们当属同族。

　　碑文又称魏法师祖先"浮江树勋,显于中兴之录"。这应该是追述魏氏的家族迁徙,原居青州的魏氏一族在永嘉之乱中迁居江南并出仕东晋政权。其中提到的"中兴",即专记东晋一朝史事的《晋中兴书》。据考,此书在体例上将纪传体史书的"纪、表、志、传"易为"典、注、说、录",而其中的"录",实即冠以郡望的士族家传,如"琅琊王录""陈留阮录""太原王录"等。④ 据此,所谓"中兴之录",当即《晋中兴书》中的"任城魏录"。诸家旧晋史今多散佚,或许因此,任城魏氏在东晋一朝的宦绩我们无从考知。但唐初其书尚存,碑文所述必有所本。南渡后,魏氏一族应长期聚族定居京口一带。这一点,晋宋之际魏咏之兄弟的活动事迹可为佐证,他们是北府宿将,也是刘裕京口举义元从,当即长期定

---

① 〔唐〕林宝撰,岑仲勉校记:《元和姓纂(附四校记)》卷八,北京:中华书局,1994年,第1199页。
② 〔南朝宋〕范晔:《后汉书》卷七九下《儒学·魏应传》,北京:中华书局,1965年,第2571页。
③ 〔唐〕房玄龄等:《晋书》卷四一《魏舒传》,北京:中华书局,1974年,第1185—1186页。
④ 姚振宗:《隋书经籍志详考》,《二十五史补编》第4册,上海:开明书店,1936年,第5247—5248页;聂溦萌:《晋唐间的晋史编撰——由唐修〈晋书〉的回溯》,《中华文史论丛》2016年第2期。

居京口的任城侨民。①

侨居京口的魏氏在南朝社会中地位如何呢？对此，虽然史无明言，但我们可以略作推考。首先，他们应该是南朝京口侨姓士族婚姻圈中的一员。据今人研究，侨居京口的裴子野，其生母即任城魏氏，而裴氏与陈郡殷氏、乐安任氏、南陵萧氏、东莞刘氏等侨姓家族间又存在着错综复杂的联姻关系。②此外，就仕宦而言，碑文载魏法师曾祖任梁安城王国侍郎，祖父任陈长沙王国将军，虽无显宦，但也绝非一般庶民。因此，从婚、宦二途来看，任城魏氏在南朝社会中当属于典型的侨姓次级士族，而从碑阴题名所见魏氏诸人的居住地来看，及至唐初，他们已经完全土著化。

关于魏法师本人，据碑文记载，早年"托于茅山之观"，师从"道门领袖"徐昂。徐昂其人不见于传世文献，爱宕元据其生平事迹，推测为唐初茅山道教领袖王远知弟子，③其说可从，我们还可补充一些旁证。按唐人李渤所撰《真系·唐茅山升真王（远知）先生传》："潘师正、徐道邈同得秘诀，为入室弟子。"④徐道邈事迹未详，或即徐昂，盖名昂字道邈，一如魏法师名降字道崇。此外值得一提的是，《魏法师碑》所载诸弟子中，祁行则之名又见于乾封二年（667）立于茅山的《华阳观王先生碑》，而碑主王轨正是王远知的嫡传弟子。⑤这也透露出徐、魏师徒与二王师徒应同属一个教团。

---

① 《晋书》卷八五《魏咏之传》："魏咏之，字长道，任城人也。"（第 2217 页）又〔南朝梁〕沈约：《宋书》卷一《武帝纪》"元兴三年二月"条载其弟欣之、顺之（北京：中华书局，1974 年，第 5 页）。

② 林宗阅：《裴松之家族与东晋南朝的"京口集团"》，甘怀真主编：《身分、文化与权力：士族研究新探》，台北：台大出版中心，2012 年，第 112—113 页。

③ 〔日〕爱宕元：《唐代江南における宗教の関係を媒介とした士人と地域社会—「潤州仁静観魏法師碑」を手がかりに—》。

④ 〔宋〕张君房编，李永晟点校：《云笈七签》卷五《真系》，北京：中华书局，2003 年，第 80 页。

⑤ 缪荃孙：《江苏通志稿·艺文志》，《石刻史料新编》第 1 辑第 13 册，第 9528—9530 页。

在隋唐易代之际，王远知曾附会图谶，积极为李唐皇室从事政治宣传，因此备受唐初统治者尊崇。① 王远知于贞观九年（635）去世，徐昂同年受召入京，并获太宗礼遇，显然是依凭这层关系。而此后不久，魏法师本人续获其师举荐，由此在润州仁静观正式出家。② 他随即大兴土木，重建毁于隋末兵燹的仁静观，并继承其师衣钵，在乡布道，声望日隆。碑文称，历任润州刺史李厚德、卢承庆、乔师望等均"闻风致礼，披云投谒"，"极师资之敬"，碑阴题名中还有一位前扬州长史殷雅，应该也是魏法师生前信众。此外，碑文称："总章二年，诏于茅山修福，精禋茂典，并委于师。天后又降殊恩，赐山水纳帔一缘。"看来在此期间他还是维系着师、祖两代与最高统治者的良好关系。

除了获得官方尊崇，魏法师在乡里还拥有大批信众，碑文称其去世时"远近攀号，人将万数，擗标哀送，凌蔽山原"，这或有夸饰之嫌，但从碑阴题名来看，计有道士、女官（冠）、僧侣、官员、民庶五百余人，信徒人数之众、分布阶层之广，均可见一斑。更重要的是，据爱宕元统计，在这批题名者中可推定为魏法师同族者有七十余人，其中现任流内官一人，前资官五人，文散官四人，勋官七人、品子四人。虽然鲜有达官显宦，但作为侨姓士族后裔的魏氏，在润州当地的影响力还是不容小觑，历任刺史对魏法师的礼敬，应该也是基于对其宗教修为与宗族势力的双重考量。

当然，更应看到，任城魏氏的道教信仰是渊源有自的。众所周知，在东晋南朝时期，道术一直是侨姓低级士族借以实现自身政治诉求的

---

① 参见陈国符：《道藏源流考》，北京：中华书局，2012年，第45—48页。关于王远知及其家族的最新研究，详见雷闻：《茅山宗师王远知的家族谱系——以新刊唐代墓志为中心》，《隋唐辽宋金元史论丛》第四辑，上海：上海古籍出版社，2014年。

② 爱宕元前揭文认为魏法师其间亦随同其师入京，但从碑文记叙似乎看不出这一点。

主要方式,晋末的孙恩、卢循之乱就是一种极端表现形式。① 而在常态政治秩序下,这更多表现为通过信仰传播来提升自身社会影响。具体到魏法师家族及其信众聚居的京口、句容一带,最近魏斌对梁《九锡真人三茅君碑》的研究表明:随着侨民的涌入,东晋中期以降,句容茅山地区兴起了三茅君等具有北方背景的神灵信仰(作者称之为"神仙侨民"),与之相应,东晋南朝道教经典传授中也存在吴人以侨民为师的记载。类似现象折射出侨民南渡后在江南社会中的优越地位。② 这一研究提示我们,唐初润州以侨姓士族后裔为核心的信仰网络应该是由来已久的。

这也是有迹可循的。爱宕元业已指出,魏法师家族与道教神祇中的南岳魏夫人,原籍地均为任城樊县,他们很可能存在某种渊源。③ 这是一个非常敏锐的观察,惜语焉不详,以下试做几点补充论证。据道教文献记载,魏夫人名华存,为晋司徒魏舒之女,"年二十四,(父母)强适太保掾南阳刘文,字幼彦,生二子,长曰璞,次曰瑕。幼彦后为修武令",西晋末年"自洛邑达江南""为女官祭酒,领职理民",同时她也是陶弘景《真诰》所载江南上清经传授谱系的源头,在茅山道教神祇序列中地位崇高。④ 由于没有其他史料可供佐证,道典中对魏夫人家世及其亲属的记载是否应该采信,一度引起研究者犹疑。⑤ 而据南京所出东晋太和六年(371)《王建之妻刘媚子墓志》:

---

① 陈寅恪:《天师道与滨海地域之关系》,《金明馆丛稿初编》,北京:生活·读书·新知三联书店,2001年;田余庆:《东晋门阀政治》,北京:北京大学出版社,2005年,第252—264页。
② 魏斌:《句容茅山的兴起与南朝社会》,《历史研究》2014年第3期。
③ 〔日〕爱宕元:《唐代江南における宗教的関係を媒介とした士人と地域社会—「潤州仁静観魏法師碑」を手がかりに—》。
④ 〔宋〕李昉等编:《太平广记》卷五八"魏夫人条"引《集仙录》《魏夫人传》,北京:中华书局,1961年,第356—358页。另参见陈国符:《道藏源流考》,第29—30页。
⑤ 〔日〕爱宕元:《南嶽魏夫人信仰の変遷》,〔日〕吉川忠夫编:《六朝道教の研究》,东京:春秋社,1998年。

> 故夫人南阳涅阳刘氏,字媚子,春秋五十三,泰和六年六月戊戌朔十四日辛亥,薨于郡官舍。……夫人修武令义之孙,光禄勋东昌男璞之长女。①

比照上引志文不难发现,《南岳魏夫人传》等书对魏夫人家庭成员的记载绝非向壁虚构,夫、子都是真实存在的历史人物,②只是后世传抄中将其夫刘义之名误作"文"。③ 因此,剥离宗教神异色彩,魏夫人也应确有其人。她携子南渡、布道江东的真实经历,恰符合时人心目中"神仙侨民"教化吴土民众的宗教叙事,因此其人物形象在东晋以后逐渐被神格化。

继魏夫人之后,南朝时期魏氏成员中也应不乏道门领袖,对此,下面这条材料值得重视,《法苑珠林校注》卷六二引《冥祥记》:

> 刘龄者,不知何许人也,居晋陵东路城村。颇奉法,于宅中立精舍一间,时设斋集。元嘉九年三月二十七日,父暴病亡。……邻家有道士祭酒,姓魏名叵,常为章符,诳化村里。④

魏叵其人不见于其他文献记载,但值得注意的有两点:1. 此人身份是"道士祭酒",与魏夫人在世时所任"女官祭酒"类似,都是区域性教团领袖。2. 其活动地域位于毗邻京口的晋陵,也属侨民聚居地,更是后来

---

① 罗新、叶炜:《新出魏晋南北朝墓志疏证》,北京:中华书局,2005 年,第 20 页。
② 周冶已据《刘媚子墓志》对魏夫人生平事迹、家族成员做出新的考订,详见《南岳夫人魏华存新考》,《世界宗教研究》2006 年第 2 期。
③ 唐人窦臮《述书赋》上:"刘璞,字子威,南阳人,晋光禄勋,即得道南岳魏夫人之子。夫人魏舒女。父义,晋河内修武令。"(张彦远:《法书要录》卷五,辽宁教育出版社,1998 年,第 89 页)盖先被误写为"乂",进而讹作"文"。
④ 〔唐〕道世撰,周权迦、苏晋仁校注:《法苑珠林校注》卷六二《占相篇》,北京:中华书局,2003 年,第 1865—1866 页。

茅山道教信仰的主要传播区域。

将以上史料透露的信息连缀起来，已不难看出：两晋之际的"女官祭酒"魏夫人、刘宋时期的"道士祭酒"魏叵，以及唐初仁静观道士魏降，既是同姓，活动地域也基本重合。这绝非偶然，笔者认为，他们应该出身同一宗族，即侨居江南的任城魏氏，他们在京口、晋陵一带的宗教活动自东晋、南朝一直延续至唐初。碑阴题名所见魏姓道士、女冠尚有魏法玼、魏净敏、魏法泉、魏法静、魏法真、魏法成、魏法俨、魏智修、魏智暹、魏法惠等十人，另外碑正文还提到犹子魏元昶、门人魏法恽等。不难想见，作为南岳魏夫人族裔的身份，长期以来都是魏氏一族扩大影响力、维系家族地位的重要资源。

## 四、碑文所见其他侨姓奉道世家蠡测

除魏氏一族此外，碑文撰写者胡楚宾家族也值得留意。胡楚宾两《唐书》均有传，他以文学进身，高宗时历任中书右史、崇贤馆直学士等职，长期参与武后主持的诸项典籍编纂，厕身炙手可热的"北门学士"之列。[1] 这么一位京中新贵为什么会为远在江南的魏法师撰写碑铭呢？爱宕元注意到碑阴中胡姓诸人题名，据此认为胡楚宾系受同族信众的请托为魏法师撰写碑铭，但这一推测仍未达一间。其实胡楚宾文中有自述："丹徒魏行斌，我之自出，法师曩昔，情深宗眷，感惟永往，须余制文。"由此可知，胡楚宾是魏法师族人魏行斌的母家亲属，胡、魏二姓存在姻亲关系。[2] 本传记载胡楚宾为宣州秋浦县人，其地与润州相距不远，这两个家族间日常应该有不少互动。对此，碑阴出现的多名胡姓题名可为明证，其中一人名楚妃，应为胡楚宾的同族近属，另外正文中的

---

[1] 参见《旧唐书》卷一九〇、《新唐书》卷二〇一本传。

[2] 爱宕元前揭文中似将"我之自出"一句错会为魏法师口吻，实则在唐代碑志中，"某姓自出"一类的表述颇为常见，皆指其母家。

胡思简则系魏法师入室弟子。凡此均可见两家关系非同一般。

更进一步说,笔者推测,胡氏与魏氏社会身份相类,也属南朝侨姓士族后裔。这一点可以从碑首、碑阴中胡楚宾、胡楚妃所署的"安定"这一郡望看出端倪。我们知道,安定胡氏也是魏晋之际的地方著姓,[1]他们很可能是自关中辗转流徙到建康附近的宣城,这一带也是侨民聚居之地。此外,从碑阴题名所见胡姓诸人的职衔来看,胡智辩为前湖州武康县令,胡党子、胡行德、胡元凯等人均有勋官,官职类型及品级大体与魏氏相当,两家社会身份应该是相近的。

除魏、胡二姓外,我们在碑阴题名中还能发现一些南朝侨姓奉道世家,试条列如下,并略作考辨。

(1)"天师属蜀郡繁县都乡上移里十五代孙张文礼、男绍仙、男道彦、男道颙、男道嵩"(第四列,崇玄观)等张姓二十三人。

"张文礼"一名又见于碑正文以及碑阴题名第二列,身份是魏法师弟子、仁静观道士,与此处的崇玄观道士、天师后裔张文礼当非一人。我们知道,南朝时期,江南与蜀地先后出现不少自称天师后裔的道教徒,他们频繁参与当地宗教活动,如梁普通三年茅山《九锡真人三茅君碑》题名中有天师九世孙一人、十世孙与孙女九人;[2]又如天师十二代孙张道裕在吴郡虞山营构招真馆;[3]天师十三世孙张辩曾在蜀地活动。[4] 当然,先贤后裔都是可以伪托的,这在讲究出身、标榜阀阅的门

---

[1] 参见〔日〕矢野主税:《改訂魏晋百官世系表》"胡氏"条,长崎:长崎大学史学会,1997年,第71页。

[2] 刘大彬:《茅山志》卷一五《采真游篇》,《正统道藏》第5册,北京:文物出版社,上海:上海书店、天津:天津古籍出版社,1988年,第617—618页。其中张智明、张子华二人籍贯皆为"蜀郡"。

[3] 《虞山招真治碑》,陈垣、陈智超:《道家金石略》,北京:文物出版社,1988年,第28—29页。

[4] 《受箓次第法信仪》,《正统道藏》第32册,第222页。关于南朝涌现的这类天师后裔的讨论,参见刘屹:《敬天与崇道——中古经教道教形成的思想史背景》,北京:中华书局,2005年,第606—607页。

第社会中更是司空见惯。但引人注目的是张文礼所署"蜀郡繁县都乡上移里"这一籍贯。我们知道,汉代的蜀郡繁县在三国时期便已更名为新繁县,①此后南北朝、隋唐的行政建制中也都作"新繁"。因此,"蜀郡繁县都乡上移里"或许是其家族中世代相承的东汉里籍,类似籍贯书法常见于东晋南朝侨姓士族墓志,一般不易伪冒。②

东汉时期,天师张陵长期在蜀中传教,而繁县则是早期天师道教团的根据地所在。③ 及至汉末,张陵之孙张鲁又转居汉中,建立政教合一的割据政权。建安二十年(215),张鲁归降曹操后,被举族迁往邺城,从此再未南返故地。④ 署"繁县"而非"新繁县",或许正透露出这一迁徙经历。因此,张文礼等人即便不是张陵直系后裔,也很有可能是汉末随张鲁自巴蜀北迁的族属之裔。西晋末他们又避乱迁往江南,定居京口一带。

(2)"青州乐安任隆"(右侧补刻)等任姓十九人。

乐安任氏是魏晋时期的青齐大姓,《魏法师碑》碑阴题名所见任姓诸人应该是西晋末年自青州迁徙而来。对此,我们找到了如下佐证,《三洞珠囊》卷一《救导品》引《道学传》:

> 任敦,字尚能,<u>博昌人</u>。永嘉中投云阳山。云阳山者,即茅山

---

① 《旧唐书》卷四一《地理志》"新繁县"条:"汉繁县,属蜀郡,刘禅时加'新'字。"(第1665页)

② 参见〔日〕中村圭尔:《六朝貴族制研究》第四篇第一章《南朝貴族の本貫と僑郡県》,东京:风间书房,1987年,第421—456页;胡宝国:《从南京出土的东晋南朝墓志推论侨旧之别》一文附表,《魏晋南北朝隋唐史资料》第31辑,上海:上海古籍出版社,2015年。

③ 据载,张陵在蜀地传教时曾创立二十四治,以祭酒"领户治民",其中居于首位的阳平治以及鹿堂山治、漓沅山治、葛璝山治均在繁县境内,而阳平治又例由张陵及其嫡系子孙直接统辖。参见《三洞珠囊》卷七《二十四治品》引《张天师二十四治图》,《正统道藏》第25册,第332页;陈国符:《道藏源流考》,第328页附表。

④ 参见唐长孺:《魏晋期间北方天师道的传播》,《魏晋南北朝史论拾遗》,北京:中华书局,1983年。

也。服赤石脂。时复出入人间,皆手执经科,教示愚民。于是远近穆然从化。①

《道学传》成书于南朝末,载录历代道流事迹而尤详于东晋南朝。② 编撰者马枢也是侨姓士族出身,久居茅山与京口一带,备谙其间人物故实。③ 上引文称任敦为博昌人,按西晋博昌县属乐安郡,名臣任恺即乐安博昌人,因此任敦自然也是乐安任氏出身。任敦于西晋永嘉之乱中渡江,寓居句容茅山并长期在此传教。虽然史无明言,但准以当时惯例,任氏应该是举族而来。此后,南朝梁普通三年句容茅山《九锡真人三茅君碑》题名中也有一位"福林馆主博昌任彦净",④可见乐安任氏应有奉道传统。另据镇江句容出土的南朝齐《刘岱墓志》:

> 南徐州东莞郡莒县都乡长贵里刘岱,字子乔。……春秋五十有四,以永明五年太岁丁卯夏五月乙酉朔十六日庚子遘疾终于县解。粤其年秋九月癸未朔,廿四日丙午,始创坟茔于扬州丹扬郡勾容县南乡糜里龙窟山北。……夫人乐安博昌任女晖,……父文季,祖仲章。⑤

刘岱出身东莞刘氏,也属侨姓低级士族家庭。⑥ 他既葬在句容县,表明家族聚居地也在此附近。作为其通婚对象的乐安任氏,以常理推之,也应寓居附近。虽然无法断定《魏法师碑》碑阴所见任姓诸人是否即其后

---

① 《正统道藏》第 25 册,第 296 页;参见陈国符《道学传辑佚》,《道藏源流考》,第 456 页。
② 《道藏源流考》,第 237 页。
③ 参见《陈书》卷一九《马枢传》。
④ 《茅山志》卷一五《采真游篇》,第 618 页。
⑤ 赵超:《汉魏南北朝墓志汇编》,天津:天津古籍出版社,2008 年,第 24 页。
⑥ 参见〔日〕中村圭尔:《〈刘岱墓志铭〉考》,《日本中青年学者论中国史(六朝隋唐卷)》,上海:上海古籍出版社,1995 年。

裔,但起码说明乐安任氏自东晋南朝便已在这一带定居,并且夙有道教信仰的家族传统。

(3) 殷、徐、萧、桓等姓,计五十余人。

以上诸人皆不署籍贯或郡望。考虑到陈郡殷氏、东海徐氏、兰陵萧氏均为东晋南朝侨姓士族中的奉道世家,其家族成员均不乏侨居或埋葬京口一带者,①尤其殷氏与萧氏,与前述任氏等世代联姻,同属所谓京口侨姓士族"连环通婚圈"。② 因此碑阴题名所见殷、徐、萧等人也可能是其族裔。

桓氏则另有确证。按,唐中宗朝名臣桓彦范,《旧唐书》本传称其润州曲阿人。③ 值得深究的是桓氏的谱系。《元和姓纂》卷四"谯国桓氏"条:

> 晋护军将军、长社侯桓[景],过江居丹阳,生伊。伊生崇之。
> 唐郇王咨议桓法嗣,《状》称崇之七代孙也。法嗣生思敏,少府丞。思敏生彦范,侍中、扶阳王;臣范,京兆尹。④

---

① 《晋书》卷八四《殷仲堪传》:"仲堪……死于柞溪。……子简之,载丧下都,葬于丹徒,遂居墓侧。"(第 2199 页)是知陈郡殷氏家族墓茔在丹徒(京口)。《宋书》卷八七《萧惠开传》:"凡为父(萧思话)起四寺……曲阿旧乡宅,名曰禅乡寺,京口墓亭,名曰禅亭寺。"(第 2300 页)据此,虽然史书记载兰陵萧氏渡江后世代寓居武进,实则部分房支已迁居京口。《太平寰宇记》卷八九《润州》"金坛县"条:"司空、录尚书事徐羡之墓,在县西南二十里。"(北京:中华书局,2007 年,第 1766 页)按,南徐州东海郡长期侨置于京口,当系徐氏诸人过江后聚族寓居之地。

② 参见前揭中村圭尔:《〈刘岱墓志銘〉考》;林宗阅:《裴松之家族与东晋南朝的"京口集团"》,第 92—112 页。

③ 参见《旧唐书》卷九一;《舆地纪胜》卷七《镇江府·古迹》载其墓在丹阳县下墅村(第 417 页);又,其堂兄《桓师鲁墓志》亦称:"今为润州曲阿人。"(吴钢主编,陕西省古籍整理办公室、洛阳市第二文物工作队编,王京阳等编《全唐文补遗》第 8 辑,西安:三秦出版社,2005 年,第 319 页。)

④ 《元和姓纂(附四校记)》卷四,第 510—511 页。按,今本《姓纂》上引文句中"长社侯桓"下原脱"景"字,"伊"原讹作"尹",又"臣"下衍"彦"字,今皆据岑仲勉四校记厘正。

桓景父子为谯国铚人,事迹附见于《晋书》卷八一《桓宣传》,据田余庆先生考证,当为东晋一流高门谯国龙亢桓氏的旁支疏宗。① 从上引文来看,桓法嗣、桓彦范一支似乎是谯国桓氏的直系后裔。不过这一谱系是令人生疑的,桓法嗣祖籍更可能是徐州东海郡。东海桓氏属于南北朝时期长期活跃于青徐一带的地方豪族。② 其宗族成员过江后世居京口,逐渐土著化,如陶弘景弟子桓法闿,史称其东海丹徒人,当是举历经数次土断后的落籍地而言。③ 唐代桓法嗣、桓彦范祖孙当系世居京口一带的侨姓低级士族后裔。据开元九年《桓归秦墓志》,桓法嗣之父名子玉,陈任员外散骑常侍,④可见这一家族在江左政权中还是维持了士族的基本身份。

与前述侨姓家族相似,桓氏也是奉道世家。这一点可从"法嗣"一名窥见端倪,另据《隋书》卷八五《王(世)充传》:

> 有道士桓法嗣者,自言解图谶,充昵之。……法嗣云:"杨,隋姓也。干一者,王字也。居羊后,明相国代隋为帝也。"……充大悦……即以法嗣为谏议大夫。⑤

由此可见,桓法嗣确为道士,他在隋唐易代之际附会图谶、干谒权贵的做法实与王远知无异,这似乎也是陈亡后政治上受到压制的南朝士族采取的一种普遍策略。

桓法嗣自幼生长在丹阳一带,所信奉的自然也应是陶弘景、王远知

---

① 参见田余庆:《东晋门阀政治》,第122—123页。
② 关于这一问题,拟另撰文详论。
③ 《茅山志》卷一五《采真游篇》:"桓法闿,字彦舒,东海丹徒人,陶隐居高第弟子也。"(《正统道藏》第5册,第616—617页)按东海郡侨置于丹徒县,此盖举其落籍地而言。
④ 周绍良:《唐代墓志汇编》开元119,《唐故楚州司马桓府君墓志铭并序》,上海:上海古籍出版社,1992年,第1236页。按志主桓归秦亦为桓彦范堂兄。
⑤ 《隋书》卷八五,第1898页;另参见《旧唐书》卷五四《王世充传》。

一脉的茅山道教传统。据《唐国师昇真先生法主真人立观碑》："（王远知）贞观九年四月至（茅）山，敕文遣……太子左内率长史桓法嗣等，送香油、镇彩、金龙、玉璧于观所，为国祈恩。"①不难想见，太宗之所以遣桓法嗣陪同王远知还山，很可能是考虑到他世居润州且同为道教徒、熟谙相关仪轨。桓法嗣此番回乡，与徐昂、魏降师徒也应有所交集，因为如前所述，王远知回山后旋即去世，徐昂同年受诏赴京，负责居中接引的很可能正是桓法嗣，他此时恰好身在茅山。凡此种种，均或明或暗地透露出桓法嗣与王远知教团间的深厚渊源。②

从仕宦履历与墓志出土地看，桓法嗣一房在隋唐之际应已举家迁往两京。但其滞留原籍的族人应不在少数。见于《魏法师碑》的桓氏成员计有六人，分别为洞清观道士桓文发（碑阴第二列），通真观道士桓敬真（第三列），云阳观道士桓文祭（第三列，又见于碑正文），齐乡馆女官桓法舍、桓文傅、桓文俨（以上第七列），无一例外都是道门中人。考虑到相同的宗教信仰与籍贯，以上诸人与桓法嗣、桓彦范极有可能为同族，桓法舍应该还是同支近属。

以上在前人研究基础上，对《魏法师碑》所见唐初南朝故地内士族后裔的活动做出了新的探讨，其中对碑阴题名的讨论，囿于史料，难免有推测之辞。但总的来看，碑文及题名所见信众群体还是能清晰反映出东晋以降京口一带侨旧混居的历史痕迹。其中，世居京口侨姓士族后裔占据了主导地位，这显然是传统的延续。

其实类似现象绝非仅见于润州，在南朝故地内，如与之隔江相对的

---

① 陈垣、陈智超:《道家金石略》，第53页。
② 桓法嗣与王远知应早有交集，理由如下。众所周知，王世充政权不久后即为唐所灭，但作为鼓吹图谶、为其张目的"始作俑者"，桓法嗣不仅未遭清算，反而转仕新朝，先后任太子左内率长史、雍王府参军、弘文馆学士等职，如果朝中没有奥援，这是无法想象的。而考虑到同道兼同乡的身份背景，对其施以援手的很可能就是王远知。当然，于此并无确证，聊备一说。

扬州，以及三吴地区，唐初很长一段时期内同样活跃着不少旧姓的身影。① 这类旧士族后裔的生存境遇与魏法师等大体相似，大多没有（或尚未）迁徙两京，以婚姻关系、宗教信仰等为媒介，东晋南朝所形成的家族网络依旧发挥着影响，为其存续与发展提供了保障。于此也可见，旧传统对社会秩序的影响与规约是根深蒂固的，在历经王朝鼎革、政区废置等历史演进中的疾风骤雨后，江南社会内部可谓波澜不惊，社会秩序与人际结合形态均保留了浓厚的南朝特质，呈现出静态感、延续性的一面。

## 五、余论：旧秩序的终结

那么，江南社会秩序真正的结构性变化是何时发生的呢？对此，《丹阳集》一书作者群为我们提供了另一个观察样本。《新唐书》卷六〇《艺文志》"包融诗"条原注：

> （包融）润州延陵人，历大理司直。二子何、佶齐名，世称"二包"。何，字幼嗣，大历起居舍人。融与储光羲皆延陵人，曲阿有余杭尉丁仙芝、缑氏主簿蔡隐丘（希逸）、监察御史蔡希周、渭南尉蔡希寂、处士张彦雄、张潮、校书郎张晕、吏部常选周瑀、长洲尉谈戭，句容有忠王府仓曹参军殷遥、硖石主簿樊光、横阳主簿沈如筠，江宁有右拾遗孙处玄、处士徐延寿，丹徒有江都主簿马挺、武进尉申堂构，十八人皆有诗名。殷璠汇次其诗，为《丹杨（阳）集》者。②

《丹阳集》是一部收录润州本地文士作品的地域性诗歌总集，据考，应成

---

① 关于这一问题，笔者拟另撰文探讨。
② 《新唐书》卷六〇，第1609—1610页。

书于开元末、天宝初,作者大多活跃于武后至玄宗年间。① 这十八人家世背景虽不得一一确考,但可以肯定其中有不少江南旧族,如蔡氏兄弟三人,出身陈留蔡氏,世仕江左,②马挺为陈代大儒马枢玄孙,出身扶风马氏,③皆为谱系清晰的侨姓士族后裔。另外,包氏是见于姓氏书的丹阳旧姓,④殷氏、徐氏见于《魏法师碑》题名,或为侨姓士族之裔,已见前述。

值得注意的是,至迟到天宝年间,以上诸人大多数都已长期定居甚至营葬两京一带。如包融在洛阳置有宅第,二子何、佶皆仕宦显达,葬于洛阳;⑤蔡希周于天宝五载葬于洛阳"先茔";⑥殷遥有宅在许州附近,卒后葬于长安,当在天宝年间;⑦马挺"天宝四载终于(洛阳)永丰里私第"⑧。储光羲、丁仙芝、申堂构、孙处玄等人也曾长期活动于两京

---

① 陈尚君:《殷璠〈丹阳集〉辑考》,收入《唐代文学丛考》,北京:中国社会科学出版社,1997年;杨琼、胡可先:《新出墓志与〈丹阳集〉诗人考辨》,《陕西师范大学学报》2014年第2期。

② 《元和姓纂(附四校记)》卷八"丹阳蔡氏"条岑校,第1252页;《唐故朝请大夫尚书刑部员外郎骑都尉蔡公墓志铭并序》,《唐代墓志汇编续集》天宝036,第606页。

③ 《唐故河南府济源县主簿马公墓志铭并序》,赵君平、赵文成编:《秦晋豫新出墓志蒐佚》,北京:国家图书馆出版社,2012年,第661页。

④ 〔宋〕邓名世撰,王力平点校:《古今姓氏书辩证》,南昌:江西人民出版社,2006年,第157页;另参见《后汉书》卷七九下《儒林·包咸传》。

⑤ 孟浩然《宴包二融宅》诗:"闲居枕清洛,左右接大野。门庭无杂宾,车辙多长者。"(《全唐诗》卷一五九,北京:中华书局,1960年,第1622页)包融在洛阳置有宅第,其孙包陈于大和二年葬于洛阳,盖其先茔所在,参见《国子祭酒致仕包府君墓志铭并序》,《唐代墓志汇编》大和011,第2102页。

⑥ 《唐故朝请大夫尚书刑部员外郎骑都尉蔡公墓志铭并序》,《唐代墓志汇编续集》天宝036,第606页。

⑦ 傅璇琮主编:《唐才子传校笺》第1册,北京:中华书局,1987年,第503—504页。

⑧ 《唐故河南府济源县主簿马公墓志铭并序》,赵君平、赵文成编:《秦晋豫新出墓志蒐佚》,第661页。

一带。①

以上这些事例透露出，开元、天宝之际，润州地区的士族后裔基本已完成了向两京的迁徙，其余盘桓乡里者，中唐以后日渐湮灭无闻。安史之乱后，随着新一轮的精英人口移动潮，大批北方士人自两京迁徙江南，至此，江南社会秩序中的南朝传统才彻底消泯，这同时也昭示着中古前期社会向后期过渡的完成。

**【附记】**

本文原刊《史林》2019 年第 1 期。定稿后先后承蒙孙齐、陆帅等先生惠赐宝贵意见，收入本书之际又做了若干修订，引用请以此为准。

---

① 《唐才子传校笺》第 1 册，第 211—220 页；前揭杨琼、胡可先：《新出墓志与〈丹阳集〉诗人考辨》。

# 文献与知识

# 孙吴政权的学术兴盛与知识人

川见健人 撰 候月影 译

## 引 言

永嘉之乱导致的西晋灭亡以及与之相伴而来的中原的战乱,使大量人口迁往江南,在这些南迁的人群的主导下,东晋王朝得以建立,并开始向东晋、南朝时期发展。东晋、南朝四代以及此前的三国时期立国江南的孙吴政权,被统称为六朝。

研究六朝史,儒学是一个要素。从西汉独尊儒术以来,儒学知识就成为政权运作中不可或缺之物。[①] 在东汉政权灭亡后,这种状况依然如旧,在史料中可以看到,通晓儒学的知识人参与到了各个政权之中。

孙吴政权自然也不例外。但是,就支撑孙吴政权的儒学知识人对孙吴政权的影响程度。在过往研究中,学者们见解不一。知识人的影响力与政权的特征密切相关,并且,孙吴政权是六朝政权的开端。对孙吴政权中的知识人展开研究,能够为继续探究东晋、南朝的知识人提供基础。

在此前的研究中,大川富士夫、渡边义浩和王永平等学者认为知识

---

[①] 儒学对政权运作的必要性,学术界存在很多先行研究。较为明确的论述,如〔日〕东晋次《後漢時代の政治と社會》(名古屋:名古屋大学出版会,1995年,第145页)云:"伴随着西汉武帝的独尊儒术、要求官员必须具有儒学知识,西汉后半期,儒学大为兴盛,东汉时期也继承了这种风气。众所周知,东汉时期的儒学也极为兴盛,被称为'儒学极盛时代'(皮锡瑞《经学历史》)。"

人的影响力很大。大川认为，孙吴政权的皇帝给声望卓著的士大夫以礼遇，是收揽人心、令江南氏族心悦诚服的手段。① 渡边则分析了孙吴政权中皇帝与儒士之间的对立与妥协。② 尽管渡边的观点是在石井仁的基础上形成的，而石井又与大川的意见相左。③ 但在知识人拥有影响力这一观点上，大川与渡边的意见一致。王永平也主张努力扩张势

---

① 参见〔日〕大川富士夫:《孫吳政権の成立をめぐって》(《立正史学》1967年，第31号。后文简称为"大川论文Ⅰ")，及《孫吳政権と士大夫》(《立正大学文学部論叢》1969年，第33号。后文简称为"大川论文Ⅱ")。此后这两篇论文都被收入《六朝江南の豪族社会》(东京：雄山阁出版，1987年)。本论文也参考了该书。

② 参见〔日〕渡边义浩:《孫吳政権の形成》(《大東文化大学漢学会誌》1999年，第38号。以下简称"渡边论文Ⅰ")，及《孫吳政権の展開》(《大東文化大学漢学会誌》2000年，第39号。以下简称"渡边论文Ⅱ")。此后这两篇论文都收录进《三国政権の構造と「名士」》(东京：汲古书院，2004年)。

③ 石井仁在《孫吳政権の成立をめぐる諸問題》(《東北大学東洋史論集》1995年，第6号。下文简称为石井论文Ⅰ)中对大川和川胜观点进行了批判，他认为大川和川胜这两项研究都是在制度框架之外寻求成立的条件，而孙吴政权也不可能不受到东汉制度的影响。在此基础上，石井提出孙吴政权借东汉赐予孙权的将军封号设立将军府，将家臣封为属官进行统辖。另外，在《孫吳軍制の再検討》[《中国中世史研究続編》(京都：京都大学出版会，1995年)收录，以下简称为石井论文Ⅱ]中，石井仁再次探讨了川胜义雄所论述的，孙吴开发领主制的根基——世兵制、世袭都督、奉邑制，并对川胜的观点进行了批驳。渡边则在赞同石井观点的基础上，阐明了名士阶层参与政权的情况。之后，村田哲也发表了《孫吳政権後期政治史の一考察-孫権死後の北伐論の展開から》(《東洋史苑》1999年，第52、53合并号)，与川胜义雄站在同一立场上展开论述。而渡边义浩则认为"既然川胜义雄的观点因石井的论文而被迫进行重大修正，那么无论如何，继承川胜说都是缺乏说服力的"(渡边论文Ⅱ，第33页)。但无论如何，川胜、大川说和石井说，都仔细地调查了孙吴政权成立的相关内容，分别阐明了孙吴政权社会、制度的一个侧面。另外，石井论文Ⅱ中对川胜说的批评，石井针对世兵制奉邑制，分别提出"先不论草创期，把其作为孙吴的基本政策并不是一个妥当的解释(第116页)""草创期军事力量强化过程中产生的极其特殊的制度(第109页)"的观点，承认孙吴政权草创时期存在特殊情况。川胜所述的开发领主体制的形成时期，正是在孙吴政权的草创期。也就是说，只要是领主制随着时间产生了性质变化，石井的批判就是成立的，但是不能说石井从根本上否定了川胜说。正如渡边所言，不能认为石井的批评使川胜说失去了有力性。

力的士大夫与抑制其势力膨胀的皇帝之间互相对立。①

与以上学者的观点相左,川胜义雄认为在孙吴政权中,知识人的影响力不大。② 川胜义雄认为,孙吴政权以从相互信义关系发展起来的主从关系为基础,③君臣相互结合,通过讨伐山越,不断获得劳动力,建立起军事性的剥削政权。在这种情况下,不能对士大夫阶层的力量寄予厚望,他认为:"孙吴政权仅仅只需要像北人张昭那样人数极为有限的谋士以及若干负责具体行政事务的官员而已。"另外,孙吴政权统治的后半期,由于孙权的去世和后续为政者的粗暴统治,地方豪族的分离自立化的倾向不断加强,最终,公元280年,在西晋进攻下,孙吴政权灭亡。

如上所述,大川富士夫、渡边义浩和王永平认为知识人的影响很大,川胜义雄则认为影响很小。但是,在之前的所有研究中,都将从东汉到孙吴政权的成立过程中的情况作为孙吴政权时期的整体情况,没有考虑到在孙吴政权发展过程中情况有所变化的可能。尤其是在初代皇帝孙权死后,学者们将政权后半期视作前半期的延续,未曾对其有过详细的论述。

《宋书》卷一四《礼志一》记载了孙吴政权的第三代皇帝孙休统治时期的学术兴盛:

> 孙休永安元年,诏曰:"古者建国,教学为先。所以导世治性,

---

① 王永平:《孙吴政治与文化史论》,上海:上海古籍出版社,2005年。
② 〔日〕川胜义雄:《六朝貴族制社会の研究》第Ⅱ部,第二章《孫吳政権と江南の開発領主制》(首次出版为《貴族制社会と孫吳政権下の江南》(中国中世纪史研究会编《中国中世史研究》所收,1970年。后文简称"川胜论文Ⅰ"),以及川胜义雄《六朝貴族制社会の研究》第Ⅱ部、第三章《従孫吳政権的崩潰走向江南貴族制》(首次出版为《孫吳政権の崩壊から江南貴族制へ》,《東方学報》1973年,第44号。后文简称为"川胜论文Ⅱ")。
③ 关于"相互信义",参见〔日〕川胜义雄:《六朝貴族制社会の研究》第Ⅱ部,第一章《曹操集団の構成》,第125—126页。

为时养器也。自建兴以来,时事多故,吏民颇以目前趋务,弃本就末,不循古道。夫所尚不淳,则伤化败俗。其按旧置学官,立五经博士,核取应选,加其宠禄,科见吏之中及将吏子弟有志好者,各令就业。一岁课试,差其品第,加以位赏。使见之者乐其荣,闻之者羡其誉。以敦王化,以隆风俗。"于是立学。①

然而在之前的研究中,并没有对孙休时期的学术兴盛进行细致的论述和研究。学术,就是知识人作为知识人的原因,可以说,研究孙休时期的学术兴盛有助于阐明孙吴政权中知识人的影响力。因此,本文回顾了在整个孙吴政权期间知识人的情况,并试阐明在孙休时期知识人的情况产生了何种变化。

在此前的研究中,对知识人,有"知识分子""士大夫""名士"等各种各样的称呼,特别是"名士"这一词的使用,村田哲也有篇文章对此进行了讨论,②但没有深入。在本文中,除非另有说明,否则"拥有儒学教养的人"统称为"知识人"。③

## 一、从政权建立到孙亮统治时期孙吴政权的政治体制

为孙吴政权的建立奠基的是孙坚,孙坚十七岁时因击退海盗而名声大噪。后来,在会稽发生叛乱之际,孙坚率领一千多人在州郡官兵的协助下击败叛军,平息叛乱,因平叛有功历任三县县丞。据《三国志》卷四六《孙坚传》,裴注所引《江表传》记载:

---

① 《宋书》卷一四《礼志一》,北京:中华书局,1974年,第357页。
② 参见〔日〕村田哲也:《「名士」論についての一考察——渡邉義浩氏の「名士」論から貴族制論への展開をめぐって—》,《東洋史苑》2005年,第65号。
③ 原文作者使用的词为"知識人",但在中文语境中并没有"知識人"这一词,虽然"知識人"有"知识分子""士大夫""名士"等多种意思,但为了保持原文最直接的意思,在翻译过程中将"知識人"统一译为"知识人"。——译者注

(孙)坚历佐三县,所在有称,吏民亲附。乡里知旧,好事少年,往来者常数百人,坚接抚待养,有若子弟焉。①

在这三县里,追随孙坚的人中,有筹谋成就大事者,孙坚接纳了他们并将他们视作亲信,这些人被视为孙坚集团的核心势力。② 从184年黄巾之乱起,孙坚带领这些人各处征战,直至192年孙坚战死。

孙坚死后,长子孙策继承了他的遗志。孙策在孙坚的势力之外建立了自己的势力集团,③而孙策的势力集团将成为孙吴政权的母体。孙策在幼时便与后来的建吴功臣周瑜交好,并对敌将太史慈十分信赖,正因此孙策最终也得到了太史慈的信服。④ 与孙坚相同,孙策也以相互信义为基础,构建了自己的势力集团。

最初,孙策是袁术的下属,他的大多数活动是在袁术旗下进行的,⑤后来袁术妄图称帝,孙策与袁术分道扬镳。袁术死后,孙策战胜庐江太守刘勋,控制了长江下游地区。200年,孙策遭刺客袭击,因伤身亡。

孙策死后,其弟孙权继承了孙策的势力。然而孙策死后不久,孙权和家臣之间的关系并不牢固。周瑜、张昭等人忠于孙权,和孙权共谋大

---

① 〔晋〕陈寿:《三国志》卷四六《孙坚传》裴注所引《江表传》,北京:中华书局,1959年,第1093页。
② 参见川胜论文Ⅰ,第146页。
③ 参见《三国志》卷四六《孙策传》,孙坚死后他的部队被编入袁术军,最终归还孙策。
④ 除周瑜之外,孙策结成的任侠式主从关系的代表例是太史慈。见《三国志》卷四九《太史慈传》。
⑤ 参见石井论文Ⅰ,第72页。

事，以李术为首的一些人却背叛孙吴政权，不尽忠于孙权。① 为此，孙权在相互信义的基础上，与以甘宁和朱镇为代表的家臣重构了君臣关系。② 之后，赤壁之战阻止了曹操南下，接着孙权又占领荆州（219），229年，孙权即皇帝位建立吴国。以上是孙吴政权建立的历史。可以看出，自孙坚举事以来，孙氏集团始终十分重视和家臣之间的相互信义关系。③

另一方面，东汉曾册封孙氏为将军，孙吴政权的政治体制，就是以将军府为核心的政治体制，并且在增设将军府属官的同时不断提供职位。④ 这种局面直到221年孙权被魏封为吴王才结束。另外，孙吴建国后，其政治体制"虽说模仿汉制，但独立官衙的形成尚未成熟，职权划分尚不明确，天子不时地驱使个别官员"⑤。

吴国重视与家臣之间的相互信义，且政治体制尚不成熟，因此建国后不久便问题丛生。《三国志》卷五二《步骘传》记载：

（步）骘上疏曰："（中略）今之小臣，动与古异，狱以贿成，轻忽人命，归咎于上，为国速怨。（后略）"⑥

此外，《三国志》卷五三《阚泽传》记载：

---

① 《三国志》卷四七《孙权传》，建安五年（200）条："（孙）策薨，以事授（孙）权。……是时惟有会稽、吴郡、丹杨、豫章、庐陵，然深险之地犹未尽从。而天下英豪布在州郡，宾旅寄寓之士以安危去就为意，未有君臣之固。张昭、周瑜等谓权可与共成大业，故委心而服事焉。同传裴注所引《江表传》：初（孙）策表用李术为庐江太守，策亡之后，（李）术不肯事（孙）权，而多纳其亡叛。"（第1115—1116页）
② 甘宁、朱然等人士就是其中的例子。甘宁，参见《三国志》卷五五《甘宁传》。朱然，参见《三国志》卷五六《朱然传》。
③ 参见川胜论文Ⅰ。
④ 参见石井论文Ⅰ。
⑤ 参见大川论文Ⅱ，第250页。
⑥ 《三国志》卷五二《步骘传》，第1239页。

又诸官司有所患疾,欲增重科防,以检御臣下,(阚)泽每曰"宜依礼、律"。①

建国后,孙吴国内不正之事横行,孙权意欲严惩以绝不正之气,但因为家臣的反对而不了了之。

为此,孙权设立中书以应对,②但设立中书的效果并未达到孙权的预期。很多官员被中书官吕壹诬陷获罪,其中甚至包括当时的丞相顾雍。太子和大臣多次向孙权进谏,请求他罢免吕壹,但孙权都不采纳,最后太子和大臣们不敢再进言,后来孙权发现了吕壹所行的诬陷之事便处死了吕壹,并向大臣们道歉。③ 这一事件被称为吕壹案。

从吕壹案可以看出,孙权试图通过中书官来抑制孙吴政权各官府的不正之风。然而中书官自己先行不义之事,致使孙权这一措施以失败告终。孙权派遣使者代替自己去向大臣谢罪,除谢罪之外,还敦促大臣们提出针对时事损益的意见,但是没有大臣上奏,于是孙权下诏问责大臣。这一诏书中提到:

今日,诸君与孤从事,虽君臣义存,尤谓骨肉不复是过。④

受吕壹案的影响,孙权再次认识到,君臣之间的相互信义是重中之重,⑤此事之后,孙权也不再尝试对臣下进行控制整顿。

吕壹案之后,又发生了被称为二宫之争的继承人争端。《三国志》

---

① 《三国志》卷五三《阚泽传》,第1249页。
② 《三国志》卷五二《顾雍传》:"久之,吕壹、秦博为中书,典校诸官府及州郡文书。"(第1226页)
③ 《三国志》卷四七《孙权传》,赤乌元年(238)条:"初,(孙)权信任校事吕壹,(吕)壹性苛惨,用法深刻。太子(孙)登数谏,权不纳,大臣由是莫敢言。后壹奸罪发露伏诛。"(第1142页)
④ 《三国志》卷四七《孙权传》,赤乌元年(238)条,第1143页。
⑤ 参见川胜论文Ⅱ,第174页。

卷五九《孙和传》,裴注所引殷基《通语》记载:

> 初(孙)权既立(孙)和为太子,而封(孙)霸为鲁王,初拜犹同宫室,礼秩未分。群公之议,以为太子、国王上下有序,礼秩宜异。于是分宫别僚,而隙端开矣。自侍御宾客造为二端,仇党疑贰,滋延大臣。丞相陆逊、大将军诸葛恪、太常顾谭、骠骑将军朱据、会稽太守滕胤、大都督施绩、尚书丁密等奉礼而行,宗事太子,骠骑将军步骘、镇南将军吕岱、大司马全琮、左将军吕据、中书令孙弘等附鲁王,中外官僚、将军、大臣,举国中分。(后略)①

在此事件中,孙吴政权的官僚和将军分为两派,结果 250 年太子孙和被废,鲁王孙霸被赐死。二宫之争虽结束,但不难想象此事在大臣之间种下了怎样的祸根。自此之后,直至 252 年孙权去世,孙吴政权内部始终处于一种分裂的状态。

就这样,直到 252 年孙权去世,孙吴政权始终处在中央政府分裂、各项制度尚不完备的状态中。孙权临终时,曾向诸葛恪、滕胤、吕据、孙弘、孙峻等五位大臣托孤,但这五位大臣因为此前的二宫之争已经分裂为两派。诸葛恪和滕胤是太子孙和的支持者,而吕据、孙弘、孙峻支持鲁王孙霸,两派早已互相攻讦视为死敌。孙亮继承皇位之后,这五位大臣之间爆发了激烈的权力斗争,最终孙峻与其从弟孙綝把持朝政。

正如川胜义雄所言,主从关系只是针对自己视为主人的个人尽忠,没有扩展到对主家孙氏一族的关系上。② 由于孙权的去世,孙亮被迫带头重建与大臣之间的信义关系,孙亮针对大臣之间的权力斗争采取了何种措施,史书已不见记载。然而,对于孙峻孙綝把持朝政,孙亮哀

---

① 《三国志》卷五九《孙和传》裴注所引殷基《通语》,第 1369 页。
② 川胜论文Ⅱ,第 173 页。

叹自己身为皇帝却形同虚设。① 后来他试图挽回局面,引起孙綝不快,最终被孙綝废除。

上文回顾了从孙吴建国到第二代皇帝孙亮时期的历史,孙吴政权自成立以来,作为君主的孙氏与追随孙氏的臣下之间以相互信任为基础建立起军事政权。这一关系,一直到孙权于 229 年称帝之后仍在持续。

另外,关于政治体制,建国以前的孙吴政权,一直被汉朝以来以将军府为中心的体制所束缚,建国后也没有完全完善。这种体制,可以说助长了建国之后孙吴政权中的不正之气。虽然孙权采取了措施试图对臣下加以抑制,但他的目的并未能实现,相反,这让他认识到了君臣之间的信义关系才是最重要的。此后,以我的拙见,未曾再见到孙权试图对臣下进行控制压抑。后来,由于二宫之争,孙吴政权的大臣们分裂为两派,再加上孙权的去世,国家框架虽然还在,但孙吴进入了一种分裂的状态。孙权之后的孙亮也无法抑制大臣之间的权力斗争,最终被废。

在这种情况下,什么样的知识人参与了孙吴政权?如本章所述,孙吴政权的母体是孙策所建立的军事集团,而张昭则是参与这一军事集团的知识人的代表人物。张昭是孙策、孙权时期的知识人,孙吴政权建立初期,张昭是知识人的代表。张昭自幼好学,爱读《左氏春秋》,与王朗、赵昱齐名。② 孙策得知张昭决定追随自己时大喜过望,对张昭礼遇有加,在临终前,将孙权托付给张昭,可谓对张昭十分信任。后来孙权对张昭说:"吴国士人,入宫则拜孤,出宫则拜君。"③张昭声望之高可见

---

① 参见《三国志》卷四八《孙亮传》。关于"形同虚设",见《三国志》卷四八《孙亮传》,太平二年(257)裴注所引《吴历》:(孙)亮数出中书视孙权旧事,问左右侍臣:"先帝数有特制,今大将军(孙綝)问事,但令我书可邪!"(第 1153 页)

② 王朗,《三国志》卷一三有详细传记。赵昱,没有详细传记,可在《三国志》中散见,是当时的名士。

③ 《三国志》卷一二《张昭传》:(孙)权不能堪,案刀而怒曰:"吴国士人入宫则拜孤,出宫则拜君。孤之敬君,亦为至矣,而数于众中折孤。孤尝恐失计。"(第 1223 页)

一斑。

然而,孙策将会稽郡定为大后方之后,处死了一个名叫高岱的知识人。《三国志》卷四六《孙策传》,裴注所引《吴录》记载:

> 时有高岱者,隐于余姚,(孙)策命出使会稽丞陆昭逆之。策虚己候焉。闻其善左传,乃自玩读,欲与论讲。……及与论传,或答不知。策果怒,以为轻己,乃囚之。知交及时人皆露坐为请。策登楼,望见数里中填满。策恶其收众心,遂杀之。①

由此可见,孙策以为高岱依恃才能,轻慢自己,怒而杀高岱。除高岱之外,孙策还杀了于吉:

> 此子(指于吉,笔者注)妖妄,能幻惑众心,远使诸将不复相顾君臣之礼,尽委策下楼拜之。不可不除也。②

以高岱事件为端,孙策认为这类事件会威胁君主权威,破坏君臣关系,所以对除自己以外的人企图聚集名声,收买人心的做法无法容忍。③ 于吉是否是知识人,史料上未曾明确,但孙策的这种态度针对所有人,其中定然包括知识人。

孙策的这种做法是要阻止以知识人为首的各派势力的延伸,杀掉高岱和于吉更多的是为了以儆效尤。在此情况下,知识人拥有很大的势力或者说想要拥有很大的势力的说法显然无法成立。每个知识人的影响力都是个别的、有限的。

到了孙权统治时期,这种情况出现了有所改善的征兆。除了继承

---

① 《三国志》卷四六《孙策传》裴注所引《吴录》,第1109页。
② 《三国志》卷四六《孙策传》裴注所引《江表传》,第1109页。
③ 参见大川论文Ⅱ,第243页。

孙策时期的政策让张昭参与政权之外,所谓的吴国四姓在孙权时期也参与到了政权中。① 但是,如前所述,孙吴政权的政治体制在孙权统治时期仍处于未发展完善的状态。孙权当政期间,封知识人顾雍为丞相,设祭酒来教育士族子弟。②

但是,《三国志》卷四八《孙休传》,永安二年(259)三月条记载:"备九卿官。"③值得注意的是,孙吴自建国起,历经三十年,到了孙休时期,九卿官才建立完备。据史料记载,孙权于221年被曹操封为吴王,在此之后,孙吴政权的九卿官虽然开始设立,但并不能确认当时的官名和任职者。直到259年三月以后才能够在史料中确认一些官员的存在,④所以在孙权继位时,九卿官的设置尚未完备。而且,可以说在整个孙权统治时期,都未能对不发达的政治体制进行根本性的变革。总而言之,孙权统治时期,军事统治色彩依旧十分浓厚,在这一点上与孙策草创时期相比变化并不大。并且,在整个孙亮统治时期,实际掌握大权的是大臣,当时作为皇帝的孙亮和弄权的孙峻、孙綝也都未曾进行体制改革、重用知识人。

下一章中对第三代皇帝孙休时期的动向进行探讨。

① 参见大川论文Ⅰ、Ⅱ及渡边论文Ⅰ。
② 参见《三国志》卷四七《孙权传》,黄龙二年(230)春正月条。
③ 《三国志》卷四八《孙休传》,永安二年(259)三月条,第1158页。
④ 例如,九卿官之一的大鸿胪卿,见于《三国志》卷四八《孙皓传》,宝鼎元年(266)正月条:宝鼎元年正月,遣大鸿胪张俨、五官中郎将丁忠吊祭晋文帝。这是《三国志·吴书》中唯一可见的关于大鸿胪卿的记载。此外,太仆一职见于《三国志》吴书的第四十六卷《孙坚传》裴注所引《续汉书》中记载着东汉的中郎将朱俊被封为太仆。大川富士夫的《孙吴政権と士大夫》第250页列出了孙吴九卿官的一览表。关于大鸿胪卿,《晋书》卷七二《葛洪传》提到:葛洪字稚川,丹杨句容人也。祖系,吴大鸿胪卿。虽然无法确定具体时间,但可以确认的是,除了张俨之外还有别的人曾担任过大鸿胪卿。

## 二、第三代皇帝孙休时期的学术兴盛及各项政策

（1）孙休继位及永安年间的两份诏书

第二代皇帝孙亮被废之后，孙休继位成为第三代皇帝。孙休能够继位，很大程度上是因为大臣拥立。如前所述，孙亮在位期间，前半期是受孙权托孤的几位大臣的权力斗争时期，而后半期则是以孙峻、孙綝为首的家臣专权时期。孙綝废孙亮后，拥立孙休成为皇帝。

孙休是孙权第六子，其母为孙权侧室南阳王夫人。252年，被封为琅琊王，后移居丹阳为会稽王。258年，孙綝派遣使者迎孙休回京即位。孙綝的目的是以孙休取代孙亮，成为被他掌控的第二个傀儡皇帝。《三国志》卷四八《孙休传》记载着一件逸闻：孙休在回京即位的路上遇到一个老翁，老翁说，事情拖久了就会发生变化，希望陛下迅速前行。①这件事的真假难以确定，但不难看出，孙休在极其不安定的情况下即位。

即位之初，孙休表面上对孙綝言听计从，明哲保身，以孙綝拥立有功为由，给孙綝一族高官厚禄，之后也给孙綝一家多次加官晋爵。实际上，孙休与做会稽王时的旧臣张布等密谋除去孙綝。258年12月，孙休下令诛杀孙琳，终于将实权从宗室权贵手中收回，之后孙休开始亲政。

诛杀孙綝后不久，孙休颁布了两道诏书，虽然孙休即帝位后发布了不少诏书，但都不可避免地顾忌孙綝。而这两道诏书是在孙綝被杀之后发布的，孙休已不再受孙琳掣肘，可以说这两道诏书完全能体现孙休自己的想法。

---

① 《三国志》卷四八《孙休传》："（太元三年）十月戊寅，行至曲阿，有老公干休叩头曰：'事久变生，天下喁喁，愿陛下速行。'休善之，是日进及布塞亭。"（第1155页）

首先《三国志》卷四八《孙休传》记载着第一道诏书：

【诏一】
　　诏曰："古者建国，教学为先。所以导世治性，为时养器也。自建兴以来，时事多故，吏民颇以目前趋务，弃本就末，不循古道。夫所尚不淳，则伤化败俗。其按旧置学官，立五经博士，核取应选，加其宠禄，科见吏之中及将吏子弟有志好者，各令就业。一岁课试，差其品第，加以位赏。使见之者乐其荣，闻之者羡其誉。以敦王化，以隆风俗。"①

这道诏书的开头和《宋书》礼志的内容大同小异，文字上虽略有不同，但意思大致相同。

　　诏书的开头"古者建国、教学为先"引自《礼记·学记》，②可见孙休在实行新政时，将教育和学术放在中心位置。

　　继续看诏书的内容，"自建兴以来、时事多故"，指出国内存在许多问题。"建兴"是孙亮的第一个年号，从这句话可以看出，孙休已经意识到从孙亮统治时期就出现了问题。这些问题，毋庸置疑，就是由孙亮时期的情况，即以诸葛恪为首的权臣之间争权夺利，以及孙峻、孙綝两兄弟把持朝政所造成的混乱引起的。这一问题导致"吏民颇以目前趋务，去本就末，不循古道"，百姓追逐眼前小利，重视商业轻忽农业。为了解决这个问题，孙休试图以教育和学问治国。

　　为了施行这一措施，孙休效仿古制，设立太学和五经博士，改革官吏任用制度。具体来说，即选拔官员子弟，令其学习儒家经典，每年考核一次，并按考核结果任用官吏、决定官员升降。

---

①　《三国志》卷四八《孙休传》，永安元年十二月条，第1158页。
②　《礼记·学记篇》："玉不琢不成器，人不学不知道。是故，古之王者，建国君民，教学为先。"（台北：新文丰出版公司，2001年，第1618页）

如此,孙休首先尝试以儒学为基础来教育子弟、选拔官员,并在施行了三个月后颁布了第二道诏书。第二道诏书在《三国志》卷四八《孙休传》有记载:

【诏二】

　　备九卿官,诏曰:"朕以不德,托于王公之上,夙夜战战,忘寝与食。今欲偃武修文,以崇大化。推此之道,当由士民之赡,必须农桑。《管子》有言:'仓廪实,知礼节,衣食足,知荣辱。'夫一夫不耕,有受其饥,一妇不织,有受其寒。饥寒并至而民不为非者,未之有也。自顷年已来,州郡吏民及诸营兵,多违此业,皆浮船长江,贾作上下,良田渐废,见谷日少,欲求大定,岂可得哉。亦由租入过重,农人利薄,使之然乎。今欲广开田业,轻其赋税,差科强羸,课其田亩,务令优均,官私得所,使家给户赡,足相供养,则爱身重命,不犯科法。然后刑罚不用,风俗可整。以群僚之忠贤,若尽心于时,虽太古盛化,未可卒致,汉文升平,庶几可及。及之则臣主俱荣,不及则损削侵辱。何可从容俯仰而已。诸卿尚书,可共咨度,务取便佳。田桑已至,不可后时。事定施行,称朕意焉。"①

如之前所述,这个时期,九卿官已设置完备,官僚机构也已建立。

　　第二道诏书与第一道诏书只有短短三个月的时间间隔。很显然两道诏书之间是承前启后的关系。

　　孙休在第二道诏书中首先提出要"偃武修文",这一词引自《尚书》,②孙休在这道诏书中显示出对教育极为重视的态度。

　　而且,"偃武修文"是指改变一直以来对外征战为主的政策。孙权

---

① 《三国志》卷四八《孙休传》,永安二年三月条,第1158页。
② 《尚书·武成篇》:"惟一月壬辰旁死魄。越翼日癸巳,王朝步自周,于征伐商。厥四月哉生明,王来自商,至于丰。乃偃武修文,归马于华山之阳,放牛于桃林之野,示天下弗服。"(台北:新文丰出版公司,2001年,第427页)

统治时期采取了积极的外征政策,①除以赤壁之战为代表的自卫战,还有234年为呼应诸葛亮北伐而出兵北伐以及探索与辽东公孙氏的联合。孙亮统治时期,大臣们虽各自为政,但也都继承了孙权时期的北伐政策。② 孙休在诛杀孙綝后,迫切地需要掌握权力,然而这道诏书显示出,孙休不会以积极的军事政策为手段来达到目的。

孙休大力推行文治,除了让百姓的生活充足,还鼓励百姓务农养蚕。接着,引用《管子》牧民篇,③仓廪实则知礼节,衣食足则知荣辱,百姓饥寒交迫就会为非作歹,以此为例,强调农业的重要性。

然而近年来,州郡官民及各军队士卒,大多离弃农桑本业转而行商,致使良田逐渐荒芜,所收粮食日益减少,又提出可能是由于赋税过重导致农民收入少。诏书中所提到的这一点,孙休在第一道诏书中也曾指出,可以说跟百姓"去本逐末"的情况是一致的。因此,孙休为了鼓励百姓开垦田地采取了降低税率的措施,减轻百姓赋税,视家赀贫富,

---

① 关于234年的北伐,详见《三国志》卷四七《孙权传》,嘉禾三年条。孙吴与辽东公孙氏的联合参考《三国志》卷八《公孙渊传》,及《三国志》卷四七《孙权传》。

② 关于孙亮统治时期的北伐,村田哲也认为这是"掌权者为了确立权威而进行的探索""根据敌国的情况抓住契机,(诸葛恪、孙綝、孙峻)旨在通过军事胜利迅速确立权威"。这一观点见于村田哲也《孫吳政権後期政治史の一考察-孫権死後の北伐論の展開から》。另一方面,渡边义浩反对村田哲也将诸葛恪、孙綝、孙峻三者的北伐一概而论的观点,渡边认为:"诸葛恪北伐的目的是掌握作为君权存立基础的军事大权,将权力集中于名士阶层手中。与此相对,孙峻孙綝北伐可以理解为,掌握了实际权力的宗室,意图通过把持军事大权来强化巩固自己的地位。"(参考渡边论文Ⅱ)但是,无论哪种说法都一致认为:这三人的共同点在于以军事力量为倚仗,以掌握政权内的权威权力为目的。

③ 《管子·牧民篇》:"仓廪实,则知礼节,衣食足,则知荣辱。"(《管子校正》,北京:中华书局,1954年,第1页)

定出应缴租税数额。① 这是针对百姓去本逐末、重商轻农提出的具体对策。

提出了具体的农业措施之后，孙休又提出，裁减税收让百姓家家户户能够自给自足，能供养全家老小，那么百姓就会爱惜身家性命，不触法犯令，可以做到刑罚不施或少用，风俗得以整顿。凭着全体官员的忠正贤明，如果能尽心于当前急务，虽远古时代隆盛的教化，一时还不能达到，但汉文帝时期的升平景象，也许能够实现。实现这种治世，则君臣都能享受光荣，不能实现则招致国土损失，受到凌辱。

西汉文帝时，刚刚平定诸吕之乱不久，在《汉书·文帝纪》赞中，这一时期被赞为百姓安居乐业，刑罚不施的治世。②《汉书》与儒家经典一起被作为教育吴国太子的教科书，这一点在此前的研究中曾指出

---

① 【诏二】中出现的"差科强羸"译为"视家赀贫富，定出应缴租税数额"，而关于"差科强羸"，川胜义雄则将其与《三国志》卷五八《陆逊传》："会丹杨贼帅费栈受曹公印绶，扇动山越，为作内应，权遣逊讨栈。栈支党多而往兵少，逊乃益施牙幢，分布鼓角，夜潜山谷间，鼓噪而前，应时破散。遂部伍东三郡，强者为兵，羸者补户，得精卒数万人，宿恶荡除，所过肃清，还屯芜湖。"中提到的"强羸"关联起来，提出："诏敕主要关注的对象，与其说是郡县的一般平民，倒不如说是屯田兵和屯田民。"此观点见于川胜论文Ⅱ。但是，考虑到当时的情况以及【诏一】与【诏二】之间的关联性，很难认定"强羸"只是针对屯田一事。

② 《汉书》卷四《文帝纪》："孝文皇帝即位二十三年，宫室、苑囿、车骑、服御无所增益。有不便，辄弛以利民。尝欲作露台，召匠计之，直百金。上曰：'百金，中人十家之产也。吾奉先帝宫室，常恐羞之，何以台为！'身衣弋绨，所幸慎夫人衣不曳地，帷帐无文绣，以示敦朴，为天下先。治霸陵，皆瓦器，不得以金、银、铜、锡为饰，因其山，不起坟。南越尉佗自立为帝，召贵佗兄弟，以德怀之，佗遂称臣。与匈奴结和亲，后而背约入盗，令边备守，不发兵深入，恐烦百姓。吴王诈病不朝，赐以几杖。群臣袁盎等谏说虽切，常假借纳用焉。张武等受赂金钱，觉，更加赏赐，以愧其心。专务以德化民，是以海内殷富，兴于礼义，断狱数百，几致刑措。呜呼，仁哉！"（北京：中华书局，1962年，第134页）

过。① 孙休通过《汉书》了解汉代社会，并立志效仿汉文帝，创造一个治世。

如上所述，孙休时期用儒学来教育百姓，任用官吏，调整了对外征伐的军事政策，奖励农桑，以图安定。

（2）孙休统治时期的各项政策

那么，孙休统治时期实际上实行了何种政策呢？首先，《三国志》卷四八《孙休传》中记载：

> （孙）休欲与博士祭酒韦曜、博士盛冲讲道论艺。②

由此可见，孙休统治时期，已经出现冠名为"博士"的人，而且，这是史料中孙吴政权时期首次出现冠名为"博士"之人的记载。关于这位博士祭酒韦曜，《三国志》卷六五《韦曜传》记载：

> 孙休践阼，为中书郎、博士祭酒。命（韦）曜依刘向故事，校定众书。又欲延曜侍讲，而左将军张布近习宠幸，事行多玷，惮曜侍讲儒士，又性精确，惧以古今警戒（孙）休意，固争不可。休深恨（张）布，语在休传。然曜竟止不入。③

《韦曜传》中记载，韦曜被授予"博士祭酒"之职的同时，以儒学家的身份为周围的人所熟知。这证明孙休在发布第一道诏书之后不久就设立了五经博士。由此可见，孙休的确实行了儒学教育子弟、选拔任用官员的

---

① 〔日〕吉川忠夫：《颜师古の〈漢書〉注》《東方學報》1979年，第51号。后被收入吉川忠夫的《六朝精神史研究》》，高桥康浩《韋昭〈漢書音義〉と孫吳の〈漢書学〉》《東洋研究》2011年，第179号。后被收入同作者的《韋昭研究》（东京：汲古书院，2011年）。
② 《三国志》卷四八《孙休传》，永安五年（262）条，第1159页。
③ 《三国志》卷六五《韦曜传》，第1462页。

政策。

接下来是第二道诏书中提到的孙休统治时期采取的重农政策,据史料记载,孙休统治时期的粮食储备量可能低于必须储备量。《三国志》卷六一《陆凯传》:

> 臣闻,国无三年之储,谓之非国。而今无一年之畜。此臣下之责也。……自从孙弘造义兵以来,耕种既废,所在无复输入,而分一家父子异役,廪食日张,畜积日耗。民有离散之怨,国有露根之渐。而莫之恤也。民力困穷,鬻卖儿子,调赋相仍,日以疲极。所在长吏,不加隐括,加有监官,既不爱民,务行威势,所在骚扰,更为烦苛。民苦二端,财力再耗。①

自孙弘创设义兵以来,农民脱离田地致使田地无人耕种,粮食日益减少,同时还要从国家的粮仓中拿出一部分粮食作为义军的给养。

川胜义雄认为,这一义兵制度的设立是在孙权去世之前,即250年前后。② 还有,陆凯的上奏是针对孙休的下一代孙皓统治时期的政局提出的谏言,多被认为发生于宝鼎年间的前半期。总而言之,义兵制度设立大约15年之后,吴国国库的粮食储备严重不足。

在陆凯的上奏中有这样一句话:"国无三年之储,谓之非国",这句话典出《礼记》王制。③ 大约与陆凯的上奏处在同一时期(宝鼎二年,即267年),华覈也在奏请轻徭薄赋、奖励农桑的上疏中引用了这句话:

> 臣闻先王治国无三年之储,曰国非其国,安宁之世戒备如此,

---

① 《三国志》卷六一《陆凯传》,第1401页。
② 另外,川胜还指出,创设这一制度的孙弘是中书令,"为了提高摇摇欲坠的中央政府权威,以增强禁卫军以及中央直属军为目的采取了这项强制性措施"。
③ 《礼记·王制》:"国无九年之畜曰不足,无六年之蓄曰急无,三年之蓄曰国非其国也。"(第593页)

况敌强大而忽农忘畜。①

在孙皓统治时期的宝鼎年间,国库空虚是显而易见的,陆凯和华覈两人都察觉到了这一事态的危险。

如前文所言,这一上奏是在义兵制度设立十五年之后进行的,义兵制度设立约十年之后是孙休统治时期,可以推断出,在这一时期,国库空虚已经成了不可忽视的问题。对于立志以儒教为基础来调整国家体制的孙休来说,国库空虚的情况十分严峻。因此,孙休为了增加国库储备,实行了鼓励开垦、减免赋役的惠农政策,并以儒家思想为基础对国家体制进行调整。

为了解决国库空虚的问题,孙休采取了具体措施来奖励农桑。《三国志》卷五六《楼玄传》记载:

> 孙休时为监农御史。孙皓即位,与王蕃、郭逴、万彧俱为散骑中常侍,出为会稽太守,入为大司农。②

楼玄是孙休时期的监农御史,史料中,"监农御史"这一官职,只在《三国志》中出现过,也就是说,这一官职是孙吴政权,具体来说是孙休时期所特有的。为了促进农业的发展,孙休还设立新的农业官员来推动政策的施行。《三国志》卷六四《濮阳兴传》记载:

> 永安三年,都尉严密建丹杨湖田,作浦里塘。诏百官会议,咸以为用功多而田不保成,唯兴以为可成。遂会诸兵民就作,功佣之费不可胜数,士卒死亡,或自贼杀,百姓大怨之。③

---

① 《三国志》卷六五《华覈传》,第 1467 页。
② 《三国志》卷五六《楼玄传》,第 1454 页。
③ 《三国志》卷六四《濮阳兴传》,第 1454 页。

塘是指在平地上围成的水田，①名为丹阳"湖田"，故而是与灌溉相关的农业工程。孙休做会稽王的时候就与濮阳兴相交甚厚，因此，濮阳兴之所以说浦里塘能够顺利修建，可能是因为他揣摩到了孙休的意图。虽然这一政策最终失败，且引起了百姓的愤恨，但也从侧面证明孙休的农业措施实际上得到了施行。②

上文是对孙休所颁布诏书中涉及的政策的回顾。不难看出，孙休在处死孙綝之后，一直按照自己所颁布的诏书来制定、实施政策。首先，设立太学和五经博士来教育子弟，改革官吏选拔任用的制度。接着，在颁布第一道诏书的三个月后，九卿官设立完备的情况下颁布第二道诏书，实施重农政策。虽然最终失败，但诸如修建灌溉工程等这些措施实际上都得到实施。

孙休采取上述措施的主要原因，正如他的第一道诏书所言"自建兴以来、时事多故"，是为了解决因孙亮时期的混乱而引发的种种问题。孙休为解决这些问题采取了本章中提到的那些措施，他认为百姓弃本逐末导致良田荒废，国库空虚。为改变这种局面，孙休引入儒家思想，并以儒家思想为基础，任命儒家学者韦曜为博士祭酒来教育孙吴子弟。除此之外，孙休还奉行"偃武修文"的策略，实施重农措施，尽管这些内容并不特殊，但皇帝亲自提出以学问作为政治中心的理念，就给在此基础上实行的各项政策赋予了非凡的意义。另外，儒家思想中所包含的君臣有序思想，对于孙休重建君臣关系做出了很大的贡献。

从上文来看，似乎孙休对政权的掌控十分顺利，实际上却并非如

---

①　参见〔日〕西山武一：《中国における水稻農業の発達》，《農業綜合研究》1949年，3—1。后收入《アジアの農法と農業社会》，东京：东京大学出版会，1969年。〔日〕村松弘一：《魏晋期淮北平原の地域開発 —咸寧四年杜預上疎の検討—》，《史学》70‐3·4，2001年。后收入《中国古代環境史の研究》，东京：汲古书院，2016年。

②　浦里塘相关的农业工程在《宋书》卷三三《五行志》中有记载。这一工程虽然在当时恶名昭著，但在后世是很有名的农业工程。

此,孙休逐渐逃避、脱离政治,开始专注于学术。《三国志》卷四八,永安五年(262年)冬十月条记载:

> (孙)休以丞相(濮阳)兴及左将军张布有旧恩,委之以事。(张)布典宫省,兴关军国。①

孙休将政事托付给濮阳兴与张布,命濮阳兴掌管军国政事,张布掌管内宫官署。张布作为内宫官署的长官,其权柄之重堪与掌控军政大权的濮阳兴共称吴国双雄,不可不谓大权在握。随着这二人权势逐渐扩大,孙休越发逃避政治,沉浸于和韦曜等人探讨学问。虽然不清楚孙休为何逃避政治,醉心学术,但张布与濮阳兴专权已经成为事实。

然而,张布担心韦曜等人揭露自己的独断专行,阻止孙休和韦曜等人探讨学问,②结果孙休虽回归政治,却仍未能改变张布与濮阳兴专权的局面,孙休本人也在即位六年后,即264年英年早逝。

以上为孙休统治时期的概况,孙休作为皇帝,主持指定了重视教育和学问的政策,并随之调整官吏选拔任用制度。在孙吴政权的统辖范围内,如果没有一定数量的知识人存在,这一系列的政策就毫无意义。因此,孙休即位之时,孙吴国内一定有相当数量的知识人存在。然而孙休纵容张布和濮阳兴擅权专政,自身也英年早逝,孙休的政治改革最终不了了之。

在下一章中将探讨孙休时期的学术兴盛在孙皓时期如何发展。

---

① 《三国志》卷四八,永安五年(262)冬十月条,第1159页。
② 参见《三国志》卷四八《孙休传》及卷六五《韦曜传》。

## 三、第四代皇帝孙皓统治时期的情况及学术兴盛的后续发展

孙吴政权的第四代皇帝孙皓是孙权的孙子,孙皓的父亲是在二宫之争中被废的孙和。孙皓与上一任皇帝孙休一样,都在家臣的拥立下即位,其中孙休统治时期的专权者张布和濮阳兴起到了很大的作用。孙皓在即位之初也曾开仓赈济贫民、放宫女出宫还乡,这些都让臣民欣喜不已,但孙皓却变得越来越残暴。

孙皓的暴虐最具代表性的事例便是他滥杀大臣。值得注意的是,在孙皓肃清大臣的最初阶段,前任皇帝孙休的势力便被清除得一干二净。264年,孙皓首先将拥立他继位,同时也是孙休统治时期专权者的濮阳兴和张布处死。由于孙皓逐渐变得暴虐,濮阳兴和张布后悔拥立他为帝,有人将这件事告密给孙皓,孙皓便处死了张布和濮阳兴二人。[1] 265年,孙皓变本加厉,将孙休的妃子朱氏处死,并软禁孙休的四个儿子,其后,孙皓将孙休的四个儿子中最年长的两个处死。[2] 就这样,孙皓清除了孙休一脉及当时的掌权者的势力。自此之后,一直到吴国灭亡,孙吴政权下的许多家族和大臣都被处以流放和死刑,考虑到孙皓在最初的阶段首先清除了孙休的旧势力,因此厉行肃清的目的是清除有可能威胁自己的人。

如前所述,由于孙权去世,孙吴政权失去了对家臣的约束力,导致

---

[1] 《三国志》卷四八《孙皓传》,元兴元年(264)条:"(孙)皓既得志,粗暴骄盈,多忌讳,好酒色,大小失望。兴、布窃悔之。或以潜皓,十一月,诛兴、布。"(第1163页)

[2] 《三国志》卷四八《孙皓传》:"[元兴元年(264)]九月,贬太后为景皇后,追谥父(孙)和曰文皇帝,尊母何为太后。……[甘露元年(265)]秋七月,(孙)皓逼杀景后朱氏,亡不在正殿,于苑中小屋治丧,众知其非疾病,莫不痛切。又送(孙)休四子于吴小城,寻复追杀大者二人。"(第1163页)

第二代皇帝孙亮统治时期出现大臣争权夺利、孙氏宗族专权的现象。后来,第三代皇帝孙休清扫了专权大臣孙綝的势力,实行重农尊儒的政策,但孙休却纵容张布和濮阳兴把持朝政。孙皓目睹孙亮孙休两代皇帝统治时期家臣和宗室专权的乱象,即位之后极度渴望独揽政权,首先清除前代遗留的宗室和家臣势力以保障自身地位的安定。

在清除孙休一朝的残留势力之后,孙皓便着力创建和发展自己的势力。孙皓赐给自己的夫人家族中的四人爵位,提高他们的地位,①并将大臣的女儿纳入后宫,每年选拔世族女子扩充后宫。② 从这一系列措施可以看出,孙皓的目的在于借联姻加强自己与大臣之间的联系。③ 273年和278年,孙皓共赏赐给22名诸侯王每人各3000名士兵。④ 可以说,孙皓在清除旧势力的同时,也在构建基于血缘关系的新势力,以图重整朝堂。

除此之外,孙皓还命以韦曜为首的知识人编写了吴国国史《吴书》,这本史书从第二代皇帝孙亮统治时期就开始编写,孙皓继承了这项事业,然而最终也未能完成。⑤ 但是,从孙皓在位期间的措施可以窥见孙皓想要加强孙吴政权正统性的强烈意志。我认为孙皓是在通过强调孙吴政权的正统性来夸耀自己作为皇帝的权力。同时,孙皓于266年大

---

① 《三国志》卷四八《孙皓传》,元兴元年(264)条:"封后父滕牧为高密侯,舅何洪等三人皆列侯。"(第1163页)

② 《三国志》卷五〇《孙皓滕夫人传》裴注所引《江表传》:"(孙)皓又使黄门备行州郡,科取将吏家女。其二千石大臣子女,皆当岁岁言名,年十五六一简阅,简阅不中,乃得出嫁。后宫千数,而采择无已。"(第1203页)

③ 参见〔日〕安田二郎:《六朝政治史の研究》,京都:京都大学出版会,2003年,第188页。关于这一政策,安田提到也有可能是孙皓将大臣的子女作为质任。

④ 《三国志》卷四八《孙皓传》:"[凤皇二年(273)]秋九月,改封淮阳为鲁,东平为齐,又封陈留、章陵等九王,凡十一王,王给三千兵。……[天纪二年(278)]秋七月,立成纪、宣威等十一王,王给三千兵。"(第1170页)

⑤ 参见《三国志》卷六五《韦曜传》。

兴土木修建宫殿，①这也是他彰显自身权势的重要一环。

276年，孙皓在国山封禅以确立其政权的正统地位，②渡边义浩认为，这代表着孙吴继承了曹魏的正统地位，③如果孙吴继承了曹魏的正统地位，那么在曹魏时就已经即帝位的孙权、孙亮、孙休就成了僭位。但是，孙皓在国山封禅的目的，除了确立孙吴政权的正统性之外，还有向内外彰显他自身作为皇帝的威势，我认为正是出于这两个目的，孙皓才毅然决定封禅。

从上文可以看出，孙皓采取这一系列的措施是为了形成自己的势力，并将之维持、扩大。孙皓时期也有诸侯时代的旧臣，就像孙休时期有张布那样，孙皓时期有万彧，④然而没有史料显示这样的大臣对孙皓时期的政策产生过何种影响。如前所言，在孙休时期的当权者濮阳兴和张布的拥立下，孙皓继位为帝，其自身权力的来源便是皇帝的身份，因此，孙皓一面极力加强皇权，一面削弱大臣们的权力。

孙皓统治时期，知识人们针对孙皓的暴政提出了谏言。《三国志·吴书》记载，陆凯、贺邵和华覈等知识人上奏，劝谏孙皓不要大兴土木、耗费国库。从这个角度来看，知识人们采取行动试图制止孙皓的暴政，但对于这些知识人的进言，孙皓更多情况下是置若罔闻。《三国志》卷六五中载有孙皓统治时期活跃的五位知识人的传记，这五人最终或被

---

① 《三国志》卷四八《孙皓传》，宝鼎二年(266)条："夏六月，起显明宫，冬十二月，(孙)皓移居之。"(第1167页)

② 《三国志》卷四八《孙皓传》，天玺元年(276)条："又吴兴阳羡山有空石，长十余丈，名曰石室，在所表为大瑞。乃遣兼司徒董朝、兼太常周处至阳羡县，封禅国山。"(第1171页)

③ "孙吴继承了曹魏的正统性"这一观点，见于渡边义浩的《孫吳の正統性と国山碑》，第50页。另外，渡边并未提到继承曹魏的正统性之后，孙吴政权三代君主成为僭位的问题。

④ 《三国志》卷四八《孙皓传》。万彧在《三国志》中则没有详细传记。

免官或被贬谪或被诛杀。①

但是,《三国志》卷六五《贺邵传》记载:

> (贺)邵奉公贞正,亲近所惮。乃共谮邵与楼玄谤毁国事,俱被诘责,玄见送南州,邵原复职。②

贺邵因为劝谏被指责为诽谤国事,后来孙皓赦免贺邵并官复原职,此外,同卷《华覈传》记载:

> (孙)皓以(华)覈年老,敕令草表,覈不敢。又敕作草文,停立待之。③

孙皓赐予华覈草拟章表的特权,而且华覈依照敕令起草章表的时候,派遣使者在旁等他写完收取。如此看来,孙皓对知识人并非一概否定,特别是从华覈的例子可以看出,孙皓给予了知识人相当的礼遇。

另外,《三国志》卷五一《孙桓传》,裴注所引《文士传》记载:

> (孙丞)为黄门侍郎,与顾荣俱为侍臣。归命(孙皓)世内侍多得罪尤,惟(顾)荣、(孙)丞独获全。常使二人记事,丞答顾问。乃下诏曰:"自今已后,用侍郎皆当如今宗室丞、顾荣畴也。"④

---

① 以下是《三国志》卷六五所收录的士大夫被贬官、处死的缘由:王蕃,孙皓怀疑他在宴席上假装醉酒,将他当场处死。楼玄,孙皓忌恨楼玄的名声,将楼玄与其子一起流放交阯,楼玄最终自杀。贺邵,因患病口不能言而辞官,孙皓怀疑他的病只是托词,将他拷问至死。韦曜,孙皓认为韦曜不接受皇帝诏命,有意不尽忠主上,将他下狱处死。华覈,因些微小事被责难免官。
② 《三国志》卷六五《贺邵传》,第1459页。
③ 《三国志》卷六五《华覈传》,第1469页。
④ 《三国志》卷五一《孙桓传》裴注所引《文士传》,第1217页。

可以确认的是，依然有一部分知识人能够在整个孙皓统治时期保全自己的仕途。特别是顾荣，西晋时，他与陆机、陆云兄弟并称为"洛阳三俊"，①有记载孙皓曾评价过顾荣的行事作风。另外，《三国志》卷六五《华覈传》记载：

> 后迁东观令，领右国史，（华）覈上疏辞让。（孙）皓答曰："得表。以东观儒林之府，当讲校文艺，处定疑难。汉时皆名学硕儒乃任其职，乞更选英贤。闻之，以卿研精坟典，博览多闻，可谓悦礼乐敦诗书者也。（后略）"②

东观是"儒林之府"，汉代饱学儒士在其中任职，孙皓也想效仿前代委任贤者任职，他认为华覈是最合适的人选。按照上述史料来看，孙皓并不是一个忌惮、憎恶知识人的人。

除此之外，孙皓也从来没有做过像关闭太学，废除选官考试等阻止知识人入仕的事。而且，陆机《辩亡论》上篇中提到：

> 景皇（孙休）聿兴，虔修遗宪，政无大阙，守文之良主也。降及归命（孙皓）之初，典刑未灭，故老犹存。③

由此可见，孙皓统治时期，孙休一朝的制度仍有遗存。这些制度当中就包括孙休所制定的知识人的培养和任用制度。之后，《辩亡论》中也没有这一制度被改动或废除的记载。结合前文提到的东观之事可以看

---

① 《晋书》卷六八《顾荣传》："顾荣字彦先，吴国吴人也，为南土著姓。祖（顾）雍，吴丞相。父（顾）穆，宜都太守。（顾）荣机神朗悟，弱冠仕吴，为黄门侍郎、太子辅义都尉。吴平，与陆机兄弟同入洛，时人号为'三俊'。"（第1811页）
② 《三国志》卷六五《华覈传》，第1467页。
③ 《三国志》卷四八《孙皓传》，天纪四年（280）条，裴注所引陆机《辩亡论》，第1178页。

出,孙皓并没有否定孙休提出的学术兴盛的政策,相反,这一政策在孙皓统治时期也发挥了支撑政治体制的肱股之用。

就这样,孙皓在即位之后不久就极力扩张自己的权力,夸耀身为皇帝的权势,对于孙皓的这种行为,知识人曾劝谏制止,但最终无法阻止孙皓施行暴政。另一方面,孙皓并没有扼杀知识人的存在,这是因为孙皓认可孙休创建的以学问为基础的政治结构,孙皓统治时期,这种结构确实起到了支撑政权的作用。最终,孙休创建的这一以学问为基础的政治结构一直持续到孙吴灭亡,即 280 年。

## 结 语

孙吴政权作为军事政权,自成立以来就带有鲜明的军事政权特点。到了第二代皇帝孙亮统治时期,知识人虽然存在,但其影响力大小仍取决于个人资质。而且,由于制度的不完备,孙吴政权内部在孙权的继承者问题上矛盾频发。孙权未能从根本上解决这个问题就于 252 年去世了,接下来的孙亮统治时期则陷入了大臣们争权夺利、孙綝孙峻专权的混乱中。

但是,到了孙休统治时期,这一状况出现了变化。孙休奖励学问并以学问为基础来指导官吏的选拔和任用,除此之外还实行了奖励农桑的措施。设立太学与五经博士,设置专门的农业官员负责灌溉工程建设。特别是任用声名卓著的儒家学者韦曜担任博士祭酒,孙休展现出重视学问,尤其是重视儒学的态度。儒家思想中包含着君臣有序的思想,对于孙休来说,这一思想正好契合了他重构君臣关系的想法。由此,确立了知识人从培养到任用的制度,以学问为中心对国家体制进行了整顿。

然而,孙休逐渐被濮阳兴和张布窃取了实权,酿成濮阳兴和张布专权的局面。之后,连自由的探讨学问都无法做到的孙休,于 264 年去世。

有了孙亮、孙休时期宗室、家臣弄权的前车之鉴，孙休之后即位的孙皓，首先清除了威胁自己地位的濮阳兴和张布，同时积极扩张权力，给予自己的近臣优遇，重整朝廷。而后，孙皓通过编纂史书和营造宫殿来夸耀自身的权势，以巩固自己的地位。与此相对，知识人们反复上奏，企图劝谏皇帝停止暴政，对此感到厌倦的孙皓虽然对知识人进行打压，但并不否定他们的存在，也未废除孙休制定的教育子弟和任用官吏的制度。最终，这一制度存续到了 280 年孙吴灭亡。

孙吴政权成立之初，只有极个别的知识人拥有影响力，皇帝也没有任用他们为官的强烈意图。但是，经过孙权孙亮两代，知识人的数量和影响力都大为增加，到了孙休统治时期，已经能够顺利地设立以儒学为基础的教育和官吏任用制度。特别是以顾荣和陆机陆云兄弟为代表的，通过子弟教育培养成的知识人，在孙吴灭亡后，仍旧活跃在西晋政坛。而这一切的起点，便是孙休奖励学问的政策。

正如本文开头所言，孙休统治时期出现的学术兴盛的局面，在孙吴政权灭亡 200 年后写成的《宋书》礼志中也被记载为"于是立学"。在后世，孙休时期学术兴盛的历史性意义也应得到认可。

【附记】

本论文是对《東洋史苑》第 89 号（日本：龙谷大学东洋史学研究会，2017 年）上刊载的拙稿《孫呉政権中的学術興盛和知識人》进行修正翻译而成的。对翻译本文的候月影同学，在此表示诚挚感谢。

# 谢灵运《撰征赋》广陵郡纪行考释

## ——兼议谢氏历史记忆之来源

姚 乐

## 引 言

东晋、刘宋之际的文豪谢灵运生平作有大量诗赋,惜多已不存,后人辑佚所得,尚有诗百余首,赋十四篇。诸赋多短小,大者有二,一为《山居赋》,一为《撰征赋》。两篇大赋被收入《宋书·谢灵运传》[①],得以随正史流传至今。与描摹山水的《山居赋》不同,《撰征赋》(以下简称"谢赋")的主题在于纪行和怀古,包含大量的历史、地理信息,因此更具史学价值。

由谢灵运的自序可知,在东晋安帝义熙十二年(416)仲冬,官为黄门侍郎的他奉晋室之命,从首都建康(今南京市)出发前往彭城(今徐州市),慰劳正在指挥北伐的刘裕,凡"涂经九守,路逾千里"。据《宋书》,"彭城去京都水一千三百六十,陆一千"[②],谢氏经长江、运河、泗水而抵彭城,舟行为主,故"路逾千里"乃是写实。"九"似虚数,"守"为太守,代指统县的郡级政区,表示他路过了大量郡县。千里之行中,谢氏留心各地史迹,抚今追昔,浮想联翩,大发思古之幽情。次年春天回到建康后,

---

① 〔南朝梁〕沈约:《宋书》卷六七《谢灵运传》,北京:中华书局,1974年,第1743—1753页。
② 《宋书》卷三五《州郡志一》,第1047页。

他将所见所感整理成篇,此即《撰征赋》的创作本末。

除去序言,算上阙文,《撰征赋》共 3620 字。谢氏奉使是在刘裕发起土断之后,长江以北原无实土的侨郡侨县此时多已割实或省并。由南向北,广陵、山阳、淮阳、下邳、彭城,再加上江南的丹阳、琅琊,他涉足的实土郡(国)至少有 7 个。以今扬州市为中心的广陵郡是他北渡长江后的第一站,谢赋中与这段行程相关的文句,起"爰薄方舆",终"恨鹏翼之未举",有 520 字,约当全篇七分之一。五百言中,既包含广陵一带的地名,更牵涉广陵相关的人事,既可参证广陵的地理人文,又可窥见作者的相关历史记忆,信息含量颇丰,值得详加考释。

对《撰征赋》展开详细注释的,笔者管见所及,有顾绍柏[1]、李运富[2]、宋绪连[3]、杜志强[4]四家;撰文单独阐说者有苏瑞隆[5],与诸注者商榷的则有熊清元[6]、陈刚[7]等人;[8]此外,《二十四史全译·宋书》中,也有对谢赋的全文翻译。[9] 总的来说,前举注者、论者、译者,虽有不同程度的史学知识储备,但堪称熟悉汉晋史籍的只有熊清元。其余诸位,

---

[1] 顾绍柏校注:《谢灵运集校注》,郑州:中州古籍出版社,1987 年,第 250—262 页。

[2] 李运富编注:《谢灵运集》,长沙:岳麓书社,1999 年,第 169—199 页。

[3] 迟文浚、宋绪连主编:《历代赋广选·集评·新注(4 卷)》,沈阳:辽宁人民出版社,2001 年,第 76—127 页。

[4] 赵逵夫主编:《历代赋评注·南北朝卷》,成都:巴蜀书社,2010 年,第 23—75 页。

[5] 苏瑞隆:《论谢灵运的〈撰征赋〉》,《文史哲》1990 年第 5 期。

[6] 熊清元:《〈撰征赋并序〉注释失误举例》,《黄冈师范学院学报》2004 年第 4 期。

[7] 陈刚:《〈撰征赋〉注指谬》,《古典与现代》第四卷,桂林:漓江出版社,2010 年,第 106—111 页。

[8] 此外,杜志强有《谢灵运〈山居赋〉〈撰征赋〉的注释问题》一文,载《辽东学院学报〈社会科学版〉》2008 年第 5 期,因该文结论已被杜氏参注的《历代赋评注》一书吸收,故本文不再单独引述。

[9] 杨忠主编:《二十四史译注·宋书》,上海:汉语大词典出版社,2004 年,第 1425—1436 页。

对谢赋提到的名词和典故,往往不能作出正确的理解,乃至有误会连篇累牍,严重歪曲谢灵运本意者。

熊氏的论文旨在纠正李运富的大量错误,既为"举例",故非周全。不少文句是李氏出错但熊氏并未列举的,或者虽有摘引却未展开诠释,可见熊氏在解读谢赋时,也有力所不逮的地方。笔者本文,决定在评断各家注释正误得失的基础上,对谢赋的广陵纪行怀古部分做通盘阐释,兼论其中反映出的人文地理、历史记忆问题。根据各段文句主题之不同,笔者将其分为"言江山形胜"等四个部分,分别论述。

## 一、言江山形胜

《赋》曰:

> 爰薄方与,乃届欧阳。入夫江都之域,次乎广陵之乡。易千里之曼曼,溯江流之汤汤。泝赤圻以经复,越二门而起涨。眷北路以兴思,看东山而怡目。林丛薄,路逶迤,石参差,山盘曲。水激濑而骏奔,日映石而知旭。审兼照之无偏,怨归流之难濯。羡轻鳻之涵泳,观翔鸥之落啄。在飞沈其顺从,顾微躬而缅邈。于是抑怀荡虑,扬搉易难。利涉以吉,天险以艰。于敌伊阻,在国斯便。勾践行霸于琅邪,夫差争长于黄川。葛相发叹而思正,曹后愧心于千魂。

首先需要说明的是,上文的分节,笔者异于《宋书》。《宋书》以"于是抑怀扬虑"句为首另起一段,与"登高堞以详览"以下并为一节。但此种组合方式实有割裂文义的嫌疑,因为直到"曹后愧心于千魂",都是谢灵运来到广陵城以前,面对沿路山川形胜所发的感慨。

"爰薄方与,乃届欧阳","薄"可理解为靠近(迫)或停泊(泊),"届"是到达。"方与""欧阳"皆属地名,这一点诸家无甚异见,但两地何在,则互有不同。李运富意识到"方与"为县名:"秦置县,属山阳郡。故城在今山东鱼台县境。"宋绪连、杜志强与之同,可惜都只知其一,不知其二。

此处的方与,笔者认为应是侨县。西晋时,方与县已不属山阳郡,而隶兖州高平国。① 永嘉之乱后,兖州故土沦没,百姓南迁,"相率过淮,亦有过江在晋陵郡界者",为安抚这些流民,东晋朝廷遂保留其故土的州郡县编制,"其徙过江南及留在江北者,并立侨郡县以司牧之"。② 诸侨置政区初无实境,但皆有治所,如南兖州有时就治于广陵郡城。这里的"方与"应该就是侨方与县的治地所在,位于广陵郡的沿江地带,今仪征市区附近。不过,侨方与县不见于刘宋初年的《永初郡国志》,则最迟晋宋之交已遭省废。谢灵运晋末渡江时是否还有此县,或者"方与"只是废县的地名遗存,则不得而知矣。

"欧阳"何在,李运富说是"欧余山的南面……地在今浙江吴兴县境",被杜志强原文照搬,宋绪连则疑欧阳为"山阳",均谬以千里。董志翘据《水经·淮水注》指出,欧阳是当时长江与江淮运河的连接处,人们在此筑有引江济运的工事"欧阳埭"。③《读史方舆纪要》云:"欧阳戍,在(仪征)县东北十里。"④戍、埭皆以欧阳为名,相距不远,可知欧阳埭就在今仪征市区(真州镇)东北方向4至5公里处。从仪征流到扬州的运河今天称为仪扬河,最早的入江口就在欧阳,它本不是江淮运河的干道,只因东晋中期邗沟原入江河段淤废,所以才成了南来北往的必经之路。

过了欧阳埭,便"入夫江都之域,次乎广陵之乡"。江都、广陵可以

---

① 〔唐〕房玄龄:《晋书》卷一四《地理志上》,北京:中华书局,1974年,第419页。
② 《宋书》卷三五《州郡志一》,第1038页。
③ 董志翘:《传世文献与出土文物的古代地名考释两则》,《古籍整理研究学刊》2014年第4期。
④ 〔清〕顾祖禹撰,贺次君、施和金点校:《读史方舆纪要》卷二三《南直五》,北京:中华书局,2005年,第1131页。

是郡(国)名,也可以是县名。汉代有江都国,后改广陵郡,管下有江都县和广陵县,至晋不改。《宋书》说江都县"江左又省并舆县,元嘉十三年复立,以并江都"①,仿佛东晋前期江都县就已废入舆县(治今仪征市境,确址乏考),但事实恐非如此。《晋书》载:"桓玄将行篡逆,诛不附己者。……广陵相高雅之、江都长张诞并内不自安,皆奔于(慕容)德。"②高雅之北奔发生在元兴元年(402),已属晋末。则谢灵运北上之年,江都县可能仍然存在。谢灵运从西南向东北,先入江都,再到广陵,符合两县的相对地理位置。

"次乎广陵之乡"后的两句,说的却不是江都、广陵的景色,而是回过头来讲述长江。"洊赤圻以经复,越二门而起涨",形容长江的水道在赤圻处曲折往复,过二门后流量变得更加宏大。赤圻便是赤壁,位今湖北省境内,魏晋人又称之为赤岸。二门史书不详其地,既在赤壁下游,笔者认为就是今安徽当涂县长江两岸的天门山,又名东、西梁山,因高崖夹江而立,似似两扇大门,故被古人呼为二门。顾绍柏解"赤圻"为京畿千里,李运富释"二门"为京口、广陵两城,宋绪连、杜志强同,皆误甚。又,谢氏此句应是化用西晋郭璞的《江赋》:"冲巫峡以迅激,跻江津而起涨……鼓洪涛于赤岸,沦余波乎柴桑。"③

自"眷北路"以下,是否渡江后的所见所感呢?非但不是,而且更加往前倒叙了。

渡江前,谢灵运出建康宫城,而后西北行至石头城(今南京清凉山公园一带)的江边,再顺着长江南岸的陆路一路东行,到江乘县(治今南京栖霞区摄山镇西湖村)东面登船。史籍没有明确记载该渡口的方位,笔者考证,应在今句容市下蜀镇境内,祝里村以西的东山河边。东山河源出宝华山,大概因为宝华山位于江乘县城以东,故曰"东山"。谢灵运

---

① 《宋书》卷三五《州郡志一》,第1055页。
② 《晋书》卷一二七《慕容德载记》,第3171页。
③ 〔南朝梁〕萧统编,〔唐〕李善注:《昭明文选》卷一二《江海》,上海:上海古籍出版社,1986年,第557—558页。

"看东山而冶目",便是在渡江前沿路观赏宝华山的山景。

祝里村位于宝华山东北,即六朝之"竹里",是建康、京口之间北线陆路上的关键节点①,该陆路因此得名竹里路,它"南边山,北滨大江",经过宝华山北麓,"路行山间,西接东阳"②,连到宝华山西北的东阳(今摄山镇东阳村)。"林丛薄,路逶迤,石参差,山盘曲",苏瑞隆误解为谢灵运在江都县看到的风景,其实这是谢氏行进于竹里山路时的所见。广陵郡虽有山,但运河沿线最多只能望见个别低矮的土丘,稍高的、岩石质地的山仅在郡境西北(今仪征市北部)有零星分布,谢灵运此行当然不会特地跑去游览。

到"水激濑而骏奔",总算是沿着山间的河流进入长江了。谢灵运怨江水之急流,羡游鱼与飞鸟,再进一步感叹长江的历史意义。夫差黄池会盟,勾践争霸琅琊,刘备夷陵之败后诸葛亮追思法正,曹操赤壁之战后愧于损兵折将,或备载于《史记》,或详书乎《三国志》,谢氏举这些典故,来说明东南政权江山险固,进可攻、退可守。

按所押韵部的不同,本段可分为三韵:"爰薄"至"起涨"为一韵,"眷北路"至"缅邈"为一韵,"于是"至"千魂"为一韵。韵部的转换一般对应着作者思绪的跳跃,据上文梳理所见,事实的确如此。认清这一规律,对理解谢赋全文都有帮助。

## 二、叙西汉人物

《赋》曰:

登高堞以详览,知吴濞之衰盛。戒东南之逆气,成刘后之骎

---

① 郭黎安:《试论六朝建康的水陆交通》,《江苏社会科学》1999年第5期。
② 〔宋〕周应合纂:《景定建康志》卷一六《疆域志二·道路》,南京:南京出版社,2009年,第372页。

圣。藉盐铁之殷阜,临淮楚之剽轻。盛几杖而弭心,怒抵局而遂争。忿爰盎之扶祸,惜徒伤于家令。匪条侯之忠毅,将七国之陵正。褒汉藩之治民,并访贤以招明。侯文辩其谁在,曰邹阳与枚生。据忠辞于吴朝,执义说于梁庭。敷高才于兔园,虽正言而免刑。阙里既已千载,深儒流于末学。钦仲舒之晬容,遵缝掖于前躅。对园囿而不窥,下帷幔而论属。相端、非之两骄,遭弘、偃之双愿。恨有道之无时,步险涂以侧足。

本段分两韵:"登高堞"至"免刑"为一韵,"钦仲舒"至"侧足"为一韵。前一韵说的是谢灵运登上广陵城墙,详览全城景观,追想起吴王刘濞的兴亡成败,以及与刘濞相关的汉高帝、文帝、景帝、袁盎(爰盎)、晁错(太子家令)、周亚夫(条侯)、邹阳、枚皋(枚生)等人。后一韵是追想董仲舒的生平。本段相对简单,几乎不存在歧义,熊、宋、杜氏的注释均可采信,今详述之。

"戒东南之逆气,成刘后之骁圣",言汉高帝刘邦封刘濞为吴王时,以"汉后五十年东南有乱者"[1]等语警戒刘濞勿生叛心。"藉盐铁之殷阜",谓吴国兼有山海之利,采铜山而铸钱,煮海水以为盐,不向百姓征收赋税却能国库充实。"临淮楚之剽轻",则是说吴兵勇猛好斗,化用自周亚夫的"楚兵剽轻,难与争锋"[2]一语。据《史记·货殖列传》,刘濞的吴国亦被秦汉时人视为楚地,属于"东楚"的地理范畴,将西楚的"其俗剽轻,易发怒"用来形容东楚之人,问题也不大,毕竟"吴、会稽轻悍"[3],轻悍、剽轻,意思相近。

"盛几杖而弭心",言汉文帝见刘濞诈病不朝,遂厚赐其凭几、手杖等尊老之礼,允许其不入朝,以免明察苛责反激起后者的叛心。"怒抵

---

[1] 〔汉〕司马迁:《史记》卷一〇六《吴王濞列传》,北京:中华书局,1959年,第2821页。
[2] 《史记》卷五七《绛侯周勃世家》,第2076页。
[3] 《史记》卷一〇六《吴王濞列传》,第2821页。

局而遂争",言身为文帝太子的汉景帝与吴王太子博戏时,提博局击杀吴太子,引起刘濞的愤怒。李运富把"怒抵局"解释为"因为受到限制而发怒",将此句与晁错建言削藩联系起来,大谬,熊清元、陈刚对此作了辨正。据正史,刘濞"怒抵局"为因,诈病和受赐为果,谢赋倒转两者的先后,遂致李运富产生误解,事实上,这只是谢氏为了满足文字韵律感之需要而作的调整罢了。

下面数句,先是提到晁错议削吴藩、袁盎议诛晁错、周亚夫平定七国之乱等历史事件,然后又转叙吴王刘濞厚养百姓、广招贤才,并概括了邹阳、枚生两位才士的生平行迹。邹、枚二人初为刘濞所用,见濞有叛心,便都离开吴国,改侍梁孝王。邹阳在《史记》有传,[①]《汉书》始为枚乘立传。[②] 谢灵运提到"敷高才于兔园",兔园又作"菟园",是梁孝王的王家园林,枚乘有《兔园赋》,又称《梁王菟园赋》。但兔园也好,《菟园赋》也罢,都不见于正史。东晋以前的传世文献,提到梁孝王筑兔园的只有《西京杂记》。[③] 该赋《昭明文选》未收,传世版本来自编者不明的《古文苑》。但在六朝时代,它确是一篇流传甚广的文学作品,《文心雕龙》曾有点评[④]和引用[⑤],江淹甚至有《学梁王兔园赋》。可想而知,长于诗赋的谢灵运必也熟读过这篇名作。

"阙里既已千载,深儒流于末学",作者说自己身处的时代距孔子千年,渊深的儒学已经衰微不振,这是写实。《晋书》云:"有晋始自中朝,迄于江左,莫不崇饰华竞,祖述虚玄,摈阙里之典经,习正始之余论,指

---

① 《史记》卷八三《鲁仲连邹阳传》,第 2469 页。
② 〔汉〕班固:《汉书》卷五一《贾山邹阳枚乘路温舒传》,北京:中华书局,1962年,第 2359 页。
③ 〔汉〕刘歆撰,〔晋〕葛洪辑,向新阳等校注:《西京杂记校注》卷二《梁孝王宫囿》,上海:上海古籍出版社,1991年,第 109 页。
④ 〔南朝梁〕刘勰著,范文澜注:《文心雕龙注》卷二《诠赋第八》,北京:人民文学出版社,1958年,第 134 页。
⑤ 《文心雕龙注》卷八《比兴第三十六》,第 601 页。

礼法为流俗,目纵诞以清高,遂使宪章弛废,名教颓毁。"①玄谈成为主流,儒学沦为末流,时人有目共睹。"晬容"者,厚德温润之貌;"缝掖"者,儒者之衣也,语出《礼记》,代指儒生。到此,作者的思绪便转向了曾在广陵任职、当过江都王刘非国相的董仲舒。

董仲舒坐于帷中授徒,三年不窥园,乃至弟子不识其面。他初被汉武帝赏识,用为江都相;回朝后,又遭主父偃、公孙弘陷害,先是险有刑狱之灾,后又被调到骄横的胶西王刘端身边任相。这些在正史都有记载。《汉书》的"不窥园"②,《史记》里记作"不观于舍园"③。《汉书》为董仲舒单独列传,言行较详,《史记》是合传,事迹简略。谢灵运关于董仲舒的知识主要来自《汉书》。

## 三、褒桓温之功

《赋》曰:

> 闻宣武之大阅,反师旅于此麋。自皇运之都东,始昌业以济难。抗素旄于秦岭,扬朱旗于巴川。惧帝系之坠绪,故黜昏而崇贤。嘉收功以垂世,嗟在嗣而覆旆。德非陟而继宰,衅逾禹其必颠。

本段只有一韵,开头的"宣武"二字关系到对全段文义的理解。李运富将其释为"展示武力",纯属望文生义。宋绪连理解为晋宣帝司马懿和晋武帝司马炎,更加离谱。西晋首都洛阳附近有宣武观和宣武场,是皇帝阅兵讲武的场所,多次见于《晋书》本纪。苏瑞隆谓东晋首都也

---

① 《晋书》卷九一《儒林传》,第2346页。
② 《汉书》卷五六《董仲舒传》,第2495页。
③ 《史记》卷一二一《儒林传》,第3127页。

有宣武观、场，在"江宁西北"，为"阅兵校点之地"，杜志强赞成其说。苏、杜的观点看似有据，其实也站不住脚，查阅史料可知，建康城附近的宣武场建成于刘宋文帝元嘉二十五年（448）二月，①东晋一代无之。且皇帝在洛阳或建康阅兵，如何能"反（返）师旅"于广陵的市井？唯有熊清元将"宣武"考证为桓温的谥号，这才理顺了谢赋的意思。桓温太和四年（369）北伐失利，退军到江淮之间，"发（徐、兖二州）州人筑广陵城，移镇之"②，便是所谓的"反师旅于此廛"。

"自皇运之都东，始昌业以济难"，是说东晋建立后国家一度内外交困，后经桓温的努力，终于呈现出振兴向上的气象。"抗素旄于秦岭，扬朱旗于巴川"，是歌颂桓温永和三年（347）消灭成汉、收复巴蜀的功绩。"惧帝系之坠绪，故黜昏而崇贤"，是称扬桓温太和六年（371）废海西公、立简文帝的行为。桓温称海西公司马奕"夙有痿疾"③，不能生育，皇子都是嬖幸所生，如此往后天子再非皇家血脉，并以此为由提请另立新君，故曰"惧帝系之坠绪"。

"嘉收功以垂世"等句，感慨桓温虽立下不世之功，其子桓玄论功德与他相差甚远，野心却有过而无不及。商朝的伊尹、伊陟父子皆为贤相，桓玄德行不如伊陟，却继续执掌权力，又无大禹治水之功，竟行篡代之事，最终导致"覆餗"，身败家亡。

谢灵运对桓温的评价，很值得我们玩味。唐代官修《晋书》对桓温毁誉参半，不否定桓温平蜀的成功，也不掩饰其伐燕的失败，对桓氏废海西公的理由则明指是诬陷，对其"废主以立威，杀人以逞欲"的行径，痛呼："岂不悖哉！岂不悖哉！"④但是，谢赋非但将桓温的枋头之败用"大阅"两字一笔带过，还将桓温废帝的逆行回护为"黜昏崇贤"。在他的笔下，桓温大忠非奸，有功无过，这是为什么？究其原因，略有三重。

---

① 《宋书》卷五《文帝本纪》，第 96 页。
② 《晋书》卷九八《桓温传》，第 2577 页。
③ 《晋书》卷八《废帝海西公本纪》，第 214 页。
④ 《晋书》卷九八《桓温传》，第 2581 页。

其一，谢灵运在宫中参掌机要，又曾担任皇家图书馆的副长官"秘书丞"，他对桓温的历史认知，很大程度来自秘书省所藏的国史资料。晋代负责修史的职官是著作郎，著作郎隶属秘书省，"专掌史任。……始到职，必撰名臣传一人"[①]。谢灵运所能接触的桓温《名臣传》当然也是著作郎所修。桓温死后的孝武帝时代，兼领或担任著作郎的人，可考者有二：一个叫吴隐之，一个叫伏滔。此二人偏偏都与桓温关系很不一般。桓温答应过吴隐之的求情，宽赦了他有罪的兄长吴坦之，还对隐之大为"知赏"，推荐其入朝任官，"拜奉朝请、尚书郎"[②]。伏滔起家出仕就是到桓温的大司马府任职，桓温"引为参军，深加礼接，每宴集之所，必命滔同游"，亲爱有加。他们无论是谁负责修桓温传，都只可能溢美，不可能批判。

其二，对人物的评价，史官不过是末端的执行者，背后起决定作用的是当权者的共识。所谓当权者，即皇帝与大臣。晋孝武帝虽不满桓温的专横，但桓温既已死去，自己父子的皇位又是全赖桓温废掉海西公方才得到，否认桓温"黜昏崇贤"等于破坏自身的合法性，因此不会那么做。在朝中和地方身居高位的大员，若非桓温的子弟，则多为桓温的故吏；谢安四十多岁出山，便是到桓温的征西大将军幕府中担任司马；[③]谢灵运的祖父谢玄，与后来官为尚书令的王珣"俱被桓温辟为掾"[④]，且很受礼遇。他们与桓温的政见或有不同，但都是多亏桓的提携才走上通达的宦途，于利于义，对桓温都抱感恩之情。王珣任尚书仆射时，太学博士范弘之上书否定桓温生前定下的政治基调，顺带指斥桓温之恶，因此被王珣外放为余杭县令，他愤恨之余道破天机："王珣以下官议殷浩谥，不宜暴扬桓温之恶。珣感其提拔之恩，怀其入幕之遇，托以废黜

---

[①] 《晋书》卷二四《职官志》，第735页。
[②] 《晋书》卷九〇《良吏传》，第2341页。
[③] 《晋书》卷七九《谢安传》，第2073页。
[④] 《晋书》卷七九《谢玄传》，第2080页。

昏暗，建立圣明，自谓此事足以明其忠贞之节。"①

总之，尽管桓温的野心和逆行路人皆知，正所谓"桓温事迹，布在天朝，逆顺之情，暴之四海"②，但在孝武帝君臣双方，都不会听凭舆论自由发展，只会心照不宣地表扬桓温的功绩。孝武帝胞弟司马道子掌权，某次道子当着满门宾客和桓玄的面，借醉故意问道："桓温晚途欲作贼，云何？"令桓玄恐慌不已。为桓玄解围的是道子骠骑府的长史谢重，他说："故宣武公黜昏登圣，功超伊、霍，纷纭之议，宜裁之听览。"把桓温比作伊尹、霍光，主张禁绝纷纭的流言。面对既得利益集团的共识，道子无可奈何，只能颔首说道："依知依知。"③《晋书·桓温传》史臣曰："（桓温）斯实斧钺之所宜加，人神之所同弃。然犹存极光宠，没享哀荣，是知朝政之无章，主威之不立也。"揭示了背后的主要原因就在于"主威不立"。

其三，孝武帝死后数年，桓玄起兵篡夺皇位，刘裕打着忠君的义旗讨灭桓玄，"焚桓温神主于宣阳门外"④，之后逐渐大权在握的他是有力量改造旧舆论的。然而，刘裕先是灭谯纵于巴蜀，而后又发起北伐，威名日隆的他生起废帝自立的野心，其功、其行、其心，简直是桓温的翻版。至此，刘裕若否定桓温，等于引天下人反对自己。谢灵运当然也聪明地发现了这一点，所以他歌颂桓温，其实就是在变相地歌颂刘裕。谢灵运此行慰劳刘裕，更重要的使命是去传达晋廷封刘裕为宋公的诏书，他之前的仕途曾蒙刘裕一党关照，这番更是他表现忠心的好机会。在《撰征赋》中，谢灵运对刘裕的功业极尽吹捧，此赋想必给他加分不少：因为赋成之后，他便"除宋国黄门侍郎，迁相国从事中郎，（宋国）世子左卫率"⑤，成为刘裕核心权力层的一分子了。

---

① 《晋书》卷九一《儒林传》，第 2364 页。
② 《晋书》卷九一《儒林传》，第 2364 页。
③ 《晋书》卷六四《会稽孝文王道子传》，第 1733 页。
④ 《宋书》卷一《武帝本纪上》，第 9 页。
⑤ 《宋书》卷六七《谢灵运传》，第 1753 页。

## 四、怀谢安之德

《赋》曰：

> 造步丘而长想，钦太傅之遗武。思嘉遁之余风，绍素履之落绪。民志应而愿税，国屯难而思抚。譬乘舟之待楫，象提钓之假缕。总出入于和就，兼仁用于默语。弘九流以四维，复先陵而清旧宇。却西州之成功，指东山之归予。惜图南之启运，恨鹏翼之未举。

本段也是一韵兼一主题，旨在怀念已故的太傅谢安。

开头的"步丘"两字，传世各版《宋书》都作"步兵"。钱大昕《廿二史考异》和中华书局点校本根据《晋书·谢安传》考订为"步丘"。《晋书·谢安传》称，受司马道子排挤，谢安选择离开权力中心，"出镇广陵之步丘，筑垒曰新城以避之"。新城、步丘，即今扬州市江都区邵伯镇。

以下表彰谢安生平的句子，大多能在《晋书》本传中找到对应的事迹。"思嘉遁之余风，绍素履之落绪"，"素履"据熊清元考证是采自《易经》的"履"卦的卜辞，此句说谢安早年隐居不出。"民志应而愿税，国屯难而思抚"是说谢安在国家危难时颇行德政，"镇以和靖，御以长算"，即所谓"总出入于和就，兼仁用于默语"，故能团结士民一致对外。《晋书》记载，太元八年冬"始增百姓税米，口五石"[1]，想来此次增税的决策人便是谢安。"譬乘舟之待楫，象提钓之假缕"对应于列传的"不存小察，弘以大纲"，称赞谢安善于抓主要矛盾。

受宋绪连影响，杜志强将"复先陵"解释为"恢复祖先的陵墓；此当释为恢复先王之政教"，"清旧宇"解释为"改造国家，使政治清明"，实为

---

[1] 《晋书》卷九《孝武帝本纪》，第232页。

过度诠释。笔者认为,先陵是指洛阳的西晋皇陵,旧宇是中原故土,此句是说在谢安的总指挥下,东晋击败了来犯的前秦军队,并收复河洛故地。《晋书·孝武帝本纪》云:"(太元九年)秋七月戊戌,遣兼司空、高密王纯之修谒洛阳五陵。"这是淝水之战第二年的事,所谓"复先陵"者,盖指此也。

"却西州之成功",李运富将西州正确解释为"晋宋间扬州刺史的治所",殊为难得。熊清元说,此指"谢安为扬州刺史而不居西州之事",并不完全正确。笔者按,谢安领扬州刺史,为避司马道子而离开建康、前往广陵,这大概是熊氏理解的"却西州"。但据谢安本传,他在广陵染病归朝时,"闻当与入西州门,自以本志不遂,深自慨失",决定"上疏逊位"辞去扬州刺史等官,这才是真正的"却西州"。

"指东山以归予",在广陵期间,谢安益欲远离政治漩涡,多次公开声称要再归东山,《传》曰:"安虽受朝寄,然东山之志始末不渝,每形于言色。及镇新城,尽室而行,造泛海之装,欲须经略粗定,自江道还东。雅志未就,遂遇疾笃。"①

"惜图南之启运,恨鹏翼之未举",典出《庄子·逍遥游》,比喻谢安壮志未酬。他的壮志是什么?各家没有注明。列传称,谢安在广陵期间"上疏请量宜旋旆,并召子征虏将军(谢)琰解甲息徒,命龙骧将军朱序进据洛阳,前锋都督玄抗威彭沛,委以董督。若二贼假延,来年水生,东西齐举。"在号称要归隐东山的同时,他还在筹划针对姚苌、慕容垂的新一轮北伐。结果大事未办他便已病逝,故谢灵运惜之。

谢赋本段文字和《晋书·谢安传》内容惊人的重合,说明两者具有同一套史源,显然就是东晋著作郎所修、秘书省所藏的《名臣传》。谢灵运虽是谢安侄曾孙,若仅凭父祖所见所闻、口耳相传的谢安事迹,绝无可能对谢安的言行有如此详细的了解以及如此笃定的评价。

---

① 《宋书》卷六七《谢灵运传》,第 1753 页。

## 五、结　语

　　追思谢安之后,紧接着就是"发津潭而迥迈,逗白马以憩舲",地名一下从广陵城外跳到了广陵、山阳两郡之间的津湖,也就是今高邮市、宝应县交界处的界首湖。当时虽有高邮县,但该县没有什么出名的人和事被汉晋文献记录下来,谢灵运思绪无从寄托,因此只字未提。此外,据《宋书·州郡志》可知,在东晋末年,广陵郡境还侨置有东平、沛、平原、雁门等郡,这些郡府在当时的侨寄地,如今都已难于考证。假若谢赋所说的"涂经九守"是实指的话,那么上述侨郡中的某一个或两个,可能也被谢氏计算在内了。

　　时年三十二岁的谢灵运,以奉使之故第一次远行江淮,此行既体验了江淮以北的景色,更是一场文化之旅,对历史的引述和感怀占据了《撰征赋》的主要篇幅。纪行赋不再专注于写景抒情而是侧重怀古论史,据学者研究,或是起于东汉末年蔡邕的《述行赋》,后来延续这一路径的又有曹植《述行赋》、张载《叙行赋》、潘岳《西征赋》等,"以议论入赋且作为主要内容,是纪行赋发展到晋代出现的一个突出特征"[①]。

　　与潘岳《西征赋》相比,谢赋篇幅较小,艺术水平不算突出,史料的征引范围比较狭窄,史论的发散程度也有所不逮。但总的来说,谢灵运还是细读了一些正史的,否则不会用上"葛相发叹而思正"这种相对冷僻的典故。《史》《汉》《三国》和当朝国史等史书外,由赋文可见,谢灵运对《易经》《庄子》等儒、道文献也能信手拈来地化用,这些都是魏晋玄学的热门典籍,谢氏自未能脱离时代潮流,对它们的熟悉不足为奇。

　　值得注意的是,谢赋没有使用东汉的历史典故,不仅广陵篇如此,全赋皆然。不管东汉初年还是末年,江淮一带都有著名人物,就广陵郡来说,有谋反自杀的广陵王刘荆,有与孙策争雄的广陵太守陈登,然而

---

　　① 宋尚斋:《汉魏六朝纪行赋的形成与发展》,《文史哲》1990年第5期。

谢灵运一无所述。陈登将广陵郡治所从广陵县迁到射阳(今宝应县境),广陵城下或许没有他的遗迹,但谢氏在"贯射阳而望邗沟"时也未联想到他。

在谢灵运之前,围绕东汉一代的历史,早已形成《东观汉记》、谢承《后汉书》、司马彪《续汉书》、华峤《后汉书》、袁宏《后汉纪》等多部文献,他是否一部也没有接触过？或是读过却未留下印象？又或是故意舍弃不用？背后的原因,还待进一步发掘。

\* 本文系江苏省社科基金"江苏文脉研究工程"课题"江苏文化通史·魏晋南北朝卷"阶段性成果。

# 《宋书·宣贵妃传》流传及佚文考
## ——兼考今本《宋书·刘子鸾传》的错页

赫兆丰

## 一、引 言

梁沈约撰《宋书》一百卷,是现存最早最完整的记录南朝刘宋一代历史的史书。然此书在成书后的长期流传过程中屡有散佚,至北宋时已出现整卷遗失的现象。今本卷四六赵伦之、到彦之、王懿、张邵等人的传记,《崇文总目》已记载遗失,现存文字为后人据《南史》所补;南宋时,陈振孙称"独阙《到彦之传》"[1],今本仍阙;钱大昕《廿二史考异》指出今本《宋书·少帝纪》"此篇久亡,后人杂采它书以补之"[2];孙虨《宋书考论》认为《宋书》卷七六朱修之、宗悫、王玄谟三传也非沈约原本[3];余嘉锡进一步补充说今本《宋书》阙《谢俨传》,沈约《自序》也残缺不完。[4] 凡此均有助于我们了解今本《宋书》成形的过程。

近来笔者翻阅《宋书》,发现除上述篇目外,卷四一《后妃传·宣贵

---

[1] 〔宋〕陈振孙撰,徐小蛮、顾美华点校:《直斋书录解题》卷四,上海:上海古籍出版社,1987年,第101页。

[2] 〔清〕钱大昕著,方诗铭、周殿杰校点:《廿二史考异》卷二三,上海:上海古籍出版社,2004年,第391页。

[3] 孙虨撰:《宋书考论》,张舜徽主编:《二十五史三编》第五册,长沙:岳麓书社,1994年,第427页。

[4] 余嘉锡:《四库提要辨证》卷三,北京:中华书局,2007年,第149页。

妃传》也存在着明显的亡佚和辑补情况。更难得的是，相较上述篇目都是后人在原本亡佚后据《南史》和《高氏小史》补足文字①，《宣贵妃传》的文本流变情况要更加复杂，还涵盖了传文原文的回补、篇章移接、错页等多种文献流传问题。本文将通过比对《宋书·始平孝敬王子鸾传》（以下简称《宋书·刘子鸾传》）、《南史·宣贵妃传》和《南史·始平孝敬王子鸾传》（以下简称《南史·刘子鸾传》），尝试厘清原本《宋书·宣贵妃传》的流传和保存情况。

## 二、《宣贵妃传》有目而无文

刘宋孝武帝殷贵妃生年不详，卒于大明六年（462），生前是孝武帝最宠爱的妃子，《宋书》称其"宠倾后宫"。② 殷氏死后被孝武帝追封为贵妃，谥号曰"宣"。虽然今本《宋书》并无《宣贵妃传》，但从多方面来看，可以肯定原本《宋书》是存在这篇传记的。

首先，《宋书》目录有"宣贵妃"的条目，位列卷四一《后妃传·孝武文穆王皇后传》下。仁寿本《二十四史·宋书》据南宋绍兴间江南重刊北宋监本影印，目录中《宣贵妃传》就附在《孝武文穆王皇后传》下，以宋元递修本为主要底本的张元济《百衲本宋书》，和以明万历中南监本为底本的《和刻本宋书》同样如此。③《南史》卷一一《后妃上》刘宋部分收入的后妃传，除排列顺序外，篇目与《宋书》相同，《宣贵妃传》亦附在《孝

---

① 《四库全书总目》卷四五《〈宋书〉提要》："后人杂取《高氏小史》及《南史》以补之。"（《四库全书总目》，北京：中华书局，1965年，第405页）《四库提要辨证》卷三："大段补以李延寿书，而用《小史》附益之，固南北七史之通例。"（余嘉锡：《四库提要辨证》，第148页）

② 〔南朝梁〕沈约：《宋书》卷八〇《刘子鸾传》，北京：中华书局，1974年，第2063页。

③ 中华书局1974年点校本《宋书·出版说明》及2018年修订本《点校本宋书修订前言》均说，参考底本包括三朝本、明北监本、毛本、殿本、局本、百衲本，但是点校本和修订本的书前目录中都删去了"宣贵妃"的条目，似不妥。

武文穆王皇后传》下。对这种有目无传的情况,王鸣盛在《十七史商榷》中质疑道:"《宋书》目录于孝武文穆王皇后之下,固附有宣贵妃,即此殷氏也,乃目有而传则无,此更可怪。"① 所以,从《宋书》和《南史》的书前目录可以断定《宋书》原本是存在《宣贵妃传》一篇的。

其次,《宋书》编撰者有充足的理由为宣贵妃立传。贵妃的出身,《宋书》只字未提,显得神秘感十足。《南史》提出两种说法:孝武帝皇叔荆州刺史刘义宣之女和殷琰之女。后世文史学家普遍认为前者更接近事实。② 虽然这对堂兄妹之间的畸形恋情注定遭受非议,但这并不会影响宣贵妃在《宋书·后妃传》中占据一席之地。

按照史书后妃传的收录标准,"凡史家之例,皇后虽无事迹,必有传,妃嫔则必有事者方作传"③。如前所述,宣贵妃生前是孝武帝最宠爱的妃子,在孝武帝心目中的地位超过了皇后。贵妃去世后,孝武帝悲痛欲绝,"精神罔罔,颇废政事"④。为了表达对贵妃的怀念,孝武帝为她举办了极尽奢华的葬礼。其要包括:1. 进殷氏生前的淑仪号为贵妃。2. 配置"古今鲜有"⑤的仪服器仗:"葬给辒辌车,虎贲、班剑,銮辂九旒,黄屋左纛,前后部羽葆、鼓吹"⑥。3. 为贵妃议定谥号。4. 为贵妃单独立庙祭祀。这些举动都至少采用了皇后(包括追封皇后)的礼仪规格,有些地方甚至还超越了皇后的待遇。同时,包括谢庄、江智渊、殷琰、丘灵鞠、谢超宗、汤惠休在内的众多知名文人,还以哀悼贵妃之死为

---

① 〔清〕王鸣盛撰,黄曙辉点校:《十七史商榷》卷五九"殷淑仪"条,上海:上海古籍出版社,2013年,第736页。
② 可参见〔清〕王鸣盛:《十七史商榷》卷五九"殷淑仪"条;〔清〕赵翼《廿二史札记》卷一一"宋世闺门无礼"条;程章灿:《贵妃之死》,《旧时燕:一座城市的传奇》,南京:凤凰出版社,2006年。
③ 〔清〕王鸣盛:《十七史商榷》卷五九"后妃无东昏潘妃"条,第736页。
④ 〔唐〕李延寿:《南史》卷一一《宣贵妃传》,北京:中华书局,1975年,第323页。
⑤ 〔北齐〕魏收:《魏书》卷九七《刘骏传》,北京:中华书局,2017年,第2321页。
⑥ 《宋书》卷八〇《刘子鸾传》,第2063页。

题展开了一次大规模的文学同题创作。而贵妃与孝武帝所生的皇子新安王刘子鸾,很长时间内被孝武帝当作皇位继承人培养,甚至一度很可能取代东宫太子刘子业。《宋书》称子鸾"爱冠诸子"①。大明五年(461),子鸾被封为南徐州刺史。孝武帝为培植子鸾势力,又将王僧虔、谢庄、谢超宗、张岱等一大批世家大族子弟调配到新安王府。贵妃死后不久,孝武帝又将富庶的吴郡划归南徐州。② 凡此种种,均可以想见孝武帝对贵妃无以复加的宠爱。而子鸾与子业的太子之争、孝武帝因悲痛过度不久辞世,又为刘宋后期的政治乱局埋下了巨大隐患。因此,无论是从孝武帝格外宠爱贵妃,还是从贵妃之死对刘宋政治的影响来看,这个极富传奇色彩的女性都完全有资格被列入《宋书》的后妃传记。

第三,据《宋书·自序》可知,沈约是在多位前代史官的书稿基础上完成《宋书》编写的。最先是何承天开始编撰《宋书》,"草立纪传,止于武帝功臣"。此后又有山谦之在孝武帝孝建初年奉诏撰述。不久山谦之病卒,苏宝生继续编写,完成了元嘉众臣的传记。苏宝生于大明二年(458)坐高阇谋反案被杀。孝武帝又命徐爰踵成前作。后者统合何、苏二人书稿,完成了自义熙初年至大明末年的部分。沈约亲自撰写的部分不过是前废帝永光以来至顺帝禅让为止十几年间的史事。③ 而宣贵妃卒于大明六年,徐爰则卒于后废帝元徽三年(475)。也就是说,《宣贵妃传》的最早撰写者应该是徐爰。王鸣盛认为《宋书》无《宣贵妃传》是沈约为刘宋王朝避讳的说法并不可取。④ 徐爰其人《宋书》列入《恩倖

---

① 《宋书》卷八〇《刘子鸾传》,第2063页。
② 《宋书》卷六《孝武帝纪》:"(大明七年正月)癸巳,割吴郡属南徐州。"(《宋书》,第130页)
③ 参看《宋书》卷一〇〇《自序》,第2467页。
④ 《十七史商榷》卷五九"殷淑仪"条:"孝武帝……与义宣之女乃从兄妹,沈约《宋书·后妃传》竟无殷淑仪传,约历事齐梁,何必讳宋之大恶,《南史》为胜。"紧接着王氏又注意到《宋书·前废帝何皇后传》中记载了前废帝纳其亲姑文帝第十女新蔡公主之事。此为王氏自相矛盾之处,也可以说明《宋书》无《宣贵妃传》,并非沈约为刘宋朝避讳。

传》,且谓其"便僻善事人,能得人主微旨"①,亦即擅于揣度君王心理。大明七年(463)正月庚子(二十五日),有司上奏,请求礼官讨论是否应该为殷贵妃立庙。此举很可能是有关部门在揣摩孝武帝心思基础上对皇帝的主动逢迎,甚至有可能是孝武帝直接授意有司,有司再通过合乎行政程序的方式,将孝武帝的心意公开化、行为化、制度化。② 立庙本不符合礼制,但在朝廷讨论时,时任尚书左丞的徐爰连同时任太学博士的虞龢,各奏上一篇《宣贵妃立庙议》,全力赞成为贵妃立庙,徐爰还言之凿凿地宣称立庙之事"考之古典,显有成据"③。加之《春秋》之义,母以子贵,清楚了解贵妃和子鸾在孝武帝心中的地位,又如此擅长迎合君主的徐爰,在编写《宋书》之时不给宣贵妃立传,这是很难想象的。

因此,综合宣贵妃的地位、影响以及《宋书》目录保留下来的痕迹,可以断定,原本《宋书》卷四一有《宣贵妃传》一篇,后在流传过程中亡佚。

## 三、"移花接木"的文本

虽然今本《宋书》已无《宣贵妃传》,但因《南史》多删改南朝正史而成,且《宣贵妃传》也正好附在《孝武文穆王皇后传》下,与原本《宋书》位置一致。故今本《南史·宣贵妃传》有很大可能就是由原本《宋书·宣贵妃传》删改而成。这使得我们在千载之后还能一窥《宣贵妃传》的大致面貌。而且幸运的是,这篇传记并不仅仅保存在《南史》当中,实际上在《宋书·刘子鸾传》中,还保留了原本《宋书·宣贵妃传》的大段文字。换句话说,今本《宋书·刘子鸾传》,是由原本《宋书·宣贵妃传》和《宋书·刘子鸾传》两部分拼接而成的。

为方便论述,笔者将《宋书·刘子鸾传》分成以下四个部分:

---

① 《宋书》卷九四《徐爰传》,第2310页。
② 《宋书》卷一七《礼四》记载:"有司奏:'故宣贵妃加殊礼,未详应立庙与不?'"卷八〇《刘子鸾传》则记作"讽有司"。分别见《宋书》,第477页、第2064页。
③ 《宋书》卷八〇《刘子鸾传》,第2065页。

a. 始平孝敬王子鸾字孝羽，孝武帝第八子也。大明四年，年五岁，封襄阳王，食邑二千户。

b. 仍为东中郎将、吴郡太守。其年，改封新安王，户邑如先。五年，迁北中郎将、南徐州刺史，领南琅邪太守。母殷淑仪，宠倾后宫，子鸾爱冠诸子，凡为上所盼遇者，莫不入子鸾之府、国。及为南徐州，又割吴郡以属之。六年，丁母忧。

c. 追进淑仪为贵妃，班亚皇后，谥曰宣。葬给辒辌车，虎贲、班剑，銮辂九旒，黄屋左纛，前后部羽葆、鼓吹。上自临南掖门，临过丧车，悲不自胜，左右莫不感动。上痛爱不已，拟汉武《李夫人赋》，其词曰："朕以亡事弃日，阅览前王词苑，见《李夫人赋》，凄其有怀，亦以嗟咏久之，因感而会焉。巡灵周之残册，略鸿汉之遗篆。吊新宫之奄映，嗟璧台之芜践。赋流波以谣思，诏河济以崇典。虽媛德之有载，竟滞悲其何遣。访物运之荣落，讯云霞之舒卷。念桂枝之秋贾，惜瑶华之春翦。桂枝折兮沿岁倾，瑶华碎兮思联情。彤殿闭兮素尘积，翠阤芜兮紫苔生。宝罗暍兮春幌垂，珍簟空兮夏帱扃。秋台恻兮碧烟凝，冬宫冽兮朱火清。流律有终，深心无歇。徙倚云日，裴回风月。思玉步于凤墀，想金声于鸾阙。竭方池而飞伤，损圜渊而流咽。端蚕朝之晨罢，泛辇路之晚清。辚南陆，跸闾阖，轹北津，警承明。面缟馆之酸素，造松帐之葱青。俯众胤而恸兴，抚藐女而悲生。虽哀终其已切，将何慰于尔灵。存飞荣于景路，没申藻于服车。垂葆旒于昭术，竦鸾剑于清都。朝有俪于征准，礼无替于粹图。闵瑶光之密陛，宫虚梁之余阴。俟玉羊之晨照，正金鸡之夕临。升云錾以引思，锵鸿钟以节音。文七星于霜野，旗二燿于寒林。中云枝之夭秀，寓坎泉之曾岑。屈封嬴之自古，申反周乎在今。遣双灵兮达孝思，附孤魂兮展慈心。伊鞠报之必至，谅显晦之同深。予弃四楚之齐化，略东门之遥。沧涟两拍之伤，奄抑七萃之箴。"又讽有司曰："典礼云，天子有后，有夫人。《檀弓》云，舜葬苍梧，三妃不从。《昏义》云，后立六宫，有三夫人。然则三妃则三夫人也。后之有三妃,犹天子之有三公也。按《周礼》,三公八命,诸侯七命。三公既尊于列国诸侯,三妃亦贵于庶邦夫人。据《春秋传》,仲子非鲁惠公之元嫡,尚得考彼别宫;今贵妃盖天秩之崇班,理应创立新庙。"尚书左丞徐爰之又议:"宣贵妃既加殊命,礼绝五宫,考之古典,显有成据。庙堂克构,宜选将作大匠卿。"

b. 葬毕,诏子鸾摄职,以本官兼司徒,进号抚军、司徒,给鼓吹一部,礼仪并依正公。又加都督南徐州诸军事。八年,加中书令,领司徒。前废帝即位,解中书令,领司徒,加持节之镇。帝素疾子鸾有宠,既诛群公,乃遣使赐死,时年十岁。子鸾临死,谓左右曰:"愿身不复生王家。"同生弟妹并死,仍葬京口。太宗即位,诏曰:……。追改子鸾封为始平王,食邑千户,改葬秣陵县龙山。

d. 延年字德冲,泰始四年薨,时年四岁,谥曰冲王。明年,复以长沙王纂子延之为始平王,绍子鸾后。顺帝升明三年薨,国除。

a 部分介绍子鸾姓名、排行、何时封王。b 部分介绍子鸾的政治履历。c 部分为贵妃死后的追尊活动及丧葬规格。d 部分则是子鸾卒后的子嗣情况,以及王爵、封国的继承情况。

《宋书》当中的皇子传计有卷六一《武三王传》、卷六八《武二王传》、卷七二《文九王传》、卷七九《文五王传》、卷八〇《孝武十四王传》、卷九〇《明四王传》和卷九九《二凶传》。这七卷共收录了 40 位皇子。[①] 除卷六一、六八两卷、卷九九《始兴王濬传》未介绍排行,卷七二《南平穆王铄传》未介绍封王情况,卷八〇《孝武十四王》中因绝大部分皇子卒时年幼无子嗣外,其他所有传记均一致由 A. 皇子姓名、排行、何时封王,B. 皇子的事迹(以政治履历为主),D. 皇子卒后的子嗣情况及王爵、封国

---

[①] 皇子传后附的子嗣传记可看作传主本传的一部分,故不重复统计。与皇子相关的其他人物的附传,也不纳入统计范围内。卷八〇《孝武十四王传》实际收录 15 位传主,最后一位武陵王赞本为明帝第九子,泰始六年出继孝武帝为子。

的继承情况三部分构成。也就是说这三部分构成了《宋书》皇子传记的书法体例。

在这样一种书法体例下审视《宋书·刘子鸾传》的结构，就会发现 c 部分格外突兀。这一部分详细记录了殷氏的追封活动、葬礼器仗、孝武帝为怀念贵妃而作的《拟李夫人赋》，以及礼官关于为贵妃立庙的讨论。字数多达 655 字，却无一字提到传主刘子鸾，完全偏离了皇子传记的叙事脉络。而整篇传记全文也不过 1226 字，这段与传主毫不相干的内容竟占了篇幅的 53% 强。这在《宋书》的全部皇子传书写模式中仅此一例，不得不让人怀疑这段内容原本不属于《刘子鸾传》，而应是《宣贵妃传》的一部分佚文。

如果我们扩大考察对象，将刘宋以前正史当中所有的皇子传记也纳入范围，则《汉书》计有 33 人，《后汉书》26 人，《三国志》40 人，共计 99 人。[1] 除去没有明确介绍皇子排行外，[2]这 99 篇传记均整齐地呈现出由 A、B、D 三部分组成的结构。其中有 10 篇传记提到了传主的母亲，笔者将这种叙事称为"皇子传生母语境"。这一语境按叙事类型可如表 1 所示分为三类。

表 1　皇子传生母语境分类表

| 类型 | 出处 | 原文 |
| --- | --- | --- |
| 一、与传主的出生经历有关 | 1.《汉书》卷四四《淮南厉王长传》 | 其母故赵王张敖美人。高帝八年，从东垣过赵，赵王献美人，厉王母也， |

---

[1]　样本分别出自《汉书》卷三八、卷四四、卷四七、卷五三、卷六三、卷八〇，《后汉书》卷四二、卷五〇、卷五五，《三国志》卷一九、卷二〇、卷三四、卷五九。样本选取标准同《宋书》，即只统计传主的数量，不重复统计传主的子嗣和其他人物的附传数量。《汉书》卷四四《淮南衡山济北王传》，虽然卷名有三人，但衡山王赐、济北王勃都是淮南王刘长之子，故统计时只认为是一篇传记。

[2]　《三国志》卷五九《吴书·吴主五子传》介绍孙登、孙虑、孙和、孙霸、孙奋五人时，分别用了"权长子""登弟""虑弟""和弟""霸弟"这样的字句，也向读者传递了五人的排行，但未使用《宋书》及此后正史皇子传所惯用的"某帝第某子"的句式。这种句式在正史皇子传中出现，当始于《宋书》。

《宋书·宣贵妃传》流传及佚文考 425

(续表)

| 类型 | 出处 | 原文 |
| --- | --- | --- |
|  |  | 幸,有身。……及贯高等谋反事觉,并逮治王,尽捕王母兄弟美人,系之河内。……厉王母已生厉王,恚,即自杀。吏奉厉王诣上,上悔,令吕后母之,而葬其母真定。 |
|  | 2.《汉书》卷五三《长沙定王发传》 | 母唐姬,故程姬侍者。景帝召程姬,程姬有所避,不愿进,而饰侍者唐儿使夜进。上醉,不知,以为程姬而幸之,遂有身。已乃觉非程姬也。及生子,因名曰发。 |
| 二、传主因母亲的关系受宠或失宠① | 1.《汉书》卷八〇《淮阳宪王钦传》 | 母张倢伃有宠于宣帝。霍皇后废后,上欲立张倢伃为后。……立长陵王倢伃为后……后无宠,希御见,唯张倢伃最幸。而宪王壮大,好经书法律,聪达有材,帝甚爱之。……常有意欲立张倢伃与宪王。 |
|  | 2.《后汉书》卷四二《东海恭王彊传》 | 建武二年,立母郭氏为皇后,彊为皇太子。十七年而郭后废,彊常戚戚不自安,数因左右及诸王陈其恳诚,愿备蕃国。 |
|  | 3.《后汉书》卷四二《楚王英传》 | 母许氏无宠,故英国最贫小。 |
|  | 4.《后汉书》卷五〇《梁节王畅传》 | 母阴贵人有宠,畅尤被爱幸,国土租入倍于诸国。 |
|  | 5.《后汉书》卷五五《清河孝王庆传》 | 母宋贵人。……甚有宠。……贵人生庆,明年立为皇太子。……窦皇后宠盛,以贵人姊妹并幸,庆为太子,心内恶之。……日夜毁谮,贵人母子遂渐见疏。② |
|  | 6.《三国志》卷五九《孙和传》 | 少以母王有宠见爱。 |

① 《汉书》卷五三《长沙定王发传》记载:"以其母微无宠,故王卑湿贫国。"(〔汉〕班固:《汉书》,中华书局,1962年,第2426页)可见《长沙定王发传》也符合第二类,但为避免重复,此类不再收入。
② 按,《后汉书》中收录的皇子人数、传记篇数都少于《汉书》,但传记中提到皇子母亲的次数多于《汉书》,由此可以一窥东汉一朝外戚地位之高。

（续表）

| 类型 | 出处 | 原文 |
|---|---|---|
| 三、简要介绍皇子母亲出身 | 1.《后汉书》卷五五《济北惠王寿传》 | 母申贵人，颍川人也，世吏二千石。贵人年十三，入掖庭。 |
|  | 2.《三国志》卷三四《后主太子璿传》 | 母王贵人，本敬哀张皇后侍人也。 |

通过分析以上十例可以看出，刘宋之前的正史皇子传当中即便提到皇子生母，话语的中心也都是围绕着皇子展开的：或介绍皇子出生经历，或说明皇子因母亲受宠或失宠。这两类书写模式占据皇子传生母语境的比例高达80%，但占据各篇传记的篇幅比重最高也不过29%。① 至于剩下的两个案例，则字句更加短少。因此，无论是从《汉书》以来的宏观的皇子传书写体例来看，还是从微观的皇子传生母语境的类型来看，《宋书·刘子鸾传》当中对贵妃死后丧葬活动记载不厌其详且与传主毫无关系的c部分，无论如何都显得格格不入，不可能是《刘子鸾传》的原文。

而之所以说c部分应该是原本《宋书·宣贵妃传》的佚文，还因为这一部分和《南史·宣贵妃传》在语词、语句、语段的语义表达上，存在着高度相似的现象。现将两篇传记对比如表2所示。

表2 《宋书》《南史》中《宣贵妃传》内容对照表

| 《宋书·刘子鸾传》 | 《南史·宣贵妃传》 |
|---|---|
| 1. 追进淑仪为贵妃，班亚皇后，谥曰宣。 | 1. 追赠贵妃，谥曰宣。 |
| 2. 葬给辒辌车，虎贲，班剑，銮辂九旒，黄屋左纛，前后部羽葆、鼓吹。 | 2. 及葬，给辒辌车、虎贲、班剑。銮辂九旒、黄屋左纛、前后部羽葆、鼓吹。 |

---

① 此为《汉书·长沙定王发传》的统计数据。该篇写传主出生的篇幅较多，且整篇传记字数又很少，故比例较大。其他样本的统计数据均不超过10%，最少者甚至不到1%。

(续表)

| 《宋书·刘子鸾传》 | 《南史·宣贵妃传》 |
| --- | --- |
| 3. 上自临南掖门,临过丧车,悲不自胜,左右莫不感动。 | 3. 上自于南掖门临,过丧车,悲不自胜,左右莫不掩泣。 |
| 4. 上痛爱不已。 | 4. 上痛爱不已,精神罔罔,颇废政事。每寝,先于灵床酌奠酒饮之,既而恸哭不能自反。 |
| 5. 拟汉武《李夫人赋》,其词曰:…… | 5. 于是拟《李夫人赋》以寄意焉。 |
| 6. 又讽有司曰:"……据《春秋传》,仲子非鲁惠公之元嫡,尚得考彼别宫;今贵妃盖天秩之崇班,理应创立新庙。" | 6. 又讽有司奏曰:"据《春秋》,仲子非鲁惠公元嫡,尚得考别宫。今贵妃盖天秩之崇班,理应创新。"乃立别庙于都下。 |

根据以上六对例句可以看出,《宋书·刘子鸾传》中的 c 部分,与《南史·宣贵妃传》记载贵妃葬礼的部分,除了细节上的繁略之别外,①几乎一字不差。

在此需要特别说明一下孝武帝《拟李夫人赋》的位置问题。清代学者牛运震已经在其《读史纠谬》中质疑道:"此宜附入《后妃传》,不宜特叙入诸子传中。"②《南史·宣贵妃传》说孝武帝"拟《李夫人赋》以寄意焉",按照史书笔法,将这篇作品附在这句话下,显然更符合史书体例。事实上,通过考察与《宋书·宣贵妃传》同卷的《文元袁皇后传》的写法,就可以清楚地看出这一点。袁皇后为宋文帝皇后,元嘉十七年(440)病逝后,文帝命颜延之作哀策文。《袁皇后传》如此记载:"上甚相悼痛,诏前永嘉太守颜延之为哀策,文甚丽。其辞曰:……"③紧接着即全篇收录这篇哀策文。笔法和文脉与《南史·宣贵妃传》"拟《李夫人赋》以寄意焉"一句全同。这种史书笔法在同时期的史书中屡见。如《梁书·高祖丁贵嫔传》:"普通七年十一月庚辰薨,殡于东宫临云殿,年四十二。

---

① 《廿二史札记》卷十有"《南史》删《宋书》最多"条。
② 〔清〕牛运震著,李念孔、高文达、张茂华点校:《读史纠谬》卷六,济南:齐鲁书社,1989年,第287页。
③ 《宋书》卷四一,第1284页。

诏吏部郎张缵为哀策文曰：……"①;《梁书·昭明太子传》："五月庚寅，葬安宁陵。诏司徒左长史王筠为哀册文曰：……"②;《隋书·元德太子昭传》："未几而薨。诏内史侍郎虞世基为哀册文曰：……"③这些哀策文无一例外都是放在被哀悼者本人的传记当中。因此，孝武帝的《拟李夫人赋》也应该在《宋书·宣贵妃传》中。

假如我们将《宋书·刘子鸾传》的 c 部分从传记中剔除出去，再通读传文，会发现文章脉络和语义表达丝毫不受影响。而仅由 a、b、d 三部分组成的《宋书·刘子鸾传》，除文字详略外，则呈现出与《南史·刘子鸾传》完全一致的结构和书写模式。

至此，通过以上多方面论证，可以断定今本《宋书·刘子鸾传》中详述宣贵妃葬仪的 c 部分，原本不属于此，而是亡佚了的《宋书·宣贵妃传》的一段佚文。

那么《宋书·宣贵妃传》的这一大段佚文是如何被拼接到《宋书·刘子鸾传》中，而呈现出今天的面貌呢？

如前所述，《南史·宣贵妃传》是李延寿据《宋书·宣贵妃传》删改而成，保留了后者的大致内容和篇章结构。据《北史·序传》，李延寿奏上《南史》《北史》是在唐高宗显庆四年(659)。而李善于此前一年表上的《文选注》④中还保存了三条《宋书·宣贵妃传》的佚文(详见下文)。也就是说，至少在李延寿和其父李大师编撰《南北史》、李善注《文选》的初唐时期，《宋书·宣贵妃传》并未完全散佚。此后这篇传记如何遗失已无法细考。

《宋书》刻板印行始于宋代。宋仁宗嘉祐六年(1061)，敕命曾巩等人校订包括《宋书》在内的南北朝七史，工作一直持续到徽宗政和年间。

---

① 〔唐〕姚思廉：《梁书》卷七，北京：中华书局，1973 年，第 161 页。
② 《梁书》卷八，第 169 页。
③ 〔唐〕魏徵等：《隋书》卷五九，北京：中华书局，1973 年，第 1436 页。
④ 李善《唐李崇贤上文选注表》文末落款时间为显庆三年。参见〔南朝梁〕萧统编，〔唐〕李善注：《文选》，北京：中华书局，1977 年，第 3 页。

《郡斋读书志》卷五记载："嘉祐中,以《宋》《齐》《梁》《陈》《魏》《北齐》《周书》舛谬亡阙,始诏馆职雠校。曾巩等以秘阁所藏多误,不足凭以是正,请诏天下藏书之家,悉上异本。久之,始集。治平中,巩校定《南齐》《梁》《陈》三书上之,刘恕等上《后魏书》,王安国上《周书》。政和中,始皆毕。"①其中校订《宋书》者当为郑穆,其人《宋史》卷三四七有传。

今本《宋书》卷四六卷首目录"到彦之"下注"阙",卷末有郑穆校语,云"臣穆等案《高氏小史》,《赵伦之传》下有《到彦之传》,而此书独阙"②;卷一〇〇《自序》中"忧同职同"下阙十八字③,"璞有子曰""沈伯玉先帝在蕃"下并注"阙"④。《南齐书》卷四四《徐孝嗣传》"沈文季门世"下注"原阙"⑤;卷五八《东南夷·高丽传》"建武三年"下注"原阙"⑥。《梁书》卷三四《张缅传》"实君子之所识"下注"阙一句"⑦。《魏书》卷八四《儒林·卢丑传》"延和二年冬卒"下注"阙"⑧;卷八八《良吏传》"史臣曰"下注"阙"⑨。此类于原文亡佚处注"阙"的事例,在南北朝七史中不一而足。这充分说明以嘉祐馆臣为首的史官,在用《南北史》和《高氏小史》补足南北七史时,是有着非常严格的体例的。即便仍然有不足之处,如《南史》有《到彦之传》,但未补入《宋书》;《宋书·张邵传》后附张畅传,直用《南史》之文,不知本书卷五九已有《张畅传》,造成重出;《南齐书·高丽传》可据《建康实录》《翰苑》《册府元龟》辑补部分佚文;等等。但这些失误并不会引起后人对原书体例的误解,仍属于可

---

① 〔宋〕晁公武撰,孙猛校证:《郡斋读书志校证》卷五,上海:上海古籍出版社,1990年,第184页。
② 《宋书》,第1400页。
③ 《宋书》,第2452页。
④ 《宋书》,第2465页。
⑤ 《南齐书》,北京:中华书局,1972年,第774页。
⑥ 《南齐书》,第1010页。
⑦ 《梁书》,第497页。
⑧ 《魏书》,第1992页。
⑨ 《魏书》,第2071页。

以理解的失误。可以想象,如果嘉祐馆臣有机会看到《宋书·宣贵妃传》的 c 部分,按照补史体例,一定会根据目录中《宣贵妃传》的位置,将这一部分放在《宋书·孝武文穆王皇后传》之下,并标注"阙",而不会一反常态,不惜违背史例地将 c 部分放在《宋书·刘子鸾传》当中。因为这将打破《宋书》原本的篇章结构,并给读者造成疑问和错觉。这种行为发生在严谨的史官身上,是难以想象的。因此,只能推断今天我们看到的杂糅了《宋书·宣贵妃传》的《宋书·刘子鸾传》的面貌,在嘉祐校史之前就已经定型了。而造成这种结果的一个很可能的原因,则是受手抄本文化影响积累而成的古书错页。《宋书·宣贵妃传》在初唐之后虽亡佚,但仍有残篇流传于世,这个残篇正是详细记载贵妃葬礼情况的 c 部分。某人得到这个残篇后,想到《宋书·刘子鸾传》中有子鸾因母"宠倾后宫"而"爱冠诸子"的记载,又有"六年,丁母忧"的表述,故将这个残篇夹在《宋书·刘子鸾传》当中。而在书籍流传仍然主要依靠手笔传抄的唐代,他人获得这个本子后再进行传写,必然会将残篇的文字依样抄在《宋书·刘子鸾传》当中,到了宋代刻书时也只好沿袭错页的文字,从而造成了我们今天看到的《宋书·刘子鸾传》的面貌。

## 四、《文选》李善注所存《宋书·宣贵妃传》佚文

除了《宋书·刘子鸾传》保存了大段的《宋书·宣贵妃传》佚文外,在《文选》卷五七所收谢庄《宋孝武宣贵妃诔》的李善注中,还零星保留了三条《宋书·宣贵妃传》的佚文。现抄录于下,并作简要考证:

1. 沈约《宋书》曰:"淑仪生第二皇女。"①
2. 沈约《宋书》曰:"淑仪生始平王子鸾、晋陵王子云。"②

---

① 《文选》,第 793 页。
② 《文选》,第 794 页。

3. 沈约《宋书》曰:"孝武大明六年,淑仪薨。"①

佚文 1、2 介绍贵妃的生子情况。按《宋书》介绍皇子的出身有两种书法:一是以某个皇帝为经,在各篇皇子传卷首统一介绍该皇帝的全部子嗣,如卷六一《武三王传》开头介绍武帝七男、卷七二《文九王传》开头介绍文帝十九男、卷八〇《孝武十四王传》开头介绍孝武帝二十八男、卷九〇《明四王传》开头介绍明帝十二子。二是在卷四一《后妃传》中,以每个后妃为经,分别介绍该后妃所生子嗣。如武帝张夫人"生少帝,又生义兴恭长公主惠媛"②;文帝袁皇后"生子劭、东阳献公主英娥"③;孝武帝王皇后"生废帝、豫章王子尚、山阴公主楚玉、临淮康哀公主楚佩、皇女楚琇、康乐公主修明"④等。按照第二种书法,则原本《宋书·宣贵妃传》也应该记载了宣贵妃的生子情况。宣贵妃共为孝武帝生了五男一女。据《孝武十四王传》可知皇子有始平孝敬王子鸾、齐敬王子羽、晋陵孝王子云、南海哀王子师和因早夭未封的子文。前废帝即位后,杀子鸾、子师兄弟。《宋书·刘子鸾传》记载:"帝素疾子鸾有宠,既诛群公,乃遣使赐死。……同生弟妹并死。"明帝即位后的追赠诏书中云:"第十二皇女、第二十二皇子子师,俱婴谬酷。"⑤可知受害的宣贵妃子女还有第十二皇女。故佚文 1 中"第二皇女"实为"第十二皇女"之误。《南史·后妃传》刘宋部分沿袭《宋书》的体例,同样记载每位后妃所生子嗣,但《南史·宣贵妃传》却没有宣贵妃子女的相关信息,恐初唐李延寿所见《宋书·宣贵妃传》即已非全本。

佚文 3 记载贵妃卒年。此信息不见于《宋书·孝武帝纪》,也不见于《宋书》其他篇章。《宋书》中有两处提及"淑仪薨",但均是指南平王

---

① 《文选》,第 794 页。
② 《宋书》,第 1282 页。
③ 《宋书》,第 1284 页。
④ 《宋书》,第 1289 页。
⑤ 《宋书》,第 2065 页。

铄所生母吴淑仪薨之事。①《南史·宣贵妃传》作"及薨"②，未言卒年。因贵妃之号为孝武帝追封，故此处仍用"淑仪"指代。又，按《宋书》体例，沈约于诸帝多称庙号，《南史》于诸帝皆称谥号，且古人注释引书并不严谨，经常为贴合所注文字而改动、增删引文。故疑佚文 3 中"大明六年"前的"孝武"二字恐非《宋书·宣贵妃传》原文，或是李善为简明起见，将"世祖"改作"孝武"。

综上所述，原本《宋书·宣贵妃传》虽然亡佚，但通过《南史·宣贵妃传》保存的大致框架，和《宋书·刘子鸾传》《文选》李善注保存的大量佚文，仍然可以一窥这篇传记的主要内容。因此从这个意义层面上，可以说今本《宋书》虽无《宣贵妃传》一篇，但其文尚未全亡。实际上，王鸣盛已注意到《宣贵妃传》有目无传之事可疑，牛运震认为《拟李夫人赋》当入《后妃传》，更是已触及《宋书·刘子鸾传》的传抄错页问题，只是二人均未继续深究。此或与记载贵妃葬礼的错页文本夹在"六年，丁母忧"和"葬毕"之间，并未明显造成文脉滞涩、语句不通的情况有关。然而正如黄永年先生主张的，读史要"找共性的东西，不要被情节吸引"③，正史中不同传记的书写体例正是一种共性的东西。熟悉并合理利用这些史传书法，有助于文献工作者发现并纠正如《宋书·刘子鸾传》这样不太明显的文本错误，并更好地理解史籍传承过程对文本形貌的影响。

---

① 分别见《宋书》卷一五《礼二》、卷七二《南平穆王铄传》。
② 《南史》卷一一，第 323 页。
③ 黄永年述，曹旅宁记：《黄永年文史五讲》，北京：中华书局，2011 年，第 136 页。

# 释"善草隶"
## ——南朝文化的一个侧面

张　今

徐铉(916—991)曾说"后汉及今千有余岁,凡善书者皆草隶焉"①,他认为从东汉到五代末,擅长书艺者都是写"草隶"的。检索文献,不难了解徐铉此说的凭据,汉唐间关于"善草隶"的记载比比皆是,如"恒善草隶书"②"朓善草隶,长五言诗"③,等等。虽只三字,若略加考议,或可窥南朝文化之一隅。

## 一、"草隶"还是"草、隶"

一个最朴素的问题:"草隶"是一种特定的字体吗？抑或是草书和隶书的合称？

在当下较易得的古籍整理本中,连读"草隶"者居多,如此处理,用上述两种说法都能讲得通,解释起来比较灵活。当然,也有例外,周勋初先生(为行文简洁,以下敬称略)团队校订本《册府元龟》中就同时出现两种句读方式,如卷一九〇有"南齐太祖工草、隶书"④,卷一九二有"草、隶、尺

---

① 〔宋〕徐锴:《说文解字韵谱》序,同治三年冯桂芬缩摹宋本。
② 〔唐〕房玄龄等:《晋书》卷三六《卫恒传》,北京:中华书局,1974年,第1061页。
③ 〔南朝梁〕萧子显:《南齐书》卷四七《谢朓传》,北京:中华书局,1972年,第826页。
④ 〔宋〕王钦若等编纂,周勋初等校订:《册府元龟》卷一九〇,南京:凤凰出版社,2006年,第2128页。

牍莫不奇妙"①，在这两处之外却均作二字连读，殊为奇怪。又比如黄大宏整理《八代谈薮校笺》，其正编卷下第67条作"琅琊王僧虔博通经史，兼善草、隶"，清楚明白地将之视为两种字体，但在处理涉及张融、萧子云、萧特的文字时，又均未读断。② 实际上，这些文句的语境都是相似的，对于"草隶"二字不同的句读方式反映出点校者未能统一认识。

《史》《汉》无"草隶"辞例，其首次出现当不晚于西晋。学界对于"草隶"的理解大致有三种，现条列于下。

一、"草隶"为偏正短语，意为草率的隶书。试举两例。陈直采金石文字为《史》《汉》补注，有云"敦煌、居延两木简，多属于草隶书范围"，并以居延出土"入南书二封"简册（即著名的"永元器物簿"）及西安南郊出土东汉《公羊》砖为典型（图1）；③近年，横田恭三撰文径言"草隶"就是"草率的隶书"，可与章草、今草等概念并提，他还将"草隶"渊源上溯至战国晚期，举凡睡虎地M4、里耶J1出土的墨书字迹，只要草率些都可如此称呼。④

二、"草隶"为并列短语，意为草书和隶书。这一解释当出于对梁庾肩吾《书品》序中如下字句的解读：

以奏事繁多，篆字难制，遂作此法，故曰隶书，今时正书是也。草势起于汉时，解散隶法，用以赴急，本因草创之义，故曰草书。⑤

刘涛认为"草正""真草""篆隶"这些词与"草隶"同类，均可看作不

---

① 《册府元龟》卷一九二，第2146页。
② 〔隋〕阳玠撰，黄大宏校笺：《八代谈薮校笺》，北京：中华书局，2010年，第184、180、263、262页。
③ 陈直：《史记新证》，北京：中华书局，2006年，第115页；陈直：《汉书新证》，北京：中华书局，2008年，221—222页。
④ 〔日〕横田恭三：《谈草隶的产生及其真相》，中国文化遗产研究院编：《出土文献研究》第十三辑，上海：中西书局，2014年，第261—270页。
⑤ 〔唐〕张彦远辑，洪丕谟点校：《法书要录》卷二，上海：上海书画出版社，1986年，第51页。

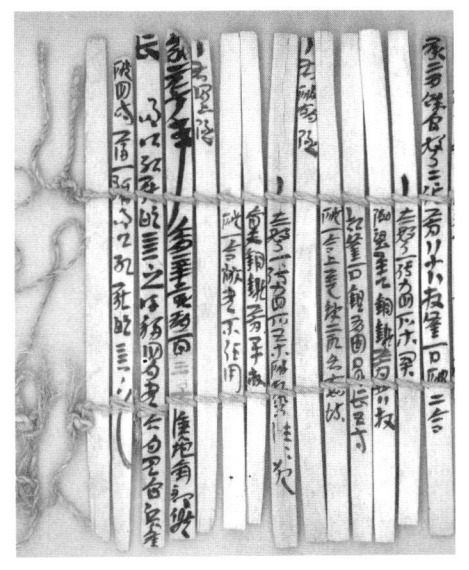

**图 1　陈直理解的"草隶"**

（左：居延出土永元器物簿局部①；右：西安南郊出土东汉《公羊》砖拓片②）

同字体的合称。③

三、"草隶"有时作并列短语，意与二同，有时却可泛指书法艺术。此说以逢成华论辩最详，他认为"草隶"之所以在晋唐时期发生词义泛化，是由于此时隶书的实用性、草书的艺术性无可替代，且草、隶所指较入唐之后更为宽泛，楷、行、八分俱可被囊括其中，故语义自然发生泛化，进入日常语言。④

---

①　图版取自居延汉简整理小组编：《居延汉简》（二），"中央研究院"历史语言研究所，2015 年，第 63 页。

②　图版取自胡海帆、汤燕编：《中国古代砖刻铭文集》，北京：文物出版社，2008 年，第 173 页。

③　刘涛：《中国书法史·魏晋南北朝卷》，南京：江苏教育出版社，2002 年，第 267—268 页；刘涛：《魏晋书风：魏晋南北朝书法史札记》，广州：广东人民出版社，2019 年，第 113 页。

④　逢成华：《"草隶"辨》，《中国书法·书学》2017 年第 8 期。

笔者部分同意第三种说法。逢文所引之外，以下两种史料似更确凿。《南史·何敬容传》载其：

> 职隆任重，专预机密，而拙于草隶，浅于学术，通包苴饷馈，无贿赂略不交语。自晋宋以来，宰相皆文义自逸，敬容独勤庶务，贪吝为时所嗤鄙。①

此段将何敬容作为寒人掌机要之典型，不尚文义、贪吝见鄙。其中，"拙于草隶"正与常见的"善草隶"意义相反，又和"浅于学术"形成互文，若仍理解为狭义的草、隶二体，显然于义有阙。唐元和十四年（819），刘禹锡有辞云"篋盈草隶，架满文篇"②，既已时近晚唐，且"草隶"与"文篇"相对，自然不会仅指草、隶书作品，其语义泛化是显而易见的。此外，"草正""真草""篆隶"③等均无类似用法，亦可佐证。

然而，笔者并不认为"草隶"在当时可以涵盖书法艺术的全部，准确地说，"草隶"仅可代指日常书写公私文牍的技艺。若某人善题榜、杂体、铭石一类，则需要特别说明。如《陈书·谢贞传》："（贞）年十三，略

---

① 〔唐〕李延寿：《南史》卷三〇《何敬容传》，北京：中华书局，1975年，第796页。

② 〔唐〕刘禹锡：《为鄂州李大夫祭柳员外文》，《刘禹锡集》整理组点校，卞孝萱校订：《刘禹锡集》卷四〇，北京：中华书局，1990年，第603页。

③ 需要指出，"篆隶"在特定语境下也会发生语义泛化，指代奇古文字，如〔唐〕魏徵等：《隋书》卷三二《经籍志》著录《古今篆隶杂字体》一卷、《篆隶杂体书》二卷（北京：中华书局，1973年，第945页）等。经由张天弓、童岭等研究者对萧子良《古今篆隶文体》文本的辑佚、对日本毗沙门堂藏《篆隶文体》抄本的研究，此类文献面目方稍得廓清。参见〔南朝齐〕萧子良：《篆隶文体》，（东京）古典保存会影印毗沙门堂藏抄本，1935年；张天弓：《萧子良〈古今篆隶文体〉辑佚》《论萧子良〈篆隶文体〉日本镰仓抄本》《萧子良〈篆隶文体〉镰仓抄本释文》，俱载《张天弓先唐书学考辨文集》，北京：荣宝斋出版社，2009年，第243—274页；童岭：《京都毗沙门堂藏萧子良〈篆隶文体〉旧钞本考：兼论南齐建康皇室学问的构成》，《域外汉籍研究集刊》第十三辑，北京：中华书局，2016年，第271—286页。

通五经大旨，尤善《左氏传》，工草隶虫篆。"①《魏书·崔玄伯传》："（玄伯）尤善草隶行押之书，为世摹楷。"②《北史·阎毗传》："（毗）能篆书，草隶尤善，为当时之妙。"③北宋刻帖如《淳化阁帖》《大观帖》所收录者便以这类公私文牍为主（图2），其与"草隶"称谓相通可在两《唐书》中觅得踪迹。《旧唐书·韦述传》："兼古今朝臣图，历代知名人画，魏、晋已来草隶真迹数百卷，古碑、古器、药方、格式、钱谱、玺谱之类，当代名公尺题，无不毕备。"④总之，语义泛化的"草隶"正是从狭义的草、隶二体发展而来，这与汉唐间日常书写的特点密不可分。

图2　上海博物馆藏宋拓《淳化阁帖》局部⑤
（左：王羲之《盐井帖》；右：沈约《今年帖》）

---

① 〔唐〕姚思廉：《陈书》卷三二《孝行传》，北京：中华书局，1972年，第426页。
② 〔北齐〕魏收：《魏书》卷二四《崔玄伯传》，北京：中华书局，1974年，第623页。
③ 〔唐〕李延寿：《北史》卷六一《阎毗传》，北京：中华书局，1974年，第2184页。
④ 〔后晋〕刘昫等：《旧唐书》卷一〇二《韦述传》，北京：中华书局，1975年，第3184页。
⑤ 上海博物馆编：《淳化阁帖最善本》，上海：上海书画出版社，2003年，第183页、第9页。

至于第一种说法即"草率的隶书",属于望文生义。既然汉末以降"草隶"习见于文献,为免歧义还是修正为宜。需要说明的是,北朝的日常书风在十六国时期与南方略有差异,待入北魏后,南朝化趋势则愈发显著,且北朝"善草隶"者也多集中在北魏之后,故"草隶"概念在文献中并无南北之别。

## 二、何人善草隶

东汉末至唐初,正是"草隶"广泛见于文献的时期,如上所述,日常生活中流行草、隶二体是这一辞例多见、进而泛化的根本原因。

西域出土晋《急就篇》残纸分别用正书和草书抄写,四列一组相互参照,是当时学习书艺的范本之一(图3)。

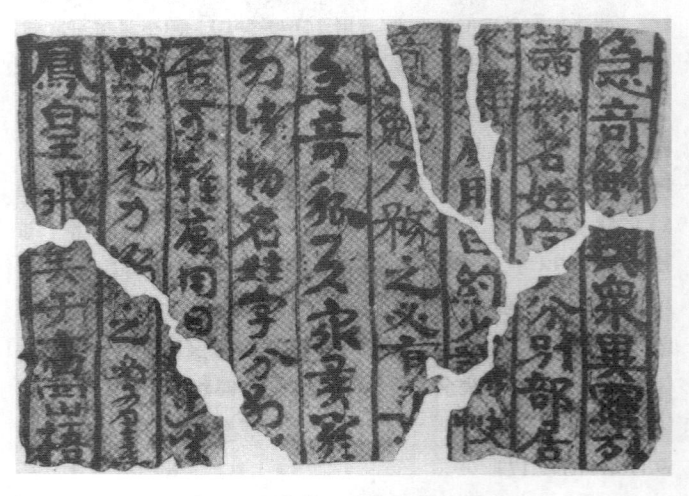

**图3 西域出土《急就篇》残纸**①

这种正书虽隶笔少而楷意浓,但在称谓上作"隶书"是没问题的。受这类通行范本的影响,日常书牍也大多呈现类似面貌(图4)。这便

---

① 图版取自〔日〕西川宁著,姚宇亮译:《西域出土晋代墨迹的书法史研究》,北京:人民美术出版社,2015年,第180页。

是汉唐间基层社会书写的常态。

图4 汉唐间日常书迹举例
[1. 走马楼东吴木牍(肆·1763)局部①;2. 郴州西晋简(1—3)局部②;
3. 南京城南出土六朝简③]

虽然大量刀笔吏都会写草隶,但能得到"善"或"工"评语的人并不多。萧梁为南朝中最崇尚文教的一代,作于此时的《书品》自陈"辄删善草隶者一百二十八人"(实际为123人),并将他们分为九品,人名之后系之以论。所谓"九品论人,七略裁士",其体例略同钟嵘《诗品》、谢赫《画品》。《书品》采录范围较广,帝王(如魏武、宋文)、士族(如钟会、王导)、寒人(如徐希秀、孔敬通)、女性(如卫夫人、傅夫人)、道士(如陶弘景、识道人)皆在其列,而且从品第上看并没有明显的士庶之别,其品评

---

① 图版取自〔日〕西林昭一编:《简牍名迹选》(2),东京:二玄社,2009年,第59页。
② 图版取自山东博物馆、中国文化遗产研究院编:《书于竹帛:中国简帛文化》,上海:上海书画出版社,2017年,第259页。
③ 图版取自贾维勇、胡舜庆、王志高:《读南京新近出土的孙吴简牍书法札记》,《书法丛刊》2005年第3期,北京:文物出版社,第5页、第7页。

相对公允。就收录人员的时代而言,汉末到东晋几乎被高门士族垄断,刘宋以后则大量涌现寒人书家,这与寒人阶层在此时开始崛起有关。有些寒人书家被士族成员颜之推讥讽为"厮猥之人,以能书拔擢者多矣"①,张景仁与纪僧真为其中典型:

> (张景仁)幼孤家贫,以学书为业,遂工草隶,选补内书生。②
> 初,上在领军府,令僧真学上手迹下名,至是报荅疏书,皆付僧真,上观之,笑曰:"我亦不复能别也。"③

书艺对寒人而言,只是一门工作技能。

此外,释门中亦有善草隶者,书论往往阙载,而多见僧传,如:

> 康法识,亦有义学之功,而以草隶知名。尝遇康昕,昕自谓笔道过识,识共昕各作右军草,傍人窃以为货,莫之能别。又写众经,甚见重之。④
> 时宋熙有昙瑶者,善《净名》《十住》及《庄》《老》,又工草隶,为宋建平宣简王宏所重也。⑤

顺带一提,纸张在东晋的普及是善草隶者数量增多的物质条件之一。此议题前人多涉,今不具论,仅补看东晋裴启撰《论林》曰:

---

① 〔北齐〕颜之推著,王利器集解:《颜氏家训集解》卷七"杂艺"条,北京:中华书局,1993年,第570页。
② 〔唐〕李百药:《北齐书》卷四四《儒林传》,北京:中华书局,1972年,第591页。
③ 《南齐书》卷五六《倖臣传》,第973—974页。
④ 〔南朝梁〕释慧皎撰,汤用彤校注:《高僧传》卷四《义解一》,北京:中华书局,1992年,第157页。
⑤ 《高僧传》卷七《义解四》,第299页。

> 王右军为会稽令,谢公就乞笺纸,库中唯有九万枚,悉与之。①

一"枚"笺纸尺寸几何笔者并不清楚,但若以现存唐摹右军帖如《孔侍中》《初月》等比照当相差不远,容字在四、五行上下。即使尺寸不大,一次拿出"九万枚"也是惊人的数量了,造纸产能可见一斑。晋人还喜为各类笺纸撰写诗赋,今部分见于《初学记·文部》,这同样缘于造纸术的极大发展。

## 三、学书两径:"门业"与"规摹"

那如何成为善草隶者呢?《颜氏家训·杂艺》曰:

> 吾幼承门业,加性爱重,所见法书亦多,而玩习功夫颇至,遂不能佳者,良由无分故也。②

《梁书·萧子云传》录萧子云答武帝敕曰:

> 臣昔不能拔赏,随时所贵,规摹子敬,多历年所。③

以上两则史料明白指出南朝人学习书艺的两种途径,即"门业"与"规摹"。所谓"门业",即在家族内传承的学问,两汉时许多家族累世无更

---

① 〔唐〕徐坚等:《初学记》卷二一《文部·纸》注引,北京:中华书局,1962年,第517页。
② 《颜氏家训集解》卷七"杂艺"条,第567页。
③ 〔唐〕姚思廉:《梁书》卷三五《萧子云传》,北京:中华书局,1973年,第515页。

改地传习一经,便是典型的固守门业。① 魏晋以降,门业概念略变宽泛,书写作为技艺也能厕身其间。卫恒《四体书势》载韦诞题榜事,当是书艺作为门业较早的记录:

> 诞善楷书,魏宫观多诞所题。明帝立陵霄观,误先钉榜,乃笼盛诞,辘轳长絙引上,使就题之。去地二十五丈,诞甚危惧。乃诫子孙绝此楷法,著之家令。②

至迟在汉末,文献对不同字体的区分及其功用已有明确表述,如钟繇善"铭石""章程""行狎"三体,便是典型的功能区分。③ 此处,韦诞令家中子孙不得继承"楷法",并非全盘摒弃书艺,而是特指带给他心理创伤的题榜之法(唐张怀瓘《书断》谓之"大字楷法"④),由此可窥门业内涵之具细。随着门阀政治渐趋成熟,东晋时,书艺作为门业便愈加理所当然。《建康实录》卷八载:

> (庾翼)善草隶书,子弟皆效之,后王羲之书盛,内外官重,翼甚不平。在荆州寄书于家曰:"儿子辈憎家鸡,好野雉。"⑤

---

① 可参见胡宝国:《两汉家学的变化》,原载《中国古史论丛:祝贺胡如雷教授七十寿辰》(石家庄:河北教育出版社,1995年),后收入《将无同:中古史研究论文集》,中华书局,2020年,第12—19页。

② 《晋书》卷三六《卫恒传》所引《四体书势》不见此句,刘孝标注《世说》所引为笔者所见最早出处,参见徐震堮:《世说新语校笺》卷下《巧艺第二十一》,北京:中华书局,1984年,第385页。

③ 王僧虔《论书》曰:"钟公之书,谓之尽妙。钟有三体:一曰铭石书,最妙者也;二曰章程书,世传秘书,教小学者也;三月行狎书,行书是也。三法皆世人所善。"(《法书要录》卷一,第19页)

④ 参见《法书要录》卷八,第217页。

⑤ 〔唐〕许嵩撰,张忱石点校:《建康实录》卷八《孝宗穆皇帝》,北京:中华书局,1986年,第212页。

庾翼对家中子弟慕习右军书艺甚为不满,其固守门业的形象跃出纸上。这同时说明,对于一流高门而言,书艺的传授具有封闭性。此种传统放之北朝亦然,《魏书·崔玄伯传》载:

> 玄伯祖悦与范阳卢谌,并以博艺著名。谌法锺繇,悦法卫瓘,而俱习索靖之草,皆尽其妙。谌传子偃,偃传子邈;悦传子潜,潜传玄伯,世不替业。①

所谓"世不替业"意即守护门业颇为得力,于子孙而言是褒奖,对先人来说是告慰。入唐后,这一传统仍不衰,《新唐书·魏徵传》载:

> (魏)叔瑜,豫州刺史,善草隶,以笔意传其子华及甥薛稷。②

又,同书《徐浩传》载:

> 始,浩父峤之善书,以法授浩,益工。③

据此,则"门业"作为书艺学习之一途在时空上均有较大普遍性。与承继门业者相对,社会上大多数人只能通过摹习他人书迹进行学习,这类记载随着南朝寒人阶层崛起而逐渐增多。摹习对象以锺、张、二王为主,且愈往后,追随二王者愈众。《八代谈薮》载齐建元(479—482)中事:

> (张)融善草隶,太祖尝语曰:"卿书殊有骨力,但恨无二王法。"

---

① 《魏书》卷二四《崔玄伯传》,第623页。
② 〔宋〕欧阳修、宋祁:《新唐书》卷九七《魏徵传》,北京:中华书局,1975年,第3881页。
③ 《新唐书》卷一六〇《徐浩传》,第4966页。

答曰："非恨臣无二王法,亦恨二王无臣法。"①

张融力避二王书风,正说明此时摹习二王书迹乃是士人常态。同样的现象也见于北魏：

（元顺）九岁师事乐安陈丰,初书王羲之《小学篇》数千言。②

《小学篇》略同《急就篇》及后世之《千字文》,皆为规范字体的字书。③拓跋顺为北魏皇族,上行下效,则北魏士林的一般情形可知。

## 四、依附性技艺："知识时代"下的书艺

胡宝国称南朝为"知识至上的时代",或简称为"知识时代",士人恐惧因一事不知而被目为浅陋。④ 书艺并不属于知识范畴,萧衍谓之"一艺之工"甚确。史籍中或有因善草隶而受礼遇者,但终归较儒玄文史一类卑下。这一点从两则同出颜氏的家训中可以看得清楚。《宋书·颜延之传》所录《庭诰》有云：

---

① 《八代谈薮校笺》正编卷下南朝"吴郡张融机辩如流"条,第180页。
② 《魏书》卷一九中《景穆十二王列传中》,第481页。
③ 关于《小学篇》,清人张森楷根据《隋书·经籍志》著录下邳内史王义撰《小学篇》一卷,认为此处"王羲之"乃"王义"讹衍所致,但仅止于质疑。（《魏书》,第491页）近来,张天弓撰文探赜《小学篇》的性质和面貌,他认为王羲之曾手书《小学篇》作为规范今草字形的范本,且很可能真草并行,后来周兴嗣编订《千字文》便是从王书《小学篇》脱出,笔者赞同张文的主要观点。按,元顺九岁时当太和二十年（496）,据王羲之谢世已逾百年,故此处《小学篇》当非右军真迹,而是屡经传抄摹写,流播南北。参见张天弓：《王羲之〈小学篇〉与〈千字文〉考》,《中国书法》2020年第1期。
④ 胡宝国：《知识至上的南朝学风》,《文史》2009年第4辑,后收入《将无同：中古史研究论文集》。

适值尊朋临座,稠览博论,而言不入于高听,人见弃于众视,则慌若迷途失偶,厌如深夜撤烛,衔声茹气,腆默而归,岂识向之夸慢,只足以成今之沮丧邪。此固少壮之废,尔其戒之。①

《颜氏家训·杂艺》云:

然而此艺(指书艺)不须过精。夫巧者劳而智者忧,常为人役使,更觉为累。……以此观之,慎勿以书自命。②

学贫则"若迷途失偶",草隶则"不须过精",两者尊卑立现。这并非颜氏一门的观念,即便善书者如萧子云、王褒,也都因书名掩盖才学而抱憾不已。然而,真正获得时人高誉的书家往往正是这些视草隶若杂艺的士族成员。难道他们受益于"门业",确实具备更高的书艺水平吗? 不见得。南朝书艺最大的特点便是依附性,因权力和社会身份的差异,书家所得到的社会评价也大相径庭。《颜氏家训·慕贤》所载一事最切此义:

梁孝元前在荆州,有丁觇者,洪亭民耳,颇善属文,殊工草隶,孝元书记,一皆使之。军府轻贱,多未之重,耻令子弟以为楷法,时云:"丁君十纸,不敌王褒数字。"吾雅爱其手迹,常所宝持。孝元尝遣典签惠编送文章示萧祭酒,祭酒问云:"君王比赐书翰,及写诗笔,殊为佳手,姓名为谁? 那得都无声问?"编以实答。子云叹曰:"此人后生无比,遂不为世所称,亦是奇事。"于是闻者少复刮目。稍仕至尚书仪曹郎,末为晋安王侍读,随王东下。及西台陷殁,简

---

① 〔南朝梁〕沈约:《宋书》卷其三《颜延之传》,北京:中华书局,1974年,第1895页。
② 《颜氏家训集解》卷七"杂艺"条,第567页。

胰涇散,丁亦寻卒于扬州。前所轻者,后思一纸,不可得矣。①

此事中,寒人书家丁觇书名只因萧子云一语而变化,世人遂珍重其书,乃至"后思一纸,不可得矣"。这同时也说明,一般民众并无书艺欣赏和品评的能力,只是一味趋从高门评议。翻检南朝书论,读者常因其玄学化的思维和骈俪的表达如堕云雾,难以获得对书迹直观的感受。此风因梁武帝萧衍敕诏众臣笔谈,达至最盛。袁昂奉敕作《古今书评》品评善书者二十五人,皆设喻比拟,如"张伯英书如汉武帝爱道,凭虚欲仙""梁鹄书如太祖忘寝,观之丧目""崔子玉书如危峰阻日,孤松一枝,有绝望之意",读之不难想见袁昂苦思辞藻,费力捉笔的画面,末了,尚惶恐曰"以圣命自天,不得斟酌。过失是非,如获汤炭"。② 倒是笔谈召集人萧衍肆意品评,颇为自在,在与陶弘景的往还中,他先是辨伪:

> 《乐毅论》乃微粗健,恐非真迹,《太师箴》小复方媚,笔力过嫩,书体乖异。

再是指导:

> 夫运笔邪则无芒角,执笔宽则书缓弱,点掣短则法拥肿,点掣长则法离澌。

同时不忘表现高姿态:

> 此直一艺之工,非吾所谓胜事,此道心之臣,非吾所谓无欲也。

---

① 《颜氏家训集解》卷二"慕贤"条,第133页。
② 《法书要录》卷二,第59—61页。

陶弘景对此回应积极。对于辨伪,他附和"《乐毅论》愚心近甚疑是摹而不敢轻言,今旨以为非真,窃自信颇涉有悟";对于指导,他赞叹"若非圣证品析,恐爱附近习之风,永遂沦迷矣",乃至"今奉此论,自舞自蹈"。①可惜不论是袁昂所评的二十五人书迹,还是萧、陶同观的锺、王手卷,如今都是片纸难寻。惟赖地不爱宝,我们才得以寓目梁武普通年间的手书真迹(图5)。是砖铭文虽出自无名匠师之手,但其书写水平并不亚于一些唐摹宋刻的南朝法帖。甚至在其他各种载体之上,我们都能找到具有惊人美感的南朝真迹(图6),即便一些史册有载的著名书家也未必胜之。

图5　南京狮子冲南朝墓出土"普通七年"刻划铭文砖及其拓片②

---

① 梁武帝与陶弘景《论书启》九则载《法书要录》卷二,第36—43页。
② 砖面照片承许志强先生惠赐,拓片图版取自南京市考古研究所:《南京栖霞狮子冲南朝大墓发掘简报》,《东南文化》2015年第4期。

**图 6　南朝真迹三例**

（1. 南京博物院藏东晋《分檀博达经》局部①；2. 大同司马金龙墓出土漆屏风榜题之一②；3. 邓县学庄南朝墓出土墓砖侧面墨书题记摹本③）

除了对权力的直接依附，依靠社会身份获得高誉的士族书迹也会成为其他阶层竞相追慕的范本。右军为老姥书扇事，颇为人们熟知：

> 旧说羲之罢会稽，住蕺山下，一老姥捉十许六角竹扇出市，王聊问一枚几钱？云值二十许。右军取笔书扇，扇为五字，姥大怅惋云："举家朝餐，惟仰于此，何乃书坏？"王云："但言王右军书字，索一百。"入市，市人竞市去。姥复以十数扇来请书，王笑不答。④

---

① 图版取自南京博物院编：《琅琊王：从东晋到北魏》，南京：译林出版社，2018年，第96页。
② 图版取自《琅琊王：从东晋到北魏》，第157页。
③ 图版取自河南省文化局文物工作队：《邓县彩色画象砖墓》，北京：文物出版社，1958年，第13页。
④ 〔南朝梁〕虞龢：《论书表》，《法书要录》卷二，第31页。

"何乃书坏"四字告诉我们，至少老妪并不能欣赏王羲之的书法，市人竞购其书，也更可能只是慕名而已。对比前引丁觇事迹，书艺的依附性显露无遗。甚至书论家在品评书艺时，直接以社会身份作为参照，如袁昂《古今书评》：

> 阮研书如贵胄失品次，丛悴不复排突英贤。
> 庾肩吾书如新亭伧父，一往见似扬州人，共语便音态出。
> 徐淮南（希秀）书如南冈士大夫，徒好上风范，终不免寒乞。①

措辞间士庶之别的意识十分明显。所谓"南冈士大夫"，指六朝时居住在秦淮河南岸石子岗一带的居民。这一人群在吴晋时杂糅南土著姓、侨居大族和一般居民，而在东晋之后发生大变化，世家大族纷纷选择在秦淮河北岸置业，南冈遂逐渐变为"京邑贫士"与没落士族的聚居地，这一转变意味着南朝社会士庶隔阂的加深。② 袁昂以此喻寒人徐希秀书迹，正应和书艺作为依附性技艺在南朝社会的真实处境。

## 【附记】

小文原载"澎湃新闻·上海书评"（2020年5月30日），刊发后得到来自多方的批评、指正，特别是雠温社诸位师友的讨论和建议，令笔者获益颇多，铭感于心。另，刘涛先生新近撰《"草隶"追原》一文（《读书》2021年第3期，第20页），重申其原本的认识，笔者拜读后，仍坚持自己的看法，即"草隶"分指与语义泛化并行不悖，故此次修订没有改变原文观点及论述逻辑，谨依据论文集要求增补脚注。

---

① 《法书要录》卷二，第59—61页。
② 孙齐：《说"南冈士大夫"》，《南京晓庄学院学报》2015第5期。

# 行走的书簏:中古时期的
# 文献记忆与文献传播

## 于 溯

作为人类本有的一项生理功能,记忆力深刻地参与了人类文明进程。诞生于各文明早期的神话故事曾凭借记忆口耳相传,在古印度,佛教经典也长期通过口诵流布。[1] 古希腊人甚至已经有了系统训练记忆的技艺,[2]这种技艺后来受到罗马演说家的大力推崇,他们将"记忆术"列为古典修辞学的一部分,还奉希腊诗人西摩尼得斯为记忆术的发明者。[3] 但是,随着书写和文献制作技术的逐渐发达,是用记忆来承载和传播文明,还是用文字、文献来承载和传播文明,人们有了两种选择。既然记忆作为知识和信息的一种载体,在功能上和文献是有所重叠的,它与文献的关系就成了一个经久不衰的话题。柏拉图在《斐德若篇》中就假借埃及法老塔穆斯之口说,文字会导致人们善忘,因为人一旦学会文字就不再努力记忆了。[4] 这种记忆与文献对立竞争的观念影响至今,比如文艺复兴史学者叶芝认为,记忆技艺的衰落正是缘于印刷书籍

---

[1] 参见〔英〕渥德尔著,王世安译:《印度佛教史》,北京:商务印书馆,1987年,第187页。

[2] 参见〔古罗马〕西塞罗著,王焕生译:《论演说家》,北京:中国政法大学出版社,2003年,第453页。

[3] 传说西摩尼得斯在一次宴会中遭遇建筑坍塌而免于罹难,他竟能记得事发时每位宾客坐的位置,凭此指认出了所有血肉模糊的尸体。参见《论演说家》,第487页。

[4] 〔古希腊〕柏拉图著,朱光潜译:《柏拉图文艺对话集》,北京:人民文学出版社,1963年,第169页。

"摧毁古老的记忆习惯"[①],阿莱达·阿斯曼在研究记忆史时也表示,那既能放在书里的,就不必放在脑中,记诵的衰落"正与外在于人体的功能强大的知识存储器飞速增长的容量相对应"[②]。

从一个长时段的视角看,人体外的知识存储器最终战胜有生理局限的人体本身,无疑是确然的;但是在每个具体的时空中、在特定的文化观念和历史情境下,文献和记忆的关系还远非那么简单。印度佛教一度依赖口诵传教,据说就是因为那里的学者和哲学家看不起文字。[③]中国文化对文字和书写极度推崇,汉字拥有神圣的起源故事,书写拥有高于口说的地位,甚至形成了具有神秘色彩的敬惜字纸观念,但背诵作为一种特殊的记忆与文献的结合方式,也长期受到不亚于物质文献本身的重视。在《金石录后序》那个著名的片段里,李清照这样描述她和丈夫的日常生活:"每饭罢,坐归来堂,烹茶,指堆积书史,言某事在某书、某卷、第几叶、第几行,以中否角胜负,为饮茶先后。"[④]——那能放在书里的,不但也要放在记忆里,而且是连书一起放在记忆里的。

"文献记忆"是记忆的一个独特的分支,它是以记忆的老对手——文献为对象的记忆,是以字句为元素的记忆。这种记忆活动只能发生在文字出现后,也只能发生在识字并能接触到书的人身上。在不同的文化或时代中,文献记忆所扮演角色的重要性是不同的。即以对文献记忆的指称为例,至迟在中古汉语中,已经有"讽"字表达"记忆文献"

---

① 〔英〕弗朗西丝·叶芝著,钱彦、姚了了译:《记忆之术》,北京:中信出版社,2015年,第121页。
② 〔德〕阿莱达·阿斯曼著,潘璐译:《回忆空间:文化记忆的形式和变迁》,北京:北京大学出版社,2016年,第2页。
③ 〔英〕渥德尔:《印度佛教史》,第187页。
④ 〔宋〕李清照著,黄墨谷辑校:《重辑李清照集》卷六,北京:中华书局,2009年,第124页。

("倍[背]文曰讽")①；而在英语中就很难为"背文"找到一个对应单词，倒是人类学家用以区别口耳相传式记忆而使用的长词组"word-for-word repetition/ line-for-line repetition"差与之相仿佛。② 拥有专称，这是文献记忆在古典中国文化中相当被关注的一个体现。另一个有趣的文化对照是，希腊人发明了"记忆术"，中国人则发现了"文献记忆方"：

> 韩终服菖蒲十三年，身生毛，日视书万言，皆诵之，冬袒不寒。
> 陵阳子仲服远志二十年，有子三十七人，开书所视不忘，坐在立亡。③

仙方和专称一样，也说明文献记忆得到了格外关注。而这种关注度又不是一成不变的，有些时代的人比其他时代的人更关注文献记忆，留下了更多关于记诵的故事。傅汉思在研究唐代正史之《文苑传》时就发现，在唐代史官们看来，"惊人的记忆力似乎是当时文人不可缺少的特点"④。事实上，这个特点既不限于文苑，也不限于正史，也不限于唐

---

① 《周礼·春官·大司乐》："以乐语教国子兴、道、讽、诵、言、语。"郑玄注："倍文曰讽，以声节之曰诵。"倍文，也就倍(背)对着文献而读出的意思，所以贾疏说："'倍文曰讽'者，谓不开读之。"其实除了"讽"字以外，中古汉语中"诵"字也有"背文"的意思，所以贾疏又说"云'以声节之曰诵'者，此亦皆背文。但讽是直言之，无吟咏；诵则非直背文，又为吟咏、以声节之为异。"（按本句"但讽是直言之"中"直"字诸本多误作"宜"，此据〔日〕加藤虎之亮：《周礼经注疏音义校勘记》，上海：中西书局，2016年，第511页上。又"诵"有了"背文"的义项，应该只是"讽诵"二字常连文使用造成的词义沾染，并没有贾疏解释得那么复杂）

② Ruth Finnegan, *Oral Poetry: Its Nature, Significance and Social Context*, Cambridge University Press, 1977, p.76, 78.

③ 〔晋〕葛洪撰，王明校释：《抱朴子内篇校释》，《抱朴子·仙药》，北京：中华书局，1985年，第208页。

④ 〔美〕傅汉思(Hans H. Frankel)撰，郑海瑶译，黄宝华校：《唐代文人：一部综合传记》，〔美〕倪豪士编选，黄宝华等译：《美国学者论唐代文学》，上海：上海古籍出版社，1994年，第10页。

代。在中古时期的各种性质的人物传里、各种性质人物的传里,记诵能力都是常见话题,比如:

> 诵经日万言,过目则能。(《出三藏记集·竺法护传》)
> 耳闻则诵,过目不忘。(《晋书·苻融载记》)
> 初出身为领军府白衣吏。少知书,领军将军沈演之使写起居注,所写既毕,暗诵略皆上口。演之尝作让表,未奏,失本,喜经一见,即便写赴,无所漏脱。(《宋书·吴喜传》)
> 大眼虽不学,恒遣人读书,坐而听之,悉皆记识。令作露布,皆口授之,而竟不多识字也。(《魏书·杨大眼传》)
> 经目必记,历耳不忘,求籍人间,阅书肆里,不知雨风,岂悟坑穿。(《魏张满墓志》)
> 读书数行并下,过目皆忆。(《梁书·昭明太子传》)
> 七岁时,诵庾信《哀江南赋》,数遍而成诵在口。(《旧唐书·蒋乂传》)[①]

---

① 〔南朝梁〕释僧祐撰,苏晋仁、萧炼子点校:《出三藏记集》卷一三,北京:中华书局,1995年,第518页;〔唐〕房玄龄等:《晋书》卷一一四,北京:中华书局,第2934页;〔南朝梁〕沈约:《宋书》卷八三,北京:中华书局,1974年,第2114页;〔北齐〕魏收:《魏书》卷七三,北京:中华书局,2017年,第1772页;北京图书馆金石组编:《北京图书馆藏中国历代石刻拓本汇编》第六册,郑州:中州古籍出版社,1989年,第45页;〔唐〕姚思廉:《梁书》卷八,北京:中华书局,1973年,第166页;〔后晋〕刘昫等:《旧唐书》卷一四九,北京:中华书局,1975年,第4026页。需要指出的是,鉴于"诵"字有"背诵"和"诵读"二义,本文在选择中古时期文献记忆的史料时,对原文只出现"诵"字而上下文未明确显示此"诵"为背诵义的,盖不取用。尽管如此,所谓史不书常,我认为除僧传外的人物传记是不会把"能够诵读"作为传主的秀异素质加以渲染的,比如像"公幼挺奇伟,聪明懿肃,年五岁,日诵《春秋》十纸。"(《王德表墓志》,《唐代墓志汇编》圣历〇二八,上海:上海古籍出版社,1992年,第947页)这类在中古史料中极其多见的描述,其实完全可以认定为文献背诵行为,本文尽量回避引据,免致读者可能的歧见。

"惊人的记忆力"并没有特定的人物群体偏好,它可能发生在知识精英身上,也可能发生在胡人、武人、胥吏甚至不甚识字的人身上。这些记载唯一的共性是出现在中古时期,而清代大型类书《古今图书集成》在"博文强记部"抄录了清以前 106 个文献记忆故事,其中中古时期的就占到了 71 个。① 同样产生于这一时期的《抱朴子》中出现诵书仙方,绝非偶然。可以说,中国文化之格外强调文献记忆,这个特点正是在中古时期形成的。

但问题是,在物质文献史上,中古时期正是纸代替竹帛、书写越来越便利、书籍越来越丰富的时期,文献有了更好的、更多的物质载体,为什么反而更需要记忆这个载体?为什么记诵高手在这个时期的史料中井喷式地出现,而不是在文献流通更艰难的古代,或者接触书籍机会更多的雕版印刷时代?

## 一、文献记忆:文献还是记忆?

支配文献记忆行为的是文献记忆观念,后者同样是随时变化的。比如体现在计量方式上,今天人们说背诵一篇文章、一段课文、三百首唐诗,计量单位(篇、段、首)多是根据文本内容设定的。而前引《抱朴子》收录的背诵仙方中,有一道药效是"日视书万言","言"(字数)作为记诵单位今日已罕有使用,在中古时期却相当常见,比如:

> (司马防)雅好《汉书》名臣列传,所讽诵者数十万言。
> (李邦)暗记《论语》《尚书》《毛诗》《左氏》《文选》凡百余万言。②

---

① 《古今图书集成·理学汇编·学行典》卷一一二,北京:中华书局,1934年,第六〇六册,第三二—三六页。
② 《三国志》卷一五《魏书·司马朗传》裴注引司马彪《序传》,第 466 页。韩愈《唐故中大夫陕府左司马李公墓志铭》,刘真伦、岳珍校注:《韩愈文集汇校笺注》卷二四,北京:中华书局,2010 年,第 2588 页。

除了"言"以外,"纸"也常常用来衡量记诵量:

> 姚主即以药方一卷,民籍一卷,并可四十许纸,令其诵之三日,便集僧执文请试之。乃至铢两、人数、年纪,不谬一字。
>
> (长孙绍远)年甫十三……读《月令》数纸,才一遍,诵之若流。
>
> 兄敬嗣,时因禀训,读《上林赋》于前。太妃一览斯文,便诵数纸。
>
> 属颜鲁公许试经得度,时已暗诵五百纸。比令口讽,一无差跌,大见褒异。①

字数和纸张数都与文本内容无关,而与物质文献的视觉样态有关。而且,它们其实也是中古时期写本制作的计工单位。② 用字数和纸张数计量背诵量,说明在当时人的观念中,文献记忆与物质文献有相当的同质性。③ 可以说明这种同质性的另一个例子是,《汉书·艺文志》著

---

① 《出三藏记集》卷三,第118页;〔唐〕令狐德棻等:《周书》卷二六《长孙绍远传》,北京:中华书局,1971年,第430页;周绍良、赵超主编:《唐代墓志汇编续集》咸亨〇一二《大唐越国故太妃燕氏墓志铭》,上海:上海古籍出版社,2001年,第193页;〔宋〕赞宁撰,范祥雍点校:《宋高僧传》卷一五《唐湖州八圣道寺真乘传》,北京:中华书局,1987年,第373页。

② 如刘宋陶贞宝"以写经为业,一纸直价四十",见〔宋〕张君房编,李永晟点校:《云笈七签》卷一〇七,中华书局,2003年,第2322页;又唐终南山悟真寺僧法诚延请弘文学士张静写经,两纸酬值五百,见〔唐〕道宣撰,郭绍林点校:《续高僧传》卷二九,北京:中华书局,2014年,第1184页。

③ 一个实物例证是,敦煌写经的卷末题记常著录用纸数量,这既是为方便雇书双方核算价格,也是为方便诵经者核算记诵量。另外,内典目录也多著录众经纸数,如彦琮录、静泰录、道宣录、明佺录、智升录等,这是与外典目录很不同的一个特色。著录纸数的原因,应该也是为了诵经的核计。像唐代的度僧,就有据诵经纸数许度的政策,如前引真乘事,又如宝历年间也有"僧能暗记经一百五十纸、尼能暗记经一百纸,即令与度"之诏,见《宋高僧传》卷二九《唐京师保寿寺法真传》,第736页;〔宋〕王钦若等编纂,周勋初校订:《册府元龟》卷五二,南京:凤凰出版社,2006年,第549页。

录小说家时特别强调其口语记忆的源头("街谈巷语,道听途说"),而且这个源头与小说被置于诸子十家之末且独被著录者评曰"不可观"有直接关系;但是《汉志》著录伏生本《尚书》,并不因其来自文献记忆而区别视之。写出记忆中的非文献内容和写出记忆中的文献性质截然不同,对后一个行为,"来源于记忆"这一点被完全忽视了。这也说明,文献记忆在当时更多的是被从文献而不是记忆的角度来认识的,它的产物作为一种虚拟书籍,与实体书籍并无本质区别,不过一个是储藏在体内,一个是在箧中而已。

人体能够成为书籍的储藏地,这种观念也在当时的很多言论中有所体现。汉末的赵壹在《刺世疾邪赋》中写道:"文籍虽满腹,不如一囊钱。"①《世说》载郝隆七月七日出日中仰卧,人问其故,对曰:"我晒书。"②东魏的崔㥄被人称赞"胸中贮千卷书"③。文籍满腹、晒腹曝书、胸中贮书,这种描述方式就和早期文献中的"多识前言往行"(《易·大畜》)、"博闻强识"(《礼记·曲礼》)、"前事之不忘"(《战国策·赵策》)之类不同,落脚点在人体与书,而不是记忆与知识。更直观的例子是,汉唐史料中常可见"书笥""书厨""书簏""书箱""书库""书箧"一类人物绰号,④还有人被

---

① 〔南朝宋〕范晔:《后汉书》卷八〇下《文苑传下》,北京:中华书局,1965年,第2631页。

② 〔南朝宋〕刘义庆著,〔南朝梁〕刘孝标注,余嘉锡笺疏:《世说新语笺疏》,上海:上海古籍出版社,1993年,第803页。

③ 〔唐〕李百药:《北齐书》卷二三《崔㥄传》,北京:中华书局,1972年,第334页。

④ 东汉边韶自称五经笥,见《后汉书》卷八〇上《文苑传上》,第2623页。梁许懋人称经史笥,参见《梁书》卷四〇懋本传,第575页。王俭嘲陆澄为书厨,参见〔南朝梁〕萧子显:《南齐书》卷三九澄本传,北京:中华书局,2017年,第762页。梁沈约嘲傅迪为书簏,参见〔宋〕李昉等撰:《太平御览》卷六一六引沈约《俗说》,北京:中华书局,1960年,第2770页。又李善号书簏,见〔宋〕欧阳修、宋祁:《新唐书》卷二〇二《文艺传中》,北京:中华书局,1975年,第5754页。张读《宣室志》载沈约有爱子,少聪敏,好读书,约甚怜爱,因以青箱名之,见《太平广记》卷八三引,第2717页。隋房晖远号五经库,见〔唐〕魏徵等:《隋书》卷七五《儒林传》,北京:中华书局,1973年,第1716页。唐谷那律号九经库,参见《旧唐书》卷一八九上《儒学上》,第4952页。唐柳璨号柳箧子,见《旧唐书》卷一七九璨本传,第4670页。

称为"皮里晋书""皮里阳秋",①被称为"肉谱",乃至有被完全取缔了"肉"的存在而直呼为"人物志"的。② 这些绰号无论褒贬立意何在,它们能以这样的面貌出现,都基于人可以作为书籍储藏地的认识。而这种认识,与以字数、纸张数来计算记诵成果,是相互吻合的。

如果人体是书籍的储藏地,那么文献记忆的行为,就是为书籍制作一个藏于此地的复本,这与为书籍抄写一个复本并无本质区别。正因为如此,制作"记忆本"的流程、要求,与制作写本也是一致的。

文字准确是制作写本的核心要求。早期的文献记忆,正如朱熹指出的,孟子凭记忆引据《诗》《书》每每有误;汉人凭记忆授经也常出现错字,③当时并无一字不可差的要求。但在中古史料中,用"不差一字""一无舛误"描述文献记忆已经非常常见了,文献记忆理论上应与诵本严格一致,应该正是在这个时期逐渐确立的准则。

至晚在南朝后期,"不差一字""一无舛误"的标准已经不仅适用于书籍内容,还适用于书籍的作者、书名、目次、版式等信息。据说当时萧劢能把《东观汉记》背诵到"卷次行数亦不差失"的程度,④而长于记诵的刘杳能准确识别各种文献片段的出处。⑤ 文本与书名目次版式间的有效对应,使人体中的一部部书籍卷帙分明、互不混杂,就像它们的体外版本一样。

---

① 《梁书》卷三三《刘谅传》:"少好学,有文才,尤博悉晋代故事,时人号曰'皮里晋书'。"(第484页)《世说新语·赏誉》:"桓茂伦云:'褚季野皮里阳秋。'谓其裁中也。"(《世说新语笺疏》,第460页)

② 《太平御览》卷六一二引《唐书》:"李守素尤为谱学,妙谙人物,自晋、宋以降,四海士流及周、魏以来诸贵勋等,华戎阀阅,靡不详究,时号为'肉谱'。尝与虞世南等六人同直学馆……因共谈人物。初言江左、东南,犹相酬对。及言北台诸姓,次第如流,显其历叶,皆有据证,世南但抚掌而笑,不复能答。既而叹曰:'肉谱定可畏。'许敬宗因谓世南曰:'李仓曹以善人物,乃得此名,虽为美事,然非雅号。……今目仓曹为人物志可乎?'"(第2752页)

③ 〔宋〕黎靖德编:《朱子语类》卷一〇,北京:中华书局,1986年,第170页。

④ 《南史》卷五一,第1263页。

⑤ 《梁书》卷五〇,第716页。

南朝的藏书家们宣称,抄书、藏书的目的是"备遗忘"①,换言之,物质文献是作为"记忆本"的校本被收藏的。不惟物质文献可校"记忆本","记忆本"也可校物质文献,《旧唐书》载唐玄宗见凌烟阁"左壁颓剥,文字残缺,每行仅有三五字",随行的蒋乂认出这些文字是圣历中侍臣图赞,"即于御前口诵,以补其缺,不失一字"②。这就是以记忆本为校本的一个实例。

字字对应,不脱不讹,定名析卷,布置版式,最后以字数和纸张数计算工作量,这本是制作写本的相关概念,而文献记忆也一一接受了。不仅如此,物质文献的校勘概念也被文献记忆接受了。"记忆本"和写本二者间可以自如互校,这更说明当时人使用物质文献的制作和校勘概念去描述文献记忆,并不是一种文学性的比喻,而是真正将"记忆本"视为版本学意义上的文献形态。由此可以看出,中古时期人有将文献记忆直接视为一种文献的倾向。

## 二、记忆本及其特性

就像面对"选择记忆还是选择文献"的时刻一样,现在人们面对文献也有了两个选择:记忆本,还是写本?

记忆本的一个显著优势是成本低。对没有经济能力置办实体书籍的人,记忆本的意义尤大。《后汉书》载王充早年家贫无书,就去卖书的地方蹭看,"一见辄能诵忆,遂博通众流百家之言"③。荀悦据说也是

---

① 《梁书》卷三三《王筠传》载筠《自序》云:"爱《左氏春秋》,吟讽常为口实,广略去取,凡三过五抄。馀经及《周官》《仪礼》《国语》《尔雅》《山海经》《本草》并再抄。子史诸集皆一遍。未尝倩人假手,并躬自抄录,大小百余卷。不足传之好事,盖以备遗忘而已。"(第486页)

② 《旧唐书》卷一四九《蒋乂传》,第4027页。

③ 《后汉书》卷四九,第1629页。

"家贫无书,每之人间,所见篇牍,一览多能诵记"①。借书并制作一部记忆本是贫者求学的常态,东汉延笃学《左传》而无力置办纸张抄写,就找人借一部背了下来。②梁代的任孝恭也是"家贫无书,常崎岖从人假借。每读一遍,讽诵略无所遗"③。还有人利用佣书的机会,在为雇主制作写本的同时为自己制作了记忆本,比如东吴的阚泽、南朝的王僧孺和朱异。④ 而记忆本的低廉不仅体现在经济成本上,也体现在知识成本上,非但不花钱可得之,不识字也可以,北魏名将杨大眼就是通过有声读物的方式获得书籍:"恒遣人读书,坐而听之,悉皆记识。"⑤

记忆本的另一个优势在机动性。人们即使拥有了物质文献,也可能在战乱、火灾、迁徙等不测中再次失去;或者物质文献没有亡佚,却在需要使用时恰巧不在场。但记忆本总是随身的,蔡琰在汉末的流徙中丢失了父亲蔡邕留下的四千余卷藏书,她后来仍凭记忆重新写出了四百余篇。⑥ 梁代的陆倕借得一部《汉书》而不慎丢失其中四卷《五行志》,后来也是凭记忆"暗写还之,略无遗脱。"⑦唐太宗命人写《列女传》以装屏风,一时找不到书,虞世南现场默写,"不失一字"⑧。记忆本一旦拥有,就与记忆者同在,从这个意义上说,拥有一部书的记忆本,才是真正拥有了一部书。

正是意识到了这一点,中古时期的藏书家并不以收藏实体书为最终目标,藏书的终极追求是藏得记忆本,获得实体书只是藏书流程的中

---

① 《后汉书》卷六二,第 2058 页。
② 《后汉书》卷六四《延笃传》章怀注引《先贤行状》,第 2103 页。
③ 《梁书》卷一三《沈约传》,第 233 页;卷五〇《文学传下》,第 726 页。
④ 《三国志》卷五三《阚泽传》:"居贫无资,常为人佣书,以供纸笔,所写既毕,诵读亦遍。"(第 1249 页)《梁书》卷三三《王僧孺传》:"家贫,常佣书以养母,所写既毕,讽诵亦通。"(第 469 页)《南史》卷六二《朱异传》:"居贫,以佣书自业,写毕便诵。"(第 1515 页)
⑤ 《魏书》卷七三,第 1772 页。
⑥ 《后汉书》卷八四,第 2801 页。
⑦ 《梁书》卷二七,第 401 页。
⑧ 《旧唐书》卷七二《虞世南传》,第 2566 页。

间环节。前文提到,南朝藏书家萧钧和王筠都称自己抄书、藏书的目的是"备遗忘":抄是为了帮助记忆,藏是为了给"记忆本"保留一个校本,俾其永远完善地存于体内。如果对记忆力足够自信,甚至这个校本也不必备,陈代学者沈不害写文章"操笔立成,曾无寻检",而家中也从不置藏书,大概因为实在用不上。① 柏拉图担心的文字使人们不复记忆的情况,在沈不害这里遭遇了反例。

沈不害的故事也说明记忆本还有可"寻检"的优势。在沈不害的时代,书籍的流行装帧是卷轴装写本,这种形态的书籍尽管已经较简牍取阅为易,但查检信息仍是极不方便的。英国古典学者对希腊书卷之缺陷的一些总结,完全可以移评中国的卷轴书籍:

读者慢慢展卷阅读,同时用一只手将已经读过的部分收拢,这个过程结束就是将整个卷轴的内外层次倒转过来了,所以在下一个读者展读之前要重新卷一遍。这种图书形式的不便之处显而易见,尤其别忘了当时有些书卷长逾十米。另一个缺点是图书所用的材料不结实,容易损坏。不难想象,当一个古代的读者需要查证一处文献时,不到万不得已,都会尽量依靠记忆而不愿费事去查检,况且这个过程还会增加书的磨损。②

正因为如此,当中古时期的读者需要检索文献时,有时不是去查书,而是去找人。《梁书》说沈约、任昉等人"每有遗忘"就去访问学者刘

---

① 〔唐〕姚思廉:《陈书》卷三三《儒林传》,北京:中华书局,1972 年,第 448 页。
② 〔英〕L. D. 雷诺兹、N. G. 威尔逊著,苏杰译:《抄工与学者:希腊、拉丁文献传播史》,北京:北京大学出版社,2015 年,第 2 页。

杳,①沈、任都是中古时期第一流的藏书家,②但对他们而言,刘杳的记忆本显然比自家的写本使用起来更便捷。北齐时,祖孝徵、魏收、阳休之等人一次讨论古事,"有所遗忘,讨阅不能得",于是呼王劭问之,"劭具论所出,取书验之,一无舛误"③。身边有书但"讨阅不能得",这个缺陷使写本无法与记忆本相抗衡。

记忆本的第四个优长在利于理解,或者确切地说,是中古时人为地在熟读成诵与理解文意间建立起了联系。这种联系似肇见于魏明帝时董遇的名言"读书百遍而义自见"④,而其影响至为深远。在萧梁,萧绎敦促子弟读五经,也强调"读之百遍,其义自见。"⑤唐人王友贞九经皆读百遍。⑥ 乃至七世纪末留学印度的义净会以"斯等诸书,并须暗诵。……同孔父之三绝,等岁释之百遍"的格义式描述介绍当地五天俗书的教学情况。⑦ 所以记忆本不仅自带检索工具,还长期被认为自带解读工具。

从义净的说法来看,根植于印度文化的口诵观念,和中土自产的以

---

① 《梁书》卷五〇《刘杳传》,第 715 页。
② 《梁书》卷一三《沈约传》:"好坟籍,聚书至二万卷,京师莫比。"(第 242 页)又卷一四《任昉传》:"昉坟籍无所不见,家虽贫,聚书至万余卷,率多异本。昉卒后,高祖使学士贺纵共沈约勘其书目,官所无者,就昉家取之。"(第 254 页)
③ 《隋书》卷六九《王劭传》,第 1601 页。
④ 《三国志》卷一三《魏书·王朗传》裴注引《魏略》,第 419 页。
⑤ 《金楼子·戒子》,见〔梁〕萧绎撰,陈志平、熊清元疏证校注:《金楼子疏证校注》,上海:上海古籍出版社,2014 年,第 355 页。
⑥ 《旧唐书》卷一九二《隐逸传》,第 5118 页。
⑦ 〔唐〕义净著,王邦维校注:《南海寄归内法传校注》卷四《西方学法》,北京:中华书局,1995 年,第 97 页。据校记"岁释"他本作"岁精",然两皆不通,或是字有讹误。

诵读求理解的观念，在当时人心中大概是混杂糅合的。① 而这种糅合的结果就是，有些俗书的读诵或背诵行为也有了诵经般的仪式感和修行色彩；甚至产生了诵经般的祛魔感应效果。② 记忆本通向理解，甚至制作和不断诵出某些特殊文献的过程通向功德，这是记忆本性质中最为特殊的两点。

由此看来，记忆本在获取、携带、传播和使用方面，都有写本所不具备的优势；但写本是可视的，可分享的，而且是可以穿越时空分享的，这些优势记忆本也不具备。至此，其实已经可以回答本文一开始提出的问题：文献记忆与物质文献同步繁荣，正是因为此时它们二者间有互补性；关于记诵的故事在中古时期井喷式的出现，就是因为物质文献的发展增加了人们接触书籍的机会，但其结构设计、制作工艺、存藏条件还远远实现不了那时人们对文献的所有要求。因此，为文献制作记忆本仍是必要的，而且对于某些内容的文献，人们可能更倾向于制作记忆本。

---

① 一个明显的迹象是，中古僧传在描写僧人的记忆力时，会动用世俗人物传记中的记诵故事为模板，这说明在时人眼里，同时空中发生着的僧俗的文献记忆行为，在事实层面也是同质的。南北朝时，诵经（包括诵读和背诵）在南北僧众中都受到极高的重视，故慧远《与桓太尉论料简沙门书》云："经教所开，凡有三科：一者禅思入微，二者讽味遗典，三者兴建福业。"（《弘明集》卷一二，T52，p. 85，b13-21）《洛阳伽蓝记》里甚至还有比丘因"不暗诵"被阎罗王法办的故事。（参见《洛阳伽蓝记》卷二，〔北魏〕杨衒之撰，范祥雍校注：《洛阳伽蓝记校注》，上海古籍出版社，1978年，第81页）唐代更有度僧试诵之制，已见前引。僧人通过记忆传播经典、积累功德，并将其认定为一种基础职业素养，对信众广大的中古社会造成文化传染，也是必然。

② 如沈演之每日读《老子》百遍，见《宋书》卷六三《沈演之传》，第1685页。东汉郅伯夷诵《孝经》《易》以御狐精，参见〔汉〕应劭撰，王利器校注：《风俗通义校注》，北京：中华书局，1981年，第427页。梁皇侃"常日限诵《孝经》二十徧，以拟《观世音经》"（《梁书》卷四八《儒林传》，第680页）。

## 三、记忆本的内容偏好

除了作为基础知识构成的儒家经典外,最容易被人们选中制作记忆本的文献,一定是最需要利用记忆本优势的文献,或者说,最需要避免写本劣势的文献:大概不会有人去背诵类书,因为类书自带的检索便利,消解了辛苦记诵的意义。

谱牒是中古时期一个有时代特色的记诵对象,前文提到的唐人李守素,就因长于此道,人称"肉谱"。在李守素之前,南朝背谱之风更盛,萧绎说自己13岁就开始背《百家谱》,甚至背到身心严重受损。① 谱牒在当时有多重社会功用,选官、议婚、避讳都要以之为据,而主要是指导日常避讳的功用引发了制作记忆本的需求,因为总不宜在接对人物时临场查本。关于谱牒文献的记诵,一个有名的例子是王弘得了王僧孺的《十八州谱》后能"日对千客,不犯一人之讳"②,显然已经有复本在体。齐竟陵王萧子良命谱学家贾渊修过一部《见客谱》,从性质看,大概也是要背下来的。③

谱牒类文献内容无逻辑可言,背诵难度极大,因此常在传记中作为展现传主记忆力的道具出现(或者是与谱牒性质相近的名籍、宫籍、批量人名),其实传记作者的这种主题偏好,还是受了他们自己所处时代的背谱之风的影响。众所周知,谱学在中古时期极为兴盛,但流传下来的谱牒文献却几乎没有。前人论此,多归因于江陵焚书之厄和后来的隋末战乱,但某一类书在书厄面前特别脆弱,根本上还是因为这类书相对于其他类书,复本更少。换言之,在谱学兴盛的时期,很多谱牒恐怕是以"肉谱"的形态活跃于时的。《魏书》说高谅"造《亲表谱录》四十许卷,自

---

① 《金楼子·自序》,《疏证校注》,第1141页。
② 《南史》卷五九《王僧孺传》,第1462页。
③ 《南齐书》卷五二《文学传》,第999页。

五世已下，内外曲尽，览者服其博记"①。纸谱本来就是肉谱的衍生品，如果后者无意著述，不发生这种衍生，那谱牒就不免随肉身湮灭了。

另一个常见于中古时期的记诵热点是故事类文献，如历朝史事、注记、律令、奏章、仪注等。《魏书》有一段记载生动地体现了熟记故事的政治效力：延昌四年正月某夜，宣武帝崩于式乾殿，留下年仅五岁的太子，两天后，宣武帝的同母弟、一直被软禁在华林园的广平王元怀扶疾入临，②"径至太极西庑，哀恸禁内，呼侍中、黄门、领军、二卫，云身欲上殿哭大行，又须入见主上"。面对突发的逼宫，大臣们愕然相视，莫敢抗对，侍中崔光"独攘衰振杖，引汉光武初崩，太尉赵憙横剑当阶，推下亲王故事，辞色甚厉，闻者莫不称善，壮光理义有据。怀声泪具止，云侍中以古事裁我，我不敢不服。于是遂还，频遣左右致谢"。③ "以古事裁我"的强大威慑力，体现了故事行政被广泛承认的权威性，也说明腹中储备故事以备非常的必要。

档案、注记类故事文献成为记诵热点，也与其接触群体有限且集中贮藏于相关政府机构的特性有关。这种典型的集中秘藏易致集中焚毁型文献，④正是记忆本发挥优势所在，尤其在政权频繁交迭的时代。萧

---

① 《魏书》卷五七《高祐传》，第 1381 页。

② 《魏书》卷二二《孝文五王传》："召（广平王怀）入华林别馆，禁其出入⋯⋯世宗崩，乃得归。"（第 667 页）

③ 《魏书》卷六七《崔光传》，第 1621 页。

④ 按《晋书·刑法志》："文帝为晋王⋯⋯令贾充定法律。⋯⋯其常事品式章程，各还其府，为故事。"（第 927 页）政府机构保存故事是汉代以来相延的制度，而正因如此，经眼者每局限于相关职能部门的若干人员。像常被引据为故事的章表奏议，它们在制作环节就强调作者的保密自觉，如曹魏任嘏"每纳忠言，辄手书怀本，自在禁省，归书不封"（《三国志》卷二七裴注引《任嘏别传》，第 748 页）。刘宋谢弘微"每有献替及论时事，必手书焚草，人莫之知"（《宋书》卷五八《谢弘微传》，第 1593 页）。唐钱徽"奏议多闻于削稿"（〔唐〕白居易：《授钱徽司封郎中知制诰制》，〔宋〕李昉等编：《文苑英华》卷三八二，北京：中华书局，1966 年，第 1951 页）并其例。而在储藏环节，官府存档也有一定的取阅权限，东晋王敦之乱时，周𫖮上表救王导而人皆不知，后王导料检中书故事，乃得𫖮表，正可见此。至于前朝档案或有触忌时讳者，更受到严格控制，像梁武帝时吴均乞阅萧齐起居注并（转下页）

齐初建时，大概台阁故事又一次毁于易代战火，徐勉向萧道成推荐能够背诵晋、宋起居注的孔休源为尚书仪曹郎，自此"每逮访前事，休源即以所诵记随机断决，曾无疑滞。吏部郎任昉常谓之为'孔独诵'"①。所以在中古时期，尤其在礼仪制度、铨选制度尚未得到系统、稳固建设的唐代之前，常能见到熟诵历代故事的人物颇得以接近权柄，成为重要的政治顾问，像孔休源，以及前文提到的因博悉晋代故事号为"皮里晋书"的刘谅，并皆其例。

从崔光的事例还可以看到，汉故事在魏晋南北朝仍有政治效力，因此《汉书》在魏晋以降也是一个非常突出的记诵热点，②所以范晔对《汉书》有"当世甚重其书，学者莫不讽诵焉"的观察。③ 除提供故事外，史

---

（接上页）群臣行状，就遭到了武帝的断然拒绝。又王导料检中书故事，是因为其时兵士劫掠内外，官省奔散，王导去查点清理中书省散乱焚馀的档案。中书省还是在宫内的官署，地处外朝的各机构遭受历次动乱侵扰的概率更大，所藏故事散乱的危险也更大。又据《陈书·儒林传》记载，侯景之乱也造成了"台阁故事，无有存者"（卷三三，第434页）。

① 《梁书》卷三六《孔休源传》，第520页。
② 《汉书》记诵的实例极多，聊举数例：司马防"雅好《汉书》名臣列传，所讽诵者数十万言"（已见前注）。沈攸之"晚好读书，手不释卷，《史》《汉》事多所谙忆"（《宋书》卷七四攸之本传，第1941页）。阚骃"三史群言，经目则诵，时人谓之宿读"（《魏书》卷五二骃本传，第1274页）。邢邵"尝因霖雨，乃读《汉书》，五日，略能遍记之"（《北齐书》卷三六邵本传，第475页）。陆倕"尝借人《汉书》，失《五行志》四卷，乃暗写还之，略无遗脱"（已见前注）。臧严"尤精《汉书》，讽诵略皆上口"（《梁书》卷五〇《文学下》，第719页）。陆云公"九岁读《汉书》，略能记忆"（《梁书》卷五〇《文学传下》，第724页）。韦载"年十二，随叔父棱见沛国刘显，显问《汉书》十事，载随问应答，曾无疑滞"（《陈书》卷一八载本传，第249页）。郗处俊"好读《汉书》，略能暗诵"（《旧唐书》卷八四处俊传，第2797页）。郗士美"年十二……《史记》《汉书》皆能成诵"（《新唐书》卷一四三士美本传，第4695页）。又张巡见于嵩读《汉书》，因诵其所读，尽卷不错一字，嵩因乱抽他帙以试，无不尽然。事见韩愈：《张中丞传后叙》，《韩愈文集汇校笺注》卷三，第297—298页。
③ 《后汉书》卷四〇《班固传》，第1334页。对于《史》《汉》在中古阅读史中一冷一热的原因，学界已有各种角度的解说，我以为可以补充的一点是，除了《汉书》相较于《史记》有更稳妥的伦理观和价值观外，对于中古社会而言，《史记》的汉前部分也已经很难为现实提供可操作的故事，尤其是这一时期大量依赖的礼制类故事，因此在思想和内容两方面，《汉书》都是比《史记》更好的读诵选择。

书中另有丰富的政治、社会、军事、地理信息,也常因此为经世者所措意,庾信在《周大将军崔说神道碑》中就夸赞时任凉州刺史、总督河西甘瓜诸军事的崔说"《敦煌实录》,宛在胸襟;玉门亭障,无劳图画"①。

唐代以后,随着诗赋举士政策的推行,诗文作品又成为一个新的记诵热点,像前引韩愈《李邘墓志》,就提到李邘能暗记《文选》。《文选》白文也约有 40 万字,体量不俗,它和各种别集的热门,恐怕挤压了传统背诵热点的记忆空间,按代宗朝礼部侍郎杨绾的说法,就是"幼能就学,皆诵当代之诗;长而博文,不越诸家之集","六经则未尝开卷,三史则皆同挂壁"。②由此也可见,记忆本的内容偏好是随时变化的,但总以实用为指归,人们为参政而背诵历朝故事、起居注、史书,为选举而背诵诗文,为社交需要而背诵谱牒,所以萧绎尽管少年时躬丁其酷,后来也还是教导子弟要特别留意谱牒。③

总之,记诵是一种非常实用主义的行为,而不是我们过去常常理解的文人炫博。有谁会为了平生未必能碰到几次的表演机会,逐字逐句连内容带版式信息地背诵下一部部稀见书?当人们为一种文献制作记忆本,主要还是意图利用记忆本拥有而写本不具备的某些特性而已。

## 四、写本的新变与记忆本的衰落

记忆本和写本既是两种互有短长的文献形态,那么对于藏书家来说,最理想的收藏大概是所有文献两种载体各入一本,而这就会导致写本越多、越易得,人们想背诵的书籍、能背诵的书籍就越多。事实上,记忆本确实有和写本同步扩张的迹象。以记诵量来说,从"十来岁为秦博

---

① 《文苑英华》卷九〇四,第 4756 页。按《敦煌实录》,十六国时期敦煌人刘昞撰,见《魏书》卷五二《刘昞传》,第 1160 页。
② 《旧唐书》卷一一九《杨绾传》,第 3430 页。
③ 《金楼子·戒子》,第 355 页。

士,到九十多岁也不过能背《尚书》二十九篇"的伏生,①到2世纪末"弱冠能诵《左氏传》及五经本文"(按总字数将近40万)的贾逵;②再到8世纪中期十四五岁时已经"暗记《论语》《尚书》《毛诗》《左氏》《文选》凡百余万言"的李邕,背诵体量是一路飙升的。以记诵范围来说,人们的涉猎领域也在跟随着写本扩张。齐梁时期,搜罗珍奇书籍成为一时风尚,③文献记忆活动中就迅速出现了稀见书。当时拼比文献记忆力的隶事游戏,就以背出别人不知道的典故为胜;④而前文提到的那位为人提供肉体检索的刘杳,在他凭记忆给出的检索结果中,也能看到《论衡》《新论》、朱建安《扶南以南记》、杨元凤《置郡事》等超出常规经史范围的书籍。

但是另一方面,史料也告诉我们,除了那些第一流的学问家、藏书家外,最常见的记忆对象还是几类实用性文献。人的记忆力是有限的,务实虽然不是最理想状态,却是大多数人的选择。实际上,能将最实用的文献记诵下来难度就已经不小。《梁书》说萧绎五岁能诵《曲礼》,将

---

① 〔日〕本田成之语,见氏著《中国经学史》,孙俍工译,桂林:漓江出版社,2013年,第92页。

② 《后汉书》卷三六《贾逵传》,第1235页。关于白文五经字数,根据《宋元学案》所引宋人郑耕老的统计,《毛诗》39224字,《尚书》25700字,《礼记》99020字,《周易》24207字,《左传》经传合196845字。(〔清〕黄宗羲原著,全祖望补修:《宋元学案》卷四,北京:中华书局,1986年,第219页)以上总计384996字。今据朱氏语料库统计,《毛诗》31458字,《尚书》24569字,《礼记》98198字,《周易》21846字,《左传》经传合210166字,以上总计386237字。

③ 如陆澄"家多坟籍,人所罕见"(《南齐书》卷三九澄传,第762页)。任昉"聚书至万余卷,率多异本。昉卒后,高祖使学士贺纵共沈约勘其书目,官所无者,就昉家取之"(已见前注)。王僧孺"好坟籍,聚书至万余卷,率多异本,与沈约、任昉家书相埒"(《梁书》卷三三僧孺本传,第474页)。

④ 隶事要参与者现场凭记忆将某一主题的典故胪列出来,并组织成文,最后的成品形态可能是以某物为题、一句一典的诗赋,如今日仍可见的南朝咏物诗、地名诗、药名诗等。参见于溯:《典故论稿》,博士学位论文,南京大学,2011年。

他描绘成典型的中古记诵神童,①但如前文所说,他本人也坦承背《百家谱》背得"感心气疾",差点出生命危险。② 而在李邴的背诵书单里,出现的其实都是应明经、进士科涉及的常规书目,可背诵总字数已经达到了百万级。基础背诵量已然巨大,新书籍还在不断生产,毫无疑问,记忆本以无涯逐有涯的步伐终会停止下来。

而且,物质文献不仅体量不断膨胀,制作技术也将不断进步。技术进步会导致成本降低,成本低会导致价格下调,也会因此产生出更多的复本。一旦书籍复本增多,即使遭遇战火,记忆本的价值也不会那么大了。根据学者对历代书价的考证,8 世纪后半叶每卷书折米量 59 斤,9 世纪上半叶激增到 100 斤,可以明显看到安史之乱带来的价格波动;但 12 世纪后半叶书价每册折米量 13 斤,与 11 世纪中叶的数据持平,两宋的更迭对书价的冲击已不明显。③ 这种趋势说明,由于有了更进步的书籍制作技术,记忆本的优势已经被部分削弱了。

而记忆本最为擅长的检索优势,还受到了类书的挑战。早期的官修类书往往卷帙庞大,动辄仿象天地,包罗万象,并无检索优势。但隋唐以后私撰类书大量增多,这些类书的特点就是根据作者自己的检索需要来设计,比如李商隐编写过两卷的小册子《金钥》,这部书仅由帝室、职官、岁时、州府四部分构成,以为"笺启应用之备"④。唐代的两位制诰大家张说和陆贽也编有类似的工具书,张书名为《事对》,全书 10 卷,陆书名为《备举文言》,全书 20 卷。⑤ 后蜀文谷"杂抄子史一千余

---

① 《梁书》卷五《元帝纪》:"世祖聪悟俊朗,天才英发。年五岁,高祖问:'汝读何书?'对曰:'能诵《曲礼》。'高祖曰:'汝试言之。'即诵上篇,左右莫不惊叹。"(第 135 页)

② 《金楼子·自序》《疏证校注》,第 1141 页。

③ 参见张升:《古代书价述略》,《中国出版史研究》2016 年第 3 期。

④ 〔宋〕陈振孙著,徐小蛮、顾美华点校:《直斋书录解题》卷一四,上海:上海古籍出版社,1987 年,第 424 页。

⑤ 〔宋〕王应麟撰,武秀成、赵庶洋校证:《《玉海·艺文》校证》卷二一,南京:凤凰出版社,2013 年,第 1008—1010 页。

事,以备遗忘",书名就叫《备忘小抄》。① 当时的私人小工具书也在需用者之间流通,像《新唐志》录有东川节度掌书记李途的《记室新书》三十卷,"纂集诸书事迹为对语,列四百余门。职方郎中孙樵为之序"。请人作序,可见编纂的初衷就有流通之意;②文谷《备忘小抄》据说也"世多传写之"③。总之这些实用性类书卷帙往往不大,方便检阅、携带和流通,它们的出现,也可以看作写本结构设计上的一个新创。

  写本不可能取得记忆本的所有优势项,但是随着技术的进步,它改善了自身的很多劣势项,而且新结构类书的出现,使写本也模拟到了记忆本的重要特长,那么随着书籍的增多,逐一制造记忆本,不仅将是不可能的,也将是不那么必要的。而一旦这种情形发生,人们对记忆的观念必将变化,戏剧性的记诵故事将不再那么吸引人,人们对记诵的追求也将趋于理性化。

  这种记诵观的理性化在宋代就已经很明显。以史籍记载的记诵速度来说,汉末夏侯荣能每日背诵千字,④东晋道安可以日诵五千余字,⑤而《抱朴子》的仙方明确告诉我们,当时人理想的记忆速度是日诵书万言。但宋人郑耕老《读书说》实实在在地说,中材之人每日能诵300字,"天资稍钝,中材之半"的,每日能诵150字。⑥ 以史籍记载的记诵准确度来说,中古史料中触目皆是"不差一字""一无舛误",程颐却说这种追求是玩物丧志。⑦ 而记诵和穷理的关系也得到了一些反思,像

---

 ① 〔宋〕晁公武撰,孙猛校证:《郡斋读书志校证》卷一四,上海:上海古籍出版社,1990年,第658页。
 ② 《玉海·艺文》卷二一引《中兴书目》,《〈玉海·艺文〉校证》,第1010页。
 ③ 〔清〕吴任臣撰:《十国春秋》卷五六《文谷传》,北京:中华书局,2010年,第816页。按此条史源未详,但《十国春秋》引书亦有今所不存者,兹姑待考。
 ④ 《三国志》卷九《夏侯渊传》,第273页。
 ⑤ 《出三藏记集》卷一五,第561页。
 ⑥ 《宋元学案》卷四,第219页。
 ⑦ 《朱子语类》卷九七《程子之书三》:"谢显道初见明道,自负该博,史书尽卷不遗一字。明道曰:'贤却记得许多,可谓玩物丧志!'谢闻此言,汗流浃背,面发赤。"(中华书局,1986年,第2496页)

"读书百遍而义自见"这句话,就被《册府元龟》归入了"偏执"门。① 记诵作为一种历史悠久的文化传统,固然不可能就此停止发挥影响,但不同声音的出现,说明记忆本的黄金时代毕竟已成为过去了。

## 五、结　语

《汉书·艺文志》说,《诗经》能遭秦火而全,"以其讽诵,不独在竹帛故也"②。不须上溯秦汉,即使在写本甚至刻本都已经成熟的宋代,对一些因特殊原因无法产生写刻本的文献,记忆本仍是珍贵的机会:女词人朱淑真死后,手稿就被父母"一火焚之",直到后来魏仲恭在旅店听人背诵朱词,大受打动而录以成集,这才有了我们今日仍能看到的《断肠集》。③ 问题是,记诵虽然长期默默参与着文献的传递,却因其无形而难为后人察觉。尤其对物质文献明显走向繁荣的中古时期,我们只顾勾勒竹帛到纸的物质文献史,却基本忽视了在数百年时间里一直在和写本一起承担着文献传承任务的记忆本,尽管史料中突然出现了数量多到惊人的记诵的故事。而当我们注意到这些故事时,新的问题就出现了:在流传下来的中古文献中,有哪些经历过文献记忆再诵出的环节,就像蔡文姬背出的四百余篇那样?有哪些像经过记忆本的配补校勘,就像陆倕交还的《汉书》、蒋乂补全的"圣历中侍臣图赞"一样?

记忆本对文献流传的参与,其实可以从古文献的同音异文中看到一些痕迹。柯马丁在研究郭店楚简、上博简和马王堆帛书所反映的中国早期写本形态时就推测,文献中大量同音异文的存在,说明记忆可能

---

① 《册府元龟》卷九一六《总录部·偏执》,第 10639 页。
② 〔汉〕班固:《汉书》卷三〇,北京:中华书局,1962 年,第 1708 页。
③ 〔宋〕魏仲恭:《断肠诗集序》,《朱淑真集注》,北京:中华书局,2008 年,第 2 页。

参与了文献的传播。① 而同音异文,尤其是音误字,在敦煌写本中仍然大量存在,比如伯 3480 号王粲《登楼赋》中,"陶牧"的牧被写为"沐","人情同于怀土"的"同"被写为"通"②,这种误字,基本可以判断是默写造成的。更明显的例子是,敦煌写本中的音误字还有不少带着西北方音特色,比如"色""索"二字在唐五代西北方言中读音接近,因此常见混用。③ 同音异文不仅见于敦煌写本,在今存唐诗中也大量保留着,宇文所安因此猜测,部分唐人诗集是当时诗歌被吟诵后、由听者根据记忆抄写出来而形成的。④ 如果考虑到不同的背诵者、记录者合作形成的口录本、作者自录的初稿本、作者多次反复修改流出的一二三稿本及其再次形成的记忆本、口录本,这些版本全部参与了文献的形成,那么正如柯马丁指出的,在写本间建立文本族谱的研究模型是十分危险的做法,⑤中古文献的形成和流传史,因为记忆本的加入,恐怕要比我们过去想象的复杂得多。

记忆本的意义不仅在于传承文献或者传承文献的一个版本,作为一种需要凭借天赋和努力才能获得的文献形态,它的得来不易,始终在刺激着物质文献谋求创新,不断模拟记忆本的优点,以冀减轻记忆的负担。因此,书籍的制作原料、工艺、装帧乃至内容结构,都不是孤立的问题,这些要素始终在互相配合、不断调试着,以尽可能多地取得记忆本易得、易读、易检、易携的优点。推动物质文献发展的,有记忆本看不见的手。

---

① 〔美〕柯马丁(Martin Kern)著,李芳、杨治宜译:《方法论反思:早期中国文本异文之分析和写本文献之产生模式》,陈致主编:《当代西方汉学研究集萃》上古史卷,上海:上海古籍出版社,2012 年,第 391 页。
② 傅刚:《文选版本研究》,西安:世界图书出版西安有限公司,2014 年,第 130 页。
③ 参见张涌泉:《敦煌写本文献学》,兰州:甘肃教育出版社,2013 年,第 231 页。
④ 〔美〕宇文所安(Stephen Owen)著,贾晋华译:《盛唐诗》,北京:生活·读书·新知三联书店,第 92 页。
⑤ 〔美〕柯马丁:《方法论反思:早期中国文本异文之分析和写本文献之产生模式》,第 370 页。

跳出文献史,记诵行为的文化意义也颇值得关注。中古社会在承接前代文献遗产的同时,也在以比前代更快的速度生产新文献,同时,由于纸张逐渐代替竹帛,文献因制作成本降低而流通量更大,这些都意味着人们有比过去更多的机会接触到书籍,并可以充分利用一切接触到书籍的机会——无论是借、蹭、看、听——获得一个记忆本。每一个背诵者都是肉体的书籍、肉体的图书馆,不仅如此,他们还是行走的书簏,通过他们,书籍可以再次传播出去,甚至能传播给无法阅读的人。中古时期书籍的流通量,恐怕也比我们过去想象的要大。背诵是如此平常,以至于我们从不把它作为一种独立的文献和文化现象来考察。但事实上,记忆本分担写本的责任,改变写本的面貌,刺激写本的发展,并服务到了写本服务不到的对象,没有记忆本的中古文献世界,反倒是无法想象的。

# 物质文化

# 三国官印考述

朱 棒

三国时代是上承东汉、下启西晋的重要转折期。作为典章制度的载体,三国官印无疑有裨于文物考古与历史研究。而三国官印的判定又一直是印学研究中的难点,前辈学者对于三国官印的研究成果,多散见于各种古玺印通论或印谱,目前尚缺乏系统的研究,对于三国官印的判定标准还有待确立。①

---

① 罗福颐先生在《秦汉南北朝官印征存》(以下简称《征存》)中最早对三国、晋、十六国和南北朝官印进行了区分,并列举了134枚"三国官印"(其中有不少并非三国官印)。所考"虎牙将军章"(1269)、"裨将军印章"(1288)、"豹骑司马"(1313)、"强弩司马"(1317—1319)、"夏架典农"(1383)等印确为三国官印,奠定了三国官印断代研究的基础。王人聪先生在《新出历代玺印集释》中对扶风、孟津两处铜印窖藏的年代作了考定,新考定了"虎步曳搏司马""曳陷阵司马""汉曳邑长"等印。但他认为山东滕州所出的"遂昌令印""奉车都尉""关内侯印"等印为三国官印(笔者认为是西晋官印,详下)。叶其峰先生在《古玺印通论》中又考证了"崇德侯印""新兴飤长""虎步司马"等印,但所考"南乡太守章""遂昌令印"以及数枚乡、亭侯印皆为两晋官印。孙慰祖先生在《历代玺印断代标准图鉴》(以下简称《图鉴》)、《古玺印断代方法概论》中指出"崇德侯印""关中侯印""新兴飤长""虎牙将军章""虎步司马""方俗司马""温邸阁督"等三国官印标准品,除"新兴飤长"的国别定为东吴尚可商榷外,其他皆可从。参见罗福颐:《秦汉南北朝官印征存》,北京:文物出版社,1987年,第223—275页;叶其峰:《古玺印通论》,北京:紫禁城出版社,2003年,第112—116页;孙慰祖:《历代玺印断代标准图鉴》,长春:吉林美术出版社,2010年,第50—52页;孙慰祖:《可斋论印四辑》,长春:吉林美术出版社,2016年,第140页、第154页。

幸而，通过前人的研究，两汉、西晋官印的面貌已经比较清晰。①特别是孙慰祖先生的《两汉官印汇考》和《西晋官印考述》，确立了两汉、西晋官印的判断标准，使得利用东汉晚期官印和西晋官印为上下分界线圈定三国官印成为可能。另一方面，在多年来的考古调查和发掘中也积累了一定数量的三国官印，其中不乏时代和国别明确者。某些印文中特定的职官、地名，仅存在于三国时期，可据此考定其时代。曹魏、东吴颁赐兄弟民族的官印（以下简称民族官印），多分别冠以"巍（魏）""吴"，其时代和国别容易判明。利用这些三国官印标准器，对照东汉晚期与西晋官印，可分析出三国官印钮式、印文方面的特征，确立三国官印的判断标准。

## 一、出土的三国官印标准品

有明确出土地点的三国官印，主要见于墓葬和窖藏。墓葬的时代可根据墓葬形制、伴出器物及纪年信息来判定；窖藏的时代可根据地层的叠压打破关系，及窖藏内的遗物来判定。② 下面对几例出土的三国官印标准品进行介绍：

1. 巍（魏）率善氐仟长、军曲候印

1979年陕西扶风法门公社齐村大队张吴村曹魏铜印窖藏出土"军曲候印"4枚、"巍（魏）率善氐仟长"1枚。③ 该窖藏位于曹魏建筑遗址

---

① 详见孙慰祖:《两汉官印汇考》，上海：上海书画出版社，1993年，孙慰祖：《西晋官印考述》，《上海博物馆集刊》1996年第7期；王人聪、叶其峰：《秦汉魏晋南北朝官印研究》，香港中文大学文物馆，1990年。

② 需要说明的是，某些发掘简报中所谓的三国墓葬，其墓葬形制和出土遗物都呈现出典型的东汉晚期或晋代风格，出土官印也与其他三国官印明显不同，故暂不将其纳入讨论之列。

③ 罗西章：《介绍一批陕西扶风出土的汉、魏铜印等文物》，《文物》1980年第12期。另有一些考古调查或发掘的三国政权颁赐兄弟民族的官印，如湖北恩施出土的"吴率夷中郎将"银印，将在下文民族官印部分进行介绍。

内部,结合出土的"巍率善氐仟长"印,可确定这批铜印为曹魏遗物。"巍率善氐仟长"为驼钮铜印,印面边长2.3厘米,通高2.6厘米。四枚"军曲候印"均为鼻钮铜印,印面边长均2.4厘米,两枚通高2.2厘米,两枚通高1.9厘米。扶风地属右扶风,与氐族所聚的武都接近,这批官印当与曹魏拉拢安抚氐人武装力量有关。

**图1　扶风窖藏出土的"巍(魏)率善氐仟长"及"军曲候印"**

2. 武猛校尉

1972年河南伊川县江左公社半坡大队社员掘得一枚"武猛校尉"龟钮银印,后捐献洛阳博物馆。印面边长2.3、印台高0.9、钮高0.9厘米。龟背隆起较圆缓,龟首平出,龟腹甲未见明显前突。贺官保、陈长安先生定为三国曹魏官印,可从。①

**图2　伊川出土"武猛校尉"银印**　　**图3　南阳石桥镇出土"关中侯印"金印**

3. 关中侯印

1951年河南南阳石桥镇出土,金质龟钮,印面边长2.4厘米,通高2.2厘米,重128克。② 按《三国志·魏书·武帝纪》:"(建安二十年)冬

---

① 贺官保、陈长安:《洛阳博物馆馆藏官印考》,《文物》1980年第12期。
② 李玲:《河南博物院藏汉代封泥印章》,《中原文物》2009年第2期。

十月,始置名号侯至五大夫,与旧列侯、关内侯凡六等,以赏军功。"其下注引《魏书》:"置名号侯爵十八级,关中侯爵十七级,皆金印紫绶。"①又《通典·职官》:"魏黄初三年初制,封王之庶子为乡公……次县侯,次乡侯,次亭侯,次关内侯,又置名号侯爵十八级,关中侯爵十七级,皆金印紫绶。"②可见关中侯爵乃建安二十年始置,魏黄初三年定制,为使用金印紫绶的第十七级爵。此印形制与有邻馆藏"崇德侯印"全同,而有别于西晋"关中侯印",为曹魏官印无疑。

4. 虎牙将军章

1979年湖北巴东县茶店区风吹垭乡出土,银质龟钮,印面边长2.2厘米,通高2.0厘米。③范毓周先生曾有专文考证其为东吴官印,并推测印主人可能为东吴名将贺质。④另外,1967年河南省博物馆在尉氏城关镇采集到一枚"虎牙将军章",印文和钮式都与巴东所出者相同,同为三国官印。⑤

图4 巴东出土"虎牙将军章"银印　　图5 南京薛秋墓出土"折锋校尉"石印

---

① 〔晋〕陈寿:《三国志》卷一《魏书·武帝纪》,北京:中华书局,1982年,第46页。
② 〔唐〕杜佑撰,王文锦等点校:《通典》卷三一《职官一三·历代王侯封爵》,北京:中华书局,1988年,第858—859页。
③ 王晓宁、杨发富:《湖北巴东出土三国银印》,《考古》1994年第1期。
④ 范毓周:《简论巴东出土的三国银印》,《考古》1997年第12期。
⑤ 李玲:《河南博物院藏汉代封泥印章》,《中原文物》2009年第2期。上海博物馆所藏"虎牙将军章"亦与此同,《图鉴》曾将其定为曹魏官印,可从。

### 5. 折锋校尉

2004年南京大光路东吴薛秋墓出土，石质鼻钮，印面边长2.5厘米，通高1.7厘米。折锋校尉正史无载，同墓出土木名刺文"折锋校尉沛国竹邑东乡安平里公乘薛秋年六十六字子春"，与印文正合，可判定为东吴折锋校尉薛秋的殉葬印。①

### 6. 无当司马

甘肃舟曲县华年古城出土，现藏甘南州博物馆，铜质鼻钮，印面边长2.3厘米，通高2.1厘米。②《资治通鉴》载魏明帝太和五年，司马懿使张郃攻无当监何平。胡三省注曰："无当，盖蜀军部之号，言其军精勇，敌人无能当者。"③何平为无当军军监，胡三省以"无当"为蜀汉军部之号，可从。按此印的出土地点华年古城正处姜维屯田的沓中地区，据此可定为蜀汉官印。④

图6 舟曲出土"无当司马"铜印

---

① 南京市博物馆：《南京大光路孙吴薛秋墓发掘简报》，《文物》2008年第3期。
② 马振颖、赵世金：《舟曲金石概论》，《甘肃广播电视大学学报》2018年第1期；王文元：《华年古城：白龙江边一座神秘古王都之谜》，《兰州日报》2016年6月18日。
③ 〔宋〕司马光编著，〔元〕胡三省音注：《资治通鉴》卷七二《魏记四》魏明帝太和五年(231)"夏五月"条，中华书局，1956年，第2268页。
④ 存世"无当司马"官印有多枚，如湖南省博物馆所藏。又有上海博物馆藏"无当突瀫司马"，与"无当司马"同为蜀汉官印。参见陈松长：《湖南古代玺印》，上海：上海辞书出版社，2004年，第102页；上海博物馆：《上海博物馆藏印选》，上海：上海书画出版社，1979年，第59页。

## 二、依职官地名可考定的三国官印标准品

传世古代官印中,有一些可依据印文中的职官、封爵、地名判断其为三国时代的遗物:

1. 崇德侯印

藤井有邻馆藏,金质龟钮,印面边长 2.44 厘米,印台高 0.96 厘米,通高 2.18 厘米。① 按《三国志·魏书·文帝纪》:"(黄初元年十一月)以汉诸侯王为崇德侯,列侯为关中侯。"②崇德侯爵仅见于曹魏,西晋不置,由此确定此印为黄初元年(220)所作,为目前所见最早、最标准的曹魏龟钮官印。

**图 7　崇德侯印**

2. 始兴左尉

藤井有邻馆藏,铜质鼻钮,印面边长 2.33 厘米,印台高 0.93 厘米,通高 2.91 厘米。按《续汉书·百官志》:"尉大县二人,小县一人。"③可

---

① 为行文方便,本文所引博物馆藏印图片,除作特别说明者外,故宫博物院藏印皆引自《故宫博物院藏印选》,湖南省博物馆藏印皆引自《湖南古代玺印》,上海博物馆藏印皆引自《上海博物馆藏印选》,天津博物馆藏印皆引自《天津市艺术博物馆藏古玺印选》,日本有邻馆藏印皆引自《有邻馆藏古玺印精华·官印篇》。
② 《三国志》卷二《魏书·文帝纪》,第 76 页。
③ 〔晋〕司马彪撰:《续汉书·百官志》,收入〔南朝宋〕范晔:《后汉书》,北京:中华书局,1965 年,第 3623 页。

知印文"始兴"为县名。据《宋书·州郡志》:"吴孙皓甘露元年,分桂阳南部都尉,立为始兴郡……始兴令,吴立。"①则始兴县始置于孙皓甘露元年(265)。此印"尉"字右边作弧笔,时代早于西晋,可定为东吴晚期官印标准品。

图 8　始兴左尉　　　　　图 9　夏架典农,引自《征存》

3. 夏架典农

铜质鼻钮,印面边长约 2.3 厘米。《征存》《古玺印通论》皆据明帝时以毋丘俭为洛阳典农,将其定为曹魏官印。然典农并非曹魏独有,孙吴于诸郡有屯田者置典农校尉,统诸郡如太守,如最早设置的毗陵典农校尉;诸县有屯田者置典农都尉,比于县级,如湖熟典农都尉、江乘典农都尉等。② 夏架地名史籍所见有夏架湖、夏驾湖、夏驾陂、夏架山等。《宋书·五行志》载"晋惠帝太安元年,丹阳湖熟县夏架湖有大石浮二百步而登岸"③。《吴地记》载吴县有夏驾湖、夏驾陂。④《宋书·五行志》载"吴兴长城县夏架山有石鼓"⑤。这些带"夏架(驾)"的山或湖,都分

---

① 〔南朝梁〕沈约:《宋书》卷三七《州郡志三》,北京:中华书局,1974 年,第 1133—1134 页。

② 胡阿祥、孔祥军、徐成:《中国行政区划通史·三国两晋南朝卷》,上海:复旦大学出版社,2014 年,第 68—72 页。

③ 《宋书》卷三一《五行志二》,第 925 页。

④ 〔唐〕陆广微撰,曹林娣校注:《吴地记》,南京:江苏古籍出版社,1999 年,第 42 页、第 45 页。

⑤ 《宋书》卷三三《五行志四》,第 970 页。

布在建康以东的范围内,特别是吴兴夏架山、吴县夏驾湖、夏驾陂,都属于"东郡"范围。这一地区的土著民多为吴越人,不排除"夏架(驾)"是一个古吴语或越语的拟声。印文中的夏架,无法确定为以上哪一处,但应不会超出东吴的政区范围,故此印当为东吴官印。

4. 虎步司马

日本岩手县博物馆藏印,铜质鼻钮,印面边长2.3厘米。① 存世"虎步司马"印较多,故宫博物院、上海博物馆亦皆藏有。《三国志·姜维传》载诸葛亮与留府长史张裔、参军蒋琬书:"须先教中虎步兵五六千人,姜伯约甚敏于军事,既有胆义,深解兵意。"②中虎步兵与印文"虎步"相合,《征存》《图鉴》定为蜀汉官印,可从。又如故宫所藏"虎步叟搏司马""虎步挫锋司马",亦可定为蜀汉官印。

**图 10　虎步司马;虎步叟搏司马;虎步挫锋司马**

5. 赤甲司马

鉴印山房藏印,铜质鼻钮,印面边长2.33厘米,通高1.9厘米。③ 按《华阳国志》涪陵郡下"汉时赤甲军常取其民",注曰:"赤甲军,东汉、三国时作,盖以穿赤甲为称。"同书越巂郡下又载延熙五年,张嶷迁郡城

---

① 刘海宇、〔日〕玉泽友基等:《風雅好古—太田夢庵の金石收藏·研究と文人の世界》,东京:藤树社,2019年,第27页。
② 《三国志》卷四四《蜀书·姜维传》,第1063页。
③ 许雄志:《鉴印山房新获古玺印选》,郑州:河南美术出版社,2017年,第129号印。

后,为防范蛮夷而置赤甲、北军二牙门及斯叟督军中坚①。按此印与东汉钮式不同,可定为蜀汉赤甲军司马印。

**图 11　赤甲司马,引自《鉴印山房新获古玺印选》**

6. 新兴佥(飤)长

铜质鼻钮,上海博物馆藏印,印面边长 2.4 厘米,通高 2.3 厘米。前人多据《三国郡县表》吴庐陵郡新兴县下注引《舆地记》:"吴大帝改遂兴名新兴",而定为东吴官印。② 东汉官印有"北海飤长",西晋官印有"东平飤官长印",此印"佥(飤)长"即"飤官长"(文献作食官长)之省,飤官长为王国属官,非郡县官。而三国封王仅曹魏有县王,蜀汉、孙吴封王皆为郡王,③故印文中的新兴并非孙吴庐陵郡下新兴县。④ 据《三国志·魏书·武帝纪》:"建安二十年春正月,天子立公中女为皇后。省云中、定襄、五原、朔方郡,郡置一县领其民,合以为新兴郡。"⑤则新兴郡当为建安末曹操所置。因西晋飤官长印后四字皆作"飤官长印",此印省作"飤长",为汉代以来之传统,其时代早于西晋,此印为三国官印无疑。东晋以前的新兴王见诸史籍者仅刘恂一人,《三国志·蜀书·后主

---

① 延熙五年原作二年,据校注改。〔晋〕常璩撰,刘琳校注:《华阳国志校注》卷三《蜀志》,成都:巴蜀书社,1984 年,第 85、309 页。
② 叶其峰:《古玺印通论》,第 114 页。
③ 杨光辉:《汉唐封爵制度》,北京:学苑出版社,1999 年,第 4 页。
④ 《通典》《资治通鉴》胡三省注将孙皓建衡三年分交趾所置之新昌郡误作新兴郡,其实孙吴并不存在新兴郡。参见胡阿祥、孔祥军、徐成:《中国行政区划通史·三国两晋南朝卷》,第 550 页。
⑤ 《三国志》卷一《魏书·武帝纪》,第 45 页。

传》："景耀二年夏六月,立子谌为北地王,恂为新兴王,虔为上党王。"从其兄弟北地王、上党王的封地来看,刘恂所封之新兴郡当指并州新兴郡,而蜀汉政权并未据有过此地,其所封之新兴王,不过遥采边郡之嘉名而已。① 曹魏所封郡王未见有虚封者,考《三国志》所载曹魏诸皇子封国,亦未有封于北部边郡者。作为安集流民的边郡,曹魏在新兴郡实封郡王的可能性颇低,故笔者倾向于"新兴偹(飤)长"为蜀汉刘恂所封新兴王国官印。

图12 新兴偹(飤)长,引自《历代玺印断代标准图鉴》

## 三、三国政权颁赐的民族官印

三国政权颁赐的民族官印往往冠以国号(魏、吴、汉),曹魏、孙吴的这类官印较容易判定,而蜀汉民族官印则不易与东汉晚期官印区分。

### (一)曹魏民族官印

多在印文前冠以"巍(魏)"字,且数量较夥,仅罗福颐《秦汉南北朝官印征存》所录即过百枚。涉及羌、氐、胡、匈奴、卢奴、乌丸、鲜卑、韩、

---

① 《三国志》卷三三《蜀书·后主传》,第899页。蜀汉皇子封王,所封之郡皆非实土。遥领与虚封在蜀汉与孙吴最为流行,正如《晋书·地理志》所谓:"刘备章武元年,亦以郡国封建诸王,或遥采嘉名,不由检土地所出。……孙吴赤乌五年,亦取中州嘉号封建诸王。"

屠各、丁零、蛮夷、傁、叟(氐叟)等民族或部落。所见钮式有驼钮、马钮、羊钮和蛇钮。其中驼钮主要施于匈奴、羌、氐、胡、傁,马钮主要施于乌丸、丁零、鲜卑、韩,羊钮见于羌、氐、叟族,蛇钮主要施于南方蛮夷。印文笔划有细劲和宽厚两种,皆布局严整,风格与西晋官印接近。如湖南省博物馆藏"巍(魏)率善氐仟长"驼钮铜印、"巍(魏)率善叟邑长"羊钮铜印,故宫博物院藏"巍(魏)乌丸率善佰长"马钮铜印、"巍(魏)蛮夷率善邑长"蛇钮铜印。

## (二) 东吴民族官印

多在印文前冠以"吴"字,目前可确定的仅两例:

1. 湖北恩施白杨区九根树出土"吴率夷中郎将"银印,印面边长 2.5 厘米。① 该印印钮已残,蒙王晓宁先生惠示印钮图片,可见印背有一圆洞状残损。结合东汉"蛮夷邑长"、东吴"吴蛮夷邑君"、西晋"晋蛮夷归义侯"等印分析,这枚银印原来应当为蛇钮。"率夷"为"率善蛮夷"之省。率善中郎将为赐予兄弟民族中高级官长的称号,所服印绶为银印青绶。

2. 《盛世玺印录》所录"吴蛮夷邑君",银质盘蛇钮,印面边长 2.48 厘米,通高 2 厘米。② 此印为东吴颁赐南方蛮夷君长的官印,其蛇钮作盘踞状,不同于曹魏、西晋蛇钮官印的形制,可作为"吴率夷中郎将"蛇钮复原的参考。从印章质地来看,蛮夷邑君与率善中郎将的级别大致相当。

蜀汉政权颁赐兄弟民族的官印,目前尚无法明确地与东汉晚期同类官印区分开来。但在冠以"汉"字的驼钮官印中,有一类形制明显不同于其他汉代驼钮的,且印文中的"汉"字都写作"𣲺",也是较晚的写

---

① 王晓宁:《湖北恩施发现的古代官印》,《四川文物》2000 年第 2 期。
② 吴砚君编著:《盛世璽印録》,京都:艺文书院,2013 年,第 43 页。

法，如故宫所藏"汉叟邑长"、台北故宫博物院所藏"汉归义胡佰长"等，①它们很可能是蜀汉时期的官印。

**图 13　三国政权颁赐的民族官印**

1."巍(魏)率善氐仟长"驼钮铜印　2."巍(魏)率善叟邑长"羊钮铜印　3."巍(魏)乌丸率善佰长"马钮铜印　4."巍(魏)蛮夷率善邑长"蛇钮铜印，引自《可斋论印四辑》5."吴率夷中郎将"银印，图片由王晓宁先生提供　6."吴蛮夷邑君"银印，引自《盛世玺印録》　7."汉叟邑长"铜印　8."汉归义胡佰长"铜印，引自《漢魏晋蕃夷印匯例》

---

① 〔日〕加藤慈雨楼：《漢魏晋蕃夷印匯例》，京都：丹波屋，1986年，第12页。

## 四、三国官印的判断标准

根据上述三国官印标准器,再参考其他东汉至西晋官印,可归纳总结出三国官印的一些特征。

### (一) 印钮特征

为探明东汉至西晋时期官印各类常见钮式的演变情况,笔者选取若干龟钮标准品制成《东汉至西晋官印常见钮式演变表》(表1)。下面参照此表,对各类钮式进行简要说明。

表1 东汉至西晋官印常见钮式演变表

| 钮式 | 东汉早期 | 东汉晚期 | 三国 | 西晋 |
| --- | --- | --- | --- | --- |
| 龟钮 | 广陵王玺 | 定勇中郎将 | 崇德侯印<br>武猛校尉 | 宣城公章<br>镇南将军章 |
| 鼻钮 | 征羌国丞 | 池阳家丞 | 虎步叟搏司马<br>新兴馭长 | 常山典书丞印 |

(续表)

| 钮式 | 东汉早期 | 东汉晚期 | 三国 | 西晋 |
|---|---|---|---|---|
| 蛇钮（卧） | 汉委奴国王 | 蛮夷里长 | 魏蛮夷率善邑长 | 晋蛮夷归义侯 |
| 蛇钮（盘） | | | 吴蛮夷邑君 | 蛮夷侯印 |

1. 龟钮

以"崇德侯印""武猛校尉"为代表，三国官印的龟钮龟背截面呈圆弧状，背部不见凸棱，龟首平出或微微上仰，龟首顶部与龟背最高处基本在同一水平线上，或略低于龟背最高处。这类龟钮与东汉、西晋龟钮差异明显，是判别三国官印的重要依据。

2. 鼻钮

东汉晚期鼻钮官印印台较高，普遍在1.3厘米以上，钮鼻较厚，钮孔侧面距印台边缘的距离较窄。三国时期的鼻钮官印，印台高度普遍在0.9厘米左右，远低于东汉晚期鼻钮。而西晋鼻钮官印印台在0.9厘米—1.0厘米，略高于三国官印。但三国鼻钮与西晋鼻钮整体较为接近，往往需要结合印文才能作出进一步区分。

3. 蛇钮

东汉至西晋时期官印的蛇钮大致可分为两类，一类蛇钮作回首躺卧状，从东汉早期的"汉委奴国王"，到东汉晚期的"蛮夷里长"，再到"魏蛮夷率善邑长"，再到"晋蛮夷归义侯"，其间的演变序列完整清晰。另一类作盘踞状，除了前举"吴蛮夷邑君"外，又有平江出土的金质"蛮夷侯印"。湖北恩施出土的"吴率夷中郎将"印钮虽已残缺,但由于是孙吴颁赐给南方蛮夷的官印,仍可以推断其原为蛇钮。在东汉至西晋时期的两类蛇钮(卧蛇与盘蛇)中,卧蛇钮与印台背部的接触面为长方形或长椭圆形,盘蛇钮与印台的接触面作圆形,从印台背部的残痕来看,"吴率夷中郎将"原应为盘蛇钮。

此外,另有不少驼钮、马钮、羊钮的民族官印,因为这些印章大多冠以国号,其时代和国别较明显,故不赘述其钮式特征。

## (二)文字特征

东汉晚期官印印文笔画极宽,印面充满而稍有间隙,与其厚重的印体风格相一致。三国官印笔画不如东汉宽博,其中曹魏、蜀汉官印与西晋官印接近或略粗,而东吴官印笔画普遍较粗,如前举曹魏"武猛校尉"、蜀汉"虎步司马"、孙吴"始兴左尉"。部分双行四字印中部已呈现出"十"形留白趋势,三行六字印也已呈现出"卄"形留白的趋势,如"军曲候印""魏率善氐仟长""虎步叟搏司马"。与西晋官印印面下方普遍留白的做法不同,大多数三国官印印面布局较均匀。

为揭示三国官印的字形特征,笔者在东汉至西晋官印常用文字中选出尉、长、印、将、虎等有代表性的文字制成字形演变表,现结合表2对三国官印的文字特征进行讨论:

表2 东汉至西晋官印常见字字形演变表

| 代表文字 | 东汉早期<br>(含新莽) | 东汉晚期 | 三国 | 西晋 |
|---|---|---|---|---|
| 尉 | 校尉之印 | 楪榆右尉 | 始兴左尉<br>武猛都尉 | 武猛校尉 |

(续表)

| 代表文字 | 东汉早期（含新莽） | 东汉晚期 | 三国 | 西晋 |
|---|---|---|---|---|
| 长 | 新西河左佰长 | 楪榆长印 / 汉卢水仟长 | 魏率善氏仟长 / 新兴飤长 | 晋夫余率善佰长 |
| 印 | 校尉之印 | 楪榆长印 | 崇德侯印 / 军曲候印 | 常山典书丞印 |
| 将 | 中部将军章 | 后将军假司马 | 虎牙将军章 / 吴率夷中郎将 | 镇南将军章 / 平东将军章 |
| 虎 | 虎牙校尉之印 |  | 虎牙将军章 / 虎步叟搏司马 | 虎牙将军章 |

其中变化最为明显的是"尉"字，不同时期的写法皆不同，可作为三国官印的判别依据。东汉前期，其左下角火部作"▨"形，保留了秦汉小篆的写法。东汉晚期，火部边上两短竖已变为两短横，但中间仍然作人字形分叉而作"▨"形。至三国时期，又在东汉晚期的基础上进一步隶化，火部人字形分叉简化成一横，写作"亠"形，但右边的寸部仍然保持向左上角开口。西晋以后，右边的寸部变为向左开口，笔画更加方折化。

从东汉早期至西晋，官印文字整体呈现出逐渐隶化的倾向。东汉早期"长"字笔画尚较柔美，转折处以圆转为主。从东汉晚期以后，笔画渐趋平直，转折处也渐趋方折。东汉前期的"印"字末笔尚作下垂状，至东汉晚期已变平直。东汉官印"印"字的上半部明显短于下半部，到了曹魏初期的"崇德侯印"，"印"字上下部分的长度已较接近。稍后，"印"字上部进一步加长，逐渐形成"军曲候印"那样长于下半部的结构。这种写法在三国时期形成，并一直延续到东晋南朝。东汉官印的"将"字右上部中间作竖划，写作▨或▨状。至三国、西晋时期，除东吴"率夷中郎将"外，其他"将"字右上角中间皆作横划，写作▨状。三国官印的印文结体多与西晋官印接近，如上表中的长、印、将字，但仍有一些变化明显的，可作为三国与西晋官印的区别标志。除了上文提到的"尉"字外，"虎"字的区别亦十分明显：三国官印的"虎"字上下部之间不相连，而西晋官印的"虎"字上下部分则相连。

## （三）其他可判定的三国官印

依照上述标准，可进一步在古代官印中辨认出一些三国官印，兹举几例：

龟钮官印如河南省安阳丰乐镇出土的"裨将军印章"[1]，甘肃敦煌七里镇乡三号桥村一号墓出土的"通信校尉"[2]，故宫博物院藏"武猛都

---

[1] 李玲：《河南博物院藏汉代封泥印章》，《中原文物》2009年第2期。
[2] 张瑞峰：《敦煌市博物馆藏"通信校尉"龟钮银印浅识》，《文博》2003年第2期。

尉",天津博物馆藏"扫逆将军章",国家博物馆藏"扫寇将军章",美国大都会博物馆藏"珍难将军章",有邻馆藏"横野将军章""虎奋将军章"。这些龟钮与三国官印的标准器"崇德侯印""武猛校尉"相似,印文中的"尉""虎""将"皆为三国时期写法,可定为三国官印。

**图14 其他三国龟钮官印举例**
1. 裨将军印章　2. 通信校尉　3. 武猛都尉　4. 扫逆将军章　5. 扫寇将军章,引自国家博物馆官网　6. 珍难将军章,美国大都会博物馆藏　7. 横野将军章　8. 虎奋将军章

虽然三国鼻钮与西晋鼻钮不易区分,但可结合印面布局和印文风格来判断。有的可根据"尉""虎"等时代特征明显的文字作进一步区

分,如上海博物馆藏"兰干左尉","尉"字为三国时期特有写法。按《续汉书郡国志》,兰干属凉州汉阳郡(原为天水郡,永平十七年更名汉阳郡),①三国时属曹魏领地,可定为曹魏官印。又如"温邸阁督"印,与西晋标准品"渭阳邸阁督印"相比,前者印文作四字而不作六字,且印台明显较低,印面下端亦不见明显留白。② 又如故宫博物院所藏"豹骑司马""抚戎司马""巧工司马""木工司马""陷阵司马""前锋司马""前锋突骑司马"等鼻钮官印,印台皆较低,印面下端不见留白,"司马"二字的写法与前举"虎步司马""无当司马"全同,皆为三国时期的遗物。又如1972年河南孟津长华公社李窑大队铜印窖藏出土铜印797枚,其中"部曲将印"3枚,"别部司马"11枚,"军曲候印"64枚,"军司马印"20枚,"军假司马"80枚,"假司马印"619枚。③ 其印文和钮式与扶风齐村曹魏铜印窖藏所出极为接近,同为曹魏官印。

另有一些前人误判的三国官印,究其钮式和文字,其实是东汉晚期或两晋时期的遗物。如河北邯郸出土的"关中侯印"龟钮金印,④汉魏许都故城出土的"奉车都尉""殿中都尉""偏将军印章"龟钮铜印,⑤山东滕州出土的"奉车都尉""关内侯印""遂昌令印"。⑥ 这些官印龟首上昂,龟首高出龟背顶点,且龟背已有凸棱,印面下部留白明显,应当是西晋或西晋以后的遗物。明确了三国官印的判定标准,有助于准确地判定相关墓葬、遗址的时代。

---

① 《续汉书·郡国志》,收入《后汉书》,第3517页。
② 孙慰祖:《可斋论印四辑》,长春:吉林美术出版社,2016年,第154页。
③ 贺官保、陈长安:《洛阳博物馆馆藏官印考》,《文物》1980年第12期。
④ 李忠义:《邯郸金质"关中侯印"小考》,《文物春秋》2011年第3期。
⑤ 黄留春、黄晓丽:《汉魏许都故城遗址出土的四方铜印》,《文物》2004年第4期。
⑥ 滕县博物馆:《山东滕县出土两批铜印》,《考古》1980年第11期。

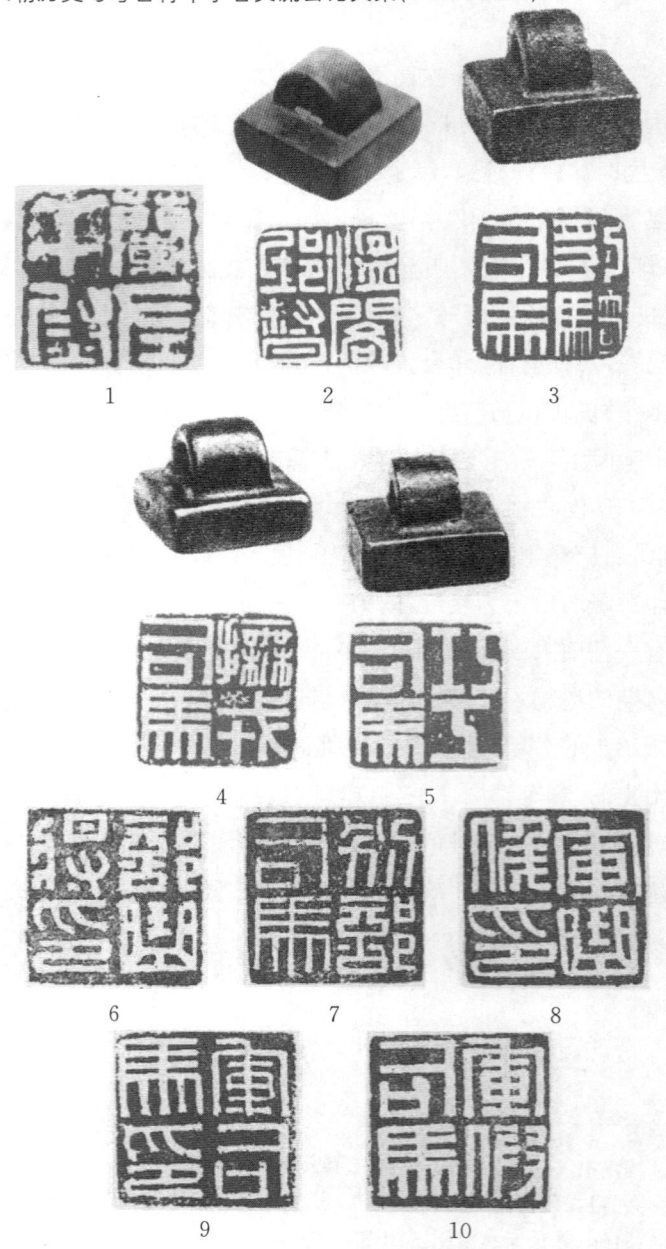

**图 15　其他三国鼻钮官印举例**

1. 兰干左尉(引自《秦汉南北朝官印征存》)　2. 温邸阁督(引自《可斋论印四辑》)　3. 豹骑司马　4. 抚戎司马　5. 巧工司马　6. 部曲将印　7. 别部司马　8. 军曲候印　9. 军司马印　10. 军假司马(图 6~10 皆为孟津铜印窖藏出土)

## 五、余论

存世的秦汉官印中,地方官印和中央职官印占数较多。而目前所见的三国官印中,军旅和民族官印占去了较大份额。

军旅官印主要指各种名号将军、中郎将、校尉、都尉、司马、部曲等武官官印,如前举虎牙将军、武猛校尉、武猛都尉、豹骑司马、虎步司马、军司马、假司马、别部司马、部曲将、部曲督等,是三国官印中最为常见的一类。《吴书·周鲂传》载周鲂诈降曹休笺云:"今举大事,自非爵号无以劝之,乞请将军、侯印各五十纽,郎将印百纽,校尉、都尉印各二百纽,得以假授诸魁帅。"①时周鲂不过是鄱阳太守、昭义校尉的二千石将官,诈降却请求将军、侯印五十纽、郎将印百纽、校尉都尉印各二百纽,其数实钜,再结合河南孟津曹魏铜印窖藏即出土军旅印797枚,可窥见三国军旅印之滥授,亦是当时战事频仍的体现。

三国政权对于境内的其他部族,或以武力打压,或怀柔安抚。如曹操分南匈奴为五部,分居六郡,部立其中贵者为帅,选汉人为司马以监督之。三国政权以赐印、赐官爵的方式拉拢这些民族首领,除安抚边境外,另一个重要的原因就是取得其军事支持。如曹魏役使匈奴兵、乌丸兵、鲜卑兵,多各有其侯王大人率领作战。② 氐、羌、叟所聚居的陇西、汉中地区,巴夷、賨民所聚居的巴汉地区为曹魏、蜀汉长年争夺之地,双方为拉拢这些氐、羌、叟、蛮夷首领,颁赐了不少印章,如前举"魏率善氐仟长"。又如蛮夷所聚居的宜都、武陵,曾一度为蜀汉、孙吴在荆州的争夺之地,自汉末起,刘氏和孙氏对于此地的蛮夷君长都尽力拉拢,如《陆逊传》载:"(建安二十四年十一月)逊径进,领宜都太守,拜抚边将军,封

---

① 《三国志》卷六〇《吴书·周鲂传》,第1390页。
② 如梁习征发匈奴青壮服兵役和徭役,并以匈奴兵家属为质徙居邺城从事生产。毋丘俭征辽东,所用即有乌丸和鲜卑兵:"率诸军及鲜卑、乌丸屯辽东南界。"(参见《三国志·魏书·梁习传》《三国志·魏书·明帝纪》)

华亭侯。备宜都太守樊友委郡走,诸城长吏及蛮夷君长皆降。逊请金银铜印,以假授初附。"① 恩施出土的"吴率夷中郎将",或与孙吴拉拢安抚此地蛮夷有关。此外,三国政权对于内附的周边政权或部族酋长也多赐以印绶。如《东夷传》所载魏明帝诏赐倭女王卑弥呼、大夫难升米印绶。景初中明帝密遣带方太守刘昕、乐浪太守鲜于嗣越海定二郡,诸韩国臣智加赐邑君印绶,其次与邑长。② 可与韩国境内出土的"魏率善韩佰长"相印证,成为继西汉"夫租薉君"之后、反映中国与东北亚早期交流的重要物证。

---

① 《三国志》卷五八《吴书·陆逊传》,第1345页。
② 《三国志》卷三〇《魏书·乌丸鲜卑东夷传》,第851页、第857页。

# 六朝铜灯具类型及相关问题

韩 茗

六朝,是指以建邺或建康(今江苏南京)为国都的孙吴、东晋和南朝的宋、齐、梁、陈六个朝代。六朝是"精神上极自由、极解放,最富于智慧、最浓于热情,也是最富艺术精神的一个时代"[1],已经为越来越多的考古发现所印证。

灯具是人们日常生产、生活中广泛使用的照明器具,包括灯和烛台两大类。灯具延展了人们作息的时间和空间,极大地便利和丰富了人类生活,同时承载了丰富的社会历史信息。因此古代灯具的研究引起了越来越多的关注,目前已有学者对汉代灯具和六朝青瓷灯具进行了梳理和探讨。[2] 本文以六朝铜灯具作为研究对象,通过类型学研究和相关资料的比较,梳理其发展演变,探讨其反映的六朝历史文化。同时,六朝正值中国古代灯具发展的转折阶段,考察六朝铜灯具的源流及阶段性特征,将有助于深化我们对铜灯具及汉唐物质文化发展演变的认识。

鉴于本文是对铜灯具这样的物质文化进行长时段综合考察,从社会生活史研究的角度来说,在时空上应予以一定的延续性和扩展性,故这里采用"三国两晋南北朝时期的南方地区"这一概念对研究对象进行时空界定。

---

[1] 宗白华:《论〈世说新语〉和晋人的美》,《美学散步》,上海:上海人民出版社,2005年,第355页。
[2] 参见麻赛萍:《汉代灯具研究》,上海:复旦大学出版社,2016年;宗旸:《六朝时期的青瓷照明用具》,《长江文化论丛》第七辑,呼和浩特:内蒙古人民出版社,2011年。

## 一、考古发现六朝铜灯具类型

本文收录有考古发现的六朝铜灯具 25 件[1](表 2)。根据灯具形制,可分为竖柄灯、横柄灯、提(吊)灯和座灯 4 类(表 1)。

表 1　出土六朝铜灯具型式表

| 甲:竖柄灯 || 乙:横柄灯 ||||| 丙:提(吊)灯 | 丁:座灯 |||||
|---|---|---|---|---|---|---|---|---|---|---|---|
| A 豆形 | B 多枝 | A 豆形 | B 三足 | C 无足 ||| | A 带灯盘(盏) ||| B 无灯盘 ||
| | | | | Ca 盘 | Cb 盏 || | Aa 三足 | Ab 烛盘 | Ac 辘轳 | Ba 卮形 | Bb 烛座 |
| 3 | 1 | 2 | 3 | 1 | 2 || 3 | 2 | 1 | 1 | 2 | 4 |
| | | | | 3 ||| | 4 || | 6 ||
| 4 || 8 ||||| 3 | 10 |||||

甲类:竖柄灯,4 件。由灯盘、竖直灯柄及灯座(或承盘)构成。根据其形态及灯盘数量,可分为 2 型。

A 型:豆形竖柄灯,3 件。由直口浅盘、盘底中部长柄及灯座(或承盘)三部分组成。按其灯柄长短及灯座(或承盘)形制可分为 3 个亚型。

Aa 型:1 件(南京御道街标营 M1 出土)[2](图 1:1)。灯柄较矮,柄下接喇叭形灯座。灯盘内底有尖状烛钎,柄中部有环箍状凸出,此外无装饰。

Ab 型:1 件(安徽马鞍山采石 M1:10)[3](图 1:2)。灯盘和灯柄与

---

[1] 目前所见六朝铜灯具实际数量应多于 25 件。包括:尚未发表的材料;馆藏征集品资料,其出土情况不明,故不采用,如南京市博物馆藏西晋时期铜羊形插器(参见南京市博物馆:《六朝风采》,文物出版社,2004 年,第 140 页);残损过甚的器具;名实不符的器具;无配图和文字描述,难以确知器形的器具。

[2] 葛家瑾:《南京御道街标营第一号墓清理概况》,《文物参考资料》1956 年第 6 期。

[3] 马鞍山市文物管理所:《马鞍山采石东吴墓发掘简报》,《文物研究》第 14 辑,2005 年。

Aa 型铜灯相似,灯盘内底无烛钎,灯柄稍高,柄下接敞口、平底承盘。

Ac 型:1 件(江西吉水 M2:19)①(图 1:3)。灯盘内无烛钎。灯柄较高,柄下接覆钵状灯座。底座分三层,呈阶梯覆钵状,以铜条分割成四等分,各分台面上有一杂耍俑,其中二俑正立,二俑倒立作杂耍状。

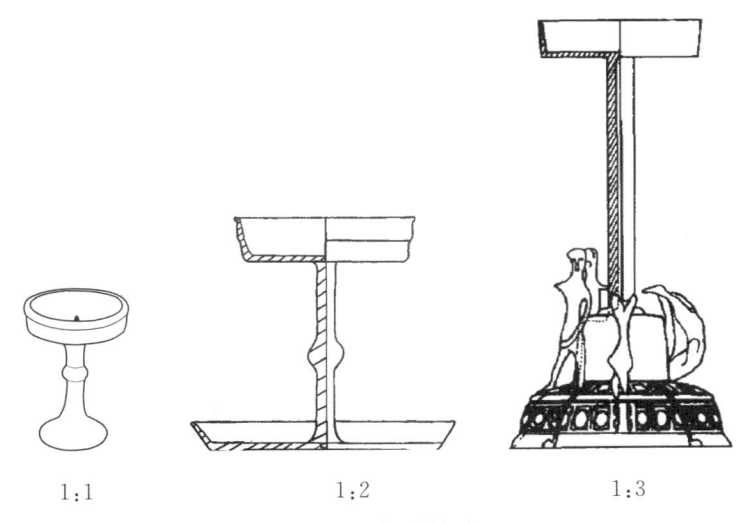

1:1　　1:2　　1:3

**图 1　甲型 A 类铜灯**

B 型:多枝竖柄灯,1 件(南京太平门外蒋王庙东晋墓出土)②(图 2)。灯体呈树枝状,枝末端托以灯盏。承盘敞口折沿、浅腹平底,下附三足。盘中有八棱形立柱,灯柱上饰有弯曲缠绕的花蕾,三只灯盏错落。在东晋顾恺之《列女仁智图》和北魏司马金龙墓出土的屏风漆画中,均可见类似的三枝灯盏(图 21)。

**图 2　甲型 B 类铜灯**

---

① 江西省文物考古研究所、吉水县博物馆:《江西吉水城郊 2 号西晋墓》,《文物》2001 年第 2 期。
② 南京市博物馆:《六朝风采》,北京:文物出版社,2004 年,第 124 页。

乙类：横柄灯，8件。灯柄或灯盘（盏）口沿一侧横置长柄或环状錾。根据灯盘下柄、足的差异，可分为3型。

A型：豆形横柄灯，2件。灯整体呈豆形，直柄中部横伸一曲柄。江苏吴县狮子山M1出土铜灯①（图3），竹节柄，柄侧有一龙首曲柄，下接三足浅盘。与之相似的还见于镇江燕子山M3出土的1件。②

B型：三足横柄灯，3件。浅灯盘，下设三足，口沿一侧设横柄。湖北襄樊菜越M1：160③（图4:1），灯盘内底中部有一圆锥形烛

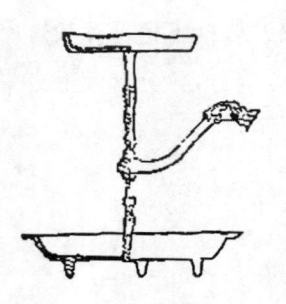

图3　乙类A型铜灯

钎，盘下有三兽蹄足，底下部有一圆管。南京长岗村M5:35④（图4:2），灯盘浅、斜直腹，内底无烛钎，平底下有三蹄足，外底中央有一长条形凸起，侧壁接龙首长柄。值得注意的是，这两件灯盘下部的圆管及凸起，表明其可能套接在灯架或组合灯盏上。广西合浦岭脚村M4:40⑤（图4:3）为一套组合灯盏，出土时A叠置于B上。A为上方龟首柄灯，灯盘底有三足，其中二足为龟足，另一足为圆筒状，筒内中空。B为下方龙首柄灯，灯盘内底中央有烛钎，平底下附三蹄形足，盘底正中有圆筒连出，筒内中空。

---

① 张志新：《江苏吴县狮子山西晋墓清理简报》，《文物资料丛刊》3，文物出版社，1980年，第134页。

② 简报中统一编号为M1。参见刘建国：《镇江东晋墓》，《文物资料丛刊》8，文物出版社，1983年，第20—21页。

③ 参见襄樊市文物考古研究所：《湖北襄樊樊城菜越三国墓发掘简报》，《文物》2010年第9期；襄阳市博物馆、襄阳市文物考古研究所：《三国遗韵——襄阳樊城大型三国墓出土文物》，北京：科学出版社，2016年，第84页。

④ 南京市博物馆：《南京长岗村五号墓发掘简报》，《文物》2002年第7期。

⑤ 广西壮族自治区文物工作队、合浦县博物馆：《广西合浦县岭脚村三国墓发掘报告》，广西壮族自治区文物工作队编：《广西考古文集》第二辑，北京：科学出版社，2006年，第338—353页。

4:1　　　　　　　　4:2　　　　　　　　4:3

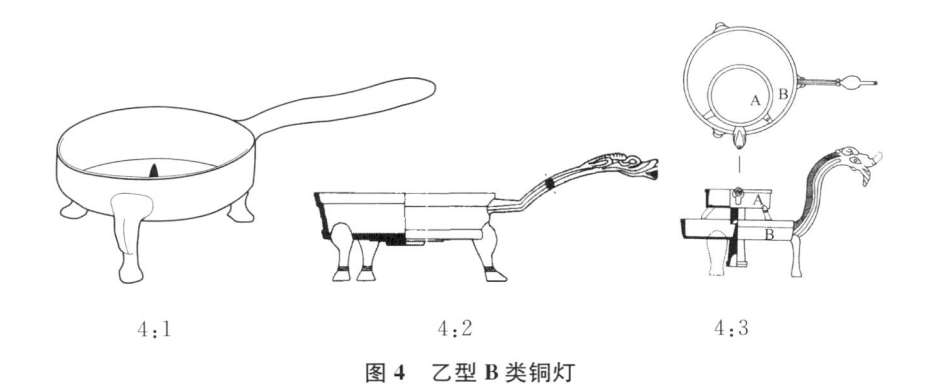

**图4　乙型B类铜灯**

C型：无足横柄灯，3件。根据其灯盘（盏）及侧錾形制不同可分为2个亚型。

Ca型：横柄行灯，1件（江苏高淳化肥厂M1出土①）（图5:1）。灯整体形制与Bb型相近，灯盘一侧附有龙首曲柄，而灯盘平底无足。

Cb型：环錾灯盏，2件。呈小碗状，口径约5、6厘米，口沿一侧有环形錾。南京象山M1:11②（图5:2），腹壁较直，微圈足，口沿一侧有直径1.1厘米的环形錾。陕西旬阳县大河南M3:18③（图5:3），腹微鼓，浅圈足，口沿一侧有一环形錾，器内底饰龙纹，外底饰菊瓣纹，柄及圈足均有纹饰。

5:1　　　　　　　　5:2

**图5　乙型C类铜灯**

---

① 镇江博物馆：《镇江东吴西晋墓》，《考古》1984年第6期。
② 南京市文物保管委员会：《南京人台山东晋兴之夫妇墓发掘报告》，《文物》1965年第6期。
③ 旬阳县文物管理所、旬阳县博物馆：《陕西省旬阳县大河南东晋墓清理简报》，《文博》2009年第2期。

丙类:提(吊)灯,3件。灯盘沿两侧横贯以圆形提梁,提梁顶部系以链环以手提或悬吊,灯盘下有三蹄足。江苏句容石狮公社出土品①(图6:1),弧形提梁带节,顶部有小圆罩,灯盘内底有烛钎。贵州清镇平坝六朝墓出土品②(图6:2),提梁自盘沿两侧汇合于顶端,汇合处为相对的龙首,提梁顶部链环已缺失。广东乐昌县河南梅花头东晋墓出土品③(图6:3),制作精美,保存较好。灯盘内底中央有烛钎,盘下三蹄足瘦长。提梁近口沿处铸一对人像,近顶处两边对称铸一小鸟,头相对而望,顶端中央铸一人像,屈膝端坐,头上系以链环。

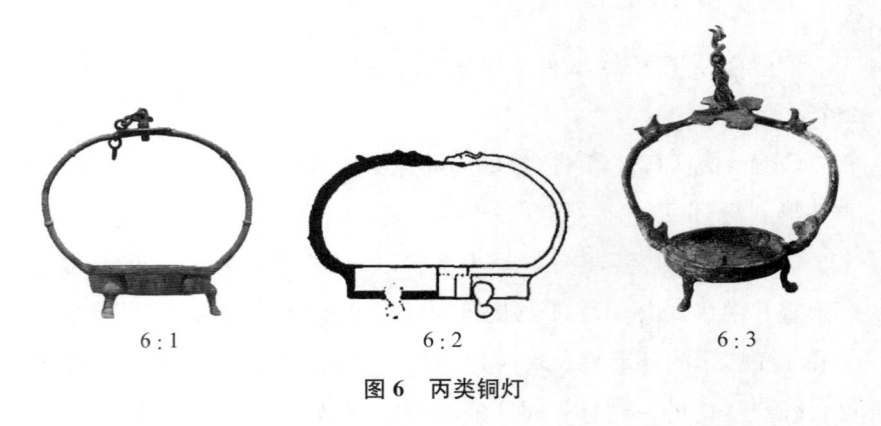

图6 丙类铜灯

丁类:座灯,10件。无竖柄或横柄,灯体带足或下附承盘。根据是否带灯盘(盏)可分为2型。

A型:带灯盘(盏)座灯,4件。照明燃料置于灯盘上燃烧。根据灯体形态,可分为3亚型。

Aa型:2件。灯盘内无烛钎,灯盘较深,下附三足及承盘。南京甘

---

① 南波:《江苏句容西晋元康四年墓》,《考古》1976年第11期。
② 贵州省博物馆:《贵州清镇平坝汉至宋墓发掘简报》,《考古》1961年第4期。
③ 广东省博物馆、香港中文大学文物馆:《广东出土晋至唐文物》,香港明爱印刷训练中心,1985年,第126页。

家巷刘家岗出土铜灯①（图7:1），灯盘圆唇、口略外侈、直腹平底、口沿内和外腹饰以弦纹，承盘敞口、折沿、浅直腹平底。与之相似的是南京迈皋桥万寿村出土铜灯②（图7:2）。

Ab型：1件（南京西善桥建宁砖瓦厂M4出土③）（图7:3）。灯盘较浅，内置六棱铜柱，上配铜环以固定蜡烛，环内插有双股铁夹，应为夹烛芯之用。承盘平底，下附三乳丁。

Ac型：1件（江苏仪征胥浦放牛山M99④）（图7:4）。将盛油的容器和兼做盖子的灯之间连以关捩，有学者称之为"辘轳灯"⑤。汉代辘轳灯以耳杯形和动物形为主，放牛山M99出土的为耳杯形。器身上盖分作两半，其中一半与灯铸为一体，另一半用铰链与之相连，可以自由启合。用时打开，翻于龟背之上，用作灯碗，内置烛扦，前有舌形流口，用后盒上灯盖，灯油可顺流口注入灯座，灯座空腹可用以储油。灯下置四乳钉，背部和双耳处还镌有神兽图案。

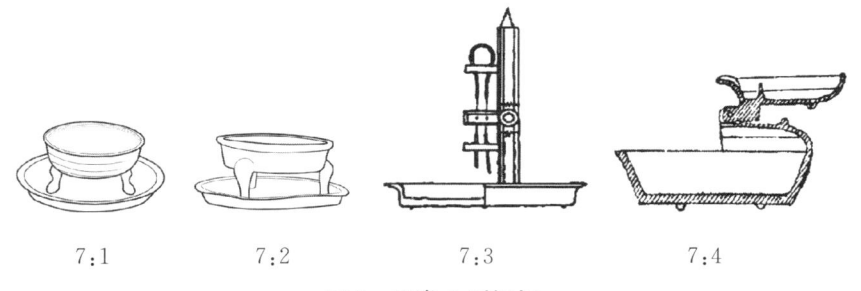

图7 丁类A型铜灯

① 南京市博物馆：《六朝风采》，北京：文物出版社，2004年，第126页。
② 南京市文物保管委员会：《南京六朝墓清理简报》，《考古》1959年第5期。
③ 李蔚然：《南京六朝墓葬的发现与研究》，成都：四川大学出版社，1998年，第108页。
④ 江苏省文化局驻仪征化纤文物工作队：《仪征胥浦发现东吴墓葬》，《东南文化》1991年第5期。
⑤ 孙机：《汉代物质文化资料图说》，上海：上海古籍出版社，2011年，第406页。

B型：无灯盘座灯，6件。根据灯体形态及燃料使用情况，可分为2个亚型。

Ba型：2件。将灯炷贯以铜管，直接插进盛油的卮形容器中，有学者称之为"卮灯"①。南昌叠山路M4所出铜灯②（图8:1），器形似鼎，上加盖，盖钮即灯芯管，腹部焊铸三个贯耳，下附三蹄足。与之相似的是马鞍山朱然墓:55③（图8:2），该器还配有管塞以便闲置时使用。六朝卮形灯多为扁圆腹水注形，与汉代卮灯旨趣相似，尺寸也相近，故暂名为卮形灯。

Bb型：4件。灯座上部连通一圆管以插烛，即"烛插座"。根据插座造型，可分为2式。

Bb型Ⅰ式：动物形，2件。鄂城M1002:99④（图8:3），作羊回首衔管状，另有一较短管插位于前肢左后侧上方。额有卷曲双角，遍体饰以兽毛，四足伸展，尾部有卷云纹装饰。襄樊菜越M1:82⑤（图8:4），作瑞兽回首衔管状，在前肢左后侧上方亦附有一短管插。兽额有卷曲的双角，身饰兽毛，四足伸展，微蹲，卷尾。

Bb型Ⅱ式：胡人骑狮形，2件。如安徽合肥吴墓出土1件⑥（图8:5），形制颇似后文所述山东博兴顾家村出土骑马俑铜灯。南京博物院藏南朝胡人骑狮器（图8:6），系一次浇铸成型。人物深目高鼻，长脸垂耳，头顶插圆管形帽，帽端为一方形片，中有一小孔，即为插烛之用。

---

① 孙机：《汉代物质文化资料图说》，第406页。
② 唐昌朴：《江西南昌东吴墓清理简记》，《考古》1983年第10期。
③ 安徽省文物考古研究所、马鞍山市文化局：《安徽马鞍山东吴朱然墓发掘简报》，《文物》1986年第3期。
④ 南京大学历史系考古专业等编：《鄂城六朝墓》，北京：科学出版社，2007年，第243—244页。
⑤ 参见襄樊市文物考古研究所：《湖北襄樊樊城菜越三国墓发掘简报》，《文物》2010年第9期；襄阳市博物馆、襄阳市文物考古研究所：《三国遗韵——襄阳樊城大型三国墓出土文物》，第81—83页。
⑥ 安徽省文物事业管理局：《安徽馆藏珍宝》，北京：中华书局，2008年，转引自宗旸：《六朝时期的青瓷照明用具》，第83页，第84页图19。

此人上身裸露,下穿长袍,双手平举,一手微握作执物状,另一手掌残。人物神态严肃,骑一"虎头狮身"的神兽,兽昂首张口、双目圆睁,身躯肌肉饱满、筋骨突出,体态威武。①

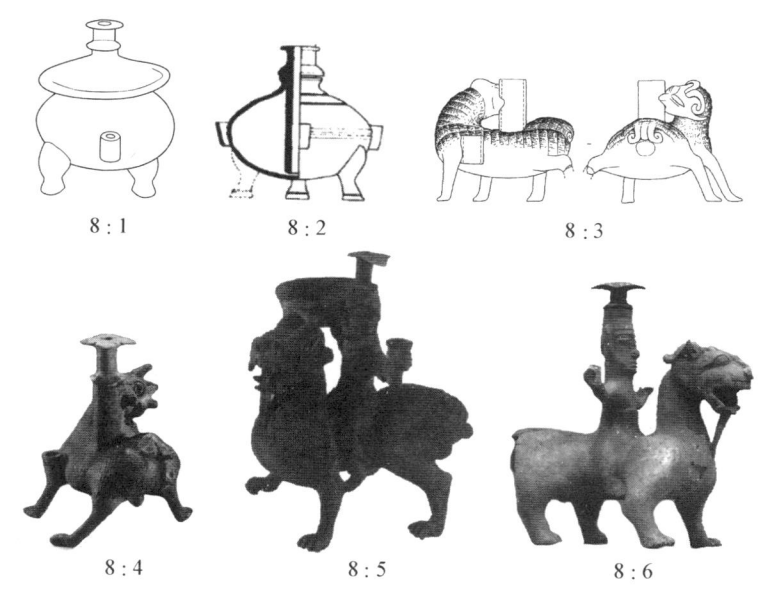

8:1    8:2    8:3

8:4    8:5    8:6

图 8  丁类 B 型铜灯

通过类型学研究可以看到六朝铜灯的形制演变,大致以两晋之际为界②,可以划分为前、后两期,两期铜灯具面貌差别较大。六朝前期

---

① 罗宗真:《所愁晓漏促,不恨灯销柱——记青铜人骑兽形灯座》,《东南文化》2000 年第 2 期。

② 关于六朝物质文化面貌分期,主要是根据墓葬形制,以及青瓷器具的种类、组合、形制和装饰来划分的,对其他材质器具未见分期。南方学者早期对六朝分期问题,偏重都城地区世家大族墓或长江中下游地区墓葬,一般分为孙吴西晋、东晋至南朝早期、南朝晚期三段,或将东晋早期划分出来(参见魏正瑾、易家胜:《南京出土六朝青瓷分期探讨》,《考古》1983 年第 4 期;罗宗真:《六朝考古》,南京大学出版社,1994 年,第 198—201 页)。根据韦正对六朝境内墓葬的研究,将其分为六个区域,各区域发展进程呈现不同面貌,但在核心区域均以两晋之际为界,而边远区域大致也以东晋前后为界(参见韦正:《六朝墓葬的考古学研究》,北京:北京大学出版社,2011 年,第 96 页)。根据六朝铜器的发现情况,结合六朝墓葬及青瓷器分期,在两晋间划界为宜。

发现较多，集中于孙吴时期，六朝后期发现较少，集中于东晋时期。这与孙吴、东晋时期政权偏居江东一隅，南方地区能随葬铜器的世家大族较集中的情况吻合。就铜灯具的形制来看，甲类 A 型竖柄豆形灯，多见于孙吴西晋时期，形制大致相同，东晋时期基本不见。甲类 B 型竖柄多枝灯目前仅见东晋墓出土一件，但由于孙吴时期横柄灯或为组合灯，很可能是多枝灯的组成部分，因此难以断言六朝前期没有铜多枝灯。乙类 A 型横柄豆形灯见于两晋之际，当为孙吴西晋遗物。乙类 B 型和乙类 Ca 型横柄灯流行于孙吴时期，而乙类 Cb 型带环形錾灯盏则出现于东晋时期。丙类提（吊）灯在六朝各代有零星发现。丁类 Aa 型三足灯盘座灯目前仅发现于东晋墓中。丁类 Ab 型烛插盘目前仅见于南京建宁砖瓦厂东晋墓 M4，除广州汉墓出土的陶烛插盘①外，六朝陶瓷插盘及同时期北方铜插盘年代上均晚于东晋，有学者认为其铸造年代早于东晋，可能是三国或西晋时期的遗物②。此烛插盘为孤例，结合这一带墓葬情况及烛盘形制来看，笔者认为其制作年代稍早于东晋。丁类 Ac 型辘轳灯和丁类 Ba 型卮形灯均为汉代灯具的延续。丁类 Bb 型烛插座主要流行于六朝前期。目前尚未见到明确出土于南朝墓葬的铜灯具。与汉代相比，六朝铜灯具发现较少，这与当时制瓷业发展以及铸器用铜紧缺的状况不无关系。六朝墓葬多见陶瓷器具，反映出社会经济和丧葬观念、习俗的变化。六朝铜灯具零星出土于长江中下游和岭南地区，灯具形制比较分散，尚未见明显的地域差别。

---

① 广州市文物管理委员会：《广州汉墓》，北京：文物出版社，1981 年，第 411—412 页。

② 该墓简报见于南京市文物保管委员会：《南京中华门外晋墓清理》，《考古》1961 年第 6 期。简报中提及 M4 出土铜器具，参见李蔚然：《南京六朝墓葬的发现与研究》，第 108 页。从建宁砖瓦厂发现了几座六朝前期墓，出土的铜三足盆为吴晋形制，虎子形则不晚于东晋早期，以及发掘者对出土瓷器的看法，笔者认为即使墓葬为东晋时期的，器具制作应当时间更早。

## 二、同时期南、北方铜灯具的关系

东汉末年分三国,南北格局初步稳定;西晋末年中原大乱,夷夏融合、衣冠南渡,江南地区进一步开发;直至南朝偏居一隅,禅替相袭,终为北方所统一。在这样的历史背景和社会经济条件下,在物质文化面貌方面,南、北方虽继承自汉,同出一源,但南北差异汉已有之;虽各有独立发展的空间,但普遍受到异域及异民族文化影响,且南北交流存续未绝。故这一时期南、北方物质文化联系紧密而又各有特点,这一点在铜灯具上反映得十分明显。

一方面,南、北方铜灯具联系紧密。第一,从发现情况来看,与南方一样,这一时期北方铜灯具分布零星且数量不多,仅出现于高级贵族墓中。第二,在种类方面,竖柄灯在南、北方均是非常重要的铜灯类别。第三,在形制方面,南、北方灯具可见一些相似之处。山东临沂洗砚池晋墓出土2件胡人骑狮器,M1西:8[①](图9:左)为铜质,通高18.9厘米。胡人长脸大耳,唇边髭须,头顶插一圆管形帽,双手平伸,左手握一圆筒形器,应为插烛之用,右手掌向上作托物状,双腿骑坐在一雄狮上;M1西:22(图9:右)为瓷质,与前一件相似,胡人着十字纹衫裤,头戴网纹卷沿高筒帽,左手揪狮耳,右手执鞭于胸前,狮呈卧态。

此类题材和设计,特别是胡俑造型与山东博兴出土汉代骑马俑铜灯(图10)十分相似。但洗砚池出土的这两件应是受到了南方影响,原因是六朝地域内普遍流行各种材质的插座类器具,常见羊、狮子或神兽,而马基本不见;此类胡人骑狮器目前多发现于南方;洗砚池晋墓出土瓷器多呈现南方风格,临沂正处于当时南北交通要道。洗砚池晋墓出土的仙人骑狮器一方面反映出南、北方产品流通,另一方面说明当时

---

① 山东省文物考古研究所、临沂市文化局:《山东临沂洗砚池晋墓》,《文物》2005年第7期。

南方风格器具在北方是一种身份的体现。

图9　胡人骑狮器　　　　图10　汉代骑马俑铜灯

再如铜烛盘,河北曲阳北魏高氏墓出土品①(图11),高11.5厘米。盘中央置八角形空心柱,柱上端设置左右对称的铜环,环两侧的铜柱各有纵槽,嵌置左右对称、可以任意上下移动的小圆碟,随着蜡烛的点燃,小碟可以逐渐上移。与建宁砖瓦厂M4出土的烛插盘相比,这一件匠意相似而更精巧。

图11　铜烛盘

另一方面,南、北方铜灯具亦存在差别,正所谓"橘生淮南为橘,生淮北则为枳"。首先,在灯具种类方面,北方地区目前未见辘轳灯、多枝灯这些流行自汉代而又发现于南方的铜灯具②,且横柄灯在北方很少

---

① 河北省博物馆、河北省文物管理处:《河北曲阳发现北魏墓》,《考古》1972年第5期。

② 可能是尚未发现同类铜质灯具,特别是多枝灯在北方地区应比较流行。北魏司马金龙墓出土的屏风漆画中就可见类似多枝灯的三支灯具。咸阳平陵乡前秦墓出土的陶连枝灯,灯身上部对开四孔插设连枝灯碗,现仅存两枝灯。辽宁锦州前燕李廆墓中亦出土一具铁多枝灯及陶灯盏若干。

见。第二，同类型灯具在具体形态上也略有差异。山东邹城刘宝墓出土的 2 件卮形灯①（图 12）灯体呈圆筒形，而六朝早期的卮形灯灯体为扁圆腹水注形。又如陕西咸阳平陵乡 M1 出土吊灯②（图 13），三根铜丝自灯盘底部汇集于灯盘正上方，联结处作雁形，这与东汉铁吊灯形制相似③，而北方尚未见南方样式的提梁（吊）灯。另外，北方竖柄灯形制较南方丰富，主体设计是一样的，而细节上存在差异（图 14），如灯柱上部一分为三托住灯盘、喇叭形灯座上饰以镂孔，以及灯盘一侧横置曲柄目前仅见于北方。此外，北方发现的高度近 60 厘米的竖柄灯，应为室内立灯，如刘宝墓 M1:128，类似形制的灯具尚未在南方发现。第三，北方铜灯具中的莲花烛台，目前尚未见于南方。北齐库狄迴洛墓出土的莲花烛台④（图 15），由三支莲花烛插、烛座及一长方形案子组成，莲花烛插的管筒内残存木质烛蒂。莲花纹样在南北朝时期常见于灯具，流行于南朝福建地区的瓷质莲花烛插即为其例（图 16），而未见于铜质灯具。覆莲灯座和长方形条案也是具有北方特色的器具式样，烘托出佛香缭绕、灯灯相续的宗教氛围。

图 12　卮形灯　　　　图 13　吊灯

① 山东邹城市文物局：《山东邹城西晋刘宝墓》，《文物》2005 年第 1 期。
② 咸阳市文物考古研究所：《咸阳平陵十六国墓清理简报》，《文物》2004 年第 8 期。
③ 衡阳市博物馆：《湖南耒阳市东汉墓室发掘报告》，《考古学集刊》13，2000 年，第 149—150 页。洛阳烧沟汉墓亦见类似铁灯具，参见洛阳区考古发掘队编：《洛阳烧沟汉墓》，北京：科学出版社，1959 年，第 196—197 页。
④ 王克林：《北齐库狄迴洛墓》，《考古学报》1979 年第 3 期。

图 14　北方坚柄灯多种

图 15　北朝莲花烛台　　　　图 16　南朝瓷制莲花烛插

## 三、六朝铜灯具与陶瓷灯具的关系

陶瓷灯具是六朝时期使用广泛的器具,发现的地点和数量远远多于铜灯具,形制丰富,演变序列相对完整,对于铜灯具研究有着非常重要的参考价值。就照明用途来说,无论何种材质的灯具,实际上就是可盛放或容纳燃料并供其燃烧的盛容器,那么陶瓷质容器几乎可以取代铜质容器。然而终因材质不同,铜质和陶瓷灯具各有特点,互为补充并相互借鉴。

一是铜与陶瓷材料成本、获取材料和组织生产的难易程度不一,导致铜、陶瓷灯具在数量、分布、功能和使用人群方面有所区别。铜灯具种类和样式较多,但都是零星发现;陶瓷灯具种类主要有竖柄灯、烛插座和烛插盘,数量较多,形制比较固定。虽然铜灯具的发现数量有可能被低估,但目前所见铜灯具远远少于陶瓷灯具,多出土于都城附近。在功能方面,铜灯具是实用器应无异议,结合其宗教内涵和装饰特点或带有一定的宗教功能。而陶瓷灯具则可能作为明器,与其他陶瓷器类如牛车俑、仓廪井灶、狗窝猪圈、日用器具和容器等配套随葬,但从其摆放位置、尺寸规格和精美程度来看,部分陶瓷灯可能是作为实用器随葬的。随葬铜灯具的墓葬,从墓葬规格和伴出品情况来看均等级较高。

二是铜与陶瓷各有特点,适合不同种类的灯具,且制作技法上亦有差异,主要反映在灯具形制和装饰上。铜材质可制作精巧灵活的活动装置,如辘轳灯;使用起来较轻便且不易破碎,适合制作横柄灯和提梁吊灯。陶瓷则稳固厚重或简易实用,故竖柄灯和烛插类器具较多,横柄灯较少而吊灯几乎不见。

竖柄灯是六朝灯具中最常见的类型。陶瓷灯多为圜底小盏,而铜灯多为直腹平底浅盘;陶瓷灯柱较粗,装饰使用塑形手法,铜灯柱则较细且能表现较为精致的铸饰,这是由制作方法差异而导致的。吴晋时期的陶瓷豆柄灯,除素面、弦纹或节状以外,还可见两种装饰:一是以动物或人物造型作为灯柄,如南京清凉山吴墓出土的"甘露元年五月造"铭青瓷熊灯[1];二是灯柄上贴有堆塑造型,如鄂城吴晋墓 M2170:2(图

---

[1] 南京博物院等合编:《江苏省出土文物选集》,北京:文物出版社,1963年,图126。

17:1)和 M2017:11①（图 17:2）与南京丁墙村西晋墓出土陶灯②（图 17:3），同样的还有洗砚池晋墓 M2:12（图 17:4）。以堆塑装饰灯柄的，多于直柄另一侧中部安有龙首曲柄，这种做法常见于孙吴后期至西晋前期。这与乙类 A 型豆形横柄灯的情况是吻合的，浙江安吉天子岗 M3 还出土有类似形制的铁灯③（图 17:5），年代亦为吴末晋初。陶灯对铜灯的借鉴，则体现在六朝时期最具匠心的、带有可调节灯罩的豆形横柄灯（图 18），出土于南京前新塘南朝墓④，借鉴了汉代铜缸灯的设计，活动灯罩可调节光的强弱，顶端捏手的孔洞可排放烟气，是非常人性化的设计。

图 17　竖柄灯多种

① 南京大学历史系考古专业等编：《鄂城六朝墓》，第 204—205 页。
② 沈宏敏、姜林海、邵磊：《南京雨花台区丁墙村、鼓楼区峨嵋岭六朝早期墓发掘简报》，贺云翱主编：《长江文化论丛》第三辑，北京：中国文史出版社，2005 年，第 200—210 页。
③ 安吉县博物馆：《浙江安吉天子岗汉晋墓》，《文物》1995 年第 6 期。
④ 南京市博物馆：《南京前新塘南朝墓葬发掘简报》，《文物》1989 年第 4 期。

图 18　豆型横柄灯

烛插座是六朝陶瓷器中非常出彩的器具。陶瓷在原料获取、制作加工及使用上均具备优势，造价低廉且易于普及，故铜烛插数量少，样式亦不出瓷质烛插。六朝青瓷烛插座造型多样，有羊形、熊形、狮形（神兽）、蟾蜍形、骑狮（羊）器、莲花形及圆筒形，而铜烛插座仅见羊形和骑狮（羊）形。其中羊形插座可见于整个六朝时期，但暂未见如铜烛插动物回首衔背插管的设计，均为卧姿，头顶有孔或背部有插管。安徽宣城西晋墓出土的1件瓷烛插座[①]（图19：1），在背部和左前肢上部各有一插管，与铜烛插座相似。胡人骑狮（羊）器多为孙吴西晋时期的，如浙江安吉天子岗 M3[②]（图19：2）和湖北武昌钵盂山 M322[③]（图19：3）各出土1件，这与铜质胡人骑狮（羊）器的年代是一致的。

---

① 张柏主编：《中国出土瓷器全集8》，北京：科学出版社，2008年，第29页。
② 安吉县博物馆：《浙江安吉天子岗汉晋墓》，《文物》1995年第6期。
③ 张柏主编：《中国出土瓷器全集13 湖南湖北卷》，科学出版社，2008年，第38页。

19 : 1　　　　　　19 : 2　　　　　　19 : 3

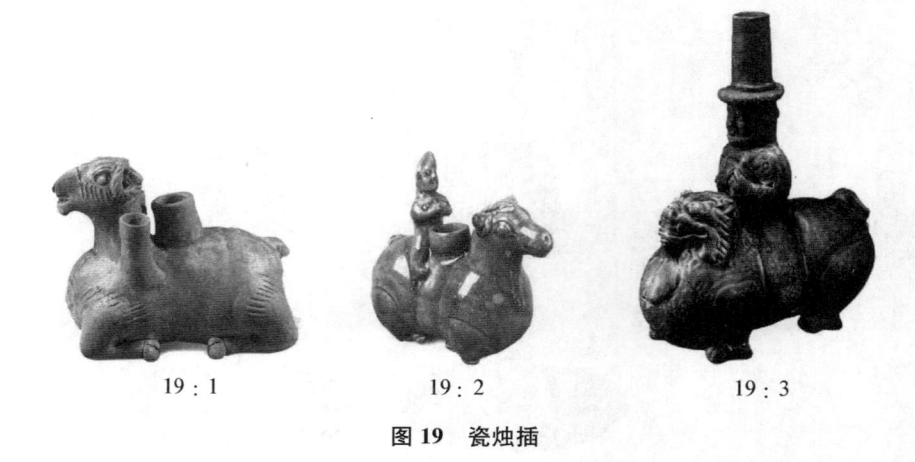

图 19　瓷烛插

　　陶瓷烛插盘流行于南朝时期并呈现出地域特点，形制上可分为无座、环座和莲座，其中后者有单、双管之别。福建地区流行花叶形座烛盘，盘径在 10～15 厘米，灯柱一侧或两侧上部着一横环；江西地区流行环座烛盘，盘径约 10 厘米，无灯柱或矮灯柱；南京地区则流行与铜烛盘相似的无座单管烛盘，盘径约 20 厘米，灯柱多为八角形。这表明制瓷业在南方地区兴盛起来，瓷制生活器具在一定范围内流通，逐渐形成地域特色，同时也反映出蜡烛的普遍使用。

## 四、六朝铜灯具源流及其所反映的社会生活

　　六朝铜灯具从设计上说大多是对汉代灯具的继承。竖柄灯、多枝灯、横柄灯、辘轳灯、卮形灯等与汉代铜灯一脉相承[1]，南朝陶灯中还可见借鉴于汉代铜釭灯的设计。烛插座借鉴了汉代动物灯和胡人灯造型，而烛插盘基本沿袭广州东汉晚期汉墓出土的Ⅰ型烛台。[2] 两汉时期南方地区就发现不少铜灯，这些产品可能传世至汉以后，汉代以来南

---

[1]　申云艳：《汉代铜灯初步研究》，《汉代考古与汉文化国际学术研讨会论文集》，济南：齐鲁书社，2006 年，第 340—354 页。

[2]　广州市文物管理委员会：《广州汉墓》，第 411—412 页。

方铜灯制造的工艺传统也延续至六朝。汉代铜灯在六朝时还留有余韵。六朝对两汉中原文明的存续亦反映于铜灯具上。

同时,六朝铜灯具亦呈现出不同于汉代的面貌,反映出承上启下的演变和发展。第一,铜灯具明显减少,陶瓷灯具以原料易取、烧制方便、造价低廉的优势逐渐占据主导,灯具形态和装饰也多呈现瓷器特点。第二,蜡烛的逐渐普及使得烛台在六朝时期大量出现,这是照明燃料演变所导致的灯具形制方面的变化。蜡在汉代就用于调制照明燃料,东汉时期就已有烛台,文献中关于蜡烛的记载随之增多。蜡烛普及后,动物油脂所制脂烛逐渐被取代,内置短烛钎的灯盘随之减少。六朝时期,熔点较高的白蜡制作的细长蜡烛逐渐代替粗矮的蜂蜡烛,江西南昌火车站晋墓出土铜三足盘(M5:14)中残留有灰白色蜡状物;① 东晋顾恺之《洛神赋图》中就表现有长而细直的蜡烛图像(图20)②;东晋范坚《蜡灯赋》描写的就是蜡烛多枝灯所营造的绮丽氛围:"列华槃,铄凝蜡,浮炷颖其始燃,秘闱于是乃阖。"③ 因此,插管粗短

图 20 东晋顾恺之《洛神赋图》局部

---

① 江西省文物考古研究所:《南昌火车站东晋墓葬群发掘简报》,《文物》2001年第2期。这件铜三足浅盘,中有银火拨并残存蜡状物,不排除其为灯具的可能。湖南耒阳东汉墓出土的铁灯中就发现过拨火棍,参见衡阳市博物馆《湖南耒阳市东汉墓室发掘报告》(《考古学集刊》13,2000年)。这是用来在灯芯越烧越短行将熄灭的时候,轻轻拨弄灯芯,可使灯光明亮。而一对银火拨,可能发挥烛铗的作用,以剪掉烧残的灯芯。

② 图引自张安治主编:《中国美术全集 绘画编 1 原始社会至魏晋南北朝绘画》,北京:人民美术出版社,1986年,第140页。

③ 〔唐〕欧阳询撰,汪绍楹校:《艺文类聚》卷八〇《灯》,上海:上海古籍出版社,1965年,第1369页。

的烛插座有所减少而烛插盘增多,并且蜡烛增高也可能使灯具相应变矮。第三,随着两汉官营手工业及铜灯具工艺的衰退,汉代灯具所见的"物勒工名"以及诸如鎏金、错金银等高档装饰工艺尚未见于六朝铜灯,目前也没有在六朝遗迹中见到工艺复杂的铜釭灯。第四,六朝灯具随着社会生活的变化而变化,如灯具高度随着家居陈设的变化发生调整;灯具造型和装饰受到外来文化和地域特色的浸染,如灯具所见的莲花装饰、卧狮造型均受到佛教流行的影响。丰富的夜间生活、绚烂的文化氛围对灯具实用性和装饰性提出更高要求,这在当时的官方修史、私家著述和绘画资料中都有所体现(图21)。

1. 东晋顾恺之《列女仁智图》　　2. 北魏司马金龙墓出土的屏风漆画

**图 21　魏晋南北朝时期绘画资料中的灯具**

六朝以来,瓷器开始成为日常生活器具的主体,铜礼器不再流行,铜主要用于铸币和寺庙营建,日用铜器逐渐被瓷器取代,战国秦汉以来的铜灯制作工艺亦渐趋衰退。隋唐时期,虽然铜灯具以及形制相仿的陶瓷灯具依然可见,如高足承盘组合灯盏以及各式烛插,但与以往显著不同,体现在:一是蜡烛的普及,使得带扦及管状烛台的设计日益丰富,宋代以后短扦烛台向长扦演变,正是由于蜡烛制作技术的改进和成熟;

二是"盏唇搭炷式"油灯的传入和普及,在此基础上的艺术发挥和工艺改进,制作出各式各样的"省油灯"。这一变化可溯至六朝时期:首先是燃料的变化,蜡烛与植物油产量提高并普及开来①;二是瓷器代替铜器成为生活用具的主体;三是魏晋南北朝以来的人员迁移、民族融合及异域文化对日常器具、生活方式、审美艺术以及整体文化面貌带来的深刻影响。随着灯具的普及和改进,人们的生活也更加绚丽多彩。时令年节张灯结彩,"夜燎晃以舒光,华灯若乎火树,炽百枝之煌煌"②。日落而息成为过去,宵禁制度被车水马龙取代。灯具的实用性与艺术性相映成趣,成为宫苑园林、家居陈设、文人案头的点睛之器。"晃晃华灯,含滋炳灵;素膏流液,玄炷亭亭"③,西晋傅玄的《灯铭》正如一簇怀旧的烛光,六朝熠熠,继汉启唐。

(原文刊载于《中国国家博物馆馆刊》2018 年第 8 期,略作改动)

---

① 由于中国原产油料出油率较低,故照明多使用动物油脂,一般认为直至魏晋南北朝时期植物油才被大量用作燃料。北魏贾思勰在《齐民要术》中记载了植物油大量榨取及其作为燃料的用途,卷三载:"荏子秋末成……收子压取油,可以煮饼。荏油色绿可爱,其气香美,煮饼亚胡麻油,而胜麻子脂膏,麻子脂膏,并有腥气。……又可以为烛。"此前植物油用量不多,或多用作食用油及战争燃油,但是以植物油为燃料的灯具可见于文献,如晋代《拾遗录》载:"董偃……列麻油灯于户外。"然而直至"盏唇搭炷式"油灯传入以前,使用液体植物油与使用动物油脂和蜡烛的"盏中立炷式"灯从形态上难以截然区分,或以有无烛钎作为区分之一途,但并不尽然。从六朝时期灯具燃料来看,包括熔点较低的动物油脂、液态植物油和融化后呈油膏状的蜡,加热后均熔融为液体,因此无论用哪一种燃料,灯具均需要一定的容积。

② 〔宋〕李昉等撰:《太平御览》卷二九《时序部》引晋傅玄《元日朝会赋》,北京:中华书局,1960 年,第 139 页。

③ 〔唐〕徐坚等:《初学记》卷二五《灯》引晋傅玄《灯铭》,北京:中华书局,2004 年,第 616 页。

表2 出土六朝铜灯具一览表

| 种类 | 型式 | 出土地点 | 尺寸(厘米) | 墓葬时代 | 资料来源 |
|---|---|---|---|---|---|
| 甲：竖柄灯 | Aa | 南京御道街标营M1 | 通高10.2、盘径7 | 六朝初期 | 《文物参考资料》1956年第6期 |
| | Ab | 安徽马鞍山采石M1:10 | 通高15.8、灯盘径12、承盘径18 | 孙吴中期 | 《文物研究》第14辑 |
| | Ac | 江西吉水城郊M2:19 | 高近30、盘径11 | 西晋早期 | 《文物》2001年第2期 |
| | B | 南京太平门外蒋王庙 | 灯盏均高3、径9.8、灯柱高57、承盘高2、径33、足高6.5 | 东晋 | 《六朝风采》 |
| 乙：横柄灯 | A | 江苏吴县狮子山M1 | 高23、灯盘径11.5、承盘径20.1 | 西晋中期 | 《文物资料丛刊》3 |
| | | 江苏镇江燕子山M3 | 高30.2、灯盘径13.6、承盘径20 | 东晋早期 | 《文物资料丛刊》8 |
| | B | 湖北襄樊菜越M1:160 | 盘径12.8、柄长14.8、高8.1 | 六朝早期 | 《文物》2010年第9期 |
| | | 南京长岗村M5:35 | 盘径12.3、通高6.1 | 孙吴晚期 | 《文物》2002年第7期 |
| | | 广西合浦县岭脚村M4:40 | A灯盘径4、高2；B灯盘径7、通高8.7 | 孙吴 | 《广西考古文集》第二辑 |
| | Ca | 江苏高淳化肥厂M1 | 盘径11.2、通长20.2、高4 | 孙吴前期 | 《考古》1984年第6期 |
| | Cb | 南京象山M1:11 | 口径6.4、底径3.5、高2.7 | 东晋前期 | 《文物》1965年第6期 |
| | | 陕西旬阳大河南M3:18 | 口径5.1、底径2.41、高2.22 | 东晋 | 《文博》2009年第2期 |

(续表)

| 种类 | 型式 | 出土地点 | 尺寸(厘米) | 墓葬时代 | 资料来源 |
|---|---|---|---|---|---|
| 丙：提吊灯 | | 江苏句容石狮公社 | 底径 11.8、通高 18.5 | 西晋中期 | 《考古》1976 年第 11 期 |
| | | 贵州清镇平坝 | 不详 | 六朝 | 《考古》1961 年第 4 期 |
| | | 广东乐昌河南梅花头 | 通高 32、盘径 9 | 东晋 | 《广东出土晋至唐文物》 |
| 丁：座灯 | Aa | 南京迈皋桥万寿村 | 通高 6.4、灯盘径 12、深 3、承盘径 16、深 1.5 | 东晋中期 | 《考古》1959 年第 5 期 |
| | | 南京甘家巷刘家岗 | 通高 6.3、灯盘径 11.2、深 6.1、承盘径 16.8、深 1.5 | 东晋 | 《六朝风采》 |
| | Ab | 南京西善桥建宁砖瓦厂 M4 | 不详 | 东晋 | 《六朝风采》 |
| | Ac | 江苏仪征胥浦放牛山 M99 | 通高 9.2、长 12.7、宽 10.6 | 孙吴 | 《东南文化》1991 年第 5 期 |
| | Ba | 江西南昌东湖区叠山路 M4 | 通高 10 | 孙吴初期 | 《考古》1983 年第 10 期 |
| | | 安徽马鞍山朱然墓(55) | 腹径 7.9、通高 8.3 | 孙吴中期 | 《文物》1986 年第 3 期 |
| | BbⅠ | 湖北鄂城 M1002:99 | 通高 6.6、背插高 2.2、径 1.4；侧插高 1.6、直径 1.1 | 孙吴中期 | 《鄂城六朝墓》 |
| | | 湖北襄樊菜越 M1:82 | 通高 9.5 | 六朝早期 | 《文物》2010 年第 9 期 |
| | BbⅡ | 安徽合肥东吴墓 | 不详 | 孙吴 | 《长江文化论丛(第七辑)》 |
| | | 南京博物院馆藏 | 通高 19 | 南朝 | 《东南文化》2000 年第 2 期 |

# 南京灵山梁代萧子恪墓的发现与研究

邵 磊

2008年3月上旬,有市民发现不法分子在南京仙林灵山盗掘古墓,经南京市博物馆调查,发现被盗古墓位于灵山西北麓的密林中,其地北距清代民族英雄邓廷桢墓仅100余米,西距梁武帝萧衍六弟、临川靖惠王萧宏墓神道石刻约1500余米,向南约千余米处的灵山西南麓,旧有人民解放军驻宁某部射击靶场,南京市文物保管委员会(南京市博物馆前身)曾于1972年在该靶场附近的一对小型石辟邪后发掘过一座大型南朝墓葬,以墓中出土有高达85厘米、被誉为"六朝青瓷之王"的青瓷莲花尊而广为人知。[1]

为了防止被盗古墓遭到更严重的破坏,南京市博物馆对此墓进行了抢救性发掘,并于2010年完成了考古资料的初步整理工作。[2] 此后,通过对出土墓志文字进一步的清理辨识,得以确认此墓的墓主即为南齐豫章文献王萧嶷次子、南齐永明年间一度授封南康县侯、入梁后降为子爵的萧子恪。鉴于萧子恪墓是继前述出土大型青瓷莲花尊的灵山南朝大墓之后,在南京仙林灵山所发掘的第二座南朝墓葬,故先行刊布的考古简报中将萧子恪墓编号为08NQXLM2,简称M2。

墓主确凿无疑的南朝齐、梁宗室墓葬,此前所见不过三例而已,墓

---

[1] 马砚祥:《南京灵山梁墓青瓷莲花尊浅议》,《江苏省考古学会第四、五次年会论文选集》,江苏省考古学会编印,1986年,第118—122页。本文所引灵山大墓的相关材料,皆据此文出,不另注。

[2] 南京市博物馆(邵磊执笔):《南京市灵山南朝墓发掘简报》,《考古》2012年第11期。

主分别是齐东阳太守、梁武帝萧衍的叔父萧崇之侧室夫人王宝玉与梁桂阳简王萧融夫妇及其嗣子桂阳敦王萧象夫妇,而萧子恪的传记材料远较上述三人详备,故萧子恪墓以其墓主明确的纪年墓所彰显出的不寻常的标型意义,不仅给南朝墓葬的断代与相关的制度研究树立了重要标尺,为庞杂的南朝墓葬资料的归纳与整合提供了契机,对于考察彼时的社会流通、经济发展、审美情趣的潜移默化也可谓不可多得的实物佐证。仅此而言,萧子恪墓的考古发掘可称得上是近年来南朝考古的重要发现,值得作更全面深入的比较研究。

## 一、萧子恪墓的地理位置、形制结构与出土文物

萧子恪墓依山势之逶迤构建于灵山西北麓中段,北倚海拔 155 米的灵山主峰,前临豁敞平缓的坡地,与灵山主峰相连属的岗阜丘峦绵亘左右,其形胜与南京栖霞区甘家巷及其附近的萧梁王侯墓相仿佛,合乎六朝卜筮图墓者流的堪舆之道(图 1)。与同时期的大型砖室墓一样,

图 1　萧子恪墓位置示意图

萧子恪墓的营建也经历了开凿墓坑、砌建墓室与甬道及排水沟等附属设施、开挖墓道、移棺入藏并"下器圹中"、封塞墓门、填土起坟等步骤。

萧子恪墓的墓坑平面略呈"吕"字形，总长19.5米、宽2.4—3.9米，墓坑内以封门墙为界，分为斜坡墓道与砖室两部分。

斜坡墓道宽1.6—3.24米，坡度12度。砖室平面呈"凸"字形（图2），内长8.94米，方向320度。砖室底部共有4层铺地砖，其铺墁方法自下至上依次为：底部第1层为错缝平铺；第2层为端面侧立砌法，相对于墓葬的方向，位于墓室与甬道的主体中心部位均作侧立横砌，其两侧皆作侧立纵砌；第3层亦为错缝平铺；第4层平铺作席纹，铺墁范围仅限于棺床前后的地面。在第4层铺地砖的周边分别承砌封门墙和墓壁。封门墙嵌砌于甬道口内，甬道口外分别砌有两翼挡土墙。甬道平面呈长方形，内长3.14米、内宽1.4米。墓室平面则介于长方形与长椭圆形之间，内长5.8米、内宽2.75米—2.9米。墓室前部与甬道抹角相连，左右两壁略向外弧突，后壁呈半圆形向外弧突。墓室内地表亦

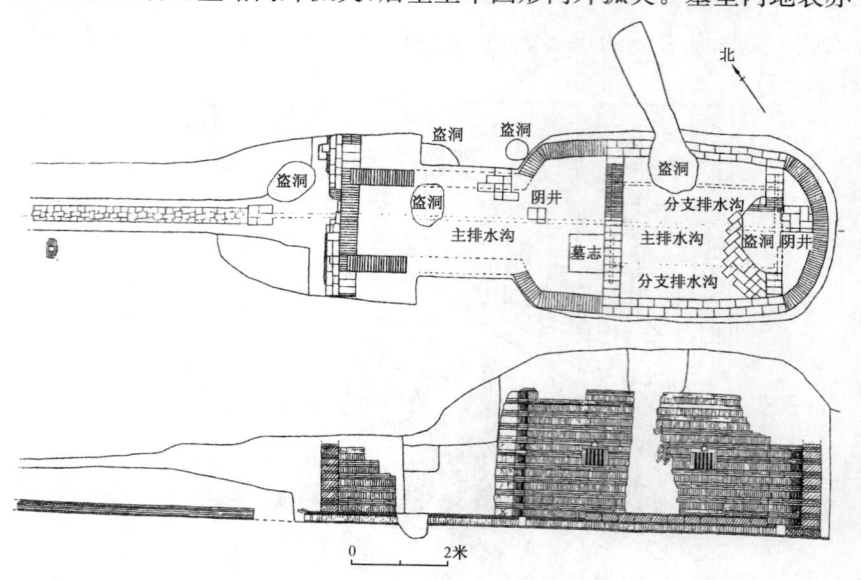

图2 萧子恪墓平剖面图

即第4层铺地砖,仅分布于与甬道相连的墓室前部、墓室后壁与左右两壁交割形成的半圆弧形的平面区域内,在第4层铺地砖前后相夹的墓室中部,即为砖砌棺床所在。棺床长3.7米,与墓室等宽,棺床以上下两层砖铺砌而成,上层平铺成斜"人"字形,惟前后两端以纵平砖锁口,下层侧立纵砌于第3层铺地砖上。在棺床前后的第4层铺地砖上,分别辟有20厘米见方的阴井。墓室两壁砌法与甬道壁相同,惟右壁保存较好,其壁面在距棺床1米高处砌有间距2米的两个直棂假窗,假窗均为5棂,宽54厘米、高38厘米。在假窗上皆辟有"凸"字形灯龛,灯龛底宽14厘米、高12厘米。在后壁正中残存一直棂假窗的右下角部分。

砌墓用砖既有在侧面模印莲花与斜网格纹的组合纹饰,也有在端面模印以方胜的形态组合在一起的莲花纹、钱纹或对拼的半朵五瓣莲花纹,花纹砖主要用于砌建封门墙、墓壁、棺床等。在部分端面模印莲花纹或钱纹的砖侧,尚模印有较粗拙的"李"字或形似"五"的文字。此外,素面砖也有不少,主要用于铺地或砌建挡土墙。

萧子恪墓早年遭盗毁,墓主骨殖散落,仅于墓室前部及棺床部位清理出人牙数颗与零星肢骨。出土遗物也多已脱离原有位置且残损不堪。经清理,能够分辨器形的尚有陶碟1件、陶钵1件、陶盘1件、陶果盒1件、陶托盘3件、陶唾壶2件、陶灯2件、陶奁盒2件、陶香熏2件、陶凭几2件、陶井1件、陶女俑4件、陶男俑4件、陶仓2件、陶马1件、陶牛车2件、青瓷盘口壶2件、铜钱30枚、铜泡钉7枚、铁钱50枚、铁钉若干、滑石猪1件、石墓志1件。

野外考古发掘工作结束后,考古人员出于文物保护的职业良心,经向馆领导再三陈述其重要性,始得以将萧子恪墓较为完整且保存有"凸"字形灯龛的一段右侧墓壁整体切割运回,现陈列于南京市博物馆馆"龙蟠虎踞——南京历史文化展"中。

## 二、萧子恪生平行实及其对"永明体"的贡献

出土于萧子恪墓棺床前部偏左侧的石墓志,是解密墓主身份的关键,堪称此次考古发掘最为重要的收获。石墓志长90.3厘米、宽70.5厘米、厚9厘米。墓志首题"梁故侍中中书令宁远将军吴郡太守■",次刻题名"五兵尚书南昌县开国侯琅玡王规■"和"仁威将军晋陵太守陈郡谢举制铭",其后即为墓志正文。志文由于漫漶极甚,具体行数不清,满行38字(图3),迻录如下:

君讳子恪,字景冲,南兰陵郡兰陵县都乡中都里人也。祖□□,□□□□神武睿哲,□明为□,□功/超□,□为君则,威加四海。父丞相、文献王,□真体道,含章怀秀,□□陶甄,□邵好善,□□归遂/已备昭□□□□版牒。君禀气中和,迹邻□善。诏容令德,□□□□之□;清徽淑□风播□追之/□。■礼□著于□□就辞敕□□也□□□□散札,含裳蔚云,□而竞缘。司徒文宣王/雅好篇仕,饬馆礼贤,开阁求士,唐染来趋,邹枚竞竞湮。□制《高松》之□,□者成群。君乃斐然□□,□□/便就,新声逸□,贯沧时流。文□辞□,咸加叹□。君雅□□□,闲于进止,从容□□,观者相趋。□□□/端正之声□多惭色,□□得风□之□不能迈也。及世□嗣□特驾宴爱□建永家禅代□□既□/□□□□□礼乐驾□□□□□愍愍,起家为宁朔将军、淮陵太守,仍遭天□毁广□基□□□□/军■以大吴□震□□肩髀首萧贤救莫或居之,遂□组昌□分■/政□□弼□也。讼息烦赏。■齐储□□乐■/太原□除太子中□官■季■/虽时过道■/□□代所□□入■/■以/中□□□□司从□石□□王交文■/□□□道■/■开□□□之疑■/■之□□历□求□出■/■转□选部■/□君■/□古许□□□还□次□/■急所以嘉□允□/■吴郡太守仕官■/■不其

宣室邁■/■死□□□春秋五十有二，其年秋八月□成■/■君□□□举检□和平奄■/□□以■惠事□行■/生而■之□□昔■/■/■/■/■/■氏■/■年■/■佐郎■/■

据墓志正文首行起始所述"君讳子恪，字景冲"，即可知墓主当为齐高帝萧道成孙、豫章文献王萧嶷次子萧子恪无疑，至于残存志文所透露出来的其他关于墓主籍贯、历官等方面的信息，如"南兰陵郡兰陵县都乡中都里人也""起家为宁朔将军、淮陵太守"以及墓志首题谓其"梁故侍中、中书令、宁远将军、吴郡太守"的终官、正文第 27 行"春秋五十有二"的享年，也无不与《梁书》与《南史》中的萧子恪本传相合。[①] 至于墓主的祖、父即萧道成至萧嶷这一世系，当亦即墓志正文第 1、2 行所谓的"祖□□□□□神武睿哲，□明为□，□功超□，□为君则，威加四海；父丞相、文献王，□真体道，含章□□……"云云。

图 3  萧子恪墓志拓片

---

[①] 萧子恪的籍贯、历官、表字与年寿，参见〔唐〕姚思廉：《梁书》卷三五《萧子恪传》，北京：中华书局，1973 年，第 507—509 页；〔唐〕李延寿：《南史》卷四二《齐高帝诸子上》，北京：中华书局，1975 年，第 1068—1070 页。又，本文所引萧子恪兄弟子侄入梁后的史事，亦据此二书出，不另注。

史载，萧子恪于齐武帝永明十年（492）封南康县侯，初为宁朔将军、淮陵太守，明帝建武年间迁为辅国将军、吴郡太守。按，齐明帝萧鸾为齐高帝萧道成兄长萧道生之子，以早孤而由高帝萧道成抚育成人，历事高、武二朝，爵通侯、官仆射，及郁林王萧昭业登基辅政。未几，以郁林王无道而弑之，改立海陵王萧昭文，旋亦废弑而夺其位。自以得不以正，遂大肆屠戮高武子孙以杜后患。其时，高武旧臣、大司马王敬则震怖于齐明帝杀害高武子孙之惨酷，遂奉外迁吴郡太守的萧子恪的名号，自会稽举兵向阙。出于报复，齐明帝萧鸾亦拟将萧子恪的兄弟及其他高武子孙亲从七十余人尽数杀害，会萧子恪仓皇逃回台城自白情状，其亲族始得于命悬一线之际死里逃生。

梁台初建，萧子恪及其诸弟循例皆被降为子爵。为了安定人心以巩固自身统治，梁武帝萧衍对于萧齐宗室成员采取了分化瓦解的策略。由于萧子恪兄弟既因乃父萧嶷之死而与齐文惠太子乃至齐武帝萧赜夙有嫌隙，[①]又因王敬则起兵向阙几罹灭门之祸，故对于齐文惠太子一系与齐明帝萧鸾皆无好感，故而梁武帝萧衍也就不吝在毫无威胁的萧子恪兄弟身上展现其厚待前朝宗室的宽宏大量。他先是利用与子恪兄弟有旧的阉人赵叔祖释放了自己的善意，继而又乘萧子恪及弟萧子范等入谒之际，与之进行了一番推心置腹、晓以利害的长谈，并希望得到萧子恪兄弟的尽节报效。未几，萧子恪兄弟十六人并皆仕梁，其中萧子恪出为永嘉太守，还除光禄卿、秘书监，又出为明威将军、零陵太守。天监

---

① 齐豫章文献王萧嶷与其胞兄齐武帝萧赜以及文惠太子萧长懋之间的关系，可能并没有表面上那样友于融洽。由于萧嶷才能出众，深得齐高帝萧道成赏识，几乎一度将取代萧赜而为皇位继承人。因此，当萧赜登基后，萧嶷为求自保，刻意表现出谦抑的姿态，不仅事萧赜父子恭悌尽礼，甚至一再请求解职。然据前引《南史·齐高帝诸子上》载："(萧)嶷薨后，忽见形于沈文季曰：'我未应便死，皇太子加膏中十一种药，使我瘫不差，汤中复加药一种，使利不断。吾已诉先帝，先帝许还东邸，当判此事。'因胸中出青纸文书示文季曰：'与卿少旧，因卿呈上。'俄失所在。文季秘而不传，甚惧此事，少时太子薨。"以是借志异暗示萧嶷终不见容于萧赜父子、终遭毒杀之事。

十七年(518),入为散骑常侍、辅国将军。普通三年(522)迁宗正卿,四年(523)转吏部尚书,六年(525)迁太子詹事。大通二年(528)出为宁远将军、吴郡太守,并于此年(529)卒于郡舍,诏赠侍中、中书令,谥曰"恭"。值得一提的是,前引墓志正文第 27 行所云"……春秋五十有二",与史籍所载大通三年(529)萧子恪卒于吴郡的年寿相合,而后继"其年秋八月……"云云,显然是萧子恪下葬之期,据此可推知南京灵山萧子恪墓构建完工的时间下限正在梁大通三年八月。

萧子恪诸弟才学出众,而尤以萧子范、萧子显、萧子云等成就斐然。六弟萧子范入梁后为南平王萧伟从事,王府文牍率出其手笔,尝制千字文,令蔡薳作注。侯景之乱后,受诏命制简皇后王灵宾哀策文,委惬上意。有前、后文集三十卷。八弟萧子显于经史之学尤为专擅,尝著《鸿序赋》,沈约见之而倾倒。又采众家《后汉书》,考正同异,作《后汉书》一百卷,复撰《齐书》六十卷、《普通北伐记》五卷、《贵俭传》三卷,特别是《齐书》(即二十四史中的《南齐书》)流传至今,列入正史,成为传世史籍的经典。别有文集二十卷。九弟萧子云亦博学藻文,年二十六而成《晋书》百余卷,另有《东宫新记》二十卷。萧子云尤擅书法,且为世楷则,自谓规模钟繇、王羲之而又出乎意向之外,不仅为梁武帝所激赏,且名闻海外。

与诸弟所负一代文学之望不同的是,史载萧子恪尽管"少亦涉学,颇属文",年仅十二岁即赋诗奉和从兄、竟陵文宣王萧子良《高松赋》,竟致时有"儒宗"之誉的尚书仆射王俭见而奇之,表现出了很高的天分和才情,但却终以"文史之事,诸弟备之矣,不烦吾复牵率,但退食自公,无过足矣"自况,以是竟无文集传世。

今所见萧子恪墓志正文第 4 行至第 6 行有云:"司徒文宣王雅好篇什,餝馆礼贤,开阁求士,唐染来趋,邹枚竞溱,□制《高松》之□,□者成群,君乃斐然□□,□□便就,新声逸□,贯沧时流,文□辞□,咸加叹□。"志文虽略有泐损,但不难推知其所述应即史传所载萧子恪年方十二岁之际奉和从兄萧子良《高松赋》之事。然墓志此处所述,非惟可补益史载,对于探究南齐文学风尚的发展亦是不可多得的重要史料。

南朝文风的丕变,因永明年间"盛为文章,吴兴沈约、陈郡谢朓、琅琊王融以气类相推毂,汝南周颙善识声韵。(沈)约等文皆用宫商,将平上去入四声,以此制韵,有平头、上尾、蜂腰、鹤膝。五字之中,音韵悉异,两句之内,角徵不同,不可增减,世呼为'永明体'"。"永明体"强调声律,要求"辞既美矣,理又善焉",其"大旨欲'宫商相变,低昂互节,若前有浮声,则后须切响,一简之内,音韵尽殊;两句之中,轻重悉异'"①。而"永明体"生发之前的文风,往往好搬弄典故以及阐述玄理,夙多古奥之意,由于"永明体"的生发,使得声调平仄相对在士林得到普遍认同,此后又历经发展,这才出现唐以后的近体诗。

"永明体"的生发,与齐武帝萧赜次子、竟陵文宣王萧子良有直接关系,这不仅因为"永明体"身体力行的实践者如沈约、谢朓、王融等皆是游艺出入萧子良西邸的"竟陵八友"之一,也因为萧子良本人在西邸"招致名僧,讲语佛法,造经呗新声"②,对于催生乃至完善"永明体"在韵声上做足了准备。佛教传入中国以来,佛经既由梵文转译为汉语,音调随亦发生变化,僧人诵经颇苦于声调的难于和谐,是以东晋、刘宋以来,陆续有不少僧侣在探索江南"吴声""西曲"等委巷中歌谣的音调而为诵经参考等方面做出了有益的尝试,其中,安乐寺僧辨尤以其"哀婉折衷"的诵经"独步齐初"。在僧辨的影响下,"永明七年二月十九日,司徒、竟陵文宣王梦于佛前咏《维摩》一契,因声发而觉,即起至佛堂中,还如梦中法,更咏《古维摩》一契,便觉韵声流好,有工恒日。明旦即集京师善声沙门……集第作声"。此即萧子良"造经呗新声"的过程。③ 这一记载本身虽有一定的虚幻色彩,但对于理解"造经呗新声"与"永明体"诗歌

---

① 《南史》卷四八《陆慧晓传》,第 1195 页。
② 〔梁〕萧子显:《南齐书》卷四〇《武十七王·竟陵文宣王子良传》,北京:中华书局,1972 年,第 698 页。
③ 〔梁〕慧皎撰,汤用彤校注:《高僧传》卷一三《齐安乐寺释僧辨传》,北京:中华书局,1992 年,第 503 页。

之间的关系仍有很重要的启示。

揆以上述"永明体"发生的背景及其影响,并参考文献中的相关记载,则墓志着意刻画的萧子恪奉和竟陵文宣王萧子良《高松赋》这一文坛佳话本身,也就被赋予了特殊的意蕴,归纳起来,主要表现在如下三点:其一,齐竟陵文宣王萧子良作《高松赋》在永明七年(489),其时奉和者,史载仅及王俭《和竟陵王高松赋》、谢朓《高松赋奉竟陵王教作》以及沈约与少年萧子恪等人的奉和之作而已,而据萧子恪墓志所载,可知萧子良《高松赋》撰成后,唱和者众多,当远不止此四人,亦即墓志所谓"司徒文宣王雅好篇仕,餝馆礼贤,开阁求士,唐染□趋,□枚竞湮。□制《高松》之□,□者成群",这种一呼百应的状况,显然是与萧子良作为彼时文坛盟主的身份相符合的,只不过在这些酬和之作中,惟少年萧子恪所作脱颖而出;其二,彼时诸家酬和萧子良《高松赋》之作既多,其中更不乏名家佳作,何以少年萧子恪却能独步时贤,引起极大关注? 对此,史籍并未置一辞,据萧子恪墓志残存志文推知,萧子恪"□□便就"之作所以能"贯沧时流",乃是由于"新声逸□",显然颇得益于萧子良在西邸"造经呗新声"与"永明体"主将沈约等人倡导的"四声"之说,可见萧子恪的唱和之作是一篇讲究声律并可归诸"永明体"范畴下、代表了上流社会正在悄然转变的审美趣味的篇章。由于萧子恪其时尚为孺子,甫有此作,适可为永明新体流被之广泛乃至深入人心之佐证,对于"永明体"这一新兴文学流派的发展具有举足轻重的影响,故而会受到彼时不同文学主张人士的普遍关注,如面对少年萧子恪唱和《高松赋》之作,同撰《和竟陵王高松赋》而有"儒宗"之谓且审美趣味明显趋于保守的"卫军王俭见而奇之",当即是这一客观情形的生动反映;其三,永明年间,以文坛盟主自居的竟陵文宣王萧子良"礼才好士,居不疑之地,倾意宾客,天下才学皆游集",其时出入萧子良西邸的文士,最负盛名者有沈约、谢朓、王融、萧琛、范云、任昉、陆倕以及后来登基为梁武帝的萧衍八人,即所谓"竟陵八友",而从墓志谓萧子恪斐然唱和《高松赋》之前关于萧子良"餝馆礼贤,开阁求士"等内容揣度,其时尚孺幼的萧子恪或亦是从容出入西邸参与酬答唱和的常客。

此外，墓志中还见有大量赞诵传主萧子恪德望行止、文章尺牍的内容，虽说不无谀墓之嫌，但揆诸其人十二岁唱和萧子良《高松赋》而为世人深所瞩目一事来看，也并非全然没有可以采信之处。以此而言，萧子恪最终的荒疏学业，或不免归诸"江郎才尽"乃至"少时了了，大未必佳"之讥，但也不能排除是萧子恪入梁后作为齐豫章文献王萧嶷一支的代表人物，为求得家族自全而刻意表现出来的谦抑姿态。如果是这样，入梁后的萧子恪放弃学艺上的追求，与乃父萧嶷在齐永明年间力避齐武帝萧赜与文惠太子萧长懋父子的猜忌而一味谦退，可谓如出一辙了。

## 三、萧子恪墓志的撰造体例与作者生平考察

南北朝时期的墓志（也包括地面植立的碑版），其序文与铭辞两部分内容，既有同一人独力撰成，也有两人（多人）分别撰述序、铭，再合为完整的一篇。关于后一种即分别撰述碑志序、铭的情形，前贤颇有误会唐人为始作俑者，①曩见李兆洛在《骈体文钞》所辑江文通《宋安成王右常侍刘乔墓志铭》按语认为："当时志与铭，或出两人手，故诸家集，或有铭无志，或有志无铭，不尽关缺佚也。"②客观上将多人分别撰述碑志序、铭的情形上推至南朝刘宋时期，则至为允当。

此外，据文献记载，梁太常卿陆倕墓志系其从子陆襄撰序，湘东王萧绎作铭③；陈朝五兵尚书孙场"及卒，尚书令江总为其志铭，后主又题

---

① 立于唐武德九年（626）的《大唐宗圣观记》为给事中、骑都尉欧阳询撰序并书，侍中、江国公陈叔达"奋兹宏笔，为制嘉铭"，清人王昶《金石萃编》按语："一碑而序、铭两人分撰，创见此碑。"详见国家图书馆善本金石组编：《隋唐五代石刻文献全编》第2册，北京：北京图书馆出版社，2003年，第607页、第609页。

② 李兆洛：《骈体文钞》卷二五《志状类·江文通宋安成王右常侍刘乔墓志铭》，上海：世界书局，1936年，第555页。

③ 〔宋〕陈思纂：《宝刻丛编》卷一四："梁太常卿陆倕墓志，从子襄序，湘东王萧绎铭。"文渊阁《四库全书》本。

铭后四十字,遣左民尚书蔡徵宣敕就宅镌之",是谓孙玚墓志的作者至少应包括江总与陈后主二人;①另如《北史·樊逊传》亦述及《魏书》的作者魏收撰《库狄干碑》序,而令樊孝谦作铭一事。②

出土实物对于上述文献记载也做出了有力的回应,但由于大多数南北朝时期的墓志例皆不题署作者姓名,使得这一现象长期被忽视,至如南京出土的齐东阳太守萧崇之侧室夫人王宝玉墓志与梁桂阳简王萧融墓志,仅署记了铭辞作者鲍行卿与任昉③,而皆忽略了序文作者。分别明确题署序、铭作者的墓志,向仅见有北齐太尉中郎元洪敬墓志与北齐时期的梁宣城内史蔡深妻袁月玑墓志④、陈义阳郡公黄法𣰰墓志⑤,此外,孟国栋先生新近检出的北魏王诵墓志、郑使君夫人李晖仪墓志等

---

① 〔唐〕姚思廉:《陈书》卷二五《孙玚传》,北京:中华书局,1972年,第321页。

② 〔唐〕李延寿:《北史》卷八三《樊逊传》,北京:中华书局,1974年,第2790页。

③ 王宝玉墓志与萧融墓志的撰人题名皆位于墓志的序与铭辞之间,其中,王宝玉墓志的撰人题名作"铭文大司马参军事东海鲍行卿造",明示鲍行卿只是"铭"这一部分的作者;萧融墓志的撰人题名作"长兼尚书吏部郎中臣任昉奉敕撰",但《艺文类聚·职官部一·诸王》所录《梁任昉〈抚军桂阳王墓志铭〉》亦仅见有铭辞部分的内容,此即李兆洛所谓"当时志与铭,或出两人手,故诸家集,或有铭无志,或有志无铭,不尽关缺佚也"。详见邵磊撰:《南齐〈王宝玉墓志〉考释——兼论南朝墓志的体例》,《文献》2003年第4期。

④ 北齐袁月玑墓志的序文作者为袁奭、铭辞作者为刘仲威,北齐元洪敬墓志的序文作者为桓柚、铭辞作者为袁奭,俱参见邵磊撰《略论北齐袁月玑墓志》一文,《南京晓庄学院学报》2007年第4期。

⑤ 陈义阳郡公黄法𣰰墓志由太子率更令领大著作、东宫舍人顾野王与左民尚书江总合作完成,但由于志文泐损剥蚀,难以确认孰为序文作者,孰为铭辞作者。中华书局2005年出版的罗新、叶炜撰《新出魏晋南北朝墓志疏证》一书第46页所持黄法𣰰墓志"为江总撰志文,顾野王撰铭辞"的认识,可能只是依据江总题名在前、顾野王题名在后的次序,并结合古代墓志先序后铭的常例作出的推断。然据黄法𣰰墓志拓片,其实可以较清晰分明地辨识出"江总制铭"与"顾野王撰序"的两段题名,庶几可知,展示黄法𣰰生平的墓志序文系顾野王撰述,墓志铭辞则出自江总手笔。详见邵磊撰:《陈朝名将黄法𣰰墓志辨析》,《东南文化》2015年第2期。

亦属此列。① 今所见萧子恪墓志首题后有"五兵尚书南昌县开国侯琅玡王规■"和"仁威将军晋陵太守陈郡谢举制铭"两列题名,可证其墓志亦系出王规与谢举二人合作而成,其中,铭辞既出谢举手笔,则王规所承担的无疑是以传主行实为主体的序文了。因此,萧子恪墓志的出土,为澄清南北朝时期由两人(多人)分工撰写同一篇墓志这一客观存在的文化现象,又提供了一份确凿无疑的实证,弥足珍贵。

  为萧子恪墓志撰写序文的王规,字威明,《梁书》《南史》俱有传②。王规的祖父王俭是南朝宋齐之际琅玡王氏官高位显、首屈一指的人物,少年萧子恪奉和萧子良《高松赋》之作,即是因为得到像王俭这样的士族首望的关注而为世所瞩目。在重儒向学的家风熏染下,王规自幼通晓《五经》大义,好学有口辨,行止以礼,而被叔父王暕誉为"吾家千里驹"。梁天监十二年(513)改造太极殿毕工,王规呈《新殿赋》,以辞采工丽,敕与殷芸、王锡、张缅同侍东宫,俱为昭明太子所礼。梁武帝于普通六年(525)在文德殿为广州刺史元景隆践行,席间令群臣同用五十韵赋诗,王规援笔立就,且文辞藻丽,以是深为梁武帝嘉赏,即日而拜侍中。王规门宗贵盛,既袭父封南康县侯,恒思减退,终于钟山宋熙寺筑室以居,大同二年(536)卒,时年四十五岁。尝注《续汉书》二百卷,并有文集

---

  ① 孟国栋撰《碑志所见唐人合作撰文现象研究》一文检出《魏故使持节侍中司空尚书左仆射骠骑大将军徐州刺史王公(诵)墓志》(528)为王诵弟王衍撰序、抚军将军李奖作铭,《魏故假节督南徐州诸军事征虏将军南徐州刺史郑使君夫人李氏(晖仪)墓志铭》(533)为李晖仪之子郑伯猷撰序、《魏书》的作者魏收作铭,《北齐朱岱林墓志》(571)为朱岱林第四子朱敬修撰序、朱岱林侄朱敬范作铭,载《唐研究》第十七卷,北京:北京大学出版社,2011年,第145—158页。又,孟国栋先生大作论列唐人碑志合作撰文现象颇称详备,惟所述"唐人合撰墓志文还出现了新的方式——重铭和后赞"云云,恐未必尽然,正如孟先生归纳的"所谓重铭,即由另外一人在原铭文的后面再续作一首,从而造成一篇墓志铭有二首铭辞的特殊情形",然据前注11所引陈朝五兵尚书孙玚"及卒,尚书令江总为其志铭,后主又题铭后四十字"事,可证这一情形至迟在南朝后期即已出现。

  ② 王规事行、历官,详见《梁书》卷四一《王规传》,第581—584页;《南史》卷二〇《王昙首传附王规传》,第597—598页。

二十卷,惜皆不传。今据墓志题名可知,王规于普通六年在文德殿与群臣同步五十韵赋诗为广州刺史元景隆践行之后不过四年光景,又为萧子恪撰述了墓志序文。《梁书》本传谓王规于"大通三年迁五兵尚书,俄领步兵校尉。"而王规在萧子恪墓志上的题名署"五兵尚书、南昌县开国侯"。由于萧子恪墓志至迟在大通三年八月间已书刻完成,据此可进一步推知,王规迁五兵尚书必在大通三年八月之前。

为萧子恪墓志撰写铭辞的谢举,字言扬,《梁书》《南史》亦有传[①]。谢举的六世祖谢万,与东晋中兴名臣、"淝水之战"的决策者谢安为从兄弟,其曾祖谢弘微、祖谢庄、父谢瀹、兄谢览以至谢举本人,率多文采灿然却淡泊简约之士,因而在晋末以至南朝的陈郡谢氏家族中,谢弘微及其子嗣几乎是唯一没有遭受重大政治打击而长期保持兴盛的一支。

谢举能诗善文,博涉多通,著名文士江淹曾以"驭二龙于长涂"称赞谢览、谢举兄弟,时人更是将他们与王筠、王泰兄弟并称,将其分别作为陈郡谢氏与琅玡王氏新一代的代表人物而大加赏誉。梁武帝曾向谢览打听谢举的学艺,谢览应以"识艺过臣甚远,惟饮酒不及于臣"。梁武闻而大喜,遂转谢举太子中庶子,深为昭明太子赏接。谢举尝注《净名经》,并有文集二十卷,惜皆亡佚,存世惟乐府《凌云台》一诗,曰:"绮甍悬桂栋,隐映傍乔柯。势高陵玉井,临迥度金波。易觉凉风至,早飞秋雁过。高台相思曲,望远骚人歌。幸属此迢递,知承云雾多。"其音节晓畅,笔调清丽,隐见其祖谢庄"气候清雅"之风范。此外,谢举尚撰有《答释法云难范缜〈神灭论〉》一文,大同三年(537)出知吴郡亦尝题《虎丘山赋》于寺,以答前任郡守、有"何吴郡"美誉的何敬容,惜皆仅存目。今据萧子恪墓志题名可知,谢举尝于四十七岁之际为萧子恪撰造墓志铭辞,当可补史载之阙。

谢举仕历,时论颇以其三度出任吏部尚书为荣。吏部尚书为中枢

---

① 谢举事行、历官,详见《梁书》卷三七《谢举传》,第529—530页;《南史》卷二〇《谢弘微传附谢举传》,第563—564页。

要职,南朝多以望族居之,谢举祖辈谢尚、父谢瀹、兄谢览在刘宋以迄梁初,曾四度典选吏部尚书,至谢举又三任此职,可谓前所未有的荣耀了。不过,谢举第三次迁掌吏部尚书的时间,《梁书》本传系于大通二年(528),下文继云"四年,加侍中。五年,迁尚书右仆射,侍中如故"。校记云:"上文既是'大通二年,入为侍中',则此四年、五年当为大通四年、五年。但大通只二年,大通三年十月改元中大通。据本书《武帝纪》,吏部尚书谢举为尚书右仆射在中大通五年。则'四年'上当有'中大通'三字,否则上文之'大通二年'乃'中大通二年'之讹。"①此两可之说,适可借萧子恪墓志上的谢举题名以核其实。按《梁书》本传,谢举于普通六年(525)第二次徙任吏部尚书,继出为仁威将军、晋陵太守,则未书明年份,当亦在普通六年或稍晚。史载,谢举出知晋陵之际,"在郡清静,百姓化其德,境内肃然。罢郡还,吏民诣阙请立碑"。其治绩如此,当非短短一二年间能臻。而据萧子恪墓志正文前所题"仁威将军晋陵太守陈郡谢举制铭"云云,可证至迟在大通三年八月,谢举仍出知晋陵郡。萧梁外任以三年为小满,则谢举知晋陵当为连任,故《梁书》云谢举大通二年迁掌吏部有误,所谓"大通二年"当为"中大通二年"之讹。

## 四、萧齐宗室墓葬在建康东北郊的分布

萧子恪墓的考古发现,对于拓展南朝齐、梁陵墓分布规律与范围的既有认识,亦颇多启益。

丹阳于东晋为南兰陵,系南朝齐、梁二代的发祥地,以桑梓本乡、王业旧基,是故齐、梁帝后陵寝例皆营建于此。然具体而微,又稍有区别,在齐而言,凡帝后与未及登基的太子乃至众多的皇子,都可以入葬丹阳

---

① 《梁书》卷三七《谢举传》"校勘记[一]",第535页。

陵区①；在梁而言，则除了帝后外，包括未及登基而早殇的太子与众多皇子亲从在内，都只卜葬于都城建康周围，不得归葬丹阳②。是故南京现存萧梁宗室墓甚多，殊少见萧齐宗亲墓。当然，这也仅是就大的方面而言，如南京博物院于1988年夏在栖霞区甘家巷以北约3公里、张家库以西约1.5公里的包山，发掘了卒于齐永明六年（488）四月的故冠军将军、东阳太守萧崇之侧室夫人王宝玉墓，即可证萧齐宗亲墓在京师的葬地也并非完全无迹可寻。萧崇之为齐高帝萧道成族弟，也是梁武帝萧衍的叔父，入梁后追谥忠简侯③，结合萧崇之长子、梁吴平忠侯萧景墓亦位于甘家巷的情形，则可推断萧崇之本人亦卜葬于这一区域。此外，中兴元年（501）十一月卒，归葬于萧崇之及其家族墓区以东的栖霞寺侧，为齐和帝诏赠侍中、丞相的萧颖胄，亦齐室宗亲，其墓前石碑至宋代尚存④，以归从祖葬之固有习俗推断，则萧颖胄之父、齐高帝萧道成从祖弟萧赤斧及其家族成员或亦聚葬于此。值得一提的是，由于梁桂阳简王萧融、桂阳敦王萧象、安成康王萧秀、始兴忠武王萧憺、新渝宽侯

---

① 据《南齐书》卷四〇《武十七王·竟陵文宣王子良传》："初，豫章王嶷葬金牛山，文惠太子葬夹石，子良临终，望祖硎山，悲感叹曰：北瞻吾叔，前望吾兄，死而有知，请葬兹地。既薨，遂葬焉。"结合顾野王《舆地志》与《乾隆丹阳县志》卷二《山川》的相关记载来分析，齐豫章王萧嶷所葬的金牛山，当即为今丹阳东北三十五里的经山，至于齐武帝次子竟陵文宣王萧子良所葬的祖硎山，与其兄长、被后世追尊为文帝的文惠太子萧长懋位于夹石的崇安陵，固皆与经山毗邻。而丹阳现存标识明显的七处南齐帝陵，亦皆分布于丹阳东北的经山周围。

② 综合考古发现与文献记载来看，梁武帝的兄弟子侄多营葬于京师建康郊野，这其中也包括生前未及登基却两度被后世追尊为皇帝的昭明太子萧统。事详见〔唐〕许嵩撰，张忱石点校：《建康实录》卷一八《梁下·太子诸王传略》，北京：中华书局，1986年，第722页。

③ 详见《南齐书》卷四四《沈文季传》，第777页；《梁书》卷二四《萧景传》，第367页；《南史》卷五一《梁宗室上·吴平侯景》，第1260页。

④ 〔宋〕张敦颐撰，王进珊校点：《六朝事迹编类》卷一三《坟陵门》，南京：南京出版社，第102—103页。

萧映与临川靖惠王萧宏等人的墓葬皆位于甘家巷及其附近①,故以往的认识多将甘家巷及其附近地区视为萧梁皇室宗亲的一处聚葬墓区。今由上述分析可知,这一所谓萧梁贵族墓区的形成,至少可溯源至萧齐。而萧子恪其人,无论在齐、在梁都忝为宗室,因此,他的墓葬营建于东距梁临川靖惠王萧宏墓神道千余米的灵山西北麓,是并不让人感到意外的。按,萧子恪兄弟计十六人,除死于"侯景之乱"者,余者如文誉甚著的萧子显、萧子范及其家属亲从,或亦卜葬于萧子恪墓附近。

揆以萧子恪齐室贵胄的独特身份及其墓葬位置,对于重新认识齐明帝皇后刘惠端初葬旧墓的位置、20世纪70年代在灵山南麓发掘的所谓"灵山大墓"的年代与2012年发掘的西南距萧子恪墓仅约300米的大浦塘村南朝墓的墓主等问题,也都不无启益。

史载,西昌侯萧鸾妃刘惠端于南齐永明七年(489)卒葬于江乘县张山,至萧鸾入篡为齐高帝萧道成第三子继皇帝位的次月己卯,遂追尊刘氏为敬皇后,卒得以改祔丹阳,号陵曰"兴安"②。关于江乘县张山,旧志有二说,一说位于城东南三十里、淳化镇之北③,今更有将其确指为南京江宁区淳化街道新庄村西北一座名叫"东山"的小山④;一说位于城东北六十里章桥西⑤,今栖霞区仙林灵山东侧有龙王山,山巅有天然洞窟,村民率以其为龙穴所在,并于明正统年间建庙礼拜,今仍存明嘉

---

① 此处所列建康东北郊萧梁王侯墓的墓主身份,皆有墓上神道碑及华表或出土墓志可徵。

② 《南齐书》卷二〇《明敬刘皇后传》,第393页。

③ 〔宋〕周应合撰:《景定建康志》卷一七《山川志·张山》,《南京稀见文献丛刊》本,南京:南京出版社,第407页。

④ 中国人民政治协商会议南京市江宁区委员会编:《江宁历史文化大观》,南京:南京出版社,2008年,第129页。

⑤ 所谓"章桥西",即章桥西侧,据《景定建康志》卷一六《疆域志二·桥梁·钱公桥》:"章桥,以西接张山,亦名张桥。宋淳熙十一年(1184),留守钱良臣易为石桥,遂称'钱公桥'。桥在府城东北五十七里,跨七乡河,上元、句容二县以此桥为界。"(第381页)

靖十二年(1533)仲秋八月江乘社沈氏兄弟所立《重建张山龙王庙碑记》①，以此而言，当不排除江乘县张山即龙王山或与龙王山相连属的附近诸山丘在内的群山总称。但论及齐明帝刘皇后位于江乘县张山的旧墓，历来则多归诸南京城东南三十里、淳化镇之北，②然据前揭卜葬建康的齐室疏宗例皆营葬于南京东北郊、特别是萧子恪墓所傍依的灵山亦位于龙王山附近而言，则齐明帝刘皇后以西昌侯妃初葬的旧墓，当仍以位于南京城东北六十里章桥西的张山的可能性更大一些。

20世纪70年代发掘的灵山南朝大墓，位于萧子恪墓以南约1000米的灵山西南麓，而在这座灵山大墓前方不远处，1956年与1972年文物部门还先后调查发现过2件东、西相对的小型石辟邪，除了形制较小外，两件石辟邪的造型风格大致与南朝王侯墓前的神道石兽相类属。关于灵山大墓及其墓前石兽，曾有学者推断为系陈文帝陈蒨永宁陵所在③，也有观点认为，灵山大墓及墓前石兽的规制与南朝中后期宗室王侯墓相当，可能只是陈代某一宗室王侯墓，并认为今灵山地区系围绕陈文帝永宁陵所形成的一个陈代陵区。④ 然而上述关于灵山大墓为陈文帝永宁陵以至灵山地区为陈代陵区的推断，皆建立在《建康实录》等文献记载陈文帝永宁陵位于"县东北四十里"的"陵山"与今灵山谐音的推测上，以及南宋《六朝事迹编类》《景定建康志》、明代《万历上元县志》等晚出文献对陈文帝永宁陵的位置愈来愈"明确"的记载，缺乏对实物材料的具体分析。

---

① 明嘉靖十二年(1533)江乘社沈氏兄弟七人所立《重建张山龙王庙碑记》现已移置南京栖霞区仙林大学城管委会院内，碑记拓片与录文刊于南京市文化广播新闻出版局(文物局)编著：《南京历代碑刻集成》，上海：上海书画出版社，2011年，第158页、第388页。

② 《景定建康志》卷四三《风土志二·古陵》，第1044页；《六朝事迹编类》卷一三《坟陵门》，南京：南京出版社，第102页。

③ 朱偰：《修复南京六朝陵墓古迹中重要的发现》，《文物参考资料》1957年第3期。

④ 王志高：《梁昭明太子陵墓考》，《东南文化》2006年第4期。

灵山大墓出土的文物当中，尤以两件青瓷莲花尊最为引人瞩目。两件青瓷莲花尊造型皆细长，施青黄色釉；通体装饰以飞天、忍冬、宝相花、仰覆莲瓣等凹凸分明的高浮雕，繁缛富丽，并附有方钮莲瓣纹器盖。与灵山大墓青瓷莲花尊造型、纹饰相近似的考古出土品尚有多件，而有纪年可考最早的一件为湖北武昌何家大湾南齐永明三年（485）刘觊墓所出。① 相较而言，刘觊墓的青瓷莲花尊在装饰上主要表现为以刻花或剔花的手法所营造出来的浅浮雕莲瓣与忍冬纹，展现出相对尚属初始、发展阶段的工艺特征。但如果考虑到南齐末世如东昏侯萧宝卷这样的恶童天子穷奢极欲、肆意妄为的物质追求，以及建康都城作为政治、经济、文化中心而在文化传播上所特有的先声意义，也就不能排除如灵山大墓青瓷莲花尊这样繁缛富丽的奢侈品，终齐之世得以在供给皇室权贵的用作中迅速发展成熟的可能性。② 在此认知基础上，揆以萧子恪墓的考古发现，则不难推绎出距萧子恪墓仅千米的灵山大墓的墓主系萧齐宗亲的身份来。从灵山大墓甬道中设有一道石门的情形看，其墓主下葬之际身份颇贵显，或与齐明帝刘皇后以西昌侯夫人初葬江乘县张山之际相类，断非萧子恪兄弟以齐宗遗民仕梁之后骤降身份可比。

此外，南京市博物馆考古部2012年3月—12月在灵山北麓大浦塘村亦发掘一座平面为"凸"字形的南朝券顶砖室墓（编号XDCM1），甬道与墓室全长14.2米，方向320度。其中，甬道长5米、内宽1.76米，墓室侧壁与后壁略呈弧形外凸，内长7.5米、内宽3.5米—3.6米，墓室中后部的砖砌棺床南北长4.2米、宽3.6米、高0.14米，其上平铺

---

① 湖北省博物馆（王善才执笔）：《武汉地区四座南朝纪年墓》，《考古》1965年第4期。

② 据《南史》与《南齐书》本传，齐东昏侯萧宝卷早"在东宫，便好弄"，至登基后，对于物力的靡费更是达到了令人难以理喻的程度，而"性暴急，所作便欲速成"，其造作"系役工匠，自夜达晓，犹不副速"。凡此种种，都可视作繁缛富丽如灵山大墓青瓷莲花尊这样的奢侈品，终齐之世得以迅速发展成熟的重要前提。

两两先后相接的 4 块青石棺座。在甬道中间,设有一重高约 3.25 米、宽 1.9 米的石门,石门由顶部的半圆形门额、两侧门柱、对开门扇、底部的门槛组成,其中,门额正面浮雕"人"字形叉手,在"人"字形叉手之下饰阴线刻瑞兽纹;两侧门闩正面主体部分自上至下分列 8 种阴线刻瑞兽、鸾鸟纹样,门柱侧面饰阴线刻拢袖拱手侍者像,在门柱的主题纹样周围均饰绵密的莲花化生纹,四边框线之外饰连续的缠枝花;门闩表面雕饰两排共 4 个凸出的乳钉,上下乳钉之间饰束莲纹作为间隔;门扇正面饰阴线刻双手拄剑的虬髯武士像,武士像头顶饰鸾鸟,身前饰莲花化生,四边框线之外饰连续的缠枝花。

大浦塘南朝墓早年遭到严重破坏,随葬品多失原位且残损,经整理复原的有石俑 4 件,石马、石兽各 1 件,石座 3 件,另有石砚与青瓷鸡首壶、青瓷砚、青瓷盘口壶、陶仓、陶井、陶砚、象牙簪、铜质鎏金棺钉、玉饰件等,其中的方石座在南京南朝墓中属首次发现,青瓷鸡首壶与石俑亦甚高大精美。[①] 据甬道石门后出土仅存左下一角的墓志残文称墓主"辅弼"及其子女名讳皆辈"宝"字而言,则墓主固应是与齐明帝萧鸾辈分相同、如安陆昭王萧缅这样的萧齐宗室。

值得一提的是,灵山大浦塘南朝墓甬道内满饰人物、神兽、花卉、蔓草等阴刻线纹的石门,并非仅见于丹阳胡桥、建山等南齐诸帝陵与被追尊为皇帝的南京栖霞区狮子冲梁昭明太子萧统暨其母丁贵嫔的安宁陵,[②]也见诸南京栖霞区尧化门老米荡南朝梁武平忠侯萧景家族墓,[③]故萧缅之流的南齐宗室墓拥有装饰得如此细腻繁缛的石墓门,亦无不

---

[①] 2012 年南京栖霞区仙林灵山北麓大浦塘南朝墓出土文物,现藏南京市博物馆。

[②] 南京市考古研究所(许志强等执笔):《南京栖霞狮子冲南朝大墓发掘简报》,《东南文化》2015 年第 4 期。

[③] 南京博物院(霍华执笔):《南京尧化门南朝梁墓发掘简报》,《文物》1981 年第 12 期。又,栖霞区尧化门老米荡梁墓神道上的一对石望柱位于尧化门北家边,故亦有出版物亦迳称这一对石望柱为"尧化门北家边南朝墓"。

妥之处。

通过对齐明帝刘皇后在江乘县张山初葬旧墓位置与灵山南朝大墓年代以及大浦塘南朝墓墓主身份的辨析，并结合其他相关的考古发现，可以较明确地揭示出南齐宗室成员在都城建康的墓区主要位于东北郊，大体分布于从今仙鹤门到江滨、从燕子矶到摄山镇与仙林的地域范围内，几乎与位于南京东北郊的萧梁宗室墓区相叠合。其中，围绕仙林至摄山镇一线则可能是这一片萧齐宗室贵族墓区里最为显要的地段，卜葬其间的萧齐宗室，在品秩上更高于埋骨于尧化门至甘家巷一线类如梁武帝叔父萧崇之家族等相对于齐室而言的疏宗。

## 五、萧子恪墓的葬制与构造
### ——以石质葬具与排水设施为着眼点

萧子恪墓墓室连同封门墙与后壁的厚度都计算在内，全长几乎达到 10 米，其规模仅次于墓主被推断为南朝皇帝的丹阳鹤仙坳大墓、丹阳金家村大墓、丹阳吴家村大墓、南京西善桥罐子山大墓以及南京栖霞区白龙山梁临川靖惠王萧宏家族墓[1]，与墓主被推测为梁安成康王萧秀、梁南平元襄王萧伟、梁始兴忠武王萧憺或萧憺之子萧晔的甘家巷 M6、尧化门老米荡南朝墓、蔡家塘 M1、梁桂阳简王萧融墓、萧融嗣子

---

[1] 参见南京博物院：《江苏丹阳胡桥南朝大墓及砖刻壁画》，《文物》1974 年第 2 期；南京博物院（尤振尧执笔）：《江苏丹阳县胡桥、建山两座南朝墓葬》，《文物》1980 年第 2 期；罗宗真：《南京西善桥油坊村南朝大墓的发掘》，《考古》1963 年第 6 期；南京市博物馆等（王志高等执笔）：《江苏南京市白龙山南朝墓》，《考古》1998 年第 12 期。

桂阳敦王萧象墓在伯仲之间①，而明显大于装饰有"竹林七贤"镶拼砖画的南京西善桥宫山南朝墓和陈朝黄法氍墓。②显而易见，萧子恪墓的重要价值绝不仅仅在于其规模的宏大，更因为墓主身份的确凿无疑，当然，如果再进一步考虑到墓主以南齐宗室降格仕梁的身份与经历，并借此关照其墓葬的建筑结构与随葬品的形制特征，则不仅有助于进一步揭示出南朝丧葬礼制与习俗的变迁，对于完善以建康都城为中心的南朝墓葬的年代学研究，也有其不可替代的标型学意义。

通常认为，南朝时期仅次于帝陵规制的大中型墓葬，须具备如下几个特点：首先，其总长度多在7米至10米之间③，也有将其细划为9米—10米和7米—8米两个层次，并推断前者系皇家宗室王侯墓，后者系高级士族官员墓④；其次，墓室后壁弧形外凸或左、右、后三壁皆向外弧凸，墓壁除西善桥宫山墓装饰有规范完整的"竹林七贤"镶拼砖画外，多以莲花、忍冬、钱胜与菱格纹以及表现相对独立的人物、动物形象的花纹砖组合砌筑；第三，甬道内例皆设置一道石门，在石门与棺床之间摆放围屏石榻⑤，围绕石榻四角张挂帷帐（由于帷帐易朽，故考古发现往往仅存用于插置帐竿的四个圆形或半圆形的石帐座），墓室砖砌棺床

---

① 参见南京博物院等：《南京栖霞山甘家巷六朝墓群》，《考古》1976年第5期；南京博物院（霍华执笔）：《南京尧化门南朝梁墓发掘简报》，《文物》1981年第12期；金琦：《南京甘家巷和童家山六朝墓》，《考古》1963年第6期；南京市博物馆、阮国林：《南京梁桂阳王萧融夫妇墓》，《文物》1981年第12期；南京博物院（陆建方等执笔）：《梁朝桂阳王萧象墓》，《文物》1990年第8期。

② 参见南京博物院（罗宗真执笔）：《南京西善桥南朝墓及其砖刻壁画》，《文物》1960年第8、9期合刊；南京市博物馆（姜林海执笔）：《南京西善桥南朝墓》，《文物》1993年第11期。

③ 冯普仁：《南朝墓葬的类型与分期》，《考古》1985年第3期。

④ 周裕兴：《南京南朝墓制研究》，蒋赞初主编：《南京大学历史系考古专业成立三十周年纪念文集》，天津：天津人民出版社，2002年，第325—327页。

⑤ 设置于南朝墓棺床前的围屏石榻，其榻面上的围屏例由五块下端出榫的石屏构成，但以往所见考古简报如所引《江苏南京市白龙山南朝墓》等，却不乏将此种石围屏指认为龟趺墓志残存志石或小石碑之类的误会。

上铺置石棺座。

萧子恪墓从墓葬规模上看,已经完全达到了上述所谓南朝王侯大墓的等级标准,但另一方面,萧子恪墓甬道内既无石门,墓室前部亦无围屏石榻及石帷帐座,且棺床上亦未铺陈石棺座,这些似乎又都表明萧子恪墓在规模上的臻于王侯之礼,实有僭越之嫌。不过,像这样的情形在当时亦非鲜见,如武昌何家大湾南齐永明三年刘觊墓,①墓葬全长达7.4米,但墓主生前只不过是秩六百石、品列七级的宋武陵王前军参军,其墓葬规模不仅远远超越了刘宋初年的豫宁伯、海陵太守谢珫墓,且与梁普通二年(521)的辅国将军墓相埒。② 再如墓主被认为是梁临川靖惠王萧宏或其家族成员的南京栖霞区白龙山南朝墓,③总长达13.4米,几乎臻于南朝帝陵的规模。

窃以为,凡此种种与既有认识的抵牾之处,实际上也引出了一个如何从规制上划分南朝墓葬等级的问题。显而易见,以是否具备石门、石榻围屏、石棺座等系列石葬具为着眼点,较诸墓室长度与墓葬规模这类更可能与家族财势密切相关的因素,无疑更令人信服。但刘宋中期以迄齐、梁、陈三朝,包括石门等在内的石葬具,究竟被限定在哪一阶层以上使用,以往的学者及其相关论述都未能解释清楚,至于通常意义上的所谓"王侯等级墓制"之说,实际上也只是停留在一个很笼统的状态,毕竟已发掘的南朝墓中,除帝陵外,设置石门的墓葬仅见有郡王与郡公二级,尚无一例可以被确认系侯爵身份的墓主。不过,如果考虑到梁吴平忠侯萧景与建安敏侯萧正立两墓的神道石刻组合皆堪与诸王之制相

---

① 参见湖北省博物馆:《武汉地区四座南朝纪年墓》。
② 参见南京市博物馆(华国荣执笔):《南京南郊六朝谢珫墓》,《文物》1998年第5期;南京市文物保管委员会(魏正瑾、阮国林执笔):《南京郊区两座南朝墓清理简报》,《文物》1980年第2期。
③ 参见南京市博物馆等:《江苏南京市白龙山南朝墓》。

匹,则笔者倾向于其墓中设置石门或亦情理中事①。入梁后由侯爵降封为子爵的萧子恪,其墓虽规模超大,但甬道内不仅不设石门,亦无石榻围屏、石帷帐座与石棺座。据此可证,南朝中后期设置包括石门等系列石葬具在内的墓葬,其墓主身份当限定在侯爵与伯爵之间,其中,伯爵以下的子爵或无爵位的官员,其墓葬内于例皆不得配置石门等石葬具。

六朝墓葬的功能设施随时间的推移,有愈来愈完善的发展趋势。结合萧子恪墓及以往的考古发现看,这一发展趋向在墓室内部的排水设施的构筑上表现得较为突出。

萧子恪墓的排水设施以封门墙为界,分为内外两部分。封门墙前的一段排水沟,系在墓道底部开挖沟槽,沟槽底部的排水沟用砖砌成,具体砌法为:上、下各以二层砖横向平铺,其间铺两列纵平砖,共铺三层,在两列三层纵平砖之间,留出宽8厘米的孔隙,即为排水孔道。在最上层横平砖顶部中间,再增铺一层半砖,推测其用意是为了在排水沟上部形成坡面以分散来自封土对排水沟的压力。

封门墙内的排水沟位于第一、三层铺地砖之间,系铺墁侧立的第二层铺地砖时预留而出,其排水路径较为复杂。从平面上看,在墓室内共辟有三条排水暗沟,总体布局呈"中"字形。其中,位于砖室正中的主排水沟系以墓室后壁正中为起点,在流经棺床前后的两个阴井以及棺床、甬道的底部之后,与封门墙外的排水沟直接连通。位于主排水沟两侧的两条分支排水沟,皆以位于棺床后部的阴井为起点,分别向墓室左右两壁延伸,再分别呈直角纵向拐折、沿左右两壁的走向穿过棺床底部后,再呈直角横向内拐,与主排水沟在棺床前部阴井处交汇合流。通过对排水沟所在的第二层铺地砖的全面揭露,发现凡排水沟流经处的两

---

① 梁吴平忠侯萧景与建安敏侯萧正立墓上今犹存石兽、华表,而据《景定建康志》卷三三《文籍志一·石刻》所记,此二墓旧亦有神道碑,分别题为《吴平侯萧公碑》和《建安敏侯碑》,第859页。

侧铺地砖,皆为侧立横砌,借以使砖缝尽可能多地与水道垂直相交,以利于渗漏积水的汇聚排放。

六朝砖室墓普遍设有排水沟以泄墓内积水。其中,六朝早期通常只是将墓室底部铺砌成前低后高的格局,俾便将积水自然疏导入墓前的排水沟内。但这样的排水效果显然并不好,故东晋以后,结合高出墓室地面的砖砌棺床的渐趋流行,出现了在甬道地面或甬道铺地砖下辟置与墓外排水沟连通的或明或暗的阴井的做法,从而起到汇聚积水以集中排导而出的功用。其中,在地面上辟置的阴井口还会覆以陶制或铜、铅质地的漏水板。约在东晋末至刘宋早期,又新出现了一种将砖砌棺床的左、右、后三边与墓室对应的左、右、后三壁之间隔出浅沟罅隙以分流疏导积水的做法[①],这一排水路径系以棺床后部与墓室后壁相夹的沟隙为起点,由高及低分别流向墓室左右两壁、继而折拐向墓室前部,直至交汇于棺床前的阴井口,而据萧子恪墓棺床前后的阴井及与之连通的排水沟的平面布局,则墓葬经营者预设的排水线路或亦源出于此,只不过像萧子恪墓这样在棺床前后皆辟置阴井以分段蓄积墓室积水,同时在棺床部位的铺地砖下增铺一条纵贯墓室前后阴井的主排水沟,从而在墓室铺地砖下形成纵横相通的排水管网的做法,不仅不易造成墓室积水的潴留,而且最大限度地保存了墓室分割布局的空间完整性,在视觉上显得更为简洁美观,确属较先进的工程设计理念。

值得一提的是,就公开发表的考古资料而言,类如萧子恪墓这样先进的排水线路,此前仅见诸被推测为齐景帝萧道生修安陵的丹阳胡桥鹤仙坳南朝大墓。[②] 而针对这一其时尚属独一无二的发现,日本学者曾布川宽认为:"(丹阳胡桥鹤仙坳南齐大墓)作为南朝陵墓的一个重要

---

① 在棺床与墓室左、右、后三壁之间隔出沟隙排导积水的六朝墓葬,主要出现在东晋晚期至南朝早期,而相对广泛地分布于长江中、下游地区,甚至对北朝墓葬也有所影响。刘宋永初二年(421)谢珫墓,是迄今所见南京地区这一构造的墓葬中唯一的纪年墓。

② 参见南京博物院:《江苏丹阳胡桥南朝大墓及砖刻壁画》。

特点,对排水问题都有特殊的考虑,如在山的斜坡修筑墓室,在长 9.4 米、宽 4.9 米的墓室中央和四周都修筑排水沟,墓室中的积水通过墓室前后的阴井口、甬道下方,再通过墓外 190 米长的排水沟,最后流入一池中。"①这一表述显然是更多地着眼于墓主身份或者说墓葬等级的特殊性所体现出来的制度因素,而萧子恪墓的考古发现,则表明这种构造先进、完善的排水系统的运用,并不意味着墓主之间身份的悬隔,充其量只是反映了墓葬建筑在设计建造上的合理与使用功能上的完备而已,显然具有相对的普遍性。因此,从墓葬的结构功能着眼,可以断言,但凡在棺床前、后的铺地砖上各辟置一眼阴井的南朝墓葬,例皆铺筑了类如萧子恪墓或丹阳胡桥鹤仙坳南朝帝陵这样平面布局呈"中"字形的排水沟(图 4),只是由于以往发掘的规模稍大些的南朝墓葬多遭严重盗毁,往往铺地砖以下的结构也难以幸免,加之考古发掘工作进行得可能也不够细致,以至这一构造长期被忽略。

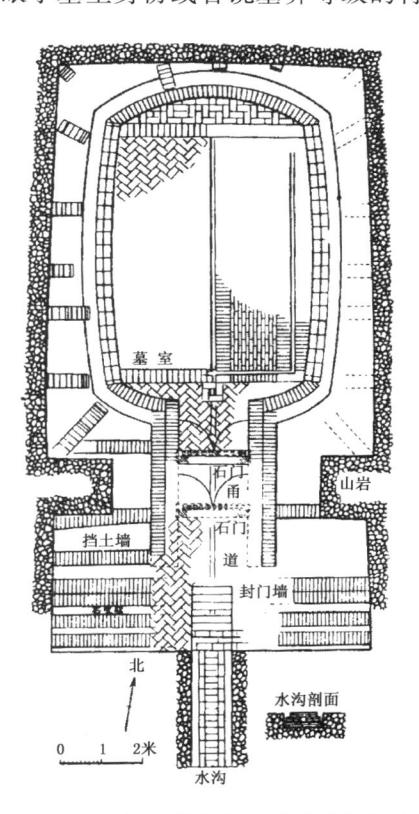

图 4 丹阳胡桥鹤仙坳南齐墓(墓主被推断为齐景帝萧道生)平面图

---

① 〔日〕曾布川宽著,傅江译:《六朝帝陵——以石兽和砖画为中心》,南京:南京出版社,2004 年,第 22 页。

## 六、对萧子恪墓其他出土文物及其相关问题的认识

萧子恪墓历经盗毁,随葬品除石墓志外,多已失去了原有的位置与组合关系,且已残破不堪,但以其出自墓主明确的纪年墓所彰显出的不寻常的标型意义,仍然值得重视。

萧子恪墓出土两件青瓷盘口壶,皆仅残存口沿部分,盘口深而外撇似喇叭状,颈部以下缺失,其中一件在盘口下部贴附一对半环形横系,这一做法此前也曾见于南京铁心桥马家店南朝墓、望江矶南朝墓各出土的一件盘口壶与对门山南朝墓出土的青瓷莲花尊,[①]此外在镇江出土南朝晚期的青瓷莲花尊残件口沿也曾发现过。[②] 结合胎釉特征分析,可初步推断上述诸器多属南朝江西洪州窑系的产品,鉴于采用此种装饰手法的青瓷器迄今未在南朝京师建康及其附近京口以外的地区发现,故不排除是出于定制或窑场为了迎合彼时官宦显贵的审美趣味而专门烧制的。

萧子恪墓出土陶牛车的厢舆造型除形制稍小之外,与南京铁心桥马家店南朝墓几乎完全相同,由此可证两墓的年代应极为接近。从马家店南朝墓甬道内设一重石门、墓室内置围屏石榻及石帐座、棺床上铺石棺座等石制葬具来看,其墓主身份应高于萧子恪。[③] 由于车舆在舆服制度中的示范意义,也提示了萧子恪墓出土车舆在形制上小于马家店南朝墓车舆所特有的礼制因素。

---

① 详见南京市博物馆等(王志高等执笔):《南京铁心桥镇马家店村南朝墓清理简报》,南京市博物馆编:《南京文物考古新发现》,南京:江苏人民出版社,2006年,第105—111页;南京市博物馆等(马涛等执笔):《南京市麒麟镇西晋墓、望江矶南朝墓》,《南方文物》2002年第3期;南京市文物保管委员会(魏正瑾、阮国林执笔):《南京郊区两座南朝墓清理简报》,《文物》1980年第2期。
② 此承镇江市博物馆考古部霍强先生见告。
③ 参见南京市博物馆等:《南京铁心桥镇马家店村南朝墓清理简报》。

萧子恪墓出土的 4 件陶女侍俑,两鬓挽出椭圆形发髻,面貌丰满肥腴,与众多偏于清秀纤丽的南朝陶女俑迥异其趣。与之造型面目相同的陶女俑,仅见墓主被推定为梁南平元襄王萧伟的尧化门老米荡南朝梁墓以及早年发掘的张家库南朝墓两例,①且由于萧子恪墓与尧化门老米荡梁墓皆出土了形制同样肥胖粗短的滑石猪(图 5),则此三墓在年代上应极为相近。从形制结构上看,尧化门老米荡梁墓在甬道内建有一重石门,在墓室前部摆放了围屏石榻,在棺床上陈置有石棺座,其等级规格无疑高于萧子恪墓,但是否即如考古简报判断的那样达到郡王一级或者直接推定墓主为梁南平元襄王萧伟,值得商榷。

图 5 萧子恪墓出土滑石猪

史载,萧梁"(天监)六年,申明葬制,凡墓不得造石人兽碑,唯听作石柱,记名位而已"②,但这一规定并未得到严格执行。纵观有碑表或墓志等文字材料可以确认墓主的萧梁墓葬,凡属郡王等级者,其神道石刻例皆为石兽、石柱、石碑的组合,概无例外。甚至在齐梁嬗替过程中

---

① 南京博物院:《南京尧化门南朝梁墓发掘简报》,王志敏等编:《南京六朝陶俑》,北京:中国古典艺术出版社,1958 年,第 31 页。
② 〔唐〕魏徵等撰:《隋书》卷八《礼仪三》,北京:中华书局,1973 年,第 153 页。

有推戴之功并在梁世膺受重寄的吴平忠侯萧景以及因表现得谦让友于而为梁武帝嘉许的建安敏侯萧正立，其墓葬的神道石刻在组合上也几乎得以拥有与郡王相同的礼遇。惟有梁始兴忠武王萧憺之子萧暎墓的神道上仅建有一对"记名位"的石柱，而萧暎爵封新渝宽侯，由此可推知，尧化门老米荡梁墓的墓主身份等级充其量只是臻于侯爵，不可能达到郡王级别，更不可能是萧伟墓。并且，从老米荡梁墓东依梁武帝叔父萧崇之侧室王宝玉墓所在的包山、墓前的神道石柱南邻萧崇之长子梁吴平忠侯萧景墓这一地理位置来作进一步的分析，则尧化门老米荡梁墓的墓主亦应与萧崇之家族有关，也就是说，卒于齐永明六年、入梁后追谥忠简侯的萧崇之及萧景以外的诸子孙，都有可能是尧化门老米荡梁墓的墓主。

萧子恪墓随葬五铢钱有铜、铁两种，殊值留意。梁代铁五铢钱存世虽众，但出自墓葬者并不多，在国内仅见于浙江瑞安芦蒲与湖北武昌吴家湾的两座南朝墓，亦皆与铜钱伴出①，这一点与萧子恪墓相同。史载，萧梁铁五铢钱系由于普通四年（523）十二月给事中王子云的提议，始得以公开铸行，但前提则是废止铜钱流通，让当政者始料未及的是，在五铢铁钱投入流通市场后，民间交易却仍然在广泛使用铜钱。② 铜钱的屡禁不绝，使得政府也不得不采取放任态度，默许这一违法现象的公然存在。以至其时以文才见长的名流任昉在《赠到溉诗》中吟咏道："铁钱两当一，百代易名实。为惠当及时，无待凉秋日。"③可证当时流通领域不仅铜、铁钱混用，而且铁钱与铜钱之比一度相对稳定地达到2∶1。萧子恪墓及浙江瑞安县芦蒲与湖北武昌吴家湾的两座南朝墓兼

---

① 参见浙江省文物管理委员会：《浙江瑞安桐溪与芦蒲古墓清理》，《考古》1960年第10期；武昌市革委会文化局文物工作组：《武昌吴家湾发掘一座古墓》，《文物》1975年第6期。

② 《南史》卷七《梁本纪中第七》，第203页；《隋书》卷二四《食货志》，第689—690页。

③ 《南史》卷二五《到彦之传》引任昉《赠到溉诗》，第678页。

以铜、铁钱随葬,更是为任昉"铁钱两当一"的诗句提供了生动的注脚。

值得一提的是,二十世纪七十年代发掘的位于韩国忠清南道公州宋山里、时代相当于萧梁时期的百济武宁王陵,其随葬钱币中倒是只见有一串萧梁铸造的铁五铢钱。不过,根据时代背景并结合钱币出土的遗痕,不难察觉百济武宁王陵随葬的萧梁铁五铢钱,其实乃出自萧梁特赐、而非正常经贸交流的产物。[1] 从这个意义上来说,韩国百济武宁王陵随葬的这一串萧梁铁五铢钱,与包括萧子恪墓在内的中国南朝墓随葬的萧梁铁五铢钱相比较,其性质又是不尽相同的。

## 【附记】

近年获见南京出土南齐宜阳县侯萧子光墓志,虽然篇幅简短,但作为可资补证梁吴郡太守萧子恪墓考古发现的材料,不仅更细致地齐高帝萧道成及其子豫章王萧嶷一系的家族史事,对于确认藉齐竟陵王萧子良之口道出的南齐宗室墓葬的空间位置,尤其具有参考价值,有助于深刻体察南朝齐梁皇室系出同宗的血缘关系。

萧子光墓志纵46、横47.5厘米,志文通篇20行,满行21字。墓志首题"齐故宜阳□□□侯萧子光字景机墓志",首题之后另起一行为撰文者题名"大司马记室叅□□□□□令撰",可惜作者姓名已漫漶不辨;在墓志正文之后,有志文缮书者、秘书令史潘门荣的题名。墓志正文内容229字,可分为三部分:第一部分为墓志的序文,叙述传主的籍贯、年龄与卒葬时间、地点,行文非常简洁;第二部分为悼惜传主德业学行的四言铭辞;第三部分叙述传主先世的婚聘与家世。

萧子光为齐高帝萧道成孙、豫章文献王萧嶷之子,生前封宜阳县侯。史籍关于萧子光的记载甚简,仅有《南齐书》卷二二《豫章文献王》

---

[1] 中韩学界关于百济武宁王陵随葬萧梁铁五铢钱特征与性质的讨论,参见大韩民国文化财管理局编:《武寧王陵——発掘調査報告書》(日语版),东京:学生社,1974年,第40页、第113—114页;邵磊:《百济武宁王陵随葬萧梁铁五铢钱考察》,《中国钱币》2009年第3期。

云及萧子光于南齐末季雍州刺史萧衍"义师围城"之际，与兄泉陵侯萧子操并皆死于"尚书都座"。墓志将萧子光之死系于中兴元年实则永元三年（501）十二月壬戌，即十二月二日，而仅仅三天之后，北徐州刺史王珍国即与宿卫宫城的侍中张稷等引兵即含德殿弑东昏侯萧宝卷，向萧衍统率的"义师"投诚。由此可见，萧子操、萧子显兄弟显然属于非正常死亡。但问题是，如果萧子操、萧子显兄弟是萧衍"义师围城"之际命丧东昏侯萧宝卷之手，同为萧嶷之子的《南齐书》作者萧子显大可不必讳言萧宝卷"滥酷"的恶行，与之相反，《南齐书》对萧子操、萧子光之死隐约其辞，恰恰说明这两人的死另有隐情，不排除与王珍国、张稷等的哗变有关。

萧子光墓志正文的第三部分，铺叙祖父齐高帝萧道成、祖母高昭皇后刘氏与父豫章文献王萧嶷、母豫章王妃庾氏的家世，俱见史载。其中，《南齐书》谓高昭刘皇后"祖玄之，父寿之，并员外郎"，值萧道成升明三年（479）代宋之际，刘寿之赠"金紫光禄大夫"之衔。而据萧子光墓志所载：刘玄之字兴平，刘寿之字敬玉，且升明三年刘寿之获赠金紫光禄大夫之际，刘玄之也获赠"散骑郎"。此皆可补史载之阙。萧子光之母、豫章王妃庾氏的先世，史籍失载，而据萧子光墓志可补，庾氏祖庾绰，字季裕，散骑常侍；父庾瑗之，字昭伯，州主簿。颍川庾氏是永嘉南渡之后迁徙江左的高门著姓，萧道成次子萧嶷得以与颍川庾氏婚聘，是萧道成家族势力崛起的标志之一。

墓志记载萧子光"以中兴二年二月庚申朔十九日戊寅，葬于琅耶（琊）郡江乘县北乡石庐里金干山"，此时已是齐梁易祚的前夜。关于南朝齐梁宗室尤其是齐豫章王萧嶷一系的墓址，虽然见载于史籍，但仍然众说纷纭，萧子光墓志的发现为澄清其中的悬疑提供了至关重要的线索。

丹阳由于是南朝齐、梁政权的发祥地，故齐、梁两朝帝后陵寝例皆还丹阳营建，至今地上神道石刻遗迹俨然，规制历历可辨。具体而微，萧梁陵墓的分布特征是除帝后归葬王业旧基的丹阳之外，包括众多皇子亲从乃至未及登基而早殇、被追尊为皇帝的昭明太子萧统在内,均只合卜葬京师建康(今南京)郊野。笔者之前据零星的考古发现,曾推断南齐宗室在京师建康的葬地主要也分布于南京东北的仙鹤门至江滨、燕子矶至摄山镇与仙林的地域范围内,几乎与南京东北郊的萧梁宗室墓区相迭合。其中,卜葬于摄山镇至仙林一线的南齐宗室,其品秩高于埋骨尧化门至甘家巷一线的南齐宗室,后者主要包括梁武帝萧衍叔父萧崇之等相对于齐室而言的疏宗。而参照仙林灵山北麓萧子光兄长萧子恪墓的考古发现,可推断墓志记载萧子光的葬地"琅耶(琊)郡江乘县北乡石庐里金干山",应即栖霞仙林灵山及其周边区域。

据《南齐书·武十七王》所述:"初,豫章王(萧)嶷葬金牛山,文惠太子葬夹石,子良临送,望祖硎山,悲感叹曰:'北瞻吾叔,前望吾兄,死而有知,请葬兹地。'既薨,遂葬焉。"日本学者曾布川宽在其所著《六朝帝陵》第二章《南齐帝陵的石兽》中,结合顾野王《舆地志》与《乾隆丹阳县志》卷二《山川》的相关记载,认为萧子恪与萧子光的父亲、齐豫章文献王萧嶷所葬的金牛山,即是今镇江丹阳东北三十五里的经山,而梁武帝萧衍之父萧顺之与族兄齐高帝萧道成一同攀登的金牛山也是丹阳东北的这座经山;至于齐竟陵文宣王萧子良自请死后所葬的祖硎山,因为可以望见其叔父豫章文献王萧嶷和兄长文惠太子萧长懋的葬地,所以这三人的墓葬都应在金牛山及其附近,即经山周围。

朱偰先生早年在《六朝陵墓调查报告》中认为萧嶷所葬的金牛山是南京江宁县南边的铜山,而在《建康兰陵六朝陵墓图考》一书中,朱偰又写道:"齐豫章文献王萧嶷葬金牛坑(今铜山县),去江宁镇不远,或系此墓。"罗宗真《六朝陵墓及其石刻》一文几乎全盘接受了朱偰先生的观点,并认为齐竟陵文宣王萧子良所葬的祖硎山也在南京江宁县。

然由萧嶷之子萧子光墓志所述"葬于琅耶(琊)郡江乘县北乡石庐里金干山"的"金干山"而言,与《南齐书》所谓"豫章王(萧)嶷葬金牛山"相较,这一字之差,极可能是形近而讹,但显然说的都是同一处地点。这样看来,南齐豫章文献王萧嶷的葬地既非镇江丹阳东北三十五里的经山，也非南京江宁的铜山，而是南京东北栖霞仙林的灵山及其附近，此前笔者曾据南京栖霞仙林灵山北麓萧子恪墓的考古发现，推断萧子恪兄弟亦多卜葬于萧子恪墓附近。现在看来，显然是由于萧子恪与萧子光的父亲豫章文献王萧嶷先行卜葬于此，其子嗣亲从方才相继祔葬左右，从而形成其家族墓地。在此基础之上，再回过头来看齐竟陵王萧子良临终望祖硎山而悲叹的"北瞻吾叔，前望吾兄"，当不难想见齐文惠太子萧长懋、竟陵王萧子良等齐室贵胄悉营葬于仙林灵山周围的情状。由此可知，南朝齐、梁陵墓在空间分布上其实有非常趋同性的规律和特征，即皇帝与皇后于例皆归葬王业旧基的丹阳，而诸多宗室成员皆只合卜葬京师建康郊野，这应是由南朝齐梁皇室系出同宗的血缘关系决定的。

# 模印拼砌砖画与南朝帝陵墓室空间营造[①]
## ——以丹阳鹤仙坳大墓为中心

左 骏　张长东

自20世纪60年代开始，在丹阳南朝齐梁皇室墓区考古发掘了一批南朝皇室大型帝王陵墓，其中丹阳胡桥的鹤仙坳大墓（又名"仙塘湾"南朝大墓，下文简称"鹤仙坳墓"）发掘时代为最早，墓主被认为是南朝齐明帝萧鸾父亲萧道生，后被追赠为齐景帝，陵号修安。[②] 该墓虽被盗掘严重，仍出土了一批用于墓室内壁装饰的大型模印拼砌砖画。

众所周知，南朝墓葬中的拼砌砖画是极具等级标识、时代和地域特色的文化遗存。本文以鹤仙坳墓为例，尝试解读有关南朝帝陵中拼砌砖的制作及墓葬的营建，并分析画面在墓室中的分布配置规律以及所呈现的空间意义。

## 一、砖画的制作与墓室的营建

1. 砖料的制作

始见于南朝时期的大型拼砌砖画，是一种分体单砖可通过模具产业化量产、再组合拼砌的砖料形式。拼砌完整的砖画以其流畅的线条

---

① 本文为南京博物院青年课题"院藏大型拼砌砖画研究——以丹阳胡桥鹤仙坳为中心"阶段性研究成果（项目编号09072017118）。

② 参见南京博物院：《江苏丹阳胡桥南朝大墓及砖刻壁画》，《文物》1974年第2期。

和稳健的图案布局,展现出粉本绘制者高超的线条构图能力;而将其付诸作坊制作,再运送至墓地砌构、彩绘,终成宏大的墓室建筑景观的一部分,也展示出匠人精湛的制作技术及政府机构管理的统筹效能。大型墓葬的营建是一个复杂的过程,尤其是最高等级的帝王陵墓,需要各类工种的协调配合。砖即是墓室建造的基本单位,尤其是模印拼砌砖画用砖,除具有装饰功能外,原本亦是墓室结构的重要组成部分。如何来制作砖料,与墓室整体设计、构筑营建密不可分。

鹤仙坳墓可见的用砖类型,据发掘材料公布统计,大约有 10 种花纹图案、32 种模印文字砖以及拼砌模印砖。其中拼砌砖画用砖大体固定在长 33 厘米、宽 14—14.5 厘米、厚 4.5—5 厘米。"砖作"是对专业制砖工种的称谓,宋《营造法式》及明《天工开物》"陶埏"篇中曾详叙了有关"砖作""窑作"的规格、用法、制造以及砖窑的建造方法。① 历代出土的墓砖所保留的工艺特征,与民族工艺调查中传统土窑制坯步骤基本一致,显示出传统制砖工艺顽强的延续性。② 有关制砖料土源,六朝时期长江以南地区制砖多就近取材;③南京地区也曾有六朝墓葬附近设立砖窑的现象。④ 鹤仙坳砖色青灰,比同时期普通用砖更为坚硬、细腻、紧密,表明其用泥的严选与工艺的考究。

---

① 〔宋〕李诫撰:《营造法式》卷二"砖作制度""窑作制度",北京:商务印书馆,1954 年,第 95 页;〔明〕宋应星撰:《天工开物》"陶埏第七",北京:中华书局,2016 年,第 141 页。

② 参见张光玮:《关于传统制砖的几个话题》,《世界建筑》2016 年第 9 期;李敏锋:《明清广府地区砖作研究》,硕士学位论文,清华大学,2013 年。

③ 王彭孝行感天降雨烧砖,见〔南朝梁〕沈约:《宋书·王彭传》,北京:中华书局,1974 年,第 2250 页。

④ 马涛、祁海宁:《南京市栖霞区狮子冲南朝陵园考古工作简报》图 2,南京市博物总馆、南京市考古研究所:《南朝真迹——南京新出南朝砖印壁画墓与砖文精选》,南京:江苏凤凰美术出版社,2016 年,第 86 页。

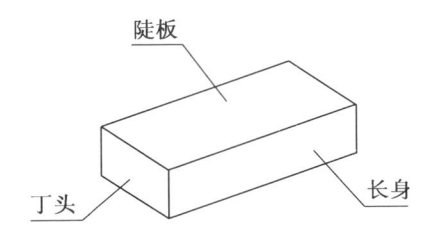

模印拼砌砖画与南朝帝陵墓室空间营造　*555*

**图 1　砖料各面称谓**

注：据《明清广府地区砖作研究》图 4-1:a。

按近代对砖体的六面命名：分别是两丁头面（宽与厚）、两长身面（长与厚）、两陡板面（长与宽）（图 1）。鹤仙坳拼砌画砖的砖料多是长扁方体，其砖体六面中，至少有三至四面上保留有明显的模印、刻画及匠作痕迹，这为进一步探究砖作技艺提供了重要的线索。

拼砌砖画印纹需要使用特定的模具，即需按设定好砖体尺寸分解图像粉本，并制作模具①。南朝模具实物已不可见，而用模具翻印的成品砖体，尤其是砖面印纹细部痕迹，反映出当时模具的丰富信息。模印图像（及拓本）的线条呈现出由多段一端稍宽、另一端稍尖的短线连接，这表明，使用利刃的刀具刻制模具，因此有明显的入刀（尖）、收刀（宽）痕迹（图 2）。从拼模印砖纹样的位置可知，模具应组合于丁头面或长身面一侧。另外，与常见叩击脱模不同②，现存砖面纹样中未见由于脱模刮抹造成的图案模糊，这类砖便很可能采取了拆卸模具的脱模方式。

---

① 关于模具的讨论，参见林树中：《江苏丹阳南齐陵墓砖印壁画探讨》，《文物》1977 年第 1 期；罗宗真：《六朝考古》，南京：南京大学出版社，1994 年，第 129 页。

② "坯之制：皆先用灰梬格模匣，次入泥；以杖脱，曝令干。"（《营造法式》，第 108 页）

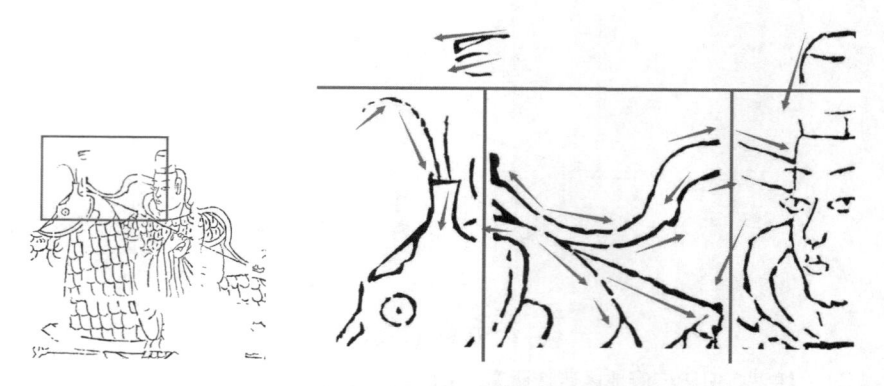

**图 2　鹤仙坳"具张"图像模印走刀痕**

注:根据《江苏丹阳胡桥南朝大墓及砖刻壁画》图 16 改绘。

鹤仙坳墓砖的两陡板面上均有粗麻布纹,一侧麻布纹相对完整;另一侧布痕多呈连续的长方形,似是用麻布包裹而制成拍印工具痕迹。陡板面密集的麻布纹,是为了在砌造过程中增加砖与黏合剂的接触面,以此加强砖砌结构的稳定性。在麻布纹上还留有竖直的刮抹痕迹,便是所谓"铁线弓戛平其面"的修整工序。①

陡板面的铭文,是用硬质尖杆状笔尖刻写在未干透的砖坯上。刻铭除了便于成品的分类贮存,更重要的功能应当是在营建墓室过程中,标示工匠如何拼砌(图3)。可见,模具制作与砖作匠人属于不同的群体,为了避免工种转换对产品信息造成缺失,必须将产品信息以其他形式进行标识。

脱模砖坯通过一个阶段的晾坯,便可以入窑烧造。现存鹤仙坳墓砖多为青灰色,少量杂色。青灰砖是在烧造过程

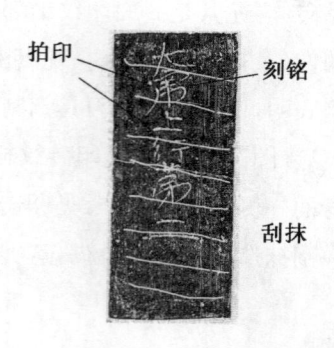

**图 3　鹤仙坳"大虎"砖陡板面刻铭及制作痕迹**

注:根据《江苏丹阳胡桥南朝大墓及砖刻壁画》图 9 改绘。

---

① "填满木框之中,铁线弓戛平其面而成坯形。"(《天工开物》,第 142 页)

中,在人工造成窑内的还原气氛中渗碳形成。① 由于碳的沉积作用,孔隙率更小,因而更能抗风化、耐腐蚀,质量上有着明显的优势,也从侧面反映出这批砖料的烧造团队技术精良。

2. 墓室的营建

鹤仙坳墓室由封门墙、甬道、主室等部分组成,甬道内两组石门,分前后两进,主墓室平面近向外弧凸的长方形,墓室中部起棺床。拼砌砖画破坏严重,大部分砌筑存留在墓室东、西两壁面(图4),共计五幅。

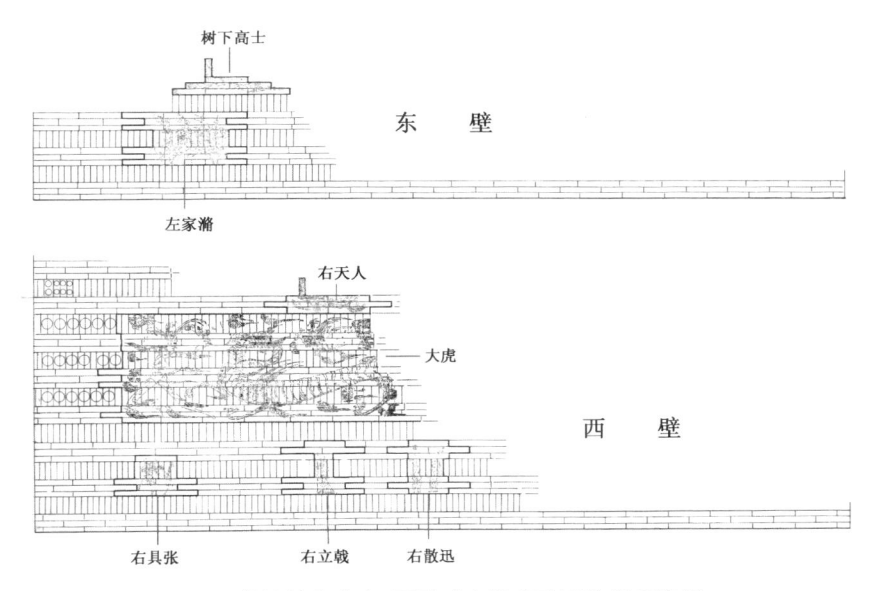

**图 4 鹤仙坳主室东、西壁残存拼砌砖画位置示意图**

注:根据《江苏丹阳胡桥南朝大墓及砖刻壁画》图3、5改绘。

鹤仙坳墓室主体营建,除拼砌砖画砖以外还使用有:简化的胜纹砖、模印铭文砖、莲花叠胜纹砖等(表1)。其中模印铭文砖在发掘的金

---

① 青砖烧造原理参见《营造法式》"窑水"法,第108页;《天工开物》"济水"法,第142页。

家村、吴家村及南京栖霞齐梁帝王陵中均有使用，[①]另在浙江余杭小横山南朝墓地、百济武宁王陵等处也有零星发现。[②]鹤仙坳墓的模印铭文砖多发现在墓室顶部、甬道倒塌的乱砖中。近年来通过对小横山南朝墓的模印砖的研究可以基本确定，模印铭文的砖料主要用于券顶的砌造。[③]

表1　鹤仙坳各类模印花纹、铭文砖相对使用量及发现部位

| 砖类 | 使用部位 |
| --- | --- |
| 简化胜纹砖 | 墓室外壁墙体、封门墙、挡土墙 |
| 模印铭文砖 | 主室穹隆顶、封门墙（少量） |
| 莲花叠胜纹砖（丁面叠胜莲花、长身面叠胜莲花加网格纹） | 墓室外壁墙体（少量）、内壁墙体 |
| 模印拼砌砖画砖 | 墓室内壁部分墙体 |
| 忍冬缠枝纹砖 | 主室近棺床东、西两侧一层卧砖龙、虎上部中层卧砖 |
| 两拼合"莲花胜"纹砖 | "大龙""大虎"砖画前端三层甃砖 |

对各类砖料砌筑位置的了解，有助于我们分析墓室的详细营建步骤和组合过程。鹤仙坳主墓室的营建，首先需要在平整好的墓坑中铺垫地砖作为墓室基础，在此之上，取用三卧一甃（三顺一丁）、平砖对错

---

[①] 参见南京博物院：《江苏丹阳县胡桥、建山两座南朝墓葬》，《文物》1980年第2期；南京博物院、南京市文物保管委员会：《南京栖霞山甘家巷六朝墓群》，《考古》1976年第5期；南京博物院：《南京尧化门南朝梁墓发掘简报》，《文物》1981年第12期；南京博物院：《梁桂阳王萧象墓》，《文物》1990年第8期。

[②] 杭州市文物考古研究所、余杭博物馆编著：《余杭小横山东晋南朝墓》，北京：文物出版社，2013年；王志高：《六朝建康城遗址出土陶瓦的观察与研究》，《六朝建康城发掘与研究》，南京：江苏人民出版社，2015年，第94页。

[③] 刘卫鹏：《余杭小横山东晋南朝墓墓砖文字研究》，《南京晓庄学院学报》2014年第3期。

的技法砌筑墓室内壁[1],拼砌砖画图案在内壁的砌建中完成。鹤仙坳墓砖体之间用薄泥浆胶结,可见墓室的稳固只能依靠合理的结构本身。[2] 以下遵循墓葬结构从甬道到主室的营造过程,对鹤仙坳墓砖画的拼砌过程加以推测。

（1）甬道

在甬道口的残砖中,发现有刻铭"右师子下行……",因此推测应有对置的狮子图。狮子图在金家村、吴家村,以及南京油坊桥罐子山、栖霞狮子冲诸墓中均有发现。[3] 墓葬发掘资料显示,通常狮子图被安置在第一道石门与甬道口之间,砖画自内墙体下部两组三卧一甏砖后开始。诸墓见有"下行""中行"及"上行"刻铭编号。例如金家村,狮子图构成自下而上分别是下层三卧一甏、中层三卧、上层一甏三卧(图5)。

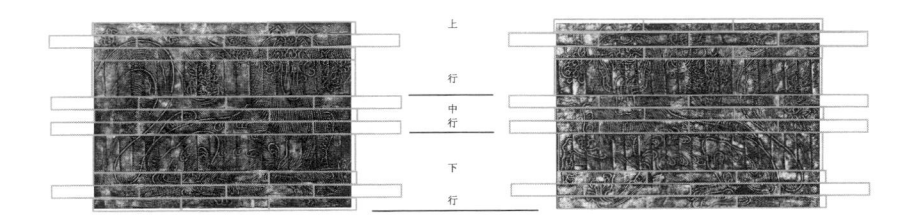

**图5　金家村狮子拼砌组合示意图**

注：根据《六朝艺术》图201、202改绘。

虽然鹤仙坳甬道已塌毁,参考金家村的发现,可推测其在甬道内壁应砌有日、月图像,位于甬道口与第一重石门间的顶部,日在东(左),月

---

[1] "三卧一甏"一词即是对应传统考古"三顺一丁",其中"甏"是指侧立起将丁头砖露出,参见刘大可编著：《中国古建筑瓦石营法》,北京：中国建筑工业出版社,1993年,第59页；此莫阳女士在对襄阳砖画研究中首次提出,详见莫阳：《试论襄阳南朝画像砖墓的营建及图像布局》,《考古与文物》2018年第6期。

[2] 参见赵胤宰：《长江中下游汉六朝砖墓的建筑结构与技术研究》第五章"关于砖室结构墓的相关建筑技术和其特征",博士学位论文,北京大学,2007年。

[3] 参见罗宗真：《南京西善桥油坊村南朝大墓的发掘》,《考古》1963年第6期；南京市博物馆总馆、南京市考古研究所编著：《南朝真迹——南京新出南朝砖印壁画墓与砖文精选》,南京：江苏凤凰美术出版社,2016年。

在西(右)。砖呈楔形,因模印画面均于短侧的丁头面,而长丁头面均砌于墙体内。陡板面分别刻铭"小日""小月",两块短侧的丁头面可拼合完整图案。另外,在狮子冲两墓坍塌的砖料中,发现"大日""大月"自铭砖,模印画面在其丁头面,按其图案比例,完整画面应由三块普通规格长方形的甓砖拼合而成(图6)。金家村的日、月图案砖是楔形甓砖为甬道券顶的结构用砖,当面朝墓门方向时,甬道顶部左为日、右为月。而狮子冲的"大日""大月"铭文砖均为长方形砖料,此类砖料通常砌筑在墙体的内壁立(直)面。

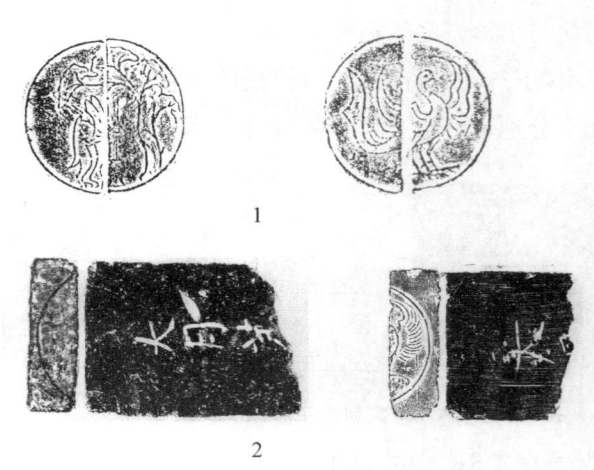

**图6 日、月拼砌砖**

注:1. 金家村"小日""小月"图案(《六朝艺术》图199、200)。
2. 狮子冲"大月"(M1)"大日"(M2)铭文(《六朝真迹》第353页、第431页)。

鹤仙坳墓两重石门与其间的内壁面、券顶均被破坏,原位于两重石门之间的武士画面现已不存。按照金家村、吴家村的规律,鹤仙坳原应配置武士砖。武士砖自铭为"直阁",砌筑方式以狮子冲M1砖刻铭为例。其中"右直阁下四讫"对应武士下行甓砖的最后一块,"右直阁上三"对应右武士头部皮弁及簪导,另有"左直阁中行四"甓砖。可见"直阁"类图像编号系统与狮子相似,自下至上即为"下行""中行"及"上行",下层为三卧一甓、中层为三卧一甓、上层为三卧。(图7)

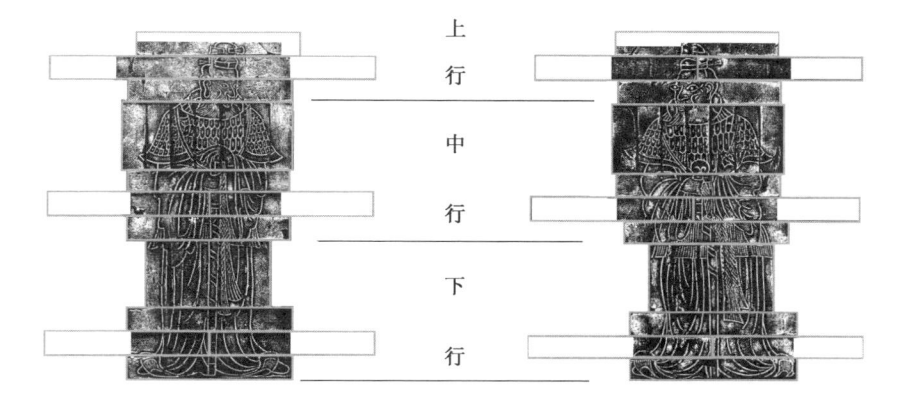

**图 7 吴家村"直阁"拼砌组合示意图**

注：根据《六朝艺术》图 203、204 改绘。

（2）主室

鹤仙坳主室东、西两内壁画面最为丰富，依次是：上层"大龙"或"大虎"、树下高士，下层为"具张""笠戟""散迅"和"家脩"，即卤簿图。鹤仙坳主室东、西两壁由多幅图案构成，需要由下至上、层层砌构，这就要求匠人对砖画砌筑的先后时间进行科学统筹。

下层砌筑先以三层平砌错缝的卧砖为基础，即在两层莲花胜纹卧砖间加忍冬缠枝纹砖一层。卤簿图由前至后（南向北）分别为"具张""笠戟""散迅""家脩"（残）。整幅出行卤簿图均起于内壁第二组卧砖层，图案尺幅大小各有不同。砌筑遵循自下而上原则，依次为"具张"使用三卧、一甃、一卧砖，"立戟"使用三卧、一甃、三卧砖，"散迅"使用三卧、一甃、三卧砖，"家脩"则用三卧、一甃、两卧砖。

关于刻铭情况，目前可参照狮子冲两墓公布材料做一推测。如狮子冲 M2"具张"卧砖的陡板面刻有"右具张下四""左具张下五讫"，其中层甃砖自铭"右具张三"，未见有"中"铭；M2 有卧砖 右 笠戟上一"，图案为笼冠与戟下垂的旄，完整图像为上层卧砖的第一块。余下"散迅"（或称"迅散"）、"家脩"编号规律相类。（图 8∶1－4）

1. 具张

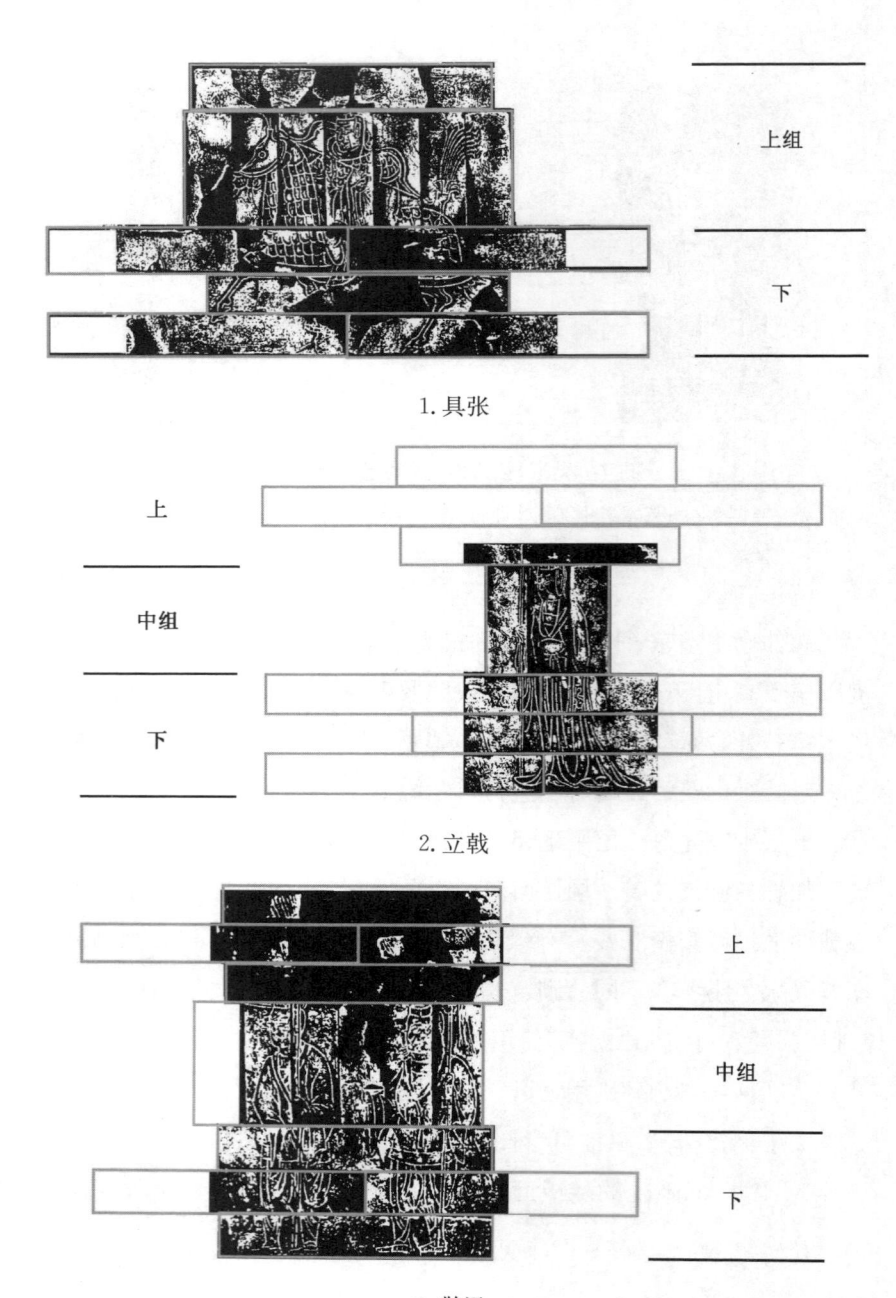

2. 立戟

3. 散迅

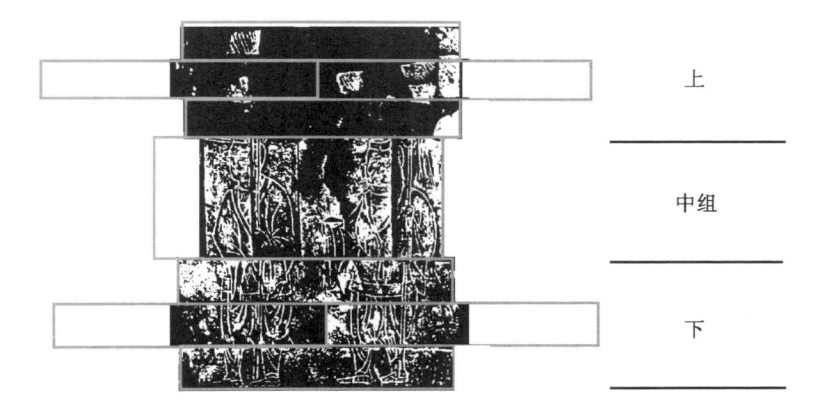

模印拼砌砖画与南朝帝陵墓室空间营造　　563

4.家脩

**图8　鹤仙坳西壁下层卤簿图拼砌组合示意图**

注:1—4根据《江苏丹阳胡桥南朝大墓及砖刻壁画》图16至18、图6改绘。

鹤仙坳西壁以自下而上的第三组㪣砖为上、下层分界,上层画面从第四组第一层卧砖开始。上层前部"大虎"(或称"羽人戏虎"),对应东壁应该是自铭"大龙"。此前经比对,鹤仙坳与金家村两墓西壁"大虎"图案为同模,①故鹤仙坳"大虎"图可参考金家村填补。图案以三组三卧一㪣砖面构成,计卧砖九层、㪣砖三层。从石子冈和狮子冲出土残砖刻铭可知,龙、虎模印拼砌砖的刻铭编号"下""中""上",正与自下而上的每组三卧一㪣对应。② 砌筑顺序按图像刻铭流水号排序。中行、上行与下行砌筑方式相同,可依此复原鹤仙坳西壁"大虎"图(图9)。

---

① 〔日〕曾布川宽著,傅江译:《六朝帝陵》,南京:南京出版社,2004年,第28页。
② 参见耿朔、杨曼文:《试论南京石子冈南朝墓出土模印拼镶画像砖的相关问题》,《考古》2019年第4期。

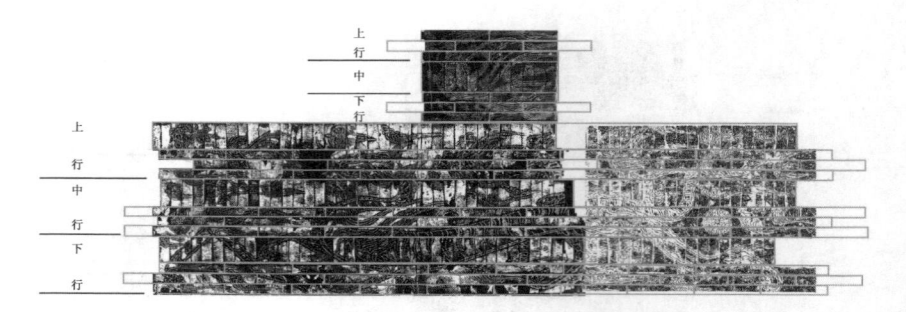

**图9　鹤仙坳墓与金家村西壁上层"大虎""天人"图案组合复原示意图**

注：根据《六朝艺术》图180、213以及《琅琊王》第81页改绘。

鹤仙坳的残砖中见有"天人右……"刻铭，另在石子冈、狮子冲也有发现（图10:1）。目前所见"天人"砖刻铭分有"下""中""上"，"下"与"上"铭皆为卧砖，"中"铭为甃砖。狮子冲甃砖铭"右天人中十四"尚未结束，可知其画幅较宽。狮子冲M2东壁曾揭露较为完整的持幡（节）"天人"图，位于"大龙"之上[①]（图10:2）。在鹤仙坳"大虎"中部，两飞天上卧砖有三层模印云纹残留；类似同见于吴家村"大龙"上部，均是"天人"图案的底部线条（图10:3）。2018年南京博物院对金家村残砖进行部分整理比对后，修复出一件完整的"左天人"拼砌砖画，画面与狮子冲M2相类。（图10:4）

1. 鹤仙坳、石子冈、狮子冲M2刻铭"天人"砖

---

[①] 南京市考古研究所：《南京栖霞狮子冲南朝大墓发掘简报》彩插一:5，《东南文化》2015年第4期。

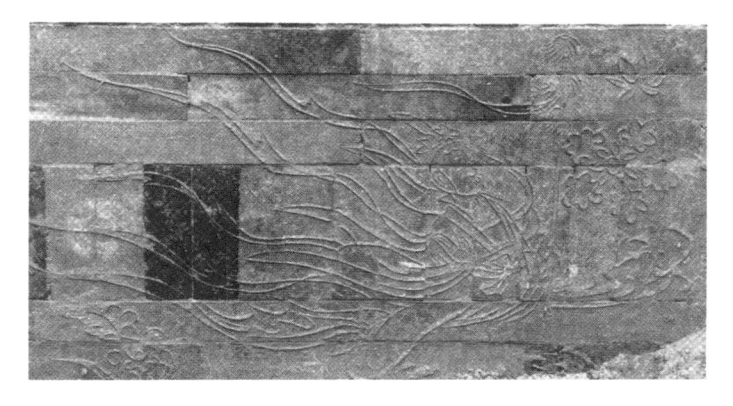

2. 狮子冲 M2 东壁上持节"左天人"图

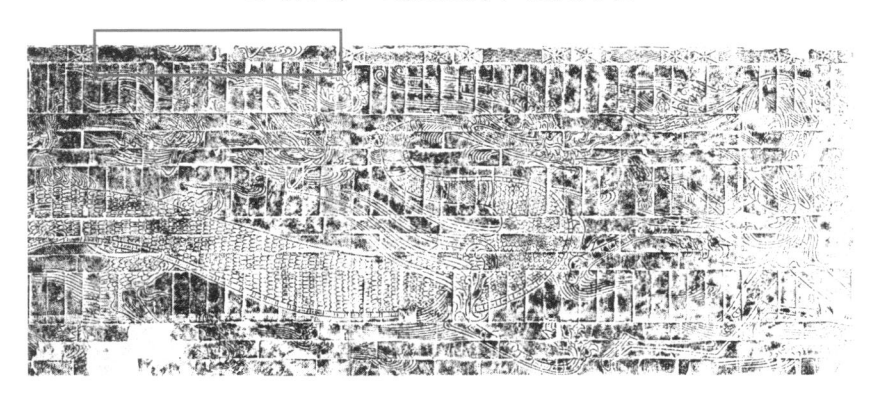

3. 吴家村"大龙"上方"左天人"残迹

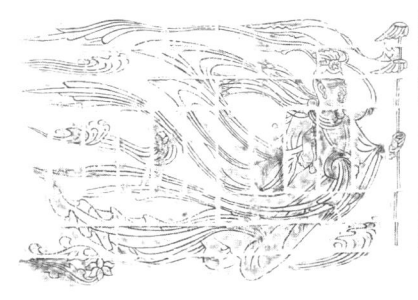

4. 金家村"左天人"

**图 10** "天人"拼砌砖及图像

注：1.《南朝真迹》第 283 页、第 525 页。

2.《南京栖霞狮子冲南朝大墓发掘简报》彩插一：5。

3.《六朝艺术》图 189 局部。

4.《琅琊王》第 80—81 页。

鹤仙坳墓的主室后壁西壁被毁至底，东壁尚残留属两位"高士"的底层三卧砖、一块甏砖，图案仅存树根、人物脚部。经与金家村所见图案的线条比对，图像、内容均高度一致，分别应是山涛和王戎。高士图的营建层位与龙虎相同，图案设计时较"大虎"少一层甏砖，即自底部卧砖开始，共计两组三卧一甏、加顶部一组三层卧砖。"高士"砖陡板面刻铭编号系统是近年研究者们所关注的重点，其刻铭有"下""中""上"对应自上而下的每组：下层三卧一甏、中层三卧、上层一甏三卧（图11）。

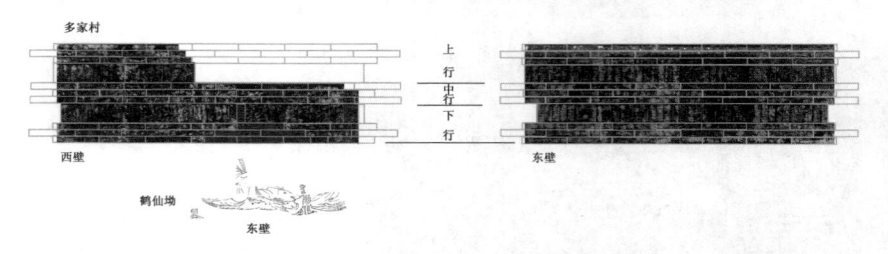

**图 11　鹤仙坳、金家村"高士"图拼砌组合对比**

注：根据《六朝艺术》图 216 至 223 改绘。

按以往所见，"高士"图在东、西两壁对应首位人物分别是"向秀"和"嵇康"，故东壁编号常以"向"为首，西壁编号即以"嵇"为始。① "山涛"与"王戎"本应置于西壁，为"嵇"首"高士"图，鹤仙坳墓却反常地见于东壁，"王戎"成为首位，这表明在砌筑过程中发生了某种变故。

南朝大型陵墓均采用近椭圆形四面结顶的穹隆顶。鹤仙坳曾于坍塌的乱砖内拣选、采集到"朱鸟""玄武"刻铭砖体，由此可知，在穹隆顶上应该装饰有同铭题材的图像。"朱鸟"（即朱雀）卧砖残块仅见一块，铭为"朱鸟中 行 第……"。"朱鸟"铭在南京狮子冲两座陵墓残砖中见有多块，类型分普通长条砖料和楔形砖料。如"朱鸟上行十""朱鸟上行

---

① 虽然至南朝晚期，"高士"人物图榜题出现错误、位置发生位移，但"向"为东壁、"嵇"为西壁的编号系统并未发生改变，这说明其编号系统相对于图像本身而言，更加完整地存留于匠作技艺的传承当中。

七"长条卧砖、"朱鸟中行十五"楔形氅砖等(图12:1)。参考龙、虎图案皆卧砖九层、氅砖三层组成的纵向高度,而以鹤仙坳墓残"朱鸟中行"铭砖未做"楔形"或"鸭舌"形,另参考狮子冲"朱鸟"残存刻铭"上""中""下"可对应自上而下的每组三卧一氅砖来看,鹤仙坳墓"朱鸟"图像纵高可能与龙、虎相当。

韩国公州宋山里6号墓中,彩绘朱雀位于南壁甬道内门的正上方[①](图12:2),因而鹤仙坳墓"朱鸟"最有可能位于主室券顶南壁与甬道间的壁面,其两侧翼下壁面置有日、月图像。这也为上文"大日""大月"图案的复原部位提供了重要依据。

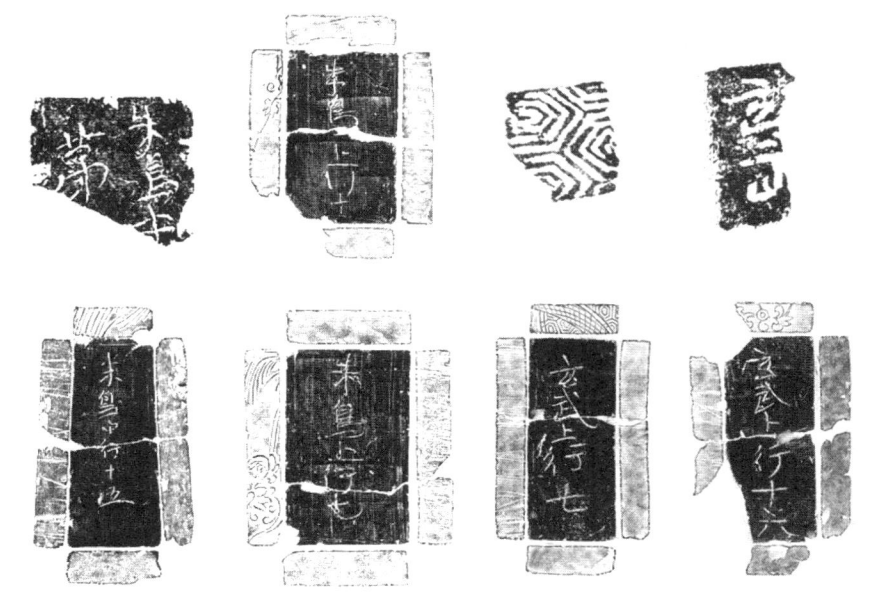

1. 朱雀、玄武刻铭砖

---

① 宋山里6号墓时代在萧梁时期,参见〔日〕有光教一、藤井和夫:《朝鲜古蹟研究會遺稿2—公州宋山里第29號墳、高靈主山第39號墳発掘調査報告(1933、1939)》,东京:东洋文库,2002年,第8页;宋山里6号墓可能受萧梁官瓦匠指导,属于典型南朝"建康模式",详见王志高:《韩国公州宋山里6号坟几个问题的探讨》,《东南文化》2008年第4期。

2. 宋山里六号墓南、北壁

**图 12　朱雀、玄武相关图像**

注：1.《江苏丹阳胡桥南朝大墓及砖刻壁画》图 15，《江苏丹阳南齐陵墓砖印壁画探讨》图 1，《南朝真迹》第 402 页、第 405 页、第 519—521 页。
　　2.《朝鲜古迹研究会遗稿 II》图 6。

林树中先生曾于鹤仙坳墓采集到"玄武"铭砖残片，可知内壁原应有对应图像。① 狮子冲两墓里虽发现一些残砖，尚可备一观。如"玄武上行三"长条卧砖、"玄武上行七"长条楔砖等。其中"上行"铭所见最大编号为"十六"的长条楔砖（图 12:1）。由刻铭编号可以推测，玄武图案纵高应该与龙、虎、朱鸟一致，即刻铭"上""中""下"，对应自上而下的每组三卧一楔砖料。（图 12:2）。

在对模印纹样与刻铭的比对中，我们发现绝大部分楔砖刻铭与模印纹样间存在特定关系，或可透露出砖画砌筑的方向与过程。以狮子冲 M2"右师子"为例，楔砖铭文均刻于模印纹样丁头面的左侧。推测工匠在由南向北砌筑甬道内壁时，刻铭能保持面向匠人（匠人面向甬道口）（图 13）。

---

① 参见林树中：《江苏丹阳南齐陵墓砖印壁画探讨》，《文物》1977 年第 1 期。

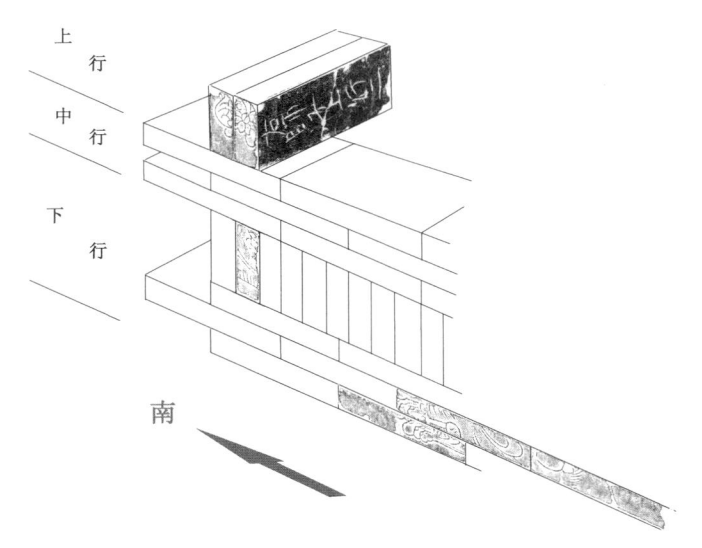

**图 13 "右师子"拼砌过程推测示意图**

注:根据狮子冲 M2 砖改绘。

又如石子冈上层"大龙"砖,甃砖铭文均刻于模印纹样甃砖丁头面的右侧,其后"向"首"高士"甃砖情况一致,推测如以此砖营建东壁砌筑方向当由南至北(匠人面向甬道)。而在西壁中,"大虎"砖铭情况正与东壁相反,即甃砖铭文均刻于模印纹样丁头面的左侧,推测其砌筑方向应是由南向北(匠人面向甬道)。"稔"首"高士"甃砖刻铭则与其一致,砌筑方向应亦如之。① 所以,以"大龙""大虎"两幅画面起砌均可能选择了主室南壁面为坐标;"高士"图均紧跟其后,显然是选取了完工的"大龙""大虎"墙体为坐标。

反观鹤仙坳墓东壁"高士"图与常规方位不符,据上我们提出一种可能:或在节省工期或者赶工期的特殊情况下,"大龙"与"高士"两幅可

---

① 石子冈零砖中见有长身面有模印"上""下",为辅助功用标识,相关讨论参见王汉:《从壁画砖看南京西善桥宫山墓的年代》,《东南文化》2018 年第 2 期;另外,我们发现刻铭文字风格也不尽相同,均反映出同一墓室中不同区域所用画面拼砌砖,应出自不同的匠作团队。

能由两组匠人同时砌筑。其中东壁"大龙"选择主室南壁为起砌坐标，从南向北砌；"大龙"尚未完成时，同时砌筑的"高士"坐标只能选择北壁，由北向南砌。为保证过程中刻铭面始终能对匠人，刻铭在左侧的"嵇"首"高士"成为首选。于是，在鹤仙坳墓中，"王戎"出现在东壁首位，与其他墓迥异。

## 二、图像配置与意义

### （一）布局的复原

我们可以按金家村、吴家村及狮子冲等齐、梁时期陵墓中拼砌砖画的经营位置规律，将鹤仙坳墓室中的拼砌砖画复原。

由甬道开始，甬道口至第一重石门间的平券顶部东、西对置有日、月图，第一重石门前东、西立壁面上有对置头向外的狮子图，两重石门之间的立壁面上对置侧面向外的武士。主墓室前方上部东、西壁为对置的羽人戏龙、羽人戏虎图，首向甬道；龙、虎上方各有一大天人、龙虎身后各有三小天人，也均面向甬道。龙虎后部是东、西各四人对置的树下高士，东壁以王戎像始、西壁以荣启期像始。东、西壁下层为卤簿图，亦为东西对置，面向均朝向甬道（图14、表2）。

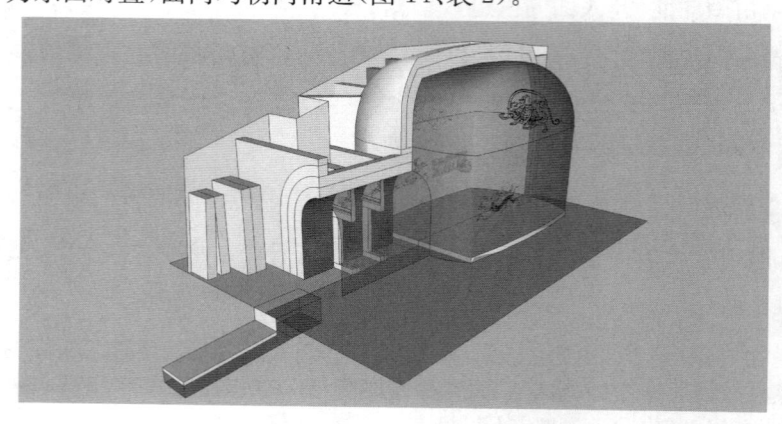

图14　鹤仙坳拼砌砖画建模复原示意图
（视角：东南—西北）

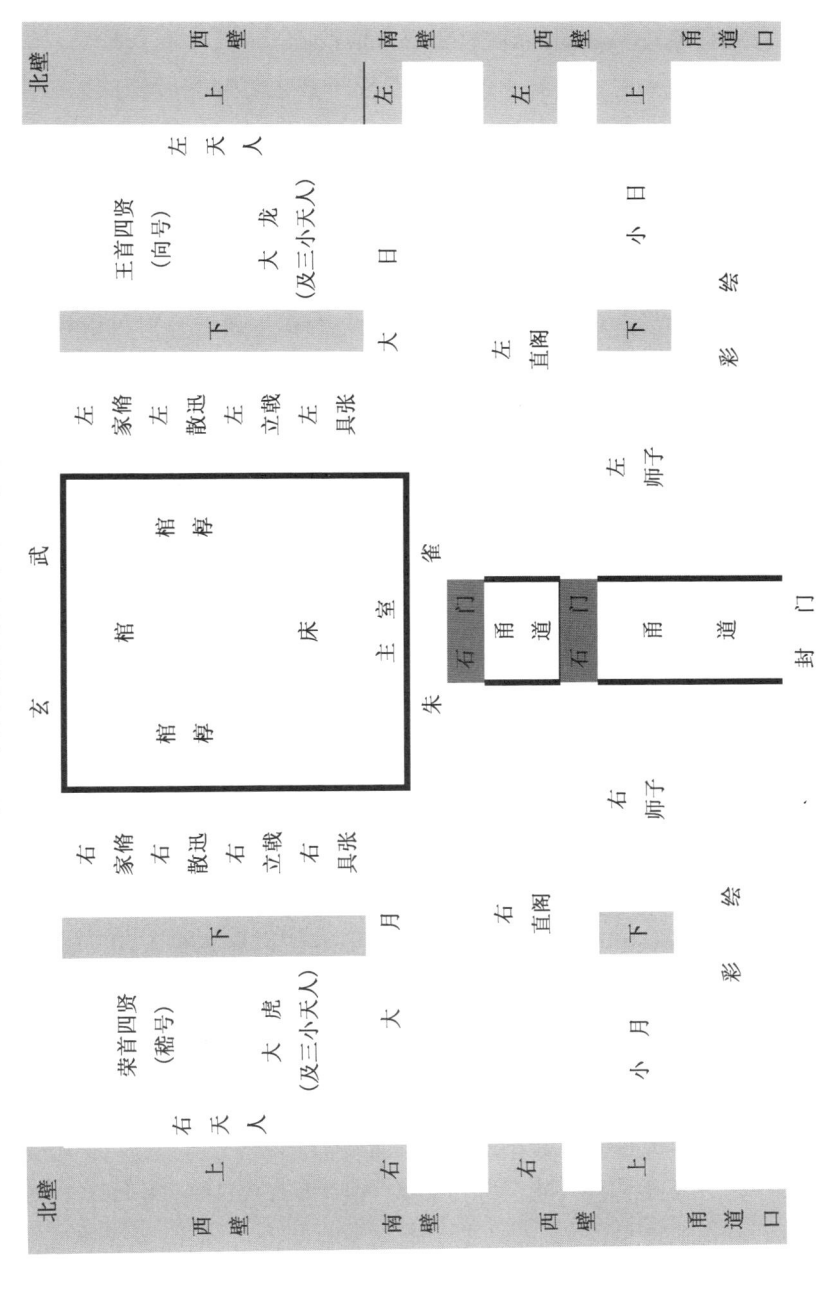

模印拼砌砖画与南朝帝陵墓室空间营造　　571

表 2　鹤仙坳模印拼砌砖画配置复原

拼砌砖画在田野考古发掘刚揭露时，砖画线条范围以内的表面多留有施彩痕迹。如鹤仙坳"具张"砖面涂有白彩，"大虎"身上存留少量白彩及少量朱彩。相同的情况也发现于其他装饰有砖画的大墓中，例如，金家村"小月"砖面残留有白彩，其"师子"的口、鼻、舌等处均涂红彩；"大虎"羽人局部、虎身也均残留着白彩。在狮子冲M2"高士"图上，亦发现局部保留有青绿、朱色彩绘。①

由上可见，拼砌砖画与两汉和北朝墓室壁画显然不同，或因是南方墓室内阴湿易造成壁画地仗层脱落而进行的壁画改良。可以肯定现存的砖面模印线条原本应是壁画构图的线条部分，如此设计一是为了在阴湿环境中稳固彩绘颜料，二是便于匠人在线条的设定中填彩。可以推想，当壁画绘就，凸起的线条内均填绘着五彩斑斓，将呈现出一种特殊而丰富的视觉效果。②

## （二）图像的意义

与设计和营造墓室的过程相反，在完工的墓室空间中，随着位置的转化，人的视觉移动模式通常是由局部至整体、由上至下地转换。下文将以进入墓室的观者视觉来探讨拼砌砖画图像组合，以及这些组合配置于此空间当中的特殊功用和象征意义。

鹤仙坳墓的甬道被破坏严重，金家村、吴家村入口券顶外部仍残留有周饰的彩绘。此类甬道口彩绘装饰目前还见于河南邓州学庄南朝画像砖墓，也常见于北朝壁画墓甬道口四周。③ 继之进入甬道所见券顶

---

① 《南京栖霞狮子冲南朝大墓发掘简报》彩插一：4。
② 可以想见，凸线条内填彩后会带来近似立体的视觉效果，或与时下所谓"凹凸花"技法似有异曲同工之处，"凹凸花"参见〔唐〕许嵩撰，张忱石点校：《建康实录》"一乘寺"，北京：中华书局，1986年，第686页。
③ 参见河南省文化局文物工作队：《邓县彩色画象砖墓》，北京：文物出版社，1958年；山西省考古研究所、太原市文物考古研究所：《北齐东安王娄睿墓》，北京：文物出版社，2006年；山西省考古研究所、太原市文物考古研究所：《太原北齐徐显秀墓发掘简报》，《文物》2003年第10期。

上部东、西对置的日、月,以及两侧的狮子图,则以一种微缩景观的方式提示观者,已从墓室外现实世界转向墓室内的营造空间。日、月图像虽目前所见有大、小之分,但从两者图案内容来看并无明显差别。将日、月安置在墓室入口甬道空间,目前看应是南朝陵墓艺术的首创。①

日、月图像下为左右"师子"图,做蹲踞状,鬣毛飘舞、张口吐舌。②东晋顾恺之曾绘多幅"狮子图"③,南朝的佛教典籍也有对狮子俊美形象的细致解读。④ 以金家村为例,甬道口对狮图是第一道石门前的守护者,其与陵园神道前实体石雕神兽一起,构成了墓室内与外的两层守护。而在两狮子上方布置日、月图,则增强了虚拟场景转换的空间感。

甬道设置"人"字拱形石门楣和石门是南朝墓葬高等级特征之一。狮子冲、灵山大浦塘村南朝大墓残存的门楣、门柱等上均有细腻线刻花纹⑤,原先似还有贴金彩绘。南齐东昏侯萧宝卷起华丽的玉寿殿"刻画雕彩""窗间尽画神仙""凿金银为书字、灵兽、神禽、风云、华炬为之玩饰"⑥,故石门装饰完全是高等级建筑门户的写照。步入第一进石门,武士图像安置在两道石门之间的东、西壁面,按砖铭为"直阁",为"直阁将军"之省略。⑦

---

① 目前所见日、月成组版本共有5种:金家村1例(小日、小月)、狮子冲3例(M1大月,M2小日、大日、大月),另有尚未定组大日、大月1例。
② 目前所见"师子"版本共有4种:包括石子冈零砖中2例、金家村1例、吴家村1例(西善桥罐子山大墓残狮子可能与之相同)。
③ 白麻纸《三狮子》《十一头狮子》,见〔唐〕张彦远:《历代名画记》卷五"顾恺之"条,北京:人民美术出版社,2005年,第115页。
④ 〔南朝梁〕僧旻等撰集:《经律异相》"杂兽畜生部"卷四七"狮子王",上海:上海古籍出版社,2011年,第248页。
⑤ 李翔:《南京市栖霞区灵山大浦塘村南朝墓》,南京市考古研究所:《2012南京考古工作报告》(内部资料),第24页。
⑥ 〔唐〕李延寿:《南史·齐东昏侯本纪》,北京:中华书局,1975年,第153页;〔南朝梁〕萧子显:《南齐书·东昏侯本纪》,北京:中华书局,1972年,第104页。
⑦ 参见张金龙:《南朝禁卫武官组织系统考》,《史学月刊》2005年第1期;另见小横山类似图像称"将军",或是避皇室专用"直阁"之嫌;目前所见"直阁"版本共见有3种:金家村1例,吴家村1例,狮子冲M1 1例。

进入第二道石门，便进入整个陵墓的核心空间——墓葬的主室。设计者将四方神瑞、天人、高士以及展示墓主生前威仪的卤簿图同置于一个有限空间内，每幅图又按不同层次、方向组合，从视觉上营造出一个巨大的虚实共存的场景。

鹤仙坳与金家村"大龙"均被破坏，原东壁应有设置。西面的"大虎"虽残损近半，可与同模的金家村比照。① 龙、虎的中后身躯上飞舞着四位天人：位于上层的"天人"身躯硕大，持节而降；身下三位较小"天人"各持法物，该图像正可与《真诰》所载神降场景相合，如"（东卿大君来降）从侍七人，入户，一人持紫旄节，一人持华幡、一名十绝灵幡、一人带绿章囊、三人捧牙箱、一人握流金铃"②。金家村"左天人"所持节做两层蘙旄节，上挂小幡，推测其对应"右天人"形象应该大体相类。

东汉魏晋以降，崇道是社会上层遵循的主流信仰。鹤仙坳陵墓的设计者利用时下熟知的"四神""天人"图案在主室四壁上部营造出一个无垠的神仙世界。常州戚家村南朝画像砖墓所见的龙、虎图同样也被安置在墓室东、西两壁，且为第一层中心位置；③又如小横山M1，其东、西壁发现有大型的龙、虎拼砌砖，残存玄武砖应在墓室顶部。此外，长江上游汉水流域的南朝画像砖墓也常见置四神图，如邓州学庄彩色画像砖墓便见有龙、虎纹砖，发现时玄武尚砌于后壁正中。上述墓葬中同样也都排布装饰着诸如"天人""瑞兽"等图案。可见以多类"神瑞"围绕四神图为中心的配置，是时下颇为盛行的组合模式。总之，鹤仙坳主室前部上层图像的多幅图案所形成的整体配置组合，目的是构建起墓室

---

① 目前所见"大龙""大虎"版本共有5种：石子冈2例、鹤仙坳1例（金家村与之同）、吴家村1例、狮子冲(M1)1例；另"朱鸟"与"玄武"目前版本各见2种：鹤仙坳各1例、狮子冲似1例。

② 〔日〕吉川忠夫、麦谷邦夫编，朱越利译：《真诰校注》卷二"运象篇"，北京：中国社会科学出版社，2006年，第58—59页、第90页、第133页。

③ 参见常州市博物馆：《常州南京戚家村画像砖墓》，《文物》1979年第3期；常州市博物馆、武进县博物馆：《江苏常州南郊画像、花纹砖墓》，《考古》1994年第12期。

壁面内的"神仙世界"以及通往仙界的"路径"①,营造出被葬者长眠的"场域"空间。②

"树下高士"图经历年研究,不断揭示出该图案的发展演变脉络和图式寓意,③目前"高士"拼砌砖画图像明显有三个画风。④ 关于这种图案的墓室功能,或被认为是出于对"七贤"的崇敬,对追求豁达自我奔放精神的向往;⑤抑或认为"高士"人物业已成为道教意义"神格化"的宗教偶像,是对成仙的礼赞。⑥ 鹤仙坳的"高士"图因故导致互换,但其图案的功能和意义同样能在墓室空间里得到实现。

东、西壁"高士"图的排列,也被认为是围绕棺椁的屏风或帷障。⑦魏晋南北朝时期屏风均置于床或榻的边沿,构成三面的曲尺环绕的"围榻",置有围榻的屏风可对整体空间形成半隔绝,为主人提供半隐秘的安全场所。南朝陵墓中的"高士"图并未按照现实屏风常见两扇、四扇、

---

① 画像砖图像"四神"和"天人"与道教世界"神灵体系"相关研究,参见姚律:《常州戚家村画像砖墓图像主题思想浅见》,《长江文化论丛》第九辑,南京:南京大学出版社,2013年,第50页。

② 此处借用社会学的"场域"理论,其强调人们为某种目的刻意集中营造相互关联的场所空间,参见〔挪威〕诺伯舒兹著,施植明译:《场所精神——迈向建筑现场学》,武汉:华中科技大学出版社,2012年,第48页。

③ 相关研究参见赵超:《从南京出土的南朝竹林七贤壁画谈开去》,《中国典籍与文化》2000年第3期;郑岩:《魏晋南北朝壁画墓研究(增订版)》,北京:文物出版社,2016年,第189页;王汉:《论丹阳金家村南朝墓竹林七贤壁画的承前启后》,《故宫博物院院刊》2018年第3期。

④ "树下高士"版本目前可见4类:西善桥宫山1例(石子冈、铁心桥与之同)、金家村1例(鹤仙坳与之同)、吴家村1例(狮子冲M2与之同)、狮子冲M1 1例。

⑤ 参见韦正:《地下的名士图——论竹林七贤与荣启期墓室壁画的性质》,《艺术考古》2005年第3期。

⑥ 参见〔日〕町田章撰,劳继译:《南齐帝陵考》,《东南文化》第二辑。

⑦ 杨泓:《北朝"七贤"屏风壁画》,杨泓、孙机:《寻常的精致》,沈阳:辽宁教育出版社,1996年,第118页;杨泓:《华烛帐前明》,合肥:黄山书社,2017年,第60页;邹清泉:《北魏画像石榻考辨》,《考古与文物》2014年第5期。

两扇的排列，而是呈对置于东、西两壁，每壁四人。① 以鹤仙坳的主室后壁为例，其弧面宽约5米，而两壁"高士"图合并后幅度长度大约近5米，如将"高士"图安置于后壁显然就无法兼顾东、西两壁面。另外，从北壁垒砌技法来看，仅用莲花叠胜纹砖丁面做三卧一甓来砌造，与东、西壁构筑技法大相径庭，故北壁应该还存在着墓室砖构技术上的特殊需求。总之，从画面布局、墓室结构来说，按现实围屏形态配置"高士"图可能难以实现。

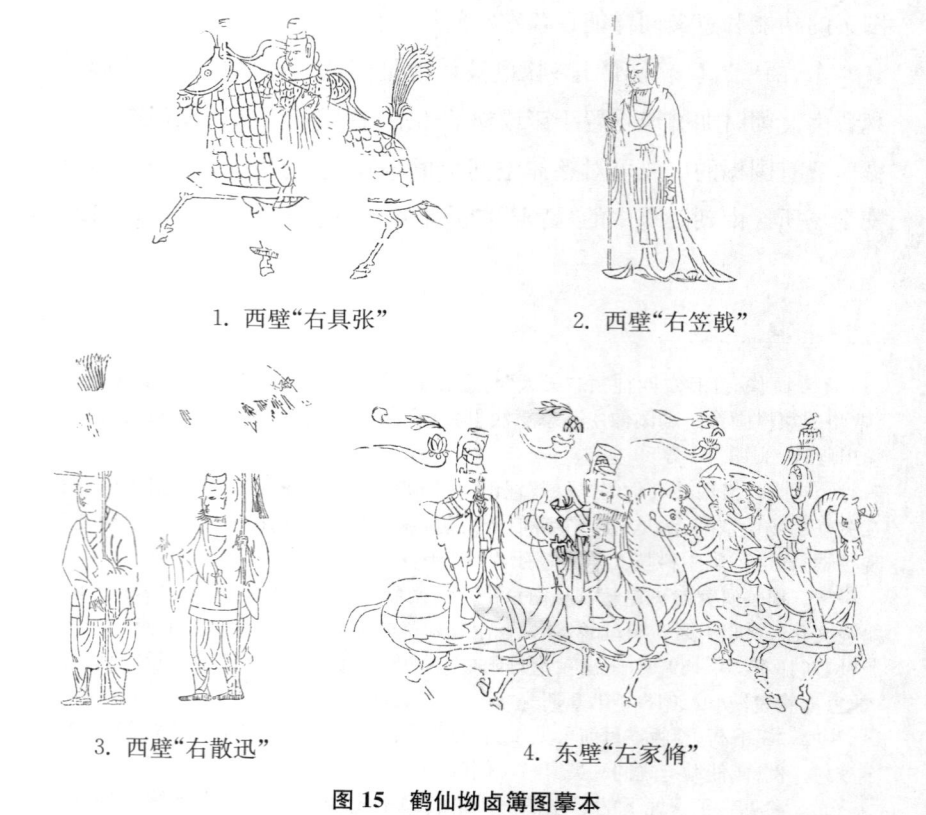

1. 西壁"右具张"　　　　2. 西壁"右笠戟"

3. 西壁"右散迅"　　　　4. 东壁"左家脩"

**图15　鹤仙坳卤簿图摹本**

注：据《江苏丹阳胡桥南朝大墓及砖刻壁画》图16—18、图6。

---

① 西晋贺循《葬礼》中有四翣夹棺的"天子"规制，或有联系，参见〔唐〕杜佑撰，王文锦等点校：《通典》"凶礼"，北京：中华书局，1988年，第2346页。

主室东、西壁面最下层多幅可总称为卤簿图①,鹤仙坳现存 4 幅。该组卤簿图东、西墙面原各有 4 幅,图像风格、人物装束均保持一致,是一幅连续的图像组合。西壁下层自南向北以"具张"为首、"笠戟"列后(图 15:1、2)。"戟"做矛首,下有凸出的月形横刃应为"槊(矟)"②,幡、穗挂于横刃上,类似持槊,如河北磁县东魏茹茹公主墓墓道壁画,绘制多人的持槊仪卫;同地湾漳北齐大墓墓道壁画中,则有更为宏大的持槊挂幡仪仗。③ "散迅"两人持羽葆柄曲柄华盖,组成了伞扇仪卫④(图 15:3)。以"家脩"命名的乐队其图像正是"鼓—箫—笳"的组合模式(图 15:4),即与《隋书》中记载南陈时期乘舆鼓吹"箫十三人、笳二人、鼓一人"⑤的配置品类相合。

魏晋至南朝卤簿仪仗,可以参照《晋书·舆服志》所载"中朝大驾卤簿"⑥,记述西晋时期帝王出行规制。南朝帝陵拼砌砖画所呈现内容与文献记载繁杂卤簿制度相比,虽极度减缩,但彰显等级身份的四个重要核心仪卫——先导武士骑兵、持戟、持羽葆华盖、鼓吹乐队无缺。对照鹤仙坳主室空间,设计者将主室中棺床作为图像安置的坐标:其中"具张""笠戟"两者偏于棺床的前部,"散迅"偏于中部。"具张"不仅象征出行队伍的开道,从图像中架弓、挂刀的武器配置,似乎更起到整个队列的护卫功能。"笠戟"朝服,则是引导的持槊仪卫。两侧"散迅"华盖、羽葆原应夹侍于帝王近身两侧,故其应是最接近棺椁的仪卫图像。

---

① 目前所见卤簿版本计 3 种:鹤仙坳 1 例(吴家村与之同)、金家村 1 例、狮子冲 M1 1 例。
② 戟与槊的关系,参见杨泓:《中国古代兵器论丛(增订本)》,北京:中国社会科学出版社,2007 年,第 186 页。
③ 参见磁县文化馆:《河北磁县东魏茹茹公主墓发掘简报》,《文物》1984 年第 4 期;中国社会科学院考古研究所、河北省文物研究所:《磁县湾漳北朝壁画墓》图 123,北京:科学出版社,2003 年。
④ 魏晋南北朝伞扇组合研究,详见刘未:《魏晋南北朝图像资料中的伞扇仪仗》,《东南文化》2005 年第 3 期。
⑤ 〔唐〕魏徵等:《隋书·音乐志》,北京:中华书局,1973 年,第 309 页。
⑥ 〔唐〕房玄龄等:《晋书·舆服志》,北京:中华书局,1974 年,第 757 页。

朝鲜安岳里东晋平东将军冬寿墓中绘制有一幅完整的出行仪仗图，①对围绕墓主冬寿的仪卫配置有细致的描绘。其左、右侧前为持长槊的甲骑具装，主人车驾前有持幡引导；车驾近身左、右均安排有架斧及弓的护卫；后紧跟骑马的鼓吹、持华盖，最后部为鼓吹组合。以上可见此图组合与南朝帝陵中卤簿图有着共通之处。

六朝帝王卤簿实经刘宋孝武帝完善后才最终定型。②南朝帝陵东、西壁下层卤簿图，以平面图像围绕现实中的棺椁，营造出一幅"武骑卫前后，鼓吹萧笳声""班剑引前，笳鼓陪后"的帝王出行场景，③应该是南朝帝王卤簿最直观的图证。

## 三、余论

经复原后的鹤仙坳墓室内壁图像，不仅在由甬道至墓室的各位置上营造出不同的场景空间，且对墓室甬道、主室几进的空间功用进行了划分。实际上，鹤仙坳陵墓的设计者应该是从整个陵园考量，使用陵园建筑、石刻（地上）、墓室内壁砖画（地下）等来共同营造出陵墓景观的"总体艺术"④，目的是呈现一个多层视觉且庄重的丧葬礼仪空间。⑤下以鹤仙坳主室图像配置为例，从墓室设计者视角，探讨对主室空间的构想。

主室礼仪空间以围绕墓主棺床后部的"高士八曲屏风"为中心，将

---

① 〔朝鲜〕朝鲜民族主义人民共和国科学院考古学及民俗学研究所：《安岳3号坟发掘报告》图版XXVII，平壤：朝鲜社会科学院出版社，1957年。
② 〔南朝梁〕沈约：《宋书·礼制》，北京：中华书局，1974年，第521—526页。
③ 《宋书·乐制》，第626页；《宋书·吴喜传》，第2121页。
④ 〔美〕巫鸿著，钱文逸译：《"空间"的美术史》，上海：上海人民出版社，2018年，第159页。
⑤ "具体化了时间的向度，有时候路径引导人到一个有意义的目标"，以及"通过建筑物，具有独特场所精神被人为场所，被制造出来"，《场所精神》"人为场所"，第51—54页。

棺床的后部区划成一个半开放的私密场所，其间可能还包括部分随葬的器具，从而构成了以棺椁为核心的第一重空间。第二重空间由东、西壁面下层连续的卤簿仪卫出行图构成，即模拟墓主生前出行场景。相对前两层场域对现实的写摹，第三层空间内容是对观念信仰的呈现，依据图像间关系，诸"天人"图实际上与龙、虎间并未产生实质上的互动，"天人"的组合图像所描绘的应属于道教灵现降诰的场景，故第三层是神祇自天界降凡的仪轨再现。

"四极"的代表"四神"图像构成了最广阔的第四重空间。广义上来说，第四层空间营造的场景包含了其前述三层，但"四神"图像在视觉体验上似乎更注重空间的延伸。"四神"相对位置并非处于同一高度，其中观者对于龙、虎图的视觉延伸会相对平直；而对于朱雀与玄武高置，观者必须前、后仰观，导致视角自然会被拉伸，从而拓展了空间纵深感。设计者对墓室拼砌砖画以外的内壁（包括穹庐顶）并未做过多处理，大概是利用砖面原本青灰色泽，既能承托出砖画着彩后的效果，也能将主室壁面补白部分营造出所谓天（广义"宇宙"）之"玄色"①，进一步加强深邃的空间背景。

作为墓葬制度的组成元素，绘画被认为是东晋南朝时期艺术进入了一个"自觉的时代"的重要例证。② 此时，国家上层意志及大型工程设计者，开始直接参与到各类建筑装饰艺术的创作当中。伴随着南朝刘宋中后期对礼制的革新，③以鹤仙坳为代表的南朝帝陵，其地上与地

---

① 同类做法亦见于北魏宣武帝景陵，其"整个墓室弥漫着雄浑、壮观、简朴、庄严的气氛"。详见中国社会科学院考古研究所洛阳汉魏城队、洛阳古墓博物馆：《北魏宣武帝景陵发掘报告》，《考古》1994年第9期。

② 《前朝楷模，后世所范》，《魏晋南北朝壁画墓研究（增订版）》，第309页。

③ 与其说上述南朝陵墓是"革新"，不如认为是其摒弃"晋制"后对"汉制"的"复古"：如重新安置石神兽、立碑、起封土等；在研究者看来"复古"实际上是"受到特定愿望和目的的驱动""赋予其不同政治、道德和艺术价值的尝试"，〔美〕巫鸿著，梅玫、肖铁、施杰等译：《时空中的美术——巫鸿中国美术史文编二集》，北京：生活・读书・新知三联书店，2016年，第16页。

下建筑所共同营造出的具有强烈秩序感和礼仪性的陵园景观,[①]恰是这一变革的呈现。

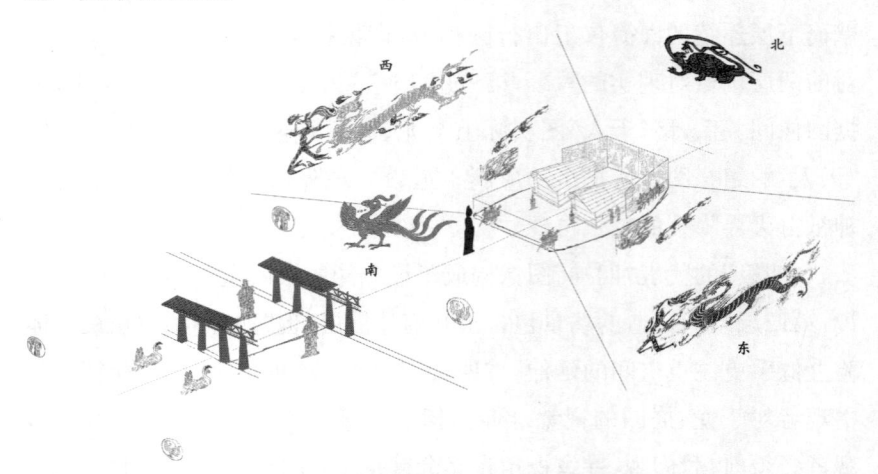

**图 16　鹤仙坳墓室内壁空间场景营造示意图**

【附记】

本文撰写过程中,承蒙中央美术学院耿朔先生、中国社会科学院考古研究所莫阳女士对本文提出了诸多建议;另外,鹤仙坳墓室的三维建模由南京大学历史学院考古文物系研究生华扬绘制,谨此致谢!

---

① 参见莫阳:《继承与创新——南朝帝陵地表遗迹研究》,硕士学位论文,中央美术学院,2012年。

# 山西晋中北魏长宁壁遗址的初步调查

段 彬

魏晋南北朝时期,频仍的战乱催生了大量的军事防御型聚落——坞壁。这些坞壁的规模普遍不大,但在当时黄、淮流域发挥着重要的军事、政治与生产功能。陈寅恪先生认为,"坞在当时北方,地位实际比城更重要","决不能忽视北方不能走或不愿走的人们屯聚坞堡的作用"。① 近几十年来,众多学者曾对坞壁的历史状况、发展历程、社会组织结构等问题进行过不同层次的探究。

当时坞壁分布的地域非常广泛,而并州地区坞壁林立的现象尤为突出。一方面因为这里是"五胡"南下重要的策源地之一,政权更迭较为频繁,自永嘉之乱开始,便有大量人口播迁流离,保聚山林。另一方面,表里山河的地形特点,也为当地居民提供了依托山地构筑坞壁的地理基础。

在上百年的时间里,这些坞壁中的势力或分或合,成为十六国北朝重要的社会基层组织与武装力量。比如周旋于后赵、冉魏、前燕、前秦、东晋之间的军阀张平,"据新兴、雁门、西河、太原、上党、上郡之地,壁垒三百余,夷、夏十余万户,拜置征镇,欲与燕、秦为敌国"②,长期掌控并州实权,成为一支近乎独立的割据势力。十六国北朝时,多次决定政权命运的战争都是围绕并州一带的坞壁展开的,比如后燕攻灭西燕的台

---

① 万绳楠:《陈寅恪魏晋南北朝史讲演录》,合肥:黄山书社,1987年,第139页。
② 〔宋〕司马光:《资治通鉴》卷一〇〇《晋记·二二》,晋穆帝升平元年八月,北京:中华书局,1956年,第3166页。

壁之战、东魏与西魏的玉壁之战等。

随着统一时代的来临,坞壁组织被动或主动地走向了消亡。不过,由于古代军事防御工事对地形的依赖,一些战略要地每逢战事便会重新得到重视,位于太行、吕梁山区的许多坞壁遗址也为后世所沿用、改造,转变为各类堡寨。① 加之黄土高原降雨量低、黄土直立性强等地理特点,使得许多位于山区的十六国北朝坞壁至今仍有迹可循。但长期以来,这类山城堡寨遗址未能得到考古、文物部门应有的重视,现有的基础资料十分薄弱。在魏晋南北朝史学界,有关坞壁的现有学术研究大多仅从有限的文献资料和出土文物中的坞壁图像、明器模型进行探讨,②对坞壁遗址的情况几乎没有涉及。

笔者在翻阅山西方志资料时,注意到了一处名为"长宁壁"的堡寨,至今仍保留有地上遗迹。爬疏对照各类文献后可以确定,长宁壁已知最早的修筑时代为北魏时期。然而在历次全国不可移动文物普查中,这一文献记载颇为明确的北朝坞壁遗址却未被登录,至今尚未得到任何部门的关注。

借助家乡地利之便,笔者在获知了长宁壁遗址的基本情况后,于2016年4月22日赴实地进行考察。本文中,笔者拟将有关长宁壁的文献资料做一梳理,记录实地踏查时所到见的遗址情况,以期管中窥豹,为中古山地坞壁的选址、规模、结构等方面提供一个个案参考,并借此呼吁考古文物部门与历史学界能对此类山城堡寨遗址加以必要的关注与保护。

---

① 具圣姬《两汉魏晋南北朝的坞壁》(北京:民族出版社,2004年)将坞壁的形式分为"城堡式、楼院式、楼橹式、山间堡垒式"四种。至今仍有遗迹可寻的,大多是山间堡垒式。

② 就山西地区而言,李书吉《十六国北朝山西坞壁的地理分布及类型特征》(《中国魏晋南北朝史学会第十届年会暨国际学术研讨论文集》,太原:北岳文艺出版社,2011年)是近年来较为重要的研究。但是该文涉及的坞壁主要是正史与地理总志、通志中留有记载的,对于长宁壁这类仅在各县县志中甚至地名中有所记载或体现的大量坞壁,则未予搜集研究。

## 一、文献所见长宁壁的历史信息

### (一) 长宁壁、昌宁府与长宁寨

长宁壁的基本情况,始见于明洪武《太原志》:

> 长宁壁,周三百五十七步,在榆次县东南二十五里。旧经云:后魏人李长宁居此,因名之。今长宁村东长宁寨是也。①

同书又载:

> 昌宁府,在县东南二十三里,并唐府兵所居之地。贞观五年置,后废。②

无论从名称还是方位上来看,后魏长宁壁与唐初的昌宁府都十分相近。再结合太原府其他唐初军府的选址来看,时代相隔并不远的长宁壁与昌宁府可能就在同一地点。

查检中古史料,长宁壁与昌宁府虽未留下详细记载,但也有迹可循。《魏书·地形志》榆次县条有"长宁水,西北合同过"③。此水正是今日流经长宁壁所在的长凝镇④的涂河,今日亦俗称长凝河。可见洪

---

① 洪武《太原志》,《永乐大典方志辑佚》,北京:中华书局,2004年,第319页。
② 洪武《太原志》,第316页。
③ 〔北齐〕魏收:《魏书》卷一〇六《地形志上》,北京:中华书局,1974年,第2466页。
④ 查阅明清以来长凝的碑刻可知,早期村名皆作"长宁",约清中期开始出现"长凝"的写法,民国时期"长凝"一名成为书写主流,沿用至今,成为当地的标准地名。

武《太原志》所引宋元旧经提到的"后魏人李长宁居此,因名之",并非凿空之说。不过,李长宁其人在《魏书》中无载,可见其地位不高,应当只是地方上数量众多的坞主之一。

另外,比《魏书·地形志》成文稍早的《水经注》,则称今涂河为"蒲水",并未提及"长宁水"之名。那么,长宁水之名便有可能出现于《水经注》成书之后。因此长宁壁建立的时代,大致也就可以限定在《水经注》的成书与《魏书·地形志》选取的时代断限之间,即北魏延昌四年至东魏武定八年(515—550),其营建背景可能与魏末六镇之乱的动荡有关。至今,东、西长凝村中多有姓为宇文的村民,这一情况应当也和北朝建立坞壁的历史存在联系。

唐代的昌宁府,在正史中也有提及。《新唐书·地理志》:

> 太原府有府十八,曰兴政、复化、安静、洞涡、五泉、昌宁、志节、汾阳、静智、信童、晋原、闻阳、清定、丰川、竹马、攘胡、西胡、文谷。城中有天兵军,开元十一年废。①

这里的"府",即府兵制度下的军府,时称折冲府。可见至唐贞观五年(631),唐人可能利用了这座北魏时的坞壁旧址,将其改造成府兵驻军之所,沿用至开元十一年(723)。再到后来,坞壁与折冲府既已消亡,壁、府一类的称呼被宋元明清时期更加常用的砦、寨等字替代,长宁壁也就变成了"长宁寨"。

至于北魏之前,长宁壁是否已有前身存在,并无明确记载。不过早在东汉初年,为防匈奴南下,汉廷曾经"缮治障塞,自西河至渭桥,河上至安邑,太原至井陉,中山至邺,皆筑城堡,起烽燧,十里一堠"②。而长

---

① 〔宋〕欧阳修、宋祁:《新唐书》卷三九《地理志三》,北京:中华书局,1975年,第1003页。
② 〔南朝宋〕范晔:《后汉书》卷二二《马成传》,北京:中华书局,1965年,第779页。

宁壁的位置,正在"太原至井陉"的道路之———潇河谷地南侧的山上,距潇河道仅三、四公里。从后代情况来看,这些山间堡寨每逢战乱时常常会被再次利用起来,因此在东汉的这次"筑城堡,起烽燧"的活动中,长宁壁或许已有雏形,亦未可知。

### (二)明清以来的长宁壁

通读明清民国六部《榆次县志》对长宁壁的记述,诸志大多只是传抄旧志,唯有乾隆《榆次县志》所载较有价值:

> 长宁壁,旧志云在县东十里,北魏李长宁居此,后改长宁寨。今考其地有元和观,观东北崖上乃昔人避兵处。虽壁寨已尽毁,而地道犹存。①

另外,据近年编纂的《西长凝村志》称:长宁壁所处地块,名为和畛,因此村中又将其称为和畛寨,俗称寨儿,称其下山谷为寨沟。康熙年间,西长凝村某财主为躲避战乱、立庄种地,曾对山寨进行了维修,费时五年,花费小米 300 大石(3 万公斤)。并于寨子附近开垦荒地一百余亩,收获的粮食便储存于寨内。1946 年至 1948 年国共内战期间,有村中百姓在寨内的破窑洞避难,当时窑洞已无门窗,有的窑洞只剩半截。②

村志的这段记述,对于我们了解晚近以来长宁壁的情况颇有助益。不过,笔者对村志所云康熙重修之说表示怀疑。综合晋中各堡寨修筑的情况来看,这一地区明清两代山间堡寨的修筑全部集中在两个时期,一是明末嘉靖、万历及崇祯年间,主要是防御鞑靼南侵与流寇骚扰;二

---

① 乾隆《榆次县志》卷七《古迹》,清乾隆十五年刻本。
② 范浩里主编:《西长凝村志》附录之五《西长凝堡寨遗址考》,晋中西长凝村志编辑委员会编印,2010 年,第 398—399 页。

是在清末道光、咸丰年间，有的堡寨被晋商大族购置后建为避暑寨，更多则是为了预防太平军北上，建为避兵寨。长宁壁的重修，应当也不外乎这两个时期之一。此外，康熙修寨说存在两个无法解释的问题：一是康熙年间榆次一带并没有发生如村志所说的动乱，也就不存在修葺堡寨的动力；二是乾隆《榆次县志》记载当时长宁寨"壁寨已尽毁"，如果康熙时曾重修过山寨，到乾隆时不过百年，堡寨建筑何至已经毁坏殆尽？

康熙重修之说虽不可取，但村民中既然有修寨的口碑记忆流传，可见明清两代应当确曾对长宁壁有过重修之举。笔者认为，重修时间为明末的可能性较大。乾隆《榆次县志》记载，明末曾有农民军在长宁壁下的涂河谷地活动：

> 明崇祯九年，山陕流贼至榆次沟口诸村，知县任濬率乡勇击之，斩获颇多，贼乃退。①

在李自成军队战败西还时，闯军与守城的地方武装也曾发生过激烈的军事冲突，地方大族多至县东南山地避乱：

> 明崇祯甲申五月，贼李自成自京师败归山西，榆次人遂逐自成前所署伪尹萧恒，闭城拒守。贼怒攻城，破之，杀数千人，屠戮甚惨。榆次缙绅多避乱东南山谷中。②

而且，根据笔者在村中的走访了解，除了北魏李长宁和相关的衍生传说外，当地村民对长宁壁后世的主人也没有更多的传闻，只是传言这里曾有"土匪"居住。而那些清末重修过的山寨，其产权直至中华人民共和

---

① 乾隆《榆次县志》卷七《事考》。
② 乾隆《榆次县志》卷七《事考》。

国成立后才转归集体所有,堡寨原属哪一家族,当地村民都很清楚。由此看来,无论从修寨时机还是民间记忆的状况判断,长宁壁的重修时间都应当是明末"缙绅多避乱东南山谷"之际,而非清代。

## 二、田野考察所见长宁壁的地上遗存状况

图1 谷歌卫星影像所见长宁壁(编号为寨内建筑基址)

### (一) 位置

长宁壁位于今山西省晋中市榆次区长凝镇西长凝村北约4公里的一块独立的塬面上,最北端至北纬37°39′41.4″,最南端为北纬37°39′33.2″,东西端在东经112°53′23″至29″之间。塬面顶端相对平坦,海拔约为940米,比寨外谷地高出约30米。卫星影像中,内寨墙和寨内的院落格局非常清晰(图1)。另外《榆次市村级地籍图册》中也标有长宁壁的内寨墙轮廓。

关于长宁壁距离榆次县城的里程,历代《榆次县志》皆称"在县东南一十里"或"县东十里",这一说法显然有误。洪武《太原志》中则有"县东南二十三里"和"县东南二十五里"两种记载,相差不远,相对接近实际里程。

## (二) 主入口

从长凝镇抵达长宁壁,需要先穿过一条曲折的沟壑,绕到海拔约1000米的阎家坪上,长宁壁就在坪的西北界外。从坪上到寨内,有一条宽约5米的土路相连,除此之外,长宁壁四面皆为悬崖深壑(唯有北侧有羊肠小道可至山下,详见后文)。

**图2　长宁壁1号入口外远眺晋中市区(作者摄)**

主入口处,有内外两道寨门。在外寨门(1号入口)之外,有壕沟将堡寨与外部断绝。经年累月,沟的中部已被积土填平。外寨门遗址目前的外形如双阙耸立,高近10米。外寨门内南侧,即可看到紧贴沟边、参差低矮的外寨墙(图2)。

进入外寨门后前行约 30 米,即是内寨门(2 号入口)。内寨门与外寨门结构相似,外侧也有壕沟,但双阙的高度略低,形状也比较规则。进入内寨门,就进入了堡寨的内部空间(图 3)。

图 3　长宁壁入口处结构示意(据谷歌卫星图改绘)

## (三) 寨墙

长宁壁的寨墙,主要分为内外两重。外寨墙基本沿着山崖边界修筑,呈不规则状。根据笔者初步测量,外寨周长约为 690 米(不含突出于北寨墙外凸出的东北端平台)。洪武《太原志》所说的长宁壁"周三百五十七步"[①],指的应该就是外寨墙。目前,外寨墙夯土残存的高度大多仅剩数十厘米高,甚至仅存些许痕迹了。在明清重建堡寨时,可能未对外寨墙进行修葺。

内寨墙保存仍较完整,周长约为 420 米,不少寨墙的残存高度在 1 米以上,最高可达 2—3 米。另外,在长宁壁的东北部,还根据自然阶地

---

① 北朝时 1 步约为 185.4 厘米。

的边界构筑了多重寨墙,凸出于外寨墙之外。

**(四) 院落空间**

长宁壁的内寨空间大致呈 L 形,寨内有 6 处比较明显的院落基址,这些院落作为寨内主要居住空间,应当是明末重修后的遗迹。从西北到东南,笔者将其依次编为 1—6 号。

其中 1、2 号院落南北相邻,中间有过道相隔,位于 L 型空间的北部,两院面积、结构基本相同,都是正中开门的三合院,正房与东西厢房间的隔墙都可以很清晰地辨认出。

3—6 号院落则位于 L 型空间的东南部分,东西相邻,中间无过道,组成一组东西对称的建筑群。位于中部的 4、5 号院落面积较大,与北部的 1、2 号院落结构相似,也是三合院。位于两边的 3 号与 6 号院落面积较小,应是偏院。其中西侧的 3 号院损毁严重,地面上几乎已经看不到墙体痕迹,在卫星图上,其范围也已非常模糊。相比 3 号院,东侧的 6 号院基址则保存完整,其结构正好相当于 4、5 号院的一半,院内正中有坑洞一个,疑似为旱井。

另外,6 号院东墙外也有两处建筑基址。靠南侧的建筑与其他各院中的厢房规模相等,正对寨门,应是内寨门卫居住的地方;在其北侧,6 号院东墙向北继续延伸,和内寨墙连接在了一起,围合成一个密闭的空间,从地面遗留的夯土来看,这一空间内应当也曾有建筑。

**(五) 其余建筑**

除上述 6 处院落外,寨内还有 5 处独立的建筑基址。

1. 在南寨墙外,有一座坍圮过半的窑洞(7 号),单间,面朝南侧深沟。在这座土窑的后壁上,笔者发现了残存的两行铭文(图 4)。右边第一行,可辨认出"……村年村立好……"等字样,第一个"村"上面可能还有一字,最后的"好"之下由于土窑崩塌,情况不详。第二行则为"民国三年十月……",其中"民国"年号字迹较为模糊,尚不能完全确定。

由于字的旁边有很多人为刻画的斜道,加之黄土天然的崩裂,究竟哪些痕迹属于字本身的笔画,仍待继续讨论。

**图 4  7号建筑(窑洞)后壁的铭文**

2. 长宁壁所在的黄土塬面,向西南方向延伸出一角,角上有一座方形建筑基址(8号),四面有夯土墙体围合,朝南开口。若立于此处,无论向北、向东、向南,都可从侧面瞭望到入口外和沟底的情况。因此笔者推测,这座方形基址很可能是角楼一类建筑,有着侦查敌情的功能。

3. 内寨墙东北方向外,有一处独立围合的空间(9号),这处空间的西侧为内寨东墙,东侧是深沟,南北两侧又有夯土墙,北墙尤高,其东端延伸到沟边,可防止北侧来攻的敌人迂回到寨东。空间内部又有墙基。在这样的位置隔离出一个独立的空间,究竟具有怎样的功能,仍需进一步考察。

4. 在内寨北墙外,朝北的天然断崖上有一组窑洞建筑(10号),共三间,东侧两间各开一门,西侧一间开一方形窗口。窑洞口皆有不严重的坍塌。这组窑洞应当是北部防御力量的驻地。

5. 在内寨北墙外,有一处夯土台基(11号)。作为内寨墙外的制高点,此处或许曾有一座可供瞭望与射击的高台。土台的北侧又有东西两个相通的地道口和一处疑似旱井遗址的洞口(直径不足1米)。地道口再往北又有一处自然形成的土台。这一带较为复杂的遗存,应是为了防备北入口的敌情。

### (六)北入口与东北部防御体系

从军事防御的角度来看,长宁壁设计最为复杂的地方,是其北部的多重入口与遥相呼应的防御体系。

除了前文提到的长凝镇(涂河)方向的主入口外,长宁壁西北侧还有一条羊肠小道可通至寨内。这条路向北连通着相对平坦宽阔、直通潇河谷地的上戈村南沟,但是上寨之路异常艰险,最陡的部分坡度接近50°。单从这条山路攀爬上来,已是极不容易的事,何况在这条路的顶端,还需通过四重夯土墙豁口(从高到低依次编号为3—6号入口)才能最终进入寨内(图5)。

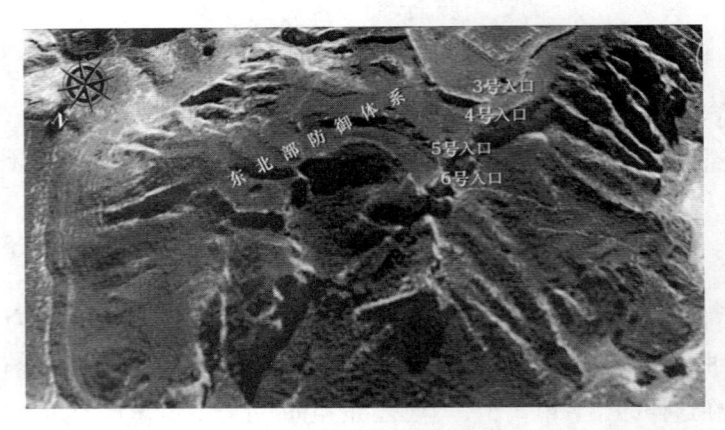

图5 长宁壁北入口与东北部防御体系(据谷歌卫星图改绘)

3号入口即内寨墙的北门,较为低矮;4号入口与3号紧邻,比较高大,从下往上看,与寨东南主入口的外观相似;5、6号入口相邻也很近,这里控扼着盘山通道的北端,6号入口外道路宽仅容身。由于该路盘山而上,路线曲折,攻击者既无法得知寨上防守者的情况,也无法进行远距离射击。当他们可以看到6号入口时,距离以逸待劳的守军仅剩2、3米的距离了。

在上述羊肠小道入口的东侧,长宁壁又利用自然形成的五层台地,构筑了寨墙、窑洞(10号建筑)、高台(11号建筑)等一系列防御工事,可以从侧面对进攻者遥相射击,与羊肠小道上的四重入口呈现犄角态势。

## (七) 坑洞

除上述院落空间与建筑基址外,堡寨内还分布着众多直径1米—2米左右的坑洞,在山下与半山腰上,也可看到一些孔洞,很可能与寨内相连通。笔者此次考察所看到的各类坑洞,共计19处,由于调查时的条件所限,可能还有遗漏。

这些坑洞中,有些明显是地道口,部分地道尚可进入;有些则是旱井遗址;有些在沟外甚至相邻的山上,可能是暗哨之类的遗迹;还有一些不排除是自然塌陷的结果。这些坑洞由于年代久远,坍毁严重,仅凭初步调查无法详究。乾隆《榆次县志》称,当时"壁寨已尽毁,而地道犹存",这一描述,也与我们现场看到的情况大致相符。可能在清中期,长宁壁的地道尚可全部贯通。

## 结　语

### (一) 长宁壁选址与建筑特点分析

长宁壁的选址,是营建者基于周边地理形势深思熟虑的结果。长宁壁独立于山塬之上、四面皆为深沟的环境,呼应了文献中对一些山间坞壁的描述。比如《水经注》中记载过的一合坞:"城在川北原上,高二十丈,南、北、东三箱,天险峭绝,惟筑西面即为固。"① 与长宁壁的地形环境颇为相似。

从长宁壁所处的区域位置来看,这里位于潇河流域和涂河流域交汇处丘陵地带的居中处,同时控扼了"太行八陉"中的井陉和滏口陉两条由河北通往并州治所晋阳城的道路(图 6),且地势高亢,视域范围较广。今日在长宁壁可以清楚地看到晋中市区(即当时榆次县城)的建筑(图 2)。那么北魏时期,当时沿着潇河一字排开的榆次、中都、信都三

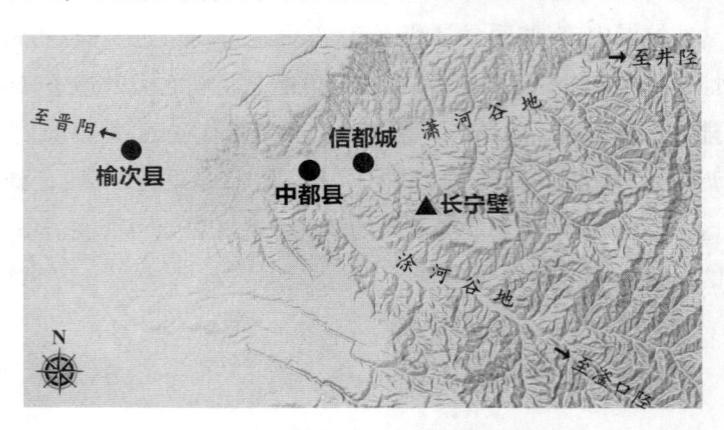

图 6　长宁壁选址区位示意(据谷歌地形图改绘)

---

① 〔北魏〕郦道元注,〔清〕杨守敬、熊会贞疏:《水经注疏》卷一五《洛水》,南京:江苏古籍出版社,1989 年,第 1301 页。

城,在长宁壁上皆可历历在目。无论西边晋阳、榆次方向有何异动,还是东边的河北势力入晋,在这里都能够快速获取情报。

从小范围的防御设计理念来看,长宁壁虽然距潇、涂二河大体等距离,但由于黄土沟壑的遮蔽,南边涂河谷地一侧无法直接看到长宁壁。由于长宁壁所在的塬面略低于相连的阎家坪,即使从涂河谷地上升至阎家坪上,若不走到长宁壁附近,也无法直接看到这座堡寨。这就意味着,长宁壁的受攻击面大概率集中在了面向潇河的北侧,而北侧恰恰是长宁壁最难攻克的部分。当攻击者行至坞壁之下,需要面对的便是上一章中提到的羊肠小道上的四重关口,以及与之互为犄角的东北部防御体系。只要寨中组织起有效的防御,进攻者要想从仅容一人的陡坡攻入寨内,在冷兵器时代几乎是不可能的事。

与之相反,长宁壁最易进入的东南方主入口,反而是最安全的一面。这一侧不仅由于山环涧绕,不易被发现,而且与榆次东南山区中可资耕种的最大的一块坪地阎家坪相连。这就意味着,长宁壁可以得到充分、安全的粮草供应。

不过,长宁壁这样的防御设计也存在一个问题——防守有余,进攻不足。北部的羊肠陡坡虽然不利于敌军的进攻,同时也限制了堡寨向外的攻击。但坞壁的性质原本就是避乱之所,与一般的平地城不同。《晋书·慕容宝载记》:"魏军多骑,师行剽锐,马上赍粮,不过旬日。宜令郡县聚千家为一堡,深沟高垒,清野待之。至无所掠,资食无出,不过六旬,自然穷退。"[1]这则史料很好地说明了营建坞壁时的防御思路。或许这正是坞壁与其他平地城在选址、设计思路上最显著的差异之一。

若将视野扩大,我们不难发现,长宁壁上有堡寨、下有地道的遗迹特点,并非孤例,而是中古山地坞壁共有的一个特点。就笔者所知山西省范围内的坞壁个案来看,如介休张壁、平遥岳壁、武乡石勒城、榆次榆

---

[1] 〔唐〕房玄龄等:《晋书》卷一二四《慕容宝载记》,北京:中华书局,1974年,第3094页。

城坪等疑似中古坞壁遗址中，都采用了同样的构筑形式。目前结构比较清楚的张壁地道，分为上下多层，防御体系极为复杂，令人叹为观止。

与之相呼应的是，历史文献中对北朝时期的地道战也多有提及。如北魏泰常八年攻武牢、杨津守定州、高欢攻邺城、高欢攻玉壁、北周攻平阳等许多大战中皆曾深掘地道。如能对长宁壁、张壁这样的地道体系进行详细调查与综合研究，正可为当时频繁使用的地道战术提供具体操作侧面的印证，以资军史借鉴。

长宁壁的基本情况如上所述。总的来看，笔者此次对长宁壁的田野调查仍处于较为初步的踏查阶段。受条件限制，未能对夯土层中包含的遗物进行年代分析。更进一步的研究，则需要依靠考古勘探工作的开展来推进。

## （二）对中原周边山城堡寨遗址调查的展望

一般而言，中国古代重要的城郭大多位于适宜生产生活的平原地带，即使山地聚落，也大多位于山麓或山谷处。但是在十六国北朝时，由于旷日持久的战争，以军事防御为导向，人口分布出现向海拔较高、地势险要的山顶集中的趋势。以长宁壁所在的榆次为例，北魏时期，榆次的县级建置一度取消达半个世纪。除长宁壁外，境内直接见于记载的坞壁还有两处：一处是十六国时，冉闵在县东南五十里张坪村"置台壁以御秦寇"；①另一处是北魏时，在县东南福堂庄建有巨当壁。② 此外，从地名上分析，榆次至今仍以"壁"为名的村落有：高壁、小壁、杨壁、峪壁、焦壁（桥北）等，其地均在城东丘陵地带，有的至今仍有堡寨遗存，这些村落很可能也是十六国北朝时的坞壁所在地。

---

① 成化《山西通志》："在榆次县东南五十里张平村。《土地记》云，冉闵为并州刺史，尝置台壁以避奉。""置台壁以避奉"似不可解，嘉靖《山西通志》改为"置台壁以避秦"。

② 洪武《太原志》："巨当壁，周三百五十步，在县东南三十五里。旧经云：'后魏人傅巨当居此，因名之。'今福堂村东福堂寨是也。"（第319页）

十六国北朝时期,伴随着人口及武装力量的迁移,一些政区治所也曾随着流民进入坞壁山城之中。比如北魏永安年间,侨置显州于汾州六壁。① 可以说,魏晋南北朝时期是中国城市史上颇具代表性的"山城时代"。进入隋唐统一王朝时期,居住、生产颇为不便的山城逐渐被废弃。此后,这些山城堡寨遗址虽然在战乱时期又曾屡次重建,但总的来说皆是战时用于避兵,平时即行撤离,无论战争持续的时间还是堡寨沿用的时间,都不能具备魏晋南北朝时的普遍性与重要性。

所以,这类坞壁遗址的调查、发掘,对于我们深入了解十六国北朝基层社会的历史面相可谓至关重要。但是,目前我国学界对这一时期山城堡寨遗址的研究仅仅集中在东北地区的高句丽山城方面。就中原一带的山城堡寨遗址而言,除文物普查时登录的部分资料外,几乎仍是空白。地方考古力量的薄弱与学界相关问题意识的缺失,应当是造成这一状况的主要原因。

笔者在留学期间注意到,和国内现状形成鲜明对比的,是日本学界对其国内山城的调查,在数十年前已经基本做到了普遍化、标准化。在调查的过程中,常常由考古学者、历史地理学者共同介入。调查结束后,各地的埋藏文化财中心、教育委员会、城郭研究会等机构,会将相关资料以调查报告书、发掘报告等形式,进行单独发表或分区汇总发表,形成一个系列,为学界的进一步研究提供翔实的基本资料。在这些资料基础上形成的历史学、考古学、历史地理学、建筑学成果已经汗牛充栋。期待我国学界针对山城堡寨遗址系统性、有序化的调查研究,也能够早日展开。

---

① 《魏书》卷一〇六《地形志上》,第 2501 页。

# 中国魏晋南北朝陵墓与日本古坟丧葬空间的比较研究

藤井康隆 撰　张　今 译

## 一、引　言

魏晋南北朝时期,南朝和北朝的政权对立体现出中国南北方的地域差异,表明古代东亚的文化和政治秩序至少暗藏两套标准。此外,魏晋南北朝也是历史上的大分裂时代,此前隐匿在大一统面目下的地域性和民族性因之显露出来。基于此,考古资料所见人群与文化的迁徙就不仅仅取决于王权,不同地域的个体因素也在其中发挥作用。

此前,关于日本古坟的先行研究在涉及外来因素、文化和文物时,虽然也将视野扩展至中国,但实际上却更加偏重以百济为首的朝鲜半岛诸国。以至于研究者们对中国境内的两种异质文化,或不同地域社会的独特性关注不够。日本考古学界一方面认同朝鲜半岛复杂的地域性;另一方面,其看待中国文化的眼光却趋于单一,此间差别令人疑惑。

本文拟从南、北中国丧葬制度的考古学面貌比较入手,试述日本古坟的特征。

## 二、中国的丧葬制度

战国以降,墓葬被视为墓主的"住宅",以至于墓室内外的各个空间都被纳入墓葬整体中,且各自被赋予意义。在此之前,墓地由"寝"和

"庙"构成,"寝"是死者之魄的居所,"庙"则是降神,亦即召唤死者灵魂临时安厝以供祭祀的场所。① 东汉魏晋以后,房屋样式的墓葬结构、房屋壁画与祭祀食器共出的现象越发普遍,这种模拟房屋的丧葬空间既是生人祭祀死者的礼仪场所,也是死者身后的"住宅"。墓葬是"栖魄"的场所,而祠(庙)是"栖神"的场所,换言之,两者都是魂(神)和魄的"居住"场所。

## (一) 南朝的丧葬空间(图1)

东晋南朝墓葬的内部结构基本沿袭东汉传统,墓主的生活空间与其遗体所在(棺床)本质上是隔开的。墓内陈设围绕凭几模拟墓主生前的居住空间,力图营造富有整体感的空间设计。同时,祭祀活动(墓室前部)、祭祀对象(凭几)、遗体安放(棺)这一系列丧葬活动位置的确定,也为我们明确了祭祀路线及其对象。加之随葬品中祭祀礼器与饮食器发生分离,我们不难通过墓室空间营造对生人丧葬祭祀的意义进行推测。东晋南朝时期,墓葬兼具模拟现实住宅、礼仪形态制度化和灵魂可移动三大特征。这些特征反映出墓主身份的两层涵义并存,即作为生人的活动性和作为死者的被祭祀性。墓室既被当作礼仪空间而营建,也被预设为墓主不灭灵魂的活动场所。②

外部空间则配备有面积较大的陵园。陵墓中轴延长线上有长达数百米至一千米的神道,神道入口立有石柱、龟趺石碑、阙门、石兽等石刻。虽然尚未发现实际遗存,但仍可推断阙门两侧有"行马"延伸出来。墓道规模并不大,也没有装饰,只在铺地砖下埋设暗沟。完成下葬之后,需要回填墓室和墓道,并将其完全封锁。随着墓室营建和埋葬结

---

① 〔美〕巫鸿:《从"庙"至"墓"——中国古代宗教美术发展中的一个关键问题》,《庆祝苏秉琦考古五十五年论文集》编辑组编:《庆祝苏秉琦考古五十五年论文集》,北京:文物出版社,1989年,第98—111页。

② 〔日〕藤井康隆:《中国江南六朝の考古学研究》,东京:六一书房,2014年,第66—70页,第82—83页。

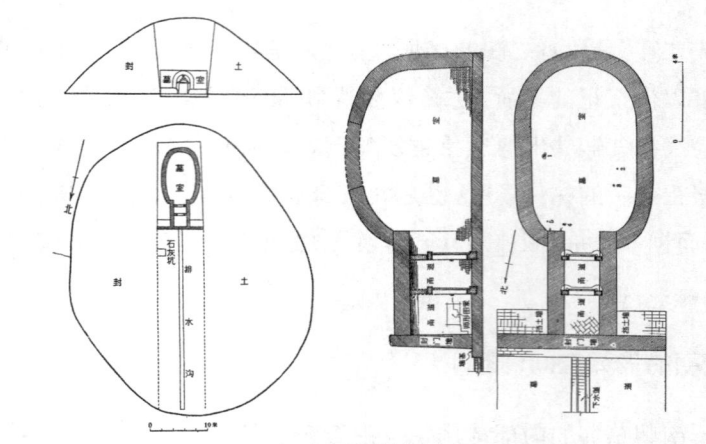

1　南京西善桥宫山大墓
（采自《考古》1963年第6期）

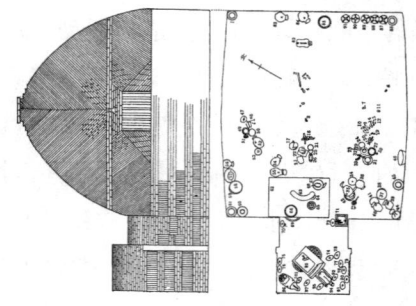

2　南京象山7号墓
（采自《文物》1972年第11期）

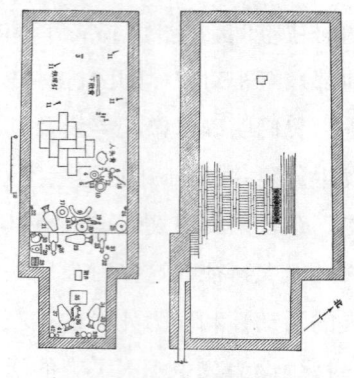

3　南京童家山南朝墓
（采自《考古》1985年第1期）

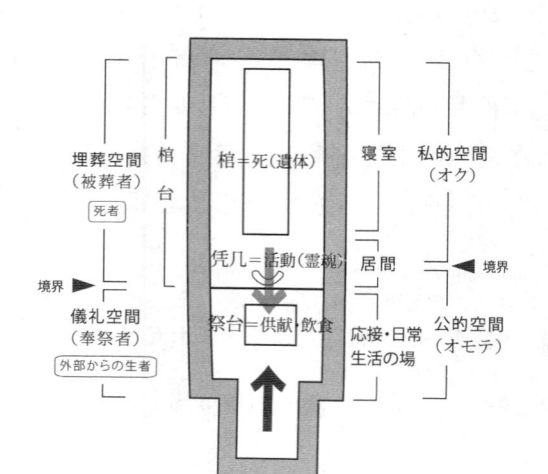

5　沂南北寨村画像石墓建筑画像
（采自《中国美術の図像と様式》図版編，第73頁）

4　江南南朝墓的墓室空间构成示意图
（采自《中国江南六朝の考古学研究》，第45图）

图1　江南东晋南朝墓

束,墓道的作用也随之消失。此外,南朝陵园内部尚未见到明确的地面设施,这表明陵园并非以满足丧葬仪式和谒陵等实用性需求为主要目的。①

小结:南朝墓葬的营建以隔绝内外为根本目的,由于人们将神道入口处的阙门近旁设想为礼仪行为开展的主要场所,因此,南朝帝陵中并非所有空间都涉及丧葬和相关礼仪活动。考虑到在划分陵园内外的阙门附近立有石兽,这些石兽象征着守护、维系以皇帝为中心的"宇宙",故而可以认为,陵墓空间的整体安排反映出南朝统治阶层独特的世界观。②

## (二) 北朝的丧葬空间(图2、图3)

在北魏帝陵和贵族墓中,棺床(遗体)象征墓主,同时也是其灵魂居所。通过象征性遗物和墓室空间,我们难以看到墓主魂魄的二重性表现,也就是说,(在北魏帝陵中)灵魂与遗体的魂魄观念是一致的。在墓室内部,匠人营造出与现实世界大相径庭的住宅、户外空间和天空等意象,却没有布置墓主的生活场景。在北魏墓葬空间里,我们可以见到大量的俑、大规模的出行图或院落图,展现宏大世界观的壁画(如神仙世界的灵兽等),诸如此类,都为增强墓室的庄严感注入意念和力量。换句话说,北朝墓葬的营建为了让生者更加庄重地祭祀死者遗体与灵位,最大限度利用了棺床以外的空间。③

北魏陵墓以外是被陵墙包围的陵园。墓室带有长斜坡墓道,墓道开口与封土底部相接。封土外有地面建筑和神道,神道两侧立有石人,墓室、神道和地面设施并没有形成一个整体。但到了北齐、北周并峙时期,墓室同样配备长斜坡墓道,并有意识地将墓道从未完成的封土部分

---

① 〔日〕藤井康隆:《中国江南六朝の考古学研究》,第49—52页。
② 〔日〕藤井康隆:《中国江南六朝の考古学研究》,第54页。
③ 〔日〕藤井康隆:《中国江南六朝の考古学研究》,第84—85页。

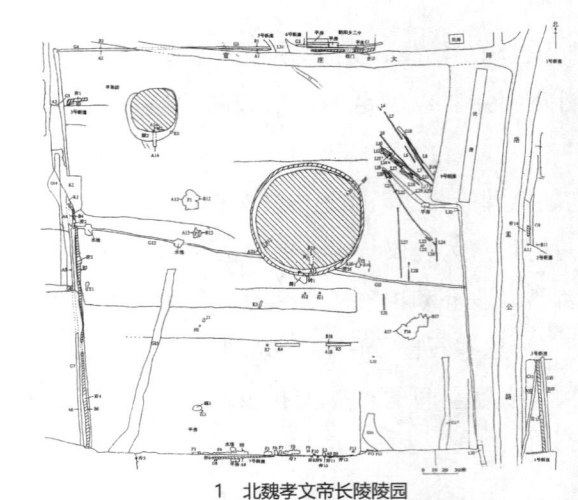

1 北魏孝文帝长陵陵园

（采自《文物》2005 年第 7 期）

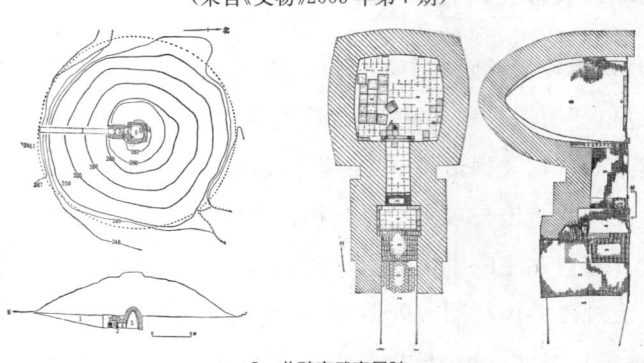

2 北魏宣武帝景陵

（采自《文物》2005 年第 7 期）

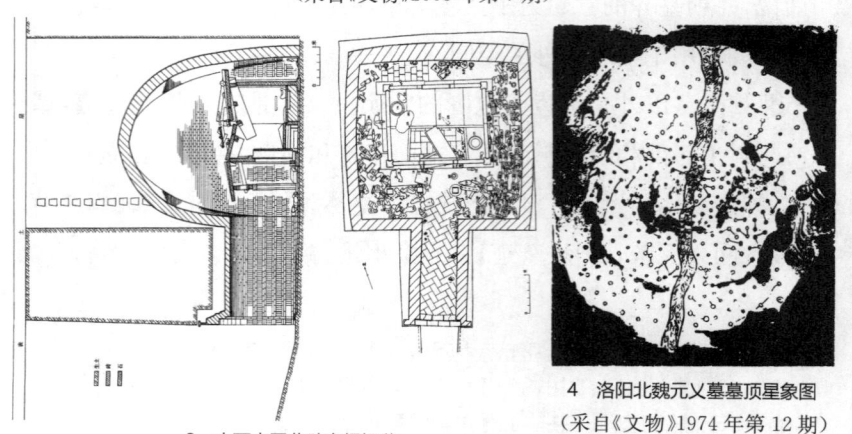

3 山西大同北魏宋绍祖墓

（采自《大同雁北师院北魏墓群》图 50、51）

4 洛阳北魏元乂墓墓顶星象图

（采自《文物》1974 年第 12 期）

图 2　北朝墓(1)—北魏墓

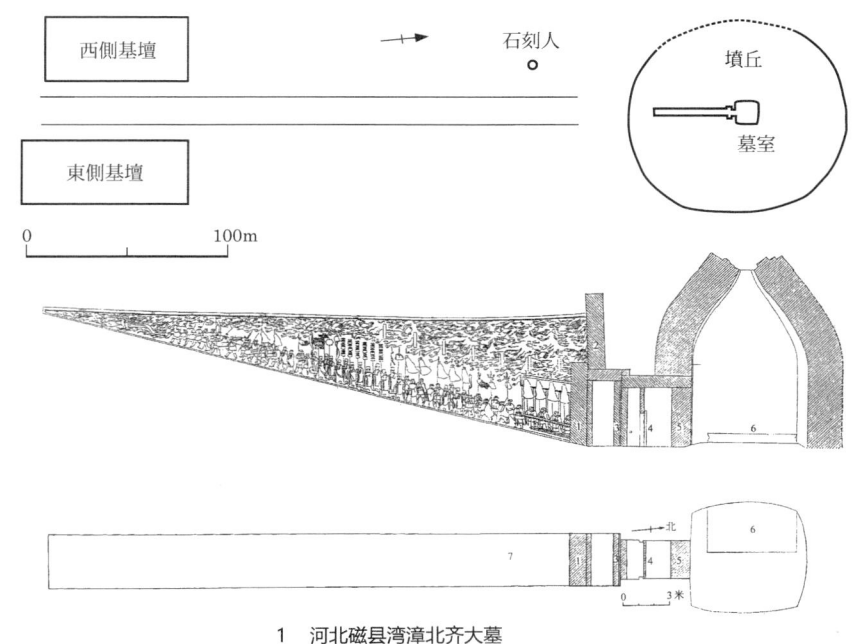

中国魏晋南北朝陵墓与日本古坟丧葬空间的比较研究　603

1　河北磁县湾漳北齐大墓
（采自《中国江南六朝の考古学研究》，第 22 图）

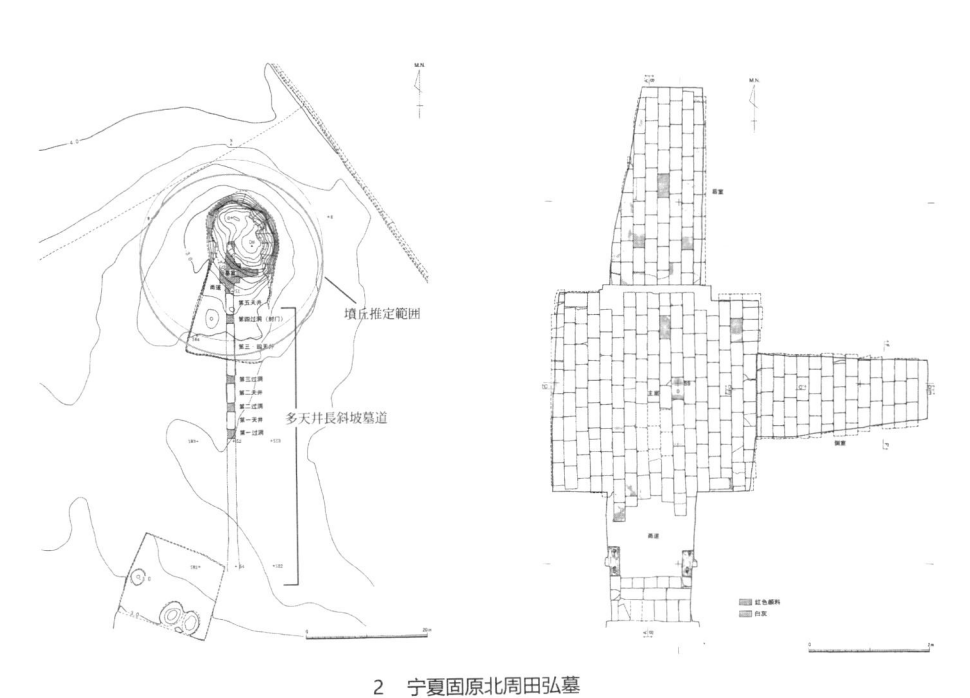

2　宁夏固原北周田弘墓
（采自《中国江南六朝の考古学研究》，第 24 图）

**图 3　北朝墓（2）—北齐·北周墓**

延伸出去(北齐),甚至延伸到距封土数十米外的地方(北周),人们计划在墓道周边进行祭祀礼仪活动。北齐时期,长斜坡墓道的两壁上绘有丧葬仪仗与神兽图像,有时还会在墓道地面上绘出具有绒毯质感的色彩。封土外设置石人、地面建筑和神道。以墓道为媒介,墓葬主体和神道、地面建筑产生互动,进而成为整体,它们都是为促进礼仪活动整体化而修建的。①

小结:北魏陵墓具有方形的陵园空间,并配置神道、石刻和地面建筑等,这些均为沿袭汉代以来陵园布局的表现。而在北朝后期的帝陵和高级贵族墓中,长斜坡墓道延伸至封土以外,墓道两壁上绘有丧葬仪仗与神兽等图像。在湾漳大墓等墓例中,仪仗队列脚踏斜坡墓道的底面,写实地表现出真实行进的送葬队伍。显然,直到封土建成后墓道才得以开放,这是因为他们意识到这些墓道壁画会被墓葬外的人们看到。② 综上,北朝后期帝陵在建造时就看重自身对外展示的功能,力图营造具有礼仪空间性质的墓葬环境。因为帝陵最基本的性质即为祖庙,所以营建者将墓地当作舞台尽可能地加以利用,并通过葬礼向宇内展示其正统和权威。③

## 三、从魏晋南北朝墓葬看日本古坟

### (一) 象形埴轮④的摆放位置(图 4)

就前方后圆坟而言,最开始埴轮插放在古坟顶部,之后延至周堤部

---

① 〔日〕藤井康隆:《中国江南六朝の考古学研究》,第 54—55 页。
② 郑岩:《魏晋南北朝壁画墓研究》,北京:文物出版社,2002 年,第 191—193 页。
③ 〔日〕藤井康隆:《中国江南六朝の考古学研究》,第 54—55 页,第 87—88 页。
④ 象形埴轮,日文作"形象埴輪(けいしょうはにわ)",意为埋葬在墓丘周围的陶质明器,通常模拟器物、房屋、人物和动物等形象,约在公元 4 世纪后期继圆筒状埴轮而出现。——译者注

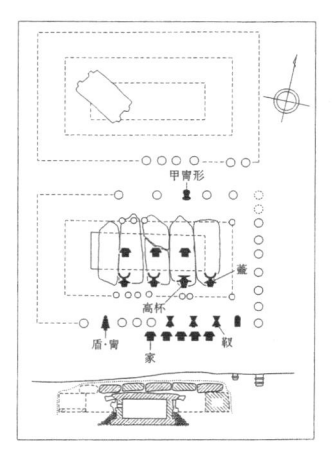

中国魏晋南北朝陵墓与日本古坟丧葬空间的比较研究　605

1　室宫山古坟
（采自《王権と儀礼　埴輪群像の世界》，第131页，图1）

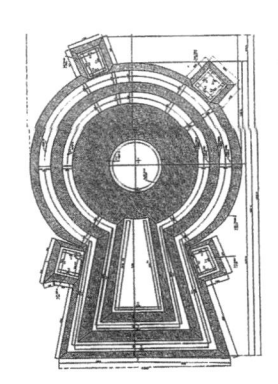

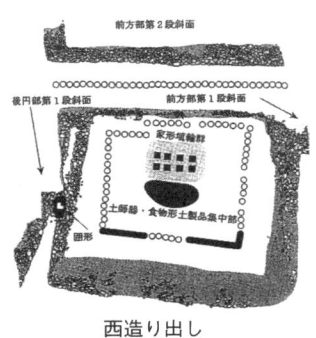

2　行者塚古坟
（采自《王権と儀礼　埴輪群像の世界》，第132页，图2）

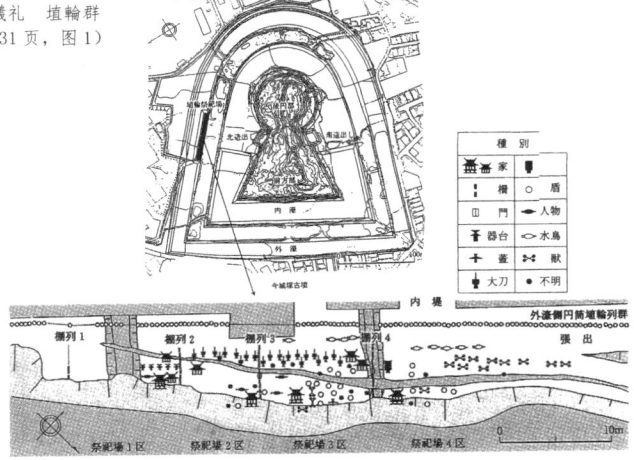

3　今城塚古坟
（采自《王権と儀礼　埴輪群像の世界》，第133页，图3）

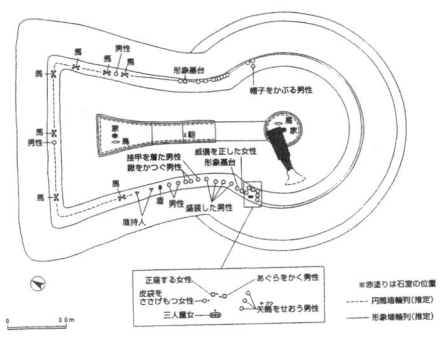

4　绵贯观音山古坟
（采自《王権と儀礼　埴輪群像の世界》，第135页，图5）

图4　4—6世纪日本大型前方后圆坟的埴轮摆放

位,进而摆放在横穴式石室开口处,这几种情形会在特定时期并存,但同时也处在不断变化中。① 象形埴轮群所构成的空间意义、家形埴轮与祭祀类陶器的关联性值得注意。②

象形埴轮群和岛状设施是古坟与外部的边界。③ 原本插放在古坟顶部的象形埴轮和岛状设施向周堤逐渐上移,这一现象也可视作坟丘、埋葬设施所象征的死者空间与外部的生者祭祀礼仪空间相互分离。

因此,家形埴轮即死者灵魂的替代物,也就是死者的象征。我们可将家形埴轮的摆放、组合看作首领宅邸的象征,但并不表现真实的宅邸,而是"将宅邸的构成原理进一步形式化的组合形态",抑或是"模拟宅邸的常规形态进行组合",这与中国的院落建筑组合原理相通,前人已有论及。④ 还有人指出,房屋纹镜中的房屋形象暗示了虽然看不见但却潜藏意识中的神灵所在。⑤

象形埴轮群不仅模拟房屋,还经常模拟水鸟、船只等形象。水鸟和船只应当是穿梭于古坟与外界之间的事物,因此对死者而言,也可以将

---

① 〔日〕高桥克寿:《埴輪まつりのうつりかわりと今城塚古墳》,《発掘された埴輪群と今城塚古墳》,高槻:高槻市立城迹历史馆,2004年。

② 〔日〕小浜成:《埴輪による儀礼の場の変遷過程と王権》,《王権と儀礼 埴輪群像の世界》,大阪府河南町:大阪府立近飞鸟博物馆,2005年,第124—135页;〔日〕辻川哲朗:《古墳時代中期における堤上への埴輪配置について—滋賀県近江八幡市供養塚古墳を中心として—》,小笠原好彦先生退任記念論集刊行会编:《考古学論究 —小笠原好彦先生退任記念論集—》,京都:真阳社,2007年,第309—324页。

③ 〔日〕若狭彻:《埴輪と居館と地域社会—保渡田八幡塚古墳と三ツ寺Ⅰ遺跡を起点に》,《王権と儀礼 埴輪群像の世界》,大阪府河南町:大阪府立近飞鸟博物馆,2005年,第92—99页;〔日〕辻川哲朗:《古墳時代中期における堤上への埴輪配置について—滋賀県近江八幡市供養塚古墳を中心として—》,《考古学論究 —小笠原好彦先生退任記念論集—》,第309—324页。

④ 〔日〕小笠原好彦:《家形埴輪の配置と古墳時代豪族の居館》,《考古学研究》第31卷第4号,考古学研究会,1985年。

⑤ 〔日〕车崎正彦:《家屋紋鏡を読む》,《考古学論究 —小笠原好彦先生退任記念論集—》,第165—196页。

其想象为一个以坟为轴的活动空间。象征外界生者祭祀礼仪空间的象形埴轮群是死者和生者接触的场所,因此营建者在古坟和外部的边界处设置这个场所。将在这个位置摆放的祭祀饮食器连同家形埴轮一起考虑,不正和上述中国汉代祠堂类似吗? 日本的家形埴轮或许也可看作是祭祀古坟中死者祖灵的器具。

## (二) 横穴式石室古坟的丧葬空间

关于日本的横穴式石室,曾有学者从棺的性质和用法、随葬品摆放等角度切入,探究横穴式石室的丧葬礼仪和空间特性。[①] 但关于横穴式石室观念性的空间构成,至今认识仍不清晰。

实际上,甬道加长、前庭布置完善等显著变化在横穴式石室古坟的演变中也能看到。在古坟时代倭政权的中心地域近畿地区,这一变化的早期实例有:陶邑产须惠器编年 TK43 型式期的河内爱宕塚古坟(大阪府)、二塚古坟(奈良县)、乌土塚古坟(奈良县)、TK209 型式期的见瀬丸山古坟等,这些变化约出现在 6 世纪中叶(图5)。[②] 另外,这一时期也是象形埴轮群从周堤向坟丘台地上的石室开口处附近发生位移的阶段,甚至还有像势野茶臼山古坟(奈良县)、乌土塚古坟(奈良县)那样,象形埴轮群摆放在前庭或甬道附近的例子(图6)。

---

① 〔日〕和田晴吾:《棺と古墳祭祀—〈拠えつける棺〉と〈持ちはこぶ棺〉》,《立命館文學》第 542 号,京都:立命館大学人文学会,1995 年;〔日〕和田晴吾:《東アジアの『開かれた棺』》,《渡来系遺物からみた古代日韓交流の考古学的研究平成 15 年度〜平成 17 年度科学研究費補助金(基盤研究(B)(1))研究成果報告書》,2007 年,第 19—40 页;〔日〕寺前直人:《ヨモツヘグイ再考—古墳における飲食と調理の表象としての土器—》,《待兼山論叢》第 40 号(史学編),大阪大学大学院文学研究科,2006 年;〔日〕森本徹:《喪葬儀礼の変化からみた終末期古墳》,《歴史研究》第 50 号,柏原:大阪教育大学历史学研究室,2012 年。

② 〔日〕一瀬和夫:《近畿地方》,《季刊考古学第 45 号横穴式石室の世界》,东京:雄山阁,1993 年,第 62—66 页。

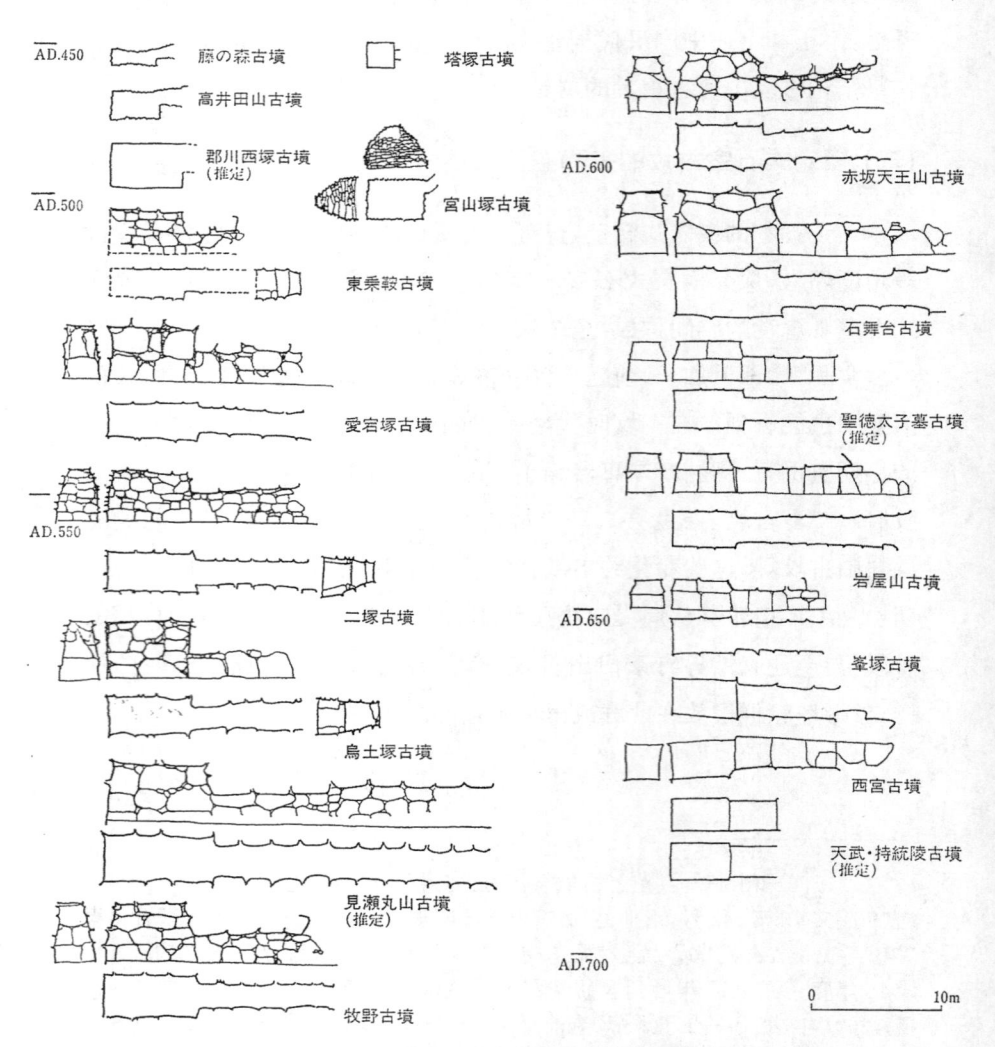

图 5　日本近畿地方主要古坟横穴式石室的演变

（采自《季刊考古学第 45 号横穴式石室の世界》，第 64 页）

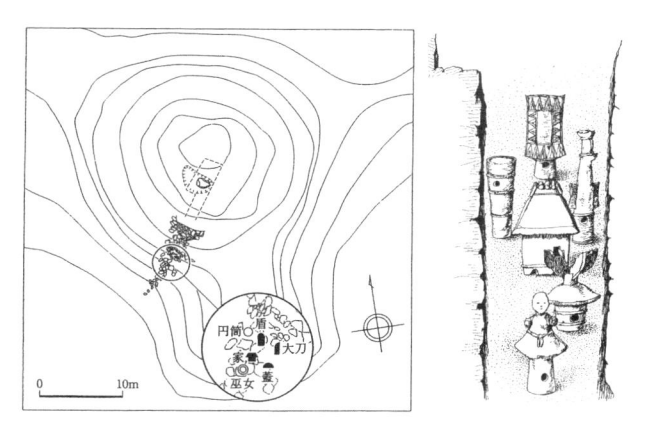

1　势野茶臼山古坟
（采自《発掘された埴輪群と今城塚古墳》，第57页，图3；
《王権と儀礼　埴輪群像の世界》，第135页，图5）

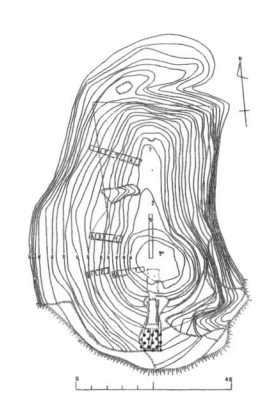

2　乌土塚古坟
（采自《王権と儀礼　埴輪群像の世界》，第135页，图5）

**图6　6世纪前方后圆坟的埴轮摆放**

同样的变化还能在近畿以外的地方见到。例如，日本东海地区大牧1号坟（岐阜县）的横穴式石室受畿内影响，利用大型石材堆积成为墓室和家形石棺，但从甬道至前庭部分仍采用具有木曾川流域特点的川原石堆积。次郎兵卫塚1号坟（岐阜县）的横穴式石室与之类似，其墓室和甬道、前庭的构造也明显不同。像这一类甬道、前庭对外开放，且显示出强烈地域色彩的横穴式石室古坟在岐阜县随处可见。岐阜县的横穴式石室从陶邑产须惠器编年TK43型式期开始，甬道变长、变宽，直到TK209型式期正式定型。此外，在墓门开口处的天井石前端，常堆放着平整宽阔或经过加工的石材，既美观又硕大。[①] 如乙塚古坟（岐阜县）和东谷山16号坟（名古屋市）这类前庭呈"八"字形张开的墓例，其通常也会在石室前设置宽阔的空间（图7）。此外，就关东地区古坟而言，整修出明晰的梯形前庭、进一步扩大甬道规模，则是从陶邑产须惠器编年TK10型式期～MT85型式期开始产生的（图8）。据这些

---

① 〔日〕藤井康隆、森岛一贵：《飛騨の横穴式石室について》，《飛騨と考古学Ⅲ》，飞驒考古学会，2013年。

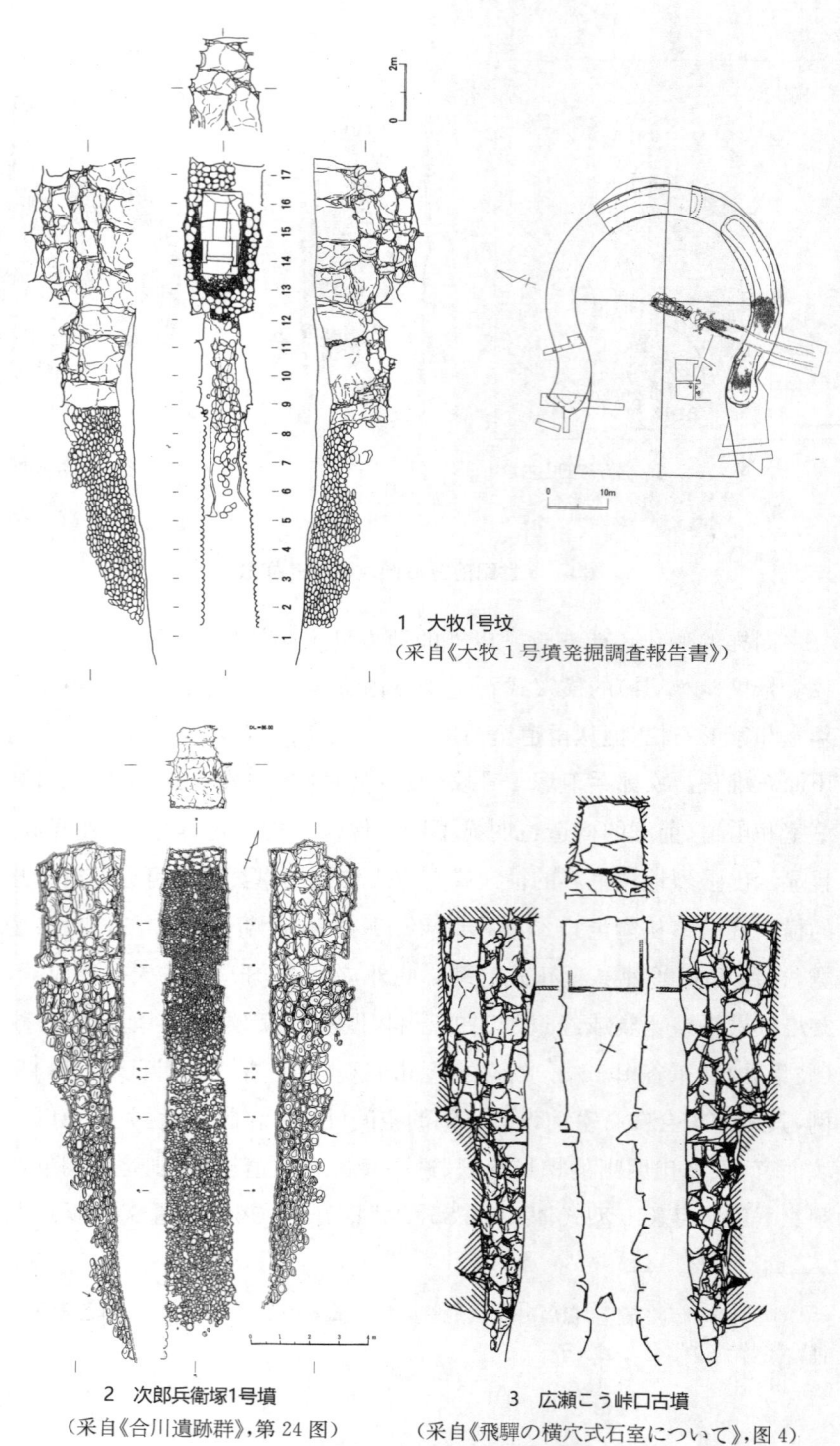

1 大牧1号坟
（采自《大牧1号墳発掘調査報告書》）

2 次郎兵衛塚1号墳
（采自《合川遺跡群》，第24图）

3 広瀬こう峠口古墳
（采自《飛騨の横穴式石室について》，图4）

图7 日本岐阜县地方古坟的横穴式石室

中国魏晋南北朝陵墓与日本古坟丧葬空间的比较研究　*611*

1　少林山台 17 号坟

2　しどめ塚古坟

3　高塚古坟

4　富冈 5 号坟

5　割见塚古坟

6　蛇穴山古坟

（1—4：采自《国立历史民俗博物馆研究报告第 82 集》，第 26—27 页；
5—6：采自《季刊考古学第 45 號　横穴式石室の世界》，第 39 页）

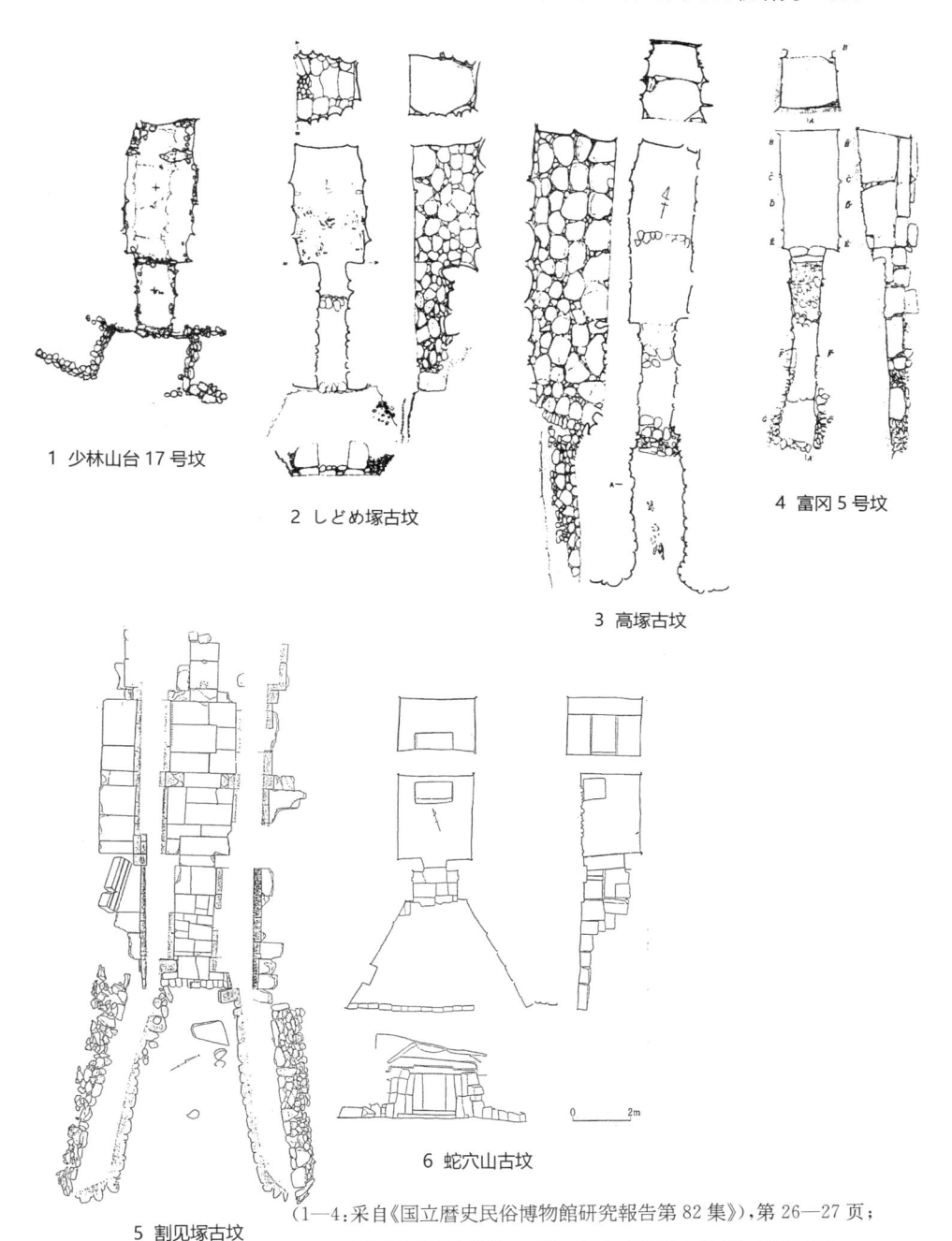

**图 8　日本关东地方古坟的横穴式石室**

现象不难看出，6世纪中叶及稍晚以后，墓门和前庭权重加强的横穴式石室发展起来。

若将此类突出墓道、前庭的情况与埴轮摆放综合考虑的话，这些横穴式石室的变化正透露出人们重视外在表现的意图，受此影响的匠作观念也随之萌芽。由此，古坟的重要意义或可进一步得到揭示，虽然隐秘于内的墓室形制与政权中心近畿地区联系紧密，但对外展示的甬道、前庭部分却体现出强烈的地域色彩，向外彰显极具地域色彩的礼仪行为。综上，横穴式石室的丧葬空间是由诸多因素构成的，其大致框架体现为由倭政权中枢主导的古坟丧葬制度，但同时对地域传统和习惯也保持包容。①

北朝后期的帝陵和贵族墓，从墓道到墓门、装饰、礼仪等诸多方面都愈加壮观，墓室营建和丧葬仪式环节也都十分重视加强对外的视觉性。这样做的主要目的是为了凸显丧葬仪式及其"场域"，其文化背景根植于将墓室视作祖庙的思想。② 北朝墓葬的这一变化始于北齐、北周，即6世纪中叶。而日本古坟中前庭、甬道的增扩，即丧葬仪式视觉性的加强也发轫于6世纪中、后期，两者几乎同时。

## 四、古坟与东亚文化

纵观中国南北方墓葬，"长方形＋券顶"和"正方形＋穹窿顶"两种主流形制构成墓葬制度的基础。进一步说，这两种墓室形制映射出南北文化因素的差异。再考虑到日本列岛、朝鲜半岛的横穴式室墓均非本地自生，而是来自外部，所以中国周边东亚地区墓葬的类似差异，都需要放在这个框架中进行思考。

---

① 〔日〕藤井康隆、森岛一贵：《飛騨の横穴式石室について》。
② 〔日〕藤井康隆：《中国江南六朝の考古学研究》，第54—55页，第87—88页。

再者，墓葬形态之外，三地的丧葬观念和方法也基本一致。例如所谓"畿内型（系）"横穴式石室，其特征就是极为封闭，具体做法是使用厚重的石棺、堆砌石块、埋藏开口，以及在侧壁上部砌筑长方形壁龛等。在中国南方，尤其像南朝帝陵那样的长方形券顶单室墓，封闭性极强。与之不同，九州地区的横穴式石室具有开放性，它们取石屋造型、用板石封闭，石室内还有装饰，穹窿顶正方形墓室是其特征，且多室墓并不鲜见。中国北方墓葬也有开放式的穹窿顶正方形墓室，且大多营建多室墓。顺带一提，九州地区和中国北朝都会在墓室前面竖立人形石刻。

中国周边各地区都有不同的墓室形态、葬法和空间观念可供选择。尽管如此，实际的墓葬制度并非像马赛克般纷乱呈现，而是大致形成地域性分布。而且，即使具体概念和用途各异，墓葬的构造和特征均难以与中国墓葬制度完全隔绝。甬道、石室开口、前庭等处视觉性的加强，也都可能与中国北朝后期帝陵级墓葬的变化相关。

以上结论不仅显示出技术与丧葬文化的关联，还可以借以探究列岛与中国特定地区之间的人群往来和信息沟通，甚至可以直接或间接证明列岛与中国特定地区（政权）存在交往。

## 结　语

实际上，日本的横穴式石室古坟未必完全遵循中国葬制，两者仍有许多不同。但重要的是，在古坟研究中，我们必须明确古坟整体的基本构想和设计原理。不仅要探究墓室形制、构造、坟丘和外部设施等"构成要素"，还必须从整体入手，弄清墓室的设计构思。

日本古坟作为一种丧葬空间，真的是以某种"场域"为模板设计的吗？在中国，通过赋予丧葬仪式高度的政治性，丧葬空间进而具备维持社会秩序的功能，于是丧葬空间的"场域"意义也一直存在。以南朝为例，墓葬象征生前居所，帝陵则象征现实中的皇宫，也就是观念中的世界中心。与之相对，北朝墓葬被视作祖庙，而帝陵就是国家的祖庙，也即政治社会秩序具象化过程中陵墓观念的最终呈现，因此也可以说墓葬即社会秩序的象征。在日本，大型古坟象征权力和政治性，这并不难理解，但隐含其间的文化脉络并不清晰。以中国魏晋南北朝墓葬为参照，或许可以廓清日本古坟所表现的政治性和阶层性，我们也有必要提出这一课题，即找到古坟的文化根源。

# 本书作者、译者信息

| | | |
|---|---|---|
| 刘萃峰 | 安徽师范大学历史学院 | 讲师 |
| 刘可维 | 南京师范大学社会发展学院 | 副教授 |
| 何华社 | 南京师范大学社会发展学院 | 硕士研究生 |
| 三田辰彦 | 东北大学大学院文学研究科 | 专门研究员 |
| 柴　栋 | 南昌大学人文学院 | 讲师 |
| 刘　兵 | 山西大学历史文化学院 | 副教授 |
| 小野响 | 电气通信大学情报理工学域 | 讲师 |
| 张　今 | 中国社会科学院考古研究所 | 助理研究员 |
| 毕　云 | 东南大学人文学院 | 副教授 |
| 千田丰 | 大手前大学国际日本学部 | 非常勤讲师 |
| 段　彬 | 山西大学历史文化学院 | 讲师 |
| 权家玉 | 陕西师范大学历史文化学院 | 副教授 |
| 林昌丈 | 厦门大学历史与文化遗产学院 | 副教授 |
| 福原启郎 | 京都外国语大学外国语学部 | 名誉教授 |
| 胡　伟 | 南京大学历史学院 | 博士研究生 |
| 汪华龙 | 扬州大学社会发展学院 | 副教授 |
| 熊长云 | 故宫博物院器物部 | 副研究馆员 |
| 邓玮光 | 江苏第二师范学院马克思主义学院 | 副教授 |
| 陆　帅 | 南京师范大学社会发展学院 | 副教授 |
| 张兢兢 | 湖州师范学院人文学院 | 讲师 |
| 许志强 | 南京市考古研究院 | 副研究馆员 |
| 朱艳桐 | 浙江工商大学人文与传播学院 | 讲师 |

| | | |
|---|---|---|
| 周　鼎 | 扬州大学社会发展学院 | 副教授 |
| 川见健人 | 龙谷大学大学院文学研究科 | 博士研究生 |
| 候月影 | 南京市雨花台中学 | 教师 |
| 姚　乐 | 江苏省社会科学院历史研究所 | 助理研究员 |
| 赫兆丰 | 南京大学文学院 | 副教授 |
| 于　溯 | 南京大学文学院 | 副教授 |
| 朱　棒 | 湖南师范大学历史文化学院 | 讲师 |
| 韩　茗 | 南京师范大学社会发展学院 | 副教授 |
| 邵　磊 | 南京市文化遗产保护研究所 | 研究员 |
| 左　骏 | 南京博物院 | 研究馆员 |
| 张长东 | 南京博物院 | 副研究馆员 |
| 藤井康隆 | 佐贺大学文化教育学部 | 副教授 |

# 编后记

本书是 2016 年至 2020 年"六朝历史与考古青年学者交流会(以下简称:六朝青年交流会)"的报告论文集,展现了这一段时期六朝青年交流会的主要参与人员与基本研究面貌。

六朝青年交流会的成立,与南京地区特有的六朝研究传统密不可分。作为六朝故都所在,青溪、钟山、石头城、玄武湖等诸多与六朝历史紧密关联的符号,至今依然深深镌刻在南京的日常景观与城市记忆中。生活、工作于此的中古史研究者,或多或少都对于孙吴、东晋、南朝(狭义的六朝)乃至于整个魏晋南北朝(广义的六朝)时期抱有兴趣。与此同时,相关考古文物的不断出土,南京大学、南京师范大学、南京博物院、南京市考古研究院、南京市博物馆等诸多六朝历史、考古研究机构的存在,也为学者间、学科间的交流提供了深厚基础。就上述背景而言,交流会的出现有其必然性。

不过,六朝青年交流会的具体开端,却是偶然的。2016 年 3 月,日本龙谷大学赤羽奈津子研究员和立命馆大学小野响博士自京都来南京游学考察。借此机缘,当时南京大学历史学院相关博士生们邀请赤羽、小野二位,共同举办了"南京·京都六朝史青年研究者交流会"。无论是会场上充实的学术报告与评议,还是会后的把酒言欢,都让大家收获良多,也希望能够在六朝研究主题下构建一个去浮言、多实证、鼓励批评的长期交流平台。于是,自 2017 年以来,类似的交流活动以大约每年一到两次的频率展开,至今已举办过八回。活动的名称,也在不断摸索中逐步确定为"六朝历史与考古青年学者交流会"。

六朝青年交流会的顺利展开,得益于南京大学历史学院尤其是院内六朝研究所提供的平台与资金支持。在 2019 年底于芜湖举办的第六回交流会上,六朝研究所所长胡阿祥教授在开场发言中提议将交流会的成果结集出版,并收入"南京大学六朝研究所书系"。会议结束后,我们随即着手展开论文集的编纂。在交流会各位同仁的大力支持下，形成的最终成果，即呈现在各位读者面前的《六朝历史与考古青年学者交流会论文集(2016—2020)》，以此作为交流会开展五年的一个小小总结与纪念。

书中共收录28篇论文，分为"政治与制度""地域社会""文献与知识""物质文化"四个主题。这些论文，或是在交流会上充分讨论过，或是作者近年的代表作，大致展现了六朝青年交流会的主要学术旨趣。需要说明的是，为本次论文集供稿的福原启郎先生与邵磊老师虽在年龄上早已不算"青年"，但都曾在交流会上进行过具体的报告与评议。因此，在两位先生的慨然应允下，也将他们的论文收入书中。

交流会举办至今，受到了诸多师友的支持与帮助。胡阿祥、张学锋两位老师，几乎全程出席了每一次交流会，并时常就报告内容给予善意的批判，既让我们颇感压力，更令人动容。南京大学历史学院张生院长，安徽师范大学历史学院徐彬、刘道胜院长，扬州大学社会发展学院王永平院长、徐成副教授，在历次交流会的场地、资金方面给予了充分支持。此外，浙江大学余欣教授，首都师范大学聂溦萌副教授，也都曾在交流会的开展过程中热情地给予帮助。当然，还有常年参加交流会活动，不吝发表最新研究成果并切实展开交流批判的各位同仁们。在此，我们一并致以最诚挚的感谢。

本书在编纂过程中的具体分工如下：陆帅、刘萃峰首先对书稿进行规划与初步统合；随后，陆帅、刘萃峰、张今、胡伟就内容展开排版与校勘；最终，由陆帅、胡伟、赵润雨核定校样。除上述工作外，"南京大学六朝研究所书系"主编胡阿祥老师及南京大学出版社黄继东先生也为论文集的出版付出了极大心力。因此在最后，请允许我们向胡阿祥老师、黄继东先生表达深深的谢意。

本书编者组
2021年12月

# "南京大学六朝研究所书系"已出图书

**一、甲种专著**

1.《东晋南朝侨州郡县与侨流人口研究》(修订本),胡阿祥著,江苏人民出版社2019年10月版,"甲种专著"第壹号

2.《中古丧葬礼俗中佛教因素演进的考古学研究》,吴桂兵著,科学出版社2019年12月版,"甲种专著"第贰号

3.《六朝的城市与社会》(增订本),刘淑芬著,南京大学出版社2021年1月版,"甲种专著"第叁号

4.《探寻臧质城——刘宋盱眙保卫战史地考实》,钟海平著,南京大学出版社2022年3月版,"甲种专著"第伍号

5.《邾邹千年:邾国与峄阳邹县历史文化研究》,胡阿祥主编,姚乐、刘兵、吴庆著,山东画报出版社2023年7月版,"甲种专著"第陆号

**二、乙种论集**

1.《"都城圈"与"都城圈社会"研究文集——以六朝建康为中心》,张学锋编,南京大学出版社2021年1月版,"乙种论集"第壹号

2.《六朝历史与考古青年学者交流会论文集:2016—2020》,陆帅等编,南京大学出版社2023年7月版,"乙种论集"第贰号

3.《六朝史丛札》,楼劲著,南京大学出版社2022年3月版,"乙种论集"第叁号

**三、丙种译丛**

1.《中古中国的荫护与社群:公元400—600年的襄阳城》,[美]威安道著,毕云译,南京大学出版社2021年1月版,"丙种译丛"第壹号

2.《从文物考古透视六朝社会》,[德]安然著,周胤等译,南京大学

出版社2021年1月版,"丙种译丛"第贰号

3.《中国江南六朝考古学研究》,[日]藤井康隆著,张学锋、刘可维译,江苏人民出版社2023年5月版,"丙种译丛"第叁号

4.《汉唐时期岭南的铜鼓人群与文化》,[新西兰]龚雅华著,魏美强译,南京大学出版社2023年6月版,"丙种译丛"第肆号

**四、丁种资料**

1.《建康实录》,[唐]许嵩撰,张学锋、陆帅整理,南京出版社2019年10月版,"丁种资料"第壹号

2.《六朝建康城城墙遗址研究与保护(2014—2022)》,六朝博物馆编,南京出版社2022年12月版,"丁种资料"第叁号

**五、戊种公共史学**

1.《"胡"说六朝》,胡阿祥著,江苏人民出版社2019年6月版,"戊种公共史学"第壹号

2.《谢朓传》,胡阿祥、王景福著,凤凰出版社2019年12月版,"戊种公共史学"第贰号

3.《王谢风流:乌衣巷口夕阳斜》,白雁著,南京大学出版社,2023年6月版,"戊种公共史学"第叁号